XIJI YEARBOOK 2019

西吉年鉴

（2019）

西吉县委党史和地方志研究室 编

方志出版社
Publishing House of Local Records

图书在版编目（CIP）数据

西吉年鉴． 2019 / 西吉县委党史和地方志研究室编 .-- 北京：方志出版社，2020.10

ISBN 978-7-5144-4571-8

Ⅰ．①西… Ⅱ．①西… Ⅲ．①西吉县—2019—年鉴
Ⅳ．① Z524.34

中国版本图书馆 CIP 数据核字（2021）第 037701 号

西吉年鉴（2019）

编　　者：西吉县委党史和地方志研究室
责任编辑：张　颢

出 版 者：方志出版社
地址　北京市朝阳区潘家园东里 9 号（国家方志馆 4 层）
邮编　100021
网址　http://www.zgfzcb.cn
发　　行：方志出版社图书经销中心
电话　（010）67110500
经　　销：各地新华书店
排　　版：北京纺印图文设计制作有限公司
印　　刷：北京中科印刷有限公司

开　　本：889 × 1194　　1/16
印　　张：25
字　　数：670 千字
版　　次：2020 年 10 月第 1 版　　2020 年 10 月第 1 次印刷

ISBN 978-7-5144-4571-8　　**定价：**280.00 元

序

贫困问题一直是困扰人类社会发展的重大问题。中国作为世界上最大的发展中国家，为解决贫困问题进行了长期不懈的努力。改革开放以来，特别是党的十八大以来，以习近平同志为核心的党中央把脱贫攻坚作为全面建成小康社会的底线任务和标志性指标，纳入“五位一体”总体布局和“四个全面”战略布局，以前所未有的力度推进精准扶贫、精准脱贫，扶贫开发成就举世瞩目，显著改善了贫困地区和贫困群众生产生活条件，具有重大的现实意义和深远的历史意义。身处中华民族几千年发展历史上将首次整体消除绝对贫困现象的伟大时代，如何更好地发挥地方志的存史、育人、资政的作用，是新时代全国地方志系统必须深入研究和着力解决的重大课题。

党的十八大以来，在党中央国务院的正确领导下，全国地方志系统深入学习贯彻习近平新时代中国特色社会主义思想，紧紧围绕党和国家事业发展需要，深入推进地方志改革创新发展，凝心聚力，稳扎稳打，勇于担当，主动作为，全国地方志形势和地方志工作者的精神面貌发生了深刻变化，取得了优异成绩。其中，为贯彻落实《全国地方志事业发展规划纲要（2015—2020 年）》，经中国地方志指导小组领导批准，中国地方志指导小组办公室于 2015 年、2017 年先后启动民族地区与贫困地区志书、年鉴出版资助工程（以下简称“志鉴出版资助工程”），对国家级贫困县（区、旗、县级市），中西部地区、少数民族边疆地区面临出版经费困难的志书和综合年鉴给予出版资助。实施志鉴出版资助工程是紧扣时代脉搏、坚持创新发展、传承弘扬中华优秀传统文化的一项创举，不仅有力推动了“两全目标”的实现，而且数十部资助出版的志书、年鉴及时记述了民族地区与贫困地区在全面建成小康社会伟大征程中取得的新成绩和新经验、出现的新情况和新问题、涌现的优秀人物和典型事迹，留住地方文化的“根”和“魂”，为这些地区的经济社会发展、地域文化传播、爱国主义教育、精神文明建设等提供了历史借鉴和智力支持，对全面提升民族地区与贫困地区文化建设水平、确保民族地区与贫困地区和全国其他地区同步全面建成小康社会具有重要意义。

尤为可喜的是，志鉴出版资助工程促成了一批扶贫志书的编纂出版，在文化脱贫攻坚中发挥了独特的作用。例如，《贵州省减贫志》全面系统客观记述了从 1978

年至2015年贵州省扶贫、减贫工作的历程及取得的经验，为贵州省实施大扶贫战略提供了有力的资政辅治参考，集中体现了地方志工作因时而动、顺势而为的新作为。前不久，由福建省地方志编委会和人民网共同编纂的《闽宁扶贫协作图志》，是全国首部扶贫协作图志，图文并茂、直观立体、全方位地展现闽宁扶贫协作波澜壮阔的历程，弘扬“闽宁一家亲”“携手奔小康”的深厚情谊和滴水穿石、久久为功的精神，是贯彻落实习近平总书记扶贫工作重要论述精神，服务国家精准扶贫、精准脱贫战略的有力举措。希望各地以此为鉴，编纂出版更多、更好的扶贫志书、年鉴，助力国家精准扶贫、精准脱贫战略的实施，充分展现地方志的独特价值和作用。

当前，我国脱贫攻坚已进入全面决战决胜的关键时期，尚未脱贫的贫困地区集中分布在中西部深山区、极端干旱山区、高寒阴湿地区等，文化建设还比较薄弱，文化产品还不够丰富，文化精品更是少之甚少。同时，这些地区往往是民族文化、历史文化、红色文化、生态文化富集区，具有发展文化旅游、推进文化扶贫的巨大潜在优势，也是繁荣发展地方志事业的巨大文化宝库。要发挥好文化扶贫凝聚人心的优势，善于利用方志文化优势为贫困地区“赋能”，在脱贫攻坚中做出方志人应有的贡献。要发挥好中国名镇志文化工程、中国名村志文化工程的引领作用，大力加强乡镇村志编纂，让百姓记得起乡情、记得住乡愁，凝聚贫困乡镇村庄的强大民心，补齐贫困乡镇村庄的文化短板，以“扶智”的方式“扶志”，践行习近平总书记强调的“扶贫先扶志，扶贫必扶智”的重要理念。

求木之长者，必固其根本；欲流之远者，必浚其泉源。扶贫扶起的是志气骨气，传承的是家国情怀，守护的是绿水青山。扶贫既要富口袋，也要富脑袋。必须坚持文化脱贫和物质脱贫两手抓，筑牢贫困地区文化之基，补足信仰精神之钙，引领脱贫发展之舵。全国地方志系统要围绕中心、服务大局，坚决投入脱贫攻坚这场必须打赢的硬仗，积极参与脱贫攻坚战，发挥优势和特长，深入挖掘文化资源，着力补齐文化短板，努力帮助民族地区与贫困地区的文化建设实现较大的发展提升，在全面建成小康社会、实现中华民族伟大复兴中国梦的征程中贡献方志人的力量。

是为序。

中国社会科学院院长
中国地方志指导小组组长　谢伏瞻

民族地区与贫困地区年鉴出版资助工程领导小组

组　　　长：高　翔

常务副组长：冀祥德

副　组　长：高京斋　邱新立

民族地区与贫困地区年鉴出版资助工程领导小组办公室

主　　　任：冀祥德

副　主　任：邱新立

成　　　员：于伟平　刘永强　冷晓玲　李　静

《西吉年鉴（2019）》编纂人员

主　　编：马正忠

副 主 编：王蔚蔚　马宏智

特邀编辑：张明鹏　吕　棣

编纂人员：李万强　李晓斌　谢耀文　苏　慧　马兴元　李欣阳

摄　　影：师庆和　叶阑珊

编辑说明

一、本年鉴以马克思列宁主义、毛泽东思想、邓小平理论、“三个代表”重要思想、科学发展观、习近平新时代中国特色社会主义思想为指导，坚持辩证唯物主义和历史唯物主义的立场、观点和方法。以服务西吉为宗旨，顺应全县人民建设小康社会步伐，以建设开放西吉、富裕西吉、和谐西吉、美丽西吉为目标，是一部具有鲜明地方特色的综合年鉴。

二、本年鉴汇集2018年度西吉县政治、经济、文化、社会、生态和党的建设等社会各项事业发展的基本资料和重要信息，资料翔实、体例规范、内容丰富、特色鲜明、可读性强，是各界人士认识西吉、了解西吉的权威性工具书，具有较强的资政、存史、教化作用和收藏价值。本年鉴所刊载的资料由各乡（镇）、县直各部门（单位）、区市直属部门（单位）提供，并经各主管部门审核，经西吉县委党史和地方志研究室按年鉴编辑体例和要求对部分内容进行了修改、审定，编纂、定稿成书。

三、本年鉴采取分类编辑法，以类目、分目、条目组成框架结构的主体部分。条目为实写单元，设概述、专载、大事记、组织机构与领导名录、党委、人大常委会、政府、政治协商、法治、宁夏吉德慈善产业园、基础建设、军事、群众团体、民族宗教、农业与农村经济、财税金融、经济管理、商业贸易、教育　体育　卫生、文化　旅游　广电、社会管理、乡镇、人物、先进名录、重要文献25个类目。全书共138个分目，815个条目。

四、本年鉴专设2018年县委常委简介，人大常委会党组书记、主任简介，政协党组书记、主席简介，先进人物等分目。“组织机构与领导名录”收录全县行政、事业、企业单位及中央、区、市直属单位副科级以上（含副科级）领导干部。

五、本年鉴记述时限为2018年1月1日至2018年12月31日，部分工程建设、图片资料、表彰奖励记述到2018年或上溯至2017年。本年鉴中部门提供的个别数据与统计部门的数据或有不一致处，以《西吉县2018年国民经济和社会发展统计公报》数据为准。

六、《西吉年鉴（2019）》严格执行出版物汉字使用管理规定、法定计量单位、出版物数字用法、标点符号用法等规定，力求规范统一。使用“宁夏回族自治区”“固原市”“西吉县”称谓时，有时简称为“全区”“全市”“全县”。

西吉县地图

2017年12月

宁夏国土资源厅（测绘地理信息局）编制

“四个一”示范工程——株苗

“四个一”示范工程——枝花

“四个一”示范工程——棵树

“四个一”示范工程——棵草

“中国最美休闲乡村”龙王坝

2018 年 5 月 12 日，西吉县防震演练主会场

2018 年 7 月 18 日，自治区党委宣传部，中共固原市委、市政府主办的“不到长城非好汉、六盘山红诗会”在西吉县将台堡红军会师纪念碑广场举行

2018 年 8 月 1 日，全县“团结奋进新时代”广场舞大赛在将台堡举行

2018 年 8 月 28 日，预定新兵适应性训练

2018 年 9 月 6 日，中央广播电视总台心连心艺术团在将台堡红军长征会师纪念园节目录制现场

2019 年 1 月 28 日，西吉县首届迎新春西部片区乡村文化艺术节在平峰镇举行

2019年7月22日，“时代人新说——我和我的祖国共成长”家国情怀故事汇——宁夏站活动在将台堡红军长征会师纪念园举行

2019年9月28日，“我和我的祖国”——文化新生活全县广场舞大赛在将台堡红军长征会师纪念碑广场举行

2019年10月1日，西吉县在将台堡红军长征会师纪念园举行升国旗仪式

2019年10月1日，西吉县在将台堡红军长征会师纪念园举行升国旗仪式

2019 年 10 月 18 日，全市教育系统首届中学生田径运动会在西吉县体育场举行

2019 年元宵节社火大赛

春联下乡活动

滨河公园绿化

大型现代眉户剧《丁香花开》下乡演出现场

飞跃的运动健儿

非物质文化遗产——秦腔进校园

丰收的喜悦

覆膜种植

华林种植基地（航拍）

火石寨一角

西吉县城东（航拍）

西吉县城西（航拍）

马铃薯收购

肉牛养殖

蔬菜种植

西芹清洗装车

田坪杏农

网络安全宣传活动现场

自来水进千家万户

五彩田园

微笑西吉（1）

微笑西吉（2）

微笑西吉（3）

微笑西吉（4）

西吉钱币博物馆

西吉体育馆夜景

西吉县第九届“民族团结杯”中小学生篮球运动会

西吉学子办理助学贷款

西吉中学图书馆

西吉中学全貌

西吉之冬

治理后的葫芦河

义务植树活动（1）

义务植树活动（2）

正在种植的兴隆镇范沟村花椒基地

正在种植的硝河隆堡蔬菜标准化新技术集成示范园

目　录

特　载

大事记

西吉概览

中国共产党

西吉县人民政府常务会议

政 协

政协西吉县委员会

政协西吉县委员会常委会议

纪检监察

西吉县纪检

西吉县监察

群众团体

总工会

共青团

妇女联合会

通　信

电　信

移　动

联　通

科学技术

地　震

气象服务

经济管理　产业园

发展和改革

市场监督管理

国土资源管理

财　政

税　务

审　计

统　计

人　物

先进名录

附 录

特 载

振奋精神　务实苦干
为坚决打赢脱贫攻坚战与全国同步建成全面小康社会而努力奋斗

——在西吉县委第十四届四次全体会议上的报告

（2019年1月6日）

固原市委常委、西吉县委书记　王学军

这次全会的主要任务是：深入学习贯彻习近平新时代中国特色社会主义思想和党的十九大精神，认真贯彻落实中央经济工作会议和自治区党委第十二届六次全会及市委四届四次全会精神，全面回顾总结2018年工作，安排部署2019年工作，动员全县各级党政组织和广大党员干部群众，振奋精神，务实苦干，坚决打赢脱贫攻坚战，为实现经济繁荣、民族团结、环境优美、人民富裕，确保与全国同步建成全面小康社会目标而努力奋斗。

首先，我代表县委常委会，向全委会报告一年来的主要工作。

刚刚过去的2018年，我们面临的形势比预计的复杂，困难比预想的要多。面对经济下行和改革发展双重压力，在区、市党委的坚强领导下，常委会深入学习贯彻习近平新时代中国特色社会主义思想和党的十九大精神，坚决贯彻落实党中央和区市党委各项决策部署，团结带领全县各级党政组织和广大干部群众，齐心协力，扎实工作，有力地促进了全县经济总体平稳、稳中有进，社会全面进步，民生持续改善，民族团结进步，社会大局稳定，党的建设全面加强。预计全年完成地区生产总值64亿元，增长4%；社会消费品零售总额17.1亿元，增长5%；地方一般公共预算收入1.69亿元，同比增长0.4%；城镇居民人均可支配收入25100元，增长8%；农村居民人均可支配收入9250元，增长10%。

突出精准施策，脱贫攻坚取得新成效。围绕贫困户“两不愁三保障”脱贫标准，整合各类涉农资金13.25亿元，精准施策，靶向发力，实施强基础、补短板项目24个，草畜产业加快发展，50万亩玉米喜获丰收，马铃薯、芹菜产业提质增效，贫困村基础设施和公共服务建设全面推进。全力做好就业帮扶、技能培训等“富脑袋”的工作，规范培育扶贫合作社70个，建成扶贫车间26个。金融扶贫、县外移民搬迁等重点难点工作得到有效破解，新发放小额金融贷款9.54亿元，建档立卡户贷款覆盖率达到92.91%；搬迁安置移民1668户7753人，全面完成“十三五”易地扶贫搬迁任务。不断深化东西部协作和中央定点扶贫、社会帮扶，共投入各类帮扶资金1.03亿元。深入开展“帮扶干部进村入户办实事解难题”专项行动，“三个清”“三个一”取得阶段性良好成效，贫困户满意度稳步提升，内生动力不断增强。预计可实现37个贫困村脱贫出列，2.25万贫困人口稳定脱贫，贫困发生率下降到5.88%。

突出转型升级，特色产业实现新发展。制定农牧业产业扶贫政策，安排5.2亿元进行全产业补贴，特色产业提质增效，全县种植马铃薯81万亩、蔬菜15万亩、杂粮102万亩，牛、羊饲养量分别达到40万头、100万只，粮食总产量达到35.72万吨。积极推进工业结构调整，与山东水发集团、北京秋实集团等一批综合实力雄厚的企业签订招商引资项目18个，到位资金21.6亿元。全域旅游稳步发展，完成将台堡红军长征会师广场、兴隆镇单家集红军长征遗址和吉强镇龙王坝等一批乡村旅游基础设施建设，西吉县入围“2018中国最美县域榜单”，龙王坝荣获AAA级景区，2018年共接待游客109万人次。

突出补齐短板，城乡建设呈现新面貌。以项目建设为抓手，以城乡融合为主线，加快推进乡村振兴战略。全年争取资金55.9亿元，争取项目122个，开（复）工重点项目99个，完成投资30亿元。县中医院、县体育馆和全民健身中心建成并投入使用，县城供暖系统全面改造提升。棚户区改造房屋征收2059户20万平方米，建设保障性住房7710套、配租6700套。完成16个乡镇供暖系统改造，乡镇干部办公生活条件得到改善。制定《乡村振兴战略实施意见》，完成平峰镇三合村、火石寨乡大庄村等5个“美丽村庄”建设。持续加大贫困村基础设施和公共服务建设，建成农村道路600千米，危房改造3112户，新增自来水入户9700户，自来水普及率提高到95.2%，文化服务中心、农业服务中心、电商服务网点和村级活动场所改造等实现全覆盖。

突出共建共享，民生保障谱写新篇章。累计投资4.91亿元实施薄弱学校改造、幼儿园建设等一批教育重点工程，办学条件明显改善，面向全市公开竞聘22名中小学校长，教育队伍不断优化，教学质量监测力度持续加大，全县义务教育基本均衡发展，顺利通过国家评估验收。“六朵云”智慧文化服务工程为党建、社会治理、扶贫等领域搭建信息共享平台，《丁香花开》在全区深度贫困乡镇进行巡演。积极探索医共体建设，全面推进分级诊疗模式，实行县乡村一体化管理，初步达到“小病不出村、常见病不出乡、大病不出县”的目标。严格最低生活保障准入和退出机制，实现动态管理下应保尽保、应退尽退。深入推进职业技能培训和劳动力转移就业，完成技能培训1.55万人，农村劳动力转移就业11.57万人，实现工资收入25.58亿元。

突出激发活力，各项改革取得新进展。大力推进“放管服”改革，全面完成区、市下达的53项重点改革任务。全面推进“互联网+政务”，县本级集中办理权力事项时限压缩50%以上，“不见面、网上办”达到80.2%。农村集体产权制度改革有序推进，打造农村土地承包经营权股份制改革、农村产权抵押贷款等示范村17个。积极防范化解金融风险，清理核实地方政府债务，争取到位置换债券资金6258万元，化解存量债务1.48亿元。科技、工业园区、生态文明等体制改革扎实推进。

突出污染防治，生态治理迈出新步伐。完成葫芦河流域县城以下段50千米河道综合治理和县城供热锅炉脱硫脱硝除尘改造，县城第一污水厂、第二污水厂和燃煤锅炉改造通过区市验收，兴隆、将台污水处理厂已经建成，葫芦河出境断面水质、县城锅炉烟尘排放全面达标。坚决实施封山禁牧、秸秆垃圾禁烧，2018年空气优良天数达95.7%。扎实开展“绿盾2018”专项行动，全面完成火石寨、党家岔保护区点位整治。扎实开展“城乡环境卫生大绿化大整治”专项行动，人居环境明显改善。大力实施造林绿化工程，完成新造林8万亩，补植补造5.9万亩，全县森林覆盖率提高到15.78%。建成“四个一”试验示范（点）18个，总面积8636亩，引进适宜树（草）品种58个。

突出综合整治，社会治理开创新局面。坚决贯彻落实习近平总书记关于民族宗教工作的重要论述，全面落实党的民族宗教政策。深入开展“拥护核心感恩党　同心携手奔小康”主题教育活动，中华民族共同体意识进一步筑牢。坚持宗教中国化方向，依法加强宗教事务管理，积极稳妥治理宗教领域突出问题，民族团结、宗教和顺的良好局面进一步巩固提升。在全市率先完成“扫黄打非”进基层工作，创建区级示范点2个。“七五”普法扎实开展，扫黑除恶专项斗争和“群众反映强烈突出问题大排查大化解”专项行动深入推进，排查化解矛盾纠纷5979件，摸排各类涉黑涉恶违法犯罪线索122条，打掉涉恶势力犯罪团伙2个，抓获犯罪嫌疑人28人，社会治安综合治理和平安建设不断深化，被自治区综治委授予“平安县”称号。

突出从严从实，党的建设得到新加强。坚持把政治建设放在首位，深入学习贯彻习近平新时代中国特色社会主义思想和党的十九大精神及习近平总书记来宁视察重要讲话精神，牢固树立“四个意识”，坚定“四个自信”，坚决做到“两个维护”。及时传达学习、贯彻落实党中央和区市党委重要精神，坚决对标落实习近平总书记对宁夏工作重要指示批示精神，对一段时间以来脱贫攻坚、民族宗教、生态环保等领域存在的偏差偏向问题坚决予以纠正，及时修订或废止了与党中央精神不相符的文件。共召开县委常委会30次、县委理论中心组学习会22次，组织理论宣讲700余场（次），举办各类培训班12期，培训各级党员干部2300人次，进一步统一了全县上下思想认识，增强了对习近平新时代中国特色社会主义思想的政治认同、思想认同。认真落实党建主体责任，定期听取汇报和专题研究党建、党风廉政建设、意识形态、民族宗教等方面工作。坚决抓好巡视反馈问题整改，对照中央巡视组巡视宁夏反馈的意见，细化整改措施295条，已完成整改217条，并形成长效机制；中央第二环保督察组“回头看”反馈的20件转办件已全部按期办结；自治区党委第四巡视组巡视西吉反馈的7个方面105个问题，已完成整改97个。反腐败斗争力度持续加大，查处违纪违法干部109名。整顿转化软弱涣散基层党组织94个，新建村级活动场所22个、维修改造44个，教育转化信教党员402名。深化党组织“双评双定”正向激励、反向监督机制，7个基层党组织、1682名党员被亮黄星，管党治党压力逐级压实。切实加强干部队伍管理，激励干部担当作为，制定进一步激励广大干部新时代新担当新作为实施意见，提拔和进一步使用干部41名，重新起用受处理处分影响期满干部2名，调整交流干部66名，免职15名。成立巡察机构，巡察乡镇5个、县直部门（单位）12个，巡察利剑作用进一步发挥。牢牢掌握意识形态工作主动权，严格落实意识形态工作责任制，健全制度，完善机制，舆情管控及时有效，民主政治、精神文明、民风建设扎实推进。

一年来，常委会在把方向、管全局、作决策、促落实的同时，高度重视自身建设。坚决做到“两个维护”，坚决贯彻落实党中央和区市党委决策部署，对中央和区市党委召开的重要会议，及时传达学习，坚决贯彻落实。严格执行民主集中制和常委会议事规则，坚持“三重一大”事项集体研究决定，及时听取人大、政府、政协、法院、检察院党组工作汇报，努力把党委的凝聚力、人大的监督力、政府的执行力、政协的参政力、乡镇部门的竞争力、干部群众的向心力充分调动起来，形成推动发展的强大合力。常委会成员带头开展调查研究，带头解决问题，带头推动落实，带头落实中央八项规定精神及其实施细则，带头整改各类巡视反馈问题，有效带动了全县党风政风、政治生态持续向好。

2018年我们遇到的困难比预计的多，取得的成绩比预想的好。尤其是在面对经济下行压力加大、产业转型阵痛加剧的大环境下，城乡居民两大收入稳步增长，民生福祉不断改善，很不容易！在此，我代表县委常委会，向各位委员、候补委员，向辛勤奋战在全县各条战线上的广大干部群众表示衷心的感谢！向关心支持西吉发展的各界人士表示崇高的敬意！

在总结工作、肯定成绩的同时，常委会也认真分析了存在的问题和不足，主要是：经济总量较小，产业结构单一，二产不强，三产不活，实体经济发展困难增多，县域经济增长后劲不足；脱贫攻坚任务重、遗留问题多，脱贫富民产业层次低，基础设施欠账大，地方财力弱，保障和改善民生的任务仍十分艰巨；部分基层党组织软弱涣散，推动发展、服务群众能力不足；一些干部精神状态不佳，不敢担当、不主动作为、作风漂浮及弱慢推拖等问题依然存在；少数干部违法违纪问题仍时有发生等。

回顾总结，是为了更好地前行。我们坚信，只要我们始终保持政治坚定，不断巩固成绩，解决突出问题，振奋精神，务实苦干，就一定能开创西吉更加美好的明天。

下面，受常委会委托，我就今年的主要工作讲几点意见。

2019年是中华人民共和国成立70周年，是决战决胜脱贫攻坚的关键之年，做好今年的工作至关重要、意义重大。最近召开的中央经济工作会议和自治区党委第十二届六次全会、市委第四届四次全会，为我们做好今年工作指明了方向、提供了遵循。我们要认真学习领会，坚决贯彻落实，切实把思想和行动统一到党中央和区市党委的决策部署上来，以时不我待、只争朝夕的精神和踏石留印、抓铁有痕的劲头，奋力开创西吉经济社会发展新局面。全县工作的总体要求是：以习近平新时代中国特色社会主义思想和党的十九大精神为指导，以习近平总书记视察宁夏时的重要讲话精神为根本遵循，深入贯彻落实中央经济工作会议和自治区第十二次党代会、第十二届六次全会及市委四届四次全会精神，坚持稳中求进总基调，坚持新发展理念，坚持推进高质量发展，坚持以供给侧结构性改革为主线，坚持以脱贫攻坚统揽经济社会发展全局，坚决打好“三大攻坚战”，深入实施“三大战略”，集中攻坚“六场硬仗”，振奋精神，务实苦干，为打赢脱贫攻坚战，与全国同步建成全面小康社会打下决定性基础，以优异成绩庆祝中华人民共和国成立70周年。

主要预期目标是：完成地区生产总值同比增长7%左右，全社会固定资产投资增长7%，社会消费品零售总额增长6%，地方一般公共预算收入同口径增长8%，城乡居民人均可支配收入分别增长8%、9%，贫困人口减少2万人以上；完成区市下达的能耗、污染物排放等各项约束性指标。

做好今年的工作，首先要认清形势、明辨大势、把握趋势，保持清醒头脑，保持战略定力，坚定发展信心。要深刻认识到，当前国内外形势正在发生深刻复杂变化，但我国发展仍处于并将长期处于重要战略机遇期。这是习近平总书记在中央经济工作会议上对当前我国发展总体大势的科学判断。要看到我国发展重要战略机遇期蕴含的“变”与“不变”、同生并存的“危”和“机”。“变”就是当今世界面临着百年未有之大变局，国内外形势正在发生深刻复杂变化；“不变”就是我国发展仍处于并将长期处于重要战略机遇期没有变。在“不变”的重要战略机遇期内，其内涵发生了新的变化，这就是习近平总书记指出的加快经济结构优化升级、提升科技创新能力、深化改革开放、加快绿色发展、参与全球经济治理体系变革带来的“五个机遇”。百年未有之大变局，也是百年未有之大挑战，“危”

和“机”同生并存，克服了“危”即是“机”，失去了“机”即是“危”。我们要增强忧患意识，防患于未然，在“变”与“不变”，“危”与“机”中既不能惊慌失措、手忙脚乱，也不能反应迟缓、无所作为，要牢牢把握战略主动。要深刻认识到，我国经济保持总体平稳、稳中有进的良好态势，但稳中有变、变中有忧。这是习近平总书记在分析国内经济形势时作出的精准判断。既要看到我国经济社会持续健康发展的良好态势，也要看到我国经济运行稳中有变、变中有忧，风险困难明显增多、矛盾问题不断凸显。今年尽管世界经济延续复苏态势，但增长动能正在减弱，世界经济下行风险逐步加大。我国发展面临的环境更复杂，不确定性因素增多，风险挑战更多，保持经济持续健康发展的难度加大。但从长远看，我国经济发展基本面是好的，我们有改革开放40年来发展的深厚积累，经济发展有足够的韧性、巨大的潜力、广阔的市场。困难不容低估，信心不可动摇，干劲不能松懈。只要我们坚决贯彻落实党中央和区、市党委决策部署，精准施策，真抓实干，就一定能够成功应对困难挑战，有效解决矛盾困难，继续保持良好发展态势。要深刻认识到西吉当前发展中面临的许多困难和问题是结构调整阵痛的表现，是多年积累的深层次矛盾问题的反映，必须坚定不移走高质量发展之路。我们西吉与全国全区全市一样，虽然经济社会发展保持了总体平稳、稳中有进，但发展面临的矛盾问题、短板瓶颈不容忽视，有的正日益显现。从固定资产投资看，“十二五”时期我县投资年均增长24.1%，进入“十三五”以来开始回落，2019年预计下降20%左右。通过深入分析我们可以看到，过去西吉县投资高增长是在起点低、基数小的前提下的高增长，是主要依靠基础设施项目建设、政府投资拉动的，产业投资占比较低。目前我县政府债务余额已达到58.61亿元，如果我们继续走拉高政府投资和基础设施投资的老路，只能是加剧政府债务、金融和财政风险，恶化经济结构。从财政收入看，“十二五”时期全县财政收入年均增长30.2%，尤其是2017年同口径增幅达32.4%，主要是补缴历年耕地占用税2500万元形成的不可比因素，2018年县级财政收入虽然与2017年持平，但非税收入占比下降，反映财政收入质量提高。从企业运行情况看，我县规模以上企业只有8家，且大部分处于产业链低端，有的长期靠政府财政投入支持维持运行，一旦政府投入支持减少就造成亏损或停产，反映了我县企业整体运行层次低、结构不优、造血功能差。企业发展初期政府支持是很有必要的，如果长期靠财政投入维持运行，这样的企业是没有发展前途的。为此，我们必须下决心调整产业结构，推动企业转型发展、高质量发展，这是解决深层次问题、促进经济平稳健康发展的根本之路。转变发展方式、调整经济结构是要付出代价的，今天不付出代价，将来就要付出更大代价。我们要透过现象看本质，从发展变化看形势，不能被当前指标、短期变化牵着鼻子走，不能指标一好就放松工作，差一点就紧张起来，又回到粗放发展的老路上。要保持转方式、调结构的定力和韧性，顶住压力，忍住阵痛，坚定不移走转型发展、高质量发展之路，只有这样我们的路才会越走越宽广。

一、提高政治站位，坚决同以习近平同志为核心的党中央保持高度一致

习近平同志是全党拥护、人民爱戴、当之无愧的党的核心、人民领袖、军队统帅，我们要坚决维护习近平同志的核心地位，坚决维护以习近平同志为核心的党中央权威和集中统一领导，坚决贯彻落实区市党委各项决策部署，确保全县经济社会发展始终沿着正确政治方向不断前进。

（一）坚定不移地自觉做到“两个维护”。要把讲政治作为第一要求，把“四个意识”“四个自信”“两个维护”融入血液、铸入灵魂，在思想上保持高度一致，发自内心拥护核心、爱戴核心，始终向核心看齐；在政治上保持高度一致，时刻以党的旗帜为旗帜、以党的方向为方向、以党的意志为意志，始终做政治上的明白人；在行动上保持高度一致，党中央提倡的坚决响应、党中央决定的坚决执行、党中央禁止的坚决不做，始终做到对党绝对忠诚。

（二）坚定不移地持续深化理论武装。深入学习习近平新时代中国特色社会主义思想，持续在学懂弄通做实上下功夫，认真开展“不忘初心牢记使命”主题教育，持续推进“两学一做”学习教育常态化制度化，不断创新完善理论学习中心组、理论大讲堂等学习研讨机制。做好结合文章，坚持把学习贯彻习近平新时代中国特色社会主义思想与习近平总书记视察宁夏时的重要讲话精神和为自治区成立60周年“建设美丽新宁夏　共圆伟大中国梦”题词结合，与区市党委实施“三大战略”和打赢“六场硬仗”的部署要求结合，与我县实际工作结合，把思想上的自信转化为实践上的自觉和发展上的自强，以钉钉子精神全面抓好落实，使学习成果最终体现在推动发展的成效上。

（三）坚定不移地抓好巡视反馈问题整改落实。始终牢记“巡视不整改就是对党不忠诚”，严格落实问题、任务、责任“三个清单”，持续抓好中央和自治区巡视、生态环境督察、国务院大督查、脱贫攻坚考核等反馈问题整改落实。特别是对群众反映强烈突出问题、“三化”治理、生态环保、落实中央八项规定精神、脱贫攻坚、意识形态等方面存在的问题，按照“三个不放过”要求，一盯到底，逐一整改销号，不留死角，坚决杜绝表面整改、敷衍整改、假装整改。

（四）坚决贯彻落实党中央和区市党委重大决策部署。这是我们各级党组织应尽的政治责任，也是做到“两个维护”的集中体现。要按照党中央有部署、区市党委有安排、西吉必有行动的要求，全面贯彻落实党中央和区市党委各项方针政策与决策部署。对中央经济工作会议和自治区党委第十二届六次全会、市委第四届四次全会部署的重点任务，细化目标、分解任务、落实责任，并从我县实际出发，找准着力点和突破口，确保落实党中央精神和区市党委决策部署不走样。

二、聚焦精细实严，全力打好脱贫攻坚战

坚定不移实施脱贫富民战略，坚持一手抓贫困村贫困户脱贫销号，一手抓已退出村脱贫户巩固提升，抓重点、补短板、强弱项、建机制，整合涉农资金13.25亿元，确保实现25个贫困村脱贫出列、2万建档立卡贫困人口脱贫退出，为与全国同步建成全面小康社会奠定坚实基础。

（一）要聚焦深度贫困村脱贫退出这个难点。深度贫困村是脱贫攻坚的“贫中之贫、困中之困、难中之难、坚中之坚”。瞄准全县58个深度贫困村，进一步细化实施方案，把工作力量、新增资金项目、金融投入等向深度贫困村倾斜，注重聚焦特殊困难群体，围绕产业扶贫、易地扶贫搬迁、内生动力激发等重点难点，着力补齐短板、破解难题，确保到2020年深度贫困村全部有序稳定脱贫退出。

（二）要聚焦产业发展这个基础。坚持“有土”扶贫和“离土”扶贫相结合，抓到村到户产业培育。做大“有土”产业。持续实施覆盖所有建档立卡户的全产业链扶持政策，构建以草畜为主导，马铃薯、冷凉蔬菜、小秋杂粮、特色种养、庭院经果林为辅助的到户增收产业体系，打造一批养牛、养羊、蔬菜、林果产业示范村。做强“离土”产业。实施就业扶贫行动计划，精准培训贫困人口，转移就业1.1万人。高质量建成扶贫车间20个，就近就地安置贫困群众就业1000人以上。深化闽宁对口协作和企业定点帮扶，巩固提升社会帮扶成效。创新完善金融扶贫机制，加大建档立卡贫困户产业贷款力度，实现“扶贫保”全覆盖，争创金融扶贫示范县。

（三）要聚焦“两不愁三保障”这个标准。 以增加贫困人口收入为核心，着力完善贫困村教育、健康、文化和社会保障等公共服务能力。严格落实国家和自治区各项教育资助政策，加大控辍保学力度，阻断贫困代际传递，巩固提升健康扶贫成果，防止“因病致贫、因病返贫”。全面完成贫困户存量危房改造任务，彻底解决贫困群众安全住房问题。实施农村低保和扶贫政策双向衔接，确保“应扶尽扶、应保尽保”。

（四）要聚焦基础设施建设这个短板。 在抓好贫困村的基础上，基础设施建设向非贫困村逐步覆盖，抓好安全饮水保障、农村道路建设和改造、行政村网络通信等重点工作，着力提高农村自来水普及率和供水保证率，加快建成外通内联、通村畅乡、客车到村、安全便捷的交通运输网络，力争自来水入户率达到98%，新建农村公路300千米以上，夯实脱贫攻坚基础。全面开展空壳村“清零”行动，切实增强村集体经济引领带动致富能力。

（五）要聚焦生态移民遗留问题这个薄弱环节。 坚持把移民工作重心转移到稳定增收发展和强化社会管理上来，集中力量解决好“十二五”遗留问题，使移民点空房空圈空棚用起来、弃耕撂荒土地活起来，依托劳动密集型企业和新型农村经营主体，建立可靠的利益联结关系，抓好移民产业发展，拓宽移民增收渠道，努力让移民群众生产条件更好、生活质量更高。

（六）要聚焦激发贫困户内生动力这个关键。 坚持“有土”“离土”带头人并重发展，不断深化农村“两个带头人”工程，培育新增致富带头人300名以上。办好新时代农民讲习所，持续推进乡村民风建设，着力加强正向激励和宣传引导，带动广大群众特别是建档立卡户自强自立、勤劳致富。

三、围绕产业转型，努力推动经济高质量发展

坚定不移实施创新驱动战略，着力提高经济发展质量、效益和竞争力。

（一）力促农业提质增效。 坚持农业农村优先发展，立足资源禀赋和特色优势，加快推进农业农村现代化。紧盯市场需求和农民增收，着力在优品种、提品质、增效益上下功夫，持续推动马铃薯、草畜、蔬菜、杂粮四大特色主导产业提档增值，马铃薯种植面积稳定在85万亩以上，牛羊饲养量突破140万头（只），特色蔬菜面积达到15万亩、小秋杂粮100万亩以上。坚定不移走“特色兴农、质量兴农”之路，进一步深化农业供给侧结构性改革，引进新优品种和先进技术，建设马铃薯、牧草、蔬菜、杂粮等技术集成示范园，促进科技成果转化，主要农作物、畜禽良种化率均达到90%。建设“四个一”林草产业示范园1.5万亩以上，拓展农业发展空间，逐步实现“山绿”与“民富”有机结合。大力培育发展新型农业经营主体，加快发展农产品加工、流通，构建现代农业产业体系、生产体系、经营体系，促进农业产业链提质增效，不断做靓做强“中国马铃薯之乡”“中国西芹之乡”品牌。

（二）力促工业集聚厚植。 实施工业园区优化创新行动，理顺体制机制，清理“僵尸企业”“腾笼换鸟”，盘活资源，引优项目，着力培育新技术企业和特色农产品加工领军企业，加快工业园区转型升级。抓好规上企业培育，重点培育特色农产品加工和服装、电子产品、新能源等新兴产业，切实增强对县域经济的拉动力。全面落实自治区支持民营经济发展20条措施，培育一批优秀民营企业，形成“百家成长、千家培育、点面开花”的新局面。

（三）力促服务业优化升级。 大力发展现代服务业，坚持一手抓生活性服务促“消费回流”，一手抓生产性服务补齐短板，着力培育新业态、新模式，切实发挥对经济增长的“半边天”作用。大力发展购物中心、大型物流实体，推进传统商贸优化升级。持续推进“互联网+”，巩固提

升电子商务示范县建设，发展电商产业园，打造一批电商示范村。做好“旅游+”文章，推动旅游与特色文化、优势产业、新生活方式融合，凝聚全域旅游的新共识，打造全景覆盖的新品牌。以将台堡、单家集、火石寨、龙王坝为重点，加快发展红色游、乡村游、文化游等，着力做强西吉特色旅游产业。

四、突出项目建设，不断夯实发展基础和后劲

项目是夯实基础的“主渠道”，也是带动发展的“主引擎”。我们必须把争项目、引项目、抓项目作为基本功和重头戏，以项目建设大突破推动产业大转型、基础设施条件大改善。

（一）全力推进项目建设。紧盯国家政策投资动向，积极储备一批支撑经济社会发展的大项目、好项目，确保投资稳定增长。健全县级领导包抓重点项目责任制，着力破解征地拆迁、项目融资等瓶颈难题。靠实项目投资主体、资金来源、实施地段，明确项目牵头领导、责任单位、完成时限，加快西会高速、好水至兴隆、三百户—下堡公路及夏寨、张家咀头、马莲、什字水库除险加固、村级光伏扶贫电站等71个重点项目建设，完成年度投资56.8亿元，争取开工建设宁夏生物蛋白等21个项目，努力培育新的经济增长点。

（二）全力扩大招商引资。进一步创新招商形式，强化专业招商、以商招商，严格落实招商引资奖励政策，实行“一站式”代办和“保姆式”服务，确保招商实效。跟踪抓好山东水发、北京秋实、宁夏港生等一批投资拉动大、产业带动强的重点项目落地。加强与各地工商联、商会、协会的联络，注重发挥在外西吉老乡和曾在西吉工作、创业人士的作用，引进一批技术新、排放低、产业关联度高、带动能力强的产业项目。力争全年招商引资到位资金22亿元。

（三）全力推动城乡一体发展。坚持“新型城镇化”和“乡村振兴”两手抓，建立健全城乡融合发展机制，优化镇村发展布局，加快构建大县城、中心镇、美丽村庄“三位一体”的城乡统筹发展体系。扎实推进乡村振兴战略。加快补齐乡村基础设施和公共服务短板，保持农业农村经济发展的旺盛活力。以“美丽乡村”建设为载体，争取建设特色小城镇3个，打造美丽村庄5个。以“四清”“四改”为重点，深入推进农村人居环境整治，进一步提升村容村貌。加强农村基层基础工作，健全自治、法治、德治相结合的乡村治理体系，全力推进移风易俗，焕发乡村文明新气象。大力实施城市扩容提质工程。按照《宁夏空间发展战略规划》和全市“1411”新型城镇化建设思路，编制完成《西吉县空间规划》，完善镇村规划体系，调整健全各类专项规划，规范国土空间开发行为。按照“东扩西展、中心改造、整体提升”的思路，对集中连片区和“城中村”宜拆则拆、宜改则改、宜保则保，不断推进棚户区改造。加快完善公园、广场、道路、管网、防洪等系统建设，改造提升永清湖公园，不断完善城市功能。集中开展乱停乱放、乱搭乱建等乱象治理，建立健全长效机制，全面提升城市管理水平，争创自治区卫生县城。

五、注重民生改善，切实增进人民群众福祉

民生是最大政治，共享是本质要求。要认真践行以人民为中心的发展思想，加大民生投入，解民之忧、谋民之利，不断增强群众的获得感、幸福感。

（一）抓教育提高全民素质。坚持把教育事业放在优先发展位置，巩固“全国义务教育发展基本均衡县”成果，推进义务教育优质均衡发展，普及高中阶段教育，确保小学入学率、初三学生毕业率均达到100%，高中毛入学率达到92%。实施好“全面改薄”“教育现代化推进”等项目，新（扩）建中小学校7所，进一步改善办学条件。补齐学前教育发展短板，加大民办幼儿园扶持力度，确保学前入园率达到80%。突出抓好教师素质、教育质量“双提升”行动，大力实施“名师名校名校长”培育工程，扎实推进“互联网+教育”试点示范，着力培养一批教育教学专家型人才，全力重塑西吉教育品牌。

（二）抓医改减轻就医负担。加快推进健康西吉建设，广泛开展“三减三健”行动，倡导健康生活方式，持续提升公民健康素养。突出抓好医师素质、医疗质量“双提升”行动，持续深化综合医改，不断完善县人民医院、县中医院远程诊疗中心服务功能，提高医疗服务水平。全面开展家庭医生电子化签约服务，加快推进“互联网+医疗健康”服务模式。

（三）抓文化丰富精神生活。牢牢掌握意识形态工作领导权，以培育践行社会主义核心价值观引领精神文明建设，组织开展专题化、系列化宣传报道，营造风清气正的网络环境和舆论环境。深入挖掘历史故事、红色文化、乡土文化，广泛宣传道德模范、最美人物，深入开展文化下乡活动，做实以“一约四会”为重点的民风建设，让广大群众在延续优秀传统文化基因中启迪思想、滋养精神、丰富生活。以中华人民共和国成立70周年为契机，鼓励创作更多富有西吉和历史人文元素的优秀精品，讲好西吉故事，进一步做靓中国首个“文学之乡”品牌。完成西吉县博物馆陈展工作，争取开工建设县图书馆、县文化馆和马建等4个乡镇综合文化站。

（四）抓就业增加群众收入。落实更加积极的就业政策，推动就业个性化服务、精准化供给，力争农村富余劳动力转移就业11万人以上，有效增加群众工资性收入。深化“双创”行动，大力推进“一园一街”建设，让有创业意愿和能力的科技人员、农民工、大学生创业兴业，示范带动群众增收致富。

（五）抓社保兜住生活底线。落实全民参保计划，推进各类社会保障扩面提标，把“保障网”织得更密、兜得更牢。落实好被征地农民养老保险制度和困难残疾人生活补贴、重度残疾人护理补贴制度。加快发展老年事业，建设一批农村“老饭桌”，加大农村供养机构资源整合力度，有序推进敬老院转型。加快殡仪设施和公墓建设。

六、加强环境保护，着力推进生态文明建设

深入贯彻落实习近平生态文明思想，坚定不移实施生态立区战略，让西吉大地山更绿、水更清、天更蓝。

（一）打好“污染防治攻坚战”。紧盯环境污染突出问题，坚持全民共治、源头防治、铁腕整治，向一切污染环境的行为亮剑。坚决打好“蓝天保卫战”。紧紧围绕全年优良天数指标，以空气质量明显改善为刚性目标，强化联防联控联治，扎实推进“四尘”同治，提升城市保洁水平，加快淘汰黄标车、老旧车。坚决打好“碧水保卫战”。深入贯彻落实“河（湖）长制”，坚持治“差水”、保“好水”，争取启动实施葫芦河县城段生态综合治理及将台、兴隆、马莲集污管网改造建设项目，确保已建成污水处理厂正常运行、达标排放，坚决封堵河道污水直排口，确保葫芦河水质持续稳定达标。坚决打好“净土保卫战”。全面开展“清废”行动，强化工业固体废弃物、建筑垃圾等固体废弃物污染防治，大力推进“百村示范、千村整治”工程，推行畜禽粪便及时还田和资源化利用，保障农产品质量和人居环境安全，让群众生活环境更加舒适美好。

（二）全面推动绿色发展。牢固树立“绿水青山就是金山银山”的理念，实行最严格的生态红线保护制度，强化环评准入门槛和企业治污管理，推行生态环境补偿、生态环境损害赔偿等机制，不断提升生态治理能力现代化。加强生态文明宣传教育，倡导简约适度、绿色低碳的生活方式。

（三）加快生态环境建设。全面落实自治区“生态立区28条”和固原市“绿色发展30条”，加快实施六盘山400毫米降水线荒山造林、南华山外围水源涵养造林等生态绿化工程和小流域综合治理，完成营造林20万亩，治理水土流失90

平方千米，坚定不移抓好封山禁牧，着力巩固提升造林成果，全县森林覆盖率提高到17%。持续开展“绿盾”专项行动，坚决制止和惩处破坏自然保护区违法违规行为。

七、加强社会治理，努力营造良好发展环境

坚持守土有责、守土尽责，进一步提升民主法治和社会治理水平，维护社会和谐稳定，增强人民群众的安全感。

（一）加强民主政治建设。充分发挥县委总揽全局、协调各方的作用，支持人大依法履行监督、决定、任免、视察、检查等职权，支持政府依法行政、深化改革、强化执行、优化服务，支持政协依照章程履行政治协商、民主监督、参政议政职能，支持司法机关依法独立公正行使职权，支持群团组织和无党派人士聚焦脱贫攻坚，打响服务品牌。深入推进军民深度融合发展，继续做好老干部和关心下一代工作，进一步巩固和发展同心同德、同向同行的政治局面。

（二）深化依法治县实践。围绕“法治西吉”建设，进一步规范行政决策，加快法治政府建设，推进依法行政。深入开展“七五”普法，深化法律“八进”活动，引导全民自觉守法、遇事找法、解决问题靠法。深化司法体制综合配套改革，全面落实司法责任制，让人民群众在每一个司法案件中感受到公平正义。

（三）创新社会治理体系。深化“平安西吉”建设，坚持和发展新时代“枫桥经验”，不断完善立体化治安防控体系和矛盾纠纷多元化解机制，持续加大社会面管控、命案防控和禁毒力度，严厉打击“涉众型经济犯罪”等违法犯罪。坚持扫黑、治乱、打伞、问责并举，持续保持“扫黑除恶”专项斗争强大攻势，集中火力整治社会乱象。大力推进和谐社区创建，全面落实村民代表大会制度。严格落实安全生产“一票否决制”，坚决遏制重特大安全事故，着力提升防灾减灾救灾能力，全面加强食品药品安全监管，坚决维护人民群众生命财产安全。

（四）做好民族宗教工作。全面贯彻落实党的民族政策，始终保持正确的政治方向，以“拥护核心感恩党　同心携手奔小康”主题教育为抓手，唱响“中华民族一家亲　同心共筑中国梦”的时代主旋律，进一步夯实中华民族共同体意识，使“三个离不开”“五个认同”思想深深扎根各族群众心中，全力创建“全国民族团结进步示范县”。全面贯彻党的宗教工作基本方针，坚持宗教中国化方向，做好“导”的文章，依法加强宗教事务管理，坚决抵御境外宗教渗透，严防宗教极端思想，切实维护现有宗教格局稳定。高度重视宗教领域突出问题治理，准确把握政策尺度，深入推进“沙化”“阿化”“清真”概念泛化问题专项治理，加强网络涉民族宗教舆情管控。深入开展“四进”宗教场所、和谐寺观教堂创建活动，加强宗教教职人员培训教育。

八、扎实推进改革，不断增强发展活力

改革开放既是目标，也是动力和导向。必须营造改革开放氛围、凝聚改革开放共识，努力打造更具活力的体制机制，拓展更加广阔的发展空间。

（一）切实抓好机构改革。地方机构改革是我们必须完成好的一项重大政治任务，要对标对表自治区关于市县机构改革的总体意见，严格时间表、路线图，严守机构改革纪律，着力调整优化职能配置，合理划分事权，理顺权责关系，不讲条件、不打折扣、不搞变通、不开口子，确保2019年3月底前全面完成县级机构改革任务。

（二）扎实推进重点领域改革。深化“放管服”改革。大力推进“一网一门一次”改革，全面落实“多证合一”“一网通办”，持续深化“双随机一公开”，力争政务服务事项网上办理率达到85%。深化农村土地“三权”改革。完善农村土地承包“三权分置”制度，在依法保护集体土地所有权和农户承包权前提下，平等保护土地经营权，开展承包权经营权抵押贷款和土地二级市场试点工作。深化财政金融体制改革。以防范化解债务和金融风险为重点，强化财政预算监督管理，规范金融秩序。积极培育多层次信贷、资本和保险市场，加大中小微企业、实体经济和优势特色产业的信贷支持。

（三）持续优化营商环境。坚持问题导向，继续深入开展“四个年”活动，着力解决办事效率低、服务质量差、落实虚假空等作风顽疾，坚决查处侵害群众利益、损害党和政府形象、破坏发展环境的人和事，切实规范市场秩序、净化市场环境，全力推行精细化、标准化服务，务实推进机关作风持续好转、营商环境明显改善，进一步优化“亲”“清”的政商关系，不断激发经济社会持续高质量发展新动能。

九、坚持从严从实，扎实推进全面从严治党向纵深发展

坚持党的领导核心地位，深入贯彻落实新时代党的建设总要求，不断提高党的建设质量，为决战决胜脱贫攻坚提供坚强保障。

（一）加强党对各项工作的领导。充分发挥县委总揽全局、协调各方的领导核心作用，认真履行把方向、管大局、促落实的政治责任，切实汇聚加快发展的强大动力。要认真落实党委领导重大工作的体制机制。这次机构改革，我们将按照党中央和区市党委的部署要求，设立县委全面深化改革、依法治县、国家安全、网络安全和信息化、财经、审计、教育等方面的委员会和领导小组，从体制机制、机构职数上全面落实和体现党对各项工作的领导，各职能部门和党委议事协调机构要切实履行职责，确保各项工作有序高效开展。要注重发挥各方面力量推动发展。政府及各部门要切实转变职能，突出抓落实，提升执行力。人大、政协要围绕中心、服务大局，依法依章开展工作，助力经济社会发展。要充分发挥工商联和群团组织的积极性主动性创造性，形成全县上下齐心协力抓发展的强大合力。

（二）有效激励干部担当作为。坚持党管干部原则和好干部标准，树立正确选人用人导向，严格落实新时代新担当新作为实施意见和党政干部容错纠错实施办法，旗帜鲜明为敢担当、善作为的干部撑腰鼓劲，真正把想干事、能干事的干部选出来、用起来。注重在脱贫攻坚一线和急难险重岗位锻炼、选任优秀年轻干部，重视女干部和少数民族干部、党外干部的培养使用。以严的标准要求干部、严的措施管理干部、严的纪律约束干部，努力打造一支政治坚定、敢于担当、勇于创新、激情干事的干部队伍。

（三）抓实抓好基层组织建设。以提升组织力为重点，严格落实《中国共产党支部工作条例（试行）》《中国共产党农村基层组织工作条例》，推动全面从严治党向基层延伸。突出抓党建促脱贫攻坚，深入开展村级党组织“三大三强”行动，持续开展软弱涣散基层党组织整顿转化，全力抓好村“两委”和社区换届，加强基层活动阵地规范化建设，加快发展壮大村集体经济，做到工作倾斜基层、关爱传给基层。推进“互联网+党建”“智慧党建”，统筹抓好社区、机关、学校、国有企事业单位、非公有制经济组织和社会组织等领域党建工作，创新基层党组织设置形式，实现党的组织和党的工作全面覆盖、全面提升、全面过硬。

（四）驰而不息推进作风建设。作风建设永远在路上，永远没有休止符。要持续巩固拓展落实中央八项规定精神成果，紧盯老问题，关注新动向，把纠治“四风”往深里抓、往实里做，坚决防治反弹回潮。教育广大党员干部进一步解放思想、转变观念，继续深入开展“三大专项行动”，下决心解决部分干部工作能力弱、节奏慢、效率低、规矩意识差和不求有功、但求无过，只求过得去、不求过得硬等问题。建立健全工作落实机制，对中央和区、市、县党委决策部署紧盯不放，加强督促检查，强化压力传导，促使广大干部勇于担当、狠抓落实，推进各项决策部署落地见效。大力弘扬中华民族优秀传统文化，督促各级党员领导干部带头树立良好家风，以党的作风持续向好带动社风民风持续向上向善。

（五）持之以恒正风肃纪。认真落实县委主体责任和纪委监委监督责任，大力推进反腐倡廉教育和廉政文化建设，持续完善制度机制，最大限度堵塞漏洞，坚决铲除腐败滋生土壤。强化政治纪律和组织纪律，廉洁纪律、群众纪律、工作纪律、生活纪律严起来，让党员干部知敬畏、存戒惧、守底线。坚持惩前毖后、治病救人，运用监督执纪“四种形态”，抓早抓小、防微杜渐。始终保持惩治腐败高压态势，高悬巡察利剑，做到“无禁区”“全覆盖”“零容忍”。严肃查处发生在乡村和部门单位中的腐败案件，坚决整治发生在群众身边的“微腐败”“蝇贪”问题，进一步减少存量，坚决遏制增量，不断强化不敢腐的震慑、扎紧不能腐的笼子、增强不想腐的自觉，营造风清气正的政治生态。

新征程重任在肩，新使命催人奋进。让我们紧密团结在以习近平同志为核心的党中央周围，在区、市党委的坚强领导下，上下同心、迎难而上，以永不懈怠的精神状态和攻坚拔寨的必胜决心，走好改革开放再出发的新征程，坚决打赢打好脱贫攻坚战，为建设美丽新宁夏、共圆伟大中国梦，与全国同步建成全面小康社会而努力奋斗，以经济社会发展的优异成绩迎接中华人民共和国成立70周年。

政府工作报告

——在西吉县第十七届人民代表大会第三次会议上的报告

（2019年1月8日）

西吉县政府代县长　杨生俊

2018年工作回顾

2018年，面对严峻的经济形势和诸多发展困难，县人民政府在区、市党委、政府和县委的坚强领导下，在县人大、县政协的监督支持下，深入贯彻落实习近平新时代中国特色社会主义思想和党的十九大及习近平总书记视察宁夏时的重要讲话精神，牢牢把握稳中求进总基调，以脱贫攻坚为统领，团结带领全县广大干部群众负重拼搏、攻坚克难，坚决打好“三大攻坚战”，深入实施“三大战略”，集中攻坚“六场硬仗”，实现了全县经济稳中有进，各项事业逆势前行，人民生活持续改善。2018年完成地区生产总值64亿元，增长4%；全社会固定资产投资44亿元，下降20%；社会消费品零售总额17.1亿元，增长5%；地方一般公共预算收入1.69亿元，与2017年持平；城镇居民人均可支配收入25100元，增长8%；农村居民人均可支配收入9250元，增长10%。

一年来，主要抓了以下六方面的工作。

一、凝心聚力脱贫攻坚，全面小康迈出坚实步伐

对标贫困人口“一收入两不愁三保障”脱贫标准，紧盯农村全面小康底线要求，科学谋划、精准施策，整合各级财政涉农资金13.25亿元，实施了基础设施建设、产业培育发展、公共服务建设和教育健康保障等方面24个项目，实现37

个贫困村脱贫出列，2.25万贫困人口脱贫退出，综合贫困发生率下降到5.88%。

产业支撑更加有力。保持定力抓“有土”扶贫产业，安排资金5.2亿元，围绕马铃薯、草畜、蔬菜、杂粮（油料）等特色种养业，为贫困群众量身定制15类53项全产业链补贴政策，建档立卡户户均发展特色种植21.2亩、特色养殖30个羊单位；健全扶贫产业与贫困人口利益联结机制，巩固提升产业扶贫示范村43个、培育新型经营主体70个，辐射带动0.94万人；注入小额信贷补偿金1.6亿元，新增金融扶贫贷款9.54亿元，建档立卡户户均达4.9万元，覆盖率达92.91%。提升技能抓“离土”就业，开展精准脱贫能力培训1.55万人，转移就业11.57万人，创收25.58亿元；建成运营扶贫车间26个，带动就业1196人。经营性收入占全县农村居民可支配收入的48%以上。

基础保障有效提升。紧盯制约群众生产生活的“水、路、居”瓶颈难题，建成贫困村道路600千米，238个贫困村村组道路基本硬化；新增自来水入户0.97万户4.7万人，农村自来水普及率达95.2%；完成危房改造3112户，农村群众安全住房保障率达94.24%；实现295个行政村文化服务中心、动力电、4G信号等公共服务全覆盖。坚持因地制宜，建成县内就近安置点2个，回购县城住房1668套，安置移民7753人，“十三五”易地扶贫搬迁任务圆满完成。

社会帮扶成效显著。不断深化与涵江区、商飞公司和区属骨干企业帮扶协作，建成闽宁示范村10个，联系深度贫困村39个，落实项目资金1.03亿元。深入开展“帮扶干部进村入户办实事解难题”专项行动，办理实事1.4万余件，协调解决矛盾纠纷5000余件。开展扶志扶智行动，在58个深度贫困村开展脱贫致富先进事迹巡回宣讲，新培育致富带头人188名，选树表彰“脱贫光荣户”“移风易俗模范户”等1500余人，不断激发贫困群众脱贫致富奔小康的内生动力。

问题整改扎实有效。围绕扶贫对象精准，全面开展建档立卡动态调整，完成县乡村三级“两评议、两公示、一公告”系统录入和相关数据核查纠错工作，新识别建档立卡贫困户371户1572人，纳入因病、因残返贫33户113人，退出1664户9153人，修改完善错误信息3.84万条。主动认领2017年省级党委和政府扶贫开发工作成效综合考评、中央第八巡视组、自治区党委第四巡视组反馈脱贫攻坚领域存在的33类78项突出问题，制定整改措施147条，完成73项，需持续整改落实的43项取得阶段性成效。结合“脱贫攻坚作风建设年”“干部素质提升年”等活动，受理扶贫领域问题线索1689件，立案办结1409件，问责处理149人。干部作风持续向好，群众满意度不断提升。

二、坚持优化产业结构，转型发展取得初步成效

贯彻落实高质量发展要求，坚持创新驱动、因业施策，调结构、转方式、优质量，加快推动产业转型升级。

特色农业扩量提效。立足“一特三高”，调优种植结构，粮食总产量达35.72万吨。马铃薯种植面积调减至81万亩，建设原种繁育基地1万亩、一级种繁育基地10万亩，推广一级种薯25万亩，实现产值12.46亿元；建设标准化蔬菜示范园16个，日光温室303座，种植各类蔬菜15万亩，实现产值14亿元；建设小杂粮（油料）示范基地26个、中药材和万寿菊示范基地17个，种植小杂粮（油料）102万亩、中药材和万寿菊3.3万亩；建成“四个一”试验示范园（点）18个、8636亩。积极推进“全国优质青贮玉米行动计划”，种植青贮玉米30万亩，新建青贮池4534座，调制各类饲草95万吨；培育标准化养殖示范村31个、规模养殖场36个，基础母牛、母羊存栏13.6万头、30万只，分别增长4.6%、7.8%，

实现牧业总产值14.25亿元。

工业企业加快转型。聚焦农产品精深加工，优先发展环保清洁产业，扶持培育规上企业，加快工业企业转型升级。全面完成19家万吨以下马铃薯淀粉产能淘汰，关停部分小型淀粉、机砖、砂场。发挥工业园区集聚效应，吸引咏辉电子、天之涯服饰等轻工企业落户园区，伊尔德2万吨亚麻籽油生产线、泽艾堂艾草加工及研发项目投产运营；融信风电、华电月亮山风电等规上企业运营平稳，2018年规模以上工业产值保持增速12%以上。组织赴外考察招商17次，参加节会招商10次，引进山东水发、北京秋实、港生中药材等农产品加工企业3家，签订招商引资项目18个，到位资金21.6亿元。

商贸旅游提速发展。坚持外引与内培并举，积极争取银河影院、华联超市等商户入驻西吉；建成县级电商中心1个，培育电子商务企业7家，实现农特产品线上销售2300万元；新登记私营企业350家、个体工商户3533户，同比增长9.0%、3.0%。金融业保持健康平稳发展势头，全县存款余额108.59亿元，增长1.12%；贷款余额58.34亿元，增长20.58%；存贷比为53.72%，提高8.98%。加入陕甘宁毗邻地区旅游合作联盟、长征沿线红色旅游城市联盟，不断完善旅游环线配套服务设施，龙王坝入选国家AAA级景区，我县入围“2018中国最美县域榜单”，全年接待游客109万人（次），实现旅游综合性营业收入4109万元。

三、强力推进环境治理，环保突出问题有效解决

全面落实污染防治“三个十条”，坚决整改中央环保督察及“回头看”反馈问题，城市更加秀美靓丽，农村更加整洁优美。

环保问题全面整改。逐项细化整改措施，全面压实整改责任，坚决淘汰万吨以下马铃薯淀粉生产企业，完成县城第一污水处理厂改造提升、第二污水处理厂建设和县城11台20蒸吨以上燃煤锅炉脱硫脱硝除尘及在线监测改造任务；新建将台、兴隆等乡镇污水处理厂（站）5座、人工湿地4处，中央第八环保督察组反馈4项问题全部销号。查实办结中央第二环保督察组反馈信访投诉件20件，停产整治企业5家，问责处理12人，行政处罚5起50万元。扎实推进“绿盾”专项行动，完成火石寨、党家岔保护区人类活动点位整治329处，搬迁农户70户238人，拆除工矿企业21处，恢复生态40.26万平方米。

污染防治成效显著。打好“蓝天保卫战”，全面落实“六个百分之百”要求，坚持“四尘”同治，淘汰黄标车、老旧车662辆，年度空气优良天数达95.7%。打好“碧水保卫战”，压实河（湖）长责任制，依法拆除违建企业78家，封堵排污口20处，整治河道50公里；投入2.24亿元落实控源截污、河湖共治、生态修复综合措施，葫芦河水质稳定在Ⅳ类以上。打好“净土保卫战”，拆除禁养区内农产品加工企业2家，农用残膜回收率、畜禽粪污资源化利用率分别达到95%、85%，农业面源污染问题得到有效控制。

城乡环境持续改善。深入开展“城乡环境卫生大绿化大整治”专项行动，研究出台《市容环境管理暂行办法》《乡村环境卫生管理暂行办法》《控制和查处违法建筑暂行办法》，建立健全长效机制，招聘农村环卫工人600名，新增机械作业设备266台；签订“门前六包”责任书3200份，拆除违法建筑164户1.33万平方米、旧庄园1925座，绿化、亮化县城道路45.6千米，清理“三乱”2万处、垃圾26.28万吨，城乡面貌展现美丽新姿。

生态修复稳步推进。开展大规模国土绿化行动，加强“山林水田湖草”系统治理，完成400毫米以上降水线区域造林5万亩、南华山外围水源涵养林2.5万亩、补植补造5.9万亩、封山育林2.4万亩、城市绿化3661亩、道路绿化380千米，治理小流域30平方千米，森林覆盖率达15.78%。

四、持续发展社会事业，人民生活条件显著改善

以共建共享为导向，全面推进均等化服务、普惠性保障、创新性治理，人民群众获得感、幸福感、安全感不断提升。

公共“服务网”更加完善。紧盯基础建设短板，争取项目资金122个55.9亿元，S60西吉—会宁高速公路建设进展顺利，西吉县体育馆、西吉县中医院等一批重点民生项目全面完工，棚户区改造房屋征收2059户20万平方米，保障性住房入住率达95.7%；提升改造休闲活动场所2个、县城公厕2座，新增停车泊位4000个；建成美丽小城镇1个、美丽村庄5个。持续加大教育投入力度，完成“全面改薄”项目137个、改（扩）建校舍5.72万平方米；督促1539名适龄儿童全部返校，高考本科上线率、高职院校录取率分别提高2.3%、1.4%，义务教育基本均衡发展工作顺利通过国家评估验收。全面实行“先住院、后付费”制度，建档立卡贫困户住院费用报销比例达92.63%，健康西吉行动稳步推进。“六朵云”服务工程实现行政村全覆盖，开展群众性文化活动90余场（次），眉户剧《丁香花开》在全区深度贫困乡镇巡演，受到肯定和好评。

民生“保障网”更加坚实。全力保障和改善民生，民生投入占财政总支出的90%以上。实施积极的就业政策，第二批县级示范性创业孵化基地顺利通过验收，累计发放各类就业创业贷款1.2亿元，创造新岗位878个，带动就业1740人；依法追回农民工工资1420万元。城乡居民养老保险、医疗保险参保率分别达95%、98%，实现建档立卡贫困人口“两险”全覆盖。扎实推进“两项政策”衔接，建档立卡贫困人口低保覆盖率达20.7%；累计发放各类优抚资金1178.9万元、救助资金3.04亿元，新建农村老饭桌8个、社区服务站61个、“儿童之家”200个，学有所教、劳有所得、老有所养、病有所医的目标基本实现。

社会“安全网”更加严密。积极防范化解金融风险，争取到位置换债务资金6258万元，化解存量债务1.48亿元。深入开展“扫黑除恶”专项斗争，摸排各类涉黑涉恶违法犯罪线索122条，打掉恶势力犯罪团伙（集团）2个，抓获犯罪嫌疑人28人，社会治安明显好转。“七五”普法顺利通过区市中期验收。深入开展“群众反映强烈突出问题大排查大化解”专项行动，接待信访群众406批1218人（次），办结中央第八巡视组、自治区党委第四巡视组和信联办摸排信访事项203件。“百日安全专项行动”排查整改安全隐患1609项，整改率达92.9%，事故起数、死亡人数实现“双下降”，被自治区授予“平安县”称号。不断提升依法管理民族宗教事务的能力和水平，清退无证宗教教职人员152人，排查整改未登记宗教活动场所39处，整改、拆除具有阿拉伯式风格或元素的公共类建筑21处、路牌路标248处、门头牌匾标识1600处。群策群力，统计调查、防震减灾、档案、残联、地方志、工会、共青团、妇女儿童、国防动员和民兵预备役等工作得到新加强、取得新成效。

五、锐意进取改革创新，发展动能活力不断增强

坚持全面发力、多点突破、纵深推进，狠抓改革任务落实，持续深化简政放权，经济社会发展内生动力明显增强。

“放管服”改革深入推进。紧紧围绕政务服务“一网、一门、一次”改革，健全审批机制，优化审批流程，取消行政审批事项20项，进驻宁夏政务服务网网上办事大厅办理事项1400项，县本级办事大厅可办理事项1196项，网上可办事项达82.8%，不见面办理事项达80.2%。进一步完善落实权责清单和市场准入负面清单制度，持续扩大“双随机一公开”监管覆盖范围，行政执法监管的公平性和规范性有效提升。

医疗体制改革初见成效。持续推进公立医院综合改革，深入实施京宁、闽宁及区内三甲医疗机构对口支援帮扶，引进帮扶专家27名，培养“西吉名医”10名，“六盘名医”1名，开展新业务、新技术3项，公立医院可治疗病种达700余种，县域内就诊率达到89%。积极探索医共体建设，推进分级诊疗模式，县直两院与28家基层医疗卫计单位建立了县域内医共体，实现县乡村一体化管理。

农业农村改革有序开展。以完善产权制度和要素市场化配置为重点，全面完成村集体资产清产核资和农村“四荒地”使用权等13项农村产权确权登记颁证工作，清查资源性资产339.48万亩、非经营性资产2.879亿元、经营性资产1149.11万元。深入推进农村承包土地“三权分置”制度，创建农村集体资产股份制改革、产权抵押贷款、壮大村集体经济等示范村17个。统筹推进农业水价、农田水利工程产权制度、国有林场等各项改革，进一步释放农业农村发展“红利”。

六、真抓实干转变作风，服务发展能力全面提升

牢固树立“四个意识”，坚定“四个自信”，做到“两个坚决维护”，旗帜鲜明讲政治，把党的领导全方位、全过程贯穿政府工作。

自身建设全面加强。严格落实政府党组主体责任，深入推进“两学一做”学习教育常态化制度化，坚定不移地贯彻新发展理念，不断提升专业素养，防范各种风险挑战，牢牢把握工作主动权。健全完善目标考核体系，跟踪督办重大决策、重点工作，以激励促落实，以问责求实效，切实汇聚起担当尽责、干事创业的正能量，扎扎实实推动各项工作取得新成效。

依法行政稳步推进。深入贯彻依法治国基本方略，完成政府投资评审项目审计468个，公开政府信息2790条，办理市县政府门户网站、“12345”政府公共服务平台和“331”涉农惠农监管平台等各类群众诉求2987件，群众知情权、参与权和监督权得到有效保障。自觉接受县人大及其常委会监督，及时向县政协通报政府工作，广泛听取群团组织、老干部和社会各界人士的意见、建议，主动接受社会监督和舆论监督。

廉政责任逐级压实。严格执行中央和区市县党委改进作风相关规定，严格落实“一岗双责”，切实加强公务人员经常性教育和监督管理，驰而不息纠正“四风”问题，有效巩固拓展了“中央八项规定”精神成果。持续强化审计监督，严控财政供养人数和经费支出，规范公务接待、差旅费补助和公务用车管理，“三公”经费大幅下降，行政运行成本进一步压缩。

各位代表，过去的一年，是西吉发展历史上极不平凡的一年。这一年，经济下行压力持续加大，财政收支矛盾日益突出，改革发展稳定任务繁重，各类急事难事多发频发。面对前所未有的压力和挑战，县政府一班人紧紧依靠全县干部群众，秉持拳拳之心，凝聚成城之力，迎难而上，主动作为，取得了来之不易的工作成绩。这些成绩的取得，得益于县委的统揽全局、坚强领导，得益于人大、政协的有力监督、鼎力支持，得益于各位人大代表、政协委员的理解信任、建言献策，更得益于全县人民的同心同德、努力奋斗。在此，我代表县人民政府，向各位人大代表、政协委员、离退休老干部和全县广大干部群众，向长期以来关心支持西吉发展的社会各界人士，表示衷心的感谢和崇高的敬意！

在肯定成绩的同时，我们也清醒地认识到，全县经济社会发展和政府工作还存在一些短板和不足。一是减贫任务重、脱贫压力大。已脱贫群众稳定可持续增收基础不牢固，脱贫成果巩固提升压力大；未脱贫的26848人、未退出的28个贫困村在产业培育、基础设施和公共服务领域短板较多，越往后难度越大，按期实现“两个确保”目标任重道远。二是经济总量小、地方财力弱。

人均 GDP 仅占全区平均水平的 1/3，财政自给率仅为3.1%，保运转、保民生、保发展的压力巨大；受经济下行压力、防范化解重大债务风险任务重等因素影响，建设重大项目、办理民生实事资金保障困难。三是不稳定因素多、治理难度大。各类矛盾和利益相互交织、日趋复杂，预防化解矛盾纠纷难度大，综治信访、安全生产等领域仍然存在不容忽视的问题。四是创新能力弱、作风转变慢。面对新形势、新任务，在大局下想问题、做工作的针对性、创造性不足，破解难题的能力有限；部分干部进取意识不强、担当精神不够、法纪观念淡薄，整治“不作为、慢作为、乱作为”成效不明显。针对以上问题，我们将认真对待，深入研究，不推脱、不回避、不掩饰，采取有力措施，切实加以解决。

2019 年主要工作

2019 年是中华人民共和国成立 70 周年，是决胜全面建成小康社会的关键之年，也是我县决战脱贫攻坚最重要的一年。今年政府工作的总体要求是：以习近平新时代中国特色社会主义思想和党的十九大精神为指导，以习近平总书记视察宁夏时的重要讲话精神为根本遵循，深入贯彻落实中央经济工作会议和自治区第十二次党代会、第十二届六次全会、市委第四届四次全会及县委第十四届四次全会精神，坚持稳中求进总基调，坚持新发展理念，坚持推进高质量发展，坚持以供给侧结构性改革为主线，坚持以脱贫攻坚统揽经济社会发展全局，坚决打好“三大攻坚战”，深入实施“三大战略”，集中攻坚“六场硬仗”，振奋精神，务实苦干，为打赢脱贫攻坚战，与全国同步建成全面小康社会打下决定性基础，以优异成绩庆祝中华人民共和国成立 70 周年。

主要预期目标是：地区生产总值增长 7% 左右；全社会固定资产投资增长 7%；社会消费品零售总额增长 6%；地方一般性公共预算收入同口径增长 8%；城乡居民人均可支配收入分别增长 8%、9%，贫困人口减少 2 万人以上；完成区市下达的能耗、污染物排放等各项约束性指标。

确定上述预期目标，是基于对我县 2018 年经济运行态势的全面分析，全县经济仍处在转型发展的关键阶段，结构调整的阵痛还在释放，新兴产业的扶植培育仍需加强，经济下行的基本面尚未发生根本改变；是基于对 2019 年经济运行趋势的综合判断，未来面临的发展形势复杂多变，不确定因素增多，经济下行压力加大。确定这样的预期目标，既是对标区市目标要求，也符合我县发展实际。只要全县上下自我加压、积极努力，就一定能够实现。

围绕实现上述预期目标，我们将准确把握趋势，保持战略定力，坚定必胜信念，凝聚攻坚合力，坚决打赢打好关乎西吉经济社会发展、关乎全县广大群众福祉的“六场硬仗”。

一、补短板提水平，打赢打好脱贫富民决胜战

聚焦深度贫困村和未脱贫人口，对标“一收入两不愁三保障”脱贫标准，整合各级财政涉农资金 13 亿元以上，突出产业稳定发展、人居环境改善、保障能力提升，精准施策、全力攻坚，努力实现 25 个贫困村脱贫出列、2 万贫困人口脱贫退出。

做实“有土＋离土”增收产业。持续向推动贫困群众稳定增收发力，围绕马铃薯、草畜、冷凉蔬菜、小杂粮等特色种植业提质增效，通过优化品种结构，强化示范带动，增加技术含量，扩大生产规模，提高经营水平，建立产业示范基地（村）78 个，鼓励支持贫困群众发展庭院经济，种植花椒、大果榛子等经果林 1.5 万亩，确保贫困群众户均拥有 1 ~ 2 项稳定增收产业；做强金融扶贫，打造金融扶贫示范村 24 个，实现建档立卡贫困户金融贷款“应贷尽贷”、精准投放；扎实开展壮大村集体经济“百村示范行动”，通过建设光伏电站、组建农机服务合作社等办法，高质量建成扶贫车间 20 个，培育壮大村集体经济示范村3个、新型农业经营主体20个、致富带头人300人以上，让贫困群众在深度参与产业发展全过程中稳定实现增收。支持贫困农户发挥自身特长闯市场，“离土”发展多种经营，依据市场用工需求和群众意愿，精准培训贫困人口1.1万人，拓宽稳定增收渠道。

强化“普惠+兜底”政策保障。坚持改造提升与配套建设并举，围绕解决农村道路最后一公里、供电供水不稳定、宽带网络有盲区等问题，改造农村危房3055户，新修农村道路300千米以上，推动农村电网改造和宽带工程实现全覆盖，安全住房和安全饮水得到全保障。按照“兜底线”“织密网”“建机制”的要求，采取扩面提标、分类帮扶措施，畅通贫困家庭教育资助、医疗救助和社会保障渠道，落实社会保障兜底政策，确保贫困群众脱贫路上不掉队。妥善解决移民安置区空房空圈空棚和“十二五”移民遗留问题，加快户籍核转，集中力量抓好移民产业发展、就业服务和社会管理，实现稳得住、管得好、能致富目标。

用足“外帮+内生”脱贫动力。深入推进多领域、多形式的帮、带、扶、助，继续深化与涵江区、商飞公司等中央、区属骨干企业的帮扶协作，力争落地落实项目资金5000万元以上。深入开展“扶贫扶志”行动，办好“新时代农民讲习所”，设立乡风文明“善行义举四德榜”，制订完善村民自治章程、村规民约、村务财务管理等制度，健全动态管理、责任落实、考核激励等长效机制，抓好扶贫信息系统数据动态调整，做实做细脱贫退出、返贫纳入工作，强化驻村、结对帮扶力量，激发贫困群众发展生产、改善生活的内生动力。

二、抓转型促升级，打赢打好创新驱动攻坚战

把质效双优作为发展目标，把深化供给侧结构性改革作为主攻方向，以产业结构调整带动经济转型升级。

紧抓农业质量变革。高起点、高标准制定农业产业发展规划，推动马铃薯、草畜、蔬菜、小杂粮产业质量效益大幅提升。持续推进脱毒种薯三级繁育体系建设，引进马铃薯核心种苗40万株，建设马铃薯原种繁育基地1万亩，一级种繁育基地10万亩；根据市场需求，及时调整专用薯、商品薯种植比例，全县马铃薯种植面积稳定在85万亩。推动草畜产业扩量增效，大幅增加青贮玉米种植面积，新建青贮池2000座，调制饲草100万吨，新培育标准化养殖示范村50个，力争牛、羊、禽饲养量分别达42万头、100万只、160万羽以上。加强蔬菜、杂粮标准化示范基地建设，新建蔬菜试验示范园2个，杂粮标准化示范基地30个，完成蔬菜种植15万亩，杂粮（油料）100万亩以上。大力发展特色种植业和绿色经济，引进优质品种38个，建设“四个一”林草示范园1.5万亩；进一步扩大中药材、黄花、万寿菊、艾草等特色种植比例。力争实现农业产值49亿元，提供农民人均可支配收入5000元以上。

紧抓工业效率变革。高标准、高质量推进工业园区改革，按照“事权统一、责权相当”的原则拟订园区管委会“三定”方案，主动承接区、市下放的42项经济管理权限，最大限度实现“企业的事园区办，园区的事园内办”。新培育规上企业2家，积极重组“僵尸企业”，鼓励企业技术研发，引导支持马铃薯淀粉、小杂粮等农产品加工企业加大技改投入，构建以农产品精深加工业、轻工产品、风电及光伏发电为主的工业经济新体系，实现工业增加值增长5%以上。

紧抓服务业动能变革。立足“自然风光、革命遗址、民族风情”等特色优势，抓景点、建区带，加快实施全域旅游环线和红色旅游景区基础提升等工程，补齐旅游业公共设施短板。深挖本土文化，打造地缘特色，依托火石寨、将台堡、龙王坝等旅游资源，连线打造“乡村旅游示范带”，加快产业融合升级，力争全年接待游客120

万人次。深入实施“快递下乡”工程，搭建物流信息共享平台，引入商贸物流发展新机制，拓宽物流新空间，促进供应链上下游有效衔接，持续推进消费回流。创新农产品产销对接机制，推动“互联网＋农业”融合发展，拓宽农产品营销渠道，建立长期稳定的产销关系。

三、守底线重防治，打赢打好生态环境保卫战

坚持生态优先、保护优先、自然恢复为主的方针，强化污染治理，严控环境风险，坚决守住蓝天、碧水、净土。

全力打好“蓝天保卫战”。落实网格化管理和“六个百分之百”扬尘防控要求，提升秸秆禁烧、餐饮油烟、老旧车辆淘汰等大气综合治理成效，确保秸秆利用率达到75%，空气质量优良天数稳定在348天，PM_{10}、$PM_{2.5}$指数达到自治区考核标准。

全力打好“碧水保卫战”。层层压实河（湖）长责任，加强饮用水源地和湿地管护，争取实施夏寨水库清淤扩容、葫芦河县城段生态综合治理及滨河缓冲带和将台堡、兴隆镇集污管网建设等一批生态治理项目。深入推进城镇污水处理设施升级改造和乡镇垃圾填埋场建设，加强葫芦河、烂泥河、清水河等30条县乡河沟保护监管，确保葫芦河干流出境断面水质稳定在Ⅳ类以上。

全力打好“净土保卫战”。持续推进化肥农药零增长行动，加大固体废物污染防治力度，确保残膜回收和加工利用率达95%，粪污资源化利用率达90%。全面完成火石寨、党家岔自然保护区生态保护红线勘界定标和管护修复，持续巩固“绿盾”行动工作成果，严厉打击违法违规行为，实现核心区、缓冲区违法建设“零”存在，实验区人类活动符合要求。

全力推进国土绿化行动。开展全民大规模义务植树造林，集中抓好南华山外围、400毫米以上降水线区域、公园街区、机关单位、公路沿线、家庭院落、水源地等重点区域绿化，高标准完成植树造林20万亩，森林覆盖率提高到17%。实施小流域治理、高标准农田改造等项目，加固骨干坝23座，新修梯田1.6万亩，治理水土流失90平方千米。

四、重功能强品质，打赢打好城乡统筹大会战

坚持规建管并举、产城人融合、县乡村统筹，实施一批投资拉动大、带动能力强的重大项目，推动城乡建设由外延扩张向内涵提升转变。

改善县城基本功能。在“三规合一”的基础上，整合产业、生态、环保等专项规划，高标准完成《西吉县空间规划》《西吉县城地下管线综合规划》《西吉县城环境卫生专项规划》等编制，加强城市风貌和空间管控。畅通城市“微循环”，建成东四路、东五路、利民巷北延伸、老车站巷道，提升县城道路通行能力。加大房地产开发力度，集中推进靖善路西侧、北山林场等17个片区棚户区改造，实施吉祥花园、金瑞苑等商住开发续建项目6个，新开工综合性商住小区2个。建成消防队片区、东三角、西三角公共停车场3处，进一步完善城市基础公共服务设施。

优化市容环境秩序。扎实推进城市执法体制改革，细化城市管理职能，加强县城街区、广场、便民市场、背街小巷、城乡接合部等重点区域监管，健全“门前六包”、垃圾收集清运、分类归集处理等全天候保洁机制，下硬手整治占道经营、乱泼乱倒、乱停乱放、乱贴乱画等影响市容行为，全面提升城区环境卫生水平，努力争创自治区卫生县城。

推进乡村振兴发展。按照“产业兴旺、生态宜居、乡风文明、治理有效、生活富裕”的总要求，高标准编制3个美丽小城镇和5个美丽村庄规划，为乡村发展提供科学指导。集中实施红羊—西吉、好水—兴隆、沙沟—下堡等等级公路4条135千米，启动乡镇镇区农村饮水安全巩固提升工程19个，加固中型水库4座，完成配电网增容改造、农村电网升级，推动光纤到户、网络提速，夯实城乡统筹发展基础。扎实推进农村人居环境整治三年行动，清理村庄残垣断壁，因地制宜推进农村垃圾和污水治理，完成主干道造林及村组道路绿化480千米，建设适应现代生活、体现乡土风貌、生态宜居的美丽家园。

五、强保障促和谐，打赢打好民生改善持久战

着眼满足人民日益增长的美好生活需要，坚持把人民群众的小事当作政府的大事，尽心竭力在发展中保障和改善民生。

优化公共服务供给。实施教育优先发展战略，新建县城六幼、吉强夏寨等幼儿园4所，启动县城第七中学、第六小学和马莲中学等学校教育现代化推进项目；扎实开展“互联网＋教育”和“名师、名校、名校长”培育工程，力促学前入园率达到80%，义务教育入学率、毕业率达到100%，高中毛入学率达到92%。持续深化医药卫生体制改革，开展“三减三健”行动，加快县医院兴隆院区门诊综合楼建设进度，积极推进县级综合医院联合体、专科联盟、县域医共体建设，推动医疗资源下沉；建立“互联网＋医疗健康”服务新模式，全面开展家庭医生电子化签约服务，实现“小病不出村，常见病不出乡，大病不出县”目标。繁荣文体事业，开工建设县图书馆、县文化馆、将台堡镇旅游服务中心、全民健身中心（游泳馆），完成博物馆布馆，建成县档案馆、县新华书店等公共服务项目；精心筹办中华人民共和国70周年系列庆祝活动，充分发挥农村文化服务中心辐射带动作用，开展丰富多彩的群众文体活动，让更多群众享受优质文化生活。

完善社会保障体系。落实就业创业扶持政策，动态消除“零就业”家庭，新增城镇就业1873人，城镇登记失业率控制在3.85%以内。不断扩大城乡居民基本养老保险、医疗保险和大病保险覆盖范围，实现异地就医直接结算。加快农村老饭桌建设，规范、完善城乡最低生活保障救助“一门受理、协同办理”和医疗救助、孤残供养等制度，做好农村“五保户”、城市“三无”人员、高龄和失能老人、残疾人生活保障，让困难群众心里有温暖、生活有奔头。

强化社会综合治理。持续推进“平安西吉”建设，坚持和发展新时代“枫桥经验”，持续开展扫黑除恶专项斗争和“社会乱象治理”行动，加大“破网打伞”力度，建立完善命案防控机制，力争“八类主要刑事案件”“两抢”案件破案率达到90%。深化司法体制改革，扎实开展“七五”普法。加快信访制度改革，加强特殊人群管控和矛盾纠纷排查化解力度，依法及时就地解决合理诉求，更好维护群众合法权益。认真落实安全生产“一岗双责”责任制，建设风险分级管控和隐患排查治理双重预防体系，严控安全生产主要指标，严把食品药品入口关，坚守质量安全底线。扎实推进民族宗教工作，认真贯彻落实党的民族政策和宗教工作基本方针，努力争创“全国民族团结进步示范县”；始终坚持宗教“中国化”方向，依法加强宗教事务管理，旗帜鲜明、态度坚决，积极稳妥有序地推进“三化”治理。进一步加强国防动员、人民防空和“双拥”工作。支持工会、共青团、妇联、科协、残联等群团组织改革发展。

六、优环境增活力，打赢打好改革开放突围战

加快推进基础性、关键性改革，不断优化政府职能，积蓄发展内生动力。

持续推动政府职能转变。不断深化放管服改革，按照“11345+”工作思路，着力抓好政务服务“一网、一门、一次”改革、不见面审批服务改革、政务服务大厅提升改造、政务服务标准化建设、政务服务下沉等重点工作，变“群众跑腿”为“数据跑路”，变“企业四处找”为“部门协同办”，确保政务服务事项网上可办理率稳定在85%，70%的政务服务事项办理时限再压缩50%，形成全网通办、流程优化的行政服务新模式。全面优化职能配置，理顺职责关系，高标准高质量完成政府系统机构改革，提高行政效率，确保上下贯通、执行有力、平稳有序。

全力优化招商营商环境。全面落实国家新一轮减税降费政策，拓宽民营企业融资途径，引导各类金融机构加大对民营企业和小微企业贷款支持，发挥民营银行、小额贷款公司、风险投资、股权和债券等融资渠道作用。建立政府定点联系民营企业工作制度，实行“一站式”代办制和“保姆式”跟踪服务，力促北京秋实生物蛋白产业项目、山东水发马铃薯循环产业园等一批重点项目落地见效，构建亲清新型政商关系，让更多的企业愿意来、留得住、得实惠。抢抓国家实施区域协调发展战略机遇，坚持招商引资、招展引会、招才引智多措并举，主动承接东部地区产业转移，加强与发达地区对接协作，争取年内招商引资到位资金22亿元以上。

坚决守住金融发展底线。管好政府债务总量、消化存量、控制增量，通过争取政府债券资金等方式，年内化解到期、逾期债务7亿元。加强金融领域风险研判，建立起权责统一的金融风险防控机制，提高动态监测、实时预警能力。积极防控处置重点行业、重点企业和重点机构风险，开展非法集资大排查专项行动，加大金融扶贫不良贷款清收力度，结合社会信用体系建设，严厉打击各类非法金融活动，守住不发生区域性、系统性金融风险的底线。

建设人民满意的服务型政府

时代的召唤、发展的重任、人民的期盼，对政府自身建设提出了新的更高要求，我们必须不断提升发展的推动能力、公正的引领能力、问题的破解能力，对人民负责、让人民满意。

旗帜鲜明讲政治，坚决做到依法行政。认真学习贯彻习近平新时代中国特色社会主义思想和党的十九大精神，树牢“四个意识”，坚定“四个自信”，做到“两个坚决维护”，切实维护县委权威，确保政府工作始终与县委保持步调一致，沿着正确的方向扎实推进。坚持把法治理念贯穿政府工作全过程，严格执行重大行政决策程序，积极推行政府法律顾问制度，加快法治政府建设步伐。深入推进政务公开，及时回应社会关切，解决群众合理诉求。自觉接受县人大法律监督和县政协民主监督，接受社会和舆论监督，让党和人民赋予的权力在阳光下运行。

强化担当求实效，坚决做到务实从政。带头担当尽责，任务面前不推诿，困难面前不退缩，矛盾面前不回避，扎扎实实想问题、谋发展、干实事。健全完善目标体系、责任体系和督查体系，对重大事项、重要工作、重点项目实施全程跟踪问效，坚决杜绝慢作为、不作为、乱作为现象。坚持严管和厚爱结合、激励和约束并重，旗帜鲜明为担当者担当、为实干者撑腰、为创新者鼓劲。

正风肃纪树标杆，坚决做到清廉为政。认真落实党风廉政建设主体责任，严厉整治各类顶风违纪行为。强化审计监督，自觉做到心有所畏、言有所戒、行有所止。加强廉政建设，强化重点领域和关键岗位廉政风险防控，教育引导广大干部从严要求、清廉为政，全力打造干部清正、政府清廉、政治清明的政务环境。

各位代表！人民赋予重托，使命呼唤担当，实干创造未来。让我们在习近平新时代中国特色社会主义思想和党的十九大精神指引下，在区市党委、政府和县委的坚强领导下，把人民对美好生活的向往作为奋斗目标，以永不懈怠的精神状态和一往无前的奋斗姿态，不忘初心，牢记使命，砥砺奋进，坚决打赢打好脱贫攻坚战，为建设美丽新宁夏、共圆伟大中国梦，与全国同步建成全面小康社会而努力奋斗，以优异成绩迎接中华人民共和国成立70周年！

《政府工作报告》中有关用语说明：

1. **“三大攻坚战”**：防范化解重大风险攻坚战、精准脱贫攻坚战、污染防治攻坚战。

2. **“三大战略”**：创新驱动战略、脱贫富民战略、生态立区战略。

3. **“六场硬仗”**：脱贫富民决胜战、创新驱动攻坚战、生态环境保卫战、城乡统筹大会战、民生改善持久战、改革开放突围战。

4. **“一收入两不愁三保障”**：人均纯收入，不愁吃、不愁穿，义务教育、基本医疗和住房安全有保障。

5. **“两评议、两公示、一公告”**：村“两委”、驻村工作队对各村民小组提出名单进行评议，核实情况。以村为单位进行张榜公示，乡镇党委政府研究后再次以村为单位张榜公示。县脱贫攻坚领导小组对各乡镇上报名单进行研究确认后，在政府网站公告。

6. **“一特三高”**：特色农业和高品质、高端市场、高效益。

7. **“四个一”**：一棵树、一株苗、一枝花、一棵草。

8. **“全国优质青贮玉米行动计划”**：全国畜牧总站与中国农业科学院北京畜牧兽医研究所联合实施了粮改饲——优质青贮行动计划，在全国17个省粮改饲试点地区逐步开展优质青贮。

9. **“三个十条”**：国务院出台的大气污染防治10条措施，水污染防治10条措施，土壤污染防治10条措施。

10. **“六个百分之百”**：施工现场100%围蔽，工地砂土100%覆盖，工地路面100%硬地化，拆除工程100%洒水压尘，出工地车辆100%冲净车轮车身，暂不开发的场地100%绿化。

11. **“三乱”**：乱贴、乱放、乱倒。

12. **“全面改薄”**：全面改善贫困地区义务教育薄弱学校基本办学条件，即义务教育全面改薄工程。简称“全面改薄”。

13. **“六朵云”服务工程**：利用网络云平台，实施“云＋文化、党建、党风廉政、民族团结、综治、扶贫”服务乡村振兴战略。

14. **“两项政策”**：即农村低保制度与扶贫开发政策。

15. **“放管服”改革**：即简政放权、放管结合、优化服务的简称。

16. **“一网、一门、一次”改革**：企业和群众办事线上“一网通办”（一网）、线下“只进一扇门”（一门）、现场办理“最多跑一次”（一次）。

17. **“双随机、一公开”**：在监管过程中随机抽取检查对象，随机选派执法检查人员，抽查情况及查处结果及时向社会公开。

18. **“四荒地”**：荒山、荒沟、荒丘、荒滩等未利用的土地。

19. **“三权分置”**：形成农村土地所有权、承包权、经营权三权分置，经营权流转的格局。

20. **“四个意识”**：政治意识、大局意识、核心意识、看齐意识。

21. **“四个自信”**：道路自信、理论自信、制度自信、文化自信。

22. **“两个坚决维护”**：坚决维护习近平总书记党中央的核心、全党的核心地位，坚决维护以习近平同志为核心的党中央权威和集中统一领导。

23. **“四风”**：形式主义、官僚主义、享乐主义和奢靡之风。

24. **“两个确保”**：确保贫困县全部脱贫摘帽。

25. **“三定”**：指定部门职责、定内设机构、定人员编制。

26. **“三规合一”**：把国民经济和社会发展规划、土地利用总体规划、城乡规划协调融合为一。

27. **“枫桥经验”**：20世纪60年代初，浙江省诸暨市枫桥镇干部群众创造了“发动和依靠群众，坚持矛盾不上交，就地解决。实现捕人少，治安好”的“枫桥经验”，为此，1963年毛泽东同志就曾亲笔批示“要各地仿效，经过试点，推广去做”。“枫桥经验”由此成为全国政法战线一个脍炙人口的典型。之后，“枫桥经验”得到不断发展，形成了具有鲜明时代特色的“党政动手，依靠群众，预防纠纷，化解矛盾，维护稳定，促进发展”的枫桥新经验。

28.“八类主要刑事案件”：故意杀人、故意伤害致人重伤或死亡、强奸、抢劫、贩卖毒品、放火、爆炸、投放危险物质。

29.“11345+”工作思路：“1”即一切以方便企业和群众办事为目标，“1”即一切以服务全县中心工作为重点，“3”即推进政务服务“一网、一门、一次”改革，“4”即实施政务服务“标准化、流水化、快捷化、简便化”建设，“5”即落实全区“五个为”要求，“+”即以问题为导向，补齐短板。

大事记

1月

2日　偏城乡烂泥滩村正式更名为涵江村。县委常委、副县长蔡志和县长助理陈海防，为涵江村村民委员会和涵江村支部委员会揭牌。县扶贫办、民政局、人行、偏城乡相关负责人出席揭牌仪式。

11日　安康医院举行新院落成典礼暨揭牌仪式。县委常委、宣传部部长海丽和西京医院教授魏旭峰为新医院落成揭牌。人大常委会副主任马桂英、副县长穆春、政协副主席张国义和县卫计局负责人出席仪式。

18日　西吉县2017年度党（工）委书记抓基层党建工作述职会在会议中心一会议室召开。县委主要领导主持会议并做了讲话，县长武维东，县委副书记王林，县领导马保师、李平、马宗正、王维强、梁秋明、蔡志、刘克虎、马耀宏及市委组织部人才科科长白国东，县党建工作领导小组各成员单位主要负责人，各乡镇党委书记、组织委员，县直属各党（工）委主要负责人参加会议。

19日　西吉县人大常委会主任李聪、副主任郭满福、马桂英、吴建雄带领部分县人大常委会委员、各委办负责人、部分乡镇人大主席、人大代表，对全县道路交通安全和节前市场秩序监管工作进行视察。副县长穆春及政府办、交通局、市场监督管理局等相关部门负责人陪同视察。

25日　福建省妇联党组成员、副主席包方带领相关处室负责人一行，在自治区妇联党组成员、副主席马英，市委常委、副市长陆菁，县委常委、副县长蔡志，人大常委会副主任、妇联主席高月琴，县长助理陈海防及市县妇联负责人的陪同下，先后到将台堡镇、硝河乡和继民手工编织有限公司等地考察西吉县妇联工作并看望慰问部分贫困妇女群众。

2月

1日　交通运输部党组书记杨传堂一行，到西吉县将台堡镇西坪村调研公路网和“四好”农村路建设情况。自治区副主席刘可为，自治区副主席、固原市市长马汉成及县委、县政府主要领导陪同调研。

2日　西吉县领导干部大会在会议中心二楼视频会议室召开，主要任务是传达学习贯彻自治区“两会”精神，安排部署当前重点工作。县委主要领导主持会议。人大常委会主任李聪传达学习自治区第十二届人大一次会议精神；政协主席马天英传达学习自治区政协第十一届一次会议。

△　自治区纪委第十二届二次全体会议在银川市召开。自治区党委书记石泰峰出席会议并讲话。全体在家的县级领导、各乡镇、各部门单位

主要负责人在西吉县会议中心第二会议室分会场收听收看会议实况。

5日　西吉县人武部召开宣布命令大会。固原军分区政委宋晓国、固原军分区政治工作处主任杨建军、县委副书记张亚萍、县人大常委会副主任郭满福、副县长李喜生、县人武部部长靳玉强及国防动员工作委员会成员单位，各编兵单位负责人、各乡镇人武部部长，人武部全体干部参加会议。杨建军宣布中央军委国防动员部《关于靳玉强同志退休、王继军同志任武装部政委和刘兴喜同志任武装部副部长的任职命令》。

6日　固原市政协主席马玉芳先后到西吉县硝河、兴隆、吉强开展节前慰问，分别为困难群众、孤寡老人、劳动模范、困难职工送去节日的祝福和慰问物资。西吉县政协主席马天英及县民政、总工会部门负责人陪同慰问。

7日　由自治区林业厅副厅长陈建华带领全区森林防火观摩团到西吉县马建林场、县林业局森林防火监控中心观摩森林防火工作。副县长李晓东及林业局负责人陪同观摩。

8日　西吉县人大常委会主任李聪，县委常委、统战部部长马保师走访慰问部分离退休老干部、劳模代表和先进工作者代表。

11日　西吉县义务教育阶段控辍保学工作推进会在县教育体育局五楼会议室召开。县长武维东出席会议并做讲话。教育体育局负责人传达固原市人民政府关于控辍保学工作的部署，副县长马天峰安排部署西吉县义务教育阶段控辍保学工作。

23日　西吉县在会议中心会堂召开“创建全国民族团结进步示范县工作推进会”，同时举办“新时代党的民族宗教理论与政策”专题辅导讲座。县长武维东，县政协主席马天英，县委副书记张亚萍、王林及全体在家县级领导，全县副科级以上领导干部，区、市驻县各单位主要负责人参加培训。培训会由县委常委、统战部部长马保师主持。培训特邀宁夏大学回族研究院副教授杨文笔作专题辅导讲座。

27日　自治区高级人民法院院长沙闻麟带领调研组，在副市长、市公安局长刘文戈，市中级人民法院院长张仁，县委副书记、政法委书记张亚萍，法院院长张尚祎的陪同下，先后到兴隆法庭、将台堡爱国主义教育基地、县人民法院进行实地调研。

3月

1日　西吉县2017年度效能目标管理考核暨2018年农业农村、脱贫攻坚工作会在会议中心会堂召开。县委主要领导出席会议并讲话，人大常委会主任李聪主持会议。全体在家县级领导，各乡镇、县直各部门（单位）副科级以上领导干部，区市驻县各单位主要负责人参加会议。

5日　自治区农牧厅副厅长马新民带领自治区农牧厅相关处室专家一行，在县委副书记王林的陪同下，到西吉县硝河乡新庄村、苏沟村和关庄村，就产业扶贫技术帮扶工作开展情况和农村集体资产股份权能改革示范情况进行专题调研。随后在县农牧局主持召开座谈会，王林就西吉县草蓄、马铃薯、养殖等产业方面的瓶颈问题作了详细汇报。

8日　自治区党委第四巡视组进驻西吉县开展扶贫领域专项巡视。在会议中心会堂召开工作动员会。自治区党委第四巡视组组长张永山作动员讲话，县委主要领导作表态发言。自治区党委巡视组成员，县委、人大、政府、政协领导班子成员，人民法院、人民检察院党组主要负责人，离退休干部和“两代表一委员”代表参加会议。

9日　自治区农牧厅厅长王文宇带领副厅长赖伟利及相关处室负责人一行，到西吉县调研春耕备耕及农牧业重点工作。副市长周文贵、县长武维东、县委副书记王林、副县长谢国玉陪同调研。

13日　2018年河长制第一次联席会议在西

吉县委五楼会议室召开。县委主要领导出席会议并作讲话。会议传达固原市2018年全面推进河长制暨第一次联席会议精神；通报西吉县全面推行河长制工作进展情况；听取并审议《西吉县2018年全面推行河长制重点工作任务及分工方案》。县河长办与各乡镇、部门（单位）签订目标责任书。县长武维东主持会议，人大常委会主任李聪，政协主席马天英及全体在家的县级领导，县直各部门（单位）、各乡镇主要负责人参加会议。

14日　新华社宁夏分社社长孙波一行调研采访西吉县脱贫攻坚工作。县委副书记王林及市、县宣传部、扶贫办负责人陪同调研采访。

15日　自治区科协党组书记、主席李晓波带领相关处室负责人，在县委主要领导及县委常委、宣传部长海丽及市县科协负责人的陪同下，先后到吉强镇龙王坝村龙泉湾山庄、余套村及实验中学。调研了西吉县乡村科技馆、农村中学科技馆、科普小镇和科普示范基地建设情况。

△　西吉县2018年重点项目建设大会战启动仪式在西吉县职业中学东侧举行。

19日　西吉县人大常委会主任李聪，副主任郭满福、吴建雄带领人大视察组，先后到偏城乡涵江村、将台堡镇火沟村、硝河乡新庄村，县商城老百姓药店、西吉中学餐厅、县医院、将台堡餐厅等地对精准扶贫、文化建设、食品药品安全等工作开展执行情况进行视察。西吉县领导马宗正、李晓东及相关部门负责人陪同视察。

23日　西吉县领导干部大会在会议中心一会议室召开。传达学习全国两会精神，安排部署全县贯彻落实工作。县委主要领导主持会议并传达学习习近平总书记在第十三届全国人大一次会议上的重要讲话、李克强总理在参加宁夏代表团审议时的讲话、石泰峰书记在全区领导干部大会上的讲话和马汉成副主席在全市领导干部大会上的讲话精神。县长武维东传达学习第十三届全国人大一次会议和全国政协第十三届一次会议精神。全体在家的县级领导、各乡镇党委书记、乡镇长，县直各部门（单位）党政主要负责人，区、市驻县各单位主要负责人参加会议。

29日　由自治区政协副主席郭虎带领的调研组，在西吉县政协主席马天英、副主席李西平的陪同下到震湖乡政府、震湖乡李章村、河滩村调研指导“两学一做”常态化制度化开展情况和脱贫攻坚工作。

30日　自治区妇联主席马文娟一行，先后到西吉县吉强镇杨坊村、河洼村、苟庄村，偏城乡双羊套村调研妇联基层组织建设工作和巾帼脱贫工作。西吉县人大常委会副主任吴健雄陪同调研。

△　固原市人大常委会副主任云生元带领市人大常委会农环委及部分市人大委员一行，检查西吉县《中华人民共和国大气污染防治法》贯彻实施情况。检查组一行先后到世纪家和小区、县医院、滨河路中石油加油站、吉源供暖公司，对建筑扬尘、脱硫除尘项目、燃气锅炉煤改气项目、双层罐及油气回收等项目进行实地检查。固原市政府办、环保局负责人，西吉县人大常委会副主任郭满福、副县长李晓东及人大代表选举委员会、城乡建设和环境保护局负责人陪同检查。

31日　西吉县召开领导干部会议，宣布自治区党委和固原市委关于西吉县党政主要负责人职务任免的决定。经自治区党委研究决定，王学军任固原市委常委、西吉县委书记，杨生俊提名为西吉县县长候选人；马志宏不再担任固原市委委员、常委、西吉县委书记职务，武维东不再担任西吉县县长职务。经固原市委研究决定，杨生俊任西吉县委委员、常委、副书记；免去武维东西吉县委副书记、常委、委员职务。自治区党委常委、市委书记张柱出席会议并讲话。固原市委常委、政法委书记、市委秘书长李志达出席会议，固原市委常委、组织部部长周兆川主持会议。

4月

2日　固原市委常委、西吉县委书记王学军带领县领导杨生俊、马宗正、海丽、马天峰及相关部门负责人，先后到葫芦河流域综合治理玉桥段、葫芦河综合治理河道防洪工程8标段、3标段和1标段及兴隆镇、将台堡镇、将台堡镇污水处理厂、西吉县城污水处理厂等地调研葫芦河流域综合治理和将台堡镇小城镇建设工作。

△　固原市委常委、常务副市长何炜一行调研西吉县葫芦河流域综合治理工作。在西吉县委五楼会议室主持召开座谈会。西吉县委副书记、代县长杨生俊和县领导马宗正、马天峰及相关部门负责人参加会议。

8日　固原市委常委、西吉县委书记王学军带领县四大班子领导和全县干部职工，到吉强镇水泉村、袁河村共同开展植树造林活动。

10日　固原市政协副主席、工商联主席何学虎带领部分市政协常委、委员，在市工信、财政、商务、工商等部门负责人的陪同下，先后到西吉县国圣食品有限公司、勇兴三粉等企业实地调研西吉县非公有制经济发展情况，随后在园区管委会召开座谈会。西吉县政协副主席、工商联主席宋兆吉、园区管委会主任马耀宏及县政协农资委、工商联、发改、市场管理等部门负责人和企业家代表陪同调研。

11日　固原市委常委、西吉县委书记王学军调研葫芦河流域生态环境综合治理和兴隆镇、将台堡镇两镇相关工作开展情况。西吉县委常委、统战部部长马保师及县委办负责人陪同调研。

△　自治区政协副主席马力带领专题调研组到西吉县兴隆镇陕义堂清真大寺和西滩道堂，调研宗教释义与中国文化相结合情况。市、县领导马玉芳、朴凤兰、马宝福、马天英、穆春陪同调研。

△　自治区政协副主席李泽峰带领调研组，到偏城乡涵江村和白崖乡白崖村，实地调研西吉县脱贫攻坚工作。县委副书记王林，政协副主席李西平及相关部门单位、乡镇负责人陪同调研。

13日　自治区人大常委会委员、农工委主任姚文明带领自治区人大常委会部分委员、自治区政府有关负责人、区人大常委会农工委办公室负责人组成的执法检查组，对西吉县贯彻落实《宁夏回族自治区禁牧封育条例》情况进行检查。市、县领导云生元、王金全、李聪、吴建雄、李晓东陪同检查。

15日　固原市委常委、西吉县委书记王学军在西吉县委五楼会议室主持召开全县脱贫攻坚领导小组2018年第三次会议。

16日　固原市委常委、西吉县委书记王学军到将台堡镇西坪村督办群众反映强烈的突出问题，指导将台堡镇城镇建设，对震湖乡珍珠鸡特色产业发展情况进行实地调研。西吉县领导王林、马保师陪同调研。

17日　自治区人大常委会副主任李锐到西吉县调研脱贫攻坚工作。市、县领导罗永红、李聪、王林、吴建雄陪同调研。

24日　固原市委常委、西吉县委书记王学军到偏城乡和吉强镇调研脱贫攻坚工作。西吉县领导王林、谢国玉陪同调研。

25日　自治区政府驻福建办事处主任苏占海一行到西吉县就闽宁对口扶贫协作情况进行调研。西吉县领导梁秋明、马耀宏陪同调研。

△　自治区政协副主席冯志强带领调研组一行，到西吉县葫芦河玉桥断面、西吉万里淀粉厂、葫芦河流域综合治理工程（三标段）等实地调研西吉县“水十条”实施情况。固原市政协副主席杨自平，西吉县政协主席马天英，西吉县副县长马天峰，政协副主席李西平及相关部门负责人陪同调研。在政协三楼会议室主持召开座谈会，西吉县领导马天英、马保师、李喜生、李西平及部分政协委员参加座谈会。

26日　固原市委常委、西吉县委书记王学

军在会议中心会堂主持召开“三大专项行动”推进会。全体在家县级领导，各乡镇党委书记、乡镇长、派出所所长、司法所所长，县直各部门（单位）主要负责人，自治区、固原市驻县各单位主要负责人，交警大队、城市综合执法大队、公用事业管理所、路灯公司、永清湖管理站主要负责人，237个贫困村的第一书记及吉强镇所辖7个社区党支部书记、主任参加会议。

△ 西吉县组织宣传统战工作会议在西吉县会议中心一会议室召开。县委副书记、政法委书记张亚萍主持会议，固原市委常委、西吉县委书记王学军出席会议并讲话。西吉县领导李聪、王林、马保师、梁秋明、刘克虎参加会议。

5月

2日 西吉县政协主席马天英带领督查组对葫芦河水环境综合治理、河道综合整治两大重点项目建设进展情况进行专项督查。

4日 固原市委常委、西吉县委书记王学军到永清湖公园，调研公园改造提升工作。西吉县领导李聪、马天英、王林、马天峰陪同调研。

8日 西吉县河长制工作推进会暨2018年第二季度联席会议在县政府三楼会议室召开。县委副书记、代县长杨生俊主持会议。县领导马宗正、李喜生、穆春、马天峰及各县镇、各相关部门负责人参加会议。

8—9日 固原市委常委、西吉县委书记王学军带领县领导杨生俊、李平、马天峰及县委办、县政府办、公安、建环、国土等部门负责人到县城各项目建设现场和规划建设的项目点，调研城市建设工作。

10日 由福建农林大学和农科院专家组成的调研组，先后到西吉县白崖乡半子沟村“四个一”引种试验示范园（点）、月亮山林场、龙王坝龙泉湾山庄等地调研。固原市委副书记杨刚，县长杨生俊、副县长谢国玉及市县林业局负责人陪同调研。

14日 固原市委常委、西吉县委书记王学军带领县领导杨生俊、王林、马保师、李喜生、谢国玉、马天峰及相关部门负责人调研葫芦河流域生态环境综合治理和蔬菜产业发展、将台堡三军会师纪念馆布展等工作。

△ 由自治区党委宣传部、自治区文明办主办，宁夏报业协会承办的“移风易俗乡村行”主题集中采访活动走进西吉县。来自新华社和《人民日报》《光明日报》《经济日报》《宁夏日报》等区内外新闻媒体记者，先后到新营乡金山文化苑、震湖乡蒙集村和硝河乡关庄村，就西吉县推动移风易俗、树立文明乡风方面的好经验、好做法和好故事进行采访。

16日 固原市政协副主席马莲带领政协委员及相关部门负责人一行到将台堡镇西坪村、文化馆硝河分馆，新营乡金山文化园，分别对乡镇文化站、村文化室和视频会议室建设情况及乡村文化建设与发展情况进行调研。西吉县副县长李喜生，西吉县政协副主席李西平陪同调研。

16—17日 民进中央副主席、自治区人大常委会副主任、民进宁夏区委会主委、宁夏社会主义学院院长姚爱兴带领调研组，到西吉县调研民进宁夏区委会脱贫攻坚民主监督工作。西吉县领导杨生俊、李聪、马保师、谢国玉、吴建雄及相关乡镇、部门负责人陪同调研。

17日 福建省莆田市涵江区党委书记陈万东带领考察团，先后到西吉县将台华林蔬菜示范基地、王民乡姚坡村、吉强镇龙王坝龙泉湾山庄及县城工业园区，实地考察西吉县经济社会发展情况。随后到对口帮扶村——偏城乡涵江村，对养殖业发展、党建、脱贫攻坚等工作进行调研，并走访慰问部分建档立卡贫困户。西吉县领导杨生俊、蔡志、海丽、陈海防陪同考察。

△ 自治区党委常委、统战部部长白尚成在

西吉县委二楼会议室主持召开督办中央巡视组移交信访件办理情况专题会议。西吉县委副书记、政法委书记张亚萍及相关单位负责人就中央巡视组移交信访件办理进展情况进行汇报，并针对存在的问题共商解决办法。

18日 “涵江区—西吉县对口扶贫协作座谈会”暨签约仪式在西吉县会议中心一会议室举行。签约仪式上，固原市委常委、西吉县委书记王学军介绍西吉县经济社会发展情况，涵江区委书记陈万东介绍涵江区经济社会发展情况；涵江区委副书记陈凤珠和西吉县委副书记王林签订《涵江区—西吉县2018年闽宁对口扶贫协作框架协议》；涵江区委组织部、农业、教育、卫计、人社等部门与西吉县委组织部、农牧、教育、卫计、人社部门分别签订《2018年闽宁对口帮扶协作框架协议》。西吉县委副书记、代县长杨生俊主持会议。县领导张亚萍、蔡志、海丽、谢国玉、马耀宏、陈海防及相关乡镇、部门负责人参加签约仪式。会后，考察团到袁河小学和职业中学，调研西吉县教育发展情况。

19—20日 中共中央候补委员、中国商飞公司党委书记、董事长贺东风带领调研组，到西吉县调研对口扶贫工作开展情况。自治区党委常委、固原市委书记张柱，自治区政府副秘书长刘长青，自治区扶贫办副主任刘学智、固原市委常委、市委秘书长、政法委书记李志达，固原市委常委、西吉县委书记王学军及西吉县领导杨生俊、王林、马保师、梁秋明、谢国玉陪同调研。贺东风一行首先到将台堡向红军长征会师纪念碑敬献花篮，瞻仰红军长征纪念碑，参观三军会师纪念馆；实地调研菊芋精准扶贫基地和艾草精准扶贫车间开展情况；在中国商飞公司西吉扶贫项目揭牌仪式上，中国商飞公司党委副书记、副总经理刘林宗与中益善源（北京）科技有限公司董事长潘超共同为“公益商飞”项目进行揭牌；中国商飞公司总经理、党委副书记赵越让与自治区政府副秘书长刘长青共同为“西坪村菊芋精准扶贫基地”进行揭牌；贺东风与张柱共同为“西坪村农机服务站”进行揭牌；中国商飞公司工会副主席吴建军与县委副书记、代县长杨生俊签署《2018年中国商飞公司扶贫行动纲要》；到西吉县钱币博物馆，实地考察“大飞机航空博物馆”场地建设情况，调研固原市“四个一”试验示范园项目实施建设情况。

22日 固原市委常委、西吉县委书记王学军在西吉县委五楼会议室主持召开2018年第一次城乡规划建设委员会会议，西吉县领导杨生俊、李聪、马天英、张亚萍、王林、刘克虎、杨生智及西吉县城乡建设规划委员会成员单位、相关规划设计单位负责人参加会议。

23日 固原市人大常委会副主任朱培忠带领市人大财经委负责人、部分人大委员，市人社局、就业局负责人一行，先后到西吉县兴隆镇兴隆社区、吉强镇大滩居委会、龙王坝兴雨林下经济创业园等地，对西吉县农民职业技能培训工作、就业工作进行检查。县人大常委会副主任郭满福、副县长李喜生及县人社局负责人陪同检查。

24日 固原市人大副主任李志菊一行，先后到新营乡金山文化产业园，震湖乡综合文化站及震湖乡毛坪、王坪村综合文化服务中心等地，调研西吉县公共文化服务体系建设情况。

23—25日 西吉县召开城乡环境卫生大绿化大整治专项行动观摩评促会。23—24日，固原市委常委、西吉县委书记王学军带领西吉县领导李聪、马天英、王林、刘克虎、高耀明及各乡镇、各部门负责人，先后到全县19个乡镇，对各乡镇环境卫生大绿化大整治情况进行实地观摩打分测评。25日，在会议中心一会议室召开观摩评促总结会。县委副书记王林主持会议并就此次观摩评促活动进行总结。人大常委会主任李聪从“看评促”三个方面进行点评。西吉县委副书记、代县长杨生俊宣布表彰决定，并从“整治范围要延伸、整治成果要扩大、主体责任要落实、工作机制要完善”四个方面对下一阶段工作进行安排部署，王学军在会上指出城乡环境卫生大绿化大整治专项行动开展以来取得的成效和存在的问题。

26日　福建省副省长郑建闽带领考察团，在固原市委副书记杨刚和固原市委常委、副市长陆菁的陪同下，到闽宁扶贫产业园，先后对宁夏国圣食品有限公司和宁夏泽艾堂生物科技有限公司进行考察。固原市委常委、西吉县委书记王学军及西吉县领导杨生俊、蔡志、马耀宏、陈海防陪同考察。

28日　由自治区旅游发展委员会主任徐晓平带领的全区旅游部门负责人组成的观摩团，在固原市委常委、西吉县委书记王学军及西吉县领导刘克虎、穆春的陪同下，到西吉县龙王坝，观摩西吉县乡村旅游发展情况。

△　固原市政协副主席杨彦文一行，先后到硝河乡隆堡蔬菜产业扶贫示范基地、宁夏佳立有限责任公司、宁夏四丰绿源有限责任公司实地调研西吉县农业科技示范园建设情况。西吉县领导张永强、宋兆吉陪同调研。

29日　全国禁毒工作电视电话会议召开，国务委员、国家禁毒委员会主任、公安部部长赵克志出席会议并讲话。随后召开全区禁毒工作电视电话会议，自治区副主席、禁毒委主任、公安厅厅长许尔锋对全区禁毒工作进行安排部署。固原市委常委、西吉县委书记王学军及西吉县领导张亚萍、李平、郭满福、李西平和西吉县禁毒委员会成员单位联络员、禁毒办负责人在会议中心二楼视频会议室收听收看会议实况。

29—30日　西吉县委副书记、代县长杨生俊带领县领导王林、杨生智及扶贫、交通、水利、农牧、金融办等部门负责人先后到硝河、马莲、王民、兴平、平峰等乡镇的整村推进村就扶贫工作进展情况进行调研指导。

6月

1日　西吉县迎接中央第二环保督察组开展“回头看”工作安排部署会在政府三楼会议室召开。西吉县委副书记、代县长杨生俊及西吉县领导张亚萍、刘克虎、杨生智、李喜生、穆春、马天峰、张永强和各乡镇、相关部门负责人参加会议。

5日　吴忠市委常委、宣传部部长、统战部部长兰德明带领所辖市、县、区委宣传部部长、文化局局长，在固原市委宣传部常务副部长、文明办主任李志坚，市文广局局长李鹏宵，西吉县委常委、统战部部长马保师的陪同下，先后到龙王坝文化大院、硝河乡关庄村、将台堡红军会师纪念园、毛泽东夜宿单家集旧址等，就西吉县文化大院建设、村级综合文化服务中心、农民讲习所建设进行考察。

6—7日　固原市委常委、西吉县委书记王学军带领县领导张永强、李晓东、马天峰及相关部门负责人调研葫芦河流域生态环境综合治理和设施农业发展等工作开展情况。

8日　西吉县委副书记、代县长杨生俊带领相关部门负责人调研督办中央环保督察“回头看”反馈转办的关于西吉县福宁广业有限责任公司淀粉厂废水排放问题。

△　西吉县“国旗、宪法和法律法规、社会主义核心价值观、中华优秀传统文化”进清真寺“四进”活动启动仪式在西滩乡文化广场举行。

11日　西吉县委副书记、代县长杨生俊带领副县长张永强及民政、农牧、水利等部门负责人，到受暴雨和冰雹袭击的新营、红耀、平峰、马建、震湖、偏城、吉强7个乡镇查看了解灾情。

△　由福建省委副书记、福州市委书记王宁带领的党政考察团一行，在自治区党委常委、固原市委书记张柱，固原市委常委、副市长陆菁及区、市相关部门负责人的陪同下到西吉县考察。固原市委常委、西吉县委书记王学军及西吉县领

导王林、马保师、李平、蔡志、马耀宏、陈海防先后陪同。考察团一行瞻仰了将台堡红军长征会师纪念碑、参观三军会师纪念馆。随后到闽宁扶贫产业园，考察宁夏国圣食品有限公司和宁夏泽艾堂生物科技有限公司。

12日　由全国政协民族宗教委员会副主任罗黎明带领的调研组一行，在自治区政协副主席马力及固原市政协主席马玉芳、固原市委副书记杨刚、固原副市长周文贵、固原市政协副主席杨彦文的陪同下，到西吉县偏城乡马湾村开展解决深度贫困地区脱贫问题专题调研，并在马湾村村部主持召开座谈会，听取西吉县脱贫攻坚工作情况汇报。固原市委常委、西吉县委书记王学军及县领导马天英、王林、李平、杨生智、李西平陪同调研。

△　自治区民族宗教委员会经济发展处副处长曹克俭带领相关专家一行，先后到西吉县职业中学、检察院、西滩乡政府、西滩宗教场所、龙王坝龙泉湾山庄、硝河乡关庄村、宁夏四丰绿源家庭农场等地，对西吉县民族团结创建工作进行初步验收。市县领导何学虎、杨生俊、马保师、刘克虎、穆春及市县民族宗教事务管理局负责人陪同验收。

△　自治区人大常委会委员、环资工委主任桂福田带领中华环保世纪行——宁夏行动视察组，先后对西吉县县城第二污水处理厂运行情况、葫芦河流域治理及人工湿地建设情况进行实地视察。市县领导杨生俊、李聪、云生元、吴璞、张永强陪同视察。

△　西吉县委副书记、代县长杨生俊先后到震湖乡和兴隆镇，就环保问题整改和群众举报转办问题落实情况进行督查。

13—14日　“砥砺奋进六十年——全国主流媒体宁夏行”活动在银川启动。本次活动分为银川石嘴山分团、吴忠分团、固原分团、中卫分团四个采访分团。14日，全国主流媒体宁夏行第三分团固原分团走进西吉县，先后到将台堡红军长征胜利纪念园、吉德慈善产业园国圣食品有限公司和吉强镇龙王坝村进行实地采访。全方位、多角度、多形式地宣传报道宁夏回族自治区成立60年来各项工作的成就、亮点和经验。

14日　由福建农林大学部分教授和专家组成的考察团，先后到西吉县龙王坝龙泉湾山庄、新营乡张家洼油用牡丹种植基地，考察西吉县林下经济发展、林业产业结构和农民致富增收等情况。副县长张永强及林业局负责人陪同考察。

△　自治区党委第四巡视组在西吉县会议中心一会议室召开巡视工作反馈会。巡视组组长张永山反馈巡视情况，固原市委常委、西吉县委书记王学军主持会议并代表县四套班子作表态发言。自治区党委第四巡视组副组长冯永东、第四巡视组主任科员李浩及全体在家县级领导、县纪委监委、县委组织部领导班子成员、县巡察办主任和巡察组组长，县直各部门（单位）主要负责人，各乡镇党委书记、乡镇长，“两代表一委员”代表参加会议。

△　西吉县城市集中供热煤改气项目评审论证工作会在西吉县委五楼会议室召开。西吉县领导杨生俊、李聪、马天英、张亚萍、马天峰及相关部门和企业负责人参加会议。

18日　固原市委副书记杨刚、副市长吴会军带领督查组，先后到夏寨水库、第一污水处理厂、第二污水处理厂、污水排污区和党家岔湿地保护区，实地督查西吉县关于中央第二环境保护督察组交办信访案件办理进展情况。西吉县领导杨生俊、张亚萍、杨生智陪同督查。

22日　西吉县与石嘴山银行战略合作签约仪式、石嘴山银行“美丽西吉”环卫车捐赠仪式暨石嘴山银行西吉支行开业仪式在商城广场举行。西吉县委副书记、代县长杨生俊，石嘴山银行党委委员、行长詹洪杰，石嘴山银行西吉支行负责人分别作了致辞。西吉县领导王林、杨生智、郭满福、刘东海及中国人民银行固原市中心支行副行长康彦华、固原市金融办副主任安希平参加仪式。

26日　西吉县在商业广场举行“6·26”国际禁毒日宣传活动。西吉县委副书记、代县长杨生俊，西吉县委副书记、政法委书记张亚萍，西吉县委常委、公安局局长李平和西吉县禁毒委员会各成员单位相关负责人参加宣传活动。

7月

3日　西吉县委副书记、代县长杨生俊带领副县长张永强及水务等部门负责人，先后到将台堡镇、兴隆镇污水处理厂施工现场和王民、马莲等乡镇，检查指导防汛减灾工作。

4日　由自治区党委组织部、宣传部、文化厅、扶贫办联合开展的“抓党建促脱贫富民大宣讲”活动暨大型现代眉户剧《丁香花开》全区巡演在西吉县平峰镇启动。启动仪式上，自治区党委组织部副部长景喻，固原市委常委、组织部部长周兆川，西吉县委常委、组织部部长高耀明分别做发言。区市党委组织部长、“五县一片”所在县（区）党委组织部部长、宣传部、文化局、扶贫及平峰镇党员干部和群众，共千余人参加了启动仪式。

5日　西吉县人大常委会主任李聪带领副主任郭满福、马桂英、吴建雄、高月琴及部分人大常委会委员、人大代表、乡镇人大主席组成的视察组，先后到震湖乡王坪村、西滩乡庙湾村、王民乡卫生院、将台堡镇污水处理厂、西吉县第二污水处理厂，对西吉县生态林业“四个一”建设、2018年贫困村公路建设及水毁道路抢险维修、全县健康扶贫工作开展、污水处理厂建设运行情况进行视察调研。副县长李晓东及政府办、林业、交通、卫计、建环等部门负责人陪同视察。

9日　全区司法行政上半年工作总结暨重点工作推进观摩团，在自治区司法厅党委书记、厅长李金英的带领下，到西吉县观摩公共法律服务中心工作。先后到西吉县司法局公共法律服务中心、人民调解公众评判庭，就公共法律服务实体平台建设、人民调解参与信访矛盾纠纷化解、“枫桥经验”本土化实践、“一村（社区）一法律顾问”等工作进行观摩指导。市县领导刘文戈、杨生俊、张亚萍陪同观摩。

△　欧美同学会在西吉县农牧局为农牧系统技术人员、养殖企业家及养殖大户，开展养殖业发展前沿性培训。欧美同学会是由中央书记处领导、中央统战部代管的全国性留学人员组织。培训会上，内蒙古中云产业发展投资有限公司董事长、内蒙古欧美同学会常务副会长王刚，中国加拿大肉牛产业合作联盟秘书长温都苏和中国农业大学动物医学院副教授李靖分别就大数据收集的意义和作用，北美肉牛产业的成功经验，肉牛种群优化及防疫等方面，向与会人员做了讲解。培训会后，欧美同学会成员与西吉县委副书记王林，西吉县委常委、统战部部长马保师及扶贫办、农牧局、硝河乡等部门负责人召开座谈会。双方围绕西吉县肉牛种群优化核心区和无疫区、肉牛产业发展模式等方面的问题进行了探讨。

11日　“2018全国知名蔬菜销售商走进宁夏”活动在固原市举办。全国80名知名蔬菜销售商在自治区农牧厅副厅长赖伟利、固原市副市长左鹏飞和西吉县委副书记王林、副县长张永强的陪同下，先后到吉强镇黄家川蔬菜基地、硝河乡隆堡蔬菜基地观摩西吉县蔬菜产业发展情况。

△　西吉县中央第二环保督察组“回头看”转办件工作协调会在政府三楼会议室召开。西吉县委副书记、代县长杨生俊及县领导张亚萍、马天峰、宋兆吉参加会议。

△　由自治区民政厅优抚安置处处长宋海涛带领的双拥工作考核组，对西吉县双拥模范县创建工作进行中期考核。西吉县委常委、人武部政委王继军，副县长李喜生，县双拥共建单位分管

领导陪同考核。

17日　自治区党委常委、固原市委书记张柱，自治区副主席、固原市市长马汉成带领全市各县区、市直各部门主要负责人，在固原市委常委、西吉县委书记王学军，西吉县委副书记、代县长杨生俊的陪同下，先后到偏城乡马湾村、葫芦河河道、马莲乡“四个一”试验示范园、马莲乡四丰万亩绿源家庭农场、隆堡村隆堡蔬菜标准化新技术集成示范园、第二污水处理厂、全民健身活动中心、闽宁产业园宁夏泽艾堂生物科技有限公司等地，督查西吉县重点工作进展情况。随后在会议中心会堂召开重点工作推进会。固原市领导罗永红、王正儒、周文贵，新华社宁夏分社、固原市扶贫办、住建局等主要负责人分别进行点评。固原市领导杨文、纳冰、周兆川等参加督查。

△　自治区党委常委、政法委书记张韵声一行，先后到西吉县人民法院、检察院、公安局吉强派出所、司法局和火石寨乡综治中心，调研政法综治维稳信访工作。市县领导李志达、张亚萍、李平、张尚祎、穆存祥陪同调研。

20日　国家税务总局西吉县税务局挂牌成立。国家税务总局宁夏回族自治区税务局联合党委委员、总经济师、第四联络（督导）组组长韩振平，西吉县委副书记、代县长杨生俊共同为国家税务总局西吉县税务局揭牌。

△　西吉县集中整顿农村软弱涣散基层党组织建设推进会在会议中心会堂召开。固原市委常委、西吉县委书记王学军出席会议并讲话，西吉县委常委、组织部部长高耀明主持会议。县人大常委会主任李聪、县政协主席马天英及全体在家县级领导，各乡镇党委书记、副书记、组织委员，县直各部门单位主要负责人参加会议。

24日　自治区党委常委、统战部部长白尚成带领全区民族团结进步创建互观互检现场观摩团，先后到西吉县吉强镇龙王坝村、县职业中学、宁夏四丰绿源养殖农场、兴隆镇陕义堂清真寺现场观摩民族团结进步创建工作。固原市委常委、西吉县委书记王学军及西吉县领导马保师、穆春陪同观摩。

26—27日　由新华社、中央广播电视总台、《光明日报》、北京卫视、东方卫视等30家新闻单位组成的自治区成立60周年中央媒体采访团，先后到西吉县闽宁产业园区、吉强镇龙王坝村和将台堡红军长征胜利会师纪念园，围绕脱贫攻坚、美丽乡村建设、产业发展等主题进行大型集中采访。西吉县委常委、统战部部长马保师陪同采访。

27日　西吉县召开综治信访暨扫黑除恶专项斗争推进会。县领导张亚萍、李平、马桂英、张永强、张尚祎及全体政法干警，各乡镇、县直各部门（单位）负责人参加会议。

31日　西吉县委副书记、代县长杨生俊先后到县武装部、县中队、县消防大队看望慰问驻地官兵。县领导李聪、王继军、张国义陪同慰问并一起参观了县消防大队驻地官兵的工作生活区。

8月

3日　西吉县在固原会议中心会议室召开2018年脱贫攻坚项目库建设工作会议。自治区扶贫办副主任刘学智对2018年脱贫攻坚项目库建设情况进行说明，县委副书记、代县长杨生俊作讲话。县领导刘克虎、杨生智及各乡镇、各部门负责人参加会议。

△　自治区农科院院长周东宁带领院领导班子成员及各处室负责人，到西吉县红耀乡张白湾村、马建乡土窝村、马莲乡张堡塬村、兴隆镇下范村、硝河乡隆堡村、新庄村、西滩乡甘岔村，就马铃薯玉米生态复合种植模式示范点建设、科技扶贫指导员项目实施、马铃薯根腐病防治试验示范点建设、青贮玉米、杂交高粱草种植与加工调制示范点建设、冬蒜苗复种西兰花等一年两茬

种植模式试验示范点建设、种养循环示范村建设、百合种植示范基地建设等情况进行实地调研。固原市副市长周文贵及固原市、西吉县农牧局负责人陪同调研。

2—4日　固原市委常委、西吉县委书记王学军带领县党政考察团，赴泾源、隆德、彭阳、原州等兄弟县（区）对各县区脱贫攻坚、乡村旅游产业发展、流域水污染防治工程、环境卫生综合治理、壮大村级集体经济发展、基层党组织建设等重点工作进行观摩学习。4日，观摩团成员在西吉县会议中心一会议室召开总结交流会，王学军作总结讲话，杨生俊从打赢脱贫攻坚战、打好环境保护战、加快项目建设等重点工作和下半年工作任务进行安排部署。县领导李聪、马保师、杨生智、张永强及部分乡镇、部门负责人结合自身工作实际和观摩学习成果进行交流发言。

6日　固原市委常委、西吉县委书记王学军带领西吉县委常委、常务副县长杨生智及县委办、水务、扶贫等部门负责人到硝河、马莲两乡调研脱贫攻坚及基层党建工作开展情况。

7日　宁夏回族自治区政协主席崔波一行，先后到硝河乡隆堡村蔬菜示范园、隆堡村、葫芦河综合治理工程将台堡镇过境段、将台堡镇西坪村、全民健身活动中心、公共体育场、吉强镇芦子沟旱作小杂粮全产业链扶贫示范基地等，调研西吉县脱贫攻坚、城市建设及政协工作。市县领导马玉芳、杨刚、王学军、杨彦文、杨生俊、马天英、王林、李西平及相关部门（单位）负责人陪同调研。

△　宁夏回族自治区党委常委、副主席马顺清在市县领导王学军、周文贵、杨生智等的陪同下，先后到西吉县硝河乡新庄村和马莲乡东洼村，调研指导脱贫攻坚工作。随后，实地查看葫芦河流域综合治理和将台堡镇中心广场建设情况。

7—8日　宁夏回族自治区人大常委会副主任董玲带领调研组一行，到西吉县硝河乡关庄村和吉强镇水岔村，调研西吉县脱贫攻坚工作。市县领导范霞、周文贵、杨生俊、李聪、杨生智、吴健雄陪同调研。

8日　宁夏回族自治区政协主席崔波在西吉县政协三楼会议室主持召开座谈会。围绕新时代加强和改进政协工作进行座谈交流。西吉县政协主席马天英就县政协工作作汇报。

△　教育部全国学生资助管理中心副主任涂义才、国家开发银行扶贫金融事业部区域开发局副局级高级专家刘有怀一行，先后到西吉县资助中心、政务服务中心代办点和将台堡中心小学代办点，实地专题调研生源地助学贷款办理情况。西吉县委常委、副县长张哲陪同调研。

8—10日　由欧美同学会（中国留学人员联谊会）组织的40余名来自农业、教育、科技、医疗、投资等多个领域的海归专家及媒体记者组成的“海归专家脱贫攻坚服务团”在西吉县开展脱贫攻坚考察调研及项目落地对接活动。8日，欧美同学会“脱贫攻坚服务团”一行瞻仰了红军长征会师纪念碑，参观三军会师纪念馆。9日，实地走访硝河乡隆堡村扶贫车间、观庄村养牛基地、隆堡蔬菜标准化新技术集成示范园、硝河乡卫生院、九年一贯制学校和吉强镇龙王坝生态旅游区等。10日，召开欧美同学会“凝聚海归人才助力西吉脱贫攻坚”座谈会。西吉县委副书记、代县长杨生俊就西吉县近年来脱贫攻坚工作作了详细介绍。欧美同学会“脱贫攻坚服务团”与西吉县举行捐赠仪式与签约仪式。区市县领导杨继宏、王正儒、王学军、杨生俊、王林、马保师、张永强、苏吉礼参加活动。

10日　中央纪委、国家监委驻人社部纪检监察组组长、人社部党组成员耿文清一行先后到西吉县人社局社保服务大厅、硝河乡民生服务中心及硝河村民生代办点，调研人社系统学习贯彻党的十九大精神、服务窗口建设和党风廉政建设等工作；到将台堡向红军长征会师纪念碑敬献花篮并参观三军会师纪念馆。自治区纪委监委驻人社厅纪检监察组组长、人社厅党组成员吴高侠及市县领导王学军、吴会军、王维强、李喜生陪同调研。

11日　固原市第二届单身青年交友联谊会在西吉县龙王坝举行。团固原市委书记喜晓玲，西吉县副县长苏吉礼及固原市各县（区）团委负责人和来自全市各领域的500余名青年出席了本次活动。本次相亲大会旨在：鼓励量力而行，抵制高额彩礼，抵制婚嫁陋俗，倡导婚恋新风的传播者和践行者，积极营造婚恋文明幸福。

12日　北京昌平区—宁夏西吉县两地作家创作交流座谈会在西吉会议中心一会议室召开。昌平区文联驻会副主席韩瑞莲和西吉县委常委、统战部部长马保师及两地文艺爱好者参加座谈会。

13日　宁夏回族自治区政协副主席马秀珍带领调研组，到宁夏向丰家庭农场、宁夏佳立生物科技有限公司和西吉县中医院，调研西吉县农业科技创新工作。固原市委常委、西吉县委书记王学军，西吉县政协主席马天英、副县长张永强陪同调研。

△　固原市委常委、西吉县委书记王学军在西吉县委二楼会议室主持召开全县脱贫攻坚领导小组2018年第五次会议。西吉县领导杨生俊、李聪、马天英及全体在家的县级领导和脱贫攻坚领导小组成员单位主要负责人参加了会议。会议传达学习了咸辉主席8月9日在固原市召开深度贫困地区脱贫攻坚推进会上的讲话精神、全区政策性移民工作会议精神；研究西吉县贯彻落实意见；审定《西吉县村级光伏扶贫项目实施方案》和具体安排部署。

14日　第十四届全国网络媒体宁夏行记者南线首站走进西吉县，先后对西吉县硝河隆堡蔬菜标准化新技术集成示范园、向丰现代循环农业示范园、将台堡红军长征会师纪念园进行采访报道。

15日　固原市委常委、西吉县委书记王学军带领县委副书记王林及县委办负责人到硝河乡调研基层党建、脱贫攻坚、“三大专项行动”及党风廉政建设等工作。

16日　固原市政协副主席杨志荣带领部分市政协委员及相关部门负责人，先后到西吉县第三中学餐厅、和泰商务酒店、宁夏伊香食品有限公司等，实地视察西吉县食品安全工作落实情况。西吉县政协副主席李西平陪同视察。

△　清华大学经济管理学院宁夏校友会在袁河中学举行爱心捐赠仪式。宁夏霄霞生态科技股份有限公司董事长、宁夏校友会副会长刘春霄，宁夏金宇地产总经理、宁夏校友会会长金荣华，固原市委常委、西吉县委书记王学军及县领导马保师、刘克虎、穆春及袁河中学全体师生参加了捐赠仪式。此次捐赠活动，清华大学经济管理学院宁夏校友会向袁河中学捐赠助学金35万元。

△　固原市委常委、西吉县委书记王学军带领县委常委、统战部部长马保师到沙沟乡调研基层党建、脱贫攻坚、“三大专项行动”、民族团结进步创建及党风廉政建设等工作开展情况。

17日　水利部发展研究中心河长处处长刘小勇一行到宁夏西吉县专题调研葫芦河流域综合治理暨河长制工作。西吉县副县长张永强陪同调研。

△　中国邮政储蓄银行宁夏分行金融精准扶贫推进会在西吉县会议中心一会议室召开。西吉县委副书记、代县长杨生俊出席会议并致辞，自治区金融局局长助理马飞、西吉县副县长苏吉礼及相关单位负责人、邮政储蓄银行宁夏分行、各支行负责人参加会议。

21日　西吉县委副书记、代县长杨生俊到县政务服务大厅调研督办政务服务事项进驻办理情况。

20—22日　固原市委常委、西吉县委书记王学军带领党政考察团先后到福建省莆田市涵江区华佳彩高新技术面板、云度新能源、HDT高效太阳能、亚明食品、红太阳精品等企业考察调研。在西吉县—涵江区对口协作推进会议上，涵江区区长连向红介绍了涵江区区情及经济社会发展情况；固原市委常委、西吉县委书记王学军介绍了西吉县经济社会发展情况。21日召开了西吉县—涵江区对口帮扶项目签约仪式，双方先后签订了乡镇、部门“一对一”对口帮扶协议。

30日　固原市委常委、西吉县委书记王学军在县委五楼会议室主持召开了全县脱贫攻坚领导小组2018年第六次会议，对全县脱贫攻坚工作进行了安排部署。

△　中国商飞公司工会副主席吴建军带领商飞公司西吉支教团成员及相关负责人一行，在西吉县将台堡镇红军长征纪念园广场举行大飞机西吉支教团授旗仪式。西吉县领导张哲、穆春陪同参加了授旗仪式。随后实地观摩了西坪村菊芋扶贫基地和艾草扶贫车间，并在西坪村村部召开了中国商飞公司“精准扶贫”工作推进会。

31日　固原市委常委、固原军分区政委宋晓国，固原军分区政治工作处处长杨建军一行到西吉县召开宣布命令大会。宣布固原市委常委、西吉县委书记王学军任西吉县人武部党委第一书记的批复决定和县人武部部长杨小会、副部长王伟的任职命令。西吉县委常委、人武部政委王继军主持会议。县领导张亚萍、李喜生及国防动员委员会各成员单位、各乡镇人武部部长及专武干部参加了大会。

9月

2日　最高人民法院大法官杜万华带领最高法院第四调研组，到西吉法院进行调研。随后到将台堡红军长征胜利会师纪念园，重温革命年代的那段峥嵘岁月。宁夏回族自治区高院专委乔生彪，固原中院院长张仁，西吉县委副书记、政法委书记张亚萍，西吉县法院院长张尚祎陪同调研。

3日　西吉县委副书记、代县长杨生俊先后到兴平、平峰、王民、火石寨4乡镇对清理拆除“十三五”易地扶贫搬迁移民原宅基地和解除收回土地承包关系、安置区移民居住情况及“十二五”移民搬迁遗留问题整改落实情况进行督导调研。

4日　宁夏回族自治区党委第四巡视组组长张永山带领巡视组，到西吉县督察自治区党委第四巡视组巡视反馈意见及整改情况。在西吉县委五楼会议室召开了督察会。固原市委常委、西吉县委书记王学军从整改工作情况、未整改完成问题及下一步措施、存在的问题及今后的打算方面就自治区党委第四巡视组巡视反馈意见整改情况进行汇报。全体在家县级领导及相关部门、乡镇负责人参加了会议。

△　北京市卫生和计划生育委员会支援合作处处长王洪学带领北京门头沟区卫生和计划生育代表团与西吉县人民医院开展对口帮扶工作。

5日　西吉县2018年教育工作大会在职业中学报告厅召开。西吉县委副书记、代县长杨生俊主持会议，固原市委常委、西吉县委书记王学军在会上作讲话。县领导李聪、马天英、马保师、高月琴、穆春、张国义及各乡镇党委书记、乡镇长，县直各部门（单位）、区市驻县各单位主要负责人，全县各中小学校（园）长（含村小校长），获奖教师代表，教育体育局班子成员，政府教育督导室督学，教育局机关各股室负责人参加了会议。

7日　欧美同学会“科技兴教　扶智助学”捐赠活动在西吉县教育局举行。欧美同学会留苏分会副秘书长、北京亿康佳联科技有限公司总经理陈海嫦，睿创优学教育集团副总经理周鹏，睿创优学教育集团市外联部主任熊晶晶，西吉县委常委、统战部部长马保师，西吉县政协副主席张国义及教育体育局班子成员、全县各中小学校长参加了捐赠活动。本次捐赠助学，为全县各中小学校捐赠了智慧教室与信息化设备，捐赠总价值140万元。

8日　西吉县委副书记、代县长杨生俊在西

吉县政府三楼会议室主持召开了全县脱贫攻坚和金融风险防控工作专题会议，会议还听取了自治区 60 年大庆期间信访安全工作汇报，并提出了具体要求。

10 日　固原市委常委、西吉县委书记王学军在西吉县委五楼会议室主持召开了全县网络安全和信息化领导小组会议。会议传达学习了区市网络安全和信息化领导小组会议精神；听取了县委网络安全和信息化领导小组办公室关于全县网信工作汇报；研究审议了《西吉县党委（党组）网络安全工作责任制实施细则》《西吉县网络舆情应对协调工作机制》《西吉县网络舆情处置管理办法》。县领导杨生俊、马保师、李平、刘克虎及县委网络安全和信息化领导小组成员单位，各乡镇及各相关部门（单位）负责人参加了会议。

11 日　宁夏回族自治区政协副主席马力带领调研组，到西吉县吉强镇龙王坝村和硝河乡关庄村，就自治区民族团结进步示范区创新创建有关政策落实情况进行调研。固原市政协副主席马宝福，西吉县政协主席马天英，西吉县委常委、统战部部长马保师陪同调研。

13 日　交通运输部科技司副司长袁鹏带领交通运输部科技创新发展处、科学研究院、救捞局相关负责人一行，就结对帮扶、交通扶贫项目进展等情况进行调研。在固原市委常委、副市长金敬东，西吉县委常委、吉强镇党委书记刘克虎、副县长李晓东的陪同下，到吉强镇水岔村调研村组道路工程建设情况，到大营村开展捐资助学活动，为大营小学捐赠学习文具、体育用品等，捐助帮扶资金 20 万元。

14 日　西吉县组织工作会议在西吉县会议中心一会议室召开。固原市委常委、西吉县委书记王学军出席会议并作讲话，县委副书记、代县长杨生俊主持会议并对全县党的建设和组织工作提出具体要求。全体在家县级领导及各乡镇党委书记、组织委员，县直各部门（单位）党组织主要负责人，区、市驻县单位主要负责人参加会议。

15 日　西吉县领导干部专题学习班在西吉县会议中心会堂举办。固原市委常委、西吉县委书记王学军以“以习近平总书记到宁视察重要讲话精神为指引，奋力谱写新时代西吉经济社会发展新篇章”为主题，作了辅导解读。西吉县委副书记、代县长杨生俊就如何学习领会、全面贯彻自治区党委第十二届四次全会精神、石泰峰书记的讲话精神和自治区党委、人民政府出台的《决定》《意见》，作了辅导解读。西吉县委副书记、政法委书记张亚萍主持会议。全体在家县级领导、县直各部门主要负责人，区、市驻县各单位主要负责人，县人大和县政协各工作（专门）委员会主要负责人，各乡镇党委书记、乡镇长、民族宗教工作分管领导、宗教干事，统战、宗教系统副科级以上领导干部参加了学习班。

19 日　由西吉县人大常委会主任李聪，副主任马桂英、吴建雄、高月琴及部分人大常委会委员，人大代表、乡镇人大主席组成的视察组，先后到震湖乡河滩村、震湖乡苏堡幼儿园、县城西区锅炉厂房、县人民法院执行局、执行指挥中心、硝河乡、将台堡镇、县城东华供热站、县政务大厅等视察全县重点工作。县委常委、副县长张哲，县人民法院院长张尚祎，县人民检察院检察长穆存祥及政府办、公安、建环、民政、教育等相关部门负责人陪同视察。

23 日　区、市、县领导周文贵、宿文军、杨生俊、马正学、张亚萍、高月琴、张国义与全县干部群众、农民企业家代表欢聚一堂，共同欢庆全区首届“中国农民丰收节”西吉分会场活动。

27 日　由教育部经费监管事务中心财务处处长王小军、中国教育发展基金会资助部副主任赵乔乔等一行组成的中央专项彩票公益金教育助学项目绩效评价工作组，在自治区教育厅学生资助管理中心办公室副主任靳立科、固原市教育工委专职书记张占军的陪同下，调研指导西吉县落实中央专项彩票公益金教育助学项目管理及设备配备落实情况。

△　由宁夏回族自治区政协人口资源环境委专职副主任杨学林带领的调研组到西吉县将台堡镇生态保护红线划定区，调研生态保护红线划定后贯彻落实情况。在西吉县政协三楼会议室召开座谈会。固原市政协副主席杨自平、西吉县政协主席马天英、西吉县副县长马天峰、西吉县政协副主席宋兆吉及市县环保、林业部门负责人和相关乡镇负责人参加了座谈会。

10月

9日　全区残疾人工作现场观摩会首站到西吉县。宁夏回族自治区残联党组书记、理事长娄晓萍带领自治区残联机关各处（室）和直属单位副处级以上干部、自治区各专门协会负责人，五市和各县（区）残联理事长组成的观摩团，在市县领导王学军、朴凤兰、张哲、李西平、马耀宏的陪同下，实地观摩马兰回乡刺绣有限责任公司。

△　宁夏回族自治区团委书记王伟一行到自治区团委定点帮扶的西吉县王民乡红太村调研脱贫攻坚和驻村工作队工作开展情况，随后，在王民乡开展团十八大、自治区第十二次团代会精神专题宣讲活动。

10日　宁夏回族自治区团委书记王伟一行在西吉县委二楼会议室主持召开自治区团委定点帮扶工作座谈会。西吉县委副书记王林，西吉县委常委、副县长张哲及西吉县有关单位负责人参加座谈会。会后，王伟到兴隆镇马嘴村，看望慰问2018年希望工程资助“建档立卡贫困户”大学新生单小龙的家人，了解单小龙的家庭状况和在校学习的生活情况。

12日　西吉县委副书记、代县长杨生俊先后到县城各供热站和换热站，就供热准备工作进行专项检查。

13日　西吉县委副书记、代县长杨生俊在西吉县政府三楼会议室主持召开全县2018年项目推进会和2019年项目谋划专题会议。

16日　由宁夏回族自治区总工会主办，银川市总工会、西吉县委县政府承办的“凝聚工会力量，助力脱贫攻坚”西吉县特色农产品推介会在银川召开。自治区总工会副主席胡君作了致辞，副县长张永强向与会嘉宾详细介绍了西吉县在农产品品质、种植、加工、销售等方面的基本情况。推介会上，银川市社区、企业、大专院校与西吉县签订了《农副产品销售协议》。银川市总工会和区农牧厅、人社厅、扶贫办等厅局负责人及干部职工，固原市总工会负责人，西吉县人大常委会副主任、工会主席吴建雄和县农牧、工会及相关企业负责人参加了推介会。

17日　国家民委直属机关党委副书记郭建民带领国家民委考核验收组，到西吉县吉强镇龙王坝村、宁夏四丰万亩绿源家庭农场和兴隆镇单家集，就固原市创建全国民族团结进步示范市工作进行了考核验收。市县领导王正儒、周文贵、杨生俊、马保师、刘克虎陪同考核验收。

23日　由国务院扶贫办发展中心副主任李越带领的全国脱贫攻坚先进事迹巡回报告团到西吉县将台堡红军长征胜利会师纪念园考察红色文化。固原市委副书记杨刚、西吉县委常委、常务副县长杨生智陪同考察。

23—24日　福建莆田市人大常委会主任阮军带领考察团，在市、县领导周赵川、云生元、杨生俊、李聪、王林、蔡志、高耀明、陈海防的陪同下，先后到华林农业蔬菜基地、偏城乡涵江村、宁夏国圣食品有限公司、泽艾堂生物科技有限公司等地，对莆田援建项目和莆田企业在西吉县的发展情况进行考察。随后在西吉县会议中心一会议室召开座谈会。西吉县委副书记王林主持会议，西吉县委副书记、代理县长杨生俊就西吉县基本县情、经济社会发展和闽宁协作工作情况作了介绍；西吉县委常委、副县长蔡志汇报了闽宁协作对口帮扶工作开展情况。莆田市向西吉县捐赠了建设村级扶贫车间和贫困学子助学金50万元。考察团一行还到将台堡镇，瞻仰了红军长征胜利会师纪念碑、参观三军会师纪念馆。

27日　固原市委常委、西吉县委书记王学军带领副县长马天锋、张永强及相关部门负责人就夏寨水库和葫芦河流域县城段综合治理及县城供暖情况进行调研。

11月

5日　陕西省铜川市政协副主席、民进铜川市委员会主委田芳珍带领考察组，到西吉县葫芦河流域将台堡镇段，现场考察葫芦河流域治理工作。西吉县政协副主席宋兆吉及水务局负责人陪同考察。

9日　自治区政协副主席郭虎一行，在西吉县政协主席马天英、副县长穆春和教体局负责人的陪同下，到西吉县震湖乡调研指导党建和脱贫攻坚工作，到县幼儿园和第二幼儿园，调研西吉县学前教育工作开展情况。

12日　西吉县在县委二楼会议室召开干部任免会议，宣布市委人事任免决定。固原市委常委、西吉县委书记王学军主持会议并讲话。固原市委组织部部务委员陈启出席会议。会议宣布固原市委干部任免决定：王万龙任西吉县委委员、常委；杨建仁任西吉县公安局政委（副处级）；周时亮提名为西吉县政府副县长人选；免去海丽西吉县委常委、委员职务；免去马秀奇西吉县公安局副处级侦查员职务。

20日　固原市委常委、西吉县委书记王学军调研葫芦河河道清淤工作进展情况。西吉县委副书记、代县长杨生俊，副县长张永强及相关部门负责人陪同调研。

21日　固原市委常委、西吉县委书记王学军在西吉县会议中心一会议室主持召开全县脱贫攻坚领导小组2018年第8次会议，传达学习中央和自治区相关会议精神，对全县脱贫攻坚工作进行安排部署。会议传达学习《习近平扶贫论述摘编》和区、市扶贫开发领导小组第5次会议精神；会议审定《关于迎接2018年国家脱贫攻坚年度考核评估工作的安排（审议稿）》；听取国务院扶贫办调研组在西吉调研工作情况和2018年贫困村出列和贫困人口退出进展情况的汇报；审议《西吉县2019年财政涉农资金统筹整合使用方案》和《西吉县2019年农牧业产业扶贫扶持政策（审议稿）》；审定《西吉县扶贫车间建设实施方案（审议稿）》和《西吉县打赢脱贫攻坚战三年行动实施方案（审议稿）》。

22日　福建省残联副理事长刘闽华一行，在宁夏回族自治区残联副理事长董万军，固原市副市长金敬东，西吉县领导王万龙、李喜生及市、县残联负责人的陪同下，先后到马兰刺绣、天涯服饰、泽艾堂、国盛食品等企业残疾人就业扶贫车间，调研西吉县残疾人就业和收入情况。

28—29日　由自治区市场监管厅副厅长马如林带领的考核验收组，到西吉县田坪、吉强、马莲、兴隆4个乡镇，随机抽查了部分学校食堂、餐馆、零售店及肉类销售店，对西吉县食品安全示范县创建工作进行考核验收。在西吉县政府三楼会议室召开座谈会，副县长李喜生及相关单位负责人参加了会议。

29—30日　固原市委常委、西吉县委书记王学军带领县领导杨生俊、刘克虎、穆春、李晓东、马天峰、马耀宏及县城乡规划建设委员会成员单位、相关规划设计单位负责人实地调研城乡规划建设工作。在县委五楼会议室主持召开第二次规委会会议，对文化馆、图书馆建设项目方案进行了审查。

△　中国商飞四川分公司党委书记、总经理赵俊一行到西吉县什字中学举行捐资助学活

动。副县长张哲主持捐赠仪式，县委副书记王林、中国商飞四川分公司党委书记、总经理赵俊分别作了讲话。

12月

4—5日　宁夏回族自治区党委常委、统战部部长白尚成在固原市委常委、宣传部部长、统战部部长王正儒及市委统战部、民族宗教事务局负责人陪同下，先后到沙沟乡满寺村、阳庄村，火石寨乡小川村，偏城乡涵江村、马湾村，硝河乡新庄村等调研西吉县脱贫攻坚工作。固原市委常委、西吉县委书记王学军及县领导张亚萍、马保师先后陪同。

6日　宁夏回族自治区高级人民法院党组书记、院长沙闻麟带领相关处室负责人，到西吉县白崖乡阳洼村、白崖法庭调研脱贫攻坚和基层法庭建设等工作。固原市中级人民法院党组书记、院长张仁，西吉县领导张亚萍、张尚祎陪同调研。

△　中国商飞公司民用飞机试飞中心党委书记缪根红带领相关人员一行到西吉县开展精准帮扶工作。在西吉县委常委、副县长张哲的陪同下，首先到将台堡镇西坪村小学，实地查看学校的教育教学环境，并举行爱心捐资助学活动；到西坪村艾草扶贫车间，调研扶贫车间在助推脱贫、带动就业、增收致富等方面发挥的作用；在西坪村村部召开帮扶工作座谈会，随后参观将台堡红军长征纪念园。

△　固原市委常委、副市长李志达带领相关部门负责人，到西吉县祥龙客运公司、吉源供热公司等地，督查西吉县安全生产工作。西吉县委常委、常务副县长杨生智陪同督查。

6—7日　固原市委常委、西吉县委书记王学军到西滩、王民、平峰、震湖、新营等乡镇调研脱贫攻坚工作。县领导杨生智、高耀明、李晓东陪同调研。

10日　西吉县钱币博物馆布展深化设计评审会在西吉县会议中心一会议室召开。固原市委常委、西吉县委书记王学军出席会议并讲话，县领导杨生俊、李聪、张亚萍、王万龙、高月琴、穆春、马天峰、张国义和布展成员单位及设计单位负责人参加了会议。

11—12日　固原市委常委、西吉县委书记王学军到火石寨、白崖、偏城、吉强等乡镇调研脱贫攻坚工作开展情况。县领导马保师、刘克虎、杨生智、高耀明、王万龙、穆存祥先后陪同调研或参加座谈会。

14—15日　固原市委常委、西吉县委书记王学军先后到马莲、什字、兴隆、硝河等乡镇调研指导脱贫攻坚工作。县领导张亚萍、李晓东先后陪同调研或参加座谈会。

15日　中国商飞公司党委委员、纪委书记赵九方一行到西吉县调研对口帮扶工作。在县委五楼会议室召开座谈会，听取西吉县就中国商飞扶贫资金使用情况。县委副书记张亚萍，县委常委、副县长张哲，园区管委会主任马耀宏及相关部门负责人参加了座谈会。

16日　中国商飞公司党委委员、纪委书记赵九方带领商飞公司相关负责人一行到西吉县看望慰问支教团员工，并在政府三楼常务会议室召开大飞机支教团座谈会。县领导张哲、穆春出席了座谈会。

18日　庆祝改革开放40周年大会在北京人民大会堂举行，中共中央总书记、国家主席、中央军委主席习近平出席大会并发表重要讲话。固原市委常委、西吉县委书记王学军及全体在家县级领导在会议中心二楼视频会议室集中收听收看大会盛况。

△　宁夏回族自治区扶贫办主任梁积裕一行到西吉县调研劳务移民搬迁入住情况。县委副书记张亚萍，西吉县委常委、常务副县长杨生智陪同调研。

19日　宁夏回族自治区扶贫办主任梁积裕调研西吉县脱贫攻坚工作，在县委五楼会议室召开座谈会。固原市委常委、西吉县委书记王学军主持会议并讲话，县领导王林、蔡志、杨生智及县直相关部门和各乡镇负责人参加了座谈会。

△　宁夏回族自治区人大常委会委员、民族宗教外侨工委主任杨勇带领部分区人大常委会委员组成的调研组，到西吉县乡村旅游特色产业示范村——龙王坝，调研西吉县乡村旅游工作。固原市人大副主任杨大素、西吉县人大常委会副主任高月琴、西吉县副县长周时亮陪同调研。

19—21日　固原市委常委、西吉县委书记王学军先后到马建、田坪、红耀、兴平、沙沟等乡镇调研指导脱贫攻坚工作。西吉县领导李聪、马天英、苏吉礼先后陪同调研。

21日　宁夏回族自治区水利厅厅长白耀华一行，先后到西吉县偏城乡、新营乡和葫芦河流域综合治理夏寨至硝河段和夏寨水库，调研西吉县农村饮水和葫芦河流域综合治理工程进展情况。固原市委常委、西吉县委书记王学军，固原市副市长周文贵、西吉县副县长张永强及市县水务局负责人陪同调研。

24日　由西吉县委宣传部、西吉县文广局主办，白崖乡承办，偏城、沙沟、火石寨乡协办的西吉县北部片区乡镇首届文化艺术节在白崖乡北山公园举行。西吉县委副书记、代县长杨生俊，西吉县政协主席马天英，西吉县委副书记张亚萍及县领导刘克虎、王万龙、穆春、苏吉礼、张国义、穆存祥出席活动。

26日　西吉县退役军人事务局举行揭牌仪式。西吉县委副书记、政法委书记张亚萍和西吉副县长李喜生共同为西吉县退伍军人事务局揭牌。

△　固原市委常委、西吉县委书记王学军在西吉县会议中心一会议室主持召开全县党（工）委书记抓党建述职评议考核会和乡镇、县直部门（单位）党组织主要负责人述责述廉会。市委组织部部务委员陈启到会指导。全体在家县级领导及各乡镇党委书记、纪委书记、县直各部门（单位）主要负责人、部分基层一线党代表和基层党组织书记代表参加了会议。

西吉概览

概　述

【概　况】 西吉县地处宁夏回族自治区南部，六盘山西麓，位于北纬35° 35′ ~ 36° 14′，东经105° 20′ ~ 106° 04′，东与固原市原州区接壤，距固原市63千米，南与宁夏隆德、甘肃静宁两县毗连，距隆德县91千米，距静宁县73千米，南至陕西西安市450千米，西与甘肃会宁为邻，距会宁县132千米，西离甘肃兰州市272千米，北同海原县相依，距海原县城96千米，北去银川391千米。县境东西长67千米，南北长74千米，总面积3130平方千米。耕地面积16.30万公顷。地势南低，北、东、西渐次增高。海拔1688 ~ 2633米。西吉县地处陇西黄土高原腹地。地貌分三种类型，黄土丘陵区分布最广、面积最大，占土地总面积的83.5%；中部葫芦河川道区地势平坦，占总面积的6.1%；东北部为月亮山和六盘山余脉的土石山区，占总面积的10.4%。境内群山连绵，峰峦叠嶂，沟壑纵横，山势错落。月亮山是境内最高山峰，形似弧月而得名，主峰海拔2633米，呈西北往东南走向。葫芦河、清水河、祖厉河三条水系过境。葫芦河为境内最大的河流，发源于县境西北边缘的月亮山南麓，状如葫芦，曲流南下，经新营、吉强、硝河、将台、兴隆等乡镇流入甘肃静宁，经秦安注入渭河，境内全长97千米，流域面积1358.5平方千米。清水河发源于偏城乡双羊套和白崖乡九条沟垴，经固原、同心抵中宁流入黄河，境内全长30千米，流域面积565平方千米。祖厉河发源于震湖、田坪、马建、红耀、新营等地，经甘肃会宁等地汇入黄河，流域面积491平方千米。近年由于干旱和地下水位的下降，这三条河系大部分地段已干涸或断流。

2018年，全县辖4镇15乡，8个居委会，296个村民委员会。年末全县总人口49.6万人。其中，汉族人口20.2万人，回族人口29.4万人。年末全县常住人口35.3万人。其中，城镇人口10.1万人，乡村人口25.2万人。人口出生率为16.09‰，死亡率为5.91‰，人口自增率为10.18‰。

2018年，全年全县实现地区生产总值64.9亿元，同比增长3.6%。其中：第一产业增加值17.7亿元，增长4.4%；第二产业增加值12.9亿元，下降10.8%；第三产业增加值34.3亿元，增长9.6%。全社会固定资产投资44亿元，下降20%；社会消费品零售总额17.1亿元，增长5%；地方一般公共预算收入1.69亿元，与上年持平；城镇居民人均可支配收入25100元，增长8%；农村居民人均可支配收入9250元，增长10%。

【脱贫攻坚】 对标贫困人口“一收入两不愁三保障”脱贫标准，紧盯农村全面小康底线要求，科学谋划、精准施策，整合各级财政涉农资金13.25

亿元，实施基础设施建设、产业培育发展、公共服务建设和教育健康保障等方面24个项目，实现37个贫困村脱贫出列，2.25万贫困人口脱贫退出，综合贫困发生率下降到5.88%。产业支撑更加有力。保持定力抓“有土”扶贫产业，安排资金5.2亿元，围绕马铃薯、草畜、蔬菜、杂粮（油料）等特色种养业，为贫困群众量身定制15类53项全产业链补贴政策，建档立卡户户均发展特色种植21.2亩、特色养殖30个羊单位；健全扶贫产业与贫困人口利益联结机制，巩固提升产业扶贫示范村43个、培育新型经营主体70个，辐射带动0.94万人；注入小额信贷补偿金1.6亿元，新增金融扶贫贷款9.54亿元，建档立卡户户均达4.9万元，覆盖率达92.91%。提升技能抓“离土”就业，开展精准脱贫能力培训1.55万人，转移就业11.57万人，创收25.58亿元；建成运营扶贫车间26个，带动就业1196人。经营性收入占全县农村居民可支配收入的48%。基础保障有效提升。紧盯制约群众生产生活的“水、路、居”瓶颈难题，建成贫困村道路600千米，238个贫困村村组道路基本硬化；新增自来水入户0.97万户4.7万人，农村自来水普及率达95.2%；完成危房改造3112户，农村群众安全住房保障率达94.24%；实现295个行政村文化服务中心、动力电、4G信号等公共服务全覆盖。坚持因地制宜，建成县内就近安置点2个，回购县城住房1668套，安置移民7753人，“十三五”易地扶贫搬迁任务圆满完成。社会帮扶成效显著。不断深化与涵江区、商飞公司和区属骨干企业帮扶协作，建成闽宁示范村10个，联系深度贫困村39个，落实项目资金1.03亿元。开展“帮扶干部进村入户办实事解难题”专项行动，办理实事1.4万余件，协调解决矛盾纠纷5000余件。开展扶志扶智行动，在58个深度贫困村开展脱贫致富先进事迹巡回宣讲，新培育致富带头人188名，选树表彰“脱贫光荣户”“移风易俗模范户”等1500余人，不断激发贫困群众脱贫致富奔小康的内生动力。问题整改扎实有效。围绕扶贫对象精准，全面开展建档立卡动态调整，完成县乡村三级“两评议、两公示、一公告”系统录入和相关数据核查纠错工作，新识别建档立卡贫困户371户1572人，纳入因病、因残返贫33户113人，退出1664户9153人，修改完善错误信息3.84万条。主动认领2017年省级党委和政府扶贫开发工作成效综合考评、中央第八巡视组、自治区党委第四巡视组反馈脱贫攻坚领域存在的33类78项突出问题，制定整改措施147条，完成73项，需持续整改落实的43项取得阶段性成效。结合“脱贫攻坚作风建设年”“干部素质提升年”等活动，受理扶贫领域问题线索1689件，立案办结1409件，问责处理149人。干部作风持续向好，群众满意度不断提升。

【优化产业结构】 贯彻落实高质量发展要求，坚持创新驱动、因业施策，调结构、转方式、优质量，加快推动产业转型升级。特色农业扩量提效。立足“一特三高”，调优种植结构，粮食总产量达35.72万吨。马铃薯种植面积调减至81万亩，建设原种繁育基地1万亩、一级种繁育基地10万亩，推广一级种薯25万亩，实现产值12.46亿元；建设标准化蔬菜示范园16个，日光温室303座，种植各类蔬菜15万亩，实现产值14亿元；建设小杂粮（油料）示范基地26个、中药材和万寿菊示范基地17个，种植小杂粮（油料）102万亩、中药材和万寿菊3.3万亩；建成“四个一”试验示范园（点）18个、8636亩。推进“全国优质青贮玉米行动计划”，种植青贮玉米30万亩，新建青贮池4534座，调制各类饲草95万吨；培育标准化养殖示范村31个、规模养殖场36个，基础母牛、母羊存栏13.6万头、30万只，分别增长4.6%、7.8%，实现牧业总产值14.25亿元。工业企业加快转型。聚焦农产品精深加工，优先发展环保清洁产业，扶持培育规模以上企业，加快工业企业转型升级。全面完成19家万吨以下马铃薯淀粉产能淘汰，关停部分小型淀粉、机砖、砂场。发挥工业园区集聚效应，吸引咏辉电子、天之涯服饰等轻工企业落户园区，伊尔德2万吨亚麻籽油生产线、泽艾堂艾草加工及研发项目投产运营；融信风电、华电月亮山风电等规模以上企业运营平稳，全年规模以上工业产值保持增速12%以上。组织赴外考察招商17次，参加节会招商10次，引进山东水发、北京秋实、港生中药材等农产品加工企业3家，签订招商引资项目18个，到位资金21.6亿元。商贸旅游提速发展。坚持外引与内培并举，积极争取银河影院、华联超市等商户入驻西吉；建成县级电商中心1个，培育电子商务企业7家，实现农特产品线上销售2300万元；新登记私营企业350家、个体工商户3533户，同比增长9.0%、3.0%。金融业保持健康平稳发展势头，全县存款余额108.59亿元，增长1.12%；贷款余额58.34亿元，增长20.58%；存贷比为53.72%，提高8.98%。加入陕甘宁毗邻地区旅游合作联盟、长征沿线红色旅游城市联盟，不断完善旅游环线配套服务设施，龙王坝入选国家AAA级景区，西吉县入围“2018中国最美县域榜单”，全年接待游客109万人次，实现旅游综合性营业收入4109万元。

【环境治理】 全面落实污染防治“三个十条”，坚决整改中央环保督察及“回头看”反馈问题，城市更加秀美靓丽，农村更加整洁优美。环保问题全面整改。逐项细化整改措施，全面压实整改责任，坚决淘汰万吨以下马铃薯淀粉生产企业，完成县城第一污水处理厂改造提升、第二污水处理厂建设和县城11台20蒸吨以上燃煤锅炉脱硫脱硝除尘及在线监测改造任务；新建将台、兴隆等乡镇污水处理厂（站）5座、人工湿地4处，中央第八环保督查组反馈4项问题全部销号。查实办结中央第二环保督察组反馈信访投诉件20件，停产整治企业5家，问责处理12人，行政处罚5起50万元。扎实推进“绿盾”专项行动，完成火石寨、党家岔保护区人类活动点位整治329处，搬迁农户70户238人，拆除工矿企业21处，恢复生态40.26万平方米。污染防治成效显著。打好“蓝天保卫战”，全面落实“六个百分之百”要求，坚持“四尘”同治，淘汰黄标车、老旧车662辆，年度空气优良天数达95.7%。打好碧水保卫战，压实河（湖）长责任制，依法拆除违建企业78家，封堵排污口20处，整治河道50千米；投入2.24亿元落实控源截污、河湖共治、生态修复综合措施，葫芦河水质稳定在Ⅳ类以上。打好净土保卫战，拆除禁养区内农产品加工企业2家，农用残膜回收率、畜禽粪污资源化利用率分别达到95%、85%，农业面源污染问题得到有效控制。城乡环境持续改善。深入开展“城乡环境卫生大绿化大整治”专项行动，研究出台《市容环境管理暂行办法》《乡村环境卫生管理暂行办法》《控制和查处违法建筑暂行办法》，建立健全长效机制，招聘农村环卫工人600名，新增机械作业设备266台；签订“门前六包”责任书3200份，拆除违法建筑164户1.33万平方米、旧庄园1925座，绿化、亮化县城道路45.6千米，清理“三乱”2万处、垃圾26.28万吨，城乡面貌展现美丽新姿。生态修复稳步推进。开展大规模国土绿化行动，加强“山林水田湖草”系统治理，完成400毫米以上降水线区域造林5万亩、南华山外围水源涵养林2.5万亩、补植补造5.9万亩、封山育林2.4万亩、城市绿化3661亩、道路绿化380千米，治理小流域30平方千米，森林覆盖率达15.78%。

【社会事业】 以共建共享为导向，全面推进均等化服务、普惠性保障、创新性治理，人民群众获得感、幸福感、安全感不断提升。公共“服务网”更加完善。紧盯基础建设短板，争取项目资金122个55.9亿元，S60西吉—会宁高速公路建设进展顺利，体育馆、中医院等一批重点民生项目全面完工，棚户区改造房屋征收2059户20万平方米，保障性住房入住率达95.7%；提升改造休闲活动场所2个、县城公厕2座，新增停车泊位4000个；建成美丽小城镇1个、美丽村庄5个；完成16个乡镇供暖系统改造，乡镇干部办公生活条件得到改善；持续加大贫困村基础设施和公共服务建设，建成农村道路600千米，危房改造3112户，新增自来水入户9700户，自来水普及率提高到95.2%，文化服务中心、农业服务中心、电商服务网点和村级活动场所改造等实现全覆盖；持续加大教育投入力度，完成“全面改薄”项目137个、改（扩）建校舍5.72万平方米；督促1539名适龄儿童全部返校，高考本科上线率、高职院校录取率分别提高2.3%、1.4%，义务教育基本均衡发展工作顺利通过国家评估验收。全面实行“先住院、后付费”制度，建档立卡贫困户住院费用报销比例达92.63%，健康西吉行动稳步推进。“六朵云”服务工程实现行政村全覆盖，开展群众性文化活动90余场次，眉户剧《丁香花开》在全区深度贫困乡镇巡演，受到肯定和好评。民生“保障网”更加坚实。全力保障和改善民生，民生投入占财政总支出的90%以上。实施积极的就业政策，第二批县级示范性创业孵化基地顺利通过验收，累计发放各类就业创业贷款1.2亿元，创造新岗位878个，带动就业1740人；依法追回农民工工资1420万元。城乡居民养老保险、医疗保险参保率分别达95%、98%，实现建档立卡贫困人口“两险”全覆盖。扎实推进“两项政策”衔接，建档立卡贫困人口低保覆盖率达20.7%；累计发放各类优抚资金1178.9万元、救助资金3.04亿元，新建农村老年饭桌8个、社区服务站61个、“儿童之家”200个，学有所教、劳有所得、老有所养、病有所医的目标基本实现。社会“安全网”更加严密。积极防范化解金融风险，争取到位置换债务资金6258万元，化解存量债务1.48亿元。深入开展扫黑除恶专项斗争，摸排各类涉黑涉恶违法犯罪线索122条，打掉恶势力犯罪团伙（集团）2个，抓获犯罪嫌疑人28名，社会治安明显好转。“七五”普法顺利通过区市中期验收。深入开展“群众反映强烈突出问题大排查大化解”专项行动，接待信访群众406批1218人次，办结中央第八巡视组、自治区党委第四巡视组和信联办摸排信访事项203件。“百日安全专项行动”排查整改安全隐患1609项，整改率达92.9%，事故起数、死亡人数实现“双下降”，被自治区授予“平安县”称号。不断提升依法管理民族宗教事务的能力和水平，清退无证宗教教职人员152名，排查整改未登记宗教活动场所39处，整改、拆除具有阿拉伯风格或元素的公共类建筑21处、路牌路标248处、门头牌匾标志1600处。群策群力，统计调查，防震减灾，档案、残联、地方志、工会、共青团、妇女儿童、国防动员和民兵预备役等工作得到新加强、取得新成效。

【改革创新】 坚持全面发力、多点突破、纵深推进，狠抓改革任务落实，持续深化简政放权，经济社会发展内生动力明显增强。“放管服”改革深入推进。紧紧围绕政务服务“一网、一门、一次”改革，健全审批机制，优化审批流程，取消行政审批事项20项，进驻宁夏政务服务网网上办事大厅办理事项1400项，县本级办事大厅可办理事项1196项，网上可办事项达82.8%，不见面办理事项达80.2%。完善落实权责清单和市场准入负面清单制度，持续扩大“双随机一公开”监管覆盖范围，行政执法监管的公平性和规范性有效提升。医疗体制改革初见成效。持续推进公立医院综合改革，深入实施京宁、闽宁及区内三甲医疗机构对口支援帮扶，引进帮扶专家27名，培养“西吉名医”10名，“六盘名医”1名，开展新业务、新技术3项，公立医院可治疗病种达700余种，县域内就诊率达到89%。积极探索医共体建设，推进分级诊疗模式，县直两院与28家基层医疗卫计单位建立县域内医共体，实现县乡村一体化管理。农业农村改革有序开展。以完善产权制度和要素市场化配置为重点，全面完成村集体资产清产核资和农村“四荒地”使用权等13项农村产权确权登记颁证工作，清查资源性资产339.48万亩、非经营性资产2.879亿元、经营性资产1149.11万元。深入推进农村承包土地“三权分置”制度，创建农村集体资产股份制改革、产权抵押贷款、壮大村集体经济等示范村17个。统筹推进农业水价、农田水利工程产权制度、国有林场等各项改革，释放农业农村发展“红利”。

【转变作风】 牢固树立“四个意识”，坚定“四个自信”，做到“两个坚决维护”，旗帜鲜明讲政治，把党的领导贯穿政府工作全方位、全过程。自身建设全面加强。严格落实政府党组主体责任，深入推进“两学一做”，学习教育常态化制度化，坚定不移地贯彻新发展新理念，不断提升专业素养，防范各种风险挑战，牢牢把握工作主动权。健全完善目标考核体系，跟踪督办重大决策、重点工作，以激励促落实，以问责求实效，切实汇聚起担当尽责、干事创业的正能量，扎扎实实推动各项工作取得新成效。依法行政稳步推进。深入贯彻依法治国基本方略，完成政府投资评审项目审计468个，公开政府信息2790条，办理市县政府门户网站、“12345”政府公共服务平台和“331”涉农惠农监管平台等各类群众诉求2987件，群众知情权、参与权和监督权得到有效保障。自觉接受县人大及其常委会监督，及时向县政协通报政府工作，广泛听取群团组织、老干部和社会各界人士的意见、建议，主动接受社会监督和舆论监督。廉政责任逐级压实。严格执行中央和区市县党委改进作风相关规定，严格落实“一岗双责”，切实加强公务人员经常性教育和监督管理，驰而不息纠正“四风”问题，有效巩固拓展“中央八项规定”精神成果。持续强化审计监督，严控财政供养人数和经费支出，规范公务接待、差旅费补助和公务用车管理，“三公”经费大幅下降，行政运行成本进一步压缩。

【财政金融】 整合财政涉农资金13.25亿元，整合率100%，同比增长11.95%。其中：中央财政资金8.47亿元、自治区级财政资金3.97亿元、县级财政配套8040万元。拨付项目单位整合资金13.25亿元，拨付率100%。各项目单位实际支付整合资金12.81亿元，支付率96.68%。为全县18595户建档立卡户累计发放扶贫小额贷款9.54亿元，完成自治区下达任务的105.45%，种养殖户、家庭农场、农民合作社担保贷款1.15亿元，在保余额1.71亿元。西吉县金融机构人民币各项存款余额1085906万元，同比增加13.37亿元，增长15.19%；全县金融机构各项贷款余额为45.35亿元，同比增加10.07亿元，增长28.54%。

【商贸住餐】 全年全县实现社会消费品零售总额15.9亿元，比2017年下降1.5%。乡村消费品零售额实现5.9亿元，下降0.8%，城镇消费品零售额实现10.03亿元，下降1.9%。全县批发业实现销售额1.8亿元，下降6.5%；零售业实现销售额5.3亿元，下降4.0%；住宿业实现营业额0.2亿元，下降52.7%；餐饮业实现营业额8.5亿元，增长4.5%。

【文化教育】 举办首届社火巡演大赛、新营陈阳川民俗文化节、广场舞比赛、“图书进万家”、“我是朗读者”、“六盘山红色诗会”、心连心艺术团MV节目录制等活动；选送《赞美丽富裕新西吉》《模特秀表演唱》《丁香花开》《六盘响鞭》等节目赴银川参加宁夏回族自治区成立60年大庆系列演出活动，《丁香花开》在全区50个深度贫困乡镇巡演。完成广场文艺演出20场次、送戏下乡50场次、“戏曲进校园”20场次；命名42名县级非遗传承人；完成全国可移动文物普查；创建“扫黄打非”进基层示范点59个，创区级示范点2个。完成将台堡红军长征纪念园围墙加固、吉强等4座文化站建设项目；完成硝河等5乡镇分馆建设；完成县图书馆、文化馆建设立项、图纸设计等前期工作。全县共接待游客103.9953万人次、营业收入4109.16万元。其中：火石寨景区接待13.1647万人次、营业收入1007.64万元；将台堡纪念园接待游客31.2911万人次（团队839批次）；农家乐接待游客54.5366万人次，营业收入2074.18万元。

2018年，全县有各级各类学校569所，普通中学18所，九年制学校10所，小学118所，职业中学1所，特殊教育学校1所，幼儿园220所。在校学生82349人，其中：小学生35830人，初中生20849人，普通高中学生7734人，职业高中学生4004人，幼儿园在园儿童13932人。在校学生中残疾儿童463人；在校学生中农村留守儿童504人。全县学前三年毛入园率80.12%；小学适龄儿童入学率100%、巩固率100%；初中入学率100%、巩固率98%以上；高中阶段毛入学率90.15%以上。中小学在编教职工5270人，特岗教师453人。高考本科上线1900人，上线率48%，比2017年提高2.3个百分点；高职院校分类考试报名759人，共录取732人，录取率96.4%，比2017年提高1.4个百分点；中考中袁河中学文化课总分平均分为452.38分，位居固原市第三名，全市公办学校第一名，有4所学校进入固原市前20名。

【交通邮政】 2018年，全县公路通车总里程为3243.3千米，其中高速公路21.7千米，国道1条82.3千米，省道1条83.4千米，县道5条160.2千米，乡道37条678.3千米，村道297条2187.6千米，汽车专用公路2条29.8千米；等级公路密度103.6千米/百平方千米。全县296个建制村全部通硬化路，具备条件的自然村通公路。全县道路运输经营业户2650家，拥有机动车辆2890辆，日发客运班次156个，货运经营户14家。检测站1家，汽车二类维修企业5家，三类维修业户95家。营运客车580辆，营运货车2658辆；拥有等级客运站15个，客运招呼站172个。客运线路285条。全县19个乡镇全部通客车，乡镇和行政村通车率均达到100%。2018年邮政启用16条农村投递段道，共有19个乡镇295个建制村，16条农村投递段道覆盖辖区全部19个乡镇。

【医疗卫生】 全县医疗卫生健康机构38所，其中县直医疗卫生计生机构5所，乡镇卫生院25所，社区卫生服务站4所，民营医院4所。医疗机构设置病床数1108张，卫生健康事业单位核定编制数1278个，有正式在编人员1081人，空编197个。专业技术人员996人，其中副高以上职称120人，中级职称277人，初级以下职称599人。全县村卫生室297所，有乡村医生329人。为8200名6～24个月龄儿童免费发放营养包，为4830名新生儿免费筛查48种先天遗传代谢性疾病，免费给法定年龄新婚夫妇婚前医学检查4064人，免费服用叶酸6451人，农村妇女免费宫颈癌筛查13500人、乳腺癌筛查3100人。免费新生儿听力筛查4791人、“四病”筛查4830人；母婴安全措施有效落实，成立危重孕产妇和新生儿救治中心，实施高危孕产妇专案和妊娠风险分级五色管理。母子健康手册全面推广，生育全程基本医疗保健服务逐步完善，孕产妇系统管理率95.01%，高危产妇管理率100%，产前检查率98.76%，7岁儿童保健覆盖率90.64%，3岁儿童系统管理率90.67%。配备四维彩超1台，为母婴安全、预防出生缺陷提供有效保障，全县出生缺陷监测发生率76.46/万，孕产妇死亡率20.04/10万，5岁以下儿童死亡9.62‰，婴儿死亡率6.01‰。提高儿童、孕产妇、老年人等重点人群的健康管理水平，全县城乡居民电子健康档案累计建档率达97.53%，国家免疫规划疫苗预防接种率达到99%以上，新生儿访视率98.10%，活产数4989人，早孕建册率96.31%，产后访视率为95.53%，老年人健康管理率为75.48%，共管理高血压和糖尿病人数分别为19910人和2577人，规范管理率分别为99.1%和50.02%，控制率分别为81.24%

和93.83%，确诊重性精神病患者1264例，规范管理1075例，规范管理率85.05%，肺结核患者287人，肺结核患者规范服药率为100%，全年登记传染病人数1379人，报告传染病人数1379人，传染病报告率100%，及时报告传染病人数1379人，报告及时率100%，累计发放健康教育资料336种23.5万册，宣传栏设置830个，更换2047次，开展健康讲座331余场，参与3.4万人次，举办健康教育咨询活动226场，参与3.7万人次。人均55元服务经费管理和使用全部到位。全县大病集中救治276人次，重病兜底保障934人次，高血压、糖尿病、重型精神病等慢性病签约服务管理933人。全县贫困患者住院费用合计1996.13万元，其中基本医保974.01万元，大病保险181.91万元，大病财政补助114.58万元，民政救助189.44万元，扶贫保112.69万元，政府兜底276.39万元，报销比例达到92.63%。对全县建档立卡贫困户12086户48663人重新进行核实核准。

【农林牧业】 2018年全县完成农作物播种223万亩，其中：夏粮26万亩（小麦22万亩），秋粮161万亩，油料18万亩，特色蔬菜15万亩，其他3万亩，牛饲养量达40万头，羊饲养量100万只。全县粮食总产量达到57万吨以上，肉类总产量6.25万吨，农业总产值47.18亿元。马铃薯产业提档增质，采购原原种4576万粒，其中向农户免费发放1581万粒，向企业配发1419万粒，建设原种繁育基地1万亩，贫困户繁育一级种基地10万亩，在贫困村推广一级种薯25万亩。在吉强万崖建设马铃薯集成技术示范园区总面积150亩，开展马铃薯新技术、新品种的试验示范。全县种植马铃薯81万亩，平均亩产1538.8千克，总产124.6万吨。草畜产业扩量提质，建设2个3000亩以上的青贮玉米示范基地，6个1000亩以上青贮玉米示范基地。建设2个市级“一棵草”试验示范和6个县级“一棵草”试验示范点，开展饲用牧草、观赏草引种及品比试验56个，筛选出适合西吉县种植的一批牧草和观赏草品种。加快良种基础母畜扩繁和畜禽品种改良，建设黄牛冷配改良点17个，冷配改良肉牛6.7万头，肉牛良种率达到85%以上。促进基础母畜扩繁增量，对“见犊（驹）补母”全覆盖，建设养殖示范村31个，培育养殖合作社36家，建设畜禽污粪处理技术推广示范村2个，完成示范户100户。扎实做好非洲猪瘟防控工作，全面开展排查监测和流通环节监督检查，努力确保不发生疫情。全县肉牛饲养量达40万头，其中存栏22万头，出栏18万头；肉羊饲养量达100万只，其中存栏50万只，出栏50万只；生猪饲养量达18万头，其中存栏9万头，出栏9万头；家禽饲养量达160万羽，其中存栏80万羽，出栏80万羽；肉类总产量6.25万吨，牧业总产值达14.25亿元。蔬菜产业优化升级，建设19个蔬菜示范园1.92万亩。大力推广节水灌溉和水肥一体化技术，全县推广蔬菜节水灌溉面积3万多亩。加大蔬菜新品种、新技术推广，选育引进各类蔬菜优良品种13类70多个，良种覆盖率达100%，共种植各类蔬菜15万亩，其中：芹菜6万亩，胡萝卜3.5万亩，蒜苗1万亩，设施西红柿0.5万亩，西兰花、甘蓝等0.81万亩，其他3.19万亩。销售蔬菜71万吨。杂粮产业增效升值，共建设小杂粮（油料）示范基地26个1.7万亩，种植小杂粮油料102万亩，其中：糜、谷、莜、荞等杂粮34万亩，玉米50万亩，油料（胡麻）18万亩，总产量达28.8万吨。全县共种植中药材3.3万亩，其中：涉农企业、专业合作社、家庭农场建设中药材种植基地32个，种植面积2.2万亩，农户种植中药材面积1.1万亩。培育2家中药材加工企业，年加工中药材原料500吨以上。2018年全县林地面积134.2万亩，其中：有林地8.61万亩，疏林地0.71万亩，灌林地65.26万亩，未成林造林地26.66万亩，苗圃地 0.1 万亩，宜林地 4.84 万亩，生产用地 0.01 万亩，无立木林地 28.01 万亩，森林覆盖率为 15.78%。春秋两季干部职工完成义务植树 1000 亩；各乡镇义务完成 10 千米销号村道路绿化 380 千米。完成北山市民休闲森林公园造林 2400 亩，海西公路景观大道绿化完成 145 亩，葫芦河流域生态治理绿化 1261 亩。完成 400 毫米降水线绿化造林新造林 5 万亩，补植补造 5.9 万亩，退化林分修复 1.1 万亩，南华山外围水源涵养林完成新造林 2.5 万亩，封山育林 2.4 万亩。

中国共产党

中共西吉县委

【概　况】 2018年全县完成地区生产总值64.9亿元，增长3.6%；社会消费品零售总额15.9亿元，同比下降1.5%；地方一般公共预算收入1.69亿元，同比增长0.4%；城镇居民人均可支配收入25215.9元，增长8.5%；农村居民人均可支配收入9308元，增长10.8%。

【脱贫攻坚】 突出精准施策，脱贫攻坚取得新成效。围绕贫困户"两不愁三保障"脱贫标准，整合各类涉农资金13.25亿元，精准施策，靶向发力，实施强基础、补短板项目24个，草畜产业加快发展，50万亩玉米喜获丰收，马铃薯、芹菜产业提质增效，贫困村基础设施和公共服务建设全面推进。全力做好就业帮扶、技能培训等"富脑袋"的工作，规范培育扶贫合作社70个，建成扶贫车间26个。金融扶贫、县外移民搬迁等重点难点工作得到有效破解，新发放小额金融贷款9.54亿元，建档立卡户贷款覆盖率达到92.91%；搬迁安置移民1668户7753人，全面完成"十三五"易地扶贫搬迁任务。不断深化东西部协作和中央定点扶贫、社会帮扶，共投入各类帮扶资金1.03亿元。深入开展"帮扶干部进村入户办实事解难题"专项行动，"三个清""三个一"取得阶段性良好成效，贫困户满意度稳步提升，内生动力不断增强。实现33个贫困村脱贫出列，21866贫困人口稳定脱贫，贫困发生率下降到5.88%。

【特色产业】 突出转型升级，特色产业实现新发展。制定农牧业产业扶贫政策，安排5.2亿元进行全产业补贴，特色产业提质增效，全县种植马铃薯81万亩、蔬菜15万亩、杂粮102万亩，牛、羊饲养量分别达到40万头、100万只，粮食总产量达到35.72万吨。积极推进工业结构调整，与山东水发集团、北京秋实集团等一批综合实力雄厚的企业签订招商引资项目18个，到位资金21.6亿元。全域旅游稳步发展，完成将台堡红军长征会师广场、兴隆镇单家集红军长征遗址和吉强镇龙王坝等一批乡村旅游基础设施建设，西吉县入围"2018中国最美县域榜单"，龙王坝荣获国家AAA级景区，全年共接待游客109万人次。

【城乡建设】 突出补齐短板，城乡建设呈现新面貌。以项目建设为抓手，以城乡融合为主线，加快推进乡村振兴战略。全年争取资金55.9亿元，争取项目122个，开（复）工重点项目99个，完成投资30亿元。西吉县中医院、体育馆和全民健身中心建成投入使用，县城供暖系统全面改造提升。棚户区改造房屋征收2059户20万平方米，建设保障性住房7710套、配租6700套。完成16个乡镇供暖系统改造，乡镇干部办公生活条件得到改善。制定《乡村振兴战略实施意见》，完成平峰镇三合村、火石寨乡大庄村等5个美丽村庄建设。持续加大贫困村基础设施和公共服务建设，建成农村道路600千米，危房改造3112户，新增自来水入户9700户，自来水普及率提高到95.2%，文化服务中心、农业服务中心、电商服务网点和村级活动场所改造等实现全覆盖。

【民生保障】 突出共建共享，民生保障谱写新篇章。累计投资4.91亿元实施薄弱学校改造、幼儿园建设等一批教育重点工程，办学条件明显改善，面向全市公开竞聘22名中小学校长，教育队伍不断优化，教学质量监测力度持续加大，全县义务教育基本均衡发展顺利通过国家评估验收。"六朵云"智慧文化服务工程为党建、社会治理、扶贫等领域搭建信息共享平台，《丁香花开》在全区深度贫困乡镇进行巡演。积极探索医疗和公共卫生服务体系建设，全面推进分级诊疗模式，实行县乡村一体化管理，初步达到"小病不出村、常见病不出乡、大病不出县"的目标。严格最低生活保障准入机制和退出机制，实现动态管理下应保尽保、应退尽退。深入推进职业技能培训和劳动力转移就业，完成技能培训1.55万人，农村劳动力转移就业11.57万人，实现工资收入25.58亿元。

【各项改革】 突出激发活力，各项改革取得新进展。大力推进"放管服"改革，全面完成区、市下达的53项重点改革任务。全面推进"互联网+政务"，县本级集中办理权力事项时限压缩50%以上，"不见面、网上办"达到80.2%。农村集体产权制度改革有序推进，打造农村土地承包经营权股份制改革、农村产权抵押贷款等示范村17个。积极防范化解金融风险，清理核实地方政府债务，争取到位置换债券资金6258万元，化解存量债务1.48亿元。科技、工业园区、生态文明等体制改革扎实推进。

【生态治理】 突出污染防治，生态治理迈出新步伐。完成葫芦河流域县城以下段50千米河道综合治理和县城供热锅炉脱硫脱硝除尘改造，县城第一污水厂、第二污水厂和燃煤锅炉改造通过区市验收，兴隆、将台污水处理厂已经建成，葫芦河出境断面水质、县城锅炉烟尘排放全面达标。坚决实施封山禁牧、秸秆垃圾禁烧，全年空气优良天数达95.7%。扎实开展"绿盾2018"专项行动，全面完成火石寨、党家岔保护区点位整治。扎实开展"城乡环境卫生大绿化大整治"专项行动，人居环境明显改善。大力实施造林绿化工程，完成新造林8万亩，补植补造5.9万亩，全县森林覆盖率提高到15.78%。建成"四个一"试验示范（点）18个，总面积8636亩，引进适宜树（草）品种58个。

【社会治理】 坚决贯彻落实习近平总书记关于民族宗教工作的重要论述，全面落实党的民族宗教政策。深入开展"拥护核心感恩党、同心携手奔小康"主题教育活动，中华民族共同体意识进一步筑牢。坚持宗教中国化方向，依法加强宗教事务管理，积极稳妥治理宗教领域突出问题，民族团结、宗教和顺的良好局面进一步巩固提升。在固原市全市率先完成"扫黄打非"进基层工作，创建区级示范点2个。"七五"普法扎实开展，扫黑除恶专项斗争和"群众反映强烈突出问题大排查大化解"专项行动深入推进，排查化解矛盾纠纷5979件，摸排各类涉黑涉恶违法犯罪线索122条，打掉涉恶势力犯罪团伙2个，抓获犯罪嫌疑人28人，社会治安综合治理和平安建设不断深化，被宁夏回族自治区综合治理工作委员会授予"平安县"称号。

【党的建设】 突出从严从实，党的建设得到新加强。坚持把政治建设放在首位，深入学习贯彻习近平新时代中国特色社会主义思想和党的十九大精神及习近平总书记到宁视察重要讲话精神，牢固树立"四个意识"，坚定"四个自信"，坚决做到"两个维护"。及时传达学习、贯彻落实党中央和区市党委重要精神，坚决对标落实习近平总书记对宁夏工作的重要指示精神，对一段时间以来脱贫攻坚、民族宗教、生态环保等领域存在的偏差偏向问题坚决予以纠正，及时修订或废止了与党中央精神不相符的文件。共召开西吉县委常委会30次、县委理论中心组学习会22次，组织理论宣讲700余场（次），举办各类培训班12期，培训各级党员干部2300人次，进一步统一了全县上下思想认识，增强了对习近平新时代中国特色社会主义思想的政治认同、思想认同。认真落实党建主体责任，定期听取汇报和专题研究党建、党风廉政建设、意识形态、民族宗教等方面工作。坚决抓好巡视反馈问题整改，对照中央巡视组巡视宁夏反馈的意见，细化整改措施295条，已完成整改217条，并形成长效机制；中央第二环保督察组"回头看"反馈的20件转办件已全部按期办结；宁夏回族自治区党委第四巡视组巡视西吉反馈的7个方面105个问题，已完成整改97个。反腐败斗争力度持续加大，查处违纪违法干部109名。整顿转化软弱涣散基层党组织94个，新建村级活动场所22个、维修改造44个，教育转化信教党员402名。深化党组织"双评双定"正向激励、反向监督机制，7个基层党组织、1682名党员被亮黄星，管党治党压力逐级压实。切实加强干部队伍管理，激励干部担当作为，制定《进一步激励广大干部新时代新担当新作为实施意见》，提拔和进一步使用干部41名，重新起用受处理处分影响期满干部2名，调整交流干部66名，免职15名。成立巡察机构，巡察乡镇5个、县直部门（单位）12个，巡察的利剑作用进一步发挥。牢牢掌握意识形态工作主动权，严格落实意识形态工作责任制，健全制度，完善机制，舆情管控及时有效，民主政治、精神文明、民风建设扎实推进。

【重要会议】 中共西吉县委2018年第1次常委会议。2018年1月5日召开，会议由县委主要领导主持，研究议定了下列事项：1.传达学习了中央和自治区、固原市经济工作会议精神，研究了贯彻落实意见；2.传达学习了自治区党委第十二届三次全会和固原市委第四届三次全会精神，研究了贯彻落实意见；3.传达学习了中共中央保密委员会办公室、国家保密局《关于近期部分机关、单位互联网网站泄密案例的通报》精神，研究了贯彻落实意见；4.传达学习了区市工业园区建设发展调研座谈会精神，研究了贯彻落实意见；5.传达学习了宁夏回族自治区纪委《关于张湧严重违纪案件的通报》《关于郭进挺违反"中央八项规定"精神有关问题的通报》和固原市纪委《关于八起违反中央八项规定精神典型问题的通报》精神，研究了贯彻落实意见；6.安排部署迎接2017年度扶贫成效第三方评估工作。

中共西吉县委2018年第2次常委会议。2018年1月12日召开，会议由西吉县委主要领导主持，研究议定了下列事项：1.传达了固原市全市"两会"精神，研究了贯彻落实意见；2.传达了2017年省级党委和政府扶贫开发工作成效第三方评估区、县对接会精神，安排部署迎接2017年扶贫成效第三方评估工作。

中共西吉县委2018年第3次常委会议。2018年2月8日召开，会议由西吉县委主要领导主持，研究议定了下列事项：1.传达了中央和宁夏回族自治区农村工作会议精神，研究了贯彻落实意见；2.传达了中纪委十九届二次全体会议、自治区纪委第十二届二次全体会议精神，研究了贯彻落实意见；3.传达了中央政法工作会议、全国扫黑除恶专项斗争会议和全区政法综治信访工作暨扫黑除恶专项斗争会议精神，研究了贯彻落实意见；4.传达了全国、全区组织部部长会议精神，研究了贯彻落实意见；5.传达了全国、全区宣传部部长会议精神，研究了贯彻落实意见；6.传达了全国、全区统战部部长会议精神，研究了贯彻落实意见；7.传达了自治区2018年脱贫攻坚工作会议精神，研究了贯彻落实意见；8.传达了《关于张八五严重违纪案件的通报》《关于八起涉农扶贫领域腐败问题典型案例的通报》精神，研究了贯彻落实意见；9. 听取了西吉县招商引资考察组赴平凉考察商贸物流、餐饮服务及固原市政基础设施建设情况报告；10. 听取了全县当前信访、维稳、安全生产工作主要问题和春节期间工作安排情况汇报；11. 研究了《2018 年春节慰问工作方案》；12. 研究了《西吉县社会治理工程暨平安建设考核奖惩方案》；13. 研究了有关干部事项；14. 专题研究了党风廉政建设工作。

中共西吉县委 2018 年第 4 次常委会议。2018 年 2 月 26 日召开，会议由县委主要领导主持，研究议定了下列事项：1. 传达学习了习近平同志在党的第十九届二中全会上的重要讲话精神，研究了贯彻落实意见；2. 传达学习了《中央纪委关于在扫黑除恶专项斗争中强化监督执纪问责的意见》，研究了贯彻落实意见；3. 传达学习了中央第八巡视组巡视宁夏工作动员会和自治区党委《关于第十二届自治区党委第二轮巡视的通知》精神，研究贯彻落实意见；4. 传达学习了全区领导干部学习贯彻习近平新时代中国特色社会主义思想和党的十九大精神专题学习班精神，研究了贯彻落实意见；5. 传达学习了石泰峰在自治区信访局《关于宁夏信访工作情况的汇报》上的批示精神，通报了 2017 年度全区信访工作责任目标管理考核情况，研究了贯彻落实意见；6. 传达了中央纪委公开曝光八起违反中央八项规定精神问题和自治区纪委《关于对形式主义官僚主义等“四风”问题开展集中整治的通知》，研究了贯彻落实意见；7. 研究审定了《西吉县 2018 年农业农村工作要点》《西吉县 2018 年脱贫攻坚工作方案》《西吉县 2018 年脱贫攻坚责任分工方案》和《西吉县 2018 年农牧业产业扶贫政策》；8. 研究审定了《关于成立“六场硬仗”指挥部“六大工程”领导小组的请示》；9. 研究审定了《关于召开西吉县 2017 年度效能目标管理考核暨 2018 年农业农村、脱贫攻坚工作会议的请示》《2017 年度全县效能目标管理考核结果》；10. 研究审定了《关于召开中共西吉县第十四届纪律检查委员会第三次全体会议的请示》；11. 研究了有关干部事项。

中共西吉县委 2018 年第 5 次常委会议。2018 年 3 月 7 日召开，会议由县委主要领导主持，研究议定了下列事项：研究了有关干部事项。

中共西吉县委 2018 年第 6 次常委会议。2018 年 3 月 13 日召开，会议由县委主要领导主持，研究议定了下列事项：1. 传达学习了党的十九届三中全会精神和石泰峰在中共中央《关于深化党和国家机构改革的决定》及中共中央办公厅《关于严明纪律　切实保证党和国家机构改革顺利进行的通知》上的批示精神，研究了贯彻落实意见；2. 传达学习了习近平同志在第十九届中央政治局第四次集体学习时的重要讲话精神，研究了贯彻落实意见；3. 传达学习了习近平总书记在打好脱贫攻坚战座谈会上的重要讲话精神，研究了贯彻落实意见；4. 听取了第一季度全县党风廉政建设和反腐败工作汇报；5. 听取了全县扫黑除恶和信访工作汇报；6. 听取了干部作风转变年、干部素质提升年、农民培训教育年活动准备情况汇报，研究了有关事宜；7. 听取了召开全县政法、组织、宣传、统战工作会议筹备情况的汇报，研究了有关事宜；8. 研究审定了《关于更名调整撤销部分议事协调机构的请示》。

中共西吉县委 2018 年第 7 次常委会议。2018 年 4 月 10 日召开，会议由固原市委常委、西吉县委书记王学军主持，研究议定了下列事项：1. 传达学习了习近平总书记在 2018 年全国两会期间的重要讲话精神、石泰峰在自治区领导干部大会上的讲话精神和马汉成在固原市领导干部大会上的讲话精神，研究了贯彻落实意见；2. 传达学习了中共中央办公厅《关于加强调查研究提高调查研究实效的通知》精神，研究了贯彻落实意见；3. 传达学习了中央巡视办主任王鸿津在宁夏吴忠市召开部分市县党委巡察工作汇报会精神，研究了贯彻落实意见；4. 传达学习了石泰峰同志在调研督办解决群众反映强烈的突出问题时的讲话精神，听取了中央第八巡视组和自治区第四巡视组移交西吉县信访举报件办理情况和全县集中开展解决群众反映强烈的突出问题化解情况汇报；5. 传达学习了全区机关党的建设工作会议精神，听取了全县党的建设工作汇报，研究审定了《西吉县 2018 年党的建设工作要点》；6. 传达学习了张柱在固原市脱贫攻坚暨农业农村工作会议上的讲话精神，研究了贯彻落实意见；7. 听取了西吉县环保督查问题整改落实情况汇报；8. 听取了西吉县民族宗教领域突出问题治理进展情况汇报；9. 研究审定了西吉县委常委班子分工和县级领导联系点名单；10. 研究了有关干部违纪处理意见；11. 研究了有关干部事项；12. 固原市委常委、西吉县委书记王学军作了讲话（党办通报印发）。

中共西吉县委 2018 年第 8 次常委会议。2018 年 4 月 25 日召开，会议由固原市委常委、西吉县委书记王学军主持，研究议定了下列事项：1. 传达学习了习近平总书记在全国网络安全和信息化工作会议上的重要讲话精神；石泰峰书记在自治区党委常委会议上关于“贯彻习近平总书记重要讲话精神，研究部署网络安全和信息化工作”的重要讲话，研究了贯彻落实意见；2. 传达学习了《中共中央办公厅　国务院办公厅关于严禁自行出台政策发放工资津贴补贴有关问题的通知》《自治区党委关于深入开展违反中央八项规定精神突出问题专项治理的通知》精神，研究了贯彻落实意见；3. 传达学习了《中共中央办公厅　国务院办公厅印发〈关于加强和改进新形势下伊斯兰教工作的意见〉的通知》、自治区统一战线领导小组《关于印发〈关于进一步治理民族宗教领域“清真”泛化、“阿化”“沙化”等突出问题的指导意见〉的通知》，研究了贯彻落实意见；4. 传达学习了全区扶贫干部打好精准脱贫攻坚战专题培训班精神，研究了贯彻落实意见；5. 传达学习了固原市委 2018 年第 11 次常委会议精神，研究了贯彻落实意见；6. 听取了葫芦河流域综合治理进展情况的汇报；7. 听取了全县党政机关办公用房清理整治和公务用车制度改革进展情况汇报；8. 研究审定了《中共西吉县第十四届委员会常务委员会工作规则》《西吉县科级及以上领导干部请假报告制度》和《西吉县领导干部带班值班制度》；9. 研究审定了《关于更名调整撤销部分议事协调机构的请示》；10. 研究了有关干部违纪处理意见。

中共西吉县委 2018 年第 9 次常委会议。2018 年 5 月 7 日召开，会议由固原市委常委、西吉县委书记王学军主持，研究议定了下列事项：1. 传达学习了孙春兰到固原调研时的讲话精神，研究了贯彻落实意见；2. 传达学习了石泰峰到西吉调研脱贫攻坚时的讲话精神和全区脱贫攻坚突出问题整改推进会精神，听取了全县扶贫干部专题培训班筹备情况汇报，研究了贯彻落实意见；3. 听取了全县“三大专项行动”进展情况汇报；4. 传达学习了《中共固原市委办公室　人民政府办公室关于转发〈市委宣传部、政法委、市“扫黄打非”工作领导小组办公室 2018 年“扫黄打非”行动方案〉的通知》精神，听取了全县扫黄打非工作汇报，研究了贯彻落实意见；5. 听取了全县食品药品安全工作汇报；6. 研究审定了《中共西吉县委员会关于加强和改进调查研究工作的意见》；7. 研究了《关于召开西吉县科学技术协会第四次代表大会的请示》；8. 听取了西吉县被征地农民养老保险有关事宜的汇报；9. 听取了西吉县地方政府债务情况汇报。

中共西吉县委 2018 年第 10 次常委会议。2018 年 5 月 25 日召开，会议由固原市委常委、西吉县委书记王学军主持。1. 传达学习：（1）传达学习习近平总书记在纪念马克思诞辰 200 周年大会时的重要讲话精神和石泰峰在自治区党委常委会议学习习近平总书记在纪念马克思诞辰 200

周年大会时的重要讲话时的讲话精神，研究了贯彻落实意见；（2）传达学习了咸辉主席到西吉调研时的讲话精神，研究了贯彻落实意见；（3）传达学习了《自治区党委办公厅印发〈关于对违反中央八项规定精神突出问题专项治理自查问题整改处理意见〉的通知》精神，研究了贯彻落实意见；（4）传达了自治区纪委《关于十三起违反中央八项规定精神典型问题的通报》《关于六起扶贫领域腐败和作风问题典型案例的通报》，研究了贯彻落实意见；（5）传达学习了全区第一书记和扶贫开发驻村工作队工作会议精神，研究了贯彻落实意见；（6）传达学习了自治区加快推进文化小康助力脱贫富民和乡村振兴战略启动会议精神，研究了贯彻落实意见；2. 研究审定了《中共西吉县委　县人民政府关于实施乡村振兴战略的意见》；3. 研究审定了《西吉县 2018 年效能目标管理考核实施方案》及《关于 2018 年自治区效能目标管理考核责任分工方案》；4. 研究审定了《西吉县 2018 年重点工作、重点项目及创新亮点工作责任分工方案》；5. 研究审定了《关于调整县委副书记、部分县委常委工作分工的请示》；6. 研究了关于科协换届人事安排的请示；7. 研究了有关干部违纪处理意见；8. 研究了有关干部事宜。

中共西吉县委 2018 年第 11 次常委会议。2018 年 6 月 6 日召开，会议由固原市委常委、西吉县委书记王学军主持，研究议定了下列事项：1. 传达学习了全国生态环境保护大会、中央第二环保督查组对宁夏开展“回头看”工作动员会精神和自治区党委常委会传达学习全国生态环境保护大会精神，听取了政府党组《关于全县环境保护工作的汇报》，研究了贯彻落实意见；2. 听取了全县集中开展解决群众反映强烈的突出问题化解情况汇报，研究部署了下一阶段工作；3. 研究审定了《中共西吉县委巡察工作规划》《中共西吉县委巡察工作实施办法》《十四届县委第五轮、第六轮巡察工作实施方案》。

中共西吉县委 2018 年第 12 次常委会议。2018 年 6 月 15 日召开，会议由固原市委常委、西吉县委书记王学军主持，研究议定了下列事项：1. 传达学习了习近平总书记关于打赢脱贫攻坚战三年行动的重要批示精神，研究了贯彻落实意见；2. 传达学习了中纪委《关于反馈对宁夏回族自治区西吉县扶贫领域典型案例的追踪调研意见的函》和自治区纪委《关于认真做好中央纪委反馈意见落实的通知》，研究审定了西吉县整改方案；3. 传达学习了中央《关于进一步激励广大干部新时代新担当新作为的意见》和全区新时代激励干部新担当新作为、加强改进选调生工作暨培养选拔优秀年轻干部和妇女干部、少数民族干部、党外干部工作座谈会精神，研究了贯彻落实意见；4. 传达学习了全国贯彻落实《地方党政领导干部安全生产责任制规定》电视电话会和区、市安全工作委员会 2018 年第二次全体（扩大）会议精神，听取了全县安全生产工作汇报，研究了贯彻落实意见；5. 传达学习了闽宁互学互助对口帮扶协作第 22 次联席会议精神，研究了贯彻落实意见；6. 传达学习了贯彻落实《中央巡视工作规划（2018—2022 年）》推进会、市县（区）党委巡察工作推进会和第十二届自治区党委第三轮巡视工作动员部署会议精神，研究贯彻落实意见；7. 传达学习了自治区党委第四巡视组巡视西吉情况反馈会精神，研究了整改意见；8. 传达学习了区委、市委常委会关于中央环境保护督察组“回头看”有关工作精神，听取了督察组转办件办理情况汇报；9. 听取了全县开展违反中央八项规定精神突出问题专项治理情况汇报；10. 研究审定了《关于加强效能目标管理考核结果运用的建议》；11. 听取了全县老干部工作汇报，研究审定了《关于进一步加强和改进离退休干部工作的实施意见》《西吉县离退休干部代表观摩全县经济社会发展成果及重点工作会议实施方案》《2018

年“七一”慰问离退休干部工作方案》；12. 研究了有关干部处理的意见。

中共西吉县委2018年第13次常委会议。2018年6月21日召开，会议由固原市委常委、西吉县委书记王学军主持，研究议定了下列事项：研究关于“西马银”47名预备党员预备6年未能如期转正事宜。

中共西吉县委2018年第14次常委会议。2018年7月2日召开，会议由固原市委常委、西吉县委书记王学军主持，研究议定了下列事项：1. 传达学习了习近平总书记关于禁毒工作的重要指示精神，听取了全县禁毒工作汇报，研究审定了《西吉县创建全国禁毒示范城市全区禁毒示范县（城镇）实施方案》和《2018年度西吉禁毒工作综合考评办法》，研究了贯彻落实意见；2. 传达学习了区市纪检监察工作座谈会精神，研究了贯彻落实意见；3. 传达学习了中纪委《关于六起生态环境损害责任追究典型问题的通报》和石泰峰在自治区党委宣传部《舆情专报》（环境督察第26期）上的批示精神，研究了贯彻落实意见；4. 传达学习了自治区党委第十二届四次全会精神，研究了贯彻落实意见；5. 传达学习了全区产业转型发展推进会精神，听取了全县上半年经济运行情况汇报，研究了贯彻落实意见；6. 听取了2018年上半年党的建设情况汇报，研究了贯彻落实意见；7. 研究审定了县城集中供热“煤改气”项目和永清湖公园改造提升、生态停车场等6个工程项目建设的请示；8. 研究审定了《西吉县全面深化城乡社区警务改革实施意见》；9. 研究审定了《关于对优秀公务员给予嘉奖和记三等功的请示》；10. 研究审定《关于推荐自治区第八次民族团结进步表彰大会模范集体和模范个人的建议》。

中共西吉县委2018年第15次常委会议。2018年7月18日召开，会议由固原市委常委、西吉县委书记王学军主持，研究议定了下列事项：1. 会议传达学习了全国组织工作会议精神和全区整顿农村软弱涣散基层党组织会议精神，研究了贯彻落实意见；2. 会议传达学习了自治区扫黑除恶专项斗争领导小组会议精神，听取了全县扫黑除恶和平安建设工作汇报；3. 会议传达学习了中共中央办公厅印发的《关于当前意识形态领域情况的通报》通知精神，听取了全县意识形态领域工作汇报，研究了贯彻落实意见；4. 会议传达学习了全区脱贫攻坚推进会议精神和全区科学技术奖励大会精神，研究了贯彻落实意见；5. 会议还研究了其他事宜。

中共西吉县委2018年第16次常委会议。2018年8月1日召开，会议由固原市委常委、西吉县委书记王学军主持，研究议定了下列事项：1. 传达了中央第八巡视组巡视宁夏情况反馈会和自治区党委常委会精神，听取了自治区党委第四巡视组反馈问题整改落实情况，研究了贯彻落实意见；2. 传达学习了全区网络安全和信息化工作会议精神，研究了贯彻落实意见；3. 传达学习了全区维稳工作和退役军人服务管理工作推进会精神，研究了贯彻落实意见；4. 传达学习了固原市全市重点工作观摩推进会精神，研究了贯彻落实意见；5. 听取了全县党风廉政建设和反腐败工作汇报。

中共西吉县委2018年第17次常委会议。2018年8月10日召开，会议由固原市委常委、西吉县委书记王学军主持，研究议定了下列事项：1. 传达学习了全区组织工作会议精神，研究审定了《西吉县党建工作月例会制度》等七项规章制度；2. 传达学习了《自治区党委办公厅　人民政府办公厅印发〈关于加强和改进新时代伊斯兰教工作的实施意见〉的通知》精神，研究了贯彻落实意见；3. 研究审定了《中央第八巡视组巡视宁夏反馈意见西吉县整改落实工作方案》。

中共西吉县委2018年第18次常委会议。2018年8月14日召开，会议由固原市委常委、西吉县委书记王学军主持，研究议定了下列事项：1. 传达学习自治区巡视工作领导小组《关于对第十二届自治区党委第二轮巡视发现的红寺堡等县区对第十一届自治区党委巡视反馈意见整改不到位问题的通报》精神，研究了贯彻落实意见；2. 研究审定了《中共西吉县委关于自治区党委第四巡视组反馈意见整改情况的报告》《中共西吉县委关于县委书记组织落实自治区党委第四巡视组巡视西吉县反馈意见整改情况的报告》《中共西吉县委关于自治区党委第四巡视组对西吉县扶贫领域专项巡视反馈意见整改情况的报告》《中共西吉县委关于自治区党委第四巡视组对西吉县干部选拔任用工作专项检查反馈意见整改情况的报告》。

中共西吉县委2018年第19次常委会议。2018年8月30日召开，会议由固原市委常委、西吉县委书记王学军主持，研究议定了下列事项：1. 传达学习了《全国宣传思想工作》会议精神，研究了贯彻落实意见；2. 传达学习了《全区精神文明建设工作表彰大会》精神，研究了贯彻落实意见；3. 传达学习了《国务院第三十督查组来宁督查衔接会》精神，安排部署了迎接国务院大督查工作；4. 传达学习了《宁夏回族自治区涉军人员防范工作会议》精神和固原市委办《关于进一步做好退役军人服务管理工作的紧急通知》精神，听取了全县涉军人员服务管理工作汇报；5. 传达学习了自治区党委常委会精神和石泰峰、咸辉在银川市委《关于坚决制止果断处置泰瑞制药擅自恢复生产违规行为的报告》的批示精神，听取了西吉县人民政府党组关于中央及自治区环保督察等有关问题的汇报，研究了贯彻落实意见；6. 听取了西吉县考察组赴福建省莆田市涵江区考察情况汇报；7. 研究审定了《关于原“西马银”临时党支部42名预备党员未按期转正问题调查情况的报告》；8. 研究审定了《关于政府组成部门、群团机构党组（党委）设立和清理规范工作的请示》；9. 研究了有关干部事宜；10. 研究了有关干部违纪问题的处理意见。

中共西吉县委2018年第20次常委会议。2018年9月4日召开，会议由固原市委常委、西吉县委书记王学军主持，研究议定了下列事项：1. 传达学习了《自治区党委办公厅印发〈关于进一步激励广大干部新时代新担当新作为的实施意见〉的通知》和《关于进一步做好提醒、函询和诫勉工作的通知》精神，研究了贯彻落实意见；2. 传达学习了《中共固原市委印发〈市委常委会关于坚定维护以习近平同志为核心的党中央集中统一领导的若干规定〉的通知》精神，研究了贯彻落实意见；3. 传达学习了固原市组织工作会议精神，听取了西吉县组织工作会议筹备情况汇报，研究了贯彻落实意见；4. 研究审定了《全县乡镇、县直部门（单位）领导班子及成员考核工作方案》。

中共西吉县委2018年第21次常委会议。2018年9月18日召开，会议由固原市委常委、西吉县委书记王学军主持，研究议定了下列事项：1. 传达学习了全国教育大会精神和宁夏县域义务教育基本均衡发展国家督导检查反馈会精神，研究了贯彻落实意见；2. 传达学习了全区生态环保大会精神，研究审定了《西吉县农村人居环境整治三年行动实施方案》；3. 传达学习了《自治区党委办公厅关于印发〈全区宗教工作自查督查方案〉的通知》精神，研究审定了《全县宗教工作自查督查方案》，安排部署了全县宗教工作自查督查工作；4. 研究审定了《西吉县国税局党组改设税务局党委的请示》。

中共西吉县委2018年第22次常委会议。2018年9月28日召开，会议由固原市委常委、西吉县委书记王学军主持，研究议定了下列事项：1. 传达学习了习近平总书记为庆祝宁夏回族自治区成立60周年的题词，中共中央、全国人大常委会、国务院、全国政协、中央军委关于庆祝宁夏回族自治区成立60周年的贺电，汪洋在听取自治区工作汇报时、庆祝大会上和在固原市座谈会上的讲话精神，研究了贯彻落实意见；2. 传达学习了全国安全生产电视电话会议和《自治区党委办公厅 人民政府办公厅关于印发〈宁夏回族自治区党政领导干部安全生产责任制实施细则〉的通知》精神，听取了全县安全生产工作情况汇报，研究贯彻落实意见；3. 传达学习了全区第八次民族团结进步表彰大会和《自治区党委办公厅 人民政府办公厅印发〈关于进一步推进“三化”问题治理工作的方案〉》精神，研究了贯彻落实意见；4. 听取了中央第八巡视组巡视宁夏反馈意见整改落实及督查情况汇报；5. 听取了全县意识形态责任制落实情况汇报，研究审定了《西吉县意识形态工作责任制考核办法》；6. 研究审定了《西吉县政府投资项目管理办法》；7. 研究审定了《县委常委班子从严整改中央巡视反馈问题专题民主生活会意见建议整改分工方案》。

中共西吉县委2018年第23次常委会议。2018年10月25日召开，会议由固原市委常委、西吉县委书记王学军主持，研究议定了下列事项：1. 传达学习了中央第二环保督察组对宁夏回族自治区开展“回头看”情况反馈会精神，听取了全县环境保护工作汇报，研究了贯彻落实意见；2. 传达学习了自治区党委第十二届五次全会精神，研究了贯彻落实意见；3. 传达学习了习近平总书记在中央全面依法治国委员会第一次会议上的讲话精神，研究了贯彻落实意见；4. 传达学习了习近平总书记在第五个国家扶贫日到来之际对脱贫攻坚工作的重要指示精神和盐池县脱贫退出现场会精神，听取了全县脱贫攻坚工作汇报，研究了贯彻落实意见；5. 传达学习了中央脱贫攻坚巡视工作动员部署会议、第十二届自治区党委第四轮巡视工作动员部署会议和第四届固原市委第五轮巡察工作动员部署会议精神，研究了贯彻落实意见；6. 传达学习了固原市党政考察团赴福建考察对接情况，听取了西吉县党政考察团赴福建考察对接情况；7. 传达学习了全国、全区扫黑除恶专项斗争推进会精神，听取了西吉县扫黑除恶专项斗争工作情况汇报，研究了贯彻落实意见；8. 听取了第十四届西吉县委第五轮巡察情况汇报；9. 研究了固原市纪委《关于征求处分意见的函》。

中共西吉县委2018年第24次常委会议。2018年10月30日召开，会议由固原市委常委、西吉县委书记王学军主持，研究议定了下列事项：1. 研究审定了《西吉县市容环境管理暂行办法》和《西吉县农村环境卫生管理暂行办法》；2. 研究审定了《关于西吉县夏寨水库清淤扩容工程建设项目和西吉县分散居民安置项目等建设的请示》；3. 听取了西吉县人民法院党组、西吉县人民检察院党组工作汇报；4. 研究审定了《县委常委会关于坚定维护以习近平同志为核心的党中央集中统一领导的若干规定》；5. 通报了固原市纪委《关于给予海丽同志党内警告处分的决定》；6. 研究了有关干部违纪处理意见；7. 研究审定了《关于推荐全县新时代新担当新作为先进典型人选情况的汇报》和《关于对乡镇党政正职进行体检的请示》；8. 研究了干部事宜。

中共西吉县委2018年第25次常委会议。2018年11月13日召开，会议由固原市委常委、西吉县委书记王学军主持，研究议定了下列事项：1. 传达学习了习近平总书记在第十九届中央政治局第八次集体学习时的重要讲话精神，研究了贯彻落实意见；2. 传达学习了全区宣传思想工作会议精神，研究了贯彻落实意见；3. 研究审定了《县委常委会落实全面从严治党主体责任的意见》；4. 研究了干部事宜。

中共西吉县委2018年第26次常委会议。2018年11月27日召开，会议由固原市委常委、西吉县委书记王学军主持，研究议定了下列事项：研究成立退役军人事务管理局筹备组相关事宜。

中共西吉县委2018年第27次常委会议。

2018年11月29日召开，会议由固原市委常委、西吉县委书记王学军主持，研究议定了下列事项：1. 传达学习了全区教育大会精神，研究了贯彻落实意见；2. 传达学习了全区市县机构改革工作推进会和《自治区党委办公厅　人民政府办公厅关于印发〈宁夏回族自治区市县机构改革的总体意见〉的通知》精神，研究了贯彻落实意见；3. 传达学习了《自治区党委办公厅　人民政府办公厅印发〈关于坚持“导”的方略　进一步做好新时代我区宗教工作的指导意见〉》精神，研究了贯彻落实意见；4. 传达学习了《石泰峰同志在中央纪委国家监委第八监督检查室〈关于抽查暗访宁夏巡视整改落实情况的反馈报告〉上的批示》，研究了整改落实工作；5. 传达学习了全市脱贫攻坚推进会精神，安排部署了全县脱贫攻坚查漏补缺工作；6. 研究审定了《中共西吉县委第十四届四次全体会议方案》；7. 研究审定了《西吉县事业单位公务用车制度改革实施方案（送审稿）》《西吉县国有企业公务用车制度改革实施方案（送审稿）》。

中共西吉县委2018年第28次常委会议。2018年12月10日召开，会议由固原市委常委、西吉县委书记王学军主持，研究议定了下列事项：1. 传达学习了中纪委《关于贯彻落实习近平总书记重要讲话精神　严肃整治领导干部利用名贵特产类特殊资源谋取私利问题的通知》精神，研究了贯彻落实意见；2. 传达学习了全区扫黑办主任视频会、全市扫黑除恶斗争推进会精神；全区扶贫领域腐败和作风问题专项治理工作例会暨扫黑除恶专项斗争监督执纪问责工作推进会精神，研究了贯彻落实意见；3. 听取了西吉县人大常委会、西吉县政府党组工作汇报；4. 听取了全县党风廉政建设和反腐败工作汇报；5. 听取了全县意识形态工作汇报；6. 研究审定了《西吉县贯彻落实中央环境保护督察“回头看”及水环境专项督察反馈意见整改方案》《关于贯彻落实〈自治区党委　人民政府关于全面加强生态环境保护　坚决打好污染防治攻坚战的实施意见〉的实施方案》《西吉县关于贯彻落实〈自治区打赢蓝天保卫战三年行动计划〉的实施方案（2018—2020年）》；7. 研究审定了《宁夏西吉工业园区优化提升和改革创新实施方案》《西吉县关于深化“不见面、马上办”改革深入推进审批服务便民化的实施方案》；8. 研究审定了《关于补选固原市第四届人大代表候选人初步人选的请示》。

中共西吉县委2018年第29次常委会议。2018年12月17日召开，会议由固原市委常委、西吉县委书记王学军主持，研究议定了下列事项：1. 传达学习了习近平总书记在中共中央政治局第十次集体学习时的重要讲话精神，研究了贯彻落实意见；2. 传达学习了《中共中央办公厅　国务院办公厅印发〈关于全面深入持续开展民族团结进步示范创建工作　铸牢中华民族共同体意识的意见〉的通知》精神，研究了贯彻落实意见；3. 传达学习了自治区大调研活动情况汇报交流会精神，研究了贯彻落实意见；4. 传达学习了全区2018年脱贫攻坚成效考核工作专题会和咸辉主席到固原调研脱贫攻坚时的讲话精神，研究了贯彻落实意见；5. 听取了政协党组工作汇报；6. 听取了全县机关党建工作情况汇报；7. 听取了全县整顿软弱涣散基层党组织、整治党员信教和参与宗教活动工作情况汇报；8. 研究审定了《关于推荐全县新时代新担当新作为先进典型人选情况的汇报》。

中共西吉县委2018年第30次常委会议。2018年12月26日召开，会议由固原市委常委、西吉县委书记王学军主持，研究议定了下列事项：1. 传达学习了中央经济工作会议精神，研究了贯彻落实意见；2. 传达学习了自治区党委办公厅《关于做好习近平总书记对宁夏重要指示批示精神贯彻落实“回头看”有关工作的通知》精神，听取了全县“回头看”工作进展情况汇报；3. 研究了关于召开中共西吉县委第十四届四次全体会议有关事项；4. 研究了关于召开西吉县第十七届人民代表大会第三次会议有关事项；5. 研究关于召开政协西吉县第十一届委员会第三次全体会议有关事项；6. 研究审定《西吉县机构改革方案》；7. 研究了干部事宜。

中共西吉县委2018年议军会议。2018年8月1日召开，会议由固原市委常委、西吉县委书记王学军主持，研究议定了下列事项：1. 传达学习了《自治区人民政府　宁夏军区关于印发宁夏回族自治区后备力量建设计划（2018—2020）的通知》《自治区人民政府　宁夏军区关于印发宁夏回族自治区国防动员建设“十三五”规划的通知》，研究了贯彻落实意见；2. 传达学习了宁夏军区政治工作局　自治区民政厅《关于做好军烈属、退伍老兵和现役军人军属优抚解困工作的实施意见》和宁夏军区政治工作局　自治区扶贫开发领导小组《关于做好军烈属、退伍老兵和现役军人军属建档立卡贫困户脱贫攻坚工作的实施意见》，研究了贯彻落实意见；3. 研究审定了《西吉县党管武装及人民武装工作规范（暂行）》；4. 听取了全县党管武装工作汇报；5. 研究了《关于解决驻地部队矛盾困难的请示》。

（毛云婧）

组织工作

【基层党建】 对标夯实筑牢建强，着力强化基层党组织政治功能。一是着力强化政治功能。扎实开展基层党组织和党员“双评双定”活动，共向7个基层党组织、1682名党员亮“黄星”，强化正向激励反向监督。制定出台《西吉县党建工作月例会制度》，8—10月，分别以专题会、报告会、“互观互学互评”等形式定期召开党建工作月例会。制订《关于选优配强村党组织书记的实施方案》，按照“五强”标准，及时配齐15名空缺村党支部书记，调整18名不称职不胜任村党支部书记，把122名懂技术、善经营、会管理的致富带头人充实到村级班子。从区市县乡四级机关选派303名作风扎实的优秀干部担任驻村（社区）第一书记，实现行政村和社区全覆盖。按照“五有”标准，筛选培养村级后备力量774人。举办村党组织书记、第一书记、村委会主任、村监会主任、基层党务骨干等培训班16期，培训1784人次。统一编印《农村基层党组织工作应知应会手册》1000册、《农村党支部建设标准化手册》1500册、《党员应知应会手册》1.4万册，给全县603个基层党组织统一印制《“三会一课”纪实簿》《党员教育管理登记簿》，购置发放《党费收缴手册》，进一步推进党支部建设标准化、规范化。开展“抓党建促脱贫富民大宣讲”活动暨大型现代眉户剧《丁香花开》巡演13场、“脱贫致富先进事迹巡回报告”58场，激发群众内生动力。培育农村致富带头人1620人，其中“二合一”带头人131名，创建兴隆、震湖、新营3个示范乡镇，吉强镇龙王坝、马莲乡张堡塬等19个示范村，建成返乡人士创业园区、协会、合作社35个，辐射带动全县19个乡镇1.5万农户5.8万农民脱贫致富。二是统筹推进各领域党建工作。在农村，重点抓党建促脱贫攻坚，深入实施“三大三强”行动和“两个带头人”工程，坚持开展“联合办公日”活动，推动群众工作落实落地。扎实开展集中整顿软弱涣散基层党组织、从严整治党员信教和参与宗教活动问题，县、乡、村层层召开动员推进会，成立5个巡回督导组，23名县级党员领导干部包抓23个重点村，选派89个整顿工作组，确定农村软弱涣散基层党组织整顿重点对象89个，逐个建立问题清单。深入乡镇、部门、村、社区开展西吉县集中整顿软弱涣散基层党组织“万人百场”宣讲活动102场次。在县委党校集中举办马克思主义民族观宗教观专题培训班3期。在宁夏朝觐报名网申请朝觐的72名党员在7月底前全部撤回报名申请，并作出书面检查。通过开展学习教育、专题讨论、走访谈心、专题组织生活会等活动，采取“一对一”“多对一”“一对多”的方式，开展深入细致的帮教转化工作。除在集中整顿整治前1名开除党籍、1名取消预备党员资格外，其余402名参与宗教活动的党员已全部教育转化。在机关，重点抓实“三强九严”工程，对机关党组织进行规范设置，新成立党组9个，撤销党组、保留党组性质党委5个，撤销党委、保留党组、成立党总支4个，做到应设尽设、应改尽改。配齐支部纪检委员，推动3400多名党员“亮牌上岗”，给全县202个机关事业单位党组织统一制作《机关基层党支部规范化建设基本标准》《“三强九严”工程基本要求》，对全县机关党组织开展3轮全面督查，对5个软弱涣散机关党组织进行整顿转化，对各级巡视反馈和督查通报问题，一个问题一个方案，实行督办销号，着力解决机关党建“灯下黑”问题。在社区，出台《关于构建“四联四化”机制加强城市基层党建工作的意见》，引导74个部门（单位）党组织与8个社区党组织建立“联合党委”，落实在职党员到社区报到制度，探索建立社区党群工作站。在非公企业和社会组织，深入开展“双强六好”创建活动，撤销“空壳”党组织6家，选派党建工作指导员18名，不断扩大“两个覆盖”。三是从严加强党员教育管理。组织开展发展党员违规违纪问题专项整治、党员信息核查、退伍军人党员组织关系排查，督促各基层党委建立党员档案专柜，2018年全年发展党员270名，其中农民党员147名。6月初，分乡村和部门召开基层党建现场推进会；6月下旬，召开全县发展党员工作专题培训会，对原“西马银”临时党支部违规发展党员问题进行认真细致调查核实。9月14日，召开全县发展党员典型案例警示教育大会，近期将赴西夏区开展调查处理结果宣布及党员组织关系转接工作。四是持续强化基层基础保障。推动力量、投入、资源向基层下沉，落实为民服务资金、村级办公经费、村干部任职补贴6819.8万元，保证基层组织建设正常有序开展。制订《西吉县村级基本运转经费使用管理办法》，从严管理和规范使用村级基本运转经费。出台《全县村级班子及村干部绩效管理考核办法》，推行“按绩定级、以级计奖、奖优罚劣”的村干部季度绩效管理考核。制定《关于加快全县村级集体经济发展实施意见》，共注入村集体经济启动资金9572万元，开展“百村示范行动”。投入资金1358万元，其中县财政筹措768万元，新建村级活动场所16个、改扩建6个、维修49个，全县295个村级活动场所全部为200平方米以上，其中29个为500平方米以上。开展“绿化美化净化村部、推进阵地形象建设”活动，督促乡镇政府和行政村全部建成旗台、旗杆，悬挂国旗。投入资金1097万元，全面完成16个乡镇改善工作生活条件建设项目。

【干部任用管理】 对标选准用顺管好，着力建设高素质专业化干部队伍。一是激励导向更加鲜明。制定和实施《西吉县关于进一步激励广大干部新时代新担当新作为的实施意见（试行）》，明确激励干部新时代新担当新作为“九项举措”，先后向中组部和自治区推荐宣传敢于担当作为的干部2名和11名。及时启动县级层面推荐宣传工作，从乡镇党政班子成员、一般干部、村“两委”班子成员、驻村第一书记中择优遴选26名干部，大力宣传他们的业绩和事迹。建立贫困乡镇党政正职健康档案，筹措资金6.4万元，安排乡镇党政正职在市级人民医院进行一次体检。对2名处分或问责影响期满、工作实绩突出、干部群众认可度高的干部进行组织考察并重新启用。制定和实施《西吉县党政干部容错纠错实施办法（试行）》，明确12种情形不予追究相关责任或从轻减轻处理，支持和保护党政干部大胆改革创新、主动干事创业。加强优秀年轻干部培养，推荐10名优秀科级干部和17名选调生纳入全区“5123工程”培养。积极做好老干部工作，严格落实离退休干部两项待遇，离休干部护理费由原每月1000元提高到每月2500元，保健费按照每人每月500元预算。二是考核评价更加全面。制定和实施《西吉县党政机关和乡镇领导班子及领导干部年度考核办法（试行）》，进一步明确领导班子、领导干部年度考核内容、方法和环节，完善干部考核工作制度，充分发挥干部考核评价的激励鞭策作用。分四个考核组由县级领导带队集中对全县19个乡镇、51个县直部门（单位）领导班子和664名科级干部履职尽责情况进行全面考核，坚持定量与定性相结合、“横向、纵向、立体式”考核评价干部，将考核结果作为领导干部调整使用的重要依据。三是选任程序更加规范。制定《西吉县委管理干部任免工作流程（试行）》，进一步规范县委管理干部任免10个环节28项工作程序。2018年以来，建议县委提拔和进一步使用干部43名，调整交流干部66名，免职15名。成立县公开竞聘中小学校长领导小组，面向全市教育系统择优公开聘任中小学校长22名。核对全县党政机关、事业单位34项实名制信息，信息准确率达到100%，加强和规范机构编制管理，核减全县事业编制129名。四是教育培训更加精准。以全面提升干部素质和工作能力、增强“八种”本领为目标，开展“干部素质提升年”活动，配合区市调训领导干部260多人次。开展党的十九大精神、宪法专题宣讲活动610场次，实现全县副科级以上干部培训全覆盖。制订《2018年全县干部培训计划》，通过“走出去”和“引进来”等方式，先后举办学习习近平新时代中国特色社会主义思想暨党员干部素质提升、西吉县打好脱贫富民决胜战打造脱贫攻坚西吉样本、基础公共就业服务能力提升和离退休干部党组织书记培训等11期专题培训班，培训领导干部1700多人次。开展“党史专家讲党课”活动1023场次，开展岗位大练兵、业务大比武活动，参与干部职工9000人次。选派1名处级领导干部和2名科级领导干部到区直机关、福建“外挂”提升，选派5名干部“上挂”学习，选派185名优秀干部担任驻村（社区）第一书记“下挂”历练，持续推动各级干部下沉基层、走进群众。五是监督管理更加严实。认真执行《组织人事部门对领导干部提醒、函询和诫勉的实施细则》，对4名领导干部进行诫勉谈话，对25名领导干部进行提醒谈话。认真执行干部工作“四项监督制度”和“凡提四必”，严把干部选拔任用资格条件，加强对选人、考察、决策各环节的监督。做好干部群众来信来访的调查处理工作，注重利用“12380”电话、信访、网络和短信“四位一体”的综合举报受理平台，及时受理群众信访问题举报。建立快速查核机制，对6件群众来信来访进行调查核实。做实干部基础工作，通过公开招投标方式采购干部人事档案数字化设备及服务，有序开展全县干部人事档案数字化建设工作，完成620册，对1420册干部人事档案专项审核工作进行了“回头看”。

【人才工作】 对标重才聚才用才，着力推动人才队伍增量提质。一是创新“重才”机制。印发《关于明确县委政府部门及其他单位人才队伍建设职责任务的通知》，将人才队伍职责列入各职能部门“三定”方案、全县效能目标管理考核、党建述职的重要内容，加快转变人才管理职能。深入开展人才政策“八进”宣传活动，扩大区市县重大人才政策、重要人才文件的知晓率。建立党政领导干部联系创新人才制度，由县级领导和重点人才行业部门负责人结对联系50个创新型企事业单位和100名创新型人才，对其产业发展、课题研究、技术攻关等方面给予更多的关注和支持。二是畅通“聚才”渠道。坚持“不求所在，但求所用”，紧紧围绕马铃薯、草畜、特色蔬菜等主导产业和教育、卫生等重点行业，积极开展院地校地合作，引进农业专家服务团队6批17人次，对口医疗人才队伍8批38人次。实施人才“回归”工程，召回并扶持在外创业优秀青年回乡创办企业（合作社）50家，评选表彰“优秀创业青年”10名。三是搭建“用才”平台。依托新时代文明实践站、农村实用人才培训基地、农民田间学校等开展各类农村实用人才培训1.2万人次。选派“基层之星”研修人员3名、“西部之光”研修学者1名。

（张　举）

统战工作

【概　况】 西吉县委统战部主要负责做好民族工作和宗教工作，贯彻落实民族、宗教工作的方针政策和法律法规，做好民族宗教重要工作和重大问题的处理，协调开展马克思主义民族观、宗教观和相关理论、政策的宣传教育，联系少数民族和宗教界代表人士，做好少数民族干部的培养和举荐工作。联系民主党派，牵头协调无党派人士工作，贯彻落实好民主党派和无党派人士的方针政策。支持民主党派和无党派人士履行职责、发挥作用，支持、帮助民主党派和无党派人士加强自身建设。调查研究统一战线理论和方针、政策，向县委反映统一战线情况，提出统战工作的意见和建议；检查统战政策执行情况，协调统一战线各方面的关系。2018年西吉县委统战部有干部职工6人，其中行政编5人、工勤编1人。

【宣传教育】 围绕深入学习宣传贯彻习近平新时代中国特色社会主义思想和党的十九大精神及自治区党委第十二届四次全会等中央、区市县有关会议精神，全年组织开展“党的十九大精神暨党的民族宗教政策大教育活动”“全县领导干部专题学习班”“宗教人士专题培训班”“村党支部书记培训班”“马克思主义民族观宗教观专题培训班”“集中整顿软弱涣散基层党组织‘万人百场’宣讲活动”等专题教育宣传活动130余场（次），受众1.5万余人（次）。编印1万余册民族宗教理论应知应会手册分发各级党政干部学习，进一步树牢马克思主义民族观宗教观，提高基层统战民族宗教干部的实际干事能力和非公有制经济人士、宗教代表人士等统战成员的综合素质，巩固和发展新时代统一战线团结奋斗的共同思想政治基础。

【问题整改】 始终把中央第八巡视组和自治区党委第四巡视组巡视反馈问题整改工作作为一项重大政治任务，西吉县委常委会、西吉县政府常务会先后传达学习中央和区、市党委、政府有关重要会议精神和系列文件21次，对全县宗教领域突出问题治理进行了周密部署。

【守正创新】 民族工作方面。坚持以民族团结进步创建活动统揽民族宗教工作，助推脱贫攻坚工作。召开西吉县创建全国民族团结进步示范县推进会，印发《2018年西吉县民族团结进步工作要点》，完善考评督导体系，实现“县乡村点”四级创建网络全覆盖。持续推进民族团结进步教育“八进”活动，组织开展“拥护核心感党恩、同心携手奔小康”“我脱贫我光荣”“民族团结月”“驻村第一书记讲民族团结党课”“民族政策法规知识有奖竞答”等群众喜闻乐见、易于参与的系列主题教育活动，推动“两个共同”“三个离不开”“五个认同”深入人心，不断铸牢中华民族共同体意识。顺利完成全区民族团结互观互检现场会承办工作和固原市创建全国民族团结进步示范市迎验工作。吉强镇人民政府、兴平乡人民政府、县人民检察院、民族宗教局、什字乡杨庄村、心雨林下产业专业合作社6家单位被命名为“自治区民族团结进步创建示范单位”，焦建鹏、刘国祥、成作文3人获“自治区民族团结进步示范个人”表彰。宗教工作方面。坚持党对宗教工作的全面领导，进一步健全县乡村宗教工作三级网络和领导机制，严格落实“五联五促”、网络舆情应对等相关机制制度，督导19个乡镇与村、场所属地管理第一责任人、直接责任人、主体责任人签订《宗教活动场所事务管理责任书》《宗教活动场所主持教务责任书》。坚持我国宗教中国化方向，支持伊斯兰教界深入开展解经工作，在376所重点宗教场所开展了国旗、宪法和法律法规、社会主义核心价值观、中华优秀传统文化“四进”活动。坚持依法管理宗教事务，召开全县宗教工作规范化管理现场观摩会，指导县内所有宗教场所建立了宗教活动场所民主管理、教职人员聘任等13项制度，推动场所实现规范化管理；严格场所、活动审批程序，推行合坊建寺，监管县内大型宗教活动安全组织到位；进一步规范经文班教学内容，举办宗教人士培训班30场次，4000余人次参加；顺利完成全县教职人员备案聘任工作和信教群众朝觐服务工作；开展4次宗教渗透专项治理活动和境外资金援助专项排查活动，依法调处各类涉宗教因素矛盾纠纷事件，有力维护宗教领域和谐稳定。非公经济领域统战工作方面。在清华大学、厦门大学举办非公有制经济人士专题培训班和“走好长征路、奋进新时代”红色革命传统教育活动。组织20余家农产品生产龙头企业赴北京、山东等地考察学习，牵线部分企业与京东等国内外大型企业达成初步合作意向，积极扩大非公经济界爱国统一战线覆盖面，全年组建基层商（协）会6家，吸收在册会员945个。统一战线助力脱贫攻坚工作方面。争取欧美同学会“海归专家脱贫攻坚服务团”到西吉县开展三年（2018—2020年）定点帮扶活动，签订包括农牧养殖、教育扶贫、旅游开发、医疗援助等帮扶合作协议19项，落实到位项目资金180余万元，免费为480名困难群众进行医疗筛查救助，为500余名建档立卡户提供养殖专业技能培训。积极对接落实自治区统一战线助力脱贫攻坚行动，协调20家企业对接帮扶全县10个贫困村，落实项目32个，资金100余万元。开展“抱团帮扶贫困村”活动，组织全县民营企业家和党外人士为二岔马村、上堡村捐赠党建、农机、教学物资20余万元；部门定点帮扶的硝河乡关庄村获“首届全区民族团结进步示范村”“全区移风易俗先进村”和“2018年全市脱贫攻坚先进村”荣誉称号。

（马金梅）

宣传工作

【理论武装】 以县委理论学习中心组为龙头，带动促进全县各级党委（党组）中心组学习，2018年共召开县委理论学习中心组学习会22次，其中专题研讨学习4次。举办6期领导干部专题学习班，邀请区、市专家学者进西吉开展讲座5次；挂牌成立303个新时代农（居）民讲习所，以“拥护核心感党恩、同心携手奔小康”为主题，深入开展“五项教育、两项培训”。结合“农民培训教育年”活动，利用新时代农民讲习所，开展“习近平新时代中国特色社会主义思想及党的政策大宣讲活动”“党的十九大精神进万家”等宣讲活动，持续推动习近平新时代中国特色社会主义思想和党的十九大精神深入基层、深入人心。组建“西吉县脱贫致富先进事迹报告团”，深入全县58个深度贫困村开展巡回报告。开展“学习宣传贯彻党的十九大精神”“喜迎改革开放40周年暨宁夏回族自治区成立60周年”等理论征文活动，征集一批优秀理论文章。

【新闻宣传】 围绕学习宣传贯彻习近平新时代中国特色社会主义思想和党的十九大精神，改革开放40周年，自治区成立60周年及全县脱贫攻坚、三大专项行动、“三个年”等主题，打好宣传战役。央视《新闻联播》系列报道《砥砺奋进六十载　塞上宁夏谱新篇》第一集《走好脱贫攻坚新的长征路》，讲述了西吉县群众努力奋斗、脱贫致富的事迹；《新闻调查》《记住乡愁》《走进西吉·河畔故事》《大国根基》《六盘山》等反映西吉风土人情的纪录片先后在央视播出;《人民日报》、新华社、《光明日报》等中央媒体多次对西吉县进行采访，刊发近百篇稿件。在中央和区、市各类主流媒体刊发西吉稿件600余篇（条）；围绕全县中心工作，西吉广播电视台开设《脱贫光荣户》《最美西吉人》等系列专题栏目。制作《美丽富裕新西吉》《都说变了样》《相约将台堡》等MV宣传片，不断加大宣传力度。利用新华社现场云，直播学习党的十九大精神知识竞赛、诗歌朗诵和文艺演出等活动8场次，点击率达40余万次，进一步学习宣传习近平新时代中国特色社会主义思想，展示西吉好形象，传播西吉好声音。

【文明创建】 在县城公交站点、建筑围墙、路牌灯箱等地新增核心价值观宣传牌（栏）200余个，在主要公路两侧设置大型公益广告宣传牌（墙），制作乡村文化墙近4.5万平方米，让群众在潜移默化中不断受到教育。利用全县政务微博微信矩阵，构建网络综合传播体系，广泛宣传凡人善举、移风易俗，加大公益广告刊播力度，进一步提高广大群众的思想认识水平。集中开展移风易俗先进典型表彰会，对“好媳妇”“好婆婆”“最美家庭”等各类典型进行表彰奖励，全县共评选表彰各类模范人物1500余人。推荐选送市级移风易俗示范户50户、精神文明建设先进集体3个、先进个人3人，自治区精神文明建设先进工作者1人、先进红白理事会2个、移风易俗示范户1户。扎实开展文明单位（村镇）、文明校园创建。命名表彰45个县级文明村镇，推荐选送市级民风建设示范村27个、文明村镇3个、文明单位5个、文明社区1个、文明校园4个。建好用好11所中央专项彩票公益金支持的乡村少年宫，自建5所乡村学校少年宫。开展“送戏下乡”惠民文艺演出、“我们的节日”主题活动。以丰富乡村文化氛围、宣传移风易俗、遏止高额彩礼、宣讲精准扶贫政策知识为主要内容，创排以抵制高额彩礼为主题的小品《彩礼不是传家宝　孩子幸福最重要》，以脱贫攻坚为主题的眉户剧《丁香花开》等文艺节目在乡镇巡演，强化文艺宣传。

【网络管理】 “@西吉发布”积极受理网民诉求，2018年共受理网民诉求93件，办结91件，办结率97.8%；聘请15名社会各界人士担任“西吉县网络监督员”，进一步树立西吉县对外良好形象。@西吉发布、@西吉公安被授予“固原市第二届十佳政务微博”称号；举办网络管理员暨通讯员培训班、西吉县网络安全培训班；制定《西吉县党委（党组）〈网络安全工作责任制实施细则〉的通知》《西吉县网络舆情处置管理办法（试行）》《西吉县网络舆情应对协调工作机制》等制度。组织开展“西吉县网络安全宣传周”“网络诚信宣传日”等活动；持续开展系列网络专项行动，全面推进“清朗”“打假治敲”、网上“扫黄打非”、打击侵权假冒等，营造“文明上网事关人人、安全上网人人有责”的浓厚氛围。

（苏新月）

政策研究

【政策宣传】 2018年，政研室牵头组织西吉县扶贫、农牧、民政、人社、卫计、教育、残联等部门对各自领域的惠民政策进行整理，编印了《西吉县“三农”政策》《西吉县脱贫攻坚惠民利民政策》两套宣传手册。深入宣传党的十九大精神，习近平总书记系列重要讲话精神和治国理政方针，乡村振兴战略，宣传中央和区、市、县强农惠农富农新政策，加强2018年中央“一号文件”和自治区第十二次党代会及第十二届第四次、第五次全会精神、固原市委第四届第二次、第三次全会和西吉县委第十四届第三次全会精神的宣传，西吉县人民政府印发了《西吉县农牧业发展扶持政策》等相关配套政策的宣传，要求全县广大干部群众身体力行，学通、读懂、吃透文件精神。结合“农民培训教育年”，重点把脱贫攻坚扶持政策、特色优势产业扶持政策及农业实用技术向各类农业经营主体讲清楚，让农民群众听明白。举办县乡村干部专题培训班，聘请专家学者和政研室负责同志在党校讲授解读。组织全县干部观看《将改革进行到底》《厉害了我的国》《不一样的烟火》等大型专题片，用实例教育干部，用政策理论武装干部，提升干部的政策理论水平。

【组织协调】 2018年在西吉县范围内扎实开展“三大专项”活动，《西吉县“三农”政策》和《西吉县脱贫攻坚惠民利民政策》实现县乡村干部人手一册，种养大户、致富能手全覆盖。全县各级党员干部按照县委政府安排部署，深入全县295个村，发扬“不到长城非好汉”和“咬定青山不放松”的精神，进村入户为群众办实事送温暖，覆盖所有建档立卡户，投入更大精力，拿出过硬措施，全县5604名党员干部职工走访24760户贫困户，搜集梳理问题4279条，为民解难题4363件，帮助贫困村贫困户制定发展规划11711个，健全完善制度541项，为民办实事11144件，协调化解矛盾纠纷595件，筹措投入帮扶资金1320.8162万元。群众对政策的知晓率达到95%。

【调查研究】 2018年，西吉县委政研室按照县委、县政府的发展战略部署，创新思路和调研方式，以超前思维拓展调研领域，围绕“脱贫攻坚、深化农村改革、干部作风转变、三大专项行动”等工作，在全县范围内开展各项专题调研，积极配合中央、区市党委政研室对农业农村、全面深化改革工作各项督查调研。撰写编辑印发《调研与参考》13篇，及时准确为县委县政府提供决策参考依据。西吉县《跨省区移民 探索精准脱贫新路径》做法和典型在《宁夏工作研究》第4期刊发。《对西吉县发展壮大村集体经济的调研》《西吉县开展“干部作风转变年”活动取得阶段性成果》《我县实施乡村振兴战略的思考和建议》《西吉县开展“三大专项行动”取得阶段性成效》《对西吉县工商资本下乡情况的调研》等多篇调研报告以新颖、创新、超前的发展思维被学习和借鉴，在“西吉宣传”网络平台中交流学习。将全县领导干部在固原市五县一区现场观摩学习情况撰写的心得体会，在《调研与参考》第8期刊发，供全县借鉴与参考。

【宣传推介】 西吉县委政研室先后多次选派干部参加全区政研干部培训班，参加宁蒙陕甘毗邻地区共同发展联席会议第十五届年会、全区党委农办系统干部在福建省学习培训等，加强对外交流，不断解放思想，学习先进典型经验和做法，创新工作思路，改进工作方式，提高工作效率；参加培训班的人员认真撰写《实施乡村振兴战略如何开好局起好步——参加全市乡村振兴战略推进农业产业化建设专题培训班学习心得体会》，在《调研与参考》刊登，供交流和学习。

【精准扶贫】 西吉县委政研室定点帮扶吉强镇龙王坝村，以整村推进扶贫开发为契机，团结带领全村干部群众扎实推进基础建设，较好完成脱贫攻坚各项工作任务。一是强基础补弱项。硬化村组道路11.7千米，完成自来水入户412户，实现安全饮水全覆盖；危房危窑改造236户，实现安全住房全覆盖；新建卫生厕所67座，修建围墙1023米，安装太阳能路灯66盏，绿化村组道路13.5千米，为143户建档立卡贫困户发放金融扶贫贷款703万元。二是强产业促增收。以实施“211工程”为抓手，为202户贫困户落实基础母牛补栏补贴，配合农牧技术人员做好基础母牛建档工作，为151户农民落实“见犊补母”，补贴338头、20.14万元；2018年从事劳务经济人数580人以上，户均1.5人，户均务工收入1.68万元；以龙泉山庄旅游扶贫示范基地为依托，立足“休闲、绿色、生态”定位，发展农家乐36家，乡村旅游从业人数达到103人。

【廉政建设】 西吉县委政研室扎实开展群众评议机关干部和干部作风大整顿活动，促进干部作风转变；根据《县委关于转发〈关于深入开展违反中央八项规定精神突出问题专项治理的通知〉的通知》（西党发〔2018〕9号）和《关于印发〈自治区党委第四巡视组巡视西吉县反馈问题整改方案〉的通知》（西党发〔2018〕25号）文件要求，县委政研室领导班子紧紧围绕“严格执行中央八项规定精神”这个主题，组织全室领导干部深入学习习近平新时代中国特色社会主义思想和党的十九大精神，结合开展违反中央八项规定精神突出问题专项治理、“干部作风转变年”活动、“三大专项行动”及通报的违反中央八项规定精神典型案例和本室实际，认真履行主体责任，提高政治站位，牢固树立“四个意识”，通过加强组织领导，对标“五个严禁”方面突出问题，认真开展自查自纠，坚持到人到事进行调查核实和问题认定，严格把握区分不同责任、不同性质、不同时段、不同情况的政策界限，逐项整改落实，认真对照查找突出问题，深刻剖析问题产生原因，坚持不懈纠“四风”、转作风，明确今后努力方向和整改措施。对“中央八项规定”精神进行“回头看”，真正把“回头看”活动的成果体现到解决问题、促进工作上来。

【平安创建】 西吉县委政研室班子成员高度重视，认真履行单位职责，及时制定平安建设重点工作年度推进计划、工作措施、实施方案，加快推进“平安西吉建设”，切实抓好平安创建工作；深入开展普法教育，增强干部职工学法、尊法、守法、用法意识，提高依法行政能力，推进法治社会进程；积极开展禁毒、反邪教警示教育，不断加强宣传引导，努力营造和谐稳定的社会氛围，创造良好的经济社会发展环境。

【深化改革】 2018年，根据区、市全面深化改革任务，结合西吉县实际，归纳、整理、细化54项改革任务，形成《西吉县全面深化改革领导小组2018年工作要点》，制定下发《西吉县全面深化改革领导小组工作规则》《西吉县全面深化改革领导小组专项小组工作规则》《西吉县全面深化改革领导小组办公室工作细则》《西吉县深化改革工作考核评价办法》《关于贯彻落实党的十九大精神坚定不移将改革推向深入的实施意见》等文件。参加全区农村改革现场推进会，召开两次西吉县全面深化改革暨重点改革任务推进会。研究部署全县重点改革推进等事宜。一是推进行政审批制度改革，提升为民服务效率。“三级四同”事项梳理录入，实现80%的事项可不见面办理。1063项政务服务事项进驻政务服务大厅，部门进驻率达90%，事项进驻率达88%，实现区域性79.3%的政务服务事项“一窗”分类受理，已通过网上办事大厅办理事项9416件。二是推进农业农村改革，增强群众获得感。制定印发《西吉县农村集体资产清产核资工作实施方案》和《西吉县深入推进农村集体产权制度“三权分置＋监督权”改革实施方案》等文件，全部进入村集体经营性资产和非经营性资产清查核实阶段，核实资源型资产339.48万亩、非经营性资产2.879亿元、经营性资产1146.41万元。建设农村集体资产股份权能改革硝河乡关庄村等示范村5个、土地股份制改革田坪乡大岔村等示范村7个、发展壮大村集体经济火石寨乡沙岗村等示范村5个。培育成立农民合作社43家。培训培育龙头企业国家级1家、自治区级6家、市级9家，建设标准化基地23万亩，带动合作社173家。三是推进综合医疗改革，增强群众幸福感。持续推进公立医院综合改革，2018年，全县医疗卫生机构门急诊接诊52.8万人次，基层医疗机构门诊急诊接诊人次占比68%；县域内公立医院取消药品加成后共计药品收入3535.23万元，15%取消药品加成补偿478.9万元，财政补偿到位78%；建立符合行业特点的人事薪酬制度，合理确定医务人员薪酬水平，完善医务人员绩效评价制度，完善医院合理核定人员总量、分类分岗、科学定岗、规范绩效考核。四是推进财政体制改革，提升财政管理水平。一季度至三季度全县地方一般公共预算收入累计11224万元，税收收入占比较2017年同期提高3.06个百分点；全县地方政府债务余额56.63亿元。制定印发《西吉县防范和化解政府债务风险实施方案》，明确债务化解计划，对14808万元存量债务全部化解完毕。在政府门户网站及时公示2018年政府预算报告、“三公”经费预控制数等，预算单位按照统一时间、格式、方式在政府网站公开2018年部门预算。五是推进科技体制改革，提升科技转化能力。成立领导小组，召开全县科技创新会议3次，在宁夏吉德慈善产业园建立企业推进科技创新体制和机制，培育2家科技型企业，组建马铃薯主食化、艾草系列产品等加工团队，研发机构增长率达到20%；宁夏佳立马铃薯产业有限公司组织申报自治区级农业科技示范展示区。引进科研院所专家58名，创建11个科技扶贫技术团队，选派88名山区人才科技人员与58名科技扶贫指导员在深度贫困村开展科技扶贫工作，与中国农科院、宁夏大学等科研院所建立长期技术协作关系。六是推进工业园区体制改革，增强创新驱动能力。西吉县编制《宁夏吉德慈善产业园总体规划（2018—2035）》初稿；协调县统计部门，建立园区统计数据监测平台，实现主要经济指标动态监测。七是推进生态文明体制改革，生态环境明显改善。按照政府推动，市场化运作的原则，对全县9家国控、市控企业推行环境污染责任保险。按照“谁主管谁负责”“谁污染谁治理”的原则，行政处罚企业6家，处罚金额149万元。严格依法依规对行政许可事项进行调整，对原行政权力清单中的项目名称、实施依据等进行调整完善。环保行政许可事项统一划转到县行政审批服务局，打破部门串联审批和按部门职能设置服务窗口的传统模式，实行“前台综合受理、后台分类审批、窗口统一出件”的审批新模式，实现“一枚印章管审批”，激发市场主体创造活力。

【服务“三农”】 1.制定印发《西吉县2018年农业农村工作要点》，并根据《自治区党委办公厅人民政府办公厅关于印发〈实施乡村振兴战略综合考评方案（试行）〉的通知》（宁党厅字〔2018〕38号）文件精神，制定下发《西吉县实施乡村振兴战略综合考评方案（试行）》（西党办发〔2018〕79号）文件，同时将全县各相关对应部门考评责任清单一并印发，实行上下对口，责任到人，建立考评指标体系责任清单制度，明确各责任部门工作职责。2.大力发展现代生态农业，促进产业转型升级。一是产业扶贫全力推进。县委、县政府出台《西吉县2018年农牧业产业扶贫政策》，为贫困户增收提供了有力支撑。二是生态农业深入推进。规划建设“四个一”试验示范园（点）10个6918亩，完成覆膜面积55万亩。推进化肥农药减量行动，扩大有机肥替代示范，申请建设有机肥加工企业3家。畜禽粪污资源化利用率达到80%，回收残膜5368吨，完成计划的99%，加工颗粒900.465吨，完成计划任务的66.7%。推进农村清洁能源利用，安装17257台。三是特色产业发展加快。围绕做好“有土”“离土”两篇文章，调整优化主导产业结构，全县种植优质马铃薯81万亩、油料杂粮102万亩、蔬菜15万亩、中药材3.3万亩；全县肉牛存栏21.2万头，牛出栏12.5万头，生猪存栏7.2万头，生猪出栏6.5万头，羊存栏46.1万只，羊出栏40.2万只，家禽存栏72万只，家禽出栏42万只。实现农村劳动力转移就业11.57万人，实现工资收入25.58亿元。四是科技支撑显著增强。加强农业科技研发推广，建设马铃薯、牧草、蔬菜、杂粮等技术集成示范展示园，引进新优品种和先进技术，抓好重大技术推广，主要农作物、畜禽良种化率均达到90%，农业科技进步贡献率达到50%。开展农机深松作业面积26540.99亩。马铃薯机械化生产示范园区3个，玉米机械化生产示范园区1个，西芹机械化园区生产示范1个。加大科技培训力度，对农民开展专项技术培训，完成农民培训9500人次。建设农民田间学校10所。有力促进了农业农村工作的健康发展。

（王　艳）

机构编制

【概　况】 中共西吉县委机构编制委员会（简称“县委编委”）是县委议事协调机构，统一部署和组织机构编制工作，直接受县委及其常委会领导。县委编委会下设办公室（西吉县委机构编制委员会办公室，简称“县委编办”），负责处理县委编委日常事务。

【机构改革】 一是深化党和国家机构改革。根据《宁夏回族自治区关于市县机构改革的总体意见》精神，全面贯彻落实党中央和区市党委政府深化地方机构改革重大决策部署，梳理西吉县党政机构设置、职责配置、编制配备，摸清底数，搭建全县部门机构编制职数框架，制定《西吉县党政机关机构改革实施方案》，统筹设置党政机构，建立健全和优化县委对重大工作的领导体制机制，加强县委职能部门的统一归口协调管理职能，调整优化政府机构和职能，因地制宜调整党政机构和职能，深化人大、政协机构改革和群团组织改革。强化基层政府社会管理和公共服务职能；整合审批、服务、执法等方面力量和职能，建立健全政务服务管理体制和运行机制，综合设置机构，实行扁平化和网格化管理。二是深化国家监察体制改革。根据《自治区深化国家监察体制改革试点工作实施方案》和《固原市深化国家监察体制改革试点工作实施方案》精神，成立县监察委员会，撤销县监察局和县检察院反贪污腐败、反渎职部门，相关机构、职能、人员转隶到县监察委员会。重新制定印发纪委监委机关“三定”《关于印发〈中共西吉县纪律检查委员会监察委员会机关主要职责内设机构和人员编制方案〉的通知》，明确县纪委监委的主要职责、机构设置、人员编制和领导职数，为构建集中统一、权威高效的监察体系提供有力的机构保障。

【简政放权】 一是积极承接国务院和自治区调整行政职权事项。对国务院2013年以来取消和下放的670项国务院部门行政审批事项、305项指定地方实施行政审批事项、323项国务院部门行政审批中介服务事项、434项国务院部门职业资格许可和认定事项、30项国务院决定调整的工业产品生产许可管理目录进行全面核查。经过两轮梳理后，确定符合西吉县实际并需要落实共计19项，印发《西吉县人民政府关于县安全生产监督管理局等3个部门取消（新增）有关行政职权事项的通知》（西政发〔2018〕175号）进行落实。二是统一规范部门《权力清单》。按照区、市编办的统一部署，制定印发《关于开展全县行政机关权力清单和责任清单统一规范工作的通知》《关于进一步做好行政部门权责清单统一规范工作的通知》《西吉县人民政府关于印发全县政府部门权力清单（第一批）的通知》等文件，调整471项行政职权。对所有审核确定事项均按照自治区厅局各系统权力清单指导目录（第一批）进行统一赋码，并经县政府部门权责清单统一规范工作领导小组会议和县政府常务会议研究通过后，在西吉县人民政府网站进行公示，接受社会监督。实现同一行政职权事项在区市县三级的名称、类型、依据、编码等要素的基本一致（即“三级四同”）。

【重点领域改革】 根据中央、自治区相关文件精神，结合实际，制定试点方案。确定西吉县共19个承担行政职能的事业单位，其中3个事业单位纳入此次改革试点范围，16个承担行政执法职能的事业单位纳入下一步综合执法体制改革统筹推进。将事业单位登记管理局等3个事业单位清理出来的8项行政决策、行政监督、行政许可、行政裁决等行政职能全部划归主管部门，并对机构进行了调整。根据自治区党委编办文件精神，给6个单位核增了26名行政编用于承担行政职能事业单位改革试点工作，为人员过渡工作奠定了基础。

【机构编制管理】 一是机构编制实名制核对。根据自治区党委编办相关文件精神，在2018年5—8月，对西吉县党政机关、各事业单位的34项实名制信息进行了核对，最终核对西吉县党政群机关及事业单位现有各类设置机构数658个，编制9235名，领导职数487名，信息准确率达到100%。二是严管严控机构编制。严格落实中央"财政供养人员只减不增"的总要求，根据自治区编办统一部署，2018年2月，核减全县事业编制129名（不包括全县中小学、乡镇卫生院、社区卫生服务机构、乡镇事业站所），完善总量控制、动态调整机制，优化编制资源结构，加强和规范机构编制管理，严格控制人员编制，盘活用好现有机构编制资源，建立控编减编长效机制，确保全县行政和事业编制在自治区下达的限额内核定执行，做到只减不增。

【事业单位登记管理】 一是事业单位日常管理工作。全县事业单位596个，其中：机构实名制库内赋码打证558个，未赋码1个（西吉县科技服务中心），撤销28个（西吉县事业单位登记管理局、西吉县人民政府教育督导室、教育系统下属学校26个），赋码率100%。机构实名制库外赋码9个法人事业单位〔西吉县新营中心敬老院、西吉县偏城中心敬老院、西吉县兴隆中心敬老院、西吉县县城中心敬老院、西吉县未成年人保护中心、宁夏吉德（河仁西吉县）儿童福利院、西吉县供销合作社、西吉县价格监督检查所（价格认证中心）、西吉县公安局交通管理大队〕。加强事业单位法人事后监管，健全完善登记退出机制，推进了"僵尸"事业单位法人注销登记工作。二是开展事业单位法人公示信息抽查工作。为加强事业单位登记工作事中事后监督管理，督促事业单位依法依规履职尽责，确保事业单位不偏离公益目标，扎实开展事业单位法人公示信息抽查工作，对5个事业单位进行了实地查看。

（马宏明）

老干部工作

【概　况】 西吉县老干部局内设离退休干部党工委办公室、关工委办公室、延安精神研究会办公室，现有编制人员9人，其中：行政编制8人，工勤编制1人。全县现有离休干部18人，退休县级干部33人。离休干部遗孀48人（其中企业离休干部遗孀14人）。

【保障机制】 制定印发《关于进一步加强和改进离退休干部工作的实施意见》文件。明确加强和改进离退休干部工作的重要性和目标任务，完善加强离退休干部工作保障机制。

【坚定信念】 全面落实从严整治共产党员信仰宗教和参与宗教活动。根据《关于认真贯彻落实〈关于从严整治共产党员信仰宗教和参与宗教活动问题的工作方案〉精神的通知》（宁离工委发〔2018〕20号）文件精神，西吉县离退休干部党工委于2018年8月制定印发《关于认真贯彻落实〈关于从严整治共产党员信仰宗教和参与宗教活动问题的工作方案〉精神的通知》（西离工委发〔2018〕7号）文件。通过对所属离退休党员进行宣传动员、走访谈心、组织学习、参加培训等活动，使其增强"四个意识"，坚定"四个自信"，做到"两个维护"。

【组织培训】 2018年8月，在固原市委党校举办离退休干部党组织书记、委员、党务工作者培训班，提高工作人员对新时期老干部工作的重要性和理论知识水平，更好地服务于老干部工作。

【政策宣传】 根据离退休干部身体状况和居住情况，离退休干部党工委订购《两学一做专题读本》《习近平总书记系列讲话》《党的十九大报告辅导读本》《中国共产党章程（修正本）》和全国、自治区、固原市会议学习资料汇编等学习资料，分发给离退休党员干部。邀请市离退休干部党工委组织的“五老”人员到全县19个乡镇宣讲习近平新时代中国特色社会主义思想、党的十九大精神及如何做好离退休干部党支部各项工作。

【待遇关心】 充分落实离退休干部两项待遇。充分落实好离退休政治待遇，从政治上关心、重视老干部。邀请离退休干部代表参加县委党代会、人代会，将文件精神汇编成册，邮送到行动不便的离休干部和退休县级干部家中。全面落实生活待遇，春节及重大节（庆）日实地到家慰问，对特别困难的离退休党员干部给予2000元生活补助，对住院的离退休干部进行看望，对去世的老同志到家中送葬并对家属进行慰问。离休干部门诊费用、住院费用按规定实报实销。

【精神生活】 充分发挥关工委、延安精神研究会、老年门球协会和书画协会等社团优势，引导离退休干部牢牢把握“展示阳光心态，体验美好生活，畅谈发展变化”活动主题。一是关工委在西吉县开展文明家庭示范工程，发挥老干部文明家庭示范作用，带头树立文明家风、文明家教、文明家训，大力弘扬社会主义核心价值观。二是西吉县老年书画协会坚持办班，常年开展学习和交流活动。为市委老干部局主办《金秋艺苑》“西吉专刊”征集书画摄影58幅。2018年8月，由县体委承办，老干部局协办的西吉县全民健身活动日既喜迎宁夏回族自治区成立60周年“宁夏胜利体育杯”门球邀请赛，全区21个代表队参赛。三是西吉县延安精神研究会向区、市延安精神研究会上呈报研讨文章6篇。

（马飏龙）

党校（行政学院）

【概　况】 中共西吉县委党校位于县城东四千米的何家店子，原西吉中学旧址，占地面积21亩，建筑面积2706.38平方米，始建于1959年9月，1998年3月西吉县行政学校挂牌成立。2009年7月成立西吉县党政人才培训中心，2014年12月挂牌成立“中共固原市委党校（行政学院）西吉县分校（院）”。2014年申请成立宁夏大学继续教育学院西吉工作站。能容纳100人的教室1间，50人教室5间，8人间宿舍13间，学员餐厅3间，可供100人在党校学习、住宿、就餐。现存图书资料1万余册。校委下设行政办公室、教研室、教务办、财务办和电教中心5个机构。实有编制30人，现有职工27人，均有大专以上学历。其中参照公务员管理6人，事业单位管理人员4人，专业技术人员14人（高级讲师2人，讲师7人，助讲4人，员级1人），工勤人员3人。中国共产党党员18人。

【党员教育】 2018年党校按照县委、县政府的安排部署，精心组织，周密安排，认真开展集中培训和巡回宣讲活动，及时送理论、政策进单位、进农村、进社区，集中人力、财力，确保县、乡、村党员干部培训任务圆满完成。

举办专题培训班。一是村党支部书记专题培训班。2018年3月12日—4月1日，为贯彻学习党的十九大和区、市、县全会精神，深刻领会习近平新时代中国特色社会主义思想，深化“两学一做”学习教育常态化制度化，围绕全县“4166”总体工作思路，进一步提高村党支部书记的综合素质与履职能力，着力提升基层党组织建设水平，由西吉县委组织部、西吉县委党校联合举办全县村党支部书记培训班。共3期，每期7天，培训295人。二是全县贫困村妇联主席专题培训班。2018年5月29—30日，为深入学习习近平新时代中国特色社会主义思想、党的十九大精神及自治区第十二次党代会精神，切实做好妇女干部教育培训工作，进一步发挥基层妇联干部的作用，提升基层妇联干部的综合素质和履职能力，西吉县委组织部、县委党校、县妇联联合举办了2018年全县贫困村妇联主席培训班。各乡（镇）妇联主席或专职副主席、2018年脱贫销号村妇联主席（副主席）共150人参加了培训学习。三是全县马克思主义民族观宗教观专题培训班。2018年8月16—21日，为进一步强化马克思主义民族观宗教观学习教育，严明党的政治纪律，加强党员队伍管理，由县委组织部、县委统战部、县委党校联合举办全县马克思主义民族观宗教观专题培训班。各乡镇分管领导、组织委员、从事民族宗教工作人员、集中整顿软弱涣散党组织重点村党支部书记、部分党员、县直部门（单位）分管领导共341人参加培训学习。四是全县村委会主任、村监委会主任、红白理事会负责人3个专题培训班。2018年10月16—25日，为了认真贯彻落实党的十九大、自治区第十二届四次全会、固原市委第四届四次会议及西吉县“三大专项行动”会议精神，进一步加强村干部思想作风建设，提高村干部综合素质和履职能力。由纪委、县委组织部、县委宣传部、县委党校、县民政局联合举办全县村委会主任、村监委会主任、红白理事会负责人3个专题培训班。参训人数900多人。五是全县软弱涣散村党组织副书记、村委会副主任、村监委会主任专题培训班。为贯彻落实《关于深入推进“三大三强”行动集中整顿农村软弱涣散基层党组织的实施方案》《关于从严整治共产党员信仰宗教和参与宗教活动问题的工作方案》精神，2018年11月13—16日，重点以习近平新时代中国特色社会主义思想和视察宁夏时的重要讲话精神、党的民族宗教政策和自治区党委第十二届四次全会精神、农村集体产权制度改革与发展壮大农村集体经济、村务公开与民主管理、精准扶贫精准脱贫政策等为内容进行了专题培训，共分2期，参训人数188人。

党的理论政策专题巡回宣讲。一是习近平新时代中国特色社会主义思想和党的十九大精神专题。全年深入各乡镇、各部门（单位）宣讲习近平新时代中国特色社会主义思想和党的十九大精神百余场（次），受训人数达8000余人次，宣讲工作全覆盖。二是习近平总书记视察宁夏讲话精神和自治区党委第十二届四次全会精神专题。2018年7—8月，西吉县委党校抽调政治素质过硬、业务能力强的骨干教员，参加全县开展集中整顿软弱涣散基层党组织“万人百场”宣讲活动，深入部门、乡（镇）、村（社区）、农民讲习所等，重点围绕习近平新时代中国特色社会主义思想、党的十九大精神和党的民族宗教政策、自治区党委第四次全会精神、基层党组织建设等内容开展宣讲。三是开展“党史专家讲党课”活动。为了不断提升全县干部政治素质和工作能力，落实习近平总书记“学党史、学国史、知史爱党、知史爱国”的重要指示精神，党校抽调5名教员，分16个专题，深入各乡镇、各部门（单位）开展巡回宣讲。四是做好全县公务员网络培训学习。全县处级领导干部总共27人，参学人员27人，参学率100%；全县科级领导干部参学人员总共672人，参学人员672人，参学率100%。

【重点工作】 一是扎实开展精准扶贫工作。积极响应西吉县委、县政府关于干部职工联系帮扶贫困户工作要求，认真落实年度帮扶工作计划，党校主要负责人带领班子成员组织干部职工分批深入平峰镇王垴村172个贫困户，全面完成动态管理信息采集工作。教员宣讲党的扶贫政策3场次，拨付7000元用于组织开展群众文化活动，全面完成机修农田10000亩，全村输出务工人员240人，为脱贫攻坚奠定了基础。二是大力开展社会创新管理综合治理，加强普法宣传及信访工作。根据全县“七五”普法实施意见和单位“七五”普法规划，充分发挥党校理论阵地作用，配合县法治办开展“12·4”国家宪法日暨全国法制宣传日系列宣传活动，配合县禁毒办开展“禁毒知识”专题培训，将法律法规知识作为必讲课程，让受训学员提高法律知识，增强法制观念。积极推进依法治校，加强单位内部综合治理。三是扎实开展精神文明创建和政治思想宣传工作。坚持以“求真、尚德、崇学、创新”的校训，为全县精神文明建设提供有力的思想保证、精神动力和舆论支持。积极配合县委宣传部开展课题调研、政策宣讲、征文等活动，有力地促进了思想宣传工作的经常化、规范化、制度化。“七一”开展了一系列文体活动并参加了全区党校系统第二届文化艺术节活动，丰富了教职工的文化生活。2018年对本单位精神文明建设工作查漏补缺，细化工作内容，规范档案建设，巩固了“党校市级文明单位”成果，并结合单位与贫困村“结对帮扶，文明共建”活动，单位超额完成各类报纸杂志的征订任务。四是全面开展“爱国卫生日”活动。按照县委、县政府要求制定《单位安全网络管理工作方案》，全面落实“城乡环境卫生大绿化大整治、群众反映强烈突出问题大排查大化解、进村入户办实事送温暖”三大行动，治理病媒滋生地8000平方米，全面查漏补缺，确保不留空白、不漏薄弱点，对存在安全隐患的设施进行了全面排查和修理。完成春秋两季义务植树任务。

【队伍建设】 一是全面完成自治区党校系统办学质量督查评估工作。为认真学习贯彻习近平新时代中国特色社会主义思想和党的十九大精神，深入贯彻落实全国全区党校工作会议精神，推动县级党校、行政学校进一步提升办学质量，按照自治区党校关于办学质量督查评估要求，对标党委政府办党校和行政学校、教育培训、科学研究、思想引领、决策咨询、队伍建设、办学保障、办学特色8个一级指标，把握方向、班子建设、深化办学体制改革、教学管理、科研管理、智库建设、教师队伍建设、基础设施等20个二级指标，总计31个评估要点。对2013—2017年相关办学质量情况进行了督评。通过开展督查评估，加强指导，传导压力，抓重点、补短板、强弱项、保支撑，不断提高办学质量和水平，充分发挥党校“三个阵地、一个熔炉”和行政学校“三个作用”，为实现西吉县经济繁荣、民族团结、环境优美、人民富裕，与全国同步建成全面小康社会的奋斗目标提供坚强的思想政治保证和智力支持。二是拓展办学渠道，创新办学思路和机制。结合区、市县《关于加强和改进新形势下党校的工作意见》，积极探索建立开放式办学新机制，提升办学水平。在做好各类主体班、专题班的同时，继续做好与宁夏大学继续教育学院联合办学，为建设和谐富裕新西吉提供人才保障，专本科班已毕业257人，在校245人，2018年被宁夏大学评为“2017年度成人高等学历教育先进函授教学站（点）”。三是强化教学科研工作。鼓励干部职工主动学习、加强学习，踊跃参加各种理论征文活动，积极撰写、发表文章，党校制定了《理论（调研）文章、信息（简讯）奖励制度》，加大了奖励力度，调动了职工积极性。2018年，参加全区党校系统、市、县征文活动共提交论文10余篇，其中省级刊物上发表5篇，被区党校评为“优秀组织单位”，2018年县委党校申报课题3项，其中《宁夏精准扶贫工作与乡村振兴战略的及时有效对接研究》被区党校立项。四是强化师资队伍建设。抓住贯彻落实区市县《关于加强和改进新形势下党校工作的意见》的重大机遇，坚定不移地抓好人才队伍建设工程，取得了显著成效。把政治素质教育放在队伍建设的首位，及时组织教职工学习中央、区、市、县领导讲话精神，组织教师开展说课活动，做好老教员对年轻教员的传、帮、带，加大集体备课力度，开展教学观摩、帮助教师提升教学能力。2018年先后选派领导及教员10人（次）分别参加了中共中央党校、区党校、固原市委系统师资培训，同时，组织教员到单位包扶点开展基层调查研究，提升教员理论联系实际的能力。由自治区党委宣传部主办，区直机关工委、自治区党委讲师团等部门承办的全区基层理论“微宣讲”大赛中，西吉县委党校教员荣获一等奖。五是加强机关效能建设，扎实推进干部作风大整顿活动。认真落实各项工作制度，严格执行效能规定和效能告诫，严肃查处推诿扯皮、有意拖延、敷衍塞责、不负责任，不按规定程序公开办事或办事不公，对学员提出的正当要求和意见置之不理，无正当理由擅自脱岗、离岗、不坚守岗位等影响党校形象的行为。全面加强机关作风建设，切实提高干部的执行力和公信力，努力营造党员干部教育培训的良好环境。

（马彩琴）

人民代表大会

西吉县人大常委会

【概　况】 2018年，西吉县人大常委会在宁夏回族自治区、固原市人大常委会的精心指导下，在县委的坚强领导下，在“一府两院”的积极配合和县政协的相互支持下，自觉把人大工作紧紧扣在学习贯彻习近平新时代中国特色社会主义思想和党的十九大精神上来，紧紧扣在贯彻落实中央和区市县党委一系列重大决策部署上来，紧紧扣在推动“三大攻坚战”“三大战略”“五个扎实推进”“六场硬仗”等重点工作上来，紧紧扣在加强“两个机关”建设、回应群众重大关切上来，团结各级人大代表，依法履职尽责，主动担当作为。一年来，县第十七届人大常委会召开党组会议20次，常委会议9次，主任会议20次；组织视察、执法检查和专题调研21次；配合区、市人大常委会开展执法检查和专题调研11项；听取和审议“一府两院”专项工作报告26项，转交审议意见67条，作出决议、决定18项，依法任命“一府一委两院”工作人员48人，发挥了各级人大及广大代表在经济社会发展中的重要作用。

【决策落实】 西吉县人大常委会党组认真履行政治责任和政治担当，始终在政治立场、政治方向、政治原则上同西吉县委保持高度一致，对召开的重要会议、开展的重大活动、决定的重点事项及时向县委请示报告，按照县委要求抓好组织实施。带头参与县委中心工作落实，由人大常委会领导带队，围绕农村基层软弱涣散党组织整顿、党风廉政责任制落实、环境整治等重点工作，开展专项督导检查12次；经常性到各自联系乡、包扶村调研督导脱贫攻坚工作，精心指导乡、村两级抓重点、补短板、强弱项；积极配合做好干部考核、带班值班、信访接待等工作；扎实开展“三大专项行动”，包案化解群众反映强烈突出问题，认真组织机关干部到帮扶村开展“三个清、三个一”活动，发挥人大机关在贯彻落实县委决策部署中的带头作用。制定《关于健全人大讨论决定重大事项制度、政府重大决策出台前向县人大常委会报告的实施意见》，依法行使重大事项决定权，共讨论决定重大事项18项。依法按程序做好对拟任命人员供职发言、会议审议、投票表决、颁发任命书、宪法宣誓和任后监督等各环节的工作。

【人大监督】 西吉县人大常委会正确把握人大监督的政治定位和法律定位，着眼于“促”，立足于“帮”，聚焦脱贫攻坚、经济发展、社会和谐、民生福祉、环境保护等重大事项，加强对“一府一委两院”的监督，以监督增合力，以监督促落实。一是加强重点工作监督。围绕打赢打好脱贫攻坚战开展常态监督，以人大常委会领导包抓乡镇为依托同步推进，通过视察检查产业扶贫、金融扶贫、道路交通、易地搬迁等脱贫攻坚工作，推动精准识别、精准施策。围绕坚决打好污染防治攻坚战开展专项监督，对全县环境保护情况进行专题视察，全力推进水污染防治，推动绿色发展。围绕改善和保障民生开展重点监督，对市场秩序监管、学前教育、文化服务、两险收缴、冬季取暖等工作进行集中视察。2018年共听取和审议“一府两院”专项工作报告17项，转交审议意见52条。二是加强财政预算监督。按照《中华人民共和国监督法》和《中华人民共和国预算法》有关规定，严把预算编制审查关、会议审议批准关、执行情况监督关。重点听取和审议了西吉县人民政府2017年度财政决算和2018年上半年财政预算执行情况的报告、2018年上半年国民经济和社会发展计划执行情况的报告、2017年度财政预算执行和其他财政收支情况的审计工作报告，审查批准了2017年度县本级财政决算。认真学习贯彻全区人大预算审查监督重点向支出预算和政策拓展工作座谈会精神与建立政府向本级人大常委会报告国有资产管理情况制度座谈会精神，建立了预算监督咨询专家库，配置了预算联网监督平台，制定了《预算联网监督工作实施方案》，进一步规范和促进了政策制定、预算编制、预算管理等工作。三是加强司法工作监督。坚持把维护公正司法和社会公平正义作为监督的重要方面，对县人民法院执行工作、县人民检察院公益诉讼工作进行检查，听取和审议了相关工作报告，组织人大代表参与法院“公众开放日”活动、检察院“‘12309’·检察牵您手”主题开放日活动，促进法检“两院”不断完善工作机制，规范司法行为，增强司法公信力。坚持把办理人民群众来信来访作为畅通民意、了解民情、推动工作的重要途径，认真做好信访工作，县人大常委会领导坐班接待或参与处理群众来信来访36件。四是加强法律实施监督。重视宪法和法律法规的贯彻落实，对《中华人民共和国食品安全法》《中华人民共和国药品管理法》等法律法规贯彻实施情况进行执法检查，配合区、市人大常委会开展《中华人民共和国大气污染防治法》《自治区禁牧封育条例》等法律法规的执法检查，并针对存在问题提出意见建议。积极参加区、市人大组织的立法培训，配合区、市人大进行立法调研，为区、市人大立法工作提供重要参考。依法对政府规范性文件进行备案审查。

【代表履职】 顺应新时代对代表工作的新要求，重视人大代表的主体地位和主人翁作用，把代表工作的重点放到作用发挥、服务发展上来。一是注重搭建代表履职平台。坚持把代表履职平台建设作为发挥代表作用的重要载体，推动视察、检查、评议等工作常态化长效化开展。搭建活动“主阵地”。建设19个乡镇“人大代表之家”和100个行政村“人大代表工作室”，下发《关于组建区市县乡四级人大代表活动小组的通知》，组建100个代表活动小组，各乡镇人大主席团制订活动计划，建立活动制度，定期召开主席团会议和代表小组会议，2018年共组织开展活动120多次。搭建制度“连心桥”。按照1名委员联系5名代表、1名代表联系30名选民的模式，完善常委会组成人员联系人大代表和人大代表联系人民群众的“双联”工作制度。落实代表述职评议制度和代表工作经费保障制度，建立人大常委会领导分片联系乡镇人大工作制度，推动乡镇人大工作常态化规范化制度化。搭建沟通“互联网”。积极推进“互联网+代表履职平台”建设，建立“两群一平台”（即人大主席工作微信群、县乡人大代表微信群、人大官方微信发布平台），通过层层“套环式”联络，实现“双联”全覆盖。及时向代表通报县委决策部署、经济社会发展情况及县人大工作重要事项，推动“一府一委两院”加强与代表的联系，确保代表知政议政督政。二是注重提升代表履职能力。通过集中培训、观摩学习、以会代训、经验交流等方式加强代表培训。9月，组织50多名人大代表到隆德、泾源、彭阳、原州区就脱贫攻坚、产业发展、城市建设、环境整治和基层党建等重点工作进行观摩学习，总结交流，促进工作。11月，组织58名人大代表赴银川参加新时代人大代表履职能力提升培训，增强依法履职意识，提高依法履职能力。三是注重激发代表履职动力。注重发挥基层代表参与决策、监督推动和桥梁纽带作用。先后邀请基层代表28人列席县人大常委会会议，邀请县人大代表参与视察检查54人（次）。在西吉县人大微信平台发布《全县各级人大代表积极参与三大专项行动倡议书》，动员引导人大代表投身脱贫攻坚第一线，深入开展“三大专项行动”。有1000多名县乡人大代表投身脱贫攻坚第一线，结对帮扶贫困户4200多户，帮助解决各方面的困难问题123个。重视代表议案建议办理工作，专题督办议案建议2次，会议审议2次，开展满意度测评1次。

【自身建设】 西吉县人大常委会党组认真履行全面从严治党主体责任，以严的标准、硬的措施和实的作风，着力打造“两个机关”，不断提高履职能力和服务水平。一是着力加强思想政治建设。始终把学习贯彻习近平新时代中国特色社会主义思想和党的十九大精神作为首要政治任务。县人大常委会党组每次会议的第一项议程，都是传达学习习近平总书记重要讲话及党中央、区市县党委重要会议、重要文件精神，这已成为制度化安排。同时，利用主任会、常委会、支部会、周二学习例会等方式，统筹计划，精心组织，坚持执行，确保学习教育常态化制度化，提升常委会组成人员和机关干部的政治素质与业务素质。二是着力加强专业平台建设。完善履职平台，建立县人大预算联网监督中心，探索建立预算监督咨询专家库，收集全县财政、预算、审计信息数据，为开展预算联网监督工作奠定基础。提高调研能力，围绕环境整治、精准扶贫、法治建设等重点工作深入开展专题调研，掌握工作实情，增强监督的针对性、实效性。加强宣传报道，“西吉人大”微信平台共编发各类图文消息1100多条、发布人大工作动态350多条，代表履职事迹30多条，累计点击量400万次以上。三是着力加强人大制度建设。坚持用制度管理干部、用制度规范工作、用制度保障人大代表依法履职，在修订现有制度的基础上，制定了《西吉县人大常委会财政经济预算审查监督咨询委员会工作职责》《西吉县人民代表大会常务委员会人事任免办法》，清理完善机关财务、公务用车、公务接待等管理制度。

西吉县人大常委会会议

【常委会议】 西吉县第十七届人大常委会召开第十次会议。2月26日，西吉县第十七届人大常委会召开第十次会议。会议传达学习了自治区第十二届人大一次会议和全县领导干部大会精神；听取和审议了县人民政府关于全县道路交通安全和节前市场秩序监管工作开展情况的报告；听取和审议了县人大常委会视察组关于以上两项工作开展情况的视察报告；审议通过了人事任免事项。

西吉县第十七届人大常委会召开第十一次会议。4月11日，西吉县第十七届人大常委会召开第十一次会议。会议传达学习了全国“两会”、全县领导干部会议、第十四届县委2018年第七次常委会议精神；听取和审议了县人民政府关于全县精准扶贫工作开展、乡镇文化站及村综合文化服务中心建设使用、城乡居民医疗保险和养老保险收缴及管理运行、《中华人民共和国食品安全法》和《中华人民共和国药品管理法》贯彻实施情况的报告；听取和审议了县人大常委会视察、检查组关于以上四项工作开展情况的视察、检查报告；审议表决通过了有关人事任免事项。

西吉县第十七届人大常委会召开第十二次

会议。6月5日，西吉县第十七届人大常委会召开第十二次会议。会议传达学习了自治区第十二届人大常委会第三次会议精神；听取和审议了县人民政府关于县第十七届人大二次会议人大议案、代表建议执行、办理情况的报告；听取和审议了县人大常委会检查组关于县第十七届人大二次会议人大议案、代表建议执行、办理情况的检查报告；听取了县人民政府关于县第十七届人大常委会第十次、第十一次会议审议意见落实情况的报告；听取和审议了县人民政府关于全县特色蔬菜种植、葫芦河河道治理和金融扶贫工作开展情况的报告；听取和审议了县人大常委会视察组关于以上三项工作的视察报告；审议通过了关于确认许可对西吉县第十七届人民代表大会代表马兴国采取强制措施的议案；审议通过了有关人事任免事项。

西吉县第十七届人大常委会召开第十三次会议。8月16日，西吉县第十七届人大常委会召开第十三次会议。会议听取和审议了县人民政府关于全县环境保护工作开展情况的报告、关于2018年贫困村公路建设及水毁道路抢险维修情况的报告、关于生态林业建设情况的报告和关于健康扶贫工作开展情况的报告；听取和审议了县人大常委会视察组关于以上四项工作的视察报告；听取和审议了县人民政府关于2018年上半年国民经济和社会发展计划执行情况的报告、2017年度财政决算和2018年上半年财政预算执行情况的报告、2017年度财政预算执行和其他财政收支情况的审计工作报告；听取和审议了县人大常委会财政经济委员会关于2017年度县财政决算的审查报告；审查批准了2017年度县本级财政决算；听取和审议了县人民政府关于提请审议修改西吉县国民经济和社会发展第十三个五年规划纲要有关内容的议案及县人大常委会财经委关于《西吉县人民政府关于提请审议修改西吉县国民经济和社会发展第十三个五年规划纲要有关内容的议案》的审查报告；审查批准修改西吉县国民经济和社会发展第十三个五年规划纲要有关内容；审议通过了《西吉县人民代表大会常务委员会人事任免工作暂行办法》；审议通过了人事任免事项。会议决定任命张哲为县人民政府副县长。

西吉县第十七届人大常委会召开第十四次会议。10月31日，西吉县第十七届人大常委会召开第十四次会议。会议听取和审议了县人民政府关于全县供暖前期准备、户籍制度改革、城乡低保整顿、农村学前教育工作开展情况和县第十七届人民代表大会第二次会议代表议案建议办理情况的报告；听取和审议了县人民法院关于执行工作、县人民检察院关于公益诉讼工作开展情况的报告；听取和审议了县人大常委会视察组关于以上工作的检查、视察报告；听取和审议了县人民政府关于2018年地方政府新增债券资金安排情况及调整方案的议案及县人大常委会财经委《关于2018年地方政府新增债券资金安排情况及调整方案的议案》的审查报告；表决通过了县人大常委会关于批准《关于2018年地方政府新增债券资金安排情况及调整方案的议案》的决议；对县第十七届人民代表大会第二次会议代表议案建议办理情况进行了满意度测评。

西吉县第十七届人大常委会召开第十五次会议。11月22日，西吉县第十七届人大常委会召开第十五次会议。会议听取和审议了县第十七届人大常委会代表资格审查委员会关于县第十七届个别代表的代表资格变动情况报告；表决通过了县人大常委会关于补选西吉县第十七届人民代表大会代表的决定；审议通过了有关人事任免事项；拟任命同志向大会作了供职报告。

西吉县第十七届人大常委会召开第十六次会议。12月13日，西吉县第十七届人大常委会召开第十六次会议。会议听取和审议了县人民政府关于县十七届人大二次会议议案、建议办理情况、县第十七届人大常委会第十二次、第十三次会议审议意见落实情况、全县脱贫攻坚工作进展情况、2018年财政预算调整情况的报告；听取和审议了县人大常委会关于县第十七届人大第二次会议代表议案及建议处理结果的报告；听取和审议落实了县人大常委会视察组关于全县脱贫攻坚工作进展情况的视察报告；听取和审议了县人大常委会财经委关于西吉县2018年财政预算调整情况的审查报告；听取和审议了关于西吉县第十七届人民代表大会代表资格变动情况的审查报告；表决通过了县人大常委会关于调整西吉县2018年财政预算的决议；表决通过了关于确定西吉县人民法院人民陪审员名额的决定；补选了固原市第四届人大代表；审议通过了有关人事任免事项。

西吉县第十七届人大常委会召开第十七次会议。12月27日，西吉县第十七届人大常委会召开第十七次会议。会议听取和审议了县第十七届人民代表大会第三次会议相关资料，审议通过了关于召开县第十七届人民代表大会第三次会议的决定和有关人事任免事项。

西吉县第十七届人民代表大会召开第三次全体会议。2019年1月7—10日，西吉县第十七届人民代表大会召开第三次全体会议。会议表决通过了关于西吉县人民政府工作报告的决议（草案）；表决通过了关于西吉县2018年国民经济和社会发展计划执行情况与2019年国民经济和社会发展计划的决议（草案）；表决通过了关于西吉县2018年财政预算执行情况和2018年财政预算草案的决议（草案）；表决通过了关于西吉县2018年民生计划执行情况与2019年民生计划的决议（草案）；表决通过了关于西吉县人大常委会工作报告的决议（草案）；表决通过了关于西吉县人民法院工作报告的决议（草案）；表决通过了关于西吉县人民检察院工作报告的决议（草案）；表决通过了关于代表议案的决定（草案）。选举产生了西吉县人民政府县长，补选了5名县第十七届人大常委会委员。

（熊晓霞）

政　府

西吉县人民政府

【概　况】 2018年，西吉县辖4镇15乡，8个居委会，296个村民委员会。年末全县总人口49.6万人。其中，汉族人口20.2万人，回族人口29.4万人。年末全县常住人口35.3万人。其中，城镇人口10.1万人，乡村人口25.2万人。全年全县实现地区生产总值64.9亿元，同比增长3.6%。其中：第一产业增加值17.7亿元，第二产业增加值12.9亿元，第三产业增加值34.3亿元。全社会固定资产投资44亿元，社会消费品零售总额17.1亿元，地方一般公共预算收入1.69亿元，城镇居民人均可支配收入25100元，农村居民人均可支配收入9250元。

【脱贫攻坚】 2018年，整合各级财政涉农资金13.25亿元，实施基础设施建设、产业培育发展、公共服务建设和教育健康保障等方面24个项目，实现37个贫困村脱贫出列，2.25万贫困人口脱贫退出，综合贫困发生率下降到5.88%。产业支撑更加有力，安排资金5.2亿元，围绕马铃薯、草畜、蔬菜、杂粮（油料）等特色种养业，为贫困群众量身订制15类53项全产业链补贴政策，建档立卡户户均发展特色种植21.2亩、特色养殖30个羊单位；健全扶贫产业与贫困人口利益联结机制，巩固提升产业扶贫示范村43个、培育新型经营主体70个，辐射带动0.94万人；注入小额信贷补偿金1.6亿元，新增金融扶贫贷款9.54亿元，建档立卡户户均达4.9万元，覆盖率达92.91%；开展精准脱贫能力培训1.55万人，转移就业11.57万人，创收25.58亿元；建成运营扶贫车间26个，带动就业1196人。经营性收入占全县农村居民可支配收入的48%以上。基础保障有效提升，建成贫困村道路600千米，238个贫困村村组道路基本硬化；新增自来水入户0.97万户4.7万人，农村自来水普及率达95.2%；完成危房改造3112户，农村群众安全住房保障率达94.24%；实现295个行政村文化服务中心、动力电、4G信号等公共服务全覆盖；建成县内安置点2个，回购县城住房1668套，安置移民7753人，“十三五”易地扶贫搬迁任务圆满完成。社会帮扶成效显著。不断深化与涵江区、商飞公司和区属骨干企业的帮扶协作，建成闽宁示范村10个，联系深度贫困村39个，落实项目资金1.03亿元。深入开展“帮扶干部进村入户办实事解难题”专项行动，办理实事1.4万余件，协调解决矛盾纠纷5000余件。开展扶志扶智行动，在58个深度贫困村开展脱贫致富先进事迹巡回宣讲，新培育致富带头人188名，选树表彰“脱贫光荣户”“移风易俗模范户”等1500余人，不断激发贫困群众脱贫致富奔小康的内生动力。问题整改扎实有效，完成县乡村三级“两评议、两公示、一公告”系统录入和相关数据核查纠错工作，新识别建档立卡贫困户 371 户 1572 人，纳入因病、因残返贫 33 户 113 人，退出 1664 户 9153 人，修改完善错误信息 3.84 万条。主动认领 2017 年省级党委和政府扶贫开发工作成效综合考评、中央第八巡视组、自治区党委第四巡视组反馈脱贫攻坚领域存在的 33 类 78 项突出问题，制定整改措施 147 条，完成 73 项。结合“脱贫攻坚作风建设年”“干部素质提升年”等活动，受理扶贫领域问题线索 1689 件，立案办结 1409 件，问责处理 149 人。

【优化产业结构】 立足“一特三高”，调优种植结构，粮食总产达 35.72 万吨。马铃薯种植面积调减至 81 万亩，建设原种繁育基地 1 万亩、一级种繁育基地 10 万亩，推广一级种薯 25 万亩，实现产值 12.46 亿元；建设标准化蔬菜示范园 16 个，日光温室 303 座，种植各类蔬菜 15 万亩，实现产值 14 亿元；建设小杂粮（油料）示范基地 26 个、中药材和万寿菊示范基地 17 个，种植小杂粮（油料）102 万亩、中药材和万寿菊 3.3 万亩；建成“四个一”试验示范园（点）18 个、8636 亩。积极推进“全国优质青贮玉米行动计划”，种植青贮玉米 30 万亩，新建青贮池 4534 座，调制各类饲草 95 万吨；培育标准化养殖示范村 31 个、规模养殖场 36 个，基础母牛、母羊存栏 13.6 万头、30 万只，分别增长 4.6%、7.8%，实现牧业总产值 14.25 亿元。工业企业加快转型。完成 19 家万吨以下马铃薯淀粉产能淘汰，关停部分小型淀粉、机砖、砂场。发挥工业园区集聚效应，吸引咏辉电子、天之涯服饰等轻工企业落户园区，伊尔德 2 万吨亚麻籽油生产线、泽艾堂艾草加工及研发项目投产运营；融信风电、华电月亮山风电等规上企业运营平稳，2018 年，规模以上工业产值保持增速 12% 以上。组织赴外考察招商 17 次，参加节会招商 10 次，引进山东水发、北京秋实、港生中药材农产品加工企业 3 家，签订招商引资项目 18 个，到位资金 21.6 亿元。商贸旅游提速发展。争取银河影院、华联超市等商户入驻西吉；建成县级电商中心 1 个，培育电子商务企业 7 家，实现农特产品线上销售 2300 万元；新登记私营企业 350 家、个体工商户 3533 户，同比增长 9.0%、3.0%。金融业保持健康平稳发展势头，西吉县存款余额 108.59 亿元，增长 1.12%；贷款余额 58.34 亿元，增长 20.58%；存贷比为 53.72%，提高 8.98%。加入陕甘宁毗邻地区旅游合作联盟、长征沿线红色旅游城市联盟，不断完善旅游环线配套服务设施，龙王坝入选国家 AAA 级景区，西吉县入围“2018 中国最美县域榜单”，2018 年接待游客 109 万人次，实现旅游综合性营业收入 4109 万元。

【环境治理】 全面落实污染防治“三个十条”，坚决整改中央环保督察及“回头看”反馈问题，城市更加秀美靓丽，农村更加整洁优美。完成县城第一污水处理厂改造提升、第二污水处理厂建设和县城 11 台 20 蒸吨以上燃煤锅炉脱硫脱硝除尘及在线监测改造任务；新建将台、兴隆等乡镇污水处理厂（站）5 座、人工湿地 4 处，中央第八环保督查组反馈 4 项问题全部销号。查实办结中央第二环保督察组反馈信访投诉件 20 件，停产整治企业 5 家，问责处理 12 人，行政处罚 5 起 50 万元。扎实推进“绿盾”专项行动，完成火石寨、党家岔保护区人类活动点位整治 329 处，搬迁农户 70 户 238 人，拆除工矿企业 21 处，恢复生态 40.26 万平方米。污染防治成效显著。打好蓝天保卫战，淘汰黄标车、老旧车 662 辆，年度空气优良天数达 95.7%。打好碧水保卫战，压实河（湖）长责任制，依法拆除违建企业 78 家，封堵排污口 20 处，整治河道 50 千米；投入 2.24 亿元落实控源截污、河湖共治、生态修复综合措施，葫芦河水质稳定在Ⅳ类以上。打好净土保卫战，拆除禁养区内农产品加工企业 2 家，农用残膜回收率、畜禽粪污资源化利用率分别达到 95%、85%。城乡环境持续改善。深入开展“城乡环境卫生大绿化大整治”专项行动，出台《市容环境管理暂行办法》《乡村环境卫生管理暂行办法》《控制和查处违法建筑暂行办法》，招聘农村环卫工人600名，新增机械作业设备266台；签订“门前六包”责任书3200份，拆除违法建筑164户1.33万平方米、旧庄园1925座，绿化、亮化县城道路45.6千米，清理“三乱”2万处、垃圾26.28万吨，城乡面貌展现美丽新姿。生态修复稳步推进。开展大规模国土绿化行动，加强“山林水田湖草”系统治理，完成400毫米以上降水线区域造林5万亩、南华山外围水源涵养林2.5万亩、补植补造5.9万亩、封山育林2.4万亩、城市绿化3661亩、道路绿化380千米，治理小流域30平方千米，森林覆盖率达15.78%。

【社会事业】 公共“服务网”更加完善。争取项目资金122个55.9亿元，S60西吉—会宁高速公路建设进展顺利，西吉县体育馆、中医院等一批重点民生项目全面完工，棚户区改造房屋征收2059户20万平方米，保障性住房入住率达95.7%；提升改造休闲活动场所2个、县城公厕2座，新增停车泊位4000个；建成美丽小城镇1个、美丽村庄5个；完成16个乡镇供暖系统改造；建成农村道路600千米，危房改造3112户，新增自来水入户9700户，自来水普及率提高到95.2%，文化服务中心、农业服务中心、电商服务网点和村级活动场所改造等实现全覆盖；持续加大教育投入力度，完成“全面改薄”项目137个、改（扩）建校舍5.72万平方米；督促1539名适龄儿童全部返校，高考本科上线率、高职院校录取率分别提高2.3%、1.4%，义务教育基本均衡发展，工作顺利通过国家评估验收。全面实行“先住院、后付费”制度，建档立卡贫困户住院费用报销比例达92.63%，健康西吉行动稳步推进。“六朵云”服务工程实现行政村全覆盖，开展群众性文化活动90余场（次），眉户剧《丁香花开》在全区深度贫困乡镇巡演。民生“保障网”更加坚实。民生投入占财政总支出的90%以上。实施积极的就业政策，第二批县级示范性创业孵化基地顺利通过验收，累计发放各类就业创业贷款1.2亿元，创造新岗位878个，带动就业1740人；依法追回农民工工资1420万元。城乡居民养老保险、医疗保险参保率分别达95%、98%，实现建档立卡贫困人口“两险”全覆盖。扎实推进“两项政策”衔接，建档立卡贫困人口低保覆盖率达20.7%；累计发放各类优抚资金1178.9万元、救助资金3.04亿元，新建农村老饭桌8个、社区服务站61个、“儿童之家”200个，“学有所教”“劳有所得”“老有所养”“病有所医”的目标基本实现。社会“安全网”更加严密。积极防范化解金融风险，争取到位置换债务资金6258万元，化解存量债务1.48亿元。深入开展扫黑除恶专项斗争，摸排各类涉黑涉恶违法犯罪线索122条，打掉恶势力犯罪团伙（集团）2个，抓获犯罪嫌疑人28人。“七五”普法顺利通过区市中期验收。深入开展“群众反映强烈突出问题大排查大化解”专项行动，接待信访群众406批1218人次，办结中央第八巡视组、自治区党委第四巡视组和信联办摸排信访事项203件。“百日安全专项行动”排查整改安全隐患1609项，整改率达92.9%，事故起数、死亡人数实现“双下降”，被自治区授予“平安县”称号。不断提升依法管理民族宗教事务的能力和水平，清退无证宗教教职人员152人，排查整改未登记宗教活动场所39处，整改、拆除具有阿式风格或元素的公共类建筑21处、路牌路标248处、门头牌匾标志1600处。群策群力，统计调查，防震减灾，档案、残联、地方志、工会、共青团、妇女儿童、国防动员和民兵预备役等工作得到新加强、取得新成效。

【改革创新】 “放管服”改革深入推进。紧紧围绕政务服务“一网、一门、一次”改革，健全审批机制，优化审批流程，取消行政审批事项

20 项，进驻宁夏政务服务网网上办事大厅，办理事项 1400 项，县本级办事大厅可办理事项 1196 项，网上可办事项达 82.8%，不见面办理事项达 80.2%。进一步完善落实权责清单和市场准入负面清单制度，持续扩大“双随机一公开”监管覆盖范围，行政执法监管的公平性和规范性有效提升。医疗体制改革初见成效。持续推进公立医院综合改革，深入实施京宁、闽宁及区内三甲医疗机构对口支援帮扶，引进帮扶专家 27 名，培养“西吉名医”10 名，“六盘名医”1 名，开展新业务、新技术 3 项，公立医院可治疗病种达 700 余种，县域内就诊率达到 89%。积极探索医共体建设，推进分级诊疗模式，县直两院与 28 家基层医疗卫计单位建立了县域内医共体，实现县乡村一体化管理。农业农村改革有序开展。以完善产权制度和要素市场化配置为重点，全面完成村集体资产清产核资和农村“四荒地”使用权等 13 项农村产权确权登记颁证工作，清查资源性资产 339.48 万亩、非经营性资产 2.879 亿元、经营性资产 1149.11 万元。深入推进农村承包土地“三权分置”制度，创建农村集体资产股份制改革、产权抵押贷款、壮大村集体经济等示范村 17 个。统筹推进农业水价、农田水利工程产权制度、国有林场等各项改革，进一步释放农业农村发展“红利”。

【转变作风】 牢固树立“四个意识”，坚定“四个自信”，做到“两个坚决维护”，旗帜鲜明讲政治，全方位把党的领导贯穿政府工作全过程。自身建设全面加强。严格落实政府党组主体责任，深入推进“两学一做”学习教育常态化制度化，坚定不移地贯彻新发展理念，不断提升专业素养，防范各种风险挑战，牢牢把握工作主动权。健全完善目标考核体系，跟踪督办重大决策、重点工作，以激励促落实，以问责求实效，切实汇聚起担当尽责、干事创业的正能量，扎扎实实推动各项工作取得新成效。依法行政稳步推进。深入贯彻依法治国基本方略，完成政府投资评审项目审计 468 个，公开政府信息 2790 条，办理市县政府门户网站、“12345”政府公共服务平台和“331”涉农惠农监管平台等各类群众诉求 2987 件，群众知情权、参与权和监督权得到有效保障。自觉接受西吉县人大及西吉县人大常委会监督，及时向县政协通报政府工作，广泛听取群团组织、老干部和社会各界人士的意见、建议，主动接受社会监督和舆论监督。廉政责任逐级压实。严格执行中央和区市县党委改进作风相关规定，严格落实“一岗双责”，切实加强公务人员经常性教育和监督管理，驰而不息纠正“四风”问题，有效巩固拓展了中央八项规定精神成果。持续强化审计监督，严控财政供养人数和经费支出，规范公务接待、差旅费补助和公务用车管理，“三公”经费大幅下降，行政运行成本进一步压缩。

（杨　兰）

西吉县人民政府常务会议

【常务会议】 第十七届人民政府第 18 次常务会议。2018 年 1 月 23 日召开，纪要如下：1. 传达学习了中央和区市经济工作会议精神，研究了贯彻落实意见；2. 传达学习了李克强总理在全国自贸试验区工作座谈会上的讲话精神，研究了贯彻落实意见；3. 传达学习了自治区党委第十二届三次全会，固原市委第四届三次全会、第四届人大二次会议，西吉县委第十四届三次全会精神，研究了贯彻落实意见；4. 传达学习了全区发展和改革，经济和信息化，财政、文化、旅游和新闻出版工作会议精神，研究了贯彻落实意见；5. 传达学习了固原市关于环保部内部约谈宁夏水污染防治反馈问题整改会议精神，安排部署了相关工作；6. 听取了西吉县行政审批局关于“12345”民生热线服务中心机构设置的汇报，研究了有关事宜；7. 听取了西吉县党政机关办公用房自查整改情况的汇报，安排部署了相关事宜；8. 听取了县林业局关于停止兑现退耕还林工程管护费和国有林场退耕还林补助资金有关问题的汇报，研究了相关事宜；听取了县林业局关于将台堡镇道路景观绿化等项目建设情况的汇报，研究了相关事宜；9. 研究了县农牧局《关于申请将西吉县畜牧水产技术推广服务中心后垴良种牛繁殖场退耕还林管护及资产移交林业部门的请示》；10. 研究了西吉县城乡建设和环境保护局《关于申请增加冯熙雍等 2 名同志为西吉国有资产经营有限公司董事会成员和宁夏六盘山污水处理有限公司董事的请示》；11. 研究了国有土地有关事宜；12. 研究了其他事宜。

第十七届人民政府第 19 次常务会议。2018 年 2 月 11 日召开，纪要如下：1. 传达学习了自治区第十二届人大一次会议和政协第十一届一次会议精神，研究了贯彻落实意见；传达学习了自治区纪委第十二届二次全体会议精神，研究了贯彻落实意见；2. 传达学习了中央和自治区农村工作会议精神，研究了贯彻落实意见；3. 传达学习了自治区 2018 年脱贫攻坚工作会议和扶贫办主任工作会议精神，研究了贯彻落实意见；4. 传达学习了全国、全区人力资源社会保障工作会议精神，研究了贯彻落实意见；听取了春节期间清欠农民工工资情况汇报，安排部署了相关工作；5. 传达学习了全区商务、民政、审计工作和森林防火防控能力建设现场推进会议精神，研究了贯彻落实意见；6. 传达学习了自治区农业工作会议精神，研究了贯彻落实意见；7. 听取了西吉县信访、维稳、安全生产和春节期间慰问、春运工作安排落实情况，安排部署了相关工作；8. 审定了西吉县政府落实西吉县委第十四届三次全会重点工作、重点项目责任清单；审议了县人民政府县长、副县长、县长助理分工事宜；9. 研究了有关资金事宜；10. 研究了有关干部事宜。

第十七届人民政府第 20 次常务会议。2018 年 3 月 16 日召开，纪要如下：1. 传达学习了习近平总书记在四川成都主持召开打好精准脱贫攻坚战座谈会精神，研究了贯彻落实意见；2. 传达学习了李克强总理在第十三届全国人民代表大会第一次会议上所作的《政府工作报告》精神，研究了贯彻落实意见；3. 传达学习了中央第八巡视组巡视宁夏工作动员会议精神；4. 学习了党的十九大精神和党章，审定了《西吉县关于全面贯彻党的十九大精神和化解本级地方政府性债务风险实施方案》《西吉县关于全面贯彻党的十九大精神和化解金融风险实施方案》《西吉县关于全面贯彻党的十九大精神坚决打好精准脱贫攻坚战行动方案》《西吉县关于全面贯彻党的十九大精神坚决打好大气污染防治——攻坚战行动方案》《西吉县贯彻落实环保部内部约谈水污染防治反馈问题整改方案》；5. 传达学习了全区林业工作会议精神，研究了贯彻落实意见；6. 研究审定了政务公开相关制度；7. 研究审定了《西吉县 2018 年农牧业产业扶贫政策》；8. 研究部署了 2018 年老年人意外伤害综合保险工作、设立婚姻登记“一站式”服务大厅撤销部分乡镇婚姻登记处有关事宜；9. 研究了西吉县 2018 年义务教育均衡发展相关事宜；10. 研究了宁夏西吉县水利工程有限责任公司改制有关事宜；11. 研究了国有土地有关事宜；12. 听取了西吉县城乡建设和环境保护局关于申请解决项目建设前期费用、供热补贴、棚户区改造房屋征收评估费、误餐补贴及工作经费、将台堡镇污水处理站改扩建项目建设资金、五中西路、西北环路设计变更增加工程费用、将台堡镇基础设施建设垃圾清运费的汇报，安排部署有关工作；13. 研究了西吉县勇兴三粉加工有限公司拖欠贷款担保金有关事宜。

第十七届人民政府第 21 次常务会议。2018 年 3 月 22 日召开，纪要如下：1. 传达学习了 2018 年全区污染治理重点任务现场交办会议精神，研究了贯彻落实意见；2. 传达学习了 2018 年全国、全区、全市教育工作会议和全区教育扶贫专题会议精神，研究了贯彻落实意见；3. 研究审定了《西吉县“十二五”规划村组遗留户搬迁安置实施方案》；4. 研究部署了被征地农民养老保险有关事宜；5. 研究了提高西吉县城乡居民最低生活保障相关事宜；6. 听取了西吉县火石寨管理处《关于西吉县 2018 年自然保护区清理整治专项行动工作方案》的汇报，安排部署了相关事宜；7. 听取了西吉县林业局《关于西吉县 2018 年“四个一”试验示范园建设有关情况》的汇报，安排部署了相关事宜；8. 研究了调整西吉县 2018 年教育现代化推进工程投资概算相关事宜；9. 研究了吉强镇关于申请解决西吉县万寿菊收购点建设工程费用的汇报、上报 204 线（吉强段）沙洼村集中安置点已征收土地处置方案相关事宜；10. 研究了震湖乡关于申请解决乡政府院内水毁紧急维修改造工程款相关事宜；11. 研究了国土相关事宜；12. 研究了县农牧局关于申请解决西吉县 R&D 科研工作投入经费、新天地牧业有限公司补贴资金相关事宜；13. 研究了有关资金事宜。

第十七届人民政府第 22 次常务会议。2018 年 4 月 24 日召开，纪要如下：1. 研究审定了政府班子成员分工事宜；2. 传达学习了国务院安全工作委员会办公室加强应急管理和事故防范工作电视电话会议精神及石泰峰书记在《国务院安委办加强应急管理和事故防范工作电视电话会议精神情况的报告》上的批示精神，研究了贯彻落实意见；3. 听取了西吉县审计局《关于全区审计系统审计执法和审计项目质量检查情况通报》的汇报，研究了贯彻落实意见；4. 听取了葫芦河流域综合治理工程进展情况汇报，安排部署了相关工作；5. 听取了县政府办公室《关于西吉县党政机关办公用房清理整治工作》的汇报，安排部署了相关工作；6. 听取了县发展和改革局《关于西吉县公务用车制度改革进展情况》的汇报，安排部署了相关工作；7. 听取了县火石寨管理处《关于火石寨、党家岔自然保护区“绿盾 2018”专项行动进展情况》的汇报，安排部署了相关工作；8. 研究了震湖乡《关于建设西会高速 S60 拆迁户安置点的请示》，安排部署了相关工作；9. 审定了《西吉县食品安全示范创建工作实施方案》，安排部署了相关工作；10. 研究了划拨县人民医院兴隆院区建设用地相关事宜；11. 研究了公开出让国有建设用地使用权、收回国有建设用地使用权、确定国有建设用地使用权和 9 家建筑用砂采矿权公开挂牌出让相关事宜；12. 审定了《2018 年国家义务教育质量检测项目实施方案》，安排部署了相关工作；13. 审定了《西吉县 2018 年县城城区绿化工程建设方案》《永清湖公园提升改造工程建设方案》和西吉县城乡建设和环境保护局《关于县城集中供热“煤改气”的请示》。

第十七届人民政 府第 23 次常务会议。2018 年 5 月 11 日召开，纪要如下：1. 传达学习了有关文件及会议精神：（1）传达学习了《地方党政领导干部安全生产责任制规定》和自治区、固原市安委会 2018 年第二次全体（扩大）电视电话会议精神，研究了贯彻落实意见；（2）传达学习了《自治区人民政府办公厅关于开展一村（社区）一法律顾问工作的实施意见》，研究了贯彻落实意见；（3）传达学习了《自治区人民政府办公厅关于促进开发区改革和创新发展的实施意见》，研究了贯彻落实意见；（4）传达学习了《自治区人民政府办公厅关于促进建筑业持续健康发展的实施意见》，研究了贯彻落实意见。2. 听取了第一季度全县经济运行情况的汇报，研究了贯彻落实意见。3. 听取了全县扶贫产业落实情况及基础设施建设进展情况的汇报，传达学习了全市扶贫开发领导小组 2018 年第 3 次会议精神，研究了贯彻落实意见。4. 听取了全县党政机关办公用房清理工作的汇报，研究了贯彻落实意见。5. 研究了 2018 年全县农村社区项目建设相关事宜。6. 研究审定了《西吉县人民政府工作规则》；7. 研究审定了《西吉县财政资金管理办法》；8. 研究审定了《中共西吉县委、县人民政府关于实施乡村振兴战略的意见》；9. 研究了有关资金拨付事宜；10. 研究了国有土地相关事宜。

第十七届人民政府第 24 次常务会议。2018 年 5 月 28 日召开，纪要如下：1. 传达学习了有关文件精神：（1）传达学习了《自治区人民政府关于鼓励社会力量兴办教育促进民办教育健康发展的实施意见》，研究了贯彻落实意见；（2）传达学习了《自治区人民政府办公厅关于全面实行永久基本农田特殊保护的通知》，研究了贯彻落实意见。2. 听取了人大议案建议、政协提案和民生实事办理情况的汇报，研究了贯彻落实意见。3. 听取了中央环保督察组反馈问题整改情况汇报，研究了贯彻落实意见；研究审定了迎接中央环保督察组反馈问题整改“回头看”工作方案。4. 研究审定了宁夏吉德慈善产业园区开展区域评估相关事宜。5. 研究审定了调整 2016—2017 年整村推进沐浴工程项目相关事宜。6. 研究审定了全民健身活动中心和公共体育场设施配套、周边亮化及监控设备安装事宜。7. 研究审定了编制县城环境卫生设施、地下管线、海绵城市专项规划相关事宜；研究审定了丁香路沿街改造部分地块容积率相关事宜。8. 研究审定了国有建设用地使用权相关事宜。9. 研究审定了开展全县中小学教育教学质量检测事宜；研究审定了建设西吉二中标准化考点相关事宜。

第十七届人民政府第 25 次常务会议。2018 年 6 月 25 日召开，纪要如下：1. 研究审定了政府班子成员分工事宜；2. 传达学习了《自治区人民政府办公厅关于进一步完善和规范投资审计工作的通知》，研究了贯彻落实意见；3. 听取了全县扫黑除恶工作开展情况的汇报，研究了贯彻落实意见；研究审定了《西吉县全面深化城乡社区警务改革实施意见》；4. 研究审定了《西吉县创建全国禁毒示范城市全区禁毒示范县（城镇）实施方案》；研究审定了《2018 年度西吉禁毒工作综合考评办法》；研究了部分乡镇社区戒毒康复工作中心增派禁毒专干相关事宜；5. 研究审定了《关于进一步加强安全生产网格化管理的通知》；6. 研究审定了《关于统筹推进县域内城乡义务教育一体化改革发展的实施方案》；7. 研究了收回和划拨国有建设用地使用权事宜；研究了确定国有建设用地使用权事宜；研究了原傻傻（集团）公司生活小区内职工住宅楼建设用地补缴土地出让金事宜；研究了全县机砖厂复工整顿及关闭事宜；8. 研究审定了关于建设西吉县生态停车场等相关事宜；9. 研究审定了《西吉县参加自治区第十五届运动会实施方案》；10. 研究了西吉县委政府机关院落维修改造项目相关事宜；11. 听取了关于实施田坪乡大岔村乡村旅游基础设施项目的请示；12. 听取了关于对县委办等单位上缴车辆进行处置的请示；研究了有关资金事宜。

第十七届人民政府第 26 次常务会议。2018 年 7 月 12 日召开，纪要如下：1. 传达学习了习近平总书记《关于打赢脱贫攻坚战三年行动的重要批示》、李克强总理《关于脱贫攻坚工作的批示》和中共中央国务院《关于打赢脱贫攻坚战三年行动的指导意见》，研究贯彻落实意见；2. 传达学习了习近平、李克强、韩正在全国生态环境保护大会上的讲话精神；3. 传达学习了李克强总理在国务院全体会议上的讲话精神；4. 传达学习了中共宁夏回族自治区第十二届委员会第四次全体会议精神；5. 传达学习了全区产业转型发展推进会精神；6. 传达学习了马顺清、刘可为在全区改善农村人居环境电视电话会议上的讲话精神；7. 听取了全县重点项目建设进展情况汇报，研究贯彻落实意见；8. 研究审定了中共西吉县委 西吉县人民政府《关于推进安全生产领域改革发展的实施意见》；9. 研究将西吉人家商住小区纳入“十三五”易地扶贫搬迁县内劳务移民回购房范围相关事宜；10.研究现状挂牌国有建设用地事宜；研究公开出让国有建设用地使用权事宜；11.研究有关资金事宜；12.研究实施西吉县城集中供热燃煤锅炉脱硫脱硝除尘污染治理设施建设项目相关事宜。

第十七届人民政府第27次常务会议。2018年8月8日召开，纪要如下：1.传达学习了全国、全区深化“放管服”改革转变政府职能电视电话会议精神，听取了全县“放管服”工作进展情况汇报，研究了贯彻落实意见；研究了关于县安全生产监督管理局等3个部门取消（新增）有关行政职权事项相关事宜；2.传达学习了《自治区安委会办公室关于印发应急管理部“7·12”事故现场会议主要精神的通知》，研究了贯彻落实意见；3.传达学习了刘可为在全区特色小（城）镇培育建设工作推进会上的讲话精神；4.听取了全县食品药品安全监管工作汇报，研究了贯彻落实意见；5.听取了《关于鼓励社会力量兴办教育促进民办教育健康发展的实施意见》的汇报；6.听取了全县脱贫攻坚领域突出问题整改落实情况汇报，研究了贯彻落实意见；研究审定了《西吉县落实中央第八巡视组反馈宁夏脱贫攻坚突出问题整改工作方案》；7.研究审定了《2018年国务院大督查重点工作任务责任分工方案》；8.听取了全县地方债务化解情况汇报，研究了贯彻落实意见；9.研究审定了《西吉县扶贫项目资金使用管理办法》；10.研究审定了《关于申请调剂2017年农业产业扶贫项目结余资金的请示》；研究审定了《关于申请解决维修西吉县乡镇农牧技术服务中心资金的请示》；研究审定了《关于申请上缴财政资金的请示》；11.研究审定了《关于申请调整2016年地方政府债券资金建设西吉县文化馆的请示》；12.研究审定了《火石寨丹霞地貌国家级自然保护区边界和功能区划范围勘界的报告》《党家岔湿地省级自然保护区边界和功能区划范围核准的报告》；13.研究审定了收回和划拨国有建设用地使用权事宜；研究审定了公开出让国有建设用地使用权事宜；研究审定了确定国有建设用地使用权事宜；14.研究审定了有关资金事宜。

第十七届人民政府第28次常务会议。2018年9月2日召开，纪要如下：1.传达学习了全国安全生产电视电话会议精神，研究了贯彻落实意见；2.传达学习了咸辉、马顺清在深度贫困地区脱贫攻坚推进会上的讲话精神，研究了贯彻落实意见；3.传达学习了全区环保重点任务督查推进会议精神，研究了贯彻落实意见；4.传达学习了中共固原市委办公室　市人民政府办公室《关于印发〈固原市加快推进质量强市建设的实施意见〉的通知》，研究了贯彻落实意见；5.研究审定了《西吉县政府投资项目管理和责任追究实施细则》；6.研究审定了《西吉县农村人居环境整治三年行动实施方案》《西吉县严格管控城乡违法建筑实施方案》；7.听取了全县教育基本均衡发展迎接国家验收工作情况汇报，安排部署了相关工作；研究审定了2018年全县教育工作大会筹备方案有关事宜；8.研究审定了相关项目建设事宜；9.各副县长通报了近期工作，安排部署了下一阶段工作；10.研究审定了关于申请调整西吉县水利工程管理中心项目法人代表的请示；11.研究审定了《关于申请核销西吉县马铃薯产业服务中心固定资产的请示》；12.研究审定了《关于上缴“十二五”移民资金、历年结余资金的请示》；13.研究审定了有关资金事宜。

第十七届人民政府第29次常务会议。2018年9月29日召开，纪要如下：1.传达学习了宁夏回族自治区人民政府令（第100号），研究了贯彻落实意见；2.传达学习了马顺清在全区开展“大棚房”问题专项清理整治行动电视电话会议上的讲话；传达学习了自治区人民政府《关于化解房地产库存的若干意见》，研究了贯彻落实意见；3.听取了全县当前信访和安全生产工作情况汇报，安排部署了相关工作；4.研究审定了《西吉县市容环境管理暂行办法》《西吉县乡村环境卫生管理暂行办法》；5.研究审定了《关于调整西吉县重大动物疫病强制免疫副反应死亡和流产补助暂行办法补助标准的请示》；6.研究审定了《西吉县关于规范公安机关警务辅助人员管理使用工作的实施方案》；7.研究审定了《关于"四进"宗教活动场所有关事宜的请示》；8.研究审定了《关于重新确定已安置城镇退役士兵工资待遇的请示》；9.研究审定了《关于兑现宁夏国圣食品有限公司固定资产投资奖励资金的请示》；10.研究审定了《关于宁夏吉德慈善产业园18#厂房和晾晒场建设项目的请示》《西吉县城区葫芦河以南集污管道建设项目的请示》《西吉县下寨水库清淤扩容工程建设项目的请示》《西吉县将台堡会师广场红色文化元素装饰工程建设项目的请示》《西吉县分散居民安置项目等建设的请示》；11.研究审定了西吉县吉祥花园回购房平方米价格相关事宜；12.研究审定了《关于申请拨付2017—2018年供暖补贴的请示》；13.研究审定了收回和划拨国有建设用地使用权事宜；研究审定了公开出让国有建设用地使用权事宜；研究审定了收回国有建设用地使用权事宜；研究审定了《西地（G）〔2017〕-17号国有建设用地出让方案进行重新确认的请示》；研究审定了《西吉县诚信达建材销售有限公司申请退还采矿权价款事宜的请示》；研究审定了《关于有偿转让补充耕地（旱地）指标事宜的请示》；14.研究审定了有关资金事宜。

第十七届人民政府第30次常务会议。2018年10月19日召开，纪要如下：1.传达学习了全区经济发展推进会议精神，听取了前三季度全县经济运行情况汇报，安排部署了下一步工作；2.传达学习了全区脱贫攻坚重点工作暨对口帮扶推进会议精神和盐池县脱贫退出现场会精神，听取了全县脱贫攻坚工作情况汇报，安排部署了下一步工作；3.传达学习了中央第二环保督察组对宁夏开展"回头看"情况反馈会议精神，听取了全县环境保护工作暨整改落实情况汇报，安排部署了下一步工作；4.传达学习了新修订《宗教事务条例》，听取了全县当前中央巡视组巡视反馈宗教领域问题整改情况汇报，安排部署了下一步工作；5.研究审定了《西吉县打赢脱贫攻坚战三年行动实施方案》（审议稿）；6.传达学习了《固原市"百日攻坚三大战役"实施方案》，研究审定了《西吉县"百日攻坚三大战役"实施方案（审议稿）》。

第十七届人民政府第31次常务会议。2018年11月10日召开，纪要如下：1.传达学习了全国安全生产工作视频会议精神及自治区安全工作委员会第四次全体（扩大）电视电话会议精神，安排部署了下一步工作；2.传达学习了2018—2019年全区冬春季大气污染防治攻坚推进会议精神，安排部署了下一步工作；3.传达学习了全区开发区整合优化和改革创新专题推进会议精神，安排部署了下一步工作；4.传达学习了固原市扶贫开发领导小组第5次会议精神，安排部署了下一步工作；5.传达学习了固原市扫黑除恶专项斗争推进会议精神，安排部署了下一步工作；6.听取了全县非洲猪瘟防控工作进展情况汇报，安排部署了下一步工作；7.研究审定了《关于命名西吉县县级第二批示范性创业孵化基地的请示》；研究审定了《关于西吉县驻外劳务管理站人员续聘及新建西吉县驻福建劳务管理站涵江区、马尾区劳务管理分站的请示》；8.研究审定了2017年度符合政府安排工作条件转业士官安置相关事宜；9.研究审定了县市场监管局《关于申请购买执法车辆的请示》；10.研究审定了项目建设相关事宜；11.研究审定了收回和划拨国有建设用地使用权事宜；研究审定了公开出让国有建设用地使用权事宜；研究审定了收回国有建设用地使用权事宜；研究审定了确定国有建设用地使用权事宜；

12. 研究审定了资金相关事宜；13. 研究审定了西吉县“十三五”易地扶贫搬迁县内劳务移民政府回购房回购价格相关事宜。

第十七届人民政府第32次常务会议。2018年11月23日召开，纪要如下：1. 研究审定了调整部分副县长工作分工事宜；2. 传达学习了中共中央办公厅　国务院办公厅《关于印发〈统计违纪违法责任人处分处理建议办法〉的通知》（厅字〔2017〕37号）、中共中央办公厅　国务院办公厅《关于印发〈防范和惩治统计造假、弄虚作假督查工作规定〉的通知》（厅字〔2018〕77号）、自治区党委办公厅　人民政府办公厅印发《〈关于深化统计管理体制改革　提高统计数据真实性的实施意见〉的通知》（宁党办〔2018〕3号）文件精神，研究了贯彻落实意见；3. 研究审定了《西吉县事业单位公务用车制度改革实施方案（送审稿）》《西吉县国有企业公务用车制度改革实施方案（送审稿）》；4. 研究审定了《西吉县农村饮水安全工程运行管理办法》；5. 研究审定了收回闲置国有建设用地土地使用权相关事宜；6. 研究审定了资金相关事宜。

第十七届人民政府第33次常务会议。2018年12月7日召开，纪要如下：1. 传达学习了全区质量大会精神，研究了贯彻落实意见；2. 传达学习了全区生态环境保护重点任务督查检查汇报暨中央环境保护督察“回头看”反馈问题整改部署会议精神，研究了贯彻落实意见；研究审定了《西吉县贯彻落实中央环境保护督察“回头看”及水环境问题专项督查反馈意见整改方案》《西吉县关于贯彻落实〈自治区党委　人民政府关于全面加强生态环境保护　坚决打好污染防治攻坚战的实施意见〉的实施方案》《西吉县关于贯彻落实〈自治区打赢“蓝天保卫战”三年行动计划〉的实施方案（2018—2020年）》；3. 研究审定了《宁夏西吉工业园区优化提升和改革创新实施方案》；4. 研究审定了西吉县《关于深化“不见面、马上办”改革深入推进审批服务便民化的实施方案》；5. 研究审定了《关于调整西吉县农业水价综合改革农业灌溉水价、城镇居民生活用水阶梯价格和非居民用水超定额累进加价制度的请示》；6. 研究审定了《关于招聘社会救助核查员、人民调解员、学校专职保安、公安机关警务辅助人员和政府专职消防队员的请示》；7. 研究审定了《关于西吉县城镇饮用水水源地保护区环境规范化建设项目建设的请示》；8. 听取了园区管委会《关于自治区党委第四巡视组巡视西吉反馈问题整改情况》的汇报；9. 研究审定了《关于申请解决公安网安侦控车辆及设备购置费用的请示》；10. 听取了西吉县2017年保障性安居工程审计整改工作汇报；11. 研究审定了《关于招聘乡村环卫工人和采购乡村环卫设备的请示》；12. 研究审定了收回国有建设用地土地使用权相关事宜，研究审定公开出让国有建设用地土地使用权相关事宜。

第十七届人民政府第34次常务会议。2018年12月21日召开，纪要如下：1.研究审定了《整改落实国务院第五次大督查反馈意见工作方案》，安排部署了国务院第五次大督查反馈意见整改落实工作；2. 研究审定了《关于申请整合吉强镇前庄小学等36所小规模学校的请示》；3. 研究审定了《关于申请解决职业中学实训基地（宿舍楼）项目建设资金的请示》；4. 研究审定了《关于申请解决城市公交运营机制转换工作中遗留问题的请示》；5. 研究审定了收回和划拨国有建设用地使用权相关事宜；研究审定了确定国有建设用地使用权相关事宜；研究审定了购买永宁县人民政府占补平衡水浇地指标资金相关事宜；6. 研究审定了《关于申请动用预备费的请示》；7. 研究审定了资金相关事宜。

（杨　兰）

政　协

政协西吉县委员会

【概　况】 2018年，政协西吉县紧紧围绕县委、县政府中心工作，以脱贫攻坚为统领，牢牢把握团结、民主两大主题，带领全体政协委员和政协参加单位，认真履行政治协商、民主监督、参政议政职能，汇聚智慧谋发展、同心协力促团结、创新举措增活力、扎实履职树形象，充分发挥人民政协作为协商民主重要渠道和专门协商机构作用。

【理论学习】 政协西吉县深入学习宣传贯彻习近平新时代中国特色社会主义思想和党的十九大精神，重点研学习近平总书记到宁夏视察重要讲话精神、关于意识形态工作重要论述、关于加强和改进人民政协工作的重要论述，马克思主义民族观宗教观，《中共中央关于加强新时代人民政协党的建设工作的若干意见》等规定篇章及其他学习内容，深刻领会精神实质，把加强党对政协工作领导的认识融入血液、注入灵魂。班子成员积极参加县委中心组学习和区内外举办的专题理论学习培训班及观摩学习，政协常委会、党组会、主席会、支部会坚持逢会必学。2018年，西吉县政协班子成员撰写心得体会29篇，理论研讨文章10篇，在区、市、县理论研讨会上交流发言4次。

【视察调研】 政协西吉县组织县政协委员围绕“农业产业发展、葫芦河流域综合治理、城乡教育均衡化发展”等工作开展专题视察8次，围绕“精准脱贫、公共文化服务能力建设、社区服务创新”等工作开展专题调研7次，向县委、县政府和区、市政协报送视察、调研报告15篇。视察、调研过程中坚持将实地查看与协商座谈相结合，注重引导委员针对了解的情况和发现的问题多思考、多研究，体现了建言献策的质量；注重加强与县委办、县政府办及相关部门（单位）的联系，强化跟踪反馈，推动视察调研成果转化。

【提案工作】 政协西吉县第十一届二次全体会议期间，共收到委员提案110件，审查立案24件，确定重点提案8件、提案16件，涉及脱贫攻坚、环境整治、城乡规划、产业发展、卫计医疗、教育教学、文化旅游等9个方面。2018年，提案督办组会同提案承办部门（单位）对24件提案进行了全面督办，形成了《提案督办报告》，24件提案办结18件，办复率100%，办结率75%。

【社情民意】 通过视察调研、委员活动等方式拓宽社情民意收集渠道，2018年共收到社情民意信息60余条，将其中的“关于加强全县蔬菜产业发展的建议”等22条报送县委、县政府及区、市政协。自治区党委常委、人民政府常务副主席张超超在《社情民意》（第56期）《关于核减西吉县城乡居民基本医疗保险参保缴费任务的建议》上作了重要批示：“人社部门要认真研究，坚持实事求是的基本原则，在做到应保尽保的基础上，科学合理确定各市、县基本医疗保险参保扩面目标任务，防止出现旱涝不均”。

【参与中心】 西吉县政协班子成员经常深入各自帮扶的乡镇和贫困村调研督导脱贫攻坚工作，入户走访、宣传政策、调研摸排、掌握情况，精心指导“三大专项行动”开展和重点工作落实。按照县委“三个清”“三个一”要求，机关全体干部职工深入帮扶的平峰镇沿坪村开展进村入户办实事、送温暖活动，与145户贫困户对接联系，讲政策、算收入、理思路、谋发展。

【联谊交流】 积极配合全国政协民族宗教委员会副主任罗黎明带领调研组对西吉县脱贫攻坚工作开展专题调研；配合区、市政协对西吉县“党建、精准脱贫、葫芦河流域综合治理、民族团结进步创建、农业科技创新、民营经济发展、全域旅游”等重点工作开展视察、调研。接待陕西省铜川市政协、江西省于都县政协、甘肃省静宁县政协、内蒙古自治区杭锦后旗政协、隆德县政协等区内外政协考察组对西吉县“精准脱贫、生态保护、红色旅游、休闲农业”等工作专题考察6批（次）。内蒙古自治区乌拉特中旗政协到西吉县考察学习旅游扶贫工作后，在致谢信中表示：“西吉县扶贫工作体系健全、机制可行、经验丰富、成绩突出，开阔了眼界、增长了见识、学到了经验，圆满完成了考察学习任务。”积极组织工商联界别政协委员参加交流联谊活动，在“助力脱贫攻坚”暨“百企帮百村”村企对接座谈会上，就民营企业发展面临的新形势和如何更好地开展村企帮扶互相交流经验，破解难题，共谋发展，建立了贫困村、贫困户与企业之间帮扶新机制。组织宗教界委员深入学习贯彻落实自治区党委第十二届四次全会精神，牢固树立和践行马克思主义民族观宗教观，坚持宗教中国化方向，教育引导群众牢固树立“三个离不开”思想，不断增强“五个认同”，激发自身内生动力、增强脱贫致富信心。

【委员活动】 政协西吉县积极搭建委员深入基层和知情明政的平台，以政协委员基层联系点为载体，组织委员深入部分乡镇和社区，通过实地调研、协商座谈等方式详细了解道路、饮水、住房、教育、医疗、养老、产业等涉及群众生产生活最细微、最具体的问题，将收集到的问题和建议及时归纳梳理形成专题报告，召集相关部门（单位）协商办理，对暂时难以办结的，督促办理单位及时予以答复。

【自身建设】 一是加强政协机关建设。制定年度学习计划，严格落实“三会一课”、组织生活会、民主评议党员等基本制度，把学习教育抓在日常、严在平常、融入经常。深入贯彻落实中央和区、市、县党委关于加强党风廉政建设和意识形态工作的各项决策部署，严明纪律规矩，严肃会风会纪，严格规范视察调研，严格公务接待和公车使用，聚焦精严细实，切实改进工作作风。二是加强委员队伍建设。政协全体会议期间，将中共界别的党员分配到各讨论小组担任召集人，设立大会临时党支部，设书记和副书记各1名，着力加强中共党员委员的政治引领。注重发挥各界别委员在视察调研等履职活动中的作用，围绕视察调研课题，积极建言献策，为县委政府科学决策提供有益参考。以委员基层联系点为载体，组织界别委员到基层收集群众最具体、最细微的现实问题，并积极开展医疗义诊、法律咨询、扶贫帮困、技术指导等帮扶活动。加强委员管理和服务，建立了第十一届政协委员微信群，及时分享党建、党风廉政建设、意识形态、马克思主义民族观宗教观、扫黑除恶等方面的理论知识及其他学习资料和政策信息，为委员创造更加便捷的学习条件。充分发挥“西吉政协”微信公众平台等宣传阵地作用，传递党的声音，宣传政协委员履职成果，扩大政协组织影响力。

政协西吉县委员会常委会议

【常委会议】 政协西吉县第十一届七次常委会

议。2018 年 4 月 3 日召开，会议传达学习了全国“两会”精神；听取了西吉县人民政府关于全县社区服务创新、美丽乡村建设、精准脱贫、城乡社会救助体系建设工作的情况通报；审议通过了县政协调研组《关于全县社区服务创新工作的调研报告》《关于全县美丽乡村建设工作的调研报告》《关于全县精准脱贫工作的调研报告》《关于全县城乡社会救助体系建设工作的调研报告》。

政协西吉县第十一届八次常委会议。2018 年 7 月 10 日召开，会议听取了县人民政府关于全县农业产业发展、城市执法监管、工业经济、招商引资、城乡教育均衡化发展工作的情况通报；审议通过了县政协视察组《关于全县农业产业发展情况的视察报告》《关于全县城市执法监管工作的视察报告》《关于全县工业经济和招商引资工作的视察报告》《关于全县城乡教育均衡化发展工作的视察报告》。

政协西吉县第十一届九次常委会议。2018 年 9 月 26 日召开，会议传达学习了习近平总书记来宁视察重要讲话精神、习近平总书记在全国宣传思想工作会议上的重要讲话精神、自治区党委第十二届四次全会精神、崔波主席在全区市县政协主席座谈会上的讲话精神，听取了县人民政府关于全县交通重点工程建设、《中华人民共和国土地管理法》执行落实情况及耕地保护、葫芦河流域综合治理与河长制落实、公立医院改革与公共卫生服务能力提升工作的情况通报；审议通过了县政协视察组《关于全县交通重点工程建设工作的视察报告》《关于全县〈土地管理法〉执行落实情况及耕地保护工作的视察报告》《关于全县葫芦河流域综合治理与河长制落实情况的视察报告》《关于全县公立医院改革与公共卫生服务能力提升工作的视察报告》和县政协提案督办组《关于对县政协十一届二次全体会议提案督办情况的报告》及《政协西吉县第十一届委员会常务委员会规章制度》。

政协西吉县第十一届十次常委会议。2018 年 12 月 6 日召开，会议传达学习了《习近平扶贫论述摘编》，听取了县人民政府关于全县道路交通安全与运管执法监管、社会治安防控体系建设、公共文化服务能力建设工作的情况通报和《关于县政协第十一届二次全体会议委员提案办理工作的情况通报》；审议通过了县政协调研组《关于全县道路交通安全与运管执法监管工作的调研报告》《关于全县社会治安防控体系建设工作的调研报告》《关于全县公共文化服务能力建设工作的调研报告》，通过了有关人事任免事宜。

政协西吉县第十一届十一次常委会议。2018 年 12 月 27 日召开，会议传达学习了中央经济工作会议精神和《自治区党委办公厅印发〈关于加强和改进人民政协民主监督工作的实施意见〉的通知》（宁党办〔2018〕97 号）《关于贯彻落实习近平总书记重要讲话精神　严肃整治领导干部利用名贵特产类特殊资源谋取私利问题的通知》（西纪发〔2018〕229 号）文件精神；审议通过了县政协第十一届委员会常务委员会《工作报告（讨论稿）》《提案工作报告（讨论稿）》《中国人民政治协商会议西吉县第十一届委员会 2019 年度协商工作计划（草案）》、县政协第十一届三次全体会议程序性材料。

政协西吉县第十一届十四次主席会议。2018 年 3 月 5 日召开，会议传达学习了中共第十九届三中全会精神；安排部署了县政协 2018 年第一季度专题调研、委员基层联系点建设等相关事宜。

政协西吉县第十一届十五次主席会议。2018 年 4 月 2 日召开，会议传达学习了全国“两会”精神，学习了有关文件精神；审议了县政协 2018 年第一季度《关于全县社区服务创新工作的调研报告》《关于全县美丽乡村建设工作的调研报告》《关于全县精准脱贫工作的调研报告》《关于全县城乡社会救助体系建设工作的调研报告》；审议通过了县政协第十一届七次常委会议日程。

政协西吉县第十一届十六次主席会议。2018年6月5日召开，会议安排部署了县政协2018年第二季度专题视察相关事宜。

政协西吉县第十一届十七次主席会议。2018年7月6日召开，会议审议了县政协2018年第二季度《关于全县农业产业发展情况的视察报告》《关于全县城市执法监管工作的视察报告》《关于全县工业经济和招商引资工作的视察报告》《关于全县城乡教育均衡化发展工作的视察报告》；审议通过了县政协第十一届八次常委会议日程。

政协西吉县第十一届十八次主席会议。2018年8月27日召开，会议传达学习了《中共中央办公厅印发〈关于加强新时代人民政协党的建设工作的若干意见〉的通知》文件精神；安排部署了县政协2018年第三季度专题视察相关事宜。

政协西吉县第十一届十九次主席会议。2018年9月6日召开，会议传达学习了县委《关于印发〈西吉县党政干部容错纠错实施办法（试行）〉的通知》（西党发〔2018〕59号）和《关于印发〈西吉县关于进一步激励广大干部新时代新担当新作为的实施意见（试行）〉的通知》（西党发〔2018〕60号）文件精神；审议了县政协2018年第三季度《关于全县交通重点工程建设工作的视察报告》《关于全县〈土地管理法〉执行落实及耕地保护工作的视察报告》《关于全县葫芦河流域治理与河长制落实工作的视察报告》《关于全县公立医院改革与公共卫生服务能力提升工作的视察报告》；研究了《西吉县政协第十一届委员会各项规章制度（讨论稿）》；审议通过了县政协第十一届九次常委会议日程。

政协西吉县第十一届二十次主席会议。2018年9月20日召开，会议研究了《西吉县政协第十一届委员会各项规章制度（讨论稿）》。

政协西吉县第十一届二十一次主席会议。2018年10月22日召开，会议安排部署了县政协2018年第四季度专题调研相关事宜；审议了《关于西吉县政协2018年委员协商活动开展情况的报告（讨论稿）》《关于召开西吉县政协务虚会的方案（讨论稿）》。

政协西吉县第十一届二十二次主席会议。2018年11月27日召开，会议审议了县政协2018年第四季度《关于全县道路安全与运管执法监管工作的调研报告》《关于全县社会治安防控体系建设工作的调研报告》《关于全县公共文化服务体系能力建设工作的调研报告》；审议了《西吉县政协2019年工作计划（讨论稿）》；审议通过了《西吉县政协委员基层联系点建设方案》《县政协第十一届十次常委会议日程》。

政协西吉县第十一届二十三次主席会议。2018年12月16日召开，会议传达学习了《关于贯彻落实习近平总书记重要讲话精神　严肃整治领导干部利用名贵特产类特殊资源谋取私利问题的通知》（西纪发〔2018〕229号）文件精神；审议了西吉县政协第十一届三次全体会议工作报告（讨论稿）、提案工作报告（讨论稿）和《政协西吉县第十一届委员会2019年度协商工作计划（草案）》；审议了《关于召开西吉县政协第十一届三次全体会议的请示》《关于召开西吉县政协第十一届三次全体会议的通知》；审议了西吉县政协第十一届三次全体会议注意事项（草案），议程（草案），日程（草案），各次大会执行主席、主持人（建议）名单，常委会工作报告、提案工作报告、2019年度协商工作计划（草案）报告人名单，秘书长、副秘书长（建议）名单，主席台就座人员（建议）名单，委员（建议）名单，列席人员（建议）名单，分组和召集人（建议）名单，提案审查委员会（建议）名单，委员提案截止时间的决定（草案），提案书写须知（草案），反映社情民意须知（草案）等程序性材料；审议了西吉县政协第十一届三次全体会议经费预算报告、工作机构；审议了《西吉县政协2019年工作计划及责任分工（讨论稿）》；审议通过了县政协第十一届委员会第十一次常委会议日程。

（田浩江）

纪检监察

西吉县纪检

【概　况】 西吉县纪委监委是党统一领导下的反腐败工作机构，党的纪律检查委员会、监察委员会合署办公，履行纪检、监察两项职责，实行"一套工作机构、两个机关名称"，共同设立办公室（宣教政研室）、党风政风监督室、信访室、案件监督管理室、第一纪检监察室至第三纪检监察室、案件审理室8个副科级室，实有工作人员32人，行政编制28人，对各室人员进行了设岗定责，监督执纪人员占78.1%。

【从严治党】 一是强化从严治党机制落实。先后印发了《县委常委会落实全面从严治党主体责任的意见》《关于加强全面从严治党推进党风廉政建设的整改方案》《西吉县全面从严治党　党风廉政建设和反腐败主要任务分工》，西吉县委先后14次听取和研究有关党风廉政建设与反腐败工作，召开县纪委第十四届三次全会、县政府廉政会议，召开反腐败协调领导小组会议2次，各县级领导对各自联系单位或分管领域开展了2次党风廉政建设责任落实情况监督检查。认真落实"三级同述""三级包抓"机制，扎实开展述责述廉，完成2017年度书面报备述责述廉341人。召开了2018年度述责述廉会议，书面报备377人，安排6个乡镇、7个部门党组织负责人和5名乡镇纪委书记公开述责述廉。形成《关于改进措施深入推进全面从严治党的建议》《关于全县扶贫领域腐败和作风问题专项治理进展情况的汇报》等向县委汇报。二是强化督查督办。加强党风廉政建设、履行"两个责任"情况督查督办，开展督查14次，督查党组织356个，下发督办通知、函等16份，召开推进会6次。三是严肃问责追责。对扶贫领域公开不到位、信访问题突出、廉政监管不到位、项目监管不到位、脱贫作风不实等五个方面"一案双查"，以问责倒逼责任落实，对主体责任落实不到位的2名乡镇党政主要负责人和2名部门负责人给予诫勉谈话问责。

【队伍建设】 一是明确职能理顺工作机制。制订《西吉县纪委监委机关内设机构职责》和《西吉县纪委监委领导分工意见》。参照中央、区、市文件，规范了办案流程文书。建立执纪审查、案件监督管理、案件审理相互协调、相互制约的工作机制，实现职能、人员、工作深度融合。二是推进监察体制改革向基层延伸。印发《关于县监察委员会向乡镇派出监察办公室相关事宜的通知》，西吉县19个派出乡镇监察办公室全部完成挂牌。任命19名派出乡镇监察办公室主任和25名监察员，实现了监察监督全覆盖。三是加强纪检机关党建。以机关党建为引领，切实发挥纪检监察干部党员模范带头作用，深入实施"三强九严"工程，成立4个党小组，建立党建活动室，定期开展"主题党日"和党员"评星定格"

活动，推动纪检监察机关党建工作走向正规化。四是强化学习教育培训。组织纪检监察干部认真学习《中华人民共和国宪法》《中华人民共和国监察法》系列丛书和区、市相关制度文件，选派41人次参加有关培训，提升纪检监察干部能力素质。

【扶贫领域】 一是全面统筹扎实推进。制定《西吉县开展扶贫领域腐败和作风问题专项治理实施方案》，召开4次纪委书记扶贫领域腐败和作风问题专题例会，开展督查2次，下发督办通知书7份，在全区贫困县（区）纪委书记例会上，向中纪委领导汇报了西吉扶贫领域腐败和作风问题专项治理经验做法。二是拓宽监督举报渠道。发放便民监督卡35054个，接听群众举报电话705次，均给予答复或督办；全面推开“331”监管机制，纳入平台管理的涉农部门8个，备案项目56项，审核项目51项，发布惠民政策52条，回复咨询3133人次，受理投诉34件，农户下载客户端69591次，访问量逾23万人次。三是严肃查处突出问题。2018年，累计受理扶贫领域问题线索168件（重复件79件），立案140件，查处和问责干部149人；给予党纪政务处分112人，诫勉谈话等问责处理35人，取消预备党员资格2人。

西吉县监察

【执纪监察】 一是加强对反腐败工作的组织领导。召开西吉县反腐败工作领导小组会议和全县执纪审查工作会议，召开执纪监督专题会议55次、审查调查专题会议49次，研究部署全县纪律审查和监察调查工作，着力加强乡镇纪委办案能力，16个乡镇纪委自办案件52件。二是加大审查调查力度。2018年，县纪委监委共受理问题线索378件（重复件162件），处置问题线索195件335人，处置人数增长77.3%。初核函询195件335人，人数增长90.9%，初核了结102件157人，适当处理80人次，增长42.1%；立案104件189人，立案人数增长81.7%，办结96件167人，结案人数增长63.7%，给予党纪政务处分164人，增长64%，取消预备党员资格2人，免予党纪政务处分1人，移送司法机关审查起诉2件5人。2名党员干部主动交代违纪违法问题。全县纪检监察机关运用监督执纪“四种形态”处理319人次。其中，第一种形态146人次，占总人数的45.8%；第二种形态117人次，占总人数的36.7%；第三种形态50人次，占总人数的15.7%；第四种形态6人次，占总人数的1.9%。三是坚决推进扫黑除恶监督执纪。下发《关于在扫黑除恶专项斗争中强化监督执纪的通知》，成立县纪委监委扫黑除恶工作领导小组，建立专门台账、逐月建账销号。摸排受理涉黑涉恶问题线索8条。经县纪委监委认真梳理核实并上报固原市纪委涉黑涉恶线索排查清理专题会议研究，对6条不属于涉黑涉恶问题线索及时清退；1条由市纪委提级办理，1条由县纪委监委正在初步核实。四是强化办案安全管控。成立执纪审查安全自查自纠工作领导小组，狠抓督促检查。健全完善县、乡两级执纪审查办案安全医疗保障协议等制度，对县乡纪检监察干部进行急救知识培训。确保执纪审查安全“零事故”。

【党内监督】 一是加强巡察工作建设。2018年3月正式成立县委巡察机构。制定《中共西吉县委巡察工作规划（2017—2021年）》《被巡察党组织配合县委巡察工作实施办法（试行）》等9项工作制度。2018年3月，在吴忠市和中卫市召开的市县党委巡察工作汇报会分会场向中央巡视办领导就西吉县巡察工作经验作了汇报。二是不断深化政治巡察。2018年，2个巡察组开展巡察4轮，巡察党组织17个，完成全覆盖任务70个党组织的44.2%，其中巡察乡镇党委5个，向108个行政村延伸。巡察部门（单位）12个，向63个下属单位延伸，发现问题302个，已整改98个，正在整改204个。移交问题线索13件，组织处理37人；立案7件，给予党纪政纪处分22人，收缴违纪资金14.2万元。向组织、财政部门分别移交线索1件。三是强化督查整改落实。成立巡察反馈问题整改督查小组，对巡察整改情况开展“回头看”，形成督查报告3份，下发整改通知书4份，对6个单位党组织书记进行约谈，下发督办函2份。

【作风建设】 一是坚持不懈严格督查。紧盯元旦、春节、清明节、开斋节、端午节等节日节点，开展督查9次，督查单位106个。深入开展利用名贵特产类特殊资源谋取私利问题专项整治，督促完善公务接待、公务差旅、公车管理等规定。二是狠抓治理全面清理。认真开展违反中央八项规定精神突出问题专项治理，召开相关专题会11次，组织全县197个单位开展自查自纠。查处违反中央八项规定精神问题18件33人，其中给予党纪政务处分20人，组织处理13人，“一案双查”问责3人、党组织1个，通报曝光3起6人。三是严抓整治转变作风。认真开展形式主义、官僚主义专项整治和“干部作风转变年”活动，开展督查7次，下发整改建议书6份，建立问题清单1223条。出台制度71项，完善194项，废止11项。对违反会风会纪的人员给予纪律处分3人，问责4人。

【干部教育】 坚持把警示教育作为预防腐败的第一道防线抓实抓好。一是强化党纪法规学习。结合西吉县“两学一做”学习教育活动，组织党员干部认真学习《中国共产党纪律处分条例》《中华人民共和国监察法》等党纪法规，开展党纪法规政策知识考试。二是加强党风廉政宣传。上报党风廉政建设信息68期，网评文章14期，多期信息稿件被中央和区属媒体采用，营造了良好的舆论氛围。三是强化警示教育。组织120余名领导干部到黑城监狱开展警示教育；利用教育片开展警示教育42场次；协同固原市开展“抵制腐败·共享和谐”廉政警示教育活动，县、乡、村三级1000多名干部接受警示教育。四是加大通报曝光力度。以身边人身边事教育身边人，强化通报曝光力度，下发通报48期，通报党组织90个，党员干部68人，形成有力震慑。

（田彦龙）

群众团体

总工会

【概　况】 西吉县总工会成立于1956年11月。内设“五室一中心”，即办公室、财务室、组宣室、经审室、女工室、困难职工帮扶中心。现有职工25名，其中在编人员7名，社会化工会工作者18名。

【党的建设】 坚决维护习近平总书记在党中央和全党的核心地位、维护党中央权威和集中统一领导，自觉在思想上政治上行动上同以习近平同志为核心的党中央保持高度一致。把学习贯彻习近平总书记“10·29”重要讲话精神与《关于工人阶级和工会工作的重要论述》作为首要政治任务。坚决贯彻落实西吉县委、县政府的各项决策部署，单位重大活动及时向县委、县政府汇报，单位重要事项需经总工会党组会议研究决定，切实担负起团结引领广大职工坚定不移听党话、跟党走的政治自觉。

【主要工作】 在经济技术方面：举办2018年“春风行动”专场招聘会；联合西吉县卫计局开展西吉县护理岗位技能竞赛和预防接种技能竞赛活动，各评选出6个先进集体和6个优秀个人；推荐表彰先锋号2个（西吉县勇兴三粉加工有限公司——方便粉丝班组获“全国工人先锋号”称号；宁夏国圣食品有限公司——饼干车间包装组获“自治区工人先锋号”称号）；“五一劳动奖章”1人（西吉县美家特砼业有限公司经理蔡彪获自治区“五一劳动奖章”称号）。在服务劳模方面：为51名劳模发放春节慰问金2.55万元，自治区、固原市党政慰问全国劳模和省部级劳模6名，慰问金1万元；认真做好省部级以上“劳模三金”申报工作；动员劳模8人参加固原市第三期职工医疗互助保障活动。在服务女职工方面：开展劳动力素质技能培训50人；组织女职工参加区总工会关爱职工百场讲座西吉专场两场150人；向自治区总工会、固原市总工会推荐表彰“五一”巾帼标兵岗2个、“五一”巾帼标兵1人。

【帮扶职工】 对西吉县困难职工（农民工）档案进行集中清理，现有建档困难职工（农民工）档案213户，已与相关部门进行信息比对，全部上报区总工会进行救助，共救助建档困难职工（农民工）1245人次，救助资金196.5万元。“两节”期间共慰问25个非公企业、200名环卫工人、51名劳动模范、18名专业技术人员、50名村第一书记和21个节日值班单位职工，共发放慰问金49.85万元。在宁夏回族自治区成立60周年大庆期间，为建档困难职工发放纪念品310套。2018年西吉县共有116家机关、事业单位9375名职工缴纳职工医疗互助资金56.25万元，参与率达96.14%。2018年共报销400人次，发放互助金80.4万元。认真做好职工来信来电来访登记、处理、统计上报工作，共收到来电来访件8件，接待职工 185 人，均已办结。

【协商机制】 推进企业工资集体协商、厂务公开、民主管理等工作。下发《关于认真组织召开职代会签订好企业 2018 年度四项集体合同的通知》《关于开展 2018 年工资集体协商“春季要约”行动的通知》等文件，实行工会干部联系企业制度，督促企业开展集体协商，签订“四项”集体合同。已建会企业签订工资专项集体合同 32 份，覆盖企业 91 家，覆盖职工 2875 人，其中单独签订企业工资专项集体合同 27 份，覆盖职工 1525 人，签订区域性行业性工资专项集体合同 5 份，覆盖企业 74 家，覆盖职工 1350 人。西吉县应签集体合同和工资专项集体合同签订率动态保持在 95%。

【法制宣传】 积极开展“送法下乡”“国家安全教育日”“国际禁毒日”等法制宣传活动，发放法律法规宣传资料 5000 余份。举办党的十九大精神、中国工会十七大精神知识竞赛活动，增强干部不忘初心、牢记使命、砥砺奋进的意识。

【组织建设】 新办工会法人资格证书 8 家。举办一期工会业务知识培训班。认真开展会员信息录入工作，全县 278 家单位 15187 会员全部录入宁夏工会组织及会员管理系统。办理工会会员卡 4065 张。组织社会化工会工作者积极参加区、市工会业务工作培训。调整充实基层工会班子 16 个。新建工会组织 4 家，新增农民工 136 人，女农民工 63 人。

【财务经审】 配合固原市总经审会对西吉县工会经费、帮扶、送温暖、专项资金及固定资产使用情况进行审查审计。督促 19 个乡镇、3 个社区及园区，认真完成基层同级审计工作。对帮扶、送温暖、劳模三金等专项资金使用情况进行随机抽查、电话回访 36 户困难职工（农民工），2018 年税务代收工会经费 20 万元。

【精准扶贫】 组织干部职工深入王民乡周康村开展贫困人口精准识别摸底调查工作，与群众商讨帮扶措施，向群众宣传党和国家各项支农惠农政策。共投入扶贫资金 0.78 万元，其中为村部建设投入 0.4 万元，为 19 户困难户送去价值 0.38 万元的化肥。

【自身建设】 坚持周二学习制度。把《中国共产党章程》《中国共产党纪律处分条例》作为党员干部经常性学习内容，组织干部学习典型违纪违法案件，并进行反思剖析，教育干部廉洁从政，强化纪律意识，转变工作作风。组织召开《关于中央八项规定精神党组专题民主生活会》和《共产党员不能参与宗教信仰专题组织生活会》，并组织党员开展评星定格，提高党员党性修养，增强“四个意识”。

【创新亮点】 西吉县总工会积极主动作为，发挥工会桥梁纽带作用，通过联系对接，由自治区总工会主办，银川市总工会、西吉县政府承办，自治区人社厅、农牧厅、商务厅、教育厅协办，建立“扶贫窗口”，于 11 月 14—16 日，在银川市总工会举办“凝聚工会力量　助力脱贫攻坚”西吉县农副产品推介会。活动采取现场推介、微信扫码、关注公众号等方式，西吉县马铃薯企业代表先后与宁煤集团、宁夏农牧厅、宁夏医科大学、宁夏大学等十多家单位签订马铃薯、粉条、杂粮等农产品购销协议 13 份，资金总额 100 多万元。

（孙晓娟）

共青团

【概　况】 共青团西吉县委员会为党委的群众性青年团体组织，共青团西吉县委员会内设编制 5 人，其中：行政编制 4 人，工勤编制 1 人。

【新思想引领】 坚持把学习宣传贯彻习近平新时代中国特色社会主义思想和党的十九大精神作为首要政治任务，以全团“青年大学习”活动为抓手，采取线上线下相结合的方式，深入广泛开展宣传教育。编印《习总书记关于青少年工作论述》，依托“西吉青年”微信平台及时发布相关信息，原创推出《团带你学十九大》朗读栏目。举办“贯彻党的十九大精神，做新时代有为青年”“践行新思想·拥抱新时代”“青年大学习”暨团十八大精神宣讲等集中学习会5场次，培训1800多人次。

【价值观教育】 坚持把社会主义核心价值观教育贯穿团的各项工作和活动。以全市“六盘山下团旗红”活动为载体，围绕“五四”“六一”“七一”“十一”等重要节点，组织开展“青春激扬红五月　不忘初心跟党走”系列活动和“我的初心　我的使命”“你好　新时代”等主题党团队日，“六盘山下团旗红”重走长征路及“我和国旗合个影”“手抄团章”“青春不散场　最美毕业照”等活动22余场次，激发广大团员青年爱党、爱国、爱家乡、爱生活的热情。

【精准扶贫】 筹措7000元在帮扶村举办“民族团结杯”运动会，联系爱心企业为贫困户捐赠马铃薯种子3.5吨，办理手机卡200张，网络众筹1.1万元为学生购买校服、安全帽89套，对接“雷沃重工、承恩落地师友会”为32名贫困学生捐赠物资1.9万元，并结成帮扶对子。实施“希望工程·圆梦行动”，积极争取、筹措建档立卡贫困大学生助学金70.6万元、“希望之星”“春蕾计划”中小学生助学金34.95万元、贫困儿童慰问物资19.8万元，争取江苏陆琳女士设立爱心基金，对72名贫困学生长期资助，联系北京大鸾翔宇慈善基金会拟在西吉中学设立“恩来班”。开设“七彩假期”公益课堂，联系爱心机构和返乡大学生，为320名困难学生提供课业辅导、自护教育、亲情陪护等公益服务。

【志愿服务】 发挥各志愿者协会职能作用和青年骨干力量，做靓青春志愿服务品牌，注册志愿者达4644人。常态化推进志愿服务，组织开展“助力春运”“爱心助考”“无毒青春”“爱国卫生日”等系列志愿服务活动25场次，“禁毒快闪”“暑假公益补课”分别荣获区级“最佳互助奖”和市级优秀项目。圆满完成西吉县元宵节社火大赛、六盘山红色诗会、庆“八一”广场舞大赛等赛事志愿服务工作。派遣63名西部计划志愿者扎根基层、奉献青春。

【生态环保】 开展关爱环卫工人新年“微心愿”走访慰问活动，为环卫工人发放慰问金2万元。争取中国国际青年交流中心“中日青年生态绿化林项目”资金45万元，实施造林绿化22公顷。

【青年双创】 争取自治区团委青年中心项目1个，在西吉县凯益达小微企业双创（孵化）基地打造青年电商中心60平方米、团委新媒体工作室15平方米。承接全市农村青年电商实操培训班1期，培训电商青年30人。组织20名电商青年赴原州、彭阳考察学习青年双创暨电商工作。举办青年电商培训班2期60人次。

【青年脱单】 按照团十八大精神和党中央、国务院关于《中长期青年发展规划（2016—2025年）》要求，针对广大单身青年婚恋交友的现实需要，七夕前夕，联合多家赞助商在龙王坝村举行百人相亲大会，吸引全市400多名适婚单身青年参加活动，现场牵手成功12对，法制与新闻对活动进行全程直播，观看人数达83万人次。

【交流渠道】 加强网上共青团建设，开通“青春西吉”微博和“西吉青年”微信公众平台，开展“清朗网络空间”主题活动，发布各类图文信息157条，点击量4.3万人次。加强与高校团委协作，对接做好复旦大学研支团委到西支教工作，圆满完成浙江大学研究生干部“弘毅计划·宁夏西吉”社会实践活动。西吉县被评为“浙江大学研究生社会实践先进基地”。

【团组织建设】 扩大团组织覆盖面，新建团组织2个。西吉县教育团工委和汇发村镇银行、安康医院等4个团组织完成成立筹备工作。加大团组织规范化建设力度，编印《基层团建工作指导手册》《基层团建工作文件汇编》。落实每个乡镇2万元团建工作经费和295个行政村团支部书记工资补助。

【队伍建设】 打造“团干部+社工+志愿者”的青年工作体系和队伍建设，加大团队干部教育培训力度，突出政治培训和思想教育，举办学校团队干部培训班2期，培训人数600多人次。

（何立鋆）

妇女联合会

【概　况】 西吉县妇女联合会是群众性团体组织，属正科级单位，核定编制8人，其中行政编制6人（设主席1名，副主席1名），后勤事业编制2人。

【宣传培训】 一是开展“巾帼大宣讲”活动。各级妇联组织举办习近平新时代中国特色社会主义思想和党的十九大精神，自治区党委第十二届四次全会精神宣讲26场次，参加妇女2480人。举办学习贯彻中国妇联十二大精神宣讲79场次，聆听4150人。二是加大宣传培训力度。举办种植业、养殖业、手工技能等妇女创业培训班22期，培训妇女3000余人，其中劳动力素质培训50人。选送263名妇女干部、女致富带头人等参加区、市培训学习。推荐评选表彰全国、区、市、县先进集体15个，先进个人22名，发挥先进典型示范引领作用。西吉县马兰的刺绣作品在“黄河银行杯”宁夏巾帼创业创新大赛中荣获创客实战组金奖，赵继民在全区“魔豆妈妈”创业扶贫大赛中获得十佳“魔豆妈妈”荣誉称号。三是创新网上妇联建设，提升工作能力。组织干部参加区、市新媒体工作培训。建立微信公众号1个，微信工作群5个，工作群涵盖人数620人。2018年报送动态信息58篇，经区、市、县等有关部门采用20篇。

【创业就业】 一是加强妇女就业创业培训。各级妇联通过自办、联办培训班21场次，培训妇女2200人，印发《农村妇女创业担保贷款宣传手册》1万本用于宣传培训。二是加大贷款发放力度，带动妇女创业就业。2018年，发放妇女创业贷款8636万元，扶持1746名农村妇女创业。其中：销号村发放1045万元，扶持贫困妇女215人。按期贷款回收率100%。按季贴息，发放贴息资金510.61万元；发放@他项目、母亲小额循环项目、IFAD妇女创新循环项目贷款85万元。挂牌新建西吉县农村妇女创业示范基地2个，命名宁夏妇女手工工作室3个，固原市妇女手工工作室1个，创建县级巾帼扶贫车间3个，区、市巾帼创业创新基地3个，创建固原市巾帼电商示范基地1个。

【文明建设】 一是常态化开展寻找“最美家庭”活动。晒出家庭幸福照片46张，征集“好家规，好家训”70余条。推荐全国、区、市“最美家庭”27户，其中孙连忠家庭获全国“最美家庭”荣誉。各乡镇、行政村评选表彰五好家庭、创新家庭、节俭家庭、励志家庭、最美家庭等380户。按照《西吉县“农民培训教育年”先进典型选树活动实施方案》要求，县妇联以“家风正、家教好、家庭美”为目标，面向农村、面向基层群众，推荐评选100户县级文明家庭。二是深入推进家庭教育工作。创建家庭教育示范社区2个，扶持资金2万元。选派10名社区工作者、学校家庭教育工作者、妇联工作者参加区妇联家庭教育培训。三是开展移风易俗宣传活动。开展以“移风易俗、树立文明新风”为主题的宣传活动4场次，印制发放宣传资料3万余份；举办“爱润万家·好家庭好家教好家风”宣讲活动18场，参加群众2000余人。

【妇联改革】 一是组织基础不断夯实。在西吉县行政村、社区、机关事业单位、商协会、园区等建立“妇女之家”386个。其中：申报固原市示范“妇女之家”2个，分别补贴5000元创建工作经费；县妇联自筹资金将门牌匾、室内妇联组织架构图、工作职责等统一标准，统一制作，统一布置，打造硬件齐全、制度完善、管理规范、服务到位、作用明显、妇女满意的高标准示范“妇女之家”51个。建立“儿童之家”20个，为留守儿童提供服务。二是改革健全基层妇联。完成全县295个行政村、8个社区妇代会改建妇联和19个乡镇妇联区域化建设工作。探索妇联组织社会化运行机制，广泛吸引各类有专长、有热情、有影响的妇女骨干加入妇联队伍，切实解决基层妇联工作力量薄弱和“倒金字塔”问题。改革后，社区妇联主席8人，副主席16人，执委120人；行政村妇联主席295人，副主席590人，执委4440人；乡镇妇联主席19人，专职副主席19人，兼职副主席41人，执委309人。全县女性村支书13人，女性村委会主任3人，女性三留守督导员120人。三是将村妇联主席纳入村“两委”班子换届选举，坚持“定位选举”，村“两委”班子中必配一名女干部，工资报酬标准按村党组织书记和村委会主任标准的80%执行。

【权益维护】 一是抓源头，建机制，夯实妇女维权工作基础。出台《关于进一步加强我县妇女维权工作的意见》。主动与司法部门协调，在司法局律师事务所挂牌建立妇女儿童维权工作站。以“反家庭暴力”为重点，建立反家暴工作协作联动机制，打造“家暴求助—安全庇护—伤情鉴定—法律援助—家事调解—心理疏导”的“一站式”服务。二是广泛动员全社会力量共同维护妇女权益。西吉县法院选派一名科级女干部担任县妇联兼职副主席，县妇联选派一名干部担任法院人民陪审员、两名干部担任法院家事调解员，互派两名干部学习锻炼，加强沟通协调，有效维护妇女合法权益。聘请兼职副主席到乡镇、村开展“反对家暴、维护家庭和谐”“维权知识”等宣讲12余场，参加人数达1500人次。发挥妇女之家暨妇女维权工作站和“12338”维权热线作用，全年接待来信来访11件，其中家庭暴力8件，实行“每月小排查，季度大排查”制度，对来信来访逐一摸清底子，查清诱因，理清思路，化解到位。三是加强法治宣传。举办“抵制高额彩礼”“反家庭暴力法”“和谐婚姻家庭专题教育知识”等讲座26场，2300多名群众聆听讲座。贯彻实施《反家庭暴力法》，与西吉县法院共同签发《关于建立家事纠纷联动化解机制备忘录》，构建反家暴协同工作机制，发放《中华人民共和国妇女权益保障法》《中华人民共和国反家庭暴力法》《禁毒宣传手册》等宣传资料16000份，为300余名妇女群众提供法律政策解答。

【巾帼扶贫行动】 一是实施母亲邮包项目，为田坪乡72名贫困妇女发放母亲邮包72个，共计7200元。二是实施“两癌”救助项目，举办贫困妇女“两癌”救助政策解读培训班3期，培训妇女420人。发放贫困妇女“两癌”救助金37万元，救助贫困妇女37人。三是实施护航春蕾项目，发放护航春蕾和“控辍保学”助学金74500元，受益56人。四是开展留守妇女贫困救助关爱活动2场，慰问贫困留守妇女13人，“六一”儿童节为22名贫困留守儿童捐赠书包、彩笔、文具盒等学习用品，“七一”期间慰问贫困党员4名，发放慰问品金额1万元。积极争取福建省女企业家、泉州市女企业家为袁河小学373名学生每人捐赠校服一套，价值37300元。五是召开“爱妮保”工作推进会，“爱妮保”参保175人。六是做好精准扶贫工作。选派一名干部担任帮扶村工作队员，全体干部职工多次深入帮扶村组农户宣传扶贫政策，了解村情民意，理清发展思路，制定帮扶工作计划并按期实施。完善建档立卡贫困户档案资料，建立干部结对帮扶联系卡，发放帮扶资金2万元，并将妇女创业担保贷款向帮扶村倾斜发放。

【“两规划”实施】 召开“两规划”专门工作会1次，开展“两规划”专题培训3期，培训妇儿工委成员单位联络员100余人，印制发放《两规划》宣传册4500份。全县“两规划”中学前幼儿教育、农村改水改厕、孕产妇死亡率等重难点指标顺利推进。

（康淑英）

科学技术协会

【概　况】 2018年，西吉县科学技术协会编制6人，现有7人，其中：中共党员5人。内设办公室、科普部、青少年科技教育活动中心、学（协）会部、调宣部。

【制定纲要】 制定《西吉县全民科学素质行动计划纲要实施方案（2016—2020年）》（以下简称《纲要》）和分年度工作计划，并将此项工作纳入年度考核。成立由县委常委、宣传部部长任组长，政府分管副县长为副组长，县委办、政府办、组织部、宣传部、科协等相关部门为成员单位，单位负责人为成员的全民科学素质工作领导小组。形成在政府统一领导下，以各成员单位为基础，全民科学素质工作领导小组为核心的工作体系，有力推动了《纲要》的深入实施。认真履行《纲要》领导小组办公室工作职责，加强与《纲要》领导小组各成员单位的沟通联系，不断探索创新工作方法，加强对全县《纲要》实施工作的协调服务和督查，提升重点人群科学素质。

【代表大会】 根据《自治区科协关于做好市县科协换届工作的通知》（宁科协发组字〔2018〕5号）文件精神，依据《西吉县科学技术协会章程》有关规定，西吉县科协于2018年5月30日在西吉县会议中心召开西吉县科学技术协会第四次代表大会。大会回顾总结西吉县科学技术协会第三届委员会以来的工作，审议并通过西吉县科学技术协会第三届委员会工作报告；研究部署西吉县科学技术协会第四次委员会的工作目标和任务；修改《西吉县科学技术协会章程》；选举产生西吉县科学技术协会第四届委员会。

【科普项目】 根据中国科协、财政部和区、市科协、财政厅（局）的部署要求，西吉县科协会同县财政局对西吉县科普惠农兴村计划项目进行认真总结，并创造条件，精心培育，重在示范，严格程序，西吉县科协推荐的西吉县天绿农业产业化种植销售协会被自治区科协评为2018年宁夏“基层科普行动计划农村专业技术协会”、西吉县黑山羊养殖联合会会长任晓梅被自治区科协评为2018年宁夏“基层科普行动计划——农村科普带头人”分别受到自治区科协的奖励补助。

【科普设施】 一是经西吉县科协争取，自治区科协实施彩票公益基金630万在西吉县21所农村中学建设科技馆和科普e站。培养农村中学生讲科学、爱科学、学科学、用科学的意识，达到“一提升，两促进”。二是投入价值近800万元设备和60万元资金在西吉县龙王坝村建成龙王坝乡村科技馆，打造“科普小镇”。争取资金30万投入西吉林下经济服务协会农业生态循环项目。筹措资金10万元，先后为西滩乡西滩村、硝河乡关庄村、白崖乡黑窑村、震湖广场、震湖红庄村、龙王坝科普小镇建成科普宣传栏。开展以公民健康、生态保护、种植、养殖、脱贫攻坚为内容的科普宣传。三是为西滩乡西滩村、将台乡西坪村科普书屋分别捐赠书架及《科普知识100题》《科普知识读本》等科普书籍、科普宣传资料。

【科技创新】 为培养广大青少年科技创新意识和实践动手能力，为青少年搭建科技创新活动经济服务平台，推动学生科幻画及机器人教学和竞赛的普及，鼓励更多机器人爱好者在电子、信息、自动控制等高新科技领域进行研究、探索和实践。西吉县科协和西吉县教体局联合组织中小学校师生积极参加第33届宁夏青少年科技创新大赛。西吉县选手青少年科技创新大赛科幻画竞赛小学组荣获一个三等奖；机器人竞赛高中组荣获2个二等奖和2个三等奖；初中组荣获1个二等奖和1个三等奖。

【科技培训】 开展百名专家助力固原（西吉）脱

贫攻坚活动。活动邀请9名区内外知名专家莅临西吉县开展科技培训、科技咨询活动。专家们以专题授课、座谈交流和深入养殖合作社、田间地头等不同方式，为西吉涉农产业发展问诊把脉、传经送宝。开展机器人教学活动，推动全县中小学机器人科学技术教育，提高机器人教师教学水平。会同教体局在实验中学举办“科技引领未来 创新驱动发展”——中鸣机器人西吉专场培训班。

【科普宣传】 一是以“科技活动周”为载体，努力营造浓厚的科普氛围。2018年科技活动周以“科技强国　创新圆梦”为主题，5月23—27日，在县城及有关乡镇、村（移民村）、社区举行群众性科技活动。二是以“全国科普日”为契机，认真组织开展丰富多彩的科普活动。9月16—22日，联合西吉县科技活动周领导小组成员单位，举办以“创新驱动发展，科学破除愚昧”为主题的“全国科普日”宁夏西吉县宣传活动。

【科技服务】 一是发挥科协科技思想库作用，组织开展建言献策活动。2018年共收集论文17篇，上报17篇，其中有效9篇。二是开展科技工作者思想状况调查。中国科协于10月9—17日开展面向科技工作者的快速调查。全县设4个站点，完成有效问卷200份。三是召开“全国科技工作者日”科技工作者座谈会。5月30日，西吉县科协邀请部分科技工作者召开西吉县“全国科技工作者日”座谈会。听取科技工作者的意见和建议，帮助解决科技工作者的实际困难和问题。

【精准扶贫】 一是加大宣传力度。西吉县科协筹措资金1.1万元，在村道主要路口等人员活动密集场所，制作永久性宣传牌、刷写宣传标语、建文化墙，营造浓厚的宣传氛围。二是举办产业培训班。在西滩村举办产业培训班3期，聘请养殖业专家黄兴、种植业专家司智杰就基础母牛养殖和玉米种植进行讲解培训。三是聘请养殖业专家黄兴指导精准扶贫户修建青贮池30座。

（李红梅）

工商业联合会

【概　况】 西吉县工商联恢复成立于1998年10月。先后召开了第六届、第七届、第八届、第九届会员代表大会。现办公场所在移动公司三楼，有三间办公室共103平方米。工商联现有行政编3名，事业后勤编1名。内设机构：主席1名（不驻会），党组书记、常务副主席1名，驻会副主席（兼秘书长）1名。

【尽职尽责】 一是坚持以“守法诚信、坚定信心”为重点的非公有制经济人士理想信念教育实践活动与学习贯彻党的十九大精神、习近平总书记治国理政新理念新思想结合起来，教育引导广大非公经济人士认真领会中央、区市各项政策精神，主动适应经济新常态，把握新机遇，紧跟改革发展的时代要求，坚定创新发展的信心和决心，坚定“四个自信”，铸牢“四个意识”，自觉维护以习近平同志为核心的党中央领导，建立信念、信任、信心、信誉的长效机制。组织会员代表积极参加区、市工商联举办的年青一代非公有制经济人士先进典型经验交流会、“四好”商会建设、年轻企业家走进清华大学等各类培训班，增强他们做大做强企业的信心和决心。组织西吉县部分非公有制经济人士赴六盘山红军长征纪念馆、将台堡镇三军会师纪念园开展“走好长征路·奋进新时代”红色革命传统教育，增强他们发展企业的使命感和责任感。二是借鉴发达地区在政策体系、发展环境、企业文化、理念创新、产品开发、品牌打造、营销宣传等方面的先进做法，聚焦西吉县在特色农产品加工、包装等方面存在的短板和差距，组织部分特色农产品种植、加工龙头企业负责人赴北京、山东等地考察。参加“京东生鲜、鲜上京东”2018战略发布大会，就西吉县农产品线上包装营销与京东中上层管理人士座谈交流，多次邀请京东驻西北地区负责人来西吉县实地考察对接冷凉蔬菜和农产品上线一事，组织西吉县伊尔德、勇兴三粉、小秋杂粮等农产品积极参加福州、昆明、兰州等地举办的农产品展示博览会，探索西吉农产品走出宁夏走向全国之路。三是组织种植、养殖、加工、卫生等行业会员企业参加欧美同学会（中国留学人员联谊会）座谈会，认真听取留学人员在开发智力、技术、管理等方面的见解和经验，签订包括种养殖优化、教育扶贫、旅游扶贫、医务人员培训等合作意向 19 项。通过座谈交流，留学专家同意适时将邀请国内外知名人士对西吉县农产品育苗、水肥一体化等进行专题培训，争取与大型企业、鲜果商、电商平台牵线搭台，拓宽西吉县蔬菜生产和食品销售渠道，引进蔬菜良种，生产市场需要的产品，促进种植业产业升级，推动农民增收。四是为解决当前制约和影响西吉县中小微企业，特别是本土企业发展，缓解企业在融资、技术、人才、环境等方面存在的困难和问题，通过走访调研，召开座谈会、征求意见建议制定《西吉县关于支持中小微企业发展的意见建议（讨论稿）》及构建“亲”“清”新型政商关系助推西吉县非公经济发展的意见，积极呼吁县委、县政府及相关部门采纳，并教育引导非公经济人士紧紧围绕县委、县政府中心工作，主动把企业发展与全县经济发展结合起来，充分发挥自身产业特色，提高自主创新能力和企业竞争力，营造非公有制经济健康发展的良好氛围。五是 2018 年 11 月 1 日，习近平总书记在北京主持召开民营企业座谈会并发表重要讲话，在西吉商会和微信平台交流学习。召开主席会议原文传达学习总书记 11 月 1 日重要讲话和给“万企帮万村”行动中受表彰的民营企业家回信，坚定民营企业家听党话跟党走的信念和聚精会神办企业、遵纪守法搞经营，切实履行社会责任、树立良好企业形象的信心和决心。六是组织工商联九届部分执委赴银川国际会展中心参观宁夏回族自治区成立 60 周年大型成就展，一起见证宁夏回族自治区成立 60 年，改革开放 40 年来，特别是党的十八大以来，各行各业取得的辉煌成就。

【舆论宣传】 强化舆论宣传，大力营造非公有制经济健康发展的良好氛围。在“西吉商会”微信公众平台宣传非公经济代表人士先进事迹。深化与“精彩西吉”、“西吉微生活”、《固原日报》、“宁夏商会”等媒体合作，推荐宣传报道民营企业发展政策，工商联重大活动。动员非公有制经济人士积极参加信息直报并完善工商联执委数据库，在信息直报平台了解西吉县非公有制企业存在的困难和问题，梳理汇集成提案议案，反映合理诉求。

【队伍建设】 一是完善《西吉县工商联兼职副主席执委会务轮值工作制度》。调动不驻会副主席和执委参与工商联工作的积极性、主动性，增强工商联的凝聚力、号召力、影响力。二是做好“四好”商会创建工作。商（协）会 9 个，共有会员 945 个，其中企业会员 121 个，个人会员 815 个。三是改进加强会员发展工作。坚持广泛性和代表性相结合，以争取吸收年青一代非公有制经济代表人士入会为重点，增强会员代表性和行业影响力，会员队伍结构更加优化。四是全面加强工商联机关自身建设。认真开展“三大专项”整治活动，把传达学习“马克思主义民族观宗教观”暨贯彻落实自治区党委第十二届四次全会精神与贯彻落实《中国共产党纪律处分条例》结合起来，坚定“四个意识”、树立“四个自信”，教育引导广大非公有制经济代表人士在政治上认同、文化上融合，与社会发展同步、时代进步同频，铸牢中华民族“共同体”意识，自觉争做促进民族团结宗教和顺的先行者。五是完善周二、周五学习制度，加强党风廉政建设，严格执行“中央八项规定”精神。

【人才招聘】 争取人社、工会等部门的配合，召开春秋两季“企业招聘会”，特别是 2018 年“春风行动”莆田 · 西吉劳务协作专场招聘会，为企业和高校毕业生、残疾人和其他失业人员实现就业牵线搭桥，签订劳动合同80多份。配合相关部门在招聘现场设立宣传咨询处，为各类求职人员提供就业信息、政策咨询、职业指导、技能培训、合法权益维护等信息2000多份，全心全意搭建好非公企业与求职者对接的绿色通道。

【社会帮扶】 一是积极开展驻村帮扶和社会帮扶。根据西吉县委安排及驻村工作要求，完成帮扶村档案资料的完善和贫困户的调查摸底。二是按照《西吉县非公企业“多企联村、抱团圆梦”精准扶贫工作方案》，组织动员会员企业开展驻村结对帮扶活动，通过产业、就业、技能、健康、公益捐赠等方式助力扶贫。为王民乡二岔马村党员活动室购买会议条桌15套、办公桌椅4套、档案柜2个、电脑1台、打印机1台，并出资修缮活动室，为贫困大学生捐款等帮扶活动累计资金近10万元。三是协助县委统战部筹备召开西吉县2018年宁夏统一战线“助力脱贫攻坚”暨“百企帮百村”村企对接工作启动会。会后，先后到新营红庄、王民二岔马、西滩大岔、沙沟东沟等10个对接贫困村开展调研，制订扶贫方案，争取帮扶企业项目资金，落实帮扶措施。2018年，11个帮扶企业中，宁夏湖南商会通过义诊，发放血压计、护眼贴、智能老花镜等实施健康扶贫，宁夏佳立生物科技有限公司为贫困村提供原原种的产业扶贫，宝塔石化的培训就业扶贫，宁夏黄金协会为贫困村中心小学50名学生发放校服、学习用品和生活费，为学校购买电脑、打印机等。

（马晓娟）

文学艺术界联合会

【概　况】 西吉县文学艺术界联合会，是县委直接领导下的群众团体，是西吉县各级文艺团体的领导机关。成立于2001年5月，根据西编发〔2005〕6号文件精神，核定事业编制4名。其中正科级领导职数1名，副科级领导职数1名。经2011年县机构编制委员会第2次会议研究，决定增加全额预算事业编制3名。增编后，西吉县文学艺术界联合会事业编制为7名。其中正科级领导职数1名，副科级领导职数1名。

【“文学之乡”建设】 西吉县文联下属作家、书法、美术、戏曲、音乐、舞蹈、摄影、民俗等8个协会和北斗星诗社、楹联协会、葫芦河旗袍文化艺术交流协会等3个民间文学艺术社团，创办有“文学之乡XJ葫芦河”微信平台和《葫芦河》季刊杂志。西吉县作家协会现有会员160余人，摄影协会会员45余人，书法协会会员40余人，美术协会会员30余人，舞蹈协会会员15人，戏曲音乐协会会员30余人，民俗协会10余人。县文联下辖19个乡镇文协，14个县直机关文协，5个企业文协，1个村级文协。2018年指导出版文学刊物《北斗星诗刊》《西吉楹联》。

【文艺事业】 一是积极联系在《朔方》《黄河文学》《六盘山》《贺兰》《宁夏文艺家》等报纸杂志，编发“西吉文学小辑”。组织作家亮相于区内外多家文学报刊，优秀作品频现《小说选刊》《散文选刊》《诗刊》等全国大型文学期刊。二是西吉作家马金莲继郭文斌之后，再度摘得“鲁迅文学奖”。马凤鸣、火仲舫、樊文举、伏海霞、王对平等6人在庆祝宁夏回族自治区成立60周年“荣光杯”征文中分获一等奖、三等奖和优秀奖。西吉籍作家、诗人已有60余人出版个人专著，有80余人次的作品入编国家级作品集。三是组织开展迎新春春联大赛暨送春联下乡活动、西吉县学习宣传党的十九大精神诗歌朗诵会、全民阅读·书香西吉座谈会、西吉县首届文学艺术节·小说培训班、全区文学照亮生活推进工作座谈会、西吉县文学作品改稿会、西吉县首届文学艺术节等活动。积极参与民族团结示范县创建等全县重点工作。四是注重与其他市县文联的交流学习。先后组织与北京昌平区、宁夏西夏区、灵武市等多家文联的交流学习。

【领导关怀】2018年9月，在中国作协举办的庆祝改革开放40周年采访中，中国文联主席铁凝充分肯定中国首个“文学之乡——西吉”的建设成果，亲笔为《葫芦河》《北斗星诗刊》《西吉楹联》签名留念，在活动期间，铁凝主席并在不同场合多次向随行的全国多家大刊主编、知名作家和所到地区详细介绍中国首个“文学之乡——西吉”的文学发展情况和所取得的成绩。

（李春燕）

残疾人联合会

【概　况】西吉县残疾人联合会成立于1989年11月，由县民政局代管。2000年7月与民政局分设，属正科级单位，县残联2018年有工作人员5名，其中理事长1名，副理事长1名，工作人员3名，残联下设西吉县残疾人康复和就业服务中心。

【信息核查】西吉县残疾人信息数据动态更新工作从2018年7月1日正式开始，7月30日完成26210名持证残疾人的入户调查登记工作，8月30日完成全部信息数据的录入及审核工作，9月1日完成需求信息数据的总结上报工作，于9月8日通过第三方质量抽验。

【康复服务】组织开展残疾人康复救助工作，为西吉县残疾人免费发放拐杖、座便椅等辅助器具1341件，轮椅480辆；为10名特困精神病患者实施免费住院治疗，为160名贫困精神病患者免费发放药品。

【扶残助学】认真贯彻落实《残疾人教育条例》和自治区第二期特殊教育提升计划，全县义务教育阶段“三残”儿童550人，已入学516人，其中特教学校49人，随班就读403人，送教上门64人，入学率达93.82%。实施彩票公益金扶残助学项目，为2018年新录取8名大中专残疾学生申报资助，资助金额2.9万元。

【技能培训】深入实施“阳光助残”和残疾人千名手工艺培训计划。一是与西吉县人社部门组织开展“就业援助月”活动，宣传残疾人就业创业政策；二是利用农闲有利时机，组织残疾人及其亲友参加刺绣培训学习2期，培训残疾人100人。三是配合各乡镇政府完成农村实用技术培训296人。

【扶贫工作】一是根据《西吉县精准扶贫实施方案》，下派驻村扶贫工作人员，全面落实干部包户帮扶，建立帮扶卡，根据贫困户具体致贫原因有针对性地开展结对帮扶工作。二是配合各乡镇，做好残疾人脱贫统计工作，确保完成全年残疾人的精准脱贫任务。

【社会保障】一是配合民政部门落实“两项补贴”政策，申报审核困难残疾人生活补贴14677人，重度残疾人护理补贴12278人。二是登记审核500名机动轮椅车燃油补贴对象，进行信息台账录入工作。

【证件换发】按照《关于进一步加强残疾人证管理工作的通知》（宁残联发〔2014〕112号）文件要求，实行集中评残。在政务服务大厅专门设立残疾人证办理窗口，指派专人负责残疾人证的办理和发放工作。2018年，共办理残疾人证1369本，其中新办874本，补办495本。

【助残日活动】2018年5月21日是第二十八个“全国助残日”。为了组织好助残日活动，西吉县残联组织残疾人在西吉县义工联合会举办了以“全面建成小康社会，残疾人一个也不能少”为主题的助残日活动。这次助残日活动由西吉县残联主办，西吉县残疾人康复中心、西吉县义工联合会协办，活动内容主要有发放助残日宣传资料，开展义务按摩服务活动，开展义诊活动，才艺、手工艺展示，表彰奖励残疾人自强模范、爱心伴侣及康复训练先进个人，走访慰问残疾人等活动，内容丰富，形式多样，赢得了社会各界和残疾人的好评。

（宋治勇）

法　治

政法委及综治

【概　况】 中共西吉县委政法委员会是中共西吉县委领导管理全县政法工作和社会治安综合治理工作的组织机构，内设政法委办公室、综合治理办公室、国家安全人民防线建设办公室。2018年，全县政法综治工作在县委、县政府的坚强领导和县人大、县政协的大力支持下，紧紧围绕县委、县政府中心工作，统筹推进政法重点工作，全力打好扫黑除恶专项斗争，深入开展平安建设，着力推进综治中心、矛盾纠纷排查化解、“联合办公日”等基础工作，有力地维护了社会大局稳定。

【政法重点工作】 2018年年初组织召开西吉县政法综治信访工作会议暨扫黑除恶专项斗争推进会，制定下发了《2018年全县政法综治工作要点》《2018年全县政法综治宣传工作要点》《关于开展学习贯彻习近平新时代中国特色社会主义政法思想大学习大研讨大培训活动的通知》《关于做好当前影响社会稳定突出问题化解稳控工作的通知》等文件，组织政法部门扎实开展“不忘初心、牢记使命”主题教育和“干部作风转变年”“干部素质提升年”活动，联合西南政法大学举办全县政法（综治）干部依法行政专题培训班1期，通过视频会议形式组织广大干警参加“宁夏政法大讲堂”集中学习4次，进一步提高了干警的政治理论素养，强化了“四个意识”。严格落实党委政法委领导机制和工作机制改革，积极加强政法委机关自身建设，定期召开政法委员会，听取政法部门党的建设、党风廉政建设、意识形态工作汇报，发挥好政法委的政治引领和保障作用。督促协调政法部门全面落实“四项”司法改革和综合配套改革，深入推进公安改革和司法行政改革，政法领域改革不断取得新进展。不断加强政法干警纪律作风、业务能力建设，全面提升政法队伍能力素质。

【综治中心运行】 在2017年全面完成19个乡镇综治中心建设重组的基础上，2018年进一步强化人员和经费保障力度，西吉县综治办定期深入各乡镇开展督导检查，大力推进综治中心规范运行。各乡镇综治中心对辖区内各类矛盾纠纷和安全隐患进行了日常排查，对社会治安形势和治安案件、刑事案件、重点人员等信息及时分析研判，分流处置；设立专门接待窗口，对群众反映的信访、矛盾纠纷及安全隐患等事项统一登记、受理、分类处置；实行辖区内宗教、市场监管、安全生产、特殊人群管理等职能部门统筹协调，工作统一联动，适时召开协调会、联席会，畅通信息，共享资源，初步建立了“预警研判、受理分流、工作联动、管理考核”四项机制，切实将工作做在平时平常。

【矛盾纠纷化解】 结合西吉县群众反映强烈突出

问题大排查大化解专项行动、集中开展清理化解涉法涉诉信访积案攻坚行动，立足抓早、抓小、抓细、抓实，组织乡村干部、“两所一庭”干警深入辖区，广泛排摸化解各类矛盾纠纷。充分发挥公众评判庭、劳动争议、道路交通事故等行业性、专业性调解组织和法院诉调对接中心、公众评判庭作用，强化“三调联动”，矛盾纠纷多元化解机制不断完善。积极规范社会治安综合治理信息系统运用，确保矛盾纠纷应录尽录，实现工作程序可查询、可追溯、可跟踪、可评价，着力压实排查化解两个责任。2018 年，全县共排查调处各类矛盾纠纷 5196 件，化解 5074 件，化解率达到 97.7%。

【“扫黑除恶”】 积极履行西吉县扫黑办牵头抓总职责，先后出台《西吉县开展“扫黑除恶”专项斗争实施方案》《关于在全县集中开展治乱工作的通知》《西吉县深入推进扫黑除恶专项斗争重点工作任务分工方案》和《关于开展涉黑涉恶线索集中排查行动的通知》等文件，组织召开工作推进会、领导小组（扩大）会、案件协商会 7 次，6 次深入乡镇和相关部门开展督导检查，推动专项斗争向纵深发展。各乡镇、各成员单位坚持打早打小、除恶务尽，广泛动员发动群众，深入开展涉黑涉恶线索集中排查行动，严厉打击涉黑涉恶违法犯罪，全县扫黑除恶专项斗争取得初步战果。共张贴公告 7000 余份，开展各类扫黑除恶宣传活动 38 场次，在西吉县新时代农民讲习所举办扫黑除恶培训法治讲座 117 场次，发放《扫黑除恶专项斗争宣传手册》8000 余册，其他宣传资料 10 万余份；共排查涉黑涉恶问题线索 95 条，打掉涉恶势力犯罪团伙 2 个，抓获犯罪嫌疑人 27 人。同时，大力加强制度建设，先后印发了《关于印发扫黑除恶专项斗争有关制度的通知》《西吉县扫黑除恶专项斗争领导小组工作规则》等文件，建立了线索排查、移送反馈、信息报送等制度，建立健全了通报、协调、会商工作机制，工作运行不断规范。

【平安建设】 坚持问题导向，扎实开展风险防范化解、社会治安突出问题、公共安全隐患、特殊人群服务管理突出问题“四项专项整治”，持续加强社会治安防控体系建设，积极推进平安乡镇、平安村、平安单位等基层平安创建，着力提升社会治安综合治理水平，群众安全感和满意度不断提升。2018 年，西吉县共立命案 6 起，破 6 起；立八类刑事案件 9 起，破 9 起；立刑事案件 428 起，破 304 起（通过技术手段破获刑事案件 230 起，占整个破案数的 76%）；受理治安案件 796 起，办结 530 起；对全县 206 名有肇事肇祸苗头的精神病人逐一走访稳控、对 1082 名刑满释放、社区矫正重点人员进行了动态掌控；查处各类交通非法违法行为 5 万余起。

【村级“联合办公日”】 出台《西吉县“联合办公日”实施办法》，为全县 19 个乡镇的所有村（居）统一印制了工作流程图、工作记录簿，进一步规范工作运行机制，规定乡镇包片领导、包村干部、第一书记、村级“三委”班子成员每周集中一天到村部开门办公，面对面解决群众诉求，点对点化解矛盾纠纷。乡镇干部利用“联合办公日”指导村（社区）党支部严格执行“三会一课”、党员活动日、组织生活会、党员管理等基本制度，规范党内政治生活，夯实党的执政基础；督促指导村委会严格执行民主议事决策机制，商讨本村事务，共谋本村发展。同时，乡镇依托“联合办公日”平台推行到一线了解民情、到一线调查研究、到一线化解矛盾、到一线落实工作的“四个到一线”工作法，推动乡村日常工作落实由“群众上访”向“干部下访”转变，实现“小事不出村，大事不出乡，难事不出县，矛盾不上交”的目标。

【脱贫攻坚】 帮扶干部进村入户办实事送温暖专项行动深入开展，机关主要领导 10 多次带队深入小堡村走访调研，督导落实帮扶措施。投入

2.9 万元，为小堡村 50 余户农户开通宽带业务，投入 2 万多元为小堡村配备办公桌椅、微机、打印机，积极与公路管理中心联系，投入 50 多万元，完成村道硬化，方便群众出行和农产品运输成本；协调完成户户通自来水，落实了建档立卡户养殖业、种植业项目，进一步激发贫困户内生动力，确保贫困群众短期有收入、中期有产业、长期有就业。

（何建智）

公 安

公安工作

【概　况】 西吉县公安局核定编制 289 人，全局在职在编民警 280 人，事业编制 51 人，工勤人员 1 人，转业士官 23 人，协勤 197 人。设有局长 1 名，政委 1 名，副局长 4 名，党委委员 2 名；公安局内设 3 个综合管理机构、8 个执法勤务机构、19 个派出所和 2 个监管场所（看守所、拘留所）。

【安保工作】 紧扣自治区成立 60 周年各项活动安保工作，进一步提高政治站位，牢固树立全局一盘棋思想，举全警之力，集全警之智，以最高标准、最严举措，维护全县社会大局持续稳定。排查各类风险隐患，加强重点人员和社会面管控，强化道路交通、消防安全管理，设立治安检查站，实现“四个防止”“三个确保”目标。其间，共摸排上报各类不稳定因素 5 件，排查化解矛盾纠纷 1435 起，稳控各类重点人员 55 人。

【维护稳定】 紧盯西吉县委、县政府关注的热点问题，密切注意社情民意，进一步加强情报信息搜集研判，定期向县委、县政府报告维稳形势，提出工作建议，为上级领导及时掌握动态、科学决策提供可靠依据。2018 年共搜集上报各类情报信息 236 条。摸排梳理邪教案件线索 2 起，处理涉案违法人员 3 人。查处非法宣教活动 2 起，取缔非法活动场所 1 处，依法处理违法人员 9 人，抓获邪教组织案件逃犯 1 名，有效遏制邪教组织在西吉县的非法宣教和破坏活动。

【中心工作】 选拔 16 名优秀民警担任驻村第一书记和工作队员，到田坪乡大岔村、李沟村等 8 个村指导开展基层党建工作。组织全局 269 名民警与 1350 户贫困户结对帮扶，共帮助群众解决难题 837 件，办实事 790 件，排查化解群众反映强烈突出问题 748 件，协调解决矛盾纠纷 212 件，投入帮扶资金 4.4 万元。综合运用多种公安资源和社会资源，对寻衅滋事、扰乱秩序等违法犯罪行为形成严管重处高压态势。2018 年，依法妥善查处扰乱社会秩序违法行为 126 起，治安拘留违法行为人 161 人，调处各类矛盾纠纷 300 余起。进一步深化“放管服”改革，2018 年共办理申领驾驶证 2150 证、面签 1.2 万余人、审验驾驶证 3806 证、补证换证 3946 证，机动车注册入户 1434 辆，机动车审验 3940 辆；办理出入境护照 1294 证，港澳通行证 885 证，台湾通行证 398 证，边境证 260 证，准迁证核发 420 证。积极配合有关部门共同做好搬迁人员户口审核、迁移工作，为移民搬迁保驾护航。2018 年共审核“十三五”县外移民户口 2058 户 9443 人，县内移民户口 4826 户 20384 人。审核 2018 年高考学生户籍信息 5229 人，失地农民养老保险申请人户籍信息审核 248 户 447 人；廉租住房申请人户籍信息审核 148 户 592 人。深入开展户籍清理整顿。共清理核查单老户 2343 户 2343 人，双老户共 4082 户 8164 人，审核解冻及恢复户口 1139 人；核查 2018 年部级人像比对系统疑似重户线索 353 条，重户注销 98 人，累计清理应销未销户口 250 人，累计清理纠正户口登记项目差错 391 个。

【“扫黑除恶”】 精心组织，周密部署，抽调精干警力成立“扫黑除恶”专班，本着有黑扫黑、无黑除恶、无恶治乱的原则，深入开展“扫黑除恶”专项斗争。共搜集核查涉恶违法犯罪线索 125 条，打掉恶势力犯罪团伙（集团）2 个，抓获犯罪嫌疑人28名，破获9类涉恶刑事案件24起，刑事处理60人。马吉家族恶势力团伙犯罪案件已宣判。

【打击犯罪】 2018年，西吉县共立刑事案件555起，破387起（破案绝对数517起），破案率69.7%，抓获犯罪嫌疑人284人。坚持“命案必破”不动摇，对故意杀人、强奸、重伤害等严重暴力犯罪坚持专案攻坚，快侦快破。2018年6起现发命案全部侦破，连续10年实现命案全破。共立八类主要案件14起，破13起，破案率92.9%。经过10年精心经营，成功侦破自治区公安厅挂牌督侦的“2008·10·28”故意杀人案。通过视频研判、技术侦查、审讯深挖等多种手段，全力攻坚多发性侵财犯罪，2018年立各类侵财案件411起，破255起，破案率62%；其中立盗窃案件266起，占所有侵财案件的64.7%，破137起，破案率51.5%。4起自治区公安厅挂牌督办案件受到自治区公安厅、固原市公安局贺电表扬，其中“2018·6·7”米梅被骗案研判报告被公安部五局评为优秀产品，两名民警分别受到公安部、公安厅表彰。始终保持对毒品违法犯罪的高压态势，2018年共查处吸毒人员69人，其中强制隔离戒毒24人，批捕涉毒案件犯罪嫌疑人6人，分别完成任务的71.9%、72.7%和100%。依法严厉打击非法集资、贷款诈骗、传销等涉众型经济犯罪，保障人民群众合法权益。共立经济犯罪案件16起，破5起，刑事拘留13人，挽回经济损失28.5万元，收缴假币3.2万元。对西吉县53家投资公司、4家小额贷款公司进行了摸底排查。

【刑事基础】 充分认识刑侦基础工作对侦查破案的支撑作用，紧紧围绕“现场必勘、质量必保、鉴定必准”的目标，扎实做好刑侦基础信息采集应用。2018年现场勘查613起，指纹提取率9.29%，足迹提取率30.66%，DNA采集及指纹采集完成10231份；利用视频侦查破案329起，占所有刑事破案数的85%。充分发挥警犬技术作用，先后参与马某某涉嫌故意杀人案等重大刑事案件现场物证搜索和泾源县六盘山旅游节等秩序维护工作，表现突出。

【治安防控】 以交巡警改革为依托，构建治安防控新格局，突出问题导向，做实社区警务，基层基础工作得到不断加强，打防管控能力进一步提升。2018年共受理治安案件962起，办结691起，办结率为71.8%；查处违法行为人1179人，其中行政拘留444人。

【交巡警合一】 制定《西吉县公安局“交巡警合一”警务机制改革实施方案》，争取县委、县政府支持，4月12日组建西吉县公安局交巡警大队，将县城街道划分三个片区，实行四班三运转，开展网格化巡防模式，缓解街面巡防警力不足问题。

【社区警务】 科学划分警务区，结合西吉县辖区面积、人口、治安状况等要素，在全县设立42个警务室，建设完成标准化、规范化警务室36个。新招录42名社区警务管理工作人员充实到各派出所开展工作。扎实开展“一标三实”基础信息采集，共采集实有人口482916人，实有房屋132805间，实有单位1614家，完成总任务数的97.4%。

【重点整治】 制定《西吉县公安局治安重点地区社会治安整治专项行动方案》，对旅馆业、寄递物流等行业制定考核办法及通报制度。以学校、车站、城区旅馆业为重点整治目标，对民用爆炸物品、涉枪从业单位、党政机关等重点单位、重要部位开展安全大检查、大整治。共检查宾馆198家次，受案查处15家，全县旅店业信息上传率达99.4%；检查网吧135家次，受案查处11家；对3家加油站责令限期整改和警告，对不落实安全检查和实名登记的5家寄递物流进行限制整改。加大对涉黄、涉赌违法行为的查处力度。2018年查处赌博案件49起，采取刑事强制措施29人，行政处罚248人；查处卖淫嫖娼案件3起，逮捕4人，行政拘留5人。加强校园安全教育宣传，提高师生法治意识、安全防范意识和自我防护能力，切实维护校园及周边良好治安秩序。共检查学校1650余次，检查校园周边出租房屋1205间，排查治安复杂场所15个，重点部位76个，登记流动人口375名，发现各类问题和治安隐患34处，现场整改17处。开展法制讲座65场次，印发宣传单3万余张。

【矛盾纠纷化解】 制定“雨露行动”方案，深入排查因重大项目建设、精准扶贫、家庭邻里婚姻纠纷等领域各类矛盾纠纷，提前介入，及早化解，2018年，共化解各类矛盾纠纷3725起。紧紧围绕“铁桶工程”建设，强化重点人员管控，对西吉县206名肇事肇祸精神病人、1082名刑满释放和社区矫正重点人员进行动态管控；对3601名退役军人进行全面梳理，登记造册。

【交通管理】 落实道路交通安全管理责任制和各项预防措施，查隐患、堵缺口，最大限度预防交通事故。2018年共开展酒驾专项行动72次，其他各类专项行动69次，现场查处各类违法行为65058起，行政拘留295人；查处酒驾198起（饮酒121起，醉酒77起）；共受理各类交通事故3826起，其中刑事案件22起，一般事故172起，直接经济损失63.7万元。充分发挥“两站两员”作用，共劝导违法车辆8000余辆，纠正交通违法行为300余起，发现道路交通安全隐患4条。2018年，淘汰黄标车300辆，报废老旧车辆362辆。

【消防安全】 建立健全消防安全工作长效机制，组织开展歌舞娱乐、大型综合体、高层建筑等场所联合检查和专项治理行动。2018年，共发生火灾事故269起，直接经济损失24.8万元，无人员伤亡，共参与抢险救援60起，抢救财产价值24.18万元。检查单位1946家，督促整改火灾隐患2019处，下发责令改正通知书851份，行政处罚68家，三停18家，行政拘留11人，政府挂牌督办重大火灾隐患2起，西吉县火灾形势持续平稳。

【监所安全】 坚持以监所安全为中心，积极整改突出问题，创新监所管理理念，积极打造安全、文明、和谐监所。12月上旬，圆满完成“两所”新址搬迁和在押人员转押工作。着力解决涉枪涉爆突出问题，有力防范、整治非法制贩管制器具和枪支违法犯罪。2018年，共收缴非法枪支175支，其中自制土枪66支，气枪35支，射钉枪74支，射钉弹35发，管制刀具3把，查处非法持有枪支案件10起，处理违法犯罪人员7人。

【执法办案】 按照《西吉县公安局2018年执法规范化建设实施方案》和全局执法规范化建设会议要求，以法治公安建设为目标、以增强全体民警法治意识、能力素质为基础，以提高执法办案质量为重点，深入推进执法规范化建设，执法质量考核持续保持全区优秀行列。坚持案管中心常态化运行，共发布日巡查提示单104期，巡查复查通报103期，发现执法问题150余条；审核提请逮捕案50案82人，检察院批准逮捕42案70人，整体批捕率85.4%，同比上升6个百分点。审核移送起诉刑事案件133案151人，起诉率100%。审核刑事拘留68案102人，审核治安拘留513人。严格落实执法全过程记录工作制度和“四个一律”“六个杜绝”规定，通过日巡查、晾晒单、案件考评等方式，认真排查各执法单位制度落实情况，发现问题及时通报，并督促整改。2018年执法记录仪上传率达到100%，未出现违反“四个一律”“六个杜绝”等严重执法过错行为。完成硝河、偏城、沙沟、平峰四个派出所执法办案区升级改造，不断提高执法规范化水平。严格落实“月度考评”排名通报、“每案必审，每案必考”、逢嫌必检制度。对全局行政案件、刑事案件进行网上初考，通过执法监督系统对280余起疑难案件进行抽考，对发现的300余条执法问题要求办案单位限期整改。结合全区公安机关刑事执法突出问题专项整治工作，对四个方面16项重点内容逐项审查整改，并将排查整改情况和处理意见上报区市法制部门。

【装备建设】 以“服务中心工作、服务基层一线、服务实战需求”为重点，积极推动公安装备建设，大力推进信息资源实战应用最大化，为基层实战提供强有力的支撑。完成“两所”迁建项目工程建设，兴隆公安检查站按期投入使用，兴隆派出所主体完成施工。完成平峰、偏城、硝河、沙沟、兴隆检查站办案区改造。投入800余万元，在城区主要路口安装、改造、新建红绿灯、电子警察25处。投入56万元，为一线民警配备4G回传执法记录仪200台；为全局331名政法和事业编民警全部配备350兆对讲机和移动警务终端，完成兴隆治安检查站和县汽车站“闸机”系统的安装。投入108万元配备电脑、打印机等基本办公设备，投入10万元对县局网页进行升级改造。采购配备执法执勤车11辆、囚车1辆。完成合成作战中心改造，采购电子物证取证一套，提升打击违法犯罪及电子数据提取固定、恢复检验能力，全面提升网安部门监测预警、数据运用、服务实战、安全监管、案件侦查和依法治网能力。2018年共开展网上巡查300余次，发现涉警信息106条，落地核查6人；参与配侦办案27起，提供有效线索21条，协助抓获12人；落地查处网络谣言13次，打击处理5人。

【政治建警】 以习近平总书记提出的“四句话、十六字”总要求为引领，持续深化政治建警、素质强警、从严治警、从优待警，打造综合素质过硬队伍。组织召开党建暨党风廉政建设工作会议，重点组织学习习近平新时代中国特色社会主义思想和党的十九大精神、习近平总书记“5 · 19”重要讲话精神，组织观看系列警示教育片《警钟》和电影《厉害了，我的国》。召开严格执行中央八项规定精神专题民主生活会，举办“纪念建党97周年 · 重温党的光辉历史”专题讲座和集中整顿软弱涣散基层党组织“万人百场”宣讲会，每月举行升国旗及国旗下演讲活动。召开专题会议研究党支部党建工作2次，组织召开党建工作推进会1次，对各党支部党建工作每季度进行一次督导检查和考评。不断加强培训学习，邀请西吉县委组织部领导对支委班子成员进行党建知识培训，举办学习贯彻党的十九大精神和新《党章》知识竞赛，组织党员参加学习习近平新时代中国特色社会主义思想、党的十九大精神和党章知识考试。坚决落实党建各项制度，推进党建项目化管理工作，召开纪念建党97周年表彰大会暨党委书记讲党课，开展党支部“双评双定”活动，督促落实“三会一课”谈心谈话、“3+X”主题党日、党员组织关系、党费管理等，组织开展纪念建党97周年系列活动和党建促进月活动。

【从严治警】 从严整治共产党员信仰宗教和参与宗教活动问题，认真完成巡视组反馈意见问题整改。按照西吉县委要求，制定“干部作风转变年”活动方案，召开“三个年”活动动员部署会，县公安局党委、各党支部通过学习规定篇目，增强了党员民警遵守党章、党规、党纪的坚定性，改进作风的自觉性。集中开展“四风”整治，对照“四风”问题自查自纠。深化运用监督执纪“四种形态”，加强日常监督管理，严肃查处各种违规违纪案件。2018年共受理信访、投诉、举报、批转等案件40起，核实查处40起。

【从优待警】 积极开展警员职务序列改革工作，对全局281名民警信息进行核对整理；落实警务辅助人员职级评定，积极争取政府支持，以政府办公室名义印发《西吉县规范公安机关警务辅助人员管理使用工作的实施方案》，警务辅助人员从2019年1月1日执行新的工资标准。共看望、慰问民警、辅警24人次，送去慰问金、慰问品共计4.4万元，发放民警、辅警高考子女鼓励助学金6000元；筹资48万余元，对全体民警、辅警和离退休人员进行体检。

（王 辉）

消 防

【概 况】西吉县消防大队（前身为西吉县公安消防中队）成立于1980年，大队共有人员40名，执勤车辆6辆，行政车3辆，后勤保障车1辆。2018年，消防大队以学习贯彻习近平新时代中国特色社会主义思想和党的十九大精神为抓手，以“补齐短板、追赶超越、再上台阶”为目标，以防火和灭火救援任务为中心，着力抓好队伍管理和基础建设，全力提升火灾防控水平和队伍实战能力。2018年共接警331起，其中：火灾269起，抢险救援60起，社会救助2起。出动消防车138辆次，出动指战员570人次，抢救被困人员8人，疏散群众6人，抢救财产价值24.18万元。完成春节、两会、自治区成立60周年庆祝活动、“心连心”艺术团演出等重大节日和重要活动的消防安保任务。

【队伍建设】2018年，大队始终坚持围绕“建一流班子，带一流队伍，创一流业绩”的目标，严格落实各项组织制度，形成齐抓共管的良好工作氛围。先后被宁夏消防总队表彰为“先进大队”和“先进大队党委”。一是严格落实组织生活制度，规范组织建设。严格落实“三会一课”制度和组织学习制度，定期开展党课集中教育学习，不断提高指战员的理论素养。二是抓好廉政建设，打造廉洁队伍。分阶段组织干部对《中国共产党廉洁自律准则》《中国共产党纪律处分条例》等进行学习，强化廉政意识。走进廉政教育基地开展警示教育，组织观看《道是无情却有情》等教育片，召开专题民主生活会，深刻剖析各类问题成因，提出整改措施及努力方向。三是抓本治源，维护队伍良好形象，大队把从查执勤、查执法延伸到查各项业务工作，对干部从8小时以内延伸到8小时以外，从工作圈延伸到生活圈、交友圈，实行全方位、多渠道的监督，确保队伍风清气正。

【训练工作】坚持实战化训练，把“仗怎么打，兵就怎么练”思想贯穿训练始终，扎实开展全员执勤岗位练兵活动。共开展20项体能、11项合成操法、60余件（套）器材装备应用熟悉训练，完善消火栓档案98份，完成重点单位消防设施熟悉、微型消防站培训、装备测试、普通中队整建制实战化合成训练等工作。2018年大队共开展“六熟悉”130次，重点单位演练89次，修订预案41份，协调投入4万元制作和购买20余种训练器材，不断夯实队伍训练基础。积极组织队员参加总队、支队的各项比武竞赛活动，获得总队冬训比武考核第一名、在全国消防救援队伍夏季训练考核中取得好的成绩；12人次先后被总队、支队评为“训练先进个人”。

【思想政治】紧抓思想政治教育，筑牢全体指战员思想根基，认真开展“传承红色基因　担当强军重任”和“不忘初心　牢记使命”主题教育，邀请党的十九大代表、自治区秦腔剧院侯艳副院长进警营慰问演出；通过承诺践诺、制作展板、撰写心得等方式，让指战员在潜移默化中受到熏陶，打牢指战员听党话、跟党走的思想根基。邀请银川市心理卫生协会心理咨询师纳巍开展心理健康辅导讲座，缓解全体指战员长期执勤战备的心理压力和不良情绪；开展“堪当主力军　建设国家队　我们怎么做”“不忘初心再出发　投身改革谱新篇”“我向支部表白”等10余次专题大讨论活动，引导指战员坚决拥护改革、积极支持改革、自觉投身改革；投入8万余元建成警营文化长廊，强化指战员以队为家的思想。开展参观将台堡爱国主义红色教育基地、纪念建党97周年、观看《情系六盘》宣传片等系列活动，邀请专业音乐老师开展吉他乐器教学、认真开展“一队一特色”节目排练等活动，激励指战员振奋精神、坚定信念。

【后勤保障】 大队按照“以管理于服务，以服务促管理”的工作思路，坚持开源节流，积极推动后勤保障能力。一是严格落实财经制度。严格执行党委理财和预决算制度，科学规范编制预算，确保经费使用合理、规范。二是推行伙食工作精细化管理。先后组织召开专项会议12次，严格落实伙食管理“五项制度”，膳食结构大力改善。开展倡导厉行节约、反对铺张浪费活动，创建“节约型”队伍。三是认真开展财务、资产大清查工作。大队始终坚持整风整改基调，对于发现的问题，追根溯源，既分析问题成因，也区分问题性质，对能改的立即纠治，对一时难以解决的列出整改时间表。四是开展装备器材核查清理工作，摸清在用和库存装备底数，更新库存装备，清理淘汰过期失效装备，确保装备管理系统数据信息的真实性、准确性和有效性。

【监督执法】 一是政府高度重视，责任制有效落实。西吉县消防大队积极主动向县委、县政府主要领导汇报工作10余次，提请县政府组织召开消防工作会议4次；县委、县政府主要领导带队开展消防安全检查10余次。充分发挥县消防安全委员会联席制度作用，分别联合安监、教育、市监、民政、建环等有关部门开展联合执法20余次，形成了各部门分工协作、齐抓共管的良好管控格局。二是强化执法力度，有效遏制火势。提请县政府安排部署冬春火灾防控和夏季消防检查等系列活动，先后组织开展歌舞娱乐、大型综合体、高层建筑等场所的联合检查和专项治理行动。2018年，大队共检查单位1983家，督促整改火灾隐患2040处，下发责令改正通知书876份，行政处罚74家，三停20家，罚款33.03万元，行政拘留11人，临时查封14家，一大批火灾隐患得以消除，全县火灾形势持续平稳。三是整合群防群治力量，全面提升火灾防控能力。大队在不断提升战斗力的同时，全力推动县农村消防队做好灭火救援战斗补充、协作，基本实现火灾初期扑救能力；推动养老院、高层建筑、群租房等场所安装独立式感烟探测器144个、简易喷淋系统30套，有效预防“小火亡人”事故发生。

【消防宣传】 强化全民消防宣传力度。印制各类宣传资料3万余份，在LED显示屏上滚动播放宣传标语，利用西吉电视台、消防微博等多个平台向社会面公布火灾隐患举报方式。利用“3·15”打假活动、“119·消防安全宣传月”等活动开展消防安全宣传，并组织对各乡镇、学校、社区、派出所等单位人员开展公益性消防安全培训30期，培训1万余人；开展消防宣传活动50余次，发放消防宣传资料和张贴电动车宣传海报2万余份；在全县大型商场、主要街道、路口利用电子屏播放和悬挂消防宣传标语100余条。

【双拥共建】 开展拥政爱民活动。与驻地单位、清真寺、养老院等多家单位结成共建对子，组织签订共建协议，积极开展工作交流学习和联谊活动，不断增强单位之间的感情。2018年，大队到敬老院、革命老人家中走访慰问6次，到困难官兵家中座谈慰问8次，并送去米、面、油等生活用品，给袁河敬老院捐献铁皮柜、床头柜等，与西吉县安康医院在县广场联合举办庆“八一”文艺会演。

（徐福胜）

检　察

【依法履职】 依法履行批捕起诉职能，全力维护社会大局稳定。共受理审查逮捕案件62件100人，批准逮捕51件83人，不批准逮捕11件17人；受理审查起诉案件201件274人，审结195件279人，起诉185件262人，不起诉10件17人，提出量刑建议239人，列席法院审委会2次。

【“扫黑除恶”】 开展“扫黑除恶”专项斗争，严惩涉黑涉恶犯罪。办理涉恶案件2件28人，提前介入引导侦查取证，监督立案19人、追诉2人，强化宣传，发动群众，多渠道摸排、移送涉恶案件线索16件，形成打击犯罪合力，实现政治效果、法律效果和社会效果的有机统一。

【严惩职务犯罪】 配合监察体制改革严惩职务犯罪。坚决贯彻执行党中央和自治区党委决策部署，转隶干警10人、政法专项编制14人，调拨办公办案设施及执法执勤车辆。落实修改后的《刑事诉讼法》，建立案件线索及职务犯罪案件移送衔接机制，受理西吉县监察委移送审查起诉贪污案件3件6人，审结起诉2件4人、不起诉2件5人（含上期积存案件），收到职务犯罪有罪判决3件5人。

【刑事检察】 一是强化刑事立案监督。受理立案监督案件56件70人，其中监督公安机关立案侦查应当立案而未立案件20件20人、撤销不应当立案而立案件33件47人；落实“两法衔接”共享机制，监督行政执法单位移送涉嫌刑事犯罪线索3件3人。二是强化刑事侦查监督。向公安机关发出书面纠正违法通知书9份；追诉遗漏犯罪嫌疑人4人、遗漏罪行2起；提前介入引导侦查取证9件。三是强化刑事审判监督。办理刑事抗诉案件2件，向西吉县法院发出纠正违法通知书1份。其中马某玩忽职守一审判决无罪案件，经依法提起抗诉，西吉法院重新审理后已改判有罪。四是强化刑事执行监督。强化监管监督，办理羁押必要性审查案件12件12人，发出纠正违法通知书12件、检察建议11份。对22件被判处罚金刑未执行的案件进行立案监督；对被判处实刑的3名未执行刑罚罪犯，监督西吉法院启动暂予监外执行程序。强化社区矫正检察监督，发现脱管漏管人员6名，发出检察建议进行了纠正。

【民事行政检察】 受理各类民事行政检察监督案件84件，其中：受理农民工申请支持起诉讨薪案件44件，涉及农民工567人，涉案金额近800万元，帮助农民工讨回拖欠工资704万元；受理对审判程序中违法行为的监督案件11件，对民事行政执行活动监督案件10件，派员参与监督法院集中执行活动1次；受理督促行政机关履行职责案件19件。向法院发出支持起诉书44件、检察建议书21份；向行政机关发出检察建议书19份，均采纳并回复。在人社部门设立检察官监督办公室，严厉打击恶意欠薪行为，与西吉县法院、西吉县公安局、西吉县人力资源和社会保障局等7部门联合制定《关于规范农民工薪酬支付实施办法》，建立维护农民工合法权益的长效机制。

【公益诉讼】 一是主动汇报，积极争取西吉县委、县人大、县政府支持。在固原市率先出台《关于支持检察机关开展提起公益诉讼工作　全面促进法治西吉建设的意见》，召开西吉县“两法衔接”暨检察公益诉讼工作推进会，将“两法衔接”和检察公益诉讼工作列入2018年法治政府建设与政法综治工作要点。二是建立机制，为开展公益诉讼提供制度保障。与西吉县国土局制订《关于加强协作　推进行政公益诉讼　促进法治国土建设的意见》，跟踪监督拆除非法砖场6家；制定西吉县检察院《开展食品药品安全领域、葫芦河流域（西吉段）生态环境和资源保护、医疗废物处理三个公益诉讼专项监督活动实施方案》《开展民事行政非诉执行专项监督活动实施方案》《开展“保障千家万户舌尖上的安全”检察公益诉讼专项监督活动实施方案》，狠抓落实工作。三是突出重点，找准服务保障大局工作结合点和切入点。围绕服务县委“三大专项行动”，深入19个乡镇摸排行政公益诉讼案件线索34件，立案调查32件，提出诉前检察建议32件，发出检察建议书43份。督促行政履职清理垃圾7000余吨、关闭非法采砂场4个、排污口3个、恢复造林28亩5000余棵，移送刑事案件线索并监督公安机关立案1件，实现公益诉讼“双赢多赢共赢”的监督效果。

【检察服务】 坚持以人民为中心的发展思想，建成网上网下“一站式”受理群众诉求的12309检察服务中心，实现“让数据多跑路，让群众少跑腿”，最大限度方便群众诉求。受理群众来信来访119件142人，其中检察长接待来访47件69人；受理申请民事行政监督案件34件34人；办理刑事申诉案件5件7人、司法救助案件1件2人、国家赔偿案件1件1人。建立律师参与和化解涉检信访工作机制，多方联动，成功化解长达4年之久的马某某刑事申诉信访案，自治区检察院转发全区检察机关学习借鉴。

【法治进校园】 强化未成年人检察监督，着力维护未成年人合法权益。与西吉县教育局、西吉县团委联合发文为西吉县城中小学校、幼儿园和19个乡镇中心学校派驻法治副校长、法治辅导员48名。共开展“法治进校园”活动208场，覆盖师生5万余人，散发宣传资料3万余份，就保护未成年人合法权益问题向教育、文化、民政等部门发出检察建议6份，建成4个未成年人观护帮教基地。

【自身建设】 一是强化办案履职能力，加强队伍专业化建设。建立完善司法体制改革相关制度规定20个，新增遴选检察官2名，严格执行入额院领导一线办案制度，入额院领导办理案件193件、评查案件498件、流程监控案件137件，发挥领导干部示范引领作用。深化以审判为中心的刑事诉讼改革，通知侦查人员出庭作证3人次。建立5个新型专业化办案团队、一个涉黑涉恶案件捕诉一体化办案团队，招录4名聘用制书记员，优化配置办案人力资源，强化履职能力，提高办案效率和质量。二是强化检察人才培养，加强队伍职业化建设。落实适应司法责任制要求的分类分层教育培训目标，扎实开展“干部作风转变年”“干部素质提升年”活动，制定主题活动实施方案和干警教育培训、岗位练兵实施方案，聚焦实战、注重实训、突出实用，邀请专家学者举办理论和实务讲座，组织干警参加上级检察院举办的各类培训讲座，实现线上线下培训干警全覆盖。组织“公诉人论辩赛”“观摩庭”“业务标兵竞赛”等岗位练兵活动，促进全院干警加强职业伦理、职业操守教育，有效提升检察干警综合业务素养。三是强化内部考评机制，加强司法规范化建设。依托案管大数据平台，强化案件流程监控，健全完善质量、数量、效率、效果、安全并重的工作绩效评价体系，着力规范司法行为。通过“一月一巡查一总结一通报”机制，对374件案件进行流程监控，发出通报12期，发出流程监控通知书28份；完善案件质量评查标准和办法，开展案件质量评查4次，评查案件283件，发出通报4份，纠正一批司法不规范问题。

【队伍建设】 一是加强思想政治建设。深入学习贯彻习近平新时代中国特色社会主义思想和党的十九大精神，坚持以政治建设为统领，始终把纪律规矩摆在前面，组织干警深入学习贯彻《中国共产党章程》《中国共产党问责条例》《中国共产党纪律处分条例》等党内法规，扎实开展党的政治纪律和政治规矩教育，不断增强党性修养，强化党员意识、党章意识和规矩意识。以党员领导干部为重点，扎实推进主题教育活动，坚持把理论武装、党性教育、纪律要求、作风建设和整改落实贯穿各项活动始终，使全体干警切实做到学规矩、懂规矩、守规矩，牢固树立“四个意识”、坚定“四个自信”、坚决做到“两个维护”，始终从思想上政治上行动上同以习近平同志为核心的党中央保持高度一致。二是加强机关党的建设。坚决贯彻落实新时代党的建设总要求，切实肩负起全面从严治党的主体责任，严格落实“两个责任”和“一岗双责”，层层签订《机关党的建设工作责任书》《意识形态工作责任书》。全面落实党的民主集中制原则和请示报告制度，对检察工作的重大部署、重大问题和重要事项，主动向县委和上级检察机关请示报告，坚持院党组工作和机关党的建设、党风廉政建设、意识形态工作定期报告制度。落实“三强九严”“双评双定”要求和专题民主生活会、民主评议党员等党内组织生活制度，组织班子成员参加双重组织生活会。推行党组成员联系党支部、党小组工作制度，扎实推进政治生日“一卡制”、评星定格“否决制”、素质教育“导师制”、党建平台“掌上制”落实落地，全面提升机关党建服务保障功能。全县机关党建工作现场观摩推进会在西吉县检察院召开。三是加强党风廉政建设。认真贯彻落实中央和区、市、县纪委全会、上级检察机关党风廉政建设和反腐败工作会议精神，及时召开工作部署会，层层签订《党风廉政建设工作责任书》，明确目标任务，确保党风廉政建设和反腐败工作责任落实到位。加强对窗口建设、执法办案、在岗出勤、公务接待、警车管理使用及《检察人员八小时外行为禁令》《禁酒令》等进行经常性排查和检务督察，强化内部监督制约，加大执纪问责力度。深入开展常态化警示教育，用身边的典型案例警醒教育干警，针对工作不力、守纪不严、不负责、不担当等问题，以问责促担责，让失责必问、问责必严成为常态，以此推动全面从严治党走向严紧硬。四是加强机关作风建设。坚决贯彻中央八项规定精神和区、市、县党委若干规定及上级检察机关有关规定，坚持不懈狠刹“四风”。以坚决贯彻落实中央巡视组和自治区党委巡视组、固原市检察院巡察组反馈问题整改工作为重点，扎实开展违反“中央八项规定”精神突出问题专项整治工作，对照“五个严禁”19个方面要求，全面自查自纠，共发现9个方面45条问题，健全完善相关制度7项，开展警示教育活动，用身边的人和事警示教育干警，牢固树立“作风建设永远在路上”的理念。

【创新发展】 巩固“全国文明单位”和“全区检察文化建设示范院”及党建、民族团结进步创建工作成果，坚持以铸牢中华民族共同体意识为根本方向，牢固树立“三个离不开”思想，增强“五个认同”，不断做大做强西吉检察文化品牌。检察文化建设和精神文明建设被《检察日报》“地方视窗”栏目专题报道并载入《中国检察文化年鉴》；民族团结进步创建工作被市、县观摩，并被评为“第八批全区民族团结进步创建活动示范单位”，被最高人民检察院授予“全国检察文化建设示范院”称号。

【“绿色检察”】 主动接受人大、政协和社会各界监督，认真办理人大代表、政协委员意见建议。市人大政协联合视察组、在宁的全国人大代表、自治区人大代表政协委员联合视察组先后分别对西吉县检察院深化践行“绿色检察”发展理念，全力服务保障县委中心大局工作进行专项视察检查；西吉县人大常委会检查组对检察院公益诉讼工作进行专项视察检查并听取和审议公益诉讼工作报告，均给予充分肯定。积极开展“庆重建、迎大庆”检察宣传月活动，接受《检察日报》记者、宁夏报业集团记者采访团现场观摩采访。开展“‘12309’·检察牵您手”和“关爱祖国未来、擦亮未检品牌”主题开放日活动。加强检察门户网站、“两微一端”等新媒体建设，及时传递检察工作动态、亮点和其他检务信息，发布微博信息2282条、微信信息604条，公开法律文书153份、公开案件程序性信息293条、发布重要案件信息20份。

（田 芳）

法 院

【概 况】 西吉县法院下设11个职能部门和兴隆、白崖、新营、震湖4个人民法庭。全院干警总编制86人，聘用书记员27人。2018年，共受理各类案件5992件，审（执）结5816件，结案率97.06%。收案、结案同比分别上升23.6%、24.43%。结案率2016年、2017年、2018年连续

3 年位居全区基层法院第一。

【刑事审判】 受理刑事案件 194 件，审结 185 件，判处犯罪分子 197 人，结案率 95.36%。严格落实罪刑法定、证据裁判和宽严相济刑事政策。给予刑事处罚 183 人，其中十年以上有期徒刑 1 人，五年以上不满十年有期徒刑 3 人，三年以上不满五年有期徒刑 9 人，三年以下有期徒刑 19 人，判处拘役 35 人，单处罚金 7 人，对 109 名轻微刑事犯罪分子依法判处三年以下有期徒刑和拘役宣告缓刑。对侵财型犯罪和扶贫领域职务犯罪，在判处主刑的同时，依法全部并处罚金。对 14 名自首或者具有立功表现的人员依法免予刑事处罚。

【“扫黑除恶”】 在全力做好日常刑事审判、严厉打击各类犯罪的同时，统一思想认识，完善工作机制，积极开展“扫黑除恶”专项斗争。利用电子显示屏、悬挂横幅、张贴通告、发放彩页等形式进行广泛深入的宣传。在媒体平台发布《“扫黑除恶”线索举报公告》和《助力“扫黑除恶”行动指南》，鼓励群众检举、揭发黑恶势力犯罪线索。加大涉黑涉恶线索摸排力度，对 2015 年来审理执行的案件进行全面梳理和深挖，共向县扫黑办移送涉黑涉恶线索 20 条。依法公开审判了马吉等 25 人涉恶案件，被告人分别被判处四年至八个月不等有期徒刑，部分县人大代表、县政协委员、“扫黑除恶”成员单位和乡镇干部、各界群众以及被告人家属等 400 余人参加了旁听，有力地震慑了黑恶势力犯罪，彰显了法治权威。

【民事审判】 受理民商事案件 4278 件，审结 4221 件，结案率 98.67%。在坚持依法公正裁判的同时，注重运用调解手段化解纠纷，调解结案 3027 件，调解率为 71.81%，最大限度地促进案结事了人和。充分发挥民商事审判贴近民生、影响广泛、辐射作用强的优势，解民忧、排民难、维民权、保民安。审理借款、买卖、劳务、民间借贷等合同纠纷 2656 件，有效地规范了经济秩序，促进了县域经济健康发展；审理离婚、赡养、抚养等婚姻家庭纠纷 1111 件，保护妇女、老人、未成年人的合法权益；审理农村土地使用权流转等涉农案件 600 件，着力保障农业发展、农村稳定和农民权益；审理机动车交通事故责任等侵权责任纠纷 174 件，依法保护社会弱势群体的生命健康和财产安全。

【行政审判】 根据行政案件集中管辖规定，共受理西吉、隆德两县行政案件 162 件，审结 161 件，结案率 99.38%。案件涉及行政管理广大领域，其中乡政府 110 件，城建 13 件，公安 10 件，资源 8 件。在行政审判中，履行司法审查职责，既体现对行政权的尊重和支持，又强化对行政执法的监督和规范。受理非诉行政强制执行案件 9 件，准予强制执行 6 件，综合运用各种有效方式化解 3 件。积极推动落实行政机关负责人出庭应诉制度，行政机关负责人出庭应诉率达 92%。通过举办专题法治辅导讲座，邀请行政执法人员旁听典型案件庭审，就案普法，以案释法，为行政机关依法履职发挥了良好的正向指引作用。

【环境资源审判】 充分认清全县资源开发与消耗、环境承载与保护面临的严峻形势，更新审判理念，审结环境资源案件 297 件。在刑事方面，加大对破坏环境资源犯罪的惩戒力度，依法判处 3 名非法狩猎的犯罪分子有期徒刑。在行政方面，建立司法与执法联动机制，支持行政机关依法履职，排除行政执法障碍，积极配合参与葫芦河流域环境整治，依法裁定关闭破坏矿产资源、污染环境的砖厂和小淀粉厂，实现生态环境立体化保护。在民事方面，注重生态环境的修复，审理 281 件非法占用退耕还林用地案件时，对擅自改变土地用途的违法行为依法予以制止，确保毁损土地得到及时修复，努力追求经济新常态下环境资源司法保护与经济社会健康发展的最佳平衡。

【执行工作】 受理执行案件 1349 件，执结 1240 件，执结率 91.92%，执结标的 7760 万元。把“基本解决执行难”作为“一把手工程”，紧紧围绕

"四个基本"总体目标，主动对标"四个90%，一个80%"指标要求，明确时间表、路线图，强化组织领导，加强统筹协调，注重加大经费、设备、技术等方面的投入力度，举全院之力攻坚克难。扎实开展执行"飓风行动"，联合西吉县检察院、西吉县公安局发布《关于敦促被执行人自觉履行生效法律文书所确定义务的公告》，加强对被执行人及财产的查控。纳入失信被执行人名单219人，对140名长期规避执行、抗拒执行的失信被执行人在《固原日报》、西吉电视台和"精彩西吉"等微信公众号上给予公开曝光。对145名被执行人采取司法拘留措施，以涉嫌拒不执行判决裁定罪移送公安机关侦查6件10人，判处4件5人，使威慑效果更加凸显，整体执行质效水平全面提升。最高人民法院调研督导组给予高度评价。

【定点帮扶】 制定印发《关于为实施乡村振兴战略提供司法保障的意见》，引导全院干警进一步增强为大局服务的紧迫感、责任感和使命感。先后抽调168人次参与城乡违建清理、农村软弱涣散党组织整治、扶贫贷款清收，有效保障重点工作的顺利进行。抽调6名干警分赴3个贫困村担任第一书记和工作队员。全体干警在抓好执法办案主业的同时，围绕"三个清""三个一"，为326个贫困户协调解决具体困难和问题。为帮扶村和贫困户筹集帮扶资金10万元，为贫困村送去取暖用煤6吨。为187名小学生捐赠书包、文具等学习用品。"七一"慰问了困难老党员。解答群众法律咨询644人次，有效增强了群众的法律意识和法治观念。

【普法宣传】 严格落实谁执法谁普法责任制，先后组织开展了"崇尚科学，反对邪教""规范用工秩序，依法维护权利""合理表达诉求，打击非法上访""反对家庭暴力，构建和谐社会"以及"健康人生，绿色无毒"等系列专题普法宣传活动，在西吉县城社区和乡镇集市累计发放宣传材料16万份，发送手机短信15万条，播放法治录音160小时，受教育群众达20万人次。组织"法官志愿服务队"和驻村第一书记到"新时代农民讲习所"开展党的惠民政策和法律知识宣讲，有效地密切了干群关系，增强了群众自觉守法、遇事找法、解决问题靠法的法治意识。

【涉诉信访】 针对部分群众"信访不信法"的观念，在西吉县信访督办局设立专门服务窗口，常年派驻干警引导信访群众进入诉讼程序。实行预约接访、随时接访、带案"下访"，做好法律释明、判后答疑、包案化解工作，从根本上减少涉诉信访问题的产生。持续开展"大走访、大排查、大化解"活动，强化院庭长接访，压实处理和稳控责任，按照"四个到位"要求，因人施策、因案施策、综合施策，受理的8件涉诉信访案件，均已成功化解，没有发生一例越级上访和缠访闹访事件。

【司法责任制改革】 按照职业化、专业化要求，组建10个审判团队，细化合议庭、独任法官执法办案规范，强化主责主业意识，在严格落实案件事实、证据、法律适用主办责任的同时，出台《裁判文书签发办法》，进一步明确审判长、独任法官签发法律文书的程序和范围，压实"让审理者裁判，由裁判者负责"。规范院庭长审判管理监督职权，出台院庭长权力责任"清单"，确保院庭长规范有序高效开展监督。院庭长承办案件4448件，同比增长8.67%。建立和完善30余项审判监督管理制度，涵盖案件评查、质量评估、流程管理、考核奖惩、监督指导各方面和审判执行工作的全过程。

【审判机制改革】 根据案件事实、法律适用、社会影响等因素，建立多层次、全流程案件分流体系，完善不同程序之间的转换衔接，做到该繁则繁，当简则简，繁简得当，以较小的司法成本取得较好的法律效果。积极推进以审判为中心的刑事诉讼制度改革，加强与公安、检察、监委的沟通协调，以强化非法证据排除，证人、鉴定人、侦查人员出庭作证和律师辩护为重点，充分发挥庭审在查明事实、认定证据、保护诉权、公正裁判中的重要作用，确保罚当其罪、罪刑相适应。全面推进裁判文书简化改革，探索制作令状式、表格式、要素式裁判文书，让裁判结果以更加直观的方式呈现在老百姓面前。

【家事审判改革】 突出柔性司法理念，彰显以“和”为主题的家事审判法庭。建立家事调查和“感情冷静期”机制，探索离婚生效证明和案件回访机制，注重与民政、教育、妇联等部门互动联系，将家事审判的裁判功能向诊断、修复、治疗功能转变，最大限度实现对尚未破裂婚姻和问题家庭的救治。家事案件的调解率为73.24%，服判息诉率达99.46%，调解和好的占离婚案件总数的38%。应邀参加了最高人民法院“昆明会议”和山东“德州杯”家事论坛，并进行了交流发言。区内外多家兄弟法院到西吉法院进行了观摩交流。最高人民法院周强院长在全国家事审判方式和工作机制改革试点工作总结大会上，充分肯定了西吉法院家事审判改革取得的成效，并命名为“全国法院家事审判工作先进集体”。家事法庭荣立集体二等功。

【司法公开】 推进信息技术与审判业务、司法公开、司法便民深度融合，构建符合信息时代特征的网络法院、阳光法院和智慧法院。在中国裁判文书网上公布生效裁判文书2956份。完成互联网庭审直播203件。人民陪审员一审案件陪审率72.19%，有效增强审判执行工作的公开性和透明度。精心组织“法院开放月”和“公众开放日”活动，邀请社会各界人士和人民群众走进法院、走近法官，观摩庭审、参与调解，实地见证人民法院的发展与变化。在宁夏法治报、固原日报、人民法治网、高院内网等媒体发表信息宣传稿件256篇，充分展示了法院队伍的精神风貌和良好工作效果。

【巡回审判】 针对部分群众法治观念淡薄的实际情况，用足用活“便民服务流动法庭”车，带着案件到农村和社区公开审理，将法庭设在村庄院落、田间地头，化解关系群众切身利益的纠纷1200余件，收到了审理一案、教育一片、稳定一方的良好社会效果。建立“人民调解组织+司法所+派出所+人民法庭”的“双向联动，一次解纷”的工作机制，委托、委派调解各类案件402件，成功化解140件。充分发挥“农民工维权合议庭”的司法职能，加强与劳动仲裁等部门的联动和沟通，开辟绿色诉讼通道，延伸司法服务，快立、快审、快执恶意拖欠农民工工资案件283件，为农民工挽回经济损失603万元，有效维护了农民工的合法权益。

【司法救助】 健全完善司法救助程序，充实司法救助内容，改进司法救助方式方法。为建档立卡户、低保户、残疾人等经济困难当事人缓、减、免诉讼费用29万元、执行费用10.8万元。积极争取县委政法委和上级法院的领导与支持，多渠道、多方面筹集司法救助资金，救助家庭生活特别困难的受害人11人，发放救助金27万元，有效地解决了特困当事人的生产生活问题，充分彰显了司法为民的人文关怀。

【机关建设】 深入学习领会习近平总书记关于“政法姓党，是政法机关永远不变的‘根’和‘魂’”这一重要论述，始终把旗帜鲜明讲政治作为第一要务，夯实责任、强化担当，充分发挥党总支、3个党支部和便民诉讼、妇女权益、民工维权、禁毒宣教和执行救助等9个服务型党小组的主渠道、主阵地作用，促进“两学一做”学习教育常态化制度化，确保学习习近平新时代中国特色社会主义思想和党的十九大精神入脑入心，牢固树立“四个意识”，坚定“四个自信”，做到“两个维护”。进一步提高政治站位，牢牢坚持党对人民法院工作的绝对领导，认真贯彻落实《中国共产党政法工作条例》，严守意识形态工作

"责任田"，理直气壮讲党性，诚心诚意感党恩，坚定不移跟党走，决不允许在法院出现与党中央决定不一致的声音。

【文化建设】 注重"价值引导力、文化凝聚力、精神推动力"的功能和作用，以"两庭"建设为重点，着力打造法治教育和传统道德教育基地。充分利用庭院、楼道等有效空间，精心布置"百米文化墙"和"家事文化长廊"，以书画作品、历史典故、格言警句为载体，图文并茂展示"二十四孝""中国十大传统美德"和西吉"十大道德典范"，构筑全域文化景观。多方位、多角度向前来办事的诉讼群众宣传党的方针政策，弘扬宪法法律精神、中华民族优秀传统文化，倡导社会主义核心价值观，推动移风易俗，树立文明乡风。扎实开展民族团结创建工作，制作民族团结创建联系卡、倡议书，多层次、多形式宣传党的民族宗教政策，使"中华民族一家亲"的理念深入人心，进一步增强干警和群众维护民族团结、维护社会稳定的自觉性和坚定性。被最高人民法院命名为"全国法院文化建设先进单位"。

【能力建设】 积极开展"干部素质提升年"活动，组织干警参加县委政法委和上级法院举办的各类综合培训班6期14人次。组织参加厦门大学、西北政法大学业务培训10期120人次。参加最高人民法院第六巡回法庭"法治大讲堂"视频培训32期。邀请法学专家、党校教员举办专题讲座8场次。既高度重视理论培训，又注重实践锻炼。通过开展庭审直播和观摩、法律文书评比、技能竞赛等方式进行岗位练兵、技能实训，推进法院队伍正规化、专业化、职业化建设，进一步提高了法官驾驭庭审、认定事实、适用法律、化解矛盾的能力，促进审判质效全面提升。

【作风建设】 以"干部作风转变年"活动为契机，全面履行党风廉政建设主体责任，严格落实院庭长"一岗双责"。始终把纪律和规矩挺在前面，不断强化纪律约束。开展常规督察48次、专项督察11次，涵盖廉政建设、审判纪律、庭审作风、司法礼仪、组织纪律、安全保卫、档案管理、车辆使用和值班值守等各个方面。查办举报信访案件5件，进行约谈问责3人。扎实开展违反中央八项规定精神专项治理，追缴违规资金31375元，对1名直接责任人进行了问责处理，对9名相关人员进行了批评教育。对办公用房进行了两次自查整改，共腾退办公用房307.68平方米。对中央巡视组和自治区党委巡视组反馈的问题，主动认领，认真制定整改方案，逐条逐项进行整改落实。

（马建强）

司法行政

【概　况】 西吉县司法局设办公室、法治宣传办公室、基层工作指导室、社区矫正和安置帮教办公室、法律援助中心、公证处、普法办（依法治县领导小组普法办公室）7个科室，下辖19个乡镇司法所（副科级）。核定政法专项编74人，后勤服务编2人，公证事业编4人。现有干部职工77人，其中：政法专项编公务员71人（局机关公务员14人，司法所57人），后勤服务事业编2人，公证处事业编4人，政府购买服务专职人民调解员38名。

【队伍建设】 一是狠抓落实党风廉政建设主体责任。县司法局党组与各办室、司法所签订《党风廉政建设责任书》，结合司法所工作例会、机关中层干部例会、司法行政工作会议等，分阶段不间断强化党风廉政建设部署和落实。针对重点领域、重点问题，主动组织开展自查和督查，做好补短板找突破工作。二是注重加强党员队伍建设。开展形式丰富的学习实践活动，将"两学一做"学习教育常态化制度化要求渗透到全局党员日常学习和工作中，真正使学教活动"融入日常、抓在经常"。三是加强业务素质培训。深化创建学习型机关活动，把法律知识、法律业务技能和业务能力培训有机结合起来，培育一支知识复合型的干警队伍。四是加强组织制度管理。规范工作行为和工作程序，健全规章制度，形成常态化的监督检查机制。五是加强领导班子建设。培养领导班子改革创新、锐意进取、有所作为、敢为人先的勇气和时代精神。

【法治宣传】 一是扎实推进落实“谁执法谁普法”责任制，落实以案释法制度。二是探索开展法治宣传教育与各类媒体融合，在西吉县电视台推出《平安西吉》专题栏目和“普法栏目剧”，大力推进“互联网+法治宣传”行动，在“西吉普法”微信号、“西吉司法”微博等网络媒体，定期发送“以案释法”“工作动态”等资讯，不断提升司法行政系统新闻宣传覆盖面和社会影响力。三是扎实开展扫黑除恶法治宣传活动，认真落实《西吉县司法局开展“扫黑除恶”专项斗争法治宣传教育工作实施方案》，围绕全县“七五”普法规划，深入开展“法律八进”，通过以案释法、法律条文释义等方式，向重点村组农民群众宣传扫黑除恶专项斗争的意义和成果，以点带面巩固全县扫黑除恶专项斗争成效。四是深化遵法学法守法用法全民教育，开展学习新《中华人民共和国宪法》和环境保护法治主题实践宣传活动，积极打造法治文艺精品，创作编排了《司法赞歌》群口快板、《中华情》舞蹈等一批具有影响力的法治文化品牌。2018年全县共开展集中法治宣传活动145场次，散发法治文化制品15万余件，宣传材料45万余份，30余万人次群众受到教育。

【人民调解】 建立健全人民调解组织网络，创新性成立“公众评判庭”调解模式，不断完善诉调对接机制，成立西吉县诉前纠纷调解委员会，加快专业性行业性调委会建设，联合西吉县人民法院成立西吉县婚姻家庭纠纷调解委员会，坚持发展“枫桥经验”，实现矛盾不上交，成立西吉县信访事项人民调解委员会。扎实开展实现矛盾纠纷大排查大调处及涉黑涉恶线索摸排工作。2018年，共排查矛盾纠纷1200起，调解成功1194起，调解成功疑难复杂纠纷1041起，其中调解成功婚姻家庭纠纷685起，道路交通事故纠纷203起，邻里纠纷116起，损害赔偿纠纷37起，山林土地纠纷55起，劳动争议纠纷27起，其他纠纷71起。2018年形成人民调解案卷966件，完成全县下达人民调解民生工程任务（550件）的175.6%。

【社区矫正】 加强特殊人群日常管理，对社区矫正和刑满释放人员严格评估、及时核查，对重点刑满释放人员采取必接必送措施，加强春节、两会、“五一”等重要时期的管控，制定个性化的帮教措施，延伸帮教，开展就业意向调查和职业技能培训，并积极探索社区矫正和安置帮教新方法。建成社区矫正入（解）矫宣告室和社区矫正指挥中心，为各基层司法所配备社区矫正人员面部识别和指纹签到设备，实现西吉县所有社区服刑人员面部识别和指纹签到全覆盖，试点为16名社区服刑人员佩戴GPS定位监管手环，提高监管质效。对24名违反日常管理规定的社区服刑人员作出警告处理。2018年，全县累计共接收社区服刑人员820名，累计解除矫正628人，当前在册192名。2013—2018年，刑满释放人员帮教期内在册人员1119人，帮教率为99%，安置率为98%，衔接率为100%，核查服刑人员741人，成功722人，核查成功率达97%。

【法律服务】 依托西吉县司法局、乡镇司法所、303个村（社区），整合律师、公证、法律援助等公共法律服务资源，在全县构建起覆盖城乡的“县乡村”三级公共法律服务网络，并在各级公共法律服务机构设置法律援助、法律咨询、公证、普法宣传、信访接待等岗位，积极为群众提供“一站式”综合法律服务，满足群众的基本法律服务需求，提高公共法律服务的普惠性、均等性、便利性和高效性。出台《关于开展一村（社区）一法律顾问工作的实施意见》，制定相关保障措施和评估考核制度，为全县各乡镇303个行政村（社区）配备法律顾问，与村（社区）委员会签订法律顾问聘任合同。

【公证律师】 一是加强公证质量监管，严格贯彻执行司法部提出的“五不准”要求，规范办证流程，对每一个公证事项真正做到勤勉尽责的审查义务，从源头上防控办证风险。激活优化事业体制公证机构工作机制，创新完善内部编制管理制度、完善财务管理和分配激励机制、落实公证机构自主权等，开展公证机构和公证员网上年度考核工作，有效激发、增强公证工作活力。2018年共办理各类公证案件356件，参与城乡拆迁20余次，现场公证3场（次）。二是充分发挥律师法律咨询、依法维权和维护社会和谐稳定等方面的职能作用，完善律师轮流坐班制度，指派1名律师和2名工作人员进驻西吉县信访督办服务大厅坐班接访，引导群众依法维护自身合法权益，解决群众的合理诉求，预防进京赴银越级上访，从源头上预防矛盾激化，防止由于信访问题处理不力而发生重特大事件。2018年共为31家单位担任法律顾问，办理各类案件518件，其中办理刑事案件20件，办理民事案件307件，办理行政案件191件，免费法律咨询2321起，代写法律文书1770余份。

【法律援助】 围绕服务和保障民生，深入开展“法律援助规范化建设年”活动，采取有效措施，对律师承办法律援助案件进行全程质量监督跟踪，加强案件质量监管。大力开展“法律扶贫”，落实新修订《宁夏回族自治区法律援助条例》，加强法律援助队伍教育培训，确保向困难群众提供的法律援助标准不低、质量不降、范围更广。对农村建档立卡贫困户开辟法律援助绿色通道，方便群众依法维权，做到贫困人员应援尽援。2018年共办结各类法律援助案件439件。

（赵彩云）

军 事

人民武装

【概　况】 2018年，西吉县人武部在军区党委、军分区党委、西吉县委、西吉县政府的领导下，着眼实现党的新形势下的强军目标，认真学习领会习近平总书记系列重要讲话精神，认真贯彻落实军区及分区党委扩大会议精神，坚持牢牢把住纯洁巩固这个核心，突出党委贯彻力和人员思想稳定“两个重点”，始终把学习贯彻党的十九大主线、真打实备的轴线、安全稳定的底线贯穿年度工作，切实打牢信念信仰、组织建设、团结和谐、安全稳定“四个基础”，抓实“应急应战、国防动员、民兵整组、兵员征集”具体任务，各项工作坚持往前赶、往实里抓，在谋求发展、创新发展上取得一些实效。突出筑牢思想根基深化理论武装实效。在学习贯彻党的十九大精神的开局之年，坚持牢牢把握政治要求高的主线不偏移。在人员调整变化大与任务要求高的矛盾交织及复杂形势面前，坚持超前抓好理论武装工作。突出国防动员新任务破解军事工作难题。围绕形势任务变化大的实际。突出守牢安全稳定底线，强化发展基础。在国防动员系统深化改革的关键之年，面对干部职工思想更加活跃的实际，坚持以超前的思维、超强的决心、超常的措施、超严的责任确保安全稳定“万无一失”。突出提升建设基础抓实基层工作。坚持以基层为重心，认真贯彻国防动员部“三个一线”建设试点培训成果及《实施意见》，持续抓基层打基础，基层建设层次得到发展。突出适应政治建军形势，加强班子建设。坚持从政治站位来看待分析形势，引领全面建设，凝聚共识。

【中心组学习】 坚持读原著、学原文、悟原理，始终把习近平总书记系列讲话作为理论武装核心内容，狠抓党委中心组学习，采取集中学习、个人自学和讨论交流的方式，重点抓上级党委扩大会议、两会精神和上级有关指示精神的学习贯彻，落实学习时间22天，撰写学习体会21篇，及时转化军区理论读书班成果，把《军委主席负责制学习读本》《习近平总书记系列重要讲话读本》等作为必学书目，分步安排，严格落实，强力推进，提高干部职工的理性思维能力和党委科学决策能力。

【思想教育】 扎实开展意识形态领域教育引导。针对意识形态领域斗争复杂形势，采取集中教育、讨论交流、个别引导等方式，教育引导干部职工认清网络舆情的积极与消极、正面与负面等影响，自觉克服经济社会发展带来的思想冲击，正确看待群众利益诉求等问题，提高人武部干部职工服务武装工作的思想认知水平。组织实施主题教育。同步与分区开展“传承红色基因、担当强军重任”主题教育，结合人武部实际制定具体实施方案，组织干部职工集中观看《厉害了，我的国》《古田会议铸军魂》等电影电视专题片，认真组织“和平积弊大起底大扫除”对照检查，把单位问题与个人表现挂钩建账、分步解决。狠抓经常性教育落实。开展“认清现状振奋精神、改变落后干事创业”专题教育和安全教育、廉政教育、保密教育和时事政策教育等，组织干部职工集中进行“问题起底、即时整改”教育整治活动，坚持每天交班安排任务、每周教育统一思想，以经常性随机教育提升干部职工的思想认知水平。

【民兵整组】 认真贯彻落实军区《关于“十三五”时期宁夏民兵组织规模调整的通知》精神，按照“优化结构建实队伍、创新发展”的总要求，深入调研摸底，科学统筹规划，合理区分任务，优化组织结构，民兵组织进一步健全巩固，整体结构不断完善。2—3月，先后深入12个县直部门、19个乡镇和4家企业进行考察调研，摸清所在单位领导观念、可编兵员、思想状况和专业特长。组织召开西吉县民兵整组工作专题任务部署会，下发整组文件，明确目标任务、程序方法和奖惩措施，先后7次有针对性地组织开展业务培训和集中办公。突出宣传教育、调整组织、政治考核、出入转队、调配干部、清点装备、集结点验、总结上报等关键环节，按照军区“1点2线3区”要求，采取抽组编、模块编、对口编、集中编等方式，规范整组程序，优化布局结构，按应急、专业、特殊三类力量编建基干民兵（包括应急力量、专业力量、特殊力量）和普通民兵。按军区要求安排县人民医院集中组织对基干民兵进行体检和政治考核，保证民兵队伍质量。

【队伍建设】 按照“县域需求、优化结构、技术主导、快速反应”的原则，整合行政事业单位资源，突出专业对口，组建集维稳、抢险、救援、保障于一体的西吉县民兵应急连及19个乡镇民兵应急排，并实施模块布局，在西吉县综合执法大队建设民兵应急连组织建设、学习教育、常态备勤、应急集结等阵地；结合辖区可能的突发事件，组建医疗救护、道路抢险、通信保障等4支专业分队，与明星出租车公司、金盾保安公司等签订《应急保障协议》，确保一旦发生险情，各种应急资源能够集中使用、科学调配。

【队伍训练】 针对2018年民兵编组范围大、专业类型多、训练任务重的实际，坚持集中训与分散训相结合、突出重点与普遍实施相统一，克服人员难集中、教员难培养等困难，采取协调力量组织训、退伍军人带着训、依托现有共同训等方式，按照年度民兵训练计划于4月完成民兵应急连、医疗救护分队、通信保障分队的入队训练2天及共同基础训练2天；于5月对民兵应急连、吉强镇民兵应急排、硝河乡民兵应急排、通信保障分队、安全警戒分队、医疗救护分队、养路护路分队进行为期2天的阶段训练；10月接分区通知组织对西吉县民兵应急连、两个乡镇民兵应急排开展基地化轮训7天；12月组织民兵应急连、民兵情报信息员开展为期12天的训练任务。同时督促19个乡镇对应急排基干民兵组织入队训练及共同基础训练。

【兵役征集】 针对近两年征兵热度增强的实际，利用春节期间适龄青年归家休息时机，提前展开兵役登记工作，为各乡镇专门下发兵役登记工作经费，印制、发放含有征兵政策、优抚待遇的宣传画2000多份，进行征兵宣传。在体格检查、政治考核“双合格”（双合格136人）的基础上，经过为期4天的强化适应性训练，最终审定运送新兵，仅有1人非责任退兵，较好地完成了征兵工作。同时，在西吉县开展“情系国防好家庭”群众性评选活动，增强全民国防意识；扎实开展“百场国防形势报告”活动，让国防教育进课堂、进校园；利用“精彩西吉”等微信公众号广泛进行兵役登记宣传。

【安全管理】 严密组织“学训整”活动。采取学习原文、观看录像、重点研读、队列训练、对照检查、整改提高等方法，组织干部职工学习条令和安全法规，分阶段组织应知应会和队列考核；围绕重点纠治和解决问题，逐项“对号入座”，挖根源、明责任，使大家从差距中看到责任，从责任中增加动力。专题组织集中教育整治。4月，围绕“治庸、治懒、治散”组织为期一周的集中教育整治，主要围绕值班值勤、文电保密、工作秩序、完善值班、车辆使用、日常管理等10项内容，研究制定《加强武装自身建设十项暂行规定》。8月，认真开展“军车交通安全月”活动，始终把安全管理工作重点放在人、车、枪、弹、密的使用管理上。坚持强化认知抓培训、突出关键抓重点、紧盯问题抓反复，深入开展驾驶员教育整顿、安全隐患排查、保密秩序清查活动，严格车辆派遣、集中管理移动载体、规范人员请销假制度、细化岗位责任、狠抓民兵安全训练。扎实开展安全隐患自查。对照隐患排查上级明确的12个方面内容进行排查，清查涉密计算机7台、笔记本电脑3部，清缴销毁往年文电资料26份，花费近万元对2台军用车辆进行专门安全隐患排查检测。先后7次接受军区及分区安全检查，没有查出严重安全隐患。

【“三群体”】 坚持把“三群体”摸排慰问工作作为良心工程，先后4次召开部党委扩大会专题学习相关扶贫政策规定和研究帮扶脱贫措施。按照军区统一安排部署，部机关13名干部职工采取分人包干、见面排查、逐个核实的办法对19个乡镇246个村465户“三群体”对象先后3次进行大走访、大摸排、大慰问和核实工作，共筛查“三群体”对象67户。

【精准帮扶】 帮助新营乡红庄村完善村“党员活动室”和“青年民兵之家”，帮助村支部完善议事规则，制作支部工作流程图，使村党支部学习有场所、活动有阵地。着眼兴教育人，持久开展“1+1”助学活动。与军区帮扶的红耀乡驮昌小学一起研究解决教学困难，制定《帮扶需求》。按照分区要求，加强对援建的将台堡小学操场土方清理监管。联系沙沟乡陶堡小学解决校服、取暖、网络等问题。筹措资金5万元，开展助学兴教帮扶活动，改善陈岔小学办学条件。着眼民族团结，积极开展平安寺院“四进”活动。组织兴隆镇公易清真寺升旗仪式，强化信教群众国家意识。配合自治区“三化”清理，宣讲民族宗教政策。

【生态建设】 积极开展生态环境建设，参加春、秋两季植树造林活动，同驻地武警、消防官兵共植树造林3200多株，组织民兵参与葫芦河流域综合治理和城乡环境卫生大整治活动。

【阵地建设】 集中财力物力，完成偏城乡、新营乡、硝河乡基层武装部重建工作，巩固提高吉强镇、马建乡、西滩乡已有建设水平，统一为9个乡镇制作各种制度牌。集中利用3天时间对各乡镇武装部的正规化设施进行清理，完善相关软件资料，5个乡镇武装部受军分区表彰。在西吉县应急连主体力量所在地城市管理综合执法大队完善相关制度规定牌18个，配齐服装、警棍盾牌等常用装备。军区、军分区在检查验收中，对吉强镇、西滩乡、马建乡三乡镇的阵地建设予以肯定。

【国防建设】 2018年西吉县政府3次召开国防动员问题整改推进会，完善国防动员综合办、国教办等6个办公室软硬件建设。先后3次协调民兵组建单位完成1个应急连、19个应急排、4支专业分队的随机集结点验检查验收任务，参加军区及军分区检查验收到点率均达到85%。

【党的建设】 军区、军分区党委扩大会后，及时召开本部党委扩大会和2018年度人武工作会议，表彰先进、部署年度总体任务，提升思想站位。着眼发挥党委核心领导作用，严格执行党风廉政相关规定，围绕项目建设、兵员征集、经费管理等敏感问题，定期召开形势分析会，坚持每月专题人民武装例会。集体研究解决实际问题，杜绝违规违纪问题发生。

（王继军　杨小会　王　伟　殷嘉霖）

武警中队

【概　况】 武警西吉中队，组建于1949年9月7日，先后编名为西吉县警卫大队、县警卫中队、武装民警中队等，2017年12月改名为中国人民武装警察部队西吉中队，隶属武警固原支队。

【政治教育】 扎实展开“传承红色基因、担当强军重任”主题教育活动。教育活动有调查、有动员、有载体宣传、有体会交流、有笔记展评、有参观见学，形式多样、内容丰富。

【队伍建设】 坚持科学谋划，形成合力，狠抓作风建设和队伍建设。建队以来，先后2次被总队表彰为“基层建设标兵单位”、8次表彰为“基层建设先进中队”、3次表彰为“三无先进单位”，3次荣立“集体三等功”。

【双拥共建】 开展捐资助学、敬献花篮、组织军训等双拥共建活动。先后组织5次敬献花篮、2次慰问学校贫困学生，担负两个学校的军训任务，组织一次去烈士陵园的扫墓活动。

【遂行任务】 出动100余人次协助公安机关圆满完成春节、两会、高考等敏感时期武装巡逻任务和汽车站、西吉春晚、大型会议等重大活动的安保任务，根据支队的统一安排部署，配合公安机关打击违法犯罪活动。

（王　利）

农业与农村经济

农 牧

【概　况】 2002年12月，西吉县农牧局由原西吉县农业局、西吉县畜牧局和西吉县乡镇企业管理局合并组建成立。2014年，将原西吉县科技局与西吉县农牧局合并，挂西吉县农牧局、西吉县科技局牌子，是西吉县政府职能部门，主要负责全县农业特色产业发展、农村土地经营管理、农村产权制度改革，指导粮食、畜禽等主要农产品生产，指导深化科技体制改革和科技创新的措施、申报与管理全县科技成果、科技奖励、农产品质量安全、农业生产资料市场体系建设、动植物防疫和检疫体系建设、监测，发布农业灾情，组织实施农业和科技项目，指导农用地、渔业水域、草原、宜农滩地以及农业生物物种资源的保护和管理，农村可再生能源综合开发与利用等工作。现下辖12个事业单位：农业技术推广服务中心、动物疾病预防控制中心、农业机械化技术推广服务中心、农村合作经济经营管理站、畜牧水产技术推广服务中心、马铃薯产业服务中心、农业机械安全监理站、科技服务中心、农村能源工作站、草原工作站、农业综合执法大队、动物卫生监督所，19个乡镇农牧技术服务中心，其中农业技术推广服务中心、动物疾病预防控制中心、农业机械化技术推广服务中心和农村合作经济经营管理站为副科级单位。全系统干部职工共计编制419人，现有394人，空编25个。2018年全县完成农作物播种223万亩，其中：夏粮26万亩（小麦22万亩），秋粮161万亩，油料18万亩，特色蔬菜15万亩，其他3万亩，牛饲养量达40万头，羊饲养量100万只。预计全县粮食总产量达到57万吨，肉类总产量6.25万吨，农业总产值47.18亿元。

【特色产业】 一是马铃薯产业提档增质。按照“种薯繁育、鲜薯外销、淀粉生产、主食开发”四薯并进的路子，推动产业提档增值。完善脱毒种薯三级繁育体系建设，加快优质一级种薯推广应用。采购原原种4576万粒，其中向农户免费发放1581万粒，向企业配发1419万粒，建设原种繁育基地1万亩，贫困户繁育一级种基地10万亩，在贫困村推广一级种薯25万亩。在吉强万崖建设马铃薯集成技术示范园区总面积150亩，开展马铃薯新技术、新品种的试验示范。推广马铃薯套种玉米、马铃薯套种杂粮等复种技术。在红耀乡张白湾村，硝河乡新庄村、郎岔村及马建乡土窝村等建立马铃薯宽幅间套作生态复合种植模式核心示范区1万亩。全县种植马铃薯81万亩，平均亩产1538.8千克，总产124.6万吨。二是草畜产业扩量提质。坚持走“家家种草、户户养畜，小群体、大规模”和标准化规模养殖并重的路子，促进草畜产业扩量增效。加大饲草基地建设，建设2个3000亩以上的青贮玉米示范基地，6个1000亩以上的青贮玉米示范基地。认真实施“一棵草”试验示范工程，建设2个市级“一棵草”试验示范和6个县级“一棵草”试验示范点，开展饲用牧草、观赏草引种及品种比较试验56个，筛选出适合西吉县种植的一批牧草和观赏草品种。加快良种基础母畜扩繁和畜禽品种改良，建设黄牛冷配改良点17个，冷配改良肉牛6.7万头，肉牛良种率达到85%。促进基础母畜扩繁增量，对“见犊（驹）补母”全覆盖，建设养殖示范村31个，培育养殖合作社36家，建设畜禽污粪处理技术推广示范村2个，完成示范户100户。扎实做好非洲猪瘟防控工作，全面开展排查监测和流通环节监督检查，努力确保不发生疫情。西吉县肉牛饲养量达40万头，其中存栏22万头，出栏18万头；肉羊饲养量达100万只，其中存栏50万只，出栏50万只；生猪饲养量达18万头，其中存栏9万头，出栏9万头；家禽饲养量达160万羽，其中存栏80万羽，出栏80万羽；肉类总产量6.25万吨，预计牧业总产值达14.25亿元。三是蔬菜产业优化升级。按照“突出主导、多元互补、订单种植、错季销售”的模式，促进蔬菜产业优化升级。建设19个蔬菜示范园1.92万亩。大力推广节水灌溉和水肥一体化技术，全县推广蔬菜节水灌溉面积3万多亩。加大蔬菜新品种、新技术推广，选育引进各类蔬菜优良品种13类70多个，良种覆盖率达100%。共种植各类蔬菜15万亩，其中：芹菜6万亩，胡萝卜3.5万亩，蒜苗1万亩，设施西红柿0.5万亩，西兰花、甘蓝等0.81万亩，其他3.19万亩。销售蔬菜71万吨。四是杂粮产业增效升值。按照“标准化种植、精细化加工、差异化营销”的思路，加快发展小杂粮产业。加大杂粮标准化示范基地建设，共建设小杂粮（油料）示范基地26个1.7万亩，种植小杂粮（油料）52万亩，其中：糜、谷、莜、荞等杂粮34万亩，玉米50万亩，油料（胡麻）18万亩，总产量达28.8万吨。同时，积极发展中药材、万寿菊等特色种植，拓宽增收渠道。全县共种植中药材3.3万亩，其中：涉农企业、专业合作社、家庭农场建设中药材种植基地32个，种植面积2.2万亩，农户种植中药材面积1.1万亩。培育2家中药材加工企业，年加工中药材原料500吨以上。

【科技应用】 围绕特色优势产业，深化产学研融合，加快新品种新技术新装备新工艺示范推广。加强农业科技研发推广，认真实施好院地合作项目，加大对芹菜机械化播种、肉牛高效养殖、农作物新品种引进等制约产业发展关键技术的研发，促进科技成果转化。建设马铃薯、牧草、蔬菜、杂粮等技术集成示范展示园，引进新优品种和先进技术，抓好重大技术推广，主要农作物、畜禽良种化率分别达到90%，农业科技进步贡献率达到52%。推进农机农艺深度融合，认真落实农机购置补贴政策，全年补贴各类农机具2239台（件），加大对马铃薯种植收获机械、农田深松机械、植保机械、精细播种、牧草收获（打捆、包装）等新机具、新技术示范推广，全县农机总动力达到40.1万千瓦，较上年增长1.75万千瓦。开展农机深松作业面积9500亩，完成农作物机播面积112.8万亩，机收面积109.4万亩，机械化耕作面积185.5万亩，全县农机综合作业水平达到58.8%。培育3家农机作业公司，建设5个农机化示范园区，其中马铃薯机械化生产示范园区3个，玉米机械化生产示范园区1个，西芹机械化园区生产示范1个。加大科技培训力度，先后3次组织农技人员以“走出去”的形式现场观摩学习，开阔眼界。新建农民田间学校6所，完成劳动力素质提升工程培训130人。认真实施新型职业农民培育工程和新型农民培训，培育新型职业农民760人，培训新型农民510人。加大农业适用技术培训，结合新时代农民讲习所和“农民科技培训年活动”，共培训农民1.2万人次。加快农业信息化建设，在蔬菜基地示范园区配套推广3

个水肥精准管理、环境自动调控、病虫害智能监测预警等物联网技术示范园。

【产业融合】 大力发展新主体、新产业、新业态，延伸产业链，提升价值链，完善利益链。培育壮大龙头企业，实施农产品加工业提升行动。在硝河隆堡、将台农资城、吉强上堡、吉强袁河、吉强水岔新建冷库6379平方米，新增冷贮能力3.6万吨，建设马铃薯贮藏窖1300座。加大对伊香蛋糕、佳立薯业、兴鲜杂粮加工基地等马铃薯、杂粮加工企业的扶持。年加工马铃薯精淀粉7.14万吨、马铃薯50万吨，全县现有杂粮（油料）加工企业8家，年加工转化杂粮12000吨，产值360万元，艾草加工企业1家，年加工艾草2000吨。加大农产品产销对接，与河南商丘市场、湖南马王堆市场和广东江南市场进行对接，设立西吉县农产品直销专柜，在银川设立一家“西吉特产”农产品直销店。向自治区农牧厅提出扶持西吉县农副产品进入银川北环批发市场的请示，联系协调西吉县各类农产品进入银川北环批发市场等区内大型农产品批发市场，提高西吉农副产品在区内的知名度和占有率，拓宽销售渠道。

【农业农村改革】 按照“扩面、提速、集成”要求，完善产权制度，优化要素市场化配置，激活主体、激活要素、激活市场。扎实开展农村集体资产清产核资工作。制定《西吉县农村集体资产清产核资工作实施方案》，召开全县农村集体资产清产核资暨土地确权回头看工作推进会议，在全县295个村全面开展清产核资工作。共清查资源性资产339.48万亩、非经营性资产2.879亿元、经营性资产1149.11万元。扎实推进农村产权制度改革。在吉强镇龙王坝村、将台堡镇牟荣村、什字乡杨庄村、硝河乡关庄村、田坪乡大岔村开展农村集体资产股份权能改革试点，在新营乡二府营村、田坪乡李沟村、兴平乡赵垴村、火石寨乡沙岗村、吉强镇大坪村开展发展壮大村集体经济试点，清查经营性资产2360万元，界定农村集体经济组织成员15085人，设置股权22600股，注册成立股份经济合作社10家。同时，规范指导全县19个乡镇的237个脱贫销号村运营发展壮大村集体经济，共投入资金1185万元，实现收益98.4万元。强力推进土地股份合作制改革。在马莲乡南川村、什字乡杨庄村、田坪乡大岔村等7个行政村开展土地股份制合作改革，入股土地3858亩，现金入股140万元，建设标准化种植基地，开展马铃薯种植销售、肉牛养殖销售、小秋杂粮种植销售等，二次分红资金近70万元，有效实现资金保底，盈余分红。强化农村集体产权流转交易服务。搭建农村产权流转平台，建设农村信息综合产权交易网，采购综合产权交易网络平台，布设“西吉县农村产权交易流转系统”，开展“交易咨询”430人次，“土地流转申请受理”351户9300亩、土地流转信息发布9条、土地流转0.88万亩；开展抵押贷款35笔，发放贷款140万元。加快构建新型农业经营体系。培育成立农民合作社50家，全县规范运营农民合作经济组织608家，在2018年43个整村推进村及58个非贫困村培育农民专业合作社101家，每个农民专业合作社带动本村建档立卡贫困户达到70%。培育家庭农场10家，全县达到64家。培育专业大户180户，建设农业社会化综合服务站8家。

【农业执法】 大力开展农资打假活动，开展放心农资下乡进村活动。建立完善种子质量检验检测体系，规范种子生产经营网点和种业市场管理。加强屠宰监管，坚决杜绝屠宰病死畜禽、添加非法添加剂、注水等违法行为，保障肉类安全，共检疫活畜禽81049头，屠宰牛596头，受检率达到100%，耳标回收率100%，检疫合格证回收率达100%。加强农产品质量安全监管，健全农产品质量安全追溯体系，推广使用农产品可追溯二维码，推行农产品质量安全网络化管理，实现农产品全程可追溯。坚持“安全第一，预防为主，综合治理”的方针，做好拖拉机（联合收割机）注册登记、安全技术检验、驾驶员培训等工作。加强兽药药政管理工作，开展兽药查处经营假劣兽药案件7例，结案率100%。认真落实“管行业必须管安全、管业务必须管安全、管生产经营必须管安全”要求，切实抓好农业安全生产。

【绿色发展】 大力推行绿色生产方式，落实“一控两减三基本”，发展生态循环农业。推广高效节水技术，大力推广水肥一体化和覆膜保墒旱作农业等技术。西吉县完成覆膜面积57.5万亩。推进化肥农药减量行动，扩大有机肥替代示范，大力推广测土配方施肥、高效缓释肥、秸秆还田、绿肥种植、低毒低残高效农药和绿色防控等技术。2018年化肥使用量8.893万吨，较上年减少0.017万吨；农药使用量64吨，较上年减少0.15吨。测土施肥技术覆盖率为29.15%，农作物统防统治覆盖率为40%，农作物绿色防治率为13%。加快农业废弃物资源化利用，强化秸秆禁烧督查，大力推广农作物秸秆利用技术，农作物秸秆利用率达到80%。加强畜禽粪污资源化利用，加大病死畜禽无害化处理工作，规模养殖场粪污处理设施装备配套率达到80%，全县畜禽粪污资源化利用率达到80%。加大农用残膜回收利用，按照“谁供膜，谁回收”的原则，完善健全地膜捡拾、回收、资源化再利用等体系，建成21个回收网点和6家残膜加工企业，回收残膜5368吨，完成计划的99%，加工颗粒900吨，完成计划任务的66.7%。推进农村清洁能源利用，在全县17个乡镇175个行政村安装太阳能热水器17257台。

（高　通）

水　务

【概　况】 西吉县水务局下设西吉县水利工程管理中心、西吉县水土保持工作站、西吉县防汛抗旱指挥部办公室、西吉县滥泥河流域水土保持试验工作站4个事业单位和兴平、苏堡、新营、吉强、沙沟、将台堡、马莲、兴隆、什字、白崖等10个水利工作站。全系统共有职工216人，其中行政编制人员10人，事业编制人员206人。2018年，西吉县水务工作以习近平新时代中国特色社会主义思想为指导，深入贯彻自治区和固原市水利工作会议精神，全面落实县委、县政府决策部署，积极践行新时代治水方针，强化党的建设和党风廉政建设，加快“资源水利、工程水利、民生水利、生态水利、智慧水利、法治水利”建设，共续建、新建各类水利项目34个，批复总投资4.9亿元，年度完成投资4.4亿元。

【项目建设】 铺设各类供水管道1146.8千米，配套各类建筑物19821座，新增自来水入户0.97万户4.7万人，全县农村自来水通水总人口达6.77万户29万人，农村自来水普及率提高到95.2%，供水保证率达到95%。建成葫芦河综合治理工程，完成防洪堤填筑98.8千米（双侧），疏浚河道49.4千米，铺筑巡护道路49.4千米，格宾网护坡53.9千米，生物措施护坡59.3千米，湿地绿化220万平方米，建成各类建筑物332座。该项目的实施，使葫芦河成为防洪安全、交通便捷、生态宜居的新型生态河道，对全县经济社会发展、脱贫攻坚及小康社会建设起到了重要的推动作用。实施高效节水灌溉项目，建成硝河乡隆堡、偏城乡大庄等8处高效节水灌溉工程，发展高效节水灌溉面积1.04万亩。实施水土保持综合治理项目，建成水保骨干坝1座，综合治理马家沟等小流域3条，完成范沟坡耕地水土流失治理项目1处，治理水土流失面积28平方千米，全县累计完成治理水土流失面积110.8平方千米。实施病险库坝除险加固项目，完成什字中型水库除险加固年度建设任务，完成大坪、沟口等23座水保骨干坝除险加固工程，库坝防洪和蓄水功能得到有效提升。实施水库移民后期扶持及结余资金项目，完成混凝硬化村庄道路2.2千米，彩砖铺砌农户院落275户2.7万平方米，安装太阳能路灯113套，扶持水库移民1452人。

【河湖长制】 2018年，西吉县坚持绿色发展理念，水生态环境得到持续改善。一是全面落实河湖长制。制定出台并落实《西吉县全面推行河长制工作督导检查制度》等9项制度。组织开展河长制综合管理信息平台培训学习，通过PC端或移动APP开展巡河巡湖工作，各级河长共巡河7595余次，下发督办通知49份，全部整改落实。完成全县河湖“一河一策”规划编制工作，其中葫芦河规划已通过自治区审查。二是开展清河专项行动。开展水环境整治专项行动4次，封堵排污口20处，清理打捞垃圾789吨；开展侵占岸线专项执法行动28次，整治河道岸线49.4千米，拆除取缔违法建筑面积3600平方米，打击非法采砂行为30起。三是加快水污染防治项目建设。全面建成葫芦河流域综合治理工程；完成县城第一污水处理厂提标改造和第二污水处理厂新建任务，水质达到一级A排放标准；建成并调试运行兴隆、将台等5处乡镇污水处理厂。四是综合治理面源污染。推广农药化肥减害控量面积48万亩，农用残膜回收率达到90%，有效遏制农业面源污染。五是集中整治清理“四乱”。拆除取缔影响河道生态的砖厂、预制厂、养殖屠宰作坊22处，清除违章建筑6处，清理砂石料2.6万立方米、河道垃圾180余吨，河湖环境不断趋向干净清洁，水生态环境持续改善。

【灾害防治】 强化应急处置能力，最大限度减轻水旱灾害损失。一是全面落实防汛责任制。西吉县人民政府与各乡镇、部门签订《防汛目标责任书》，按照“属地管理、条块结合”的原则，落实以行政领导为核心的各级责任制和四级联动机制，压实防汛工作行政、管理、技术“三个责任”。二是加强备汛检查。对防汛工程设施、库坝堰及山洪灾害预警设施进行拉网式专项排查，落实防汛物资和抢险队伍，整改处置安全隐患8处。三是科学修改完善度汛方案和防洪预案。修订完善《防汛手册》和《库坝堰度汛方案》，制订《水库调度运用计划》，做到“预警到乡、预案到村、责任到人”。四是认真落实汛期值班制度。强化领导带班和24小时值班制度，坚持水情雨情灾情日报告制，做到汛期值班全覆盖。五是实施防汛水毁抢修工程。完成下坪水库左岸滑坡防护工程和王民乡街道排洪、兴隆镇单民村沟道疏通、滥泥河兴平段疏浚抢修工程；升级改造山洪灾害防治预警系统188处；完成66座库坝冲沟回填修复，抢修各类供水管道22.5千米、阀井169座、过沟建筑物15处、蓄水池19座，保障水利工程安全运行。六是加强库坝蓄水管理。抓住降水较常年偏多的有利形势，在确保库坝安全的前提下，库坝窖等工程蓄水2023万立方米，为今冬明春开展抗旱工作，保障生产、生活和生态用水奠定基础。七是开展水库安全鉴定工作。完成陈阳川、郎岔等16座水库安全鉴定，其中10座被评定为“三类”坝。已上报自治区水利厅，争取列入国家新一轮病险水库加固名录。

【节约用水】 落实区、市最严格水资源管理和节水型社会建设决策部署，完善水资源节约保护制度。新建涉水建设项目水资源论证率达到100%、取水许可办证率达到100%。万元GDP用水量降低到55立方米以下，万元工业增加值用水量降低到23立方米以下。农田灌溉水有效利用系数达到0.708，规模以上企业用水重复利用率达到92%，城镇污水处理率达到90%，城镇供水管网漏损率控制到12%，再生水回用率达到20%。重要水功能区水质达标率达到80%，城市集中式饮用水水源地水质达标率达到100%，节水型公共机构覆盖率达到70%。

【水利改革】 坚持改革创新，水利发展内生动力不断增强。一是加快推进水流确权改革，制定出台《西吉县水流产权确权试点实施方案》，完成全县2658眼农灌机井和9眼工业机井取用水情况调查。农业用水确权2283.67万立方米（干旱年份确权1319.71万立方米），工业用水确权1.02万立方米。完成全县农灌机井和工业机井水量统计与平衡，对用水量进行核对公示，签订《水流确权协议书》。二是实施“双控”行动，制定印发《西吉县2018年实行最严格水资源管理制度和水资源消耗总量强度“双控”行动实施方案》。完成地下水利用与保护规划，实行地下水水量水位“双控制”，加强地下水动态监测。依法规范机井建设审批管理，严禁擅自违规开采地下水和地表水的行为，禁止发展高耗水产业，禁止工业、服务业新增取用地下水。三是加快推进农业水价综合改革，完成西吉县农业水价测算，经社会各界听证后，西吉县人民政府于2018年12月批复执行。四是水资源税改革完成6家淀粉厂水资源论证报告审核，对已办理的9家企业按季度核定用水量，移交国税部门征收水资源税。五是完成“互联网+人饮”试点工程建设。建成固西、西部及西北部片区抗旱应急水源工程自动化监控系统工程、西北部片区配水工程村级水量智能计量收费管理系统两个自动化工程，建成11个乡镇水利工作站和23座抗旱应急高位蓄水池“互联网+人饮”监控系统，完成西北部片区农村居民用水计量收费系统，65座减压池安装上监控系统，实现智能化、信息化试点任务，为今后“互联网+人饮”改革工作积累了经验。六是落实水利行政审批改革。落实“放管服”改革，加大政务公开，深入推进“互联网+政务服务”体系建设，积极推行“不见面、马上办”审批模式，实现水利审批事项“网上申请、网上受理、网上审批、网上办结、网上送达”，开启全程网办的“不见面”审批模式，迈出“智慧水利”建设坚实一步。

【“三大专项行动”】 按照西吉县委、县政府的决策部署，坚持把群众反映强烈的突出问题大排查大化解、帮扶干部进村入户办实事送温暖、城乡环境卫生大绿化大整治“三大专项行动”作为破解工作难题的有力抓手，提高认识，明确任务，迅速行动，狠抓落实。一是积极受理群众信访诉求，全面排查处理群众反映的水毁损失、工程占地补偿等问题，依法依规处理解决各类涉水矛盾纠纷93起。二是完成吉强镇水泉村北山和杨家湾南山林地整治、树木栽植150余亩；及时组织开展县城责任区域环境卫生大清理大整治，确保责任区域卫生清洁。三是水利干部职工进村入户开展“三个清”和“三个一”活动，帮助贫困户谋划发展产业，解决实际困难；开展“献爱心 送温暖”活动，组织为田坪乡三岔村重病特困户捐款。四是积极落实帮扶项目资金1100万元，在帮扶村实施小型农田水利、小流域综合治理和水库移民后期扶持项目，有效地改善了贫困村村容村貌和群众生产生活条件。

【党的建设】 西吉县水务局党组自觉提高政治站位，将全面从严治党要求贯穿水利改革发展各领域和全过程。加强对党建和党风廉政建设的研究部署，强化工作指导和监督检查。加强政治思想教育，坚持“集中学习、平时自学、辅导讲解”相结合的多种学习制度，深入推进“两学一做”学习教育，开展“不忘初心 牢记使命”主题教育和“党史专家讲党课”活动，机关股室轮流主持学习党的十九大精神、《党章》《宪法（修正案）》等党规党纪，进一步增强干部职工的党性意识。完善党组工作制度和基层党组织建设制度并汇编成册下发各单位（股室）执行。制定全面从严治党“三个清单”和干部作风转变年“问题清单”。积极推行服务型党组织建设，深入开展“双评双定”活动，进一步引导基层党组织和广大党员比学赶超、创先争优。加强入党积极分子培养和教育工作，发展入党积极分子4人。坚持警示预防在先，每周至少组织开展党规党纪教育一次。全面贯彻中央八项规定精神，开展突出问题专项治理自查自纠，严格落实办公用房、公车使用、公务接待等方面纪律规定。认真整改落实中央第八巡视组和自治区党委第四巡视组反馈问题，坚持问题导向，逐项列出清单，制定措施，明确时限，做到条条整改、件件落实。加强作风建设，紧盯重要节日、重点时间节点，驰而不息纠“四风”，杜绝节日腐败。加强群众信访受理、办理，办理群众信访件52件，办理巡视组交办件3件，办理信访部门转办件10件，处置网络舆情28件。完善水利廉政风险防控体系，强化对权力运行的制约和监督，不断扎牢织密从严治党的制度笼子。严肃查处违纪行为，处理违纪违规干部职工11人，推动全面从严治党向基层延伸。

（高　鸿）

林　业

【概　况】 西吉县林业局是主管全县林业工作的县人民政府工作部门。全系统共有在职干部职工306人，其中行政编制16人，事业编制290人（副高级工程师104人，林业工程师115人，助理工程师25人，技术员等46人）。局机关内设党政办公室、财务室、绿化资源办公室、场站管理办公室、退耕办公室、林业产业中心、人事教育办公室、湿地保护办公室8个股室；下辖森林公安派出所、林业技术推广服务中心、林木检疫站、10个国有林场和11个乡镇林业工作站。局党委下辖局机关党支部等14个党支部，共有党员104名。2018年全县林地面积134.2万亩，其中：有林地8.61万亩，疏林地0.71万亩，灌林地65.26万亩，未成林造林地26.66万亩，苗圃地0.1万亩，宜林地4.84万亩，生产用地0.01万亩，无立木林地28.01万亩，森林覆盖率为15.78%。

【造林绿化】 春秋两季干部职工完成义务植树1000亩；各乡镇义务完成10千米销号村道路绿化380千米，并对辖区内省、县、乡、村道路绿化带树木进行修枝等抚育管理。完成北山市民休闲森林公园造林2400亩；海西公路景观大道绿化完成145亩；葫芦河流域生态治理绿化1261亩。完成400毫米降水线绿化造林新造林5万亩，补植补造5.9万亩，退化林修复1.1万亩，南华山外围水源涵养林完成新造林2.5万亩，封山育林2.4万亩。

【林业产业】 因地制宜、合理布局。在东部土石山区、葫芦河川道区和西部黄土丘陵区共规划建设10个试验示范园（点），总面积6918亩；共引种“一棵树”32个品种，“一株苗”17个品种，“一枝花”5个品种，“一棵草”4个品种，为全县发展经果林奠定基础。始终把发展苗木生产作为调优农业结构、增加农民收入和培植新的经济增长点来抓，完成育苗1.2万亩。在造林绿化过程中，重点设计以乡土优良树种西吉青皮河北杨、樟河柳、云杉、油松、山毛桃为主的苗木。在造林招标中，要求施工单位在价格相同的条件下优先选择当地建档立卡户的苗木，优先挑选建档立卡户民工，既提高造林成活率又增加贫困户收入。同时，保障本县苗木的销售，推动全县苗木产业的发展。按照“生态建设产业化、产业建设生态化”的思路，把发展林下经济作为农村新的经济增长点来抓，力促林下经济产业提速增效。扶持发展林下经济合作社3家，林下养殖生态鸡22万只。

【林业改革】 一是筛选适宜西吉县当地栽培、能为群众带来稳定收入的特色经济林、景观苗木和花草新品种，总结推广科学有效的管理经营措施，将选育的优良品种在更大范围内推广种植。因地制宜、合理布局，在东部土石山区、葫芦河川道区和西部黄土丘陵区不同区域、不同立地气象条件下共规划建设“四个一”试验示范园（点）10个，总面积6918亩。二是编制完成《西吉县集体林地“三权分置”改革试点工作实施方案》，入户调查，流转林地。三是完成全县103

个湿地斑块，面积4565.81公顷（6.85万亩）的湿地产权确权方案编制、勘查、单元预划分、通告张贴、培训及权证收集、审核、公示、确权登簿等工作。四是国有林场改革工作以全区第一名的成绩，顺利通过自治区国有林场改革领导小组的考核验收。

【资源保护】 积极开展打击破坏森林及野生动植物资源违法犯罪专项行动，完成天保工程管护面积92万亩，层层落实管护目标责任制。积极开展封山禁牧和森林防火督查、宣传活动，增强全民森林资源保护意识，保障生态建设的有序开展和成效。完成鼠害防治14.03万亩，杨树天牛打孔注药防治2万株。2018年出具检疫证267份，调运各类苗木432.16万株。实施产地检疫2473亩。

【党的建设】 坚持以“围绕工作重点抓党建，抓好党建促发展”的工作思路，全面加强党员干部的思想建设、组织建设、制度建设、作风建设和廉政建设。为强化党建工作，将熟悉党建工作、重视党建工作的同志推选为支部书记，将一批业务上强、责任心强、有干劲、有闯劲的年轻同志吸收为支部支委，对支委重新进行分工定责。新支委班子按照要求强化党员政治学习，完善“三会一课”制度，规范党员组织生活。严格执行中央八项规定精神，坚持做好党务政务公开。经常分析意识形态领域的形势，及时掌握思想理论动向，不断提高驾驭意识形态大局的本领和能力，以高度的政治自觉、有力的政策措施落实意识形态工作各项任务。针对新时代党建工作的新任务、新标杆，围绕中心，主动作为，结合林业系统实际，抓好培训教育、党日活动等的开展，做好党建与扶贫工作、中心工作、廉政工作，与自身建设相结合。

【作风整顿】 以推进“三个年”活动契机，深入开展干部作风大整顿，完善《机关管理制度》《车辆管理制度》等，强化职工上班考勤制度。结合“三大专项行动”，组织10个国有林场对202省道、固将公路、西三公路、309国道沿线垃圾、杂草进行清理，对缺株死树进行更换补植，对原有乔木树种进行修枝；紧紧围绕“为发展创造安全稳定团结的社会环境”这一主题，针对林地流转、征占林地、退耕还林、林改等方面矛盾纠纷开展拉网式排查，强化工作措施，全面化解群众反映强烈的涉林突出问题；组织帮扶干部到帮扶对象家中调查摸底，共商发展路子，制定脱贫规划，并帮助建档立卡户解决玉米和马铃薯种子、化肥、孩子学习用品等问题，协调解决帮扶村西滩乡张村堡村村道绿化河北杨苗木2000株，马建乡杨路村1.5万元化肥，震湖乡王坪村1万元办公家具。

（张　荣）

金 融

人民银行

【概 况】1950年5月，由甘肃省定西地区人民银行办事处组建人民银行西吉营业所，同年底升为中国人民银行西吉县支行，时属甘肃省平凉地区人民银行办事处管辖。1958年10月，隶属宁夏回族自治区人民银行分行领导。1984年人民银行、工商银行两行分设后正式履行中央银行职能，属中国人民银行派出机构，受中国人民银行宁夏分行垂直领导。主要职责：发布和履行与其职责有关的命令和规章；依法制定和执行货币政策；发行人民币，管理人民币流通。监督管理银行间同业拆借市场和银行间债券市场；实施外汇管理，监督管理银行间外汇市场；监督管理黄金市场；持有、管理、经营国家外汇储备、黄金储备；经理国库；维护支付、清算系统的正常运行；指导、部署金融业反洗钱工作，负责反洗钱的资金监测；负责金融业的统计、调查、分析和预测；作为国家的中央银行，从事有关的国际金融活动；国务院规定的其他职责。

【金融政策】认真贯彻落实货币政策，着力提升“货币政策+宏观审慎评估”双支柱政策调控效果。一是做好宏观金融政策宣传解读。通过编报送阅材料，参加西吉县委、县政府经济金融工作会议，举办金融机构负责人联席会议等方式，向地方党政、金融机构、社会公众积极宣传解读货币政策意图，引导社会各界理性预期，为高质量发展以及供给侧结构性改革营造稳健的金融政策环境，推动信贷规模和社会融资合理增长，为辖区经济稳增长提供有力支撑。2018年，西吉县全金融机构人民币各项存款余额1085906万元，较年初增加72240万元，增长7.13%。各项贷款余额583385万元，较年初增加129858万元，增长28.63%。存贷较年初提高了8.98个百分点。二是在“窗口指导”的方向上，实施“月通报季调度”，紧盯“扶贫”“三农”“小微”信贷领域，不断加大再贷款等政策工具操作力度，切实增强宏观信贷政策指导，着力提升央行资金在扩大小微、涉农、扶贫信贷投放方面的引导作用。2018年，发放扶贫再贷款5笔，金额20500万元，展期业务3笔，金额5426万元。

【金融服务】一是强化支付结算管理，优化支付服务环境。推广和规范非现金支付工具使用，践行“金融为民”理念，打造移动支付便民示范工程，着力实现支付服务普惠化在便民服务领域的应用。在30辆公交车、2家综合超市安装“云闪付”设备，实现“无现金”支付。二是反洗钱、反假管理机制不断完善。积极推动反假货币“3+1”金融扶贫模式的推广应用，强化反假货币宣传工作站建设，积极落实打击整治假币违法犯罪的工作，扩大监测范围、调整监测布局，加大监测力度，按时汇报假人民币收缴情况的分析报告，准确掌握辖区内假币风险状况。2018年，共收缴假币330张，合计24135元。

【金融监督】 加强金融风险监测与防控，维护辖区金融稳定金融风险防控工程。一是提高综合金融管理水平，建立健全金融管理与服务体系。抓好“两管理、两综合”工作，加强对新设机构审核的规范化管理。对宁夏银行股份有限公司西吉支行和石嘴山银行股份有限公司西吉支行进行现场核查，对IT基础设施风险排查，确保业务工作正常进行。二是强化风险监测与分析，以“全面监测、重点排查”为着力点，强化全行业风险监测工作。建立保险机构风险监测指标体系，重点加强对具有融资功能的非金融机构经营活动的监测分析，通过加强风险警示、开展存款保险约见谈话、实行差别化费率、责令限期整改等方式，督促地方法人投保机构有效管控化解信用风险，提高资本充足水平，提升应对突发风险事件的能力，防范非正规金融及相关领域风险向正规金融体系传导。

【普惠金融】 把握普惠金融发展重点，提升金融服务工作效果和水平。一是持续推进金融消费者教育。充分利用春节和“3·15”“6·14”“普及金融知识　守住钱袋子”“节能宣传周”“国际禁毒日”“金融知识普及月”等各个时间节点大力开展征信、金融消保、网络诈骗、反洗钱、反假币等主题宣传服务活动。耐心解答金融消费者各类咨询，普及、讲解金融知识3000余人次，制作宣传展板6张，发放宣传品及资料2万余份。二是继续推广“一站一讲堂”宣传模式。提升金融知识宣传站功能，使其发挥金融政策、金融知识、保险理财、支付结算、金融维权等普惠金融应有的作用，对乡村干部、群众进行基础金融知识普及培训，将金融宣传服务送到千家万户，提升广大群众的维权意识。三是信用体系建设实现全覆盖。完成19个乡镇296个行政村村级信用协会的建立和5.13万户评级授信工作，实现2.64万户建档立卡贫困户评级授信全覆盖。

【内控管理】 加强内部管理和内控建设，提高管理效能。一是始终围绕“四零三无”的总体管理要求，通过完善制度、明确职责、落实责任、强化考核，从实现内部管理再突破、再创新和再提高的标准出发，提出“严”字当头，严格制度，严格管理，严格奖惩，从严治行。在管理制度和管理环节上要精细严密，不留漏洞的管理措施，促使内部管理工作在高起点、高标准、高质量层次上取得新突破。二是深入推进依法行政，切实防范法律风险。持续完善大监督机制，优化监督环境，改进监督方法，提高监督效率，有效防范人财物各类风险，增强内部安全稳定。三是切实加强安全管理和社会管理综合治理工作，坚决杜绝重大安全事故发生，确保基础稳固、安全到位。继续抓好节能减排，不断提升后勤管理与服务工作水平。四是着力提升科技保障水平，在搞好系统日常维护与保养的同时，先后进行操作系统、应用软件、业务软件的安装升级应用工作，定期对计算机进行查杀病毒、软硬件维护工作，全年共维护计算机设备30台（次），保证各业务系统的顺利运行。

【金融扶贫】 抓创新促实效，促进金融扶贫工作向纵深发展，大力推进金融扶贫，按照精准扶贫、精准脱贫的总体要求，把脱贫攻坚与实施乡村振兴战略结合起来落实。围绕贫困户“两不愁、三保障”和贫困村“五通八有”脱贫标准，以金融扶贫为重点，建立周督促月通报制度，通过制定2018—2019年巩固提升阶段“5333”规划和任务，精准施策，持续用劲，切实推进“党建+金融+产业”扶贫模式，建立起可持续的扶贫小额信贷投入机制，引领贫困户脱贫致富取得成效，并使该村荣获2018年“西吉县文明先进村”“移风易俗先进村”和“固原市民风建设先进村”。“涵江经验”成为西吉县的“新名片”。驻村第一书记成为区市县的先进、自治区60大庆模范人物。

【**廉政建设**】一是在新时代加强党的政治建设，提高党员的政治鉴别力和政治敏锐性。深入开展“不忘初心 牢记使命”主题教育“八个一”活动，开展学习与调研、帮扶、走访、慰问、联学联建（支部之间）等活动30余次，丰富学习形式和学习效果。继续推进“两学一做”常态化、制度化，制订学习方案、计划安排，2018年中心组学习14次，编发“两学一做”学习周报27期。二是为切实加强作风建设及反腐倡廉建设，制定《“八小时之外”行为监督管理办法》和《落实领导干部廉政谈话制度实施办法》，层层签订《党风廉政建设责任书》和《“八小时之外”行为规范保证书》，抓住群众反映强烈的问题，以正风肃纪和提高效能为抓手，向作风建设中的“庸散懒慢拖”开刀，通过签订《目标责任书》，细化量化任务，明确工作责任，做到年初有计划、有部署，使落实标准可量化、成效能考核，形成一级抓一级，层层抓落实的长效机制。有效地提高全行干部的精气神，让作风建设成为“新常态”。

（马　宏）

农业银行

【**概　况**】农业银行西吉县支行2018年共有员工84名，支行机关设客户部、风险管理部、运营财会部、综合管理部4个职能部门；下设兴隆支行、将台堡支行、城郊支行、城区支行、支行营业部5个营业网点。

【**党建工作**】一是始终把政治建设摆在首位。加强党的政治建设，坚决维护党中央权威和集中统一领导，坚决维护习近平总书记在党中央和全党的核心地位。严格执行党的政治路线，贯彻中央决策部署，增强“四个意识”，坚定“四个自信”，始终在思想上政治上行动上同以习近平同志为核心的党中央保持高度一致。二是以习近平新时代中国特色社会主义思想武装头脑。持之以恒抓好经常性学习教育，把学习贯彻习近平新时代中国特色社会主义思想作为“两学一做”学习教育常态化制度化的主要内容，推动党员干部抓在经常、融入日常，切实在“学通、弄懂、做实”上下功夫。党委班子成员和各党支部书记依托理论中心组和“三会一课”，带头学，带头讲，带动全体党员加强自学、武装头脑。增强抓执行、抓落实的能力，切实把学习成效转化为攻坚克难、推动发展、从严治党的工作实绩。三是巩固基层组织优势。通过举办支部书记培训班，提升基层党务工作能力，强化“带头人”培养，做到用好一名书记、带好一个班子、带强一支队伍、带动一方发展、保障一方平安。改进支部活动方式，严格落实“三会一课”、组织生活会、民主评议党员等制度，全面推行主题党日活动，使党员干部在政治生活“大熔炉”中锤炼过硬党性。全面实行“评星定格”管理，深入开展“亮比评”和“述考评”，推动组织活动融入中心工作，发挥“两个作用”。四是强力推动全面从严治党。完善清单制工作方法，穿透式细化“两个责任”，构建“网格化”责任体系，采取工作提示、日常督导、定期检查、年度考核，推动党风廉政建设和管党治党压力传导“零衰减”、任务落实全覆盖。强化纪律教育，用好监督执纪“四种形态”，发现苗头问题，及时谈话函询，督促悬崖勒马。发挥“三线一网格”等系统功能，落实各层级人员责任，构筑全方位、全天候、全过程、责任共担的员工行为管理体系。

【**资产发展**】一是扎实推进金融扶贫。按照总分支行和地方党政安排部署，深入推进金融扶贫工作。为杜绝金融扶贫“穿新鞋，走老路”，确保贷款“放得出、用得好、收的回、有效益”，总结上年经验，修订工作方案，研究脱贫措施，补充相关协议。二是精耕细作农户贷款。坚持“服务到位、风险可控、发展可持续”的原则，精耕细作农户小额贷款。按照总行、分行农户小额贷款要求，在做好存量客户收回再贷的同时，加大对公职人员担保增量农户小额贷款的投放，推动农户小额贷款总量控制、结构调整、精耕细作、款量质并举的目标。三是力拓个人贷款做大做强。根据年初宁夏分行提出优化个贷结构要求，积极展开个贷营销，推动个人贷款重点向资本占用低、风险较小、附加值高的住房、消费、助业等抵质押贷款方向发展。2018 年新发放民生担保公司担保贷款 15 户 1225 万元。四是服务“小微企业”，稳步推进“微捷贷”。以总行大数据为依托，提取白名单客户数据，积极联系符合发放条件的小微企业主，指导客户纯线上申请、发放“微捷贷”贷款，客户体验良好，支持实体经济探索出新道路。

【中间业务】 加大中间业务发展步伐，中间业务收入整体呈多元化方向发展。国债、“本利丰”“汇利丰”等人民币理财产品代销增长明显加快，理财产品销售趋向多元化；电子银行业务增势强劲，2018 年个人手机银行有效客户新增 12634 户；信用卡业务稳健发展，2018 年贷记卡有效客户新增 3438 户。中间业务收入向多元化发展。

【基础管理】 一是严把信贷第一道防线。严格准入管理，强化调查、审查、审批刚性约束，对大额贷款准入必要时召开风险评估合议会，严把信贷第一道防线。严格抵押担保管理，审慎评估价格，充分考虑抵押物变现能力等，确认内部价格，以内部估价计算抵押率，严防押品价值高估。按季开展押品专项检查，发现问题要倒追检查责任。二是强化财务运营管理。严防风险、夯实基础。落实运营案件防控重点工作任务，持续做好轮岗、持证上岗的推动，常态化开展“一月一学一主题”教育，加强“我讲我学”培训，持续推进“大练兵大比武”，提升员工基本技能水平。落实监管经理专职化，从人员、时间上保证履职到位，创造良好的履职环境。临柜人员等级评定要体现收入差距，落实岗位评定。落实运营主管的薪酬待遇，做好运营主管加减法，体现运营主管网点“内当家”；做好运营财会部主要工作职责的转变，运营财会部经理主要工作要抓运营，体现强监管的态势，做实、做强运营工作。加大对公账户支付风险管控，争取西吉县农行全量账户支付密码器和电子对账签约率达到 100%。做好自助设备加配钞等重点环节风险防控工作，利用技防约束道德风险。加大集中作业和集中授权的辅导培训和考核，特别是集中作业往账业务的质量，争取控制在分行 1% 的容忍度内。做实客户身份识别和尽职调查，审慎甄别预警信息，规范报送可疑报告。防范反洗钱合规制裁风险。同时对违规违纪行为处理坚持严管就是厚爱的理念。加强定价管理。处理好收入、风险和消耗三者的关系，以人均经济增加值考虑衡量业务开展的必要性，走资本节约型业务发展道路。树立抓不良就是减资本的理念，积极主动适应新会计准则（IFRS9）减值准备计提规则，严格担保管理，有针对性地进行资本占用小的业务的开展。做好财务工作的合规列支。按照“增效益、保发展、促转型、强合规”的理念，按照进度，据实列支，避免化整为零和年末集中列张的现象。同时适应总行、分行集中电商采购的模式，适应分行“挣费用靠增收”的引导机制，积极争取战略费用和激励费用。坚持向成本宣战，用好每一分费用。严控税务成本，原则上除无法取得增值税专用发票费用外，其他均要求增值税专用发票进行费用报销，提高西吉县农行增值税进项税抵扣率，尽量减少税务机关 3% 税率的代开发票，做到“应取尽取、应抵尽抵”。发挥财务审查委员会的职能，切实做到财务支出的合规审查。三是多策并举，不断提升安全保卫管理水平。逢会必讲，明确责任，各机构主任坚持每旬定期进行安全检查一次，查漏补缺，消除隐患。加强日常监管检查，认真履行职责。重视应急处置预案演练工作。制定考核办法，与季度绩效挂钩。制定《西吉支行安全保卫工作综合考评实施细则》，成立考评领导小组，按考核排名兑现考核工资。加强守押外包管理。制定下发《关于做好安防和资金调拨（款箱交接）工作的通知》，对营业场所安全管理、款箱交接、营业时间以及各岗位职责等做具体要求和规定。重视问题整改，加强后续检查力度。支行每月履职监管检查中，对支行发现或上级行、外部监管部门等检查发现的问题，实行跟踪检查。通过电话询问、现场检查和非现场调阅监控录像等形式落实问题整改。对屡查屡犯或整改不到位的，采取处罚措施，并在季度安全保卫分析会上通报批评。四是加强员工行为管理，做好员工队伍建设。在员工行为管理工作中，制订工作计划，落实员工行为管理联席会议制度、领导班子成员与员工谈心谈话制度，开展全行员工行为内外排查，从严落实岗位交流、轮换、强制休假和亲属回避“四项制度”，关键岗位人员全部按期进行交流（轮岗）；开展困难员工救助和帮扶，组织开展体育比赛等健康向上的文体活动，引导教育全员树立正确的世界观、人生观和价值观，行风行貌有明显改善。

（袁保平）

建设银行

【概　况】 建设银行西吉支行成立于2017年7月，现有职工12人。

【主要成果】 2018年，一般性存款新增13476万元，完成计划的116.18%；贷款新增6037万元，完成计划的387.04%；中间业务净收入59.7万元，完成计划的175.59%。个人客户当年新增1.2万户，全区排名第四；特约商户当年新增209户，全区排名第一；ETC客户当年营销1150户，全区排名第二；龙支付商户当年新增2907户，全区排名第一；手机银行客户新增1.1万户，全区排名第一。2018年安全运营无案件和责任事故。

【党建工作】 一是西吉支行始终把坚持学习作为提高党员职工素质的重要手段，强化理论学习和业务培训，积极推进“两学一做”学习教育常态化制度化，强化员工的政治站位。二是用好党内组织生活，落实好“三会一课”制度。三是切实加强党风廉政建设，把“两个责任”扛稳抓实，持之以恒落实中央八项规定精神，纠正“四风”问题，加大对干部员工的教育和监督管理力度。四是严格执行党的纪律，及时传达贯彻中央及总行、分行相关要求，在思想上政治上行动上与党中央及总行、分行党委保持高度一致。

【内控管理】 一是加强全员的学习教育，不断强化员工的“按章操作，合规经营”“100-1=0”“合规就是保饭碗，违规就是砸饭碗”等合规经营理念，使之入脑、入心、入行。二是加强“不越监管底线、不踩规章红线、不碰违法违规高压线”的“三线”教育活动，强化全员对规章制度的敬畏感，形成自觉执行制度、维护制度的良好行为习惯。三是警示教育常抓不懈，强化员工合规操作、合规经营的意识。四是制订《业务核算差错奖惩办法》，狠抓业务核算质量，加大检查、督促整改，达到防范风险、规范操作的预期目的。2018年，实现业务核算零差错的目标。

【思想政治】 2018年，西吉支行紧紧围绕习近平新时代中国特色社会主义思想，深入学习贯彻落实党的十九大精神，深入贯彻落实区、市分行工作会议精神。以党建为统领、以发展为基调、以转型为旋律、以创效为核心，坚持“高目标引领、高标准要求、高效率沟通”，积极争取西吉县委县政府、地方各部门及人行的支持，通过全行员工的努力，存款、贷款、中间业务、客户等各项业务均完成上级行下达的任务，被自治区分行评为“先进集体”。

（杨晓东）

农村商业银行

【概 况】 西吉县农村商业银行设有党委办公室、监事会办公室、纪检监察室、审计部、财务管理部、个人金融部、信贷管理部、资产管理部、风险合规部、安全保卫部、授信审批部、运行管理部、办公室、营业部、18家基层支行。

【从严治党】 西吉县农村商业银行认真学习贯彻党的十九大精神，以习近平新时代中国特色社会主义思想为指导，聚焦从严治党，加强从严治行，牢固树立"四个意识"、坚定"四个自信"、践行"两个维护"，旗帜鲜明地讲政治，坚持不懈推进党的政治建设。逐级签订《党风廉政建设责任书》，推进落实党委委员联系点制度，将党建工作与经营工作同谋划、同部署、同考核，运用"党建+"思维把党建工作融入业务推动各方面、全过程，以党建促业务，以业务强党建。增强党组织的创造力、凝聚力和战斗力，呈现党建工作与经营工作相互融合、相互促进的良好局面。

【经营发展】 一是聚焦"五个创新"催生发展动能。相继推出"信贷文本资料模型库"、信贷人员标准值考核制度、绩效"奖金池"制度、奖励休假制度、"当日贷"和"诚信贷"两款信贷产品"五个创新"举措，尤其是"当日贷"和"诚信贷"两款信贷产品的推广，提高了小额贷款办贷效率，节约了客户申贷成本，减轻了客户担保压力，受到客户的一致好评。2018年，全行共办理"诚信贷"52户，授信金额875万元；办理"当日贷"1680笔、8232万元。二是突出"四个营销"，加快负债增长。强化"客户立行"意识，切实转变营销理念、调整营销思路、下沉服务重心，突出"精细营销""组合营销""联动营销"和"全面营销"，加大对基础客户、基本账户的维护和挖掘，稳步扩充资金规模，提升存款市场份额，夯实发展基础。各项存款连续11年居西吉县金融机构首位。至2018年年末，全行各项存款余额达到534990万元，较2018年年初增加8847万元，增幅1.68%。其中：个人存款余额300256万元，较2018年年初增加17315万元，增幅6.12%；对公存款余额234734万元，较2018年年初下降8468万元，降幅3.48%。三是着力"三个措施"，推动贷款增量。通过转变营销观念，拓宽工作思路，强化工作措施等手段，紧盯农村市场这个"根据地"不走神，紧抓城区市场这个"大本营"不松劲，坚持主业、突出主责，定位"支农、支小"，突出"帮农、富农"，深耕目标市场，稳拓客户资源，扩大贷款规模，增加了有效投放，各项贷款连续12年居西吉县金融机构第一，发展后劲持续增强。2018年年末，各项贷款余额343969万元，较2018年年初增加54733万元，增幅18.92%。剔除贴现、信用卡透支后贷款余额达到281267万元，较2018年年初增长39748万元，增幅16.45%。其中：涉农贷款余额281101万元，占各项贷款的99.94%，较2018年年初增加45425万元，增幅19.27%。小微贷款余额41071万元，占各项贷款的14.60%，较2018年年初增加8034万元，增幅24.32%。农户贷款覆盖面达到58.12%，同比提升1.24%。四是落实"一个行动"，助力脱贫攻坚。针对金融扶贫工作，"部门+支行"整体联动，举全行之力多措并举开展"金扶行动"，圆满完成西吉县委、县政府下达的金融扶贫计划任务，创造有口皆碑的"农商行速度"。至2018年年末，全行向17297户建档立卡贫困户发放扶贫贷款83365万元，户均4.8万元，覆盖面达到88%，"支农服务的主力银行"地位得到充分体现。

【风险防控】 秉持"不求大，不求快，但求稳"的理念，把防控信贷风险和提升资产质量作为经营工作的关注重心，加大不良贷款清收处置力度，严格推行贷款核查制度，加强存量贷款管理，优化增量贷款质量。2018年，西吉农村商业银行五级分类不良贷款余额4508万元，不良贷款率 1.31%，实现“双降”。全口径不良贷款控制为“零”。全行资本充足率 24.28%，高于监管标准 13.78 个百分点；拨备覆盖率 655.25%，高于监管标准 505.25 个百分点。主要监管指标全部优于监管要求，抗风险能力持续增强。

【效益提升】 通过加强贷款营销，增加贷款利息收入；加强金融同业合作，提高资金营运收益；加强实物资产管理，减少非生息资产占用；加强电子业务推广应用，增加中间收入；强化“节约兴行”理念，严格执行财务预算控制，提高节支管理，从严从紧控制各项费用支出等手段，从“增收”和“节支”两个维度入手，经营效益提升显著。2018 年，实现净利润 12096 万元，同比增加 1417 万元。在自身效益提高的同时，2018 年缴纳各项税费 5104 万元，同比增加 2426 万元，为西吉县的第一纳税大户。

【服务升级】 不断适应市场的新变化和客户的新要求，重点围绕服务“短板”提升服务层次，通过改善服务环境、完善服务功能，提高服务效率、提升服务质量等举措，切实把服务的软实力“做硬”。一是深入推广新型智能化电子机具应用。在营业网点布放现金循环机 26 台，智能柜台 1 台。累计建成便民金融服务点 295 个，自助银行 13 家，“2+1”便民金融服务点 6 个，布设电话终端 439 户，发展 POS 商户 395 户，ATM 自助设备 58 台，便民终端 36 台。二是加快网点转型，提升网点效能。重点深化巩固营业部“千佳示范单位”、打造一个“标杆网点”、创建一个区级“青年文明号”，在全行形成标杆示范，提升网点效能，满足客户多元化金融需求。三是改善服务方式，提升服务质效。实施“高管维护关键客户、中层服务重点客户、客户经理营销中小客户、临柜人员服务所有客户”的四级联动分层服务机制，开展定制化、个性化、差异化服务，传承和创新服务方式，用服务细节赢得客户信任，向服务要效益的效果得到显现。

【安全经营】 安全是企业的生命线，是企业生产经营正常进行的重要条件和最大保障。2018 年，西吉农商行在“严管、严防、严查、严处”四个方面狠下功夫，为经营发展保驾护航。一是在“严管”上下功夫。明确安全保卫第一责任人，将安全责任落实到每个岗位、每名员工，营造“人人讲安全、人人抓安全、人人懂安全”的良好环境。二是在“严防”上下功夫。完善各类演练预案，加强监控管理，高度重视报警设备的维护测试，密切关注金融安全形势和犯罪手段的新变化，有效堵塞安全漏洞。三是在“严查”上下功夫。将安全保卫检查常态化，多次突击检查、全方位检查，让安全隐患无处遁形，让安全经营警钟长鸣。四是在“严处”上下功夫。出台有力度、有震慑的制度办法，对于屡查屡犯、屡纠不改的安全问题，不听理由、不留情面，出实招、下狠手，用最严处置换取平安经营，为各项业务又好又快发展保驾护航。

（曹　毅）

邮政储蓄银行

【概　况】 邮政储蓄银行西吉县支行是邮政储蓄银行固原市分行下辖的一级支行，成立于 2008 年 8 月。设营业部、信贷部、会计结算部 3 个职能部门，拥有营业网点 4 个（1 个自营网点和 3 个代理网点），已成为提供线上线下一体化金融服务的零售商业银行。

【党建工作】 加强党员的党性宗旨教育、廉洁自律教育和党规党纪教育，严格执行党员“三会一课”制度。学习习近平新时代特色社会主义思想和党的十九大精神，把党建工作与支行中心工作有机结合，坚持开展“1+4+X”支部主题党日活动，推动邮政储蓄银行西吉县支行各项工作有序开展。

【金融扶贫】 坚持“不让群众多跑一趟路，不耽误群众一分钟，不让脱贫工作漏掉一人”的原则，对建档立卡贫困人口执行基准利率，让老百姓得到更多实惠，让金融扶贫在农村“落地生根”。信贷客户经理联合驻村工作队，简化流程、上门服务、集中办理，将金融服务下沉到村、延伸到服务“三农”最前沿。创新“因情施策、高效快捷”的工作原则，制定金融扶贫工作流程，与上级授信部、“三农”金融部协调沟通，做好放款开通绿色通道。加快贷款投放，解决群众“缺资金”的问题。用3个工作日完成从上门调查、收集资料、核准审批到贷款投放。2018年度累计发放各类贷款3.3亿元，结余4亿元，其中扶贫贷款1.6亿元，占全部贷款的40%，小额贷款2亿元，占全部贷款的90%，商务贷款53笔1024万元，占全部贷款的2.6%，消费贷款337笔3100万元，占全部贷款的7.7%。

（马晓晖）

人寿保险

【概　况】 中国人寿保险股份有限公司西吉支公司下设经理室、综合部、个人保险部、团体业务部、银行保险部、客户服务中心，共有员工12人，代理人员393人。

【服务范围】 中国人寿保险股份有限公司向个人及团体提供人寿、意外和健康保险产品，涵盖生存、养老、疾病、医疗、身故、残疾等多种保障范围，满足客户在人身保险领域的保险保障和投资理财需求。

【企业文化】 中国人寿保险股份有限公司西吉支公司秉承“专业、真诚、感动、超越”的服务理念，依托覆盖全国城乡的服务网络，致力于为社会最广泛的大众提供优质的保险产品和服务。专业高效的“95519”客户服务专线，安全快捷的企业互联网站，特别是公司运用国际领先的信息技术，拓展电话、网络、邮件等电子销售渠道，满足客户对保险产品多渠道的购买需求。

【保费收支】 2018年，实现总保费收入8965.49万元，同比增长8.3%，新单保费收入4997.56万元，同比增长31%，其中标准保费收入519.35万元，首年期交保费收入1284.78万元，十年期以上保费收入379.71万元，短期险保费收入3712.78万元，短期险赔款支出2227.67万，赔付率为60%。

【社会管理】 充分发挥保险经济补偿、资金融通、社会管理三大功能，支持地方经济建设。为全县具有西吉户籍（女55周岁以上，男60周岁以上）的老年人提供意外伤害保险保障，累计风险保额8.16亿元；2018年，中国人寿保险股份有限公司西吉支公司被自治区教育厅选定为“学平险”承保单位。依据《西吉县金融实施方案》，为全县33000建档立卡户151880人办理国寿扶贫保家庭意外伤害保险、国寿扶贫保大病补充医疗保险，累计提供风险保障212.63亿元。

【廉政建设】 按照中国人寿保险股份有限公司党委统一安排，贯彻中共中央、国务院《关于实行党风廉政建设责任制的规定》，落实党风廉政建设责任制，推动公司科学发展，坚持党要管党、从严治党，坚持标本兼治、综合治理、惩防并举、注重预防，扎实推进惩治和预防腐败体系建设。坚持党委统一领导，党政齐抓共管，纪委组织协调，部门各负其责。强化权力制约和监督，建立健全决策权、执行权、监督权，既相互制约又相互协调。严格执行“三重一大”决策制度，推进权力运行程序化和公开透明。加强重大案件和重要信访件的督办，遏制重大案件的发生。领导班子对职责范围内的党风廉政建设负全面领导责任，领导班子主要负责人是职责范围内的党风廉政建设第一责任人，重要工作亲自部署、重大问题亲自过问、重点环节亲自协调、重要案件亲自督办。定期召开专题研究党风廉政建设会议，贯彻落实上级党委和纪检监察机关党风廉政建设的部署和要求，研究制订年度《党风廉政建设工作计划》，将反腐倡廉工作纳入党委中心工作。

（张兴玉）

财产保险

【概　况】 中国人民财产保险股份有限公司西吉支公司（简称“中国人保财险西吉支公司”）主要险种近百种，是西吉县境内险种最多、经营最广的财产保险公司。公司内设经理室、综合部、续保部、商非部、车商部、理赔分部、出单分中心、农险部、新营营销服务部、将台营销服务部、兴隆营销服务部、新区营销服务部、吉强营销服务部，共有员工 58 人。

【保费收支】 2018 年，完成全险种保费 6550 万元，增速为 18%。其中：车险 2700 万元，农险 3422 万元，意外险 235 万元，责任险 190 万元，企财险 1.42 万元，家财险 2.5 万元，货运险 0.1 万元。2018 年共支付赔款 2970.28 万元，同比增速 47.69%。其中：车险赔款 1044.01 万元，同比增速 3.77%；农险赔款 1811.87 万元，同比增速 97.8%；商非业务赔款 114.4 万元，同比增速 28.4%。

【加强宣传】 印发宣传单 4 万多份，上门入户宣传、讲解；布置“三农”保险宣传栏 10 副，宣传展板 300 张，张贴悬挂参加农业保险的宣传标语。提高农业保险的参保率，增强农业抗风险能力，推进农业保险快速发展，确保农业增效、农民增收。

【新型农险】 经过西吉县政府、光大证券、中国人保财险三方共同努力，公司创新“期货＋保险”扶贫项目，于 2018 年 10 月 31 日成功落地，此项目为全国首次为马铃薯保险端标，期货端为玉米创新升级。

【农业保险】 中国人保财险西吉支公司积极开展农网基层服务体系建设，在经济相对好、人口相对密集、保源相对丰富的 4 个中心乡镇设立 5 个“三农”营销服务部，在其余的乡镇设立“三农”保险服务站，让老百姓足不出户，就可以办理保险理赔。

【保险扶贫】 加大“扶贫保”工作力度。2018 年，中国人保财险西吉支公司在做好政策性农业保险业务的同时，重点做好“扶贫保”工作。以“扶贫保”产品作为保险服务扶贫的突破口、着力点，全力支持扶贫攻坚工作大局，发挥保险在助力脱贫攻坚方面的作用。坚持以“创新产品对接精准扶贫，保险服务助推脱贫攻坚”为指引，保险产品精准对接建档立卡贫困户，积极推进“优势特色产业保险”。严格按照《西吉县特色优势产业保险工作实施方案》（西政办发〔2018〕91 号），组织各农网机构扎实推进产业扶贫保险工作，确保各项任务落实。

【政企互动】 加强与西吉县委、县政府、县法院及县公安局、县财政局、县农牧局、县林业局、县人社局等政府职能部门之间的联系与业务往来。一是与县法院签订《“执行悬赏”保险合作协议》。中国人保财险适时推出执行无忧悬赏保险，是以保险服务衔接司法实务的一次跨界合作，是运用保险机制提高执行工作成效的一条重要路径，得到最高人民法院领导的高度肯定和批示推广。执行无忧悬赏保险制度的实施具有以下四方面的功能：1. 惠民功能。运用保险杠杆原理，放大悬赏金效用，降低申请执行人的悬赏成本。2. 威慑功能。有助于鼓励更多申请执行人悬赏制度，更有针对性地对被执行人进行曝光，并对其形成强大的心理震慑，促使其自动履行法院裁决。3. 动员功能。可以为举报人提供更丰厚的奖金激励，有助于动员全社会力量打击失信的被执行人。4. 宣教功能。执行悬赏保险制度的广泛运用，可以让更多民众支持和配合法院执行工作，也让更多人了解拒不履行生效裁决的法律后果，引导公民自觉遵法、守法、学法、用法。二是与西吉县交警大队签订《“警保联动”合作协议》。8月25日，与西吉县交警大队携手举行"警保联动"启动仪式；"警保联动，服务群众"项目是西吉县交警大队与中国人保财险西吉支公司推动公安部交通管理"放管服"改革措施落地见效、惠及广大人民群众的生动实践。"警保联动"服务项目主要针对道路交通事故多发易造成交通拥堵的问题，重点关注事故高发区域、人车密集区域，着重实现"案未报，人先到"的服务优势。通过部署"警保联动"巡查人员，将被动查勘服务升级为主动巡查服务。一方面，及时接受辖区交巡警的调度，快速赶赴现场协助处理事故、疏导交通；另一方面，通过主动发现交通事故和车辆故障，为车主提供现场"一站式"理赔等其他增值服务。三是公司在西吉县政务大厅设立大病报销窗口。开展城乡居民大病保险报销工作，通过与西吉县社保局和医疗机构衔接，提供"一站式"即时结算服务，确保群众方便、及时享受大病保险待遇。

【普惠金融】 中国人保财险西吉支公司于2018年8月新增普惠金融部，旨在加快微贷技术在农村地区的应用，推广产业链金融模式，做好家庭农场、专业大户、农民合作社和农业产业化龙头企业等新型农业经营主体的金融服务，为宁夏向丰家庭农场、西吉县万里淀粉有限公司提供贷款1200万元。

（何晓武）

城乡建设

住房和城乡建设

【概　况】 西吉县住房和城乡建设局内设办公室、项目股、财务股、招标办、村镇股；下辖房屋管理与服务中心（住房保障管理中心、永清湖管理站）、公用事业管理所（路灯公司）、城市管理综合执法大队、城乡建设规划室、建设工程质量监督站、环境监测站及建筑规划设计院、兴泰建筑总公司、吉兴建筑工程有限责任公司等企事业单位。全系统共有正式干部职工 149 人，协管人员 90 人，环卫工人 205 人。

【规划编制】 按照“突出山城特色、拓宽发展空间、完善功能布局”的总体思路和“高起点、高水平、超前性”的要求，完成《西吉县停车设施规划》《西吉县新型城镇化“十三五”规划》及马莲乡美丽小城镇和平峰镇三合村等 5 个美丽村庄建设规划。完成《西吉县城地下管线综合规划》《西吉县城海绵城市》《西吉县城环境卫生设施规划》《西吉县空间规划》的初步设计。切实加强和改进规划监管，坚持“规划一张图、审批一支笔、建设一盘棋、管理一条龙”的原则，对工程建设项目严格实施“一书三证”管理制度。配合审批局审核《建设项目选址意见书》60 件，“建设用地规划许可证”54 件，“建设工程规划许可证”66 件，“乡村建设规划许可证”37 件。在编制发展规划、建设基础设施、提供公共服务等方面充分发挥部门职能作用，协调指导乡镇高标准编制美丽村庄建设总体规划，按照“危房改造打基础、特色产业做支撑、六小工程相配套、民主管理作保障”的思路，加大农村危房改造工作力度，做好集镇基础设施建设监督指导，完善美丽乡村排水、路灯等配套设施建设。

【基础建设】 一是城市建设：完成幸福路提标改造、安康医院广场建设和河沺拆迁点绿化工程，完成老年活动中心休闲广场招投标，中科广场道路完成土路基施工和铺设沙粒垫层，县城第二污水处理厂、兴隆镇、将台堡镇污水处理厂及人工湿地项目完成土建和设备安装，完成新营乡、硝河乡污水处理站及人工湿地项目建设，县城燃煤锅炉脱硫脱硝除尘在线监测改造完成工程总量的 80%，完成县城棚户区改造房屋征收 2059 户，征收房屋 20 万平方米，支付房屋征收款 5.3 亿元。完成保障房实物配租 1111 户，发放房屋租赁补贴 1592 户 3580 人，430.74 万元。二是乡村建设：2018 年申报批复建设马莲乡美丽小城镇和平峰镇三合村、红耀乡前庄村、火石寨乡大庄村、震湖乡河滩村和田坪乡大岔村 5 个美丽村庄。平峰镇三合村新建 196 平方米文化舞台 1 座，围墙 260 米，硬化村道 5.1 千米，栽植村道两侧树木 2680 棵，填筑滥泥河三合街道过境段土方 1.4 万立方米，完成投资 531 万元。红耀乡前庄村新建文化广场 2000 平方米，护坡 370 米，围墙 5000 米，文化墙1000平方米，铁艺护栏370米，绿化带2100平方米，亮化粉刷6000平方米，铺设巷道水泥砖3000平方米，砌筑大门36个，完成投资455万元。火石寨大庄村硬化道路1.7千米，敷设给水管道1.5千米、排水管道0.3千米，完成护坡460平方米，整治沟渠2000米，种植绿化树木1716棵，安装太阳能路灯80盏，安装太阳能热水器53个，累计完成投资709万元。震湖乡河滩村硬化道路3.6千米，硬化广场2000平方米，完成投资503万元。田坪乡大岔村硬化道路0.7千米，种植绿化树木400棵，清除垃圾50吨；累计完成投资260.1万元。2018年自治区下达西吉县改造危房2000户，全县计划改造危房3865户，竣工2530户。

【城乡管理】 一是加强城乡规划管控。加大违法建筑的宣传、查处和拆除力度，全面推进查违控违工作，有效遏制违建势头。2018年1—11月，共查处并拆除违法建筑158户，面积13145平方米，围墙242米、地基1314平方米；共拆除163户，拆除面积13277平方米，围墙542米（其中往年遗留拆除5户）。二是加强建筑市场管理。全面落实工程项目管理"四制"要求，严把从报建、立项、设计、图审、招投标、施工管理和质量监督到竣工验收各个环节，开展建设领域突出问题专项整治，加强建筑工程质量安全管理，规范施工许可管理。认真贯彻"安全生产、预防为主"的方针，认真落实建设领域安全生产责任制，扎实开展安全生产大排查，消除建筑安全事故隐患。积极构建"政府依法监管、企业全面负责、中介参与服务、社会舆论监督"质量安全保障体系，对每一个建设项目、建设环节实行全方位、多层次的监督监理，推动西吉县建筑业管理逐步走向法制化、规范化。2018年网上受理建筑施工安全报监67项，审核施工许可证资料65份，申报注册房屋建筑工程75项，建筑面积17.49万平方米，造价43673万元；市政工程37项，造价30777万元。进行工程竣工备案37项，面积23.68万平方米，造价53576万元。开展建筑质量安全执法大检查4次，完成巡查记录216份，发出整改通知书533份，停工整改通知书4份，解决质量投诉2起。三是加强房地产管理。1—9月份，完成房地产开发投资5.4亿元，同比下降45%，完成商品房销售备案431套4.88万平方米（其中商品房住宅295套3.28万平方米，营业房136套1.6万平方米）。四是加强物业服务管理。开展物业服务标准化建设活动，与各物业企业签订《安全生产目标责任书》，印发《西吉县推进物业服务标准化建设和质量提升工作实施方案》，对全县8个物业企业管理的31个住宅小区进行物业管理检查，发出整改通知书8份，督促整改落实物业服务方面问题39项。五是加强公用设施管理。加大县城道路、广场、公厕、路灯等公共设施的维修和管理。补修县城受损路面4.2万平方米，维修检查井180座，更换井盖60套，维修公厕98座（次），抢修疏通排水主管道5处；对县城排水管道进行全面疏通和清理，出动车辆230辆次，投入人力420人次，疏通清理排水井328座，雨水井240座。六是加大环境综合整治。签订"门前六包"责任书3190份，规范进店经营18000次，整治各门店门前卫生16000起，清理流动摊点13400余次，户外广告审批156家，清理各门店乱涂乱画广告1000余处、野广告22000次，清理横幅600条，查处私发宣传单146起，依法暂扣门前摆放物品168件，清理乱堆乱放3500余起，依法拆除乱搭乱建行为14起，规范乱停乱放车辆5900余起，门头牌匾审批327家，通知更换（拆除）破旧门头牌匾282家，规范未审批私自悬挂门头牌匾132家，排查建筑工地24处，责令停工整改2处，签订文明施工责任书26份，查处无覆盖、带泥上路渣土车227起，依法处罚198起，下发责任整改通知书226份，违规教育学习人员92人次，灭火70余起，处理噪音扰民30起，处理城管来电投诉48起。

【环境保护】一是水环境污染防控。通过落实河长责任、排查封堵排污口、整治临河近岸“散乱污”企业、开展“清河”行动、加快污水处理等重点项目建设，2018年葫芦河玉桥断面平均水质均达Ⅱ类标准。二是大气污染指标稳中有降。坚持扬尘、煤尘、汽尘、烟尘四尘同治，全年扣除沙尘天气，环境优良天数比率达95.7%，PM_{10}为58微克/立方米，$PM_{2.5}$为24微克/立方米，同比优良天数比率下降2.3%，PM_{10}上升7.4%，$PM_{2.5}$持平。三是加大水源地保护。编制《西吉县县城饮用水应急水源地保护区划分方案》《西吉县沙岗子应急饮用水源地保护区（调整）划分方案》，完成县城水源地保护项目征地征迁和工程建设。四是加强建设项目环境管理。严格执行“三同时”制度，共审批环境影响报告表25个，报告书5个。五是加大环境执法检查力度。成立葫芦河流域联合执法小组，对沿河规模化畜禽养殖场、马铃薯淀粉加工厂、工业企业入河排污口、城乡居民生活污水、污水处理设施运行情况开展专项摸排检查，排查排污口17处，收缴排污费110.97万元，对6家违法排污企业进行行政处罚，罚金121.16万元。六是开展第二次全国污染源普查。按照“应查尽查、不重不漏”的原则，认真清查填报辖区内工业企业和产业活动单位、规模化畜禽养殖场、集中式污染治理设施、生活源锅炉和入河排污口等调查对象的基本信息，按时完成第二次全国污染源普查清查工作，确认260家污染源普查入户调查对象进行入户调查。七是加大环保宣传力度。加强“12369”环保举报热线运行管理，妥善处理环保信访问题，维护群众合法权益，处理环境投诉13件。积极开展“六五”世界环境日宣传活动，发放宣传材料1000份，解答90余人次环境保护疑难问题。

【社会管理】完善老旧小区、新建住宅人防、物防、技防措施，加强居民住宅小区综合治理，督促用工企业规范农民工工资支付保证体系，制定《西吉县公共租赁住房和廉租住房并轨运行实施细则》，建立“以房管人”模式，加强流动人口服务管理，完善农民工进城住房保障。认真做好房屋拆迁、工程建设等领域的矛盾纠纷排查调处，扎实开展校园周边、建筑工地、出租房屋、宗教场所等社会治安排查整治，消除治安隐患600余项。

【社会帮扶】按照扶贫开发工作要求，围绕转变干部作风、服务基层群众主题，扎实开展“长效帮扶”专项行动，选派精兵强将驻村担任第一书记，利用“讲习所”宣传党的富民政策，以面对面与群众交流、心切心帮群众解忧、实打实为群众服务的务实做法，全面落实定点帮扶工作任务。

【安全生产】巩固安全生产成果，扎实开展安全生产专项整治行动，狠抓安全生产责任的落实，深化安全专项检查和定期全面检查，针对建筑安全生产工作中存在的突出问题，组织开展专业分包和劳务分包安全行为专项检查、外脚手架专项检查、大型垂直运输机械设备专项检查、村镇建设工程安全生产专项检查、学校及周边建筑工地安全专项检查。共进行在建项目安全检查73次，下发安全隐患整改通知单138份、责令停工通知单14份、行政处罚4份。

【普法工作】扎实开展《中华人民共和国建筑法》《中华人民共和国环境保护法》《城乡规划法》《市容环境卫生管理条例》等法律法规的宣传，发放宣传材料1.8万余份。深化“七五”普法、“法制宣传月”活动和教育影片警示教育。

【信访工作】建立健全来信来访接待制度，落实信访目标责任制，及时处理和解决群众来信来访问题。共受理信访案件297件（其中，网络舆情和政府网站173件，一般上访案件124件），办结率100%。

【党的建设】以“两学一做”制度化、常态化为总抓手，在全系统开展“学、查、改”活动，以抓党建促业务，强化党委主体责任。教育党员进一步坚定信念，增强执政为民的意识，塑造“勤政为民”的党员干部形象。认真组织开展“不忘初心，牢记使命”主题党日活动。

【廉政建设】 落实党风廉政建设责任制，强化党委纪检监督责任，严格执纪问责，做好党员干部党风廉政教育和勤政廉政承诺，结合开展“中央八项规定”精神自查出的“四风”问题和工程建设领域存在的突出问题，制定廉政风险防控措施并抓好整改。制定《西吉县城乡建设和环境保护局办公用房清退工作实施方案》。完善财务管理、公务用车管理、办公室管理等制度。

【文化建设】 围绕西吉县委、县政府确定的宣传工作要点，充分发挥宣传工作的激励、教育、引导、警示作用。高度重视新闻宣传工作，积极配合各级新闻媒体进行党的十九大宣传报道，做好各类大型活动的宣传工作。积极参加全县组织的各类活动，丰富职工的文化娱乐生活，激发干部职工干事创业的积极性。

（摆小龙）

供　电

【概　况】 国网西吉县供电公司内设综合管理部、客户服务中心、运维检修中心、供电所管理部、安质部5个职能部室，下设6个班组，现有职工99人。下辖19个供电所，6个营业网点，肩负着全县工农业生产和生活用电。西吉电网现有110千伏变电所3座，主变5台/171.5兆伏安，110千伏输电线路7条，线路长度为316.379千米。35千伏变电站17座，主变28台/128.2兆伏安，35千伏线路出线22回，总长度为341.128千米。10千伏配电网82条，线路长度为2779.246千米。公网配电变压器2219台/232.025兆伏安；专变1450台/292.884兆伏安。低压配网总长度5392.5千米。农网最大负荷47.86兆瓦，最小负荷18.88兆瓦。2018年，累计完成售电量2.165亿千瓦时。

【安全生产】 坚持执行安全生产“一岗双责”制度，按照“谁主管、谁负责”“管业务必须管安全”原则，压实责任，强化考核。2018年，有计划、有针对性地开展安全知识教育培训，提高人员安全水平。围绕“预防与应急准备”“监测与预警”“应急处置与救援”“事后恢复与重建”四个方面开展评估和资料整理，不断建立健全公司应急管理工作体系和制度。通过春季、秋季安全大检查，全面排查整治隐患缺陷，对线路故障跳闸频率高、各类交叉跨越、接地电阻、电缆通道等方面重点排查，提高电网安全运行水平。通过先进设备、系统开展对24条10千伏线路进行带电状态监测和缺陷带电作业处置，积极开展带电作业，带电消除电网设备潜在隐患，大力运用新技术手段提高供电可靠性，2018年完成带电作业共计62次。完成66个政府新农村项目、37个“煤改电”项目系统数据录入及199台自愈开关图模治理，变更完善线路设备台账及线路图，配电网管理水平进一步提升。

【营销管理】 以同期线损系统应用为切入点，全面开展同期线损“四分管理”，治理高负损台区254台，10千伏线路11条。低压台区线损合理率由年初的83%提升至94%，台区线损率完成4.23%，10千伏线路线损合理率完成75%。严格落实电费回收责任制，建立电费回收预警机制。对吉源供热公司和东华供暖公司等70多户实行预购电制，有效解决电费回收风险。开展营配业务数据治理工作，完成198台公网变台23200户用户数据测查治理。强化营业窗口服务，规范业扩办理流程，提前介入西吉县2018年重点道路建设工程“西会”高速项目，开辟绿色通道，完成新增业扩报装变压器46台容量21200千伏安的接入。高效完成3600户县内移民搬迁用户的报装接电。

【优质服务】 坚持“人民电业为人民”企业宗旨，构建以客户为中心的服务体系，落实开展为民服务九大新举措。取消电卡补办工本费和电力控制终端费，会同西吉县发改局清理规范转供电主体6户，受益终端260余户，严格落实一般工商业降价10%的政策，清退临时接电费156.83万元。积极推广“互联网+”营销业务，深化线上办电和掌上购电业务。2018年线上办电率达到100%，线上开通率达到80%。提高低压电网接入容量，50千伏以下累计接入190余户，降低客户用电成本。更换重过载变压器56台，供电能力进一步提升。开展企业客户线上缴费引导工作，实现客户线上实时缴费、用电实时查询、线上发票自行打印等功能，减少客户临柜次数。

【配电网建设】 完成2018年2676万元农网升级改造工程、92.5万元大修、272.5万元技改、149.4万元农电专项成本和178万元业扩配套项目。安装自愈开关199台。完成11个乡镇街道和城网309户用户煤改电负荷的接入工作。

【农电管理】 以星级供电所创建推动供电所综合水平提升，田坪、震湖和兴坪3个供电所通过国网宁夏公司四星级乡镇供电所验收和复验。稳步推进“全能型”供电所建设，全面开展供电所末端业务融合，服务质量和工作效率明显提高。积极开展“四项劳动”竞赛，“十大模范”选树，开展节日慰问、困难职工帮扶等工作。

【党的建设】 认真学习习近平新时代中国特色社会主义思想和党的十九大精神，牢固树立“四个意识”，坚定“四个自信”，自觉践行“两个维护”。完成党支部标准化建设，两名党员被固原公司党委授予“优秀共产党员”称号。认真履行“一岗双责”，严格执行“三重一大”决策制度，深入推进党风廉政建设和重点岗位廉政风险管控，组织对新任用的部室、班组、供电所负责人和关键岗位人员进行岗前廉政谈话，有效防止违规违纪行为的发生。组织34名党员和配网工程施工人员签订《廉洁自律承诺书》。

（马占仓）

交通　邮政

交　通

【概　况】 2018年，西吉县公路通车总里程3243.3千米，其中高速公路21.7千米，国道1条82.3千米，省道1条83.4千米，县道5条160.2千米，乡道37条678.3千米，村道297条2187.6千米，汽车专用公路2条29.8千米。等级公路密度103.6千米/百平方千米。全县296个建制村全部通硬化路，具备条件的自然村通了公路。

【国省干线公路】 S204线海原—西吉二级公路（火石寨—西吉段），西吉—毛家沟公路、兴隆—玉桥段三级公路于2018年建成通车。续建S60西吉至会宁（宁甘界）高速公路48.016千米。2018年按计划完成年度任务，2019年建成通车。

【农村公路建设】 新建并完成2018年惠及43个贫困村2.9万人的农村公路66条305.96千米，续建并完成2017年度贫困村剩余的农村公路建设任务。

【公路管理】 严格管理制度。完善《西吉县农村公路项目建设管理办法》《西吉县农村公路建设安全生产目标考核办法》《西吉县农村公路建设项目农民工工资支付监督管理规定》等相关管理办法，使公路建设程序进一步规范和农民工权益保障更加有力。在公路建设过程中，严格按基本建设程序进行，严格签订勘察设计、施工、廉政、安全生产、监理服务等合同；积极推行“十公开”制度〔建设计划公开、招投标公开、征地拆迁公开、施工过程公开、设计变更公开、质量监督公开、资金使用公开、交（竣）工验收公开、从业单位从业信息公开、投诉处理结果公开〕。有效规范农村公路建设管理，加强工程质量与施工安全控制，预防各类违规违纪问题发生。强化各项监管措施。在工程招标环节，严格资格预审，让有资质、有信誉、有施工能力的企业参与农村公路建设；对中标企业履约情况进行实地检查后再签订施工合同，严禁转包、分包。在工程社会监督方面，全方位接受社会监督。切实维护农民工权益。继续全面实行施工单位按工程总投资的2%缴纳农民工工资保证金和农民工工资“一卡通”支付方式，保证农民工工资得到及时足额支付，维护农民工的权益。

【公路养护】 2018年，西吉县列入养护农村公路320条2520.81千米，其中：列入养护普通国省道4条199.663千米，县道1条25.888千米，乡道38条667.27千米，列入养护村道278条1574.498千米。经常性养护率达100%，完成普通国道平均优良路率71.9%，省道平均优良路率32.29%，县道平均优良路率30.9%，乡道平均优良路率48.9%，村道平均优良路率38.7%。较自治区公路管理局下达指标分别提高了0.1个、0.89个、1.4个、0.7个百分点，中等路以上达73.71%，路况质量稳中有升。

【综合执法】 一是狠抓超限超载治理。在西吉县政府的安排部署下，由县治理超限超载领导小组办公室直接管理，组成联合执法中队，专职负责每年3—11月全县流动治理超限超载工作。2018年共登记车辆110辆，超载104辆，卸载104辆，卸载超载货物4001.45吨，拆除非法改装车辆28辆。二是强化路政案件查处力度。2018年共计出动执法人员1200人次，累计巡查里程4万千米。共下达《责令整改通知书》51份，处理抛洒物污染路面案件6起、损坏路面案件12起，收缴赔补偿费全部上缴县财政。三是加强路域环境整治。集中清理公路用地及公路建筑控制区内非法设置的非公路标牌、堆积物、占道经营等，共出动人员150人次，租用机械13台，清理堆积物780处5900立方米，依法拆除非公路标牌38余块。

【交通运输】 2018年，西吉县道路运输经营户2650家，拥有机动车辆2890辆（其中班线客车260辆，公交车30辆，载货汽车2373辆，出租车227辆）。全县日发客运班次156个。货运经营户14家：普通货运公司12家，货运服务中心2家。检测站1家，汽车二类维修企业5家，三类维修业户95家。现有营运客车580辆（其中：班线客车168辆，村村通小客车152辆，公交车44辆，出租车216辆），营运货车2658辆；拥有等级客运站15个，其中二级客运站1个，三级客运站1个，四级农村客运站13个，建成客运招呼站172个。共有客运线路285条，其中省际客运班线3条、市际客运班线8条、县际客运班线21条、县内客运班线256条。全县19个乡镇全部通客车，乡镇和行政村通车率均达到100%。

【安全监督】 通过“落实责任，完善制度，强化管理”三项举措，抓道路运输安全监管，保障道路运输市场安全、稳定；抓施工安全，保障工程建设；抓安全隐患排查治理工作，保障道路交通安全；健全完善交通安全应急预案，开展应急演练，做好应急物资、机具的储备，做到人员、物资、机械三到位，提升安全保障能力；强化水上交通安全工作，加大水上交通安全现场检查力度，保障水上交通安全。2018年，全系统实现交通无重大安全事故和安全生产形势持续稳定的目标。

【交通战备】 按照“平战结合、军民兼容”的原则，以加强国防交通基础设施建设为重点，全面加强交通战备正规化建设。完善各项规章制度，完成运力运量基础性数据统计。2018年，参加自治区交战办组织的培训1次，市、县民兵演练2次。

【精准扶贫】 深入开展精准扶贫工作，在帮扶工作中开展送政策、送科技、送法律、送文化等服务活动，帮助解决实际困难、化解信访积案，修建道路，解决群众“出行难”问题。

（禹建斌　赵文全）

邮　政

【概　况】 中国邮政集团公司宁夏回族自治区西吉县分公司，现设综合部、市场部2个职能部门；基层邮政所6个，邮政代办所15个，邮掌柜104处（其中：村邮乐购站57处，便民站47处）。现有职工47人（包括劳务派遣工）。

【邮政储蓄】 随着城镇化建设步伐加快，拆迁征地款、棚户区改造补助款、小微企业工资代发等作为储蓄增规模的重点项目。

【中邮人寿】 西吉县各邮政代理金融网点开办系列保险产品，市场规模在不断增大。2018年新增保费达到520万元。

【业务工作】 邮政网络遍布城乡，开展代办移动、代办电信、代开税等代办业务；邮政储蓄、汇兑和速递短信业务；开办代理航空机票和火车票；商务业务成为一项邮政特色业务；动画制作的个性化邮票成为反映西吉县经济、文化、历史和自然风貌的形象窗口。

【报刊业务】 一是在抓好常年报刊征订的同时，加大校园报刊的营销力度，确保县城中小学校学习报刊征订。二是强化报刊营业和投递服务，整合人员，优化邮路，确保党报党刊及其他报刊业务投递服务准确、及时。

【营投网络】 加快基层邮政所、代办所基础设施建设和人员素质提升，改善基层邮政服务条件，提高邮政服务在农村的延伸面和覆盖率。2018年9月6—21日，先后启用16条农村投递段道，全县296个行政村直接通邮率达到100%。

【企业管理】 一是企业管理向制度化、规范化迈进，窗口服务流程规范、迅速、便捷、高效。二是着力打造企业服务新形象，提升企业员工的凝聚力，强化网点软硬件建设，全面提升邮政服务形象，全体员工本着"以服务求质量，向服务要效益"的经营理念，提高企业的核心竞争力，彰显企业管理服务的新形象。三是强化内控管理，严格落实企业内控管理制度，建立健全风险防范评估体系，深入开展企业内部风险防范评估活动，重点对金融、资产等开展内控评估及风险防范检查工作，及时整改金融工作中存在的隐患问题。

【文明创建】 继续推进"职工小家""投递之家"建设和"送温暖献爱心"活动，让更多的基层职工享受到"职工小家"建设带来的实惠。2018年慰问困难职工40余人次，发放困难补助资金3.5万元，把组织的温暖和关怀送到一线职工的身边，让职工切身感受到企业发展始终以人为本的关爱氛围。

【扶贫帮扶】 2018年，西吉县邮政分公司为平峰镇三合村委会购置电脑1台、电视机1台、投影仪1台、乒乓球桌1张及小学生书包等物品累计1.4万元；为三合村民507人投保人身意外伤害保险，共计保费2.6万元，每人每年所获保障3.3万元，合计提供风险保额1673万元。

（王缠军）

通　信

电　信

【概　况】 中国电信股份有限公司西吉分公司共有员工41人，下设3个部室（办公室、业务室、技术室）、1个班组和13个划小经营单元。

【网络建设】 2018年共新建4G基站43个，新建光纤到户（FTTH）端口3752端口。完成西吉县1300个中小学教室通光纤，为"互联网+教育"奠定坚实的网络基础，助推教育均衡；完成全县295个村卫生室通光纤医保专线。实现医疗卫生系统互联互通、资源共享、远程诊疗等，有效提升了医疗卫生系统信息化应用及服务水平。

【提速降费】 对西吉县中小企业50M以下宽带全部免费提速至50M，对全县200多所学校专线电路率先完成"倍速"提质工程；家庭宽带全面提速，主推百兆起步，重点小区千兆宽带，宽带平均速率达到110Mbps，单位带宽价格下降超过20%；全面取消全国手机流量漫游费，手机流量单价较2017年下降约30%。

【信息扶贫】 聚焦脱贫攻坚，按中国电信集团公司扶贫政策要求，为全县296个行政村免费提供一条20M光纤和1部ITV，优惠截至2020年年底；对16岁以上使用电信手机卡的建档立卡户每户赠送"0元致富包"业务。"0元致富包"每月包含1G国内流量、100分钟国内语音，优惠截至2020年年底；对全县建档立卡户，申请低资费39元宽带政策，其中包含1条100M光纤、1部ITV和一张电信手机卡（200分钟全国通话、10G流量放心用）；对全县建档立卡户，推出6款价格在299～499元的4G手机；对2018年9月之前已办理宽带的各乡镇用户，免费提速至100M，并对单宽带用户免费赠送1部ITV，有效期1年。

（张让琼）

移　动

【概　况】 中国移动通信集团宁夏有限公司西吉县分公司现有职工28人，下设办公室、市场经营部、集团客户部、渠道管理中心4个部室。

【表彰奖励】 2018年，西吉县移动分公司营业班组荣获中国移动通信集团宁夏有限公司"创先争优先进服务窗口"，分公司荣获中国移动通信集团宁夏有限公司"企业文化建设基地"，荣获固原分公司"工会先进集体"称号，集团客户经理主管王升荣获固原分公司"岗位突击能手"和中国移动通信集团宁夏有限公司党委"2018年度优秀共产党员"称号。

【业务服务】 一是"提速降费"助力精准扶贫，给贫困地区群众提供宽带免费送服务，群众切实感受"提速降费"带来的实惠。二是推进"平安联防"建设，响应政府平安西吉建设号召，实现居民联防报警和报警互助。

【服务地方经济】 一是在中国移动通信集团宁夏有限公司的大力支持下，认真部署，积极配合，顺利完成各种通信保障任务。二是提升窗口服务水平，为前来西吉投资建设的用户提供优先业务办理，并做好跟踪服务。三是扶贫帮困，组织帮扶村两委班子美化村委部环境，为村部植树、平整硬化院落等，指导村党组织开展星级基层服务型组织创建活动，深入实施农村“两个带头人”培养，推动村党组织晋位升级、创先争优。健全完善村组织各项规章制度，严格落实“三会一课”“四议两公开”“民族议政日”和发展党员、党费收缴管理、民主评议党员等制度。积极与乡党委、乡政府联系，建成村“文化活动中心”及“文化活动广场”。

【网络建设】 县城区域：2018 年，西吉分公司针对群众反映以及公司排查发现的 4G 网络覆盖较弱的区域开展了 4G 信号深度覆盖专项活动，实现县城及周边区域 4G 信号全覆盖。宽带建设方面，实现很大突破，县城小区、商铺宽带覆盖率达 80%，实装率大幅提升。农村区域：针对部分农村区域有 4G 信号，无 GSM 网络情况开展 2G 信号深度覆盖，同时，为老百姓提供 4G+ 手机终端营销，有效解决老百姓打电话难、上网难问题，分公司大力开展农村区域家庭宽带网建设，2018 年完成所有乡镇较集中行政村、自然村家庭宽带网覆盖工作。

（郭 玲）

联 通

【概 况】 中国联合网络通信有限公司西吉县分公司现有人员 14 人，下设政企拓展营销中心、自有营业厅、城区网格中心、综合营销中心 4 个经营单元。

【通信建设】 西吉联通共建设 2G 基站 48 个、3G 基站 150 个、4G 基站 157 个，网络覆盖所有乡镇，覆盖率达 100%，村级覆盖率达到 56%，大客户专线、电路 150 条，全面做好联通信息化基础资源建设。为更好地支撑西吉电子政务网建设和使用，西吉联通在原有网络建设基础上加大投资力度，提高互联互通率和整网接入率，充分保证用户能够流畅访问电子政务外网。为西吉县各机关单位、各乡镇提供互联网公共服务，实现互联网规范接入和集中管控。

【脱贫攻坚】 2018 年 3 月，联合西吉县扶贫办，为沙沟乡东沟村做信息帮扶，以“互联网 + 信息扶贫（智慧农业）”为主题，加强电商学习管理，在线上宣传推广销售老百姓的农产品，为老百姓出资网络费用 24 个月，为东沟村免费建基站、布线、通网，积极推进农村信息化建设。为沙沟乡大寨村免费新建基站，给大寨村 8 个组共计 1900 人做了全新的网络覆盖更新，给 500 名老百姓赠送一年免费的打电话上网服务。

【网络安全】 为落实《2018 年宁夏网络安全宣传周活动方案》，按照宣传部统一部署，进行了相关宣传报道，通过启动会、群发短信、厅内宣传、线上宣传等多种宣传方式，宣传“没有网络安全，就没有国家安全”，提高人们对于网络安全的认识。

（冯云飞）

科学技术

地　震

【概　况】 西吉县地震局隶属于西吉县人民政府，是参照《中华人民共和国公务员法》管理的政府直属事业单位，单位设办公室、数据监测室、震害防御室；编制人员6人，实有工作人员7人；有水位观测点2个，强震监测点3个，信息节点1个，地震灾情快速捕获系统2处，宽频带流动地震台阵探测点4个，地震预警和烈度速报系统11个，地震宏观观测点18处，建立地震应急避难场所125个，其中设有标志牌的15个。

【抗震设防】 一是加强防震减灾法制建设。认真贯彻落实《中华人民共和国防震减灾法》《宁夏回族自治区防震减灾条例》等法律法规，积极推进西吉县防震减灾法制建设。根据区、市业务部门的要求，结合西吉县工作实际，组建防震减灾执法队伍1支7人，积极参加县法制办举办的法律知识培训，通过学习防震减灾法律法规，为依法开展地震行政执法奠定基础。二是加大抗震设防监管力度。严格按照抗震设防认定标准，为在建项目工程施工单位颁发抗震设防确认书。

【地震前兆分析】 一是积极配合宁夏回族自治区地震局监测中心对西吉县医院、西吉中学两处人口密集区地震灾情快速捕获摄像系统和网络视频进行定期维护调试，建立起区、市、县三级联动应急指挥体系。捕获摄像系统的建设可以从不同角度拍摄西吉县地震前后实物景象对比，极短的时间内获取人员伤亡和房屋破坏信息，为领导开展震后救援决策提供翔实依据，同时对灾情评估提供第一手资料，提高西吉县地震应急响应速度、应急指挥水平和紧急救援能力，网络视频的建设，丰富了职工通过网络视频讲座学习，提高了职工防震减灾的工作能力。二是积极配合区、市地震局定期或不定期对县城和火石寨景区两个强震测报点进行维护、检修，使强震测报点仪器全年运作正常。

【地震监测】 一是加强监测设施环境保护。经常性地深入各观测点对监测仪器、观测资料、通信设备、环境卫生等进行督促检查，及时解决工作中存在的困难和问题。对仪器记录图纸，做到表面整洁，标注准确明了，原始记录项目填写齐全，确保观测资料及时准确、连续可靠、快速传递。二是坚持“内紧外松”原则，做好震情跟踪，坚持一把手带班制、重大情况汇报制和24小时值班制。组织全体职工、宏观观测员利用电话、微信、进村入户等形式，深入乡、村、农户，及时了解掌握辖区内宏观异常信息，及时消除各种地震谣言。促进全社会和谐稳定。2018年共组织震情周会商41次，参加自治区会商1次，固原市会商1次，定时向区、市业务主管部门上报观测数据、信息节点工作日志、异常信息、会商意见。三是加强“三网一员”队伍建设，提高观测人员的技术水平。加强宏观观测网络体系建设，捕捉宏观异常信息，积累地震预防预报经验。先后召开宏观观测人员业务知识培训及宏观观测人员会议3次，使每位观测人员能结合各辖区内观测对象（鹿、鱼、牛、羊、鸡等）的生活习性异常变化及深井水位异常情况进行相互交流、相互学习，提高鉴别宏观异常的准确性。

【防震宣传】 一是充分利用“三下乡”、“科技活动周”、“5·12”防灾减灾日、“千城宣导放映”等活动，开展防震减灾科普知识宣传。在王民、吉强等乡镇及西吉中学、西吉一幼等中小学校及幼儿园向广大群众和在校学生传授防震减灾科普知识，发放《农村民房抗震知识》《中小学生防震减灾知识读本》各3000余册，发放印有防震减灾宣传歌谣的门帘2000余条、围裙2000余条，发放防震减灾宣传单8000余份，制作防震减灾宣传展板10块，悬挂防震减灾宣传横幅10余条，播放防震减灾宣传系列片3场次，组织参加宣传活动志愿者300人次，受益群众达30多万人次，宣传活动丰富多彩，形式灵活多样。二是深入扎实开展“防灾减灾日”活动。5月11日，组织由106个机关、企事业单位、社区，436所中小学校、幼儿园，约15万人参加的“大型防震减灾演练”活动。除应急疏散演练外，增加了现场灭火、逃生救援、现场伤员急救、废墟联合搜救、伤员转移、无人机搜寻等项目。整个演练过程组织得当，参演群众进退有序。三是积极创新，开展防震减灾宣传“六进”活动。组织单位职工深入精准扶贫包扶的王民乡小岔村，利用入户扶贫工作的机遇，开展“防震减灾宣传”活动。向全体村民发放《农村民房抗震知识读本》小册子600余册，门帘、围裙各300余条，受教群众达1000余人次。

【地震应急】 一是救援组织体系逐步完善。认真贯彻落实国家、自治区地震法律法规，建立健全县、乡两级防震减灾工作机构，根据人事变动，及时充实更新县、乡两级政府防震减灾工作领导小组成员，制定完善县、乡两级统一领导、责任明确的防震减灾指挥体系，明确细化领导小组办公室及成员单位工作职责。建立完善防震减灾工作联席会议制度，定期不定期召开防震减灾工作联席会议，听取工作汇报，研究解决有关问题，切实加强对防震减灾工作的组织领导和监督落实。二是加强对应急避难场所的建设和保护力度。全县建立应急避难场所140个，其中县城固定应急避难场所15个，设立避难场所标志牌13处，临时场所125个（包括19个乡镇）。开展创建科普示范学校、科普示范社区活动。创建区级科普示范学校2所、市级科普示范学校2所、农村民居地震安全示范村1个、国家级地震安全示范社区1个。三是地震应急救援装备完善。全县用于地震应急救援车辆包括运送兵员、住战车、道路疏导、物资运送、吊车、发电车等共46辆，车辆状况良好，驾驶人员技术过硬。用于应急破拆设施、无齿锯、防毒面具、铲车、水泵、电信ETS终端、CDMA应急终端等地震应急救援设施、装备、器械较为完备。四是地震应急救援物资储备丰富。地震应急救援物资的储备种类达120多种，主要涉及日常生活用品、医疗救护用品等，有固定的储备地点，电话畅通，一旦发生地震，在第一时间内，救援物资会及时送达灾区。五是地震应急反应能力显著增强。制定《西吉县地震应急联动机制建设实施方案》，完善“三网一员”地震信息快速收集及速报系统，修订完善《西吉县地震应急预案》，各乡镇、各成员单位以及生命线工程单位制订了相应预案，组建以武警、消防、公安、卫生、电信、供电、交通、水务、建环等部门为主的10支456人应急抢险队伍。六是成立西吉县地震应急工作检查小组，定期或不定期开展地震应急救援组织体系、应急预案、应急物资、储备场地、工作机制等建设情况开展督查，查漏补缺，相互促进。

【隐患排查】 开展西吉县地震应急防范物资储备和风险隐患排查。经排查，有应急物资储备11类，分别是锥形事故柱10个、隔离警示带2盘、急救箱1个、便携式防爆手电筒2只、溢油处置物资2种、检测仪器4台，其他应急物资5类。地震可能引发的地质灾害隐患点74处，其中：全县供电系统存在风险隐患点33处，石油公司存在风险隐患点7处。燃气方面风险隐患点3处，地质灾害方面风险隐患点31处。针对米面油、方便面、矿泉水等生活用品不易长期保存的实际，与法福来粮油生活馆、中街商城、宾馆超市、汇源百货批发部等中小超市、私营店铺书面或口头签订了《代储协议》，如发生自然灾害，能够第一时间调拨，确保受灾群众基本生活有保障。

【精准扶贫】 一是通过走村入户与群众面对面交流、谈心，宣传国家强农惠农政策，把西吉县委、县政府有关扶贫政策宣传到户。二是走访常住村民178户，帮助村支部理清发展思路，精心编制2018年发展规划，制订符合村民发展的扶贫计划，筹措经费4000多元为小岔村村部添置办公用品。三是在干部职工结对帮扶活动中为群众办实事累计30余件。

（马　骏）

气象服务

【概　况】 西吉县气象局始建于1957年2月，现位于吉强镇西街南路12号，地理坐标为北纬35° 58′，东经105° 43′，海拔1916.5米。在编人员15人，均为本科学历，其中副研究员级工程师2人，职工平均年龄38岁，是一支富有活力的团队。主要承担综合气象观测、预报预警及气象服务业务。属于国家基本气象站，实行24小时值守班制度，地面气象资料参与全球气象资料交换。在全县范围内建设各类区域自动气象站43个，土壤水分站2个，实现气象站点乡镇全覆盖。预报预警业务在与区、市气象台交流会商的基础上，积极开展订正预报，制作精细化预报，广泛开展服务。依托“两个体系”建设，完善手机短信平台、应急信息发布平台及预警终端（电子屏、农村广播），利用平台及终端积极开展预报预警业务，增加气象信息发布的时效性，扩大气象信息覆盖面，取得良好的效果，为县委、县政府调整农业种植结构、开展防灾减灾等起到决策作用。

【气候概述】 气温：2018年平均气温为6.4℃，较2017年（6.8℃）偏低0.4℃，较历年平均气温（5.8℃）偏高0.6℃。其中1月、2月及9—12月较历年平均气温均偏低，2月偏低幅度达1.8℃，其他月较历年平均气温均偏高，3月偏高幅度达4.0℃。年极端最高气温为29.2℃，出现在8月5日；年极端最低气温为–24.4℃，出现在1月9日。最热月为7月和8月，平均气温均为19.0℃，最冷月为1月，平均气温为–9.0℃。降水：2018年总降水量为639.1毫米，比2017年（478.1毫米）偏多161毫米，比历年平均（391.0毫米）偏多248.1毫米。其中1—2月、4—9月、11—12月降水量均高于往年同期,7月降水量高于往年同期，达104.2毫米，3月和10月降水量低于往年同期，10月偏低，达21.9毫米。日照：2018年日照时数2240.4小时，比2017年日照总时数（2278.0小时）偏少37.6小时，比历年平均（2339.8小时）偏少99.4小时。无霜期：2018年年终霜日为5月2日，初霜日为9月28日，无霜期148天。

【气候评价】 2018年西吉县气候总体特征为：气温偏高，降水偏多且集中于5—9月。总降水日数为114天，较2017年偏多6天；小雨以上（日降水量≥10毫米）日数为16天；人影作业：2018年共组织开展人工防雹（增雨）作业21点次，消耗火箭弹63枚，人雨弹160发。1. 冬季（2017年12月—2018年2月）：季平均气温为–7.1℃，较历年同期值（–6.7℃）偏低0.4℃；降水量为14.2

毫米，较历年同期值（8.4 毫米）偏多 5.6 毫米。气温偏低，降水偏多，由于降水集中在 1—2 月，对增加土壤墒情较为有利。季节内共开展人影作业 3 点次，消耗火箭弹 18 枚，合理开发空中水资源，增加土壤墒情，降低森林火险等级。2. 春季（3—5 月）：季平均气温为 9.3℃，较历年同期（6.8℃）偏高 2.5℃；降水量 91.6 毫米，较历年同期值（73.3 毫米）偏多 18.3 毫米。季节内气温整体偏高，降水偏多，土壤墒情良好，为春季播种提供了良好的环境。季节内共组织开展人影作业6点次，消耗火箭弹39枚。3. 夏季（6—8 月）：季平均气温为 18.3℃，较历年同期（17.2℃）偏高 1.1℃；降水量 435.0 毫米，较历年同期值（219.7 毫米）偏多 215.3 毫米。6—8 月天气变化异常，雷雨天气偏多，冰雹、暴雨等天气频发，对群众的生产生活带来不利影响。6 月 10—11 日的冰雹、25 日的暴雨、7 月上旬多次强降水等气象灾害，让群众的生命财产损失严重。季节内共开展人影增雨 1 点次，消耗火箭弹 6 枚，防雹 11 点次，消耗人雨弹 160 发。4. 秋季（9—11 月）：季平均气温为 5.6℃，较历年同期（5.9℃）偏低 0.3℃；降水量 95.6 毫米，较历年同期值（89.6 毫米）偏多 6.0 毫米。本季节内气温偏低，降水偏多，对冬小麦播种及秋覆膜的正常开展较为有利。5. 土壤水分变化趋势：2018 年共开展固定地段测墒 27 次，马铃薯作物观测 18 次，生态观测 9 次，开展墒情苗情调查 5 次。2018 年降水充沛，土壤墒情较好。

【气象服务】 2018 年灾害性天气频发，特别是冰雹、短时强降水、连阴雨等严重威胁着群众的生命财产安全。气象局严密监测天气变化，主动提供气象服务。通过微信、电子屏、大喇叭、网络、传真、电话、短信等方式及时向西吉县委、县政府等决策部门提供及时的预警信息服务，为决策层合理决策提供科学依据。2018 年共制作发布《气象信息专报》32 期、《农用天气预报》60 期、《马铃薯气象服务专题》8 期、《西芹气象专题服务》3 期，累计向县委、县政府等主要党政部门及各乡镇发送服务材料 3096 份；2018 年发布各类预警信息 117 条，累计向决策层发送预警信息、雨情、降温消息等手机短信 50 余条，共计 358315 人次，传真服务 351 点次，主动向县委、县政府主要责任人电话服务 9 人次，通过电子屏、大喇叭及微信等平台向行政村、社区等“最后一公里”发布预警信息、天气预报、气象科普及农用天气预报等信息 1210 次，为广大群众合理安排生产生活、科学种植提供气象服务。加强气象信息员队伍建设，5 月上旬向县内主要部门及各乡镇呈送《关于商请确认接收气象服务信息的函》，调整加强全县气象信息员。9 月中下旬，县气象局联合县百草园职业技术培训机构，对“基层气象防灾减灾救灾——山洪知识培训”进行现场教学，穿插讲解实用性种养殖技术。

【气象灾害】 2018 年，西吉县灾害性天气频发，冰雹、暴雨等自然灾害在不同阶段给农业生产、人畜饮水、城市建设及社会经济发展造成不同程度影响。冰雹：2018 年冰雹灾情主要集中在 6 月。6 月 10 日 15：43—16：50，新营、平峰、震湖、红耀等乡镇先后出现短时强降水、冰雹天气过程，最大累计降水量 23.0 毫米，最大小时降水量 14.1 毫米，均出现在新营乡白城，冰雹最大直径为 10 毫米。11 日 14—16 时，沙沟、偏城两个乡镇均出现冰雹天气过程，偏城乡、兴平友爱村伴随短时强降水天气现象。其中沙沟乡 14 时 28 分开始出现冰雹，持续 30 分钟，15 时左右结束，冰雹直径 4—10 毫米；偏城乡部分村 16 时—16 时 02 分出现冰雹，直径 2—3 毫米。10 日下午 15 时 01 分火石寨炮点作业人员反映有雷电活动的迹象，随后经县气象台与固原市气象台会商决定，于 15：15 发布雷电黄色预警信号，16：37 在区台指导下发布冰雹橙色预警信号，两次预警信息均通过国家突发事件预警信息发布系统及时向县决策层、灾害防御人员、气象信息员等进行服务，并通过邮箱、传真、微信、微博、钉钉、大喇叭、显示屏等多种渠道向主要党政部门及社会公众进行服务。发布冰雹橙色预警信号之后，值班领导随即向西吉县红耀乡、新营乡、马建乡主要负责人电话通知，同时与县民政局电话沟通，保持灾情信息共享。15：05—16：11及时组织人影作业点开展人工防雹作业，共开展人影作业5点。17：45值班领导与新营乡领导一同前往灾情发生地，实地开展灾情调查情况。6月11日13时9分发布雷电黄色预警信号，14时29分沙沟人影作业点反映沙沟已出现零星冰雹现象，随后经县气象台与固原市气象台会商决定，于14时40分发布冰雹橙色预警信号，两次预警信息均通过国家突发事件预警信息发布系统及时向全县的决策层、灾害防御人员、气象信息员等进行服务，并通过邮箱、传真、微信、微博、钉钉、大喇叭、显示屏等多种渠道向主要党政部门及社会公众进行服务。暴雨：2018年主要发生3次，为6月23—25日、7月1—2日和7月9—10日。6月23日夜间至25日14时，西吉县出现暴雨天气过程，最大累计降水量出现在新营白城，为77.0毫米，最大小时降水量15.2毫米，出现在硝河。区域自动站累计雨量超过70毫米的有2个，超过50毫米的有14个。7月1日16时—2日8时，西吉县出现中到大雨，局地暴雨天气过程，最大累计降水量为64.2毫米出现在兴隆华林蔬菜基地，最大小时降水量为21.8毫米，出现在沙沟陶堡。7月10日8时—11日8时，全县普降大到暴雨，累计降水量在17.3—80.9毫米，最大累计降水量80.9毫米，出现在什字乡什字村。

【工作落实】 一是综合气象观测体系稳步推进。2018年完成5个国家骨干站升级改造任务；完成4个实景农田小气候站建设任务。西吉县有44个区域自动站、2个土壤水分站、1个国家基本观测站、1个无人站，实现自动气象观测乡镇全覆盖。气象综合观测质量、设备可用性和气象信息传输率排名位于全区前列，部分站点达到国家级考核标准。二是决策气象服务成效显著。印发西吉县气象灾害防御指挥部办公室《关于更新决策气象服务对象信息的通知》（西气灾防办发〔2018〕1号），及时更新决策气象服务对象信息，实现面向县委县政府决策者、相关部门责任人、扶贫干部和基层气象信息员的气象灾害预警服务全覆盖。积极做好重大天气过程监测预报服务工作，增强决策气象服务的敏感性和超前性，发挥气象灾害预警灾前预防的作用。向县委县政府上报冰雹和暴雨气象灾害信息2期，联合乡镇、农牧、水务、民政部门积极开展灾情调查。三是预报预警服务准确及时。汛前完善各类业务流程和应急预案，规范预警信息发布值班日志，加强留痕管理工作。认真做好干旱、首场透雨、区域性暴雨、冰雹等重大转折性、关键性、灾害性天气气候预报预警服务。四是人工影响天气工作有序推进。完成全县10个标准化作业点建设并投入使用，作业点基础设施配备齐全，各作业点人工影响天气安全管理规章制度、作业指挥流程、弹药出入库登记、装备维护落实到位。3月完成火箭架年检，4月大修高炮1门，5月完成高炮作业装备的巡检。4月和9月，全县人影作业人员参加市人影办组织的人影安全操作培训，2018年未出现人影安全生产事故。全年人工影响天气办公室共组织人工增雨（雪）作业10点次，累计消耗火箭弹63枚；组织防雹作业11点次，共消耗人雨弹172发。

【助力脱贫】 认真贯彻落实习近平总书记来宁讲话精神和区市气象局党组及县委县政府关于气象助力精准脱贫工作的安排部署，注重融入政府脱贫攻坚大局，发挥“避害”和“趋利”在精准扶贫工作中的作用。一是提升特色产业气象服务。围绕特色产业气象服务，修订并完善《周年气象服务方案》，制作发布马铃薯、西芹特色产业专题气象服务材料17期。实现宁夏马铃薯气象服务中心实体化运行，成立马铃薯专家联盟，开展马铃薯主产区需求调查，依托宁夏智能化农业气象服务业务平台开展面向全区马铃薯主产区的气象服务工作。制作完成“宁夏马铃薯适宜气候区划图”和“宁夏马铃薯晚疫病风险区划图”。研发和完善马铃薯播种期预报模型、马铃薯适宜播种期的土壤湿度指标和土壤水分预报模型。组织科研人员申报“中国气象局旱区特色农业气象灾害监测预警与风险管理重点实验室”科研项目《马铃薯不同覆膜种植抗旱防霜效应研究》并获批准。二是加强驻村帮扶工作力度。注重气象科技服务扶贫特色，组织帮扶责任人进村入户26次，详细了解其家庭人口、耕地、种植结构、产业发展情况，把建档立卡户纳入气象预警信息发布平台，开展直通式气象信息服务。结合专项行动精神，向红耀乡大堡村示范推广“张杂谷”新品种，免费向农户发放“张杂谷”种子，张杂谷亩产接近500公斤，喜获丰收。5月中旬，联合县组织部、扶贫办对全县300余名驻村帮扶干部开展气象防灾减灾知识培训，并将其纳入智慧气象信息员平台。7月底，联合县农牧局深入马铃薯主产区红耀乡开展马铃薯晚疫病调查及防治技术培训，实地指导农户进行马铃薯晚疫病防治，向贫困户发放《马铃薯晚疫病防治技术手册》及农药，投入帮扶资金约5万元。

【创新进位】 根据宁夏气象局党组《关于加快推进固原特色气象现代化保障决胜全面建成小康社会的意见》的要求和县委、县政府组织实施的“四个一”试验示范工程建设项目，充分发挥项目带动作用，着力打造有亮点有特色的西吉气象现代化体系。一是“四个一”林草产业示范工程建设取得进展。2018年县委、县政府组织实施“一棵树、一枝花、一棵草、一株苗”的“四个一”林草产业试验示范工程建设。根据“四个一”林草产业示范工程服务需求，县气象局主动向县政府汇报，与县林业局对接，深入了解“四个一”试验示范工程建设情况及气象服务需求，向区、市气象局进行专题汇报，按照《固原市“四个一”林草产业试验示范工程林草气象监测站建设方案》，5—6月在兴隆范沟、白崖半子沟、平峰高赵果林基地建成3套林草气象监测站并投入运行，开展气象要素监测，为气象条件研究和气候适宜性分析积累资料，建立起长期、稳定、高效的林草产业气象服务科技支撑，为科学决策提供依据。4月完成白城、新营等5个国家骨干站升级改造任务，5月下旬完成4个实景农田小气候站建设任务。二是内部管理水平进一步优化。对标气象事业发展对气象管理提出的新要求，完善内部运行机制，提升科学管理水平，适应气象现代化发展新需求。成立内部控制工作领导小组，结合实际完善行政管理制度11个，编印成册，转发区、市、局财务等相关制度10个。通过内部控制工作的推进，促进单位预算安排、财务收支、政府采购、项目建设等各项经济活动合法合规，保证资金使用安全有效，有效防范和管控财务风险。

【从严治党】 严格按照全面从严治党总体部署要求，认真开展各项工作。规范建设党员活动室。印发《西吉县气象局关于全面从严治党“三个清单”》《西吉县气象局2018年党建工作实施方案》《西吉县气象局2018年干部理论学习计划》。按照“两学一做”学习教育常态化要求，统一印制学习笔记，坚持每周二、五学习和“三会一课”制度。根据“评星定格”十项标准，对党员工作进行评议同时上墙公示，接受监督。培养入党积极分子2名，转正预备党员2名。印发《西吉县气象局开展“干部作风转变年”实施方案》，明确要解决的突出问题、整治的主要措施和保障措施。组织理论学习测试2次，聘请县党校老师宣讲党的十九大报告1次，每月开展1次主题党日活动，实现党建工作与业务工作的融合与发展。

【廉政建设】 班子成员与西吉县气象局党组签订

《全面从严治党及党风廉政建设责任书》，严格落实中央八项规定精神和纠正“四风”问题，强化纪律建设与执纪问责，紧盯国家法定假日的廉洁问题、职工的婚丧嫁娶、外事活动、迎来送往、公务接待等敏感时间节点进行重点监督。利用西吉县气象局微信平台进行纪律提醒5次。建立党风廉政建设监督责任台账。

【马铃薯气象服务】 宁夏马铃薯气象服务中心2018年在西吉县气象局实体化运行，气象局组织业务科技人员以需求为引领，梳理出马铃薯气象服务产品40种，开发完成马铃薯气象服务产品16种，投入业务应用。制作完成“宁夏马铃薯适宜气候区划图”和“宁夏马铃薯晚疫病风险区划图”，科研人员依托“宁夏智能化农业气象业务服务平台”制作《马铃薯适宜播种期预报》《马铃薯晚疫病发生气象等级预测》服务材料，利用微信公众号开展马铃薯专题气象服务。与县农牧局合作，在红耀乡大堡村举办马铃薯晚疫病防治讲座。在马莲乡进行马铃薯晚疫病调查，宁夏智能化农业气象业务服务平台制作的“马铃薯晚疫病发生气象等级预测”预报准确，服务效果好。

【“张杂谷”】 创新思路，发挥气象科技优势，依托宁夏气象科研所科技惠民项目，积极推进气象助力脱贫攻坚。在红耀乡、震湖乡推广耐旱高产作物“张杂谷”，亩产在500千克以上。

（陈利伟）

经济管理　产业园

发展和改革

【概　况】 西吉县发展和改革局现有工作人员30人，其中行政编制人员26人，后勤编制人员1人，事业编制人员4名。内设办公室（发展规划股）、项目股（重点项目稽查股）、经济运行监测股（服务业发展股、国民经济动员办公室）、工业和信息化股、商务股及价格监督检查所（价格监测中心）等股（室）、所，挂西吉县商务和工业信息化局、西吉县粮食局牌子。承担着全县国民经济和社会发展中长期规划及年度计划编制、经济运行监测分析、重点项目论证储备与申报争取、项目建设协调与实施管理、工业和信息化管理、商贸流通服务管理、粮食流通管理、价格监督检查及国民经济动员等重点工作。

【编制与监测】 牵头组织修订并提请西吉县人大常委会审议通过《西吉县国民经济和社会发展第十三个五年规划纲要》（修订本）；编制完成《西吉县2018年国民经济和社会发展计划执行情况及2019年国民经济和社会发展计划（草案）》，已经县第十七届人大三次会议审议通过。按期发布2018年一季度、上半年、三季度、全年《西吉县经济运行分析监测快报》等，及时研究提出阶段性化解制约经济增长不利因素和促进经济持续较快发展的措施及意见建议，力促县域经济社会持续较快发展。全县实现地区生产总值64.9亿元，按可比价增长3.6%；全社会固定资产投资完成42.73亿元，同比下降26.7%；实现社会消费品零售总额15.9亿元，下降1.5%；完成地方一般公共预算收入1.69亿元，同比增长0.4%；完成一般公共预算支出57.2亿元，同比增长11.7%。城镇居民人均可支配收入25215.9元，增长8.5%；农村居民人均可支配收入9308元，增长10.8%。总体上，县域经济社会保持总体平稳发展势头。

【项目申报与管理】 建设项目申报和争取。坚持把重点项目申报争取作为发改部门加快脱贫攻坚和促进县域经济社会发展的主要抓手，年初论证提出2018年整村推进工程、S60线西吉—老君坡段等，全县拟建500万元以上各类重点建设项目113个；建立《西部大开发储备项目表》等，先后向区、市发改委呈报西吉县第二污水处理厂、西吉县2018年退牧还草工程等67个重点项目请示，2018年共争取自治区发改委安排西吉县各类建设项目43个，安排国补资金2.6亿元，项目资金争取成效明显。重点项目实施督查。扎实开展重点建设项目集中开工动员活动，制定《西吉县2018年重点建设项目责任清单》等，继续实行重点项目“月督查、月通报、年考核”制度，尤其加强中央预算内资金等政府投资项目的监管，定期发布《西吉县固定资产投资分析月报》8期和《西吉县重点项目督查通报》9期，牵头编制完成《西吉县经济建设“百日攻坚”实施方案》，切实推进重点项目建设、集中解决经济发展突出问题,2018年开工建设500万元以上重点项目99个,列入固原市2018年重点监测项目22个全部开工建设。同时,牵头制定并提请县委、县政府审定后印发《西吉县政府投资项目管理和责任追究实施办法》等,不断完善和改进项目建设管理,力促项目管理规范化。

【工业与信息化】 积极组织申报“专精特新”企业,争取自治区非公有制管理局安排西吉县新入规4家企业奖励资金34万元,扶持农产品加工企业加快技术改造,积极培育规模以上企业。争取自治区经济和信息化委员会安排淘汰落后产能奖补资金1000万元,争取技术改造综合奖补资金840万元,完成19家万吨以下马铃薯淀粉生产线落后产能淘汰工作;争取自治区非公有制管理局安排奖补资金100万元,凯益达“双创”孵化示范基地和将台堡镇民族团结创业示范街建成并通过验收和命名。

【商贸物流】 认真组织开展2018年消费促销节庆活动,为世纪华联等3家企业争取到固原市消费促销补助资金6.4万元;深入实施“消费回流计划”,银河影院、华联超市等商户入驻西吉,汽车、家电等县内消费不断回流。筹备成立西吉县电子商务联合会,建成闽宁特色产品电商展示中心,扶持培育电子商务企业7家,搭载公益中国、京东等平台开展农特产品网上销售,拓宽特色农产品外销渠道,深入推进电商扶贫工作,组织开展首届“扶贫助农·薯我精彩”电商助销马铃薯活动,培训建档立卡贫困户2300人次,产品电商成果转化等新型服务业雏形初显。加强商贸流通领域安全监管,联合县建环、安监等部门(单位)深入开展全县工商贸企业安全生产大检查及寄递物流企业安全生产和禁毒专题培训,不断规范成品油市场管理。积极配合企业申报自治区服务业发展引导资金、2018年扩大消费奖补等项目,加快推进县域现代服务业发展。

【监督检查】 强化价格监测和预警分析,定期发布市场粮油、肉类、蔬菜等价格信息,扎实开展春节、“五一”等重大节日期间市场物价监督检查,维护市场供需及价格平稳运行,深入开展城市供水、供气、供暖、电信领域价格重点检查,扎实开展殡葬服务收费及涉企收费专项检查,认真办理“12358”价格举报及群众投诉案件;深入开展蔬菜价格政策性保险,申请自治区物价局价格调节基金承担保费329.05万元(占总保费的80%)。争取自治区物价局安排补贴资金419.63万元,实施向丰农牧业公司等4个蔬菜基地冷链设施建设项目。

【定点帮扶】 积极协调争取自治区有关厅局安排220万元实施白崖乡鹞子川片区综合开发项目、村道建设等重点项目。抽调2名主任科员和2名工作人员分别到白崖乡鹞子川村、平峰镇王庆村担任第一书记和驻村队员,抓好建档立卡户扶贫信息回头看、基层党组织建设、致富产业培育等帮扶工作。深入开展“帮扶干部进村入户办实事送温暖”专项行动,从县发改局办公经费中安排帮扶资金6.66万元,其中投入4.37万元支持白崖乡教师节、“六一”儿童节活动、鹞子川村委会购买办公用品、印制宣传材料等,投入2.29万元支持平峰镇王庆村维修村部党员活动中心、党的十九大精神宣讲、“三大专项行动”环境整治等活动;同时结对帮扶队员开展帮助贫困群众学生转学、务工单位联系等办实事、送温暖活动,切实做到“三个清、三个一”,全面完成2018年部分贫困户退出的任务,为帮扶村持续巩固脱贫成果和如期脱贫销号奠定基础。

【自身建设】 全面落实从严治党要求,认真组织学习习近平新时代中国特色社会主义思想及党的十九大精神等,同步推进党建、党风廉政建设及意识形态工作,扎实推进“三强九严”工程,不断提升县发改局党组(总支)及各支部党建工作水平;全面落实党内生活制度,先后召开2017

年度县发改局党委领导班子民主生活会、县发改局党组严格执行中央八项规定精神专题组织生活会及不准共产党员信仰宗教和参与宗教活动专题组织生活会，不断规范党内政治生活；按照西吉县委第二巡察组巡察反馈意见及县委组织部安排部署，先后选举成立中共西吉县发展和改革局支部委员会、中共西吉县发展和改革局总支部委员会，不断加强基层党组织建设，努力提升基层党建工作水平；扎实开展县委第二巡察组巡察县发改局反馈问题整改工作。认真开展信访、禁毒及民族团结进步示范机关创建等重点工作。

（王　军）

市场监督管理

【概　况】 西吉县市场监督管理局成立于2014年12月，整合原西吉县食品药品监督管理局、西吉县工商行政管理局、西吉县质量技术监督局的职责以及西吉县卫生局承担的食品安全协调监管职责，加挂西吉县工商行政管理局、西吉县质量技术监督局、西吉县食品药品监督管理局、西吉县食品安全委员会办公室牌子。现有干部职工76人，其中公务员60人，工勤事业人员16人，平均年龄45岁。内设综合管理岗、食品安全监督管理岗、药品医疗器械监督管理岗、消费者权益保护岗、特种设备安全监察岗、标准化与计量管理岗等11个岗位；设立直属副科级行政机构经济检查大队，派出吉强、东关、兴隆、将台、震湖5个副科级市场监督管理所；所属事业单位1个：西吉县质量监督检验与计量测试站（食品药品检测中心），挂靠消费者协会、个体私营企业协会。设有党总支1个，下设8个党支部，共有党员54名，工、青、妇组织健全。

【市场发展】 一是开展投资类企业专项整治。2018年，西吉县市场监督管理局通过日常监管、双随机抽查开展涉嫌非法集资排查活动，2018年年初，全县共有投资公司50户，21户长期未经营的公司办理了注销手续，5户进行经营范围的变更。二是开展校外培训机构专项整治。配合县教体局开展校外培训机构专项整治，对无证照经营行为进行了严厉查处，下发《责令改正通知书》15份，限期办理营业执照。三是积极推进动产抵押登记工作。按照《企业信息公示暂行条例》和《动产抵押登记办法》，全面推进动产抵押登记工作，发挥动产效用，促进各类市场主体融资发展。2018年共办理动产抵押登记6起，并及时上网公示。四是开展无证无照专项整治。以贯彻《无证无照经营查处办法》为契机，全面深入查处无证无照经营行为，积极引导无证无照经营户申办执照，合法经营，对危害人体健康、存在重大安全隐患、破坏、污染环境的无证照经营行为坚决查处取缔。全年共检查经营单位3000余户次，清查无证无照经营单位601户，其中涉食品单位316户，包括农资、网吧等在内的其他经营单位285户，立案查处1户。五是清理规范市场主体字号名称。对名称中含禁限用词汇的市场主体进行排查，共规范清理个体户51户，企业6户，对5户长期未经营企业进行立案查处。六是优化网络市场监管。通过网页浏览、现场检查等途径，对辖区现有的8家网络经营主体实施了全面动态监管，指导经营主体网上亮照亮标。有4家在网站首页贴标，其他4家正在申请办理。七是深入推进广告监管整治。对医疗、药品、保健食品、美容服务、化妆品及虚假房地产收藏品，招商加盟、互联网金融、融资担保等事关人民群众健康安全和问题易发多发的虚假违法广告加大整治，从严查处。查处一起食品虚假宣传广告。八是强化蔬菜市场整治。2018年蔬菜上市之际，蔬菜销售工作领导小组办公室组织执法人员，从检查蔬菜代办点是否具备经营资格，是否存在欺行霸市、欺商遏商、不明码标价等不法行为；向各代办点发放、张贴西吉县蔬菜生产与销售制度牌，并宣传相关法律法规；为各代办点制作发放价格公示牌，并监督其及时公布菜价；对代办点收购芹菜进行快速检测，检测农药残留是否超标；向菜农公布西吉县蔬菜销售工作领导小组办公室投诉举报电话，及时受理并处理芹菜购销过程中的各类投诉举报；督促各代办点确保收购蔬菜区域环境卫生整洁，不乱排放污水、乱扔垃圾、烂菜等行为。2018年检查全县蔬菜购销业务代办点共57家，对3家无照经营户下发《责令改正通知书》，限期办理执照；快速抽检芹菜80批次，受理菜农投诉举报58件，调解处理58件，调解率100%；为蔬菜代办点悬挂制度牌48个，发放价格公示牌48个，通过整治，蔬菜销售市场秩序平稳有序。

【食品监管】 一是开展重点地区、重点环节专项整治。以农村食品、校园及周边食品、婴幼儿辅助食品、豆制品、粉条、酒类等食品领域为重点，加大对生产、流通、销售等关键环节的检查力度。2018年共检查各类食品销售单位8429户次，没收假冒伪劣及过期食品1900余千克，规范186户无照经营行为，下发《责令整改通知书》186份，查处食品案件4起，罚没款10.7万元。二是开展食品保健食品欺诈和虚假宣传专项治理。2018年共组织食品保健食品知识讲座13次，检查保健食品经营单位468家，统一制作悬挂保健食品专柜标志牌3300余个。三是开展各类食品监督抽检工作。2018年共抽检各类食品805批次，其中：省抽126批次（计划数126），完成率100%；快速检测309批次（计划数300），完成率103%；食用农产品抽检240批次（计划数240），完成率100%；“三小”抽检130批次（计划数130），完成率100%。四是开展学校（含托幼机构）食堂食品安全专项检查。在春、秋两季学校食堂检查中，执法人员对西吉县所有学校食堂进行打分量化，共检查学校食堂579户次。五是推进餐饮量化分级管理。对全县开业3个月以上的餐饮经营户，依照餐饮服务提供者的食品安全管理状况，全部进行信用等级评定。六是积极开展食品安全示范县创建。根据创建自治区级食品安全示范县要求，对创建细则中30大项75小项的要求逐一落实，积极营造“人人知晓创建、人人参与创建”的浓厚氛围，全年共组织各类食品安全培训15次，受训人员达600余人，全县范围内滚动播放宣传标语2万余条，张贴宣传海报3600余份，悬挂横幅200余条，网络推送食品安全知识50余期。顺利完成并经区、市验收。七是做好农村集体聚餐餐饮服务食品安全保障管理工作。2018年共保障“宁夏回族自治区成立六十周年庆祝大会”“六盘山红色诗会”等重大活动6次，就餐人员3000余人；保障大型农村集体聚餐22次，就餐人员约30000人。八是开展清真食品清理规范工作。组织人员对全县清真食品生产经营单位进行检查，对“清真”标志不符合新《条例》规定的食品要求清理整改，督促生产经营单位办理“清真食品准营证”，设立清真食品专区或专柜。共出动执法人员2686人次，检查食品生产经营者单位2998户，发放宣传材料3500余份，清理门头牌匾916户，下架不符合新《条例》规定的印有“清真食品”标志的食品61.9万瓶（盒、袋），督促办理“清真食品准营证”448户，下发《责令整改通知书》140余份。

【药品监管】 一是开展执业药师虚挂兼职专项整治。2018年共检查药品经营单位325家次，变更清理不在岗执业药师8家，变更调整53家，立案处罚1起。二是开展“两小一室”药品安全专项整治。对363家次“两小一室”（其中：小药店43家次，小诊所33家次，村卫生室287家次）进行检查，责令改正28家次，立案处罚3起，查获不合格药械100余批次，罚没款3000元，抽检“两小一室”药品17批次。三是坚持打击销售假冒伪劣中药饮片的高压势态。对以次充好、染色增重、掺杂使假等质量问题严厉打击。2018

年共专项抽样中药饮片28批次，评价性抽样中药饮片12批次，检出假药4批次，罚没款1125元。四是开展特管药品及含麻复方制剂等药品类易制毒化学品专项整治。对使用特殊药品的5家医疗机构、91家药品经营企业进行了检查，共销毁过期盐酸氯胺酮注射液54支，盐酸苯巴比妥钠78瓶。五是开展城乡接合部和农村地区药品质量安全专项整治。为改善城乡接合部和农村地区药品安全状况，严厉查处和整治药品领域存在的突出问题，完成11乡镇154家村卫生室、21家诊所、33家药店建档和初步检查工作，共出动执法人员150余人次，立案处罚2家，责令整改诊所3家，药店5家、村卫生室12家。六是组织开展医疗器械、角膜接触镜及护理液等领域专项整治。责令下架资质证件不全医疗器械21种次165包（盒），销毁超过有效期产包、床单共6批次213包（套）。七是开展药械抽检工作。2018年，共抽检药品48批次，其中：流通领域监督抽样30批次，中药饮片评价性抽样10批次，中药饮片专项抽样8批次。医疗器械由固原市市场监督管理局组织，西吉县市场监督管理局配合完成全年抽样任务2批次。八是加强药品、医疗器械不良反应（事件）监测工作。2018年新注册监测单位2家，接收审核ADR（药品不良反应）报告189例，确认有效报告86份，其中医疗机构报表58份，占比67.4%，初步达到医疗机构报表占比60%的硬指标要求。MDE（医疗器械不良事件）报告12份，实现报告质量平稳增长。九是全覆盖检查保障疫苗领域安全。在3—4月的全县疫苗大检查中，共检查疫苗17种次26000人份，专用注射器2种次21045支。“长生疫苗事件”发生后，对329家疫苗分发和接种单位及涉药单位（1家疾防控制中心，3家县级接种使用单位，25家乡镇卫生院，3家社区卫生服务站，1家私立医院，296家村卫生室无疫苗运输配送和经营企业）又进行了全覆盖检查，共检查一类疫苗12种（共购进60600支，已使用48486支，库存12114支）；二类疫苗5种（共购进8000支，已使用6358支，库存1460支，召回182支），专用注射器2种次21045支。责令下架疫苗4种7支，冷链退回县疾控中心，报批处理销毁。

【特种设备监察】 一是扎实开展特种设备“除隐患 保安全”专项整治行动和特种设备百日专项整治行动，通过重点检查使用单位安全管理责任落实情况、隐患治理情况、事故应急准备情况，倒逼企业压实责任，消除安全隐患。其间共检查特种设备使用单位42家次，查找治理安全隐患30余起。二是开展游乐设施和场内机动车辆安全检查。2018年共检查大型游乐设施2台，场内机动车辆8台，各类庙会、商品展销会等活动7次，责令拆除违法使用的特种设备21台。三是扎实开展电梯安全监管。2018年共检查各类电梯110部，电梯维保公司4家。四是开展起重机械安全专项整治。针对西会高速公路修建过程中大量使用起重机械的情况，县发改局执法人员积极督促各施工项目部完善特种设备管理制度，及时办理使用登记手续。其间共检查各类起重机械50余台，排除安全隐患15起。五是扎实开展气瓶充装和车载气瓶安装专项检查。2018年共检查气瓶充装单位2家和车载气瓶改装单位2家。

【计量认证】 一是开展燃油加油机周期检定工作。2018年共检查加油站17家，免费检定加油机135枪。二是加强机动车安全技术检验机构监管。执法人员对西吉县内1家机动车检验检测机构进行监督检查。三是规范生产经营者诚信计量意识。结合日常检查，对1920家计量用户进行检查。四是开展计量与认证、标准化宣传工作。在“5·20”世界计量日、“6·9”世界认可日通过发放宣传单、摆放展板、设立咨询台等方式进行主题宣传活动。五是开展质量强县工作。以西吉县政府名义印发《西吉县加快推进质量强县建设的实施意见》，成立质量强县工作领导小组，明确质量强县指导思想、主要目标、部门分工和重点任务。六是开展工业产品质量抽检工作。2018年共抽检汽油柴油产品20批次、配装眼镜2批次、作业本2批次、瓶坯2批次，合格率100%。七是开展“质量提升行动年”活动。以“服务零距离、质量零缺陷”为主题，开展质量管理水平提升、推广先进质量管理方法、培育争创宁夏名牌产品、地理标志保护产品等行动。2018年共培育2家企业申请宁夏名牌产品。

【商标品牌】 2018年，西吉县突出地域特色、地缘优势，大力鼓励、引导、推动企业实施商标战略，走品牌发展之路，积极开展商标发展、培育和保护，把“西吉马铃薯”“西吉芹菜”等品牌做大做强的同时，继续打造“西吉三粉”“西吉小秋杂粮”“单家集牛肉”等新的特色农产品品牌。同时加大对西吉品牌的宣传推广力度，加强市场监管，严厉打击侵犯知识产权、假冒名牌产品等违法行为，打响品牌保卫战。

【消费者权益】 一是加强宣传。利用“3·15”、“3·31”、新媒体网络平台、“送法下乡”等方式积极开展宣传活动，在全社会营造共同关注保护消费者合法权益的良好氛围。2018年，共发放宣传资料3万余份，制作展板14块，受教育群众2万余人次，开展“12315”消费维权“进校园、进课堂”宣传活动14场次，受教育学生达8000人次。二是开展流通领域商品质量抽检工作。共抽检服装10批次，其中6个批次属不合格产品，已立案查处。抽检化肥11批次，其中1个批次属不合格品，已立案查处。抽检农用薄膜1个批次，属不合格品，已立案查处。抽检厨房电器燃气灶具7个批次，1个批次属不合格品，已立案查处。抽检机电产品20批次，3个批次属不合格产品，已立案查处。抽检装饰装修材料10个批次，全部合格。三是强化消费维权监管执法力度。共组织开展重点品种的商品质量执法检查6次，检查各类经营户1025户次，落实先行赔付企业3家，与5197户经营单位签订《经营者首问制承诺书》。四是积极开展“放心消费在宁夏”创建活动。利用“3·15”“3·31”宣传日及“五进”活动，累计设立咨询服务点25处，宣传展板50余块，悬挂横幅36条，电子屏幕滚动字幅43条，电视台公益广告1期，发放各类宣传材料4万余份。五是畅通基层消费维权诉求渠道。建立消协分会19个，以学校、商场、企业、村委和社区为依托共建立两站631个。六是加强消费者咨询、投诉、举报等受理工作。1—10月共受理各类咨询、投诉、举报174件（其中咨询109件、投诉26件、举报17件；区食药局转办12件，全国“12315”互联网8件，“12345”市民热线转办2件），办结率100%，为消费者挽回经济损失2.01万元。立案查处1起，罚款0.2万元。

【农资领域】 一是2018年年初制定下发《关于开展2018年红盾护农行动的通知》，与辖区农资经营户签订责任书，建立监管台账。二是紧扣农时开展“红盾护农”专项行动，在春耕备耕时节组织开展专项检查，严厉查处无证经营、销售假冒伪劣农资、坑农害农、虚假宣传等行为，重点检查宁夏农资商品“一账通”台账制度、索证索票等自律制度的执行情况。三是开展农业投入品质量监督抽检，并及时向社会公示，确保农资安全。四是组织执法人员深入农资市场和田间地头开展宣传咨询活动，2018年共悬挂宣传横幅、标语68条，发放资料15000余份，受教群众达30000人次。五是畅通投诉渠道，充分发挥“12315”热线作用，积极受理群众投诉和举报，建立农资案件举报、处置、反馈的快速通道。

【打传禁毒】 一是根据下发的《2018年打击传销工作要点》，组织执法人员开展反传销宣传活动4次，印发宣传材料5000份、宣传折页1800份、立体宣传画4个，摸底排查重点区域36处，检查集贸市场25处，检查旅店宾馆76户，检查城乡接合部、城中村（组）的出租屋325户。立案查处“云联惠”网络传销案件6起，罚款0.9万元，对参加“龙爱量子”及“云联惠”网络传销的43人进行了集中训诫。组织6家直销企业经营网点进行培训。二是按照全国“扫黄打非”工作部署，以查缴政治性非法出版物和有害信息、推进打击互联网和手机淫秽色情信息工作、开展打击侵犯知识产权和制售假冒伪劣商品专项行动等为重点，扎实做好“扫黄打非”工作。三是大力开展禁毒宣传工作，结合日常检查，在各类经营场所张贴宣传警示牌，积极配合公安、教育等部门进行主题宣传活动，发放宣传单3000余份，张贴警示牌6000张，对全县5家医院的特管药品进行了13次专项检查。

【反不正当竞争】 认真履行市场监管和行政执法职责，将维护公平竞争市场秩序和保护经营者、消费者合法权益作为工作目标，认真贯彻落实新修订的《中华人民共和国反不正当竞争法》，严厉查处不正当竞争违法行为。2018年共出动执法人员150多人次，检查各类经营主体270多户，检查各类市场19个，查处一般程序案件22起，罚没款4.7142万元（其中立案查处“云联惠”网络传销案件6起，罚款0.9万元；查处不正当竞争案1起，罚款0.5万元），处理保健食品投诉1起，虚假宣传2起，为群众挽回经济损失13000余元。

【规范执法】 一是规范执法主体资格。通过培训考试，西吉县市场监督管理局现有59人申领执法证，执法资格合法。二是制定《执法工作制度》。根据《行政处罚程序规定》，制定印发《法制监督工作制度》《案件办理工作制度》《案件评审工作制度》等内部行政执法制度。三是坚持执法过程记录。在行政执法过程中，执法人员依照程序主动出示行政执法证件，同时携带照相、录音、录像等执法装备，做到行政执法全过程记录。四是严格执法办案程序。从立案、调查取证、核审、告知、决定、执行、立卷归档各个环节，严格审批把关，杜绝错案发生，切实提升案件质量，确保行政处罚案件事实认定清楚、证据充分、适用法律依据准确、程序到位，案卷制作规范，文书使用齐全。五是强化执法信息公开。按照自治区市场监督管理局要求，通过“双公示”系统和OA平台，及时录入行政处罚信息，将权力流程向社会公开，确保执法透明、规范。六是落实执法监督责任。明确执法岗位和责任，加强行政执法过错责任追究，建立“有权必有责、用权受监督、侵权须赔偿、违法必追究”的执法责任监督机制。2018年，共立案查处案件57起，结案30起，核审案件30起，罚没款73148元，无行政复议案件发生。

【民生工作】 认真抓好脱贫攻坚帮扶工作。2018年，按照西吉县脱贫攻坚工作总体部署，西吉县市场监督管理局党组主要领导先后10次深入3乡5个帮扶点开展帮扶调研工作，筹资10万元用于村集体经济发展、村容村貌整治等，并先后组织干部职工入户240人次，对5个帮扶村321个建档立卡户精准脱贫计划进行“回头看”，开展“办实事　送温暖”专项行动。

【蓝天行动】 一是全面治理城市餐饮油烟污染，对西吉县城内56家餐馆（其中中型以上餐厅34户）进行餐饮业油烟煤烟污染治理改造，安装油烟净化器和消音器，建立“一户一档”监管档案，确保空气质量优良。同时保障县城建成区内烧烤摊点全部进店经营。二是着力做好城市建成区燃煤锅炉淘汰工作和20蒸吨以下违规新建燃煤锅炉拆除工作。按照上级要求，组织力量对县城建成区内21台宾馆、KTV、澡堂等在用的燃煤小锅炉实施拆除淘汰，对6家10台10蒸吨以下违规新建锅炉实施拆除。三是开展散煤销售质量管控工作。实现对全县所有散煤销售点做到监管全覆盖。全县共有散煤销售企业42家，其中县城建成区19家。对3家未取得营业执照、不具备基本销售条件的销售点进行取缔，要求取照企业严格落实散煤销售进货查验制度，索要煤质检测报告，进货清单。共出动执法人员200余人次，检查散煤销售企业120余家次。

【从严治党】 坚持把党的政治建设摆在首位。始终坚持把党的政治建设作为首位任务，坚决维护党中央权威和集中统一领导，牢固树立“四个意识”，自觉在思想上政治上行动上同党中央保持高度一致。始终坚定执行党的政治路线，严格遵守政治纪律和政治规矩，在政治立场、政治方向、政治原则、政治道路上同党中央保持高度一致。广大党员加强党性锻炼，不断提高政治觉悟和政治能力，把对党忠诚、为党分忧、为党尽职、为民服务作为根本政治担当，永葆共产党人的政治本色。

【讲纪律守规矩】 严明党的政治纪律和政治规矩，把纪律和规矩根植在党员干部心中。2018年，市场监管局积极适应新时代对党员干部的新要求，以更严的标准、更严的措施、更严的纪律要求党员干部。严格履行主体责任和“一岗双责”，自觉把党的建设落实到各项工作和各个环节；坚持开展批评和自我批评，教育引导党员干部树牢“四个意识”；坚持正确行使权力，保持清正廉洁；坚持运用监督执纪“四种形态”，抓早抓小、防微杜渐，限制遏制党员干部腐败苗头；坚持勤俭办一切事，树立“过紧日子”思想，严控“三公”经费支出；坚持狠抓干部队伍建设，打造忠诚干净的干部队伍。坚守意识形态领域主阵地。西吉县市场监督管理局党组始终把做好意识形态工作作为重大政治任务，作为党的建设的重要内容，纳入重要议事日程，进行目标管理。一是及时调整意识形态工作领导小组，党组书记为第一责任人，带头抓思想理论建设，带头管阵地把导向强队伍，带头批评错误观点和错误倾向，切实做到重要工作亲自部署、重要问题亲自过问、重大事件亲自处置；党组班子其他成员承担重要领导责任，按照“一岗双责”要求，抓好分管部门的意识形态工作。二是按照《西吉县党委（党组）意识形态工作责任制实施细则》，组织制定《西吉县市场监管局2018年度意识形态工作安排》，与各党支部签订《意识形态目标责任书》，形成“一把手”负总责、各部门密切配合的工作合力，把意识形态工作细化、量化、具体化。党组先后开展意识形态工作专题部署2次，及时向西吉县委宣传部上报意识形态工作开展情况。三是结合单位实际，修订完善《意识形态工作报告制度》《意识形态工作分析研判制度》《意识形态工作检查考核制度》《重大事件应对处置和报告制度》，规范开展意识形态建设相关工作。四是坚持做好网络舆情管理，掌控网络意识形态主导权，通过微信公众号等媒体持续加大正面宣传力度，由过去“不愿说、不会说、说不好”向“主动说、高调做”转变，提高市场监管部门的对外影响力。积极妥善应对舆情，消除负面影响，自觉站在维护意识形态安全的高度，牢牢把握正确的舆论导向，特别是在敏感节点和重要时段，加强苗头性、倾向性信息的分析研判，做到早发现、早预防。坚持打造“学习型”机关。新时期的党员干部，要全面加强自身建设，以习近平新时代中国特色社会主义思想为指引，以“两学一做”学习教育常态化制度化落实为抓手，全面推进党员干部职工业务、党务等各方面学习培训，着力打造学习型机关，不断提升机关干部队伍素质。一是领导干部带头讲党课。为了切实发挥领导干部带学促学表率作用，党组书记和各支部书记带头讲专题党课。2018年各级领导累计讲授党课17次。二是全面落实“二五”学习制度。三是组织参加各类业务培训。结合工作实际，科学制订年度培训学习计划，组织讲座、网络培训、以会代训等多种形式，狠抓业务知识提升，2018年累计培训人数达400余人次。四是积极开展主题党日活动。“七一”建党节之际，带领党员干部赴将台堡接受红色教育，全面推进党建工作提升，增强党员干部的荣誉感、责任感和使命感。坚持“应公开尽公开”的原则，凡是涉及可公开的内容，通过政府网站、微信、单位宣传栏等，均第一时间准确发布，保障干部职工的知情权、参与权和监督权。加强西吉市场监管“两微一端”平台建设，西吉市场监管微信平台累计关注人数4600余人，累计发送各类工作动态305条，公示抽检信息12条，发布消费警示、提示20余条。

（李军令）

国土资源管理

【概　况】 西吉县国土资源管理局成立于1986年，属县政府工作部门，内设办公室、建设用地事务所、土地执法监察队、土地勘测规划队、土地储备中心、矿产资源和测绘管理站、土地整理中心、不动产登记中心8个科室，下辖吉强镇、将台堡镇、平峰镇、兴隆镇、新营乡、偏城乡6个国土乡镇中心所，现有干部职工82人，其中实有编制人数71人，政府安排退伍军人11人。

【队伍建设】 认真学习贯彻落实习近平新时代中国特色社会主义思想、党的十九大精神新修订《党章》，严格执行新形势下党内政治生活若干准则，积极开展批评和自我批评。按照推进“两学一做”学习教育常态化制度化的要求，认真开展“不忘初心　牢记使命”主题教育，通过专题学习、研讨交流、主题党课等形式，推动干部职工坚持以新时代的干部要求对照自己、提高自己。党组成员带头学习讨论、带头参加组织生活、带头整改问题，签订年度《党建和党风廉政建设目标责任书》，制定《西吉县国土资源管理局党组从严治党责任18条》，层层压实责任。严格执行监督执纪“四种形态”，查找漏洞和薄弱环节，提出针对性对策和建议，扎紧织密制度的笼子。对党风廉政建设责任制问题清单及民主生活会、组织生活会、“两学一做”学习教育、全县“干部作风转变年”活动中查找出来的问题，认真梳理，建立问题清单共7条，已全部整改到位并将长期坚持。树立正确的马克思民族宗教观。学习贯彻中共中央、国务院《关于加强和改进新形势下宗教工作的意见》，自治区党委《关于加强和改进新形势下宗教工作的实施意见》及《关于牢固树立马克思主义民族观宗教观　加强新时代民族宗教工作的决定》，牢固树立“三个离不开”思想，增进“五个认同”，确保马克思主义宗教观入心入脑。

【严守耕地】 一是严守基本农田划定红线，确定耕地保有量219.75万亩，划定永久性基本农田保护面积175.56万亩、基本农田保护地块1622块，保护率为80%。完成基本农田数据库建设，按照基本农田保护9项制度，及时建立与维护永久性基本农田保护标志，设立宣传牌38面、保护碑3个、重新埋置界桩300个。二是严格规范临时用地长期占用基本农田，严格临时用地管理，坚决杜绝长期占用，为西会高速批复临时用地8宗，期限为2年。三是严格用地审批。2018年共预审建设用地65宗，1086.75亩；设施农业21宗，580.67亩；农村宅基地95宗，49.16亩。

【资源管理】 开展土地和矿产资源领域专项整治活动。严格执行国有土地使用权招拍挂出让制度，严格落实经营性用地有偿使用。对不符合规范开采非煤矿山等问题全面梳理，严肃整改落实。对县域9家砂石厂在自治区土地和矿业权网上交易系统公开挂牌出让，成交价款3850.1万元。落实矿产资源规划编制，加大打击非法开采矿产资源工作力度，畅通举报渠道，坚决查处无证勘查开采、越界开采、非法转让等行为。对县内38家机砖厂因环保、安全、证照等原因正进行整改。矿产疑似违法图斑共9个，对采矿许可证已过期但未停止采矿行为的6家机砖厂进行立案查处，对拒不整改的7名企业法定代表进行依法处置。对其余取土不规范的机砖厂进行整顿。

对中央第二环保督查组“回头看”转办件341号、497号、733号、779号、1329号等问题进行了整改落实。

【土地交易】 2018年共完成2个城市批次、1个单独选址项目的建设用地的报批工作。其中城市批次建设项目占地面积298.97亩，单独选址项目占地面积239.94亩。已出让国有建设用地使用权18宗，占地面积184.84亩，出让金额4975.05万元。上网待挂8宗，拟出让面积211.35亩，出让金额1.23亿元；划拨国有建设用地使用权34宗，占地面积762.38亩。狠抓建设用地批后监管工作，2018年共进行建设用地动态巡查111宗，其中交地巡查33宗、开工巡查20宗、竣工巡查40宗、出让金巡查18宗。处置闲置土地16宗，已全部动工建设，现闲置土地1宗，占地面积1.28亩，待处置。同时完成年度土地市场动态监测分析报告，上报自治区国土资源厅。

【依法行政】 加大查处拆改执法力度，完善国土资源执法网络，对负责区域实行分片巡查，增加动态巡查频率，严格落实违法用地报告制度，确保对违法用地及时发现、及时制止。2018年共完成动态巡查78次，发现违法用地56起，土地面积共计48.06亩，下发《责令停止违法行为通知书》56份，做好动态巡查台账记录工作；按时完成每月违法用地报表上报工作；完成“4·22”地球日、《禁毒法》颁布实施9周年、“6·25”全国土地宣传日等宣传工作，共计发放3000多份土地政策宣传材料。完成年度土地矿产卫星图片执法检查。2018年度共下发图斑424个，占地面积3135.80亩。其中，合法新增建设用地图斑284个，占地面积1379.7亩。设施用地、临时用地图斑45个，占地面积271.1亩。占用基本农田图斑153个，占地面积1144.14亩，占用基本农田面积492.5亩。拆除图斑6个，占地面积13.5亩，现已全部拆除复垦。矿产卫片执法检查实地核查共涉及9个图斑，对其中无证开采的西吉县协和建材销售有限公司已进行立案查处，现已拆除完毕并结案。西吉县信访局交办的11件信访件已全部答复；“12336”热线电话举报共7件，办结2件，不属于办理范围5件；“12345”城市热线8件，群众电话信访19次，已全部办理答复。

【“绿盾2018”】 于2018年5月完成对S60西会高速A5标段项目部临时用地、鹏强杂粮加工厂、孟湾机砖厂、中创建筑公司临时用地、火石寨国壁胡萝卜加工厂、火石寨南门停车场6处不符合环保要求的违规建筑物拆除工作，全部整改到位。

【灾害防治】 组织专家对西滩乡庙湾村小湾组、平峰镇王垴村王湾组、白崖乡白崖村等地质灾害隐患点进行应急治理，工程全面竣工。实行领导带班和24小时专人值班制度，落实监测责任人，确保所有地灾隐患点都有人值守、监测，确保及时掌握灾情、险情，及时报送信息。对西吉县辖区内涉及地质灾害的隐患点进行地毯式大排查，制定《矿山安全生产及汛期地质灾害隐患排查工作方案》，对重点排查出的隐患点及存在安全隐患的矿山企业进行监控。做好地质灾害群测群防与预警预报，在地质灾害隐患点落实监测人员和防灾责任人。加强与气象部门的合作，做好汛期地质灾害和气象预警预报工作。对田坪乡腰庄、二岔村，白崖乡鹞子川等6村计52户搬迁避让项目，支付每户2万元的搬迁专项补助资金。

【不动产登记】 2018年，办理出让国有土地使用权首次登记24件，房地合一首次登记43件。办理转移登记1039件。办理更正登记20件。办理变更登记17件。办理其他登记37件。办理不动产登记公开查询业务375次，办理不动产抵押设定登记482件，抵押登记土地面积380.21万平方米，抵押登记房屋面积44.78万平方米，各种贷款17262万元。2018年6月20日前完成农村宅基地和房屋确权登记发证招标工作，共分三个作业标段，一个技术标段。总宗地量为84672宗，全年完成外业调查66130宗，占总量的78%；数据入库56332宗，占总量的67%；公示56358宗，占总量的66%；登簿量10022宗，占总量的11.8%。西吉县第三次土地调查已完成50%图斑绘制工作，外业正在抓紧开展。

【脱贫攻坚】 按照西吉县委、县政府的安排部署，到所帮扶的马建乡刘堖村、震湖乡孟湾村开展工作，及时汇总干部职工入户信息，落实好“三个清”，召开西吉县国土资源管理局局务会议，制订帮扶规划。4月为马建乡刘堖村108户、震湖乡孟湾村155户精准扶贫户送春耕化肥，解决困难农户春耕问题。8月在马建乡刘堖村开展“乡村文化节”主题党日活动，在村文化大院，通过小品、群众广场舞、快板等群众喜闻乐见的文体会演和竞赛，丰富群众的精神文化生活，激发群众脱贫致富的奋斗意识。

【信访工作】 实行领导包案制和信访问题等级管理机制，扎实做好政务公开。依法依规做好政务信息主动公开和依申请公开答复工作，多形式开展“4·22”地球日、“6·25”全国土地宣传日宣传活动，倡导全社会“珍惜土地资源，建设美丽家园”。及时化解国土资源信访苗头和土地纠纷，及时妥善处置，确保无越级上访及重大涉及自然资源的群访发生。

（单效林）

财　政

【概　况】 西吉县财政局内设办公室、预算股、国库股、经建股、农财股、行财股、社保股、金融办、综合股、监察股、采购办11个股室和国库支付中心、农业综合开发办公室、会计管理中心等3个事业机构，下设西吉县惠民投融资有限公司、西吉县民生信用担保有限责任公司、西吉县国有资产经营有限公司。现有工作人员66人。财政局作为政府的经济综合职能部门，主要负责组织全县财政收入，统筹安排各类资金，为全县各项改革的顺利实施、经济建设和社会各项事业的发展提供坚实的财力保障。

【精准脱贫】 在统筹整合涉农资金方面：推行“多个渠道引水，一个龙头放水”的涉农资金整合机制，按照“应整尽整”的原则，累计整合财政涉农资金13.25亿元，整合率100%，同比增长11.95%，其中：中央财政资金8.47亿元，自治区级财政资金3.97亿元，县级财政配套8040万元。累计拨付项目单位整合资金13.25亿元，拨付率100%。各项目单位实际支付整合资金12.81亿元，支付率96.69%。整合资金重点用于农业生产发展、农村基础设施建设、资产收益扶贫、壮大村集体收入、技能培训、扶贫产业担保基金、风险补偿金等，全力促进精准脱贫。在扎实推进金融扶贫方面：充分发挥财政资金的引导与杠杆作用，为打赢精准脱贫攻坚战提供坚实保障。加大扶贫小额信贷力度。累计注入风险补偿基金1.60亿元，新增0.40亿元；全县32484户建档立卡贫困户贷款余额15.90亿元，户均4.9万元，覆盖率92.91%。2018年各金融机构为全县18595户建档立卡户累计发放扶贫小额贷款9.54亿元，完成自治区下达任务的105.45%。积极开展产业担保贷款。累计向民生信用担保有限公司注入担保基金5786万元，为202户种养殖户、家庭农场、农民合作社担保贷款1.15亿元，在保余额1.71亿元。实现扶贫保全覆盖。已实现对全县建档立卡贫困户家庭意外伤害保险及大病补充医疗保险全覆盖，承保金额1063万元，承保人数151880人；投入政策性农业保险保费1977万元，涉及农户4.3万户次；投入特色优势产业保险保费1445万元，涉及农户5.5万户次。积极落实扶贫小额信贷贴息政策。扶贫小额信贷贴息实行先付后贴方式，半年贴息一次，已累计贴息4889万元，其中2018年贴息3406万元。加快金融扶贫示范村建设。建成金融扶贫示范村45个，配备便民服务终端，具备小额取现、转账汇款、信息查询、便民缴费、保费收缴等金融服务功能。

【风险化解】 在化解债务风险方面：一是清理核实债务底数。在自查的基础上，积极配合自治区审计厅，对2015年以来西吉县政府性债务情况进行了一次彻底的排查摸底，全面清理核实确认政府债务情况，尤其全面掌握隐性债务总量、类别、期限结构、举债时间、资金用途及偿债安排等，切实做到底子清情况明。二是制订债务化解计划。县委、县政府及时制定印发《西吉县防范和化解政府债务风险实施方案》，按债务形成的原因、时间等因素，逐笔制订化解计划。三是规范举债行为。硬化预算约束，规范举债融资行为，健全政府合法举债机制，不得脱离预算约束在法定限额外违规或变相举债；定期公开政府债务限额、余额、品种、期限、利率、偿债计划、偿债资金来源等信息；从严审核把关，不得脱离财力安排建设项目，涉及财政资金安排的建设项目，必须明确年度财政资金安排计划，并纳入预算。涉及举债融资的建设项目，必须依法依规落实各项资金来源和偿债责任主体。坚决制止违法违规融资担保行为。严禁以政府投资基金、政府购买服务等名义变相举债。在化解金融风险方面：一是制定印发《西吉县防范化解金融风险实施方案》，严格规范金融机构、互联网金融、“四类公司”、民间借贷及企业经营行为，切实防范化解金融风险。二是大力开展防范和打击非法集资。开展大型现场宣传活动，为广大群众介绍非法集资的危害性，增强防范意识，抵制非法集资。并在全县范围内开展涉嫌非法集资排查活动，认真受理核实群众举报、媒体曝光等各类线索，在辖区内开展全覆盖、有重点的风险摸排，建立风险台账，坚持边排查、边整改，确保排查成果落地。三是加大金融扶贫不良贷款清收力度。全县累计发生不良小额扶贫贷款21户72万元，由乡、村两级不良贷款清收领导小组协助金融机构对建档立卡贫困户借款人逾期、欠债的行为进行劝导、催收，抵制不良贷款风险发生。

【保障民生】 全力保障各项民生事业发展，增强广大群众的获得感和幸福感。民生方面累计支出52.30亿元，占支出总额的91.4%。教育事业累计支出10.36亿元，重点用于义务教育经费保障，薄弱学校改造，农村义务教育学生营养改善计划、学前教育、职业教育等。社会保障和就业累计支出5.24亿元，积极落实“五险一金”配套，全力保障困难群众基本生活、优抚对象、孤儿基本生活、残疾人救助等。积极开展政府购买公共服务，保障大学生“三支一扶”、大学生村干部补助等。医疗卫生事业累计支出2.85亿元，重点用于基本公共卫生服务、基层医疗卫生机构、计划生育服务、医疗救助等。公共文化服务体系建设累计支出8710万元。重点用于公共文化服务体系建设、“三馆”免费开放等。城市建设累计支出11.81亿元，重点用于城市道路、城市供排水、城市绿化等基础设施建设及城乡社区环境卫生等。农业产业发展和设施建设累计支出15.70亿元，重点用于农业产业发展、水利设施建设、农业综合开发、农村综合改革、普惠金融发展等。改善生态环境累计支出2.05亿元，重点用于污染防治、天然林保护、退耕还林草、自然生态保护等。农村公路建设累计支出964万元，重点用于农村公路建设等。服务业旅游业发展累计支出1069万元，重点用于旅游、商贸流通等。保障性安居工程累计支出2.71亿元，重点用于保障性安居工程建设、住房改革等。科技工作累计支出813万元，重点用于技术研究与开发、科学技术普及、科技服务等。国土海洋气象等其他民生事业累计支出4686万元，重点用于国土资源、测绘、地震等。

【重点支出】 在积极落实“保工资、保运转、保民生”的基础上，统筹安排资金2.14亿元，全力保障西吉县委确定的“三大专项行动”等中心工作和重点建设，其中：安排2741万元用于大气、水污染综合治理、环境整治等生态建设；安排2919万元用于建档立卡生态护林员、扶贫驻村人员补助及整村推进等脱贫攻坚；安排1283万元用于义务教育均衡发展、校园建设、供暖改造等教育事业；安排9174万元用于智慧城管系统专用设备购置、综合农贸市场、移民安置点、小城镇建设、征地拆迁补偿等城乡基础设施建设；安排753万元用于老年人意外伤害保险、退役士兵安置等社会保障；安排4534万元保障项目前期工作等。

【开发项目】 按照“集中连片、规模开发、综合治理”的原则，安排资金4313万元，在马建乡周吴村、马莲乡罗曼沟村、什字乡黄沟村、兴平乡赵垴村等贫困村完成3.25万亩生态流域综合治理；安排资金841万元，在红耀乡前庄村、震湖乡张撇村、平峰镇平峰村实施1000头优质肉驴养殖、1万吨饲草加工、300头肉牛养殖等16个产业扶持项目。

【监督检查】 制订《西吉县2018年财政监督工作计划》，创新财政监督工作机制，将日常监督和专项检查有机结合，事前监督、事中监督和事后监督有机结合，强化监督职能，提升监督效果。共立项检查项目10个，涉及被检查单位（含合作社、公司等）286家（次），做到预算单位全覆盖。每个乡镇随机走访调查建档立卡贫困户5—6户，共97户，对产业扶贫到户资金兑现情况、使用情况、产生的效益及满意度进行了走访调查。下达《行政处理处罚决定书》68份，收缴罚款10.05万元，下发《督办通知》17份，督促被检查单位整改收回财政资金1.48亿元，盘活存量资金1.62亿元。

【体制改革】 强化全口径政府预算体系建设。一般公共预算、政府性基金预算、社会保险基金预算全部纳入政府预算体系。全面推进预决算信息公开。在西吉县政府门户网站开设预决算公开专栏，及时公开2017年政府决算、部门决算，2018年政府预算、部门预算及“三公”经费控制指标等，公开率100%，切实保障公民的知情权、参与权和监督权。严控“三公”经费。全县公务接待支出21.95万元，同比下降85.84%。公车购置、运行及维护支出653.5万元，同比增长50.78%（2018年各乡镇购置公务用车19辆）。无出国境费用支出。统筹安排存量资金。收回存量资金1.62亿元，上年结转7648万元，已统筹安排使用2.18亿元，重点用于脱贫攻坚、生态建设、社会保障、基础设施建设等方面。加强国有资产管理。按照行政事业单位国有资产处置管理规定，完成相关部门（单位）资产及车辆处置工作，配合车改办对行政单位过渡车辆进行处置，开展事业单位公车改革前期准备工作。完成行政事业单位经管资产和自然资源国有资产试点报告工作。认真开展政府采购。完成政府采购次数242批次，采购预算资金金额9.20亿元，实际采购资金金额8.95亿元，资金节约率2.71%。认真抓好业务培训。先后举办全县行政事业单位会计准则及新政府会计制度等财政业务培训班8期，累计培训全县行政事业单位财务人员、农村财会人员1309人次。完善制度建设。制定《西吉县财政资金管理暂行办法》《西吉县本级预算单位银行账户管理暂行办法》《西吉县扶贫项目资金使用管理办法》，修订完善《西吉县统筹整合使用财政涉农资金管理办法》等；为了防范化解重大风险，制定印发《西吉县防范化解金融风险实施方案》《关于切实做好扶贫小额精准投放精准贴息的通知》《西吉县防范化解政府性债务实施方案》等；为了深入贯彻落实“中央八项规定”精神，改进工作作风，及时制定印发了《关于进一步加强和规范“三公”经费管理工作的通知》等，建立健全相关制度，形成按制度办事、用制度规范行为的良好局面。

（李亚莉）

税务

【概况】西吉县税务局设有8个内设机构、2个派出机构、1个事业单位和1个另设机构（纪检组），现有在职干部职工59人，平均年龄36岁。担负着全县5046户纳税人的税收征管和20万人的社保费及非税收入征管任务。县税务局先后被评为全县“目标管理综合考核先进集体”“机关效能建设先进集体”和“支持地方经济发展先进单位”，全区“民族团结进步先进单位”“文明单位”“三八红旗集体”，全国“全民健身活动先进单位”“税务系统先进集体”。

【党的建设】调整党建工作领导小组，制定出台党的建设17条措施。逐级签订《全面从严治党责任书》，统筹推进、选人用人、管理监督和示范引领4方面10条主体责任，推动“两个责任”落地落实。在西吉县直机关党组织建设工作考核中位列全县第一，党建述职评议考核排名固原市第一。扎实开展“三强九严”工程，建立上级机关党支部与县局党组织“互学联建”制度，形成“纵向指导、横向交流、纵横互动”的支部共建新模式。1人被评为“全区税务系统优秀共产党员”。按规定选举产生第一届工会委员会、经费审查委员会、女职工委员会和团支部委员会，建立健全群团组织，形成“党建带群建、群建促党建”的良性互动。西吉县税务局吉强镇分局荣获“自治区三八红旗集体”称号。

【机构改革】认真落实《国税地税征管体制改革方案》，结合本地区未分设地税机构实际，围绕落实“三大主攻战”的任务安排，成立机构改革工作领导小组及10个专项小组，研究制定挂牌实施方案及“三定”实施方案等20多个工作方案，督导分工落实清单任务，推动110多项改革任务落实到位，圆满完成县乡新税务机构挂牌、“三定”规定落实和第一批次非税收入划转。

【税收收入】2018年组织税费收入8亿元，同比下降15.8%，减收1.5亿元。其中，税收收入3亿元，同比增长3.4%，增收991万元；社保费及其他收入5亿元，同比下降24.2%，减收1.1亿元。税收收入中，中央级收入1.44万元，同比增长10.77%，增收1400万元；自治区级收入5266.93万元，同比增长14.51%，增收668万元；县级收入1亿元，同比下降11.07%，减收1285万元，均圆满完成各级调整后的税收任务。

【“放管服”改革】认真承接落实宁夏区税务局取消的第一批1107项涉税事项和报送资料，全面梳理涉及辖区纳税人资料报送1039项，已取消831项。接受跨区域涉税事项报验登记833户次，开具跨区域涉税事项15份。积极推行实名办税，采集实名信息2571户次。设立“清税注销业务专窗”，承诺容缺办理，优化企业税务注销流程，全年办理税务注销1216户。推进纳税人实施分类分级管理，科学划分税源类别，推动税收征管方式向规范化、专业化、差异化管理转变。

【税制改革】切实深化增值税改革，局领导包片开展深化增值税改革三项措施政策辅导，因企施策引导企业依法合理降低税负，税率调整为全县193户一般纳税人减税297.7万元，16户一般纳税人办理小规模转登记，实现减税8.6万元。全面推进环保税和水资源税改革试点工作，入库水资源税1.4万元、环保税33.4万元。稳步推进个人所得税改革，建立个税改革“1+6”组织推进体系，实行“集中＋上门”的培训辅导模式，开展集中培训14期2700多人次，深入学校、医院等地开展上门辅导312人次，确保个税改革“红包”按时“落袋”。

【依法治税】严格落实税收优惠政策，全年共为纳税人依法办理各类减免9437.34万元，占税收收入的31.33%。推进税收信用体系建设，纳入信用管理的纳税人1667户，其中评定A级纳税人20户，比2017年增加7户。推行“日常＋专项＋节点”的税收执法督察模式，共计对26项执法项目开展3轮执法督察，补征税款13.59万元，办理退税378笔338.12万元，修改完善涉税资料及信息纳税人96户次，对505户次违规纳税人处罚14.3万元，促使税收法律法规得到全面执行和普遍遵从，税收法治环境明显改善。

【税收征管】 深入开展系统治理虚开增值税发票专项行动，共计核查企业50余户，处理各类疑点数据729条，核查疑点发票630余份，补缴税款283.6万元，加收滞纳金12.42万元。严格控制新欠，大力压缩陈欠，清缴税款188.9万元。依托风险管理系统，开展风险应对核查118户次，增加税收560万元，风险应对完成率达到100%。建立完善23个部门涉税信息共享机制，获取应用第三方基础信息752条，核查增收710万元。宁夏区税务局直考指标均未发生扣分，位列全区第一名。

【纳税服务】 持续开展"便民办税春风行动"，设立西吉县政务服务中心办税服务分厅，增设委托邮政代开发票网点，整合办税窗口，全力打造实体办税区、自助办税区、网报体验区和纳税辅导室为一体的"三区一室"办税格局，形成网上办税为主、自助办税为辅、实体办税兜底的办税模式。在2018年全国纳税人满意度调查中综合得分86.79分，在全国被调查的414个县级单位中排名第64名，在全区被调查的14个县级局中排名第一，并在全区税务工作会议上作经验交流发言。

【队伍建设】 深入开展练兵比武活动，派员参加上级各类调训58期126人次，自主举办业务培训18期，培训干部330人次，全面提升干部综合素质。1人获全市地方税业务岗位练兵比武活动三等奖。制定出台《作风建设工作实施方案》，按照学习动员、查摆问题、整改提高、总结提升4个阶段推进作风建设专项整治活动深入开展。扎实做好脱贫攻坚工作，投入扶贫资金4.69万元对村部院落及党建室进行维修完善，加快帮扶村脱贫攻坚进程。西吉县税务局被评为"固原市'十二五'扶残助残先进集体"。

（张卫东）

审 计

【概　况】 西吉县审计局为县政府职能部门，成立于1984年1月，隶属县人民政府，属全额预算拨款正科级单位。负责对全县财政收支和法律、法规规定审计监督范围的财务收支的真实性、合法性和效益性的审计监督，维护财政经济秩序，提高财政资金使用效益，促进廉政建设，保障社会经济健康发展。内设办公室、政策法规审理室、综合业务审计室、经济责任审计科、政府投资审计室5个科室。现有编制19人，其中：行政编制17人、事业编制2人，实有职工18人。

【主要工作】 2018年，完成对县财政局、县水务局、县交通局、县农牧局、县扶贫办5个部门的预算执行审计；财政扶贫专项资金审计；完成县社保局、县医保中心、县人社局、县发改局、新营乡5个部门（单位）乡（镇）6名领导干部的经济责任审计，开展对政府投资项目、单项工程结算及竣工的决算审计。

【预算执行审计】 审计查出各类违纪违规资金62401.44万元。其中：一是县财政未严格执行国库集中支付制度拨付预算资金46857.40万元。审计处理：责令改正46857.40万元。二是部门（单位）预算执行违纪违规15544.04万元，其中：挤占挪用专项资金487.70万元，从零余额账户向实有资金账户划转资金14114.44万元，未按规定处理结转结余资金124.25万元，扩大支出范围93.80万元，未按规定使用公务卡结算150.58万元，往来款长期挂账573.27万元。审计处理：要求归还原资金渠道487.7万元，加强财务管理14114.44万元，如数上缴财政124.25万元，账务处理93.80万元，及时清理账务573.27万元，责令改正150.58万元。

【经济责任审计】 审计查出各类违纪违规资金545.72万元。其中：应缴未缴财政资金2万元；未按规定处理结转结余资金127.17万元，擅自处置国有资产35.70万元，往来款项长期挂账23.85万元，村级经费管理不规范357万元。审计处理：要求上缴财政2万元，账务处理186.72万元，责令改正357万元。

【自然资产审计】 完成新营乡领导干部自然资源资产任期审计，查出问题为：未及时兑付退耕还林工程补助费4.4万元。审计处理：要求该乡完善项目资金支付制度，强化项目资金管理，加快项目资金支出进度，减少资金存量，确保项目资金及时到位。

【扶贫资金审计】 对西吉县财政涉农资金整合办公室2017年度整合使用的各项财政扶贫涉农资金整合管理使用情况进行审计。审计发现县农牧局农业产业化扶贫项目27项中3个项目（青贮玉米种植项目、紫花苜蓿种植项目、肉牛定点屠宰）未实施，涉及资金1200万元。通过审计，建议农牧局加强项目建设进度，切实提高项目资金使用效益。

【政府投资审计】 采取聘请社会中介机构参与审计的方式，2018年11月底完成政府投资审计项目468个，其中：竣工结算审计409个，报审值236281.76万元，审定值194880.93万元，审减41400.83万元，为政府节约资金41400.83万元；招标控制价（预算）审计107个，报审值102299.71万元，审定值100440.11万元，审减1859.60万元，为政府节约投资1859.60万元。

【配合审计】 配合完成审计署和自治区审计厅确定的2个审计项目。根据自治区审计厅统一安排，抽调5名审计人员完成隆德县城镇保障性安居工程跟踪审计工作，抽调2名审计人员完成地方债务审计工作。

【党风廉政】 学习贯彻党的十九届二中全会、三中全会精神，认真落实全面从严治党主体责任和监督责任，按照党风廉政建设主要任务分工，将反腐倡廉与审计业务同部署、同落实，加强廉政警示教育，大力弘扬“责任、忠诚、清廉、依法、独立、奉献”的审计核心价值观，贯彻落实中央八项规定精神，严格遵守审计“四严禁”工作要求和审计“八不准”工作纪律。做到忠诚、干净、担当，依法履行审计监督职责。

【从严治党】 西吉县审计局党组不断完善和规范基层党建工作规范化建设，认真落实“三会一课”、党员评星定级、组织生活会、民主生活会、民主评议党员、党费收缴等制度。增强党内政治生活的政治性、时代性、原则性、战斗性，营造风清气正的良好政治生态。扎实开展“不忘初心牢记使命”主题教育活动，增强党员的党性观念，发挥党员先锋模范作用。引导审计干部树立正确的世界观、人生观、道德观和价值观。

【队伍建设】 开展“审计干部队伍素质提升年活动”“干部作风转变年活动”，树立良好的审计形象。开展“审计干部队伍素质提升年活动”及审计机关集中组织开展纪律作风专项整治月活动，通过整治学习教育，坚决纠正“四风”，力戒形式主义、官僚主义，增强遵纪守法意识，做到守纪守规、文明有礼，更好地履行审计监督职责。

【业务提升】 加强培训力度，全面提升审计干部综合素质。西吉县审计局党组委派一名审计人员在南京审计学院参加为期三个月的投资审计专题培训班学习；委派一名审计人员参加湖南大学开展为期一周的领导干部自然资源资产离任审计专题培训班学习；组织11名审计干部在西南财经大学西部商学院开展为期一周的审计系统干部素质能力提升专题培训班学习。通过培训学习，不断提升审计人员党性观念和专业技能，更好地发挥审计监督作用。

【思想文化】 西吉县审计局党组切实担负起政治责任和领导责任，注重审计宣传工作，把宣传思想文化工作与审计业务工作同部署、同推进、同落实。把宣传思想文化工作牢牢抓在手上，以牢牢掌握意识形态工作领导权和主动权，全力维护意识形态领域安全，为宣传思想文化工作提供有力保障，不断推动宣传思想文化工作创新发展。共编发《审计信息》49 期，向上级机关、新闻媒体报刊、网站报送审计信息，开展审计宣传。

【信息化建设】 积极争取资金，对审计内网、外网进行重新维修整理，强化 OA 在行政办公中的运用，收文、发文全部网上流转，实现机关公文流转和内部事务的无纸化、信息化。强化 AO 的运用，审计项目的建立及运用通过 AO 实现有效管理。对全体审计人员电脑进行更新换代，确保审计工作高效。通过自治区审计厅的支持和帮助，投资 8 万元完成高清视频会商系统升级改造项目，信息共享和传递更加便捷，提高审计工作效率。

【精准扶贫】 下派第一书记及扶贫队员进驻震湖乡红庄村开展精准扶贫工作，配合村党支部制订村发展规划 78 个，办理实事 64 件，解决难题 59 件；积极出实招、想办法，累计投入资金 4 万多元开展贫困党员的慰问、“五好”家庭奖励、改善村留守儿童办学条件等活动，推动惠农利民政策落实，树立文明乡风。

（张彦福）

统　计

【概　况】 西吉县统计局是西吉县人民政府组成部门，为正科级单位。行政编制 10 名，在岗 10 名，后勤服务事业编制 3 名，在岗 3 名，设局长 1 名，副局长 2 名。其主要职责：贯彻落实党中央关于统计工作的方针政策、决策部署和区、市、县党委的部署要求，拟订全县统计改革发展规划和统计调查计划，承担全县统计报表的管理工作，组织实施全县人口、经济、农业等重大国情国力普查和《中华人民共和国统计法》《统计法实施细则》《普查条例》的宣传、贯彻执行，整理、提供有关国情国力方面的统计数据，指导、监督乡镇和部门统计工作。完成县委、县政府交办的其他任务。

【理论学习】 认真学习习近平新时代中国特色社会主义思想及党的十九大、第十九届二中、第十九届三中全会精神、中共中央办公厅、国务院办公厅《关于深化统计管理体制改革　提高统计数据真实性的意见》《统计违纪违法责任人处分处理建议办法》《防范和惩治统计造假、弄虚作假督查工作规定》《统计法》《统计法实施条例》《经济普查条例》等统计法律法规知识。贯彻落实习近平总书记《关于防范统计造假、确保统计数据真实准确的重要指示批示》和自治区党委书记石泰峰、自治区主席咸辉、副主席张超超《关于统计弄虚作假的重要批示》精神。

【固定资产投资】 按照国家和自治区有关精神，对 2017 年西吉县地方固定资产投资项目进行修订调整，修订前全年地方固定资产投资 436929 万元，修订后全年地方固定资产投资 181995 万元，核减投资 254934 万元，核减 58.3%。其中：5000 万元以上投资项目核减 61%，5000 万元以下投资核减 51%。

【限下统计调查】 2018 年，根据《国家统计局关于印发〈地方统计局与国家调查队部分业务分工调整优化方案〉的通知》要求，接收规模以下 30 家工业抽样调查、建筑业小微企业抽样调查、规模以下 36 家服务业抽样调查、规模以下企业创新调查、小微企业固定资产投资调查、以全国为总体的限额以下批发零售住宿餐饮行业抽样与问卷调查、规模以下工业企业成本费用调查 7 项业务工作。

【第四次全国经济普查】 按照第四次全国经济普查工作方案要求。西吉县完成机构组建、“两员”选调、宣传动员、经费落实、制定方案、普查区划分与绘图、普查人员单位清查培训、单位清查

8 个环节的工作，全县第四次全国经济普查 2018 年度各项工作任务圆满完成。经摸底清查全县从事第二、第三产业的各级各类单位 4074 个，个体工商户 8528 个。

【专项调查】 主要开展全国投入产出调查、全国基层统计现状调查、文化产业调查、人口变动抽样调查、妇女儿童规划监测、生态移民住户样本监测统计调查。

【数据核查】 按照区、市统计局《关于组织开展统计数据质量全面核查》有关要求，制定《全县“四上”企业调查单位统计数据质量核查方案》，集中对 6 家规模以上工业企业、6 个固定资产投资项目、2 家批零企业、1 家餐饮企业、2 家大个体户、3 家建筑业企业、3 家房地产企业、3 家重点服务业企业开展全面统计数据质量核查工作。

【从严治党】 坚持从严治党，把纪律和规矩挺在前面，严格党内生活，严守党的政治纪律和政治规矩。以“抓党建是本质、不抓党建是失职、抓不好党建是不称职”的强烈责任意识，从严落实“两个责任”，扎实开展“双评双定”活动。

【意识形态】 加强意识形态领域工作，认真学习马克思主义民族宗教观，特别是习近平总书记关于意识形态工作的重要讲话、批示，贯彻落实区、市、县委《关于意识形态工作的决策部署和指示》精神，加强党员干部职工谈心谈话工作，开展党员入教信教排查工作，签订《中共西吉县统计局党支部党员不信教承诺书》，并建立台账。

【中央八项规定精神】 开展违反“中央八项规定”精神突出问题专项治理自查自纠工作。根据自治区党委《关于深入开展违反“中央八项规定”精神突出问题专项治理的通知》精神，对照“五个严禁”方面的突出问题，从超标准公务接待、违规公款吃喝、违规公款送礼、外出公款旅游、超标准配备使用办公用房五个方面认真开展自查自纠，共查处问题 14 个，涉及违规资金 23163 元，对涉事人员进行通报批评、书面检查、约谈的问责处理。

（何淑丽）

农村调查

【概　况】 国家统计局西吉调查队成立于 2007 年 4 月，是国家统计局的派出机构，是政府统计调查机构，也是统计执法机构。依法独立行使统计调查、统计监督的职权，独立向国家统计局宁夏调查总队上报调查结果，对上报调查资料的真实性负责。同时承担地方政府委托的各项统计调查任务。完成国家统计局布置的各项统计调查任务，接受地方政府交办的有关调查任务，完成国家统计局宁夏调查总队交办的地方调查任务，协助地方统计局完成大型普查任务，负责查处调查队组织实施的统计调查中发生的统计违法行为，完成国家统计局和宁夏调查总队交办的其他调查任务。

【调查工作】 一是完成西吉县农村居民人均可支配收入的调查，二是完成全县城镇居民人均可支配收入的调查，三是完成全县农作物播种面积、粮食总产量和经济作物产量调查，四是完成全县猪牛羊鸡等畜禽总养殖量调查，五是完成全县农户固定资产投资调查，六是完成农产品价格及中间消耗调查，七是完成全县劳动力调查，八是完成退耕还林农户生活状况调查，九是完成西吉县群众评议机关作风问卷调查，十是完成西吉县精准扶贫精准脱贫第三方评估调查。

【党的建设】 一是严格执行“三会一课”制度，制订《2018 年全年“1+4+X”支部主题党日活动实施方案》，组织开展各类政策理论学习 17 次，学习政策理论文章 40 余篇。二是开展组织生活会，充分发扬党内民主，严肃开展批评与自我批评，共组织开展专题组织生活会 4 次。领导班子成员认真撰写对照检查材料，深刻剖析自身存在的问题和根源，并作出整改承诺。三是召开“中央巡视整改问题”专题组织生活会。领导班子严格对照中央巡视反馈问题清单，逐条逐项开展对照检查。不回避问题，本着有则改之无则加勉的态度，虚心开展对照检查。四是积极吸收先进分子加入党组织，壮大党支部力量。两名预备党员进行政治思想情况考察，转为正式党员，一名列为入党积极分子。五是高度重视保密工作，强化保密安全意识。成立保密安全工作领导小组。在国家统计局西吉调查队办公楼外悬挂张贴“有密必保，保密必慎，泄密必究”的横幅宣传标语。借助西吉调查队的电子滚动显示屏，重点宣传“保密防线要筑牢，诱惑陷阱莫动摇”“保密是毕生之举，泄密于一念之差”等宣传标语，在办公电脑等显著位置张贴“此计算机为非涉密计算机，严禁处理涉密信息”和“使用正版软件严禁私自卸载或安装软件”等提示标语。六是以考促学，切实推动党员应知应会知识的理解。5月8日，派3名党员参加总队举办的党建基本知识竞赛。5月中旬，派3名干部参加固原调查队举办的固原辖区调查队党建基本知识竞赛。9月3日，党支部对正式干部进行党建知识测试。9月30日，组织干部职工进行《宪法》知识测试。七是向庙山村派驻第一书记，指导庙山村开展党建和精准扶贫工作。春节开展慰问帮扶活动，为81户贫困户送去大米、面粉等慰问品。

【廉政建设】 制订国家统计局西吉调查队《2018年党风廉政建设工作重点》，和全体干部签订《党风廉政建设责任书》。学习《中央列出违反中央八项规定精神80条》，组织收看《巡视利剑》第四集《巡视全覆盖》，加强警示教育。

【业务工作】 一是贯彻落实全国统计工作会议精神和全区统计调查工作会议精神，贯彻落实中央《关于深化统计管理体制改革　提高统计数据真实性的意见》《统计违纪违法责任人处分处理建议办法》《防范和惩治统计造假、弄虚作假督察工作规定》以及《中华人民共和国统计法实施条例》等。坚持问题导向，紧紧围绕提高统计数据真实性、准确性、完整性和及时性，强化集中统一领导和科学统计，防范和惩治统计造假、弄虚作假，提高统计法治意识，全面提升数据质量和服务水平。二是坚持创新发展。研究利用信息化手段采集监测数据。提升住户调查信息化水平，推进电子记账，力争电子记账率达到80%，实现调查数据管理电子化。三是抓好调查员培训。在业务上运用老手带新手、先进帮后进的互帮互学方法。2018年，开展内部业务培训12次。四是探索总结住户季报年报收支数据核查方法。五是建立农业调查，坚持业务主搞人员亲自取样，辅调员协助调查的工作模式。六是在畜禽调查中，调查员必须入点入户亲自点数牛羊猪禽数量。做到精准调查，精准识别，确保调查数据真实可信。

【优质服务】 2018年，西吉调查队撰写上报宁夏社会经济调查总队工作动态75篇，调查分析88篇；调查信息78篇，重大信息22篇，提供县委、县政府及相关部门领导调查专报12篇，国家统计局内网采用7篇。信息分析逐渐从数量向质量转变，向智囊型转变。现代服务型统计取得明显成效，大量精准翔实的分析得到宁夏社会经济调查总队和地方党委政府高度评价。为方便社会各界及时了解城乡居民收支等调查成果，西吉调查队及时将宁夏社会经济调查总队定案反馈的数据通过微信公众号向社会发布。

（姜　涛）

安全生产

【概　况】 西吉县安全生产监督管理局共有干部职工11人，其中，正式在编人员11人。2018年全县共发生1起生产安全事故，共造成1人死亡（属道路交通事故）。事故起数、死亡人数与2017年同期相比分别下降66.7%和50%，各项控制指标严格控制在区、市下达指标以内。

【主要工作】一是全面贯彻落实党中央、国务院关于安全生产工作的系列决策部署，确保上级党委政府决策部署落地生根。先后通过西吉县委常委会议、政府常务会议、安委会季度例会和专题会议等形式，传达学习习近平总书记等中央领导同志和自治区领导关于加强安全生产工作的系列重要讲话和批示指示精神及全国、全区、全市安全生产会议精神，科学研判分析安全生产形势，周密部署阶段性重点工作，确保工作及时安排部署到位。二是认真贯彻落实《地方党政领导干部安全生产责任制规定》和自治区《实施细则》；完善各部门安全生产权力清单和责任清单，完善乡镇、园区安全监管执法机构；制定印发《关于进一步加强安全生产网格化管理的通知》，层层落实网格监管人员，建立纵向到底、横向到边，责任全覆盖、监管无盲区的安全生产责任网格，风险防控和隐患排查治理双重预防体系初步建立，压实了县委县政府领导、部门监管和企业主体三大责任。三是开展重点行业领域和“百日安全专项整治”行动。开展道路交通、建筑施工等十大行业安全生产专项整治、“除隐患　保安全”和“百日安全专项整治”等四个专项行动，严格落实“四个一律”和“五个一批”。共检查各类生产经营单位2696家，排查各类安全隐患3519项，整改隐患3273项，整改率达93%，查处各类非法违法行为67643起，临时查封14家，三停20家，行政拘留318人，罚款898.83万元。四是加强安全生产综合督查和执法检查。在重点时段、节假日等特殊关键时期组织安全生产综合督查和执法检查，集中发现问题，跟踪督办整改，倒逼责任落实。2018年共开展安全生产综合督查7次，下发督查通报5次、督办2次，开展执法检查56家次，倒逼行业部门和企业整改一大批长期得不到治理的问题隐患。五是广泛开展“安全知识宣传教育培训”活动。在“安全生产月”、安全生产宣传教育“七进”等活动的基础上，充分利用微信群、移动网络平台等新型媒介，通过举办培训班、组装宣传车、印发宣传资料、悬挂横幅、发送温馨提示短信等形式广泛开展安全生产宣传教育，普及安全知识。

【工作措施】一是全面落实安全生产责任制。按照安全生产“党政同责、一岗双责，齐抓共管、失职追责”原则，适时组织开展西吉县安全生产大检查和综合督查，定期召开安委会季度例会、联席会议和安全形势研判会议，严格安全生产目标管理考核制度，严格执行安全生产“一票否决”制。制定出台《西吉县党政领导干部安全生产责任制实施细则》，靠实“党委政府领导责任、部门监管责任和企业主体责任”。二是开展安全专项整治。在道路交通、非煤矿山、危险化学品、建筑施工、人员密集场所、工商贸、特种设备等重点行业领域和春节、“五一”、“十一”、两会及春运、汛期、冬季等重要节会、重点时段深入开展安全专项整治和“打非治违”专项行动，定期组织开展联合执法检查和专项督查活动，着力消除各类事故隐患，确保重点领域、关键部位、重点时段和极端天气条件下全县的安全生产形势稳定。三是强化安全生产执法检查。按照区、市安全生产领域改革发展意见落实要求，强化全县安全生产执法队伍建设，落实园区、乡镇安全监管机构，明确安全监管职责，解决基层安全监管无人员、无编制等问题。严格按照2018年年初安全生产行政执法计划，强化“四个一律”执法措施，切实加强对重点部位、关键环节的执法检查，该处罚的处罚，该关停的坚决关停。四是夯实企业基层基础建设。建立政府购买服务工作机制，在全县高危行业企业全面实行标准化达标创建。坚持政府引导、标杆示范、标准先行、分级推进、全面实施，逐步形成点线面有机结合、标准化信息化共同支撑的风险分级管控和隐患排查治理双重预防体系，促进企业风险分级管控与隐患排查治理措施更加精准有效。五是加强安全宣传教育培训。继续深化和丰富“安全生产月活动”宣传教育内容，通过开展安全知识“八进”、企业主要负责人和安全管理人员安全培训等活动与政务信息平台、广播电视、手机短信等多种渠道，广泛宣传安全生产法律法规和安全知识，着力提升全民安全意识和企业员工安全素质，在全社会形成“人人讲安全、事事抓安全”的良好氛围。六是强化安全生产应急管理。严格按照《自治区应急管理厅机构改革方案》要求，切实增强改革的责任感和紧迫感，确保机构改革工作与区、市步调保持一致，平稳有序。健全完善安全生产预测预警和应急协调联动机制，加强针对灾害性天气、高风险领域的预报、预警、预防工作，及时发布预警信息。切实加强节假日、重要会议期间和汛期、春运等重点时段的应急值班值守，严格落实安全生产24小时值班制度，畅通信息渠道，确保应急处置迅速有效。

（赵佩霞）

住房公积金管理

【概　况】 2018年，住房公积金管理中心西吉分中心新增住房公积金1.9亿元，完成目标任务2.05亿元的92.6%。非公有制开户单位0个，未完成3个目标任务。发放住房贷款119笔，0.32亿元，完成目标任务0.7亿元的45.71%。提取本息1.32亿元，贷款逾期率为0.14‰。

【贷款管理】 在贷款前期，一是收集录入借款人的基本信息，建立完整详细的个人电子档案资料库。二是严把公积金贷款准入条件，把风险控制在最小范围。在贷款中期，接收审核，坚持三个严格。一是严查抵押物，联系不动产登记管理部门，确保房屋权属登记及权属变更登记的唯一性和统一性。二是严把明示关，在放款时将借款人还款程序、还款时限、逾期还款的确认标准及罚息规定告知借款人。三是有针对性地对商品房价格虚高，特别是二手房价格，收入证明虚假等违规行为进行清查，把隐患消灭在源头。在贷款后期，跟踪催收，实行分类管理。2018年宁夏鑫祥房地产开发有限公司西吉分公司办结“按转押”111户，欣荣房地产开发有限公司办结“按转押”5户。共结清贷款237户。

【档案管理】 加强住房公积金贷款档案资料管理，确保发放的每一笔个人住房公积金贷款档案资料齐全、完整，建立档案资料移交清单和移交清册。

【进驻政务大厅】 公积金业务办理工作进驻西吉县政务服务大厅。在政务大厅一楼C区设置5个服务窗口，购置配备电脑5台、打印机5台、高拍仪5台，办公桌椅5套，配备专用路由器和交换机，档案室、业务办公室、主任室配备齐全，实行“一站式”办理。

【党风廉政建设】 一是以政治建设为统领，坚决维护以习近平同志为核心的党中央权威和集中统一领导，严明政治纪律和政治规矩。确保在政治立场、政治方向、政治原则上同党中央保持高度一致，树牢“四个意识”。二是“守土尽责”，推进主体责任落实到位。认真履行“一岗双责”，坚持率先垂范、以身作则，带头改进作风、带头廉洁自律、带头接受监督，把党风廉政工作与公积金业务工作紧密结合，同部署、同落实。三是正风肃纪，强化作风建设。严抓行风建设，维护群众利益，严肃查处发生在住房公积金管理重点领域和关键环节的违纪问题。四是扎实开展“不忘初心　牢记使命”主题教育活动，着力用习近平新时代中国特色社会主义思想武装头脑、指导实践、推动工作。五是严格执行“三重一大”集体决策制度，特别是对资金的管理和运作，严格按照中心制度要求，做到公开操作、记录详细。六是加强队伍建设，打造忠诚、干净、担当的公积金团队。

【精准扶贫】 抽掉1名工作人员到帮扶村做扶贫工作队员，为帮扶村脱贫攻坚助力。积极做好干部职工联户帮扶工作，要求每位帮扶人员，通过走村入户，建立微信群，了解和掌握各自帮扶人员的家庭情况，积极开展帮扶工作。

（李振琦）

宁夏吉德慈善产业园

【概　况】 宁夏西吉工业园区前身为宁夏吉德慈善产业园，是自治区人民政府于2012年10月批准设立的自治区级工业园区。位于西吉县吉强镇袁河村和水泉村，规划占地面积2.085平方公里。产业发展定位为农产品加工、轻工产品制造区，重点发展马铃薯、胡萝卜、西红柿等优质果蔬和牛羊肉为主的特色农产品精深加工业，配套发展物流、商贸等现代服务型产业。2018年引进山东水发、北京秋实等国内大型企业入园投资，同时，引进天之涯服饰、润宇塑业、固原贤明服饰、咏辉电子等一批劳动密集型轻工企业，新增就业200余人，为全县脱贫攻坚工作做出了应有贡献。

【园区改革】 2018年是全区开发区整合优化和改革创新发展的开局之年，园区按照区、市、县党委、政府的统一部署安排，积极推进工业园区整合优化和改革创新工作。制定并印发了《宁夏西吉工业园区优化提升和改革创新实施方案》，完成了园区及党工委、管委会的更名，由西吉县县长兼任园区党工委书记，园区管委会主任任副书记。建立企业项目审批“一站式”代办服务制度，确定专人提供“保姆式”全程跟踪代办服务，并联合县行政审批局在文化交流中心三楼规划设立447平方米的入园项目审批服务大厅。编制完成《园区总体规划（2018—2030）》送审稿，“区域评”已完成水资源论证。

【园区建设】 宁夏西吉工业园区完成开发建设面积1500亩。慈善大道、滨河路、秀山路等主干道及水泉路、水云路、永强路、安强路、祥强路、永祥北路等次干道全面建成通车，园区一期及二期东区配套给排水、通讯、供热、天然气管网等基础设施均已完成并投入使用。累计完成固定资产投资13.3亿元。其中，企业完成投资7.5亿元。先后引进入园企业20家，其中，工业企业19家，投资担保企业1家。2018年实现工业总产值2.06亿元，实现工业增加值0.61亿元。实现工业销售总产值1.91亿元，实现利润总额3933.4万元，带动就业1000余人。

【招商引资】 2018年，共实施招引签约项目26个，达成投资意向56.03亿元，到位资金21.6亿元。山东水发集团（西吉）农业综合项目完成公司注册，正在进行项目备案、环评、可研编制等工作，现代农业综合观光园项目和马铃薯循深加工项目的规划设计分别由中国农业大学农业规划科学研究所和甘肃轻纺设计院进行编制；为水发集团派驻西吉项目工作人员提供办公场所和临时宿舍，为规划设计单位提供项目建设所需相关资料，对项目建设流转用地和建设用地进行实地踏勘。北京秋实“宁夏生物蛋白产业项目”已完成公司注册。

【脱贫攻坚】 根据张武村实际情况，制定《2018年张武村帮扶实施方案》。筹措资金1.4万元，对村活动室吊顶布置。筹措资金2.9万元，购置村部办公设备。积极响应并落实西吉县委、县政府开展“三大专项”行动的号召，由帮扶干部自筹1.1万元，入户开展送温暖活动，增进与帮扶户的感情，为他们出主意、想办法、排忧解难，累计办实事46件，排查化解矛盾1起。在开展环境大整治大绿化活动中，筹资1.48万元，购买树苗，对村道进行绿化。举办“新时代农民讲习所”3期，分别开展党的十九大精神、产业扶贫政策、党的民族宗教工作方针政策、基层党组织建设助推精准扶贫工作、中央一号文件乡村振兴战略、党史等专题培训。联系商飞集团筹措30.21万元，帮助张武村合作社购置四轮拖拉机、旋耕机、秸秆打捆机等农机具。争取闽宁协作资金150万元，用于发展张武村经果林种植产业。

【基础建设】 投入80余万元为天之涯服饰、贤明服饰、伊香食品等劳动密集型企业改造采暖设备，投入30余万元完成闽宁产业示范园给水改造工程，投入50余万元进行闽宁投资置业有限公司办公楼老旧电路改造，为贤明服饰安装变压箱一台。筹措资金，对国圣食品厂区内脱落的厂房基础进行修补，补栽已枯死的树木72棵，对绿化带进行修剪。为闽宁产业园区北门口安装减速带2条、警示牌2块，保障厂区内车辆出入及职工上下班安全。

【党的建设】 2018年，园区党工委坚持以学习习近平新时代中国特色社会主义思想和党的十九大精神为主线，全面落实班子成员联系企业制度，与各联系企业、各分管局（办）主要负责人签订党建责任书，经常性深入所联系的企业党支部及其他非公企业，努力做到工作管到哪里，党建责任就延伸到哪里。教育引导党员干部增强“四个意识”，坚定“四个自信”，做到“两个维护”。积极开展“党史专家讲党课”活动，邀请西吉县委党校讲师讲专题党课2次，召开专题民主生活会3次，深刻剖析问题产生的根源，明确今后的努力方向和改进措施。成立园区意识形态工作领导小组，修订完善《园区党工委落实党建工作责任制实施细则》，召开意识形态工作专题会议3次，把意识形态工作纳入党建工作责任制。2018年按期转正党员1名，新确定入党积极分子9名。新增设支部纪检委员，配全配齐党支部班子。认真开展季度“双评双定”工作。开展以“重温一次入党誓词”“朗诵一首红色诗歌”“观看一部革命电影”“开展一次读书交流会”“开展一次红色教育活动”“聆听一次红色故事”“举办一次党建知识竞赛”为主题的“七个一”党建促进活动，教育引导党员干部悟初心、守初心、践初心，坚定党员的理想信念。

（马腾飞）

商 贸

供销合作

【项目实施】 特色农产品产业融合项目农产品展销厅工程总投资940万元，建筑面积3719平方米，2018年完成主体工程建设。

【“两个体系”】 在组织体系建设方面：召开西吉县供销社第四次代表大会，选举产生西吉县供销合作联社理事会、监事会，健全县级供销社组织机构。组建完成震湖、兴平、红耀3个乡级供销社；在经营服务体系建设方面：一是发挥农资经营单位和协会会员的网络优势，全力做好全县农业生产所需化肥等农资商品供应服务。二是发挥新组建基层供销社及领办专业合作社组织优势，围绕种、养产业，开展农业社会化服务。三是发挥县级供销社行业职责，做好全县西芹上市期间的监管、外销服务工作。

【项目申报】 2018年共申报自治区供销社“两个体系”建设股权投资项目2个，农业综合开发项目1个。其中组织申报争取的西吉县小秋杂粮土地托管新建项目得到全国供销合作总社农发项目的支持，该项目总投资660万元（其中中央财政资金200万元，地方配套资金80万元，自筹资金380万元）。

【化解债务】 以落实自治区政策性财务挂账资金为契机，有效化解历史债务。经与西吉县农行对接、协商同意，利用自治区政策性财务挂账资金170万元，化解供销社历史贷款本金899万元，利息967.89万元，为供销社改革发展创造了宽松的环境。

【精准扶贫】 结合西吉县开展的“三大专项行动”，做好帮扶村脱贫攻坚工作。下派第一书记驻村帮扶、干部职工联户帮扶。制订具体工作方案，按照“三个一”“三个清”总体工作要求，切实做到贫困户底数清，帮扶措施明确，结合帮扶的红耀乡小庄村村情、贫困户的实际，抓好脱贫工作，为贫困户解决落实种植业保险费8000元，村部冬季取暖用煤2吨。

【加强学习】 切实加强党建、党风廉政建设等工作。以自治区巡视组反馈问题，对标不足和薄弱环节，完善各项制度建设，加强干部职工政治理论学习，通过请专家辅导、集体和个人自学相结合的方式把学习党的十九大精神和习近平新时代中国特色社会主义思想作为主要内容，务求取得实效。

（王建吉）

烟草专卖

【概　况】 西吉县烟草专卖局（分公司）位于西吉县城吉强镇，实行“一套班子，两块牌子”的管理体制，是政企合一单位。1997年8月上划宁夏区烟草专卖局（公司），2004年9月归属固原市烟草专卖局（公司）管理。现有在职员工 28 人，内设综合办公室、专卖监督管理科（稽查大队）、市场部和中转站 4 个机构，是负责西吉辖区烟草专卖执法、监督管理、打假打私、行政管理和市场营销服务的职能部门。

【经济指标】 2018 年实现卷烟销量 8696 箱，同比增长 112 箱，增长幅度为 1.3%。实现销售收入 21351 万元，同比增长 1222 万元，增长幅度为 6.1%，实现销售毛利 4557 万元，同比增长 286 万元，增长幅度为 6.7%。实现卷烟销售单价 98.21 元 / 条，同比增长 4.42 元。

【卷烟打假】 2018 年共查获各类违法案件 100 起，查获卷烟 26.69 万支，涉案金额 34.75 万元。

【客户服务】 2018 年现代零售终端达到 185 户，比重为 16.5%，零盒主导陈列改造客户 446 户，零包主导陈列面达到 39.75%，卷烟零售客户户均获利为 2466 元。

【证件管理】 2018 年共新办零售许可证 126 户，延续 221 户，歇业 165 户，注销 4 户，停业 31 户，恢复营业 7 户。

【基层创优】 一是制定下发《强化管理提质增效实施方案》，通过“季督查、抓重点、互对比、追责任、补短板”的方式狠抓基础工作。二是积极投身社会公益事业，为对口帮扶的什字乡温唐村帮扶扶贫款 24350 元。三是坚持以人为本，高度关注职工生活，在春节、中秋节、重阳节前夕慰问退休职工，组织职工参加健康体检。四是对安全管理常抓不懈，年度职业健康安全目标完成率 100%。创新开展安全就在身边微电影拍摄、安全事故征集及隐患随手拍活动。

（马艾各）

石油经销

【概　况】 2018 年，共计完成油品销售 37213 吨，完成滚动任务的 96.14%，完成全年任务 38200 吨的 97.41%，比 2017 年同期 36680 吨增加 533 吨，增幅 7.61%；非油销售 916.8175 万元，完成滚动任务的 110.59%，比 2017 年同期 694.6558 万元增加 222.1617 万元，增幅 31.98%。其中润滑油 48.9795 万元，便利店 644.1991 万元，化肥 223.4599 万元。非油品销售突破 900 元。西吉经销部新增 1 座 100 万元便利店，百万元便利店达到 4 座。

【业务培训】 西吉石油经销部以落实“开口营销比赛”活动开展为契机，要求各加油站在开班前，做好“十三步曲”模拟演练。组织开展“客户服务沟通技巧”培训，有效地降低了客户投诉的频次。

【非油品销售】 各加油站抓住各大砖厂、沙场、混凝土搅拌厂机械设备春季统一更换润滑油的有利时机，通过积极走访，利用优惠政策报价，一次性销售润滑油 9.2 万元。严格按照“谁销售，谁受益”的原则进行奖金分配，开展店外推销竞赛活动，兴隆加油站一次性销售面粉 1400 袋，滨河路加油站给清真寺推销面粉 400 袋，西吉经销部各加油站为医院、敬老院、保险公司、清真寺、乡政府、供电局等单位食堂销售米面共计 2800 袋。

【安全管理】 西吉石油经销部 2018 年到加油站安全检查 34 次，共计检查出静电接地不通、安全标志不全、应急设备缺失、加油设备漏油、违规卸油等问题 85 项，帮助加油站隐患整改 35 份。在特殊天气时通过“微信群”发布大风、霜冻、雷雨、大雪等天气预警，提示加油站防止油罐进水，物品吹落，员工防滑、防摔、防撞，预防上下班途中交通事故等；在季节交替和节假日时，制定《专项安全检查方案》，到加油站进行安全检查，确保加油站安全平稳运营。

【设施建设】 西吉石油经销部经理多次到土地局、将台堡镇明荣村协调土地征收和土地性质转换工作，想尽一切办法攻坚克难，全力以赴推进工作，现已完成土地征收、土地性质转换、土地交易工作，将台堡明荣加油站在11月已正式投入运营，袁河加油站拆迁征地工作也在持续推进。

【党建工作】 西吉石油经销部支部始终坚持“围绕中心抓党建、抓好党建促发展”的工作理念，认真开展“四合格、四诠释”，定期召集全体党员开展“批评与自我批评”，找出自身缺点和经营销售短板，改正缺点，不断进步。在“三八”妇女节，组织女职工开座谈会；“五四”青年节，组织青年员工开展活动，增进交流、沟通；“七一”中国共产党诞生纪念日，开展党员重温入党誓词和反腐教育；“九九重阳节”，召开离退休职工座谈会，组织离退休职工开展文体比赛。开展“六必谈四必访”活动，及时了解员工的思想动态、生活情况、家庭困难等，并及时加以解决。

（周春林）

盐业管理

【概　况】 中盐宁夏盐业有限公司西吉分公司为国有企业性质，隶属中盐宁夏盐业有限公司垂直管理，现有在岗职工9人。党支部有党员6名，支部成员3人。主要职责是依照国务院《食盐专营办法》负责西吉县辖区食用碘盐、食品加工业用盐、畜牧养殖业用盐和工业生产用盐的供应工作，负责盐业市场的质量监管工作。

【盐品购销】 购进各类盐1389吨，同比减少280吨，减幅17%。其中：食用盐804吨，同比减少173吨，减幅18%；畜牧盐585吨，同比增加55吨，增幅11%；工业盐无购进，同比减少162吨，减幅100%。销售各类盐为1567吨，同比增加38吨，增幅为3%。其中：食用盐909吨，同比增加11吨，增幅为1%；畜牧盐625吨，同比增销72吨，增幅为13%；工业盐33吨，同比减少45吨，减幅为58%。

【非盐商品销售】 2018年共销售小苏打、纯碱97吨，比2017年增销41吨，增幅73%。实现销售收入30万元，实现毛利5.6万元，毛利率为20%。

【营业收入】 实现营业总收入267万元，同比减少60万元，减幅18%。其中：盐品销售收入220万元，同比减少41万元，减幅16%；非盐商品销售收入28万元，同比减少27万元，减幅50%；其他业务收入19万元，同比增加11万元，增幅74%。实现利润总额3.4万元。

【调研与监管】 一是组织人员深入西吉县城各大超市、各乡镇集贸市场，调查了解全县食盐市场经营情况。发现问题及时反馈，以便有针对性的采取有效措施。二是积极发挥送销人员经常下乡送销的优势，做好食盐送销、宣传“中盐”品牌。三是积极配合相关部门，加强食盐监管工作，打击涉盐违法行为。2018年，移交公安机关侦办涉盐违法行为一起，西吉县人民法院进行了审理宣判。判决兰某、赵某、穆某违反国家法规，非法经营食盐，扰乱市场秩序，其行为均已构成非法经营罪，且属共同犯罪，各判处罚金人民币1万元，违法所得人民币6034.1元，依法没收上缴国库。该案为西吉县盐业监管史上首例涉盐被判刑受到严惩的案件。

【配送促销】 一是强化配送力量，确保市场供应。2018年配送313天次，配送食盐和畜牧盐1002吨，占全年总销量的65%。二是设立食盐批发便利点，方便群众购盐。中盐宁夏盐业有限公司西吉分公司在门卫室设立食盐批发便利点，进行全天候销售。门卫室全年代批食盐和畜牧盐369吨，占总销量的24%。三是采取有效促销措施，及时调整盐品结构和价格。根据宁夏盐业有限公司盐品价格及促销措施，4月、10月两次调整供应品种、价格和“十送一”、学校专供（招标采购供应500克精制食用盐34吨）等措施，稳定食盐市场，增加营业收入。四是帮助兄弟市县销售积压滞销盐产品22吨。其中中盐宁夏盐业有限公司吴忠分公司畜牧用盐10吨，500克装精制食用盐10吨，中盐宁夏盐业有限公司固原分公司炖肉盐2吨。

【资产管理】 一是做好房屋出租管理工作。出租办公楼一楼营业房，年租金收入19万元，同比增加8.1万元，增幅74%。二是对漏雨严重的办公楼、工业盐库屋顶进行油顶处理和翻顶维修。三是按照区公司要求，认真开展AA级定点食盐批发企业换证整改工作，完成对食盐库房及批发部的维修改造，完善各项管理制度，达到AA级批发企业标准，提高了企业形象。

【安全管理】 一是召开安全生产会议，学习安全生产法律法规，对全年安全生产工作进行安排部署。二是做好安全生产活动的宣传。三是以“安全生产月”为契机，结合公司实际情况，大力推动企业安全生产主体责任和“一岗双责”制度的落实。

【党的建设】 一是认真开展党的十九大精神专项学习，举办党的十九大精神专题辅导讲座。二是坚持“三会一课”制度，开展每月一次的“主题党日”活动和“纪律规矩教育月”专题活动，召开“不准共产党员信仰宗教和参与宗教活动”专题组织生活会。三是加强党建及党风廉政建设工作，班子成员签订《中盐宁夏盐业有限公司党员领导干部党风廉政责任书》、全体党员签订《自觉遵守“十条禁令”“十条戒律”承诺书》和《共产党员不信教不参与宗教活动承诺书》。四是对企业负责人履职情况进行专项检查，对存在的办公用房面积超标、参会期间多报出差补助情况进行整改。五是开展“正风肃纪”专项工作，严格规范津贴补贴发放管理，对存在的问题及时进行自查整改。六是开展“慰问送温暖”活动，体现党组织的关怀和温暖。

【财务管理】 一是及时准确上报月、季度财务报表和季度财务分析报告。二是完善和发挥财务T+软件的使用效果。三是全面实施银行、税务、社会保险等业务网上办理，提高工作效率。

【扶贫帮扶】 一是下派工作人员驻村开展帮扶工作。二是组织全体职工（帮扶责任人）进村入户开展建档立卡贫困户调查摸底、讲政策、办实事、送温暖等扶贫工作。三是筹集资金5500元在春节、“七一”等节日期间，对帮扶村特困户、残疾人、困难党员进行慰问。

【档案管理】 加强档案管理，做好档案收集、立卷、保管，便于查阅等工作，聘请西吉县档案局专业管理人员对2010年至2017年8月的文件进行立卷归档，共30盒（773件），使档案管理工作标准化、制度化、规范化。

（马玉忠）

教育　体育　卫生

教育　体育

【概　况】2018年，西吉县有各级各类学校569所，普通中学18所（高级中学1所，完全中学2所，初级中学15所），九年制学校10所，小学118所（其中教学点201个），职业中学1所，特殊教育学校1所，幼儿园220所（其中民办13所）。在校学生82349人，其中小学生35830人（特教学生72人），初中生20849人，普通高中学生7734人，职业高中学生4004人，幼儿园（含学前班）在园（班）儿童13932人。在校学生中残疾儿童463人，其中小学233人，初中158人，特教学校72人；在校学生中农村留守儿童504人，其中小学农村留守儿童387人，初中农村留守儿童117人；在校生中进城务工人员随迁子女15068人，其中小学在校学生中进城务工随迁子女8788人，初中在校学生中进城务工随迁子女6280人。全县学前三年毛入园率80.12%；小学适龄儿童入学率100%、巩固率100%；初中入学率100%、巩固率98%以上；高中阶段毛入学率90.15%以上，各类指标严控在国家规定范围之内。现有中小学在编教职工5270人（幼儿园31人，小学2402人，初中1930人，高中895人，特殊教育12人），特岗教师453人（小学342人，初中111人）。在编教师中正高职称教师2人，副高职称809人，一级教师1820人，二级教师1230人；特岗教师中二级教师120人，研究生学历18人，本科学历以上3388人，占全县教师总数的65.51%。全县教师平均年龄约40岁，50岁以上教师940人，占全县教师总数的18.08%。县教育体育局党委有党总支7个、党支部75个（5个离退休党员党支部），有党员1315名，占教职工总数的24%，其中预备党员20名，离退休党员75名。少数民族党员380名，女党员415名。党员示范区、示范岗、示范班126个。自治区教育系统五星级党组织1个，五星级基层党组织培育对象4个，全县教育系统三星级基层服务型党组织41个。

【"均衡"验收】根据国家和自治区验收方案安排，先后制定了《自治区评估验收西吉县推进义务教育均衡发展反馈问题整改方案》《关于自治区督查西吉县义务教育基本均衡发展评估验收存在问题整改落实情况暨迎接国家督导检查准备工作反馈问题的通报》《西吉县义务教育均衡迎国检流程》，细化工作举措，完善"均衡"迎验路线图、时间表，对全县迎接国家验收的133所义务教育学校进行全面排查，及时调整项目工程，对标任务抓整改，并邀请国家督学梁国仕、自治区教育厅装备中心专业人员召开培训指导会。2018年9月，国家督导评估组6名专家一致认定西吉县义务教育基本均衡各项指标达到国家验收标准，顺利通过国家评估验收。

【优化配置】 优化布局结构调整。根据城乡人口流动、学龄人口变化，编制《西吉县学校布局规划调整实施方案》，整合王民中学等20所农村中小学为九年一贯制学校，撤并教学点2所，改制教学点175所，新建沙沟乡南套子教学点，基本形成学校布局合理、办学规模适度、资源配置优化的新格局。

【设施建设】 加强基础设施建设。实施2018年“全面改薄”、幼儿园建设、教育基础薄弱县普通高中建设、职业中学基础能力提升、义务教育学校建设和义务教育均衡发展等各类项目，累计投入4.91亿元，新征土地160多亩，新建、续建、迁建和改扩建学校294所，为义务教育学校配齐配全音体美器材和理化生等教学实验仪器36.48万件（套），建成理化生、音体美、综合实践室等848个、交互式班级多媒体教室2164个、录播教室61间，新增图书30.19万册；建设西吉一小、西吉二小和震湖乡苏堡小学等20余所学校“互联网+教育”在线互动课堂，使全县各学校信息化应用水平得到全面提升，办学条件得到全面改善。

【公平教育】 保障义务教育公平。全面落实“两为主”政策，将留守儿童、进城务工人员随迁子女、残疾儿童就学纳入西吉县教育发展规划和财政保障体系，县财政给予特殊教育学校教师每人每月200元的特殊教育津贴，全县8—14岁“三类残疾”儿童入学473人，入学率为94.78%；成立“留守儿童之家”，完善农村留守儿童关爱体系；进城务工人员随迁子女全部在公办学校就读。

【控辍保学】 加大控辍保学力度。制定《西吉县控辍保学责任追究办法》，健全联动机制，全面保障控辍保学工作责任落实，建立“乡—村—组”三级防控网络，实行“1对1”“N对1”责任包扶，层层签订《目标责任书》，进村入户动员劝返。积极做好辍学学生复学安置工作，实施预防学生辍学跟踪管理制度，做到防、控结合。自2012年以来全县中小学辍学人数已由3月5日摸底数据1682人降至5人。全县义务教育阶段辍学学生“清零”任务目标基本完成。

【教育质量】 2018年，在优质生源外流且劝辍学生1182名动员参加中高考的情况下，高考本科上线1900人，上线率48%，比2017年提高2.3个百分点；高职院校分类考试报名759人，共录取732人，录取率96.4%，比2017年提高1.4个百分点；中考中袁河中学文化课总分平均分452.38分，位居固原市第3名，全市公办学校第1名，有4所学校进入固原市前20名。周康同学进入固原市前10名，2名同学进入固原市前20名。质量监测机制不断完善。承担2018年国家义务教育质量监测工作，荣获教育部颁发的“优秀组织奖”（宁夏县级单位仅西吉县教育体育局入选），西吉县监测科目成绩均处于全国中上等水平。7月，投入280多万元，对1—8年级共54个科目教学质量进行了全面监测，共设669个考点，1948个考场，监测学生近6万人，互调监考教师近4000人次，互调巡视人员1338人次，完成840页76万字的质量分析报告，做到精准监测、精准分析和有效指导。客观分析存在的问题和不足，坚定提高教育质量的信心和决心，为全面打赢教育质量翻身仗指明方向。

【教研工作】 各类教研活动扎实开展。建立教、研、训、测、评一体化机制，组建“县域专家”“研训中心”“骨干教师”三个层面的工作团队，协同开展研训活动。出台《西吉县进一步深化城乡学校“捆绑”发展的实施意见》，建立10个“捆绑”发展体，组织开展县域研训，县域内农村学校教学水平不断提高。对全县各级各类学校教研工作进行检查，听课并指导教学60余节，抽查教案300多本，抽查作业700余本。成立课程改革研究中心和信息中心，对标落实普通高中课程改革任务，切实做好新修订的普通高中课程方案和课程标准研究，加强普通高中学生综合素质评价系统建设。积极组织教师参加自治区第五届基础教育教学课题研究申报和全市2018年“五个百”比赛活动，共申报区级拟立项课题80个，报送“五个百”参赛作品近1000件。

【教师管理】 一是教师交流机制不断完善。2018年7月，在西吉县委组织部的统一组织下，全县公开竞聘校长15个，对全县22个校长岗位进行了调整。交流城乡教师560余人。签约免费师范生19名，招聘特岗教师170名，争取复旦大学、上海商飞公司、福建莆田支教教师34名，与宁夏师范学院签订顶岗实习协议，选派100名音乐、体育、美术、英语等专业学生来西吉县顶岗实习，破解农村偏远学校教师短缺难题。二是教师管理改革逐步推进。探索实施“一校多区”管理模式，袁河中学和一小分别实行两校区管理，逐步推进教师队伍管理“县管校聘”改革。8月，由袁河中学、西吉二小自行组织面试，在全县范围公开遴选交流教师44人，为全面实现义务教育学校教师管理由“学校人”到“系统人”转变提供宝贵的实践经验。制定出台《西吉县中小学教师管理办法（试行）》，该办法从教师的权利、义务、工作纪律、工资待遇、任职资格和岗位聘任、职业道德、教育教学能力、考核奖惩等方面进行全面规范，教师队伍科学化管理水平有明显提升。三是师德师风建设不断加强。深入开展“不忘初心、牢记使命，我是一名好校长”和“不忘初心、牢记使命，我是学生成长中的引路人”主题教育活动，认真实施师德责任追究和“师德一票否决制”，积极引导广大教师以德立身、以德立学、以德施教、以德育德，切实增强教书育人、立德树人的责任感和使命感。开展全县“教育系统教书育人楷模”和“师德标兵”评选活动，培养树立教师标杆、正面典型，展示全县教师队伍良好形象，通过评选向教育厅分别推荐5名教书育人楷模和5名师德标兵。积极开展自治区“最美乡村教师”评选推荐工作，共有16名教师被评选为自治区“最美乡村教师”荣誉称号。加大表彰奖励力度，2018年教师节对全县20名优秀校长、100名优秀教师、50名优秀班主任、10名优秀教育管理工作者、10名优秀党务工作者进行了表彰奖励。四是加大教师培训力度，2018年累计培训教师8000多人次。其中，组织开展全县中小学教师学习贯彻党的十九大精神暨师德师风提升专题全员培训，第二轮第二批中小学（幼儿园）县级骨干教师培养对象集中培训463人。2015—2017年招聘特岗教师专业技能培训401人，全县22位名师、11位名校长和5位名师工作室成员参加了“名师（名校长）工作室建设经验与成果展示”培训，500多人参加义务教育阶段统编三科教材网络培训，全县实验室管理员和综合实践课教师培训410多人，全县少先队辅导员培训教师420多人，宁夏教育云应用能力提升培训300余人。积极组织开展教师20项教学技能大赛，促进全县教师教育教学综合能力的全面提升。五是提高乡村教师待遇。全县乡村教师2430人，全面实施《乡村教师支持计划（2015—2020年）》，对在编在岗的乡村教师发放农村教师补贴最高630元，最低300元，随绩效工资考核按月发放，并将特岗教师纳入补贴范围。让更多的农村教师“下得去，留得住，教得好”。

【基础建设】 一是实施2018年“全面改薄”项目。对新营中学、偏城中学等137所农村义务教育薄弱学校进行全面改造，新建校舍9565平方米，购置生活设施1000台/件、图书13.9万册及配套购置计算机、教学仪器设备等。项目总投资6205万元。玉桥中学、偏城中学和兴平中学学生宿舍楼已全部开工建设，设施设备已全部完成配送安装。完成投资4535万元。二是实施西吉二小教学楼工程。新建四层框架结构教学楼4000平方米，项目总投资1450万元，完成投资100万元。三是实施2018年幼儿园建设项目。新建18班型西吉县第六幼儿园5940平方米，新建3班型兴隆镇范沟幼儿园、兴平乡杨坪幼儿园、西滩乡西滩幼儿园 2970 平方米，新建 2 班型什字乡山庄幼儿园 660 平方米，新建 9 班型平峰镇中心幼儿园 2970 平方米。项目总投资 4389 万元。因该项目自治区投资计划下达较迟，现正在进行施工招投标。四是实施教育基础薄弱县普通高中建设项目。新建西吉中学四层框架结构教学楼 4000 平方米，四层框架结构实验楼 4000 平方米，风雨操场 3000 平方米；新建西吉二中风雨操场 1800 平方米。项目总投资 3880 万元。西吉中学风雨操场已竣工，教学楼、实验楼正在进行装饰装修施工，西吉二中风雨操场正在进行装饰装修施工，完成投资 3041 万元。五是实施职业中学基础能力提升工程。新建六层框架结构综合培训楼 6700 平方米，四层框架结构学生宿舍楼 3500 平方米，四层框架结构实训宿舍楼 3000 平方米。项目总投资 3520 万元。学生宿舍楼已竣工；综合培训楼主体框架完成，实训宿舍楼完成主体封顶。完成投资 2500 万元。六是实施 2018 年义务教育学校建设项目。新建兴隆中学教学楼 2400 平方米，什字中学教学楼 2000 平方米，学生宿舍楼 2750 平方米，什字乡中心小学教学楼 1800 平方米，沙沟中学教学楼 2400 平方米，偏城中学和田坪中学教师周转宿舍 2100 平方米。项目总投资 3946 万元。兴隆中学教学楼完成主体施工，什字中学教学楼完成基础施工、学生宿舍楼进行主体一层施工，什字乡中心小学教学楼完成主体施工，沙沟中学教学楼进行基础施工，偏城中学教师周转宿舍和田坪中学教师周转宿舍完成主体施工，完成投资 2750 万元。七是实施 2018 年义务教育均衡发展项目。新建校舍 4435 平方米，硬化校园 36920 平方米，围墙 2860 米，护坡 620 米；新建室外运动场地 2 个，建设部分学校大门、室外管网等附属设施；配套购置部分学校生物实验室、综合实验室和图书室等设施设备。项目总投资 4929 万元。设施设备完成配送安装，工程建设类项目完成新建校舍 195 平方米，硬化校园 2.39 万平方米，围墙 2110 米，护坡 600 立方米，配套完成其他室外管网等附属工程，完成投资 3025 万元。

【校园安全】 一是安全教育活动积极开展。各学校（园）通过致家长的一封信、家长会等形式与家长签订《学生安全协议书》，家校联动共同加强对学生校外活动的看护和监管。通过晨会、国旗下讲话、主题班会、校园广播、橱窗、黑板报等多种形式，加强对学生的安全宣传教育，教育学生遵纪守法，增强安全防范意识，确保自身安全。结合“综治宣传月”“安全生产宣传咨询日”“国家宪法日”等纪念日开展宣传教育活动，举办安全宣传讲座 530 余场次。以创建“毒品预防教育示范学校”为契机，把无毒校园纳入学校精神文明建设和学校治安综合治理的总体规划。二是学校安保力量逐步加强。为各乡镇寄宿制学校、县直各学校（园）聘用经专业保安公司培训的专职安保人员 70 名。三是加强校园周边环境治理。针对校园周边交通、食品卫生、消防、校外租住等突出问题，起草印发《关于进一步加强校园及周边环境整治的通知》，联合公安、卫计、城建、文广、市场监管等部门先后 3 次对全县学校的安全教育、安全管理规范化建设、毒品预防示范学校安全管理制度、住宿学生管理、消防安全、环境卫生、食品安全、冬季取暖、传染病防控、“三防”建设、交通安全、校舍与校内建筑工地、社会治安综合治理、预防校园欺凌与矛盾纠纷排查等工作进行联合检查，根据各自职责建立联防联动机制，相互配合，齐抓共管，依法查处校园周边存在的突出问题，切实营造良好的校园周边环境。

【教育惠民】 一是严格按照程序，全力保障资助政策顺利实施。2018 年，西吉县各学段资助学生 67641 人次 1.11 亿多元，资助政策体系日臻完善，受助学生更多，资助力度更大。其中，学前教育资助 7650 人次，金额 910.02 万元；普通高中“一免一助”17438 人次，金额 1217.48 万元；中职教育资助27815人次，资金1809.73万元；办理生源地助学贷款9655人，贷款额5486多万元；社会团体和个人捐助5083人1718.5万元。各类资助政策的实施，有力地促进了教育公平，推进教育精准扶贫，确保“不让一个学生因贫困而失学”。二是加大资金投入，全力简化生源地贷款办理程序。发挥好国家助学贷款的教育扶贫、精准扶贫作用。西吉县教育体育局采购近10万元办公设备，实行贷款合同档案电子化管理，贷款学生注册、打印申请表等免费，乡镇代办点由2017年的兴隆、将台堡、白崖、马建、平峰、新营、震湖7个乡镇又增加了沙沟、兴平、田坪、吉强4个乡镇，乡镇办理点的设立极大地方便了贷款群众。三是创新工作机制，全力做到资助与育人相结合。通过政府主导与社会参与相结合、“助学”与“育人”相结合的扶贫助学工作机制，加强贫困学生思想政治教育工作，特别突出对“成才”和“感恩”两个主题的教育，大力表彰和宣传自立自强的家庭经济困难学生典型，唤起全体家庭经济困难学生心灵深处的自我向上意识。

【政治建设】 西吉县教育体育局党委坚持把党的政治建设摆在首位，高度重视意识形态工作，制订下发《西吉县教育系统意识形态工作责任制实施办法》，层层签订《意识形态责任书》，教育引导广大干部师生牢固树立“四个意识”，不断坚定“四个自信”，做好“四个服务”。开展“党的十九大精神进校园”“新时代、新作为”等宣讲活动，以“干部素质提升年”为抓手，严格落实“九个一”支部党日活动，积极开展社会主义核心价值观“三进”等活动。举办学习习近平新时代中国特色社会主义思想暨干部素质提升年专题培训班2期84人，选派100多人次参加区市教育工委举办的党务干部专题培训学习班，有20名党务干部参加教育部基础教育司举办的第二期全国中小学校党组织书记网络培训示范班。举办党务干部暨入党发展对象培训班，全县各中小学校（园）党总支（支部）书记、党务干部和入党对象160余人参加了培训。党建经验交流材料《全面加强中小学党的建设　写好教育奋进之笔》被推荐到《中国教育》上刊登。基层党组织落实“一套班子、一块牌子、一套制度、一枚章子、一个阵地”的“五个一”工作措施得到自治区教育工委的充分肯定，并在全区教育系统推广落实。

【组织建设】 完善党建工作目标责任制。西吉县教育体育局党委与各总支（支部）签订《党建目标责任书》，抓好服务型党组织建设。按照“六有目标”扎实开展服务型党组织创建活动，不断提升中小学校（园）党组织服务水平和服务能力。西吉县委组织部评定出三星级基层服务型党组织41个，二星级基层服务型党组织28个，一星级基层服务型党组织6个，没有软弱涣散党组织。开展“双评双定”活动，强化正向激励、反向监督，对所属民办幼儿园党组织进行整改，撤销民办社会组织机构党组织8个。继续多渠道、多途径开展党建督查。西吉县教育体育局党委将定期不定期开展党建重点工作督查，结合开学常规检查督查“主体责任”落实情况，靠实党组织的主体责任。

【廉政建设】 召开党风廉政建设会议，局党委与各学校（园）党组织、局党委主要负责人与班子成员、班子成员与分管股室长层层签订《廉政建设责任书》，党员教师作出《廉洁从教承诺书》和《杜绝有偿家教承诺书》。党组织书记认真履行党风廉政建设的主体责任，定期召开廉政建设会议，切实做到党风廉政建设工作与党务工作及教育教学工作同安排、同部署、同落实。严格落实《关于进一步规范校务公开工作的通知》，继续深化政务公开和校务公开，完善教职工代表大会制度。加强干部管理和廉政教育，引导干部提高廉洁勤政的自觉性，将党风廉政建设落实到各项工作全过程。扎实开展“三乱”治理，有效制止有偿补课等行为。

（唐书军）

卫生健康

【概　况】 西吉县卫生健康局内设办公室、医政药政管理室、基层卫生健康室、家庭发展与妇幼健康室、健康综合室5个科室，主要职责是贯彻实施国民健康政策，执行国家卫生健康事业发展法律法规、政策、规划及规章，协调推进全县深化医药卫生体制改革，组织实施国家基本药物制度，监督管理公共卫生、医疗服务和卫生应急，负责计划生育管理和服务工作，协调落实应对人口老龄化政策措施，推进老年健康服务体系建设和医养结合等工作。下辖医疗卫生健康机构38所，其中县直医疗卫生计生机构5所，乡镇卫生院25所（其中：中心卫生院5所，分院6所），社区卫生服务站4所，民营医院4所。医疗机构设置病床数1108张，卫生健康事业单位核定编制数1278个，现有正式在编人员1081人，空编197个。专业技术人员996人，其中副高以上职称120人，中级职称277人，初级以下职称599人。全县村卫生室297所，有乡村医生329人。

【综合医改】 成立西吉县深化医改领导小组，建立组织协调、联席会议、督查考核等机制，制定出台《全县医疗卫生服务体系规划》和《县乡一体化管理实施方案》，县人民医院与兴隆镇、将台堡镇、白崖乡等18家基层医疗卫健单位建立医疗与公共服务体系，县中医医院与震湖乡、新营乡、平峰镇等10家基层医疗卫健单位建立医疗与公共服务体系，县、乡、村三级医疗卫生计生单位电子政务外网全部接通，在县直两院建立影像诊断中心、病理诊断中心和心电图诊断中心，通过远程会诊系统向全县基层医疗机构提供远程会诊、远程影像、远程超声、远程心电和远程培训等业务，全县医疗机构之间检验检查结果实现互通互认，基本形成县乡人才互用、技术共享、服务全覆盖的合作机制。2018年度，通过“互联网+健康医疗”远程诊疗系统诊疗患者4716例，实现医疗资源使用效率的最大化。

【医政医管】 在西吉县开展医疗机构、医师、护士电子化管理电子化注册，注册率分别达100%、96%、92%。全面落实预约诊疗、便民门诊制度，推行医疗服务信息公示制，设立绿色通道，实行“先诊疗、后付费”。借助闽宁、京宁等对口帮扶，带动提升全县医疗服务能力和水平，县人民医院引进血液透析新技术填补西吉县医疗空白。积极开展抗菌药物应用专项治理，严格控制抗菌药物的不合理使用，建立医疗纠纷调解机制，2018年共受理医疗纠纷来信来访16件。严格执行全区新一轮药品集中采购，对药品采购、入库、回款、使用各环节进行监督，确保阳光运行。认真贯彻《中华人民共和国中医药法》。举行宣传启动仪式，组织开展知识竞赛，举办各类培训班5场次，培训1100余人次，完成县中医医院“治未病”中心建设和标准化中医房的规划任务。制定《“双优”工程实施方案》，确定培育优势重点特色科室和培养优秀医疗人才为目标，选拔出10名优秀医务工作者，被授予“十佳健康卫士”称号。建设重点特色科室。通过引进医疗专家和先进技术，建设7个重点优势特色科室。

【妇幼卫生】 全面落实“七免一救助”惠民政策，为8200名6—24个月龄儿童免费发放营养包，为4830名新生儿免费筛查48种先天遗传代谢性疾病，免费给法定年龄新婚夫妇婚前医学检查4064人，免费服用叶酸6451人，农村妇女免费宫颈癌筛查13500人，乳腺癌筛查3100人。免费新生儿听力筛查4791人、“四病”筛查4830人；母婴安全措施有效落实，成立危重孕产妇和新生儿救治中心，实施高危孕产妇专案和妊娠风险分级管理。母子健康手册全面推广，生育全程基本医疗保健服务逐步完善，孕产妇系统管理率95.01%，高危产妇管理率100%，产前检查率98.76%，7岁儿童保健覆盖率90.64%，3岁儿童系统管理率90.67%。配备四维彩超1台。为母婴安全、预防出生缺陷提供有效保障，全县出生缺陷监测发生率76.46/万，孕产妇死亡率20.04/10万，5岁以下儿童死亡率9.62‰，婴儿死亡率6.01‰。

【综合执法】 全面推进监督机构规范化试点建设，严格执行行政执法公示制度、执法全过程记录制度和重大执法决定法制审核制度。按照“双随机”模式组织实施公共场所等8项重点监督检查和公立医院综合监督等3个专项整治，2018年，查处违法案件58件，罚款9.18万元，比2017年分别增长9.4%和29%。西吉县职业健康监督覆盖率达97%，放射诊疗监督覆盖率达100%，查办违法案件12件。

【能力建设】 完成西吉县中医医院整体搬迁、县人民医院妇儿综合大楼、县妇幼保健计生服务中心综合楼、偏城乡卫生院住院部、王民乡卫生院门诊楼5个基础设施建设项目；新建标准化村卫生室43所，实现全县标准化村卫生室全覆盖；创建群众满意卫生院22所，村卫生室97所；连续三年邀请自治区业务专家对全县乡村两级基层卫生人员开展服务能力和中医药适宜技术培训，累计1545人次；培养全科医生55名，安排区、市、县二级以上医疗机构中的68名卫生专业技术人员，到19所乡镇卫生院和3所社区卫生服务站开展“千名医生下基层”工作，有效落实“凡晋必下”制度；居民电子健康档案、全员人口、电子病历三大数据库基本建成，远程会诊覆盖所有基层医疗机构，预防接种单位冷链设备全部配齐，基层医疗卫生计生单位基本医疗设备、救护车等基本能够满足当前工作需求。县直两院HIS医院信息管理系统、LIS实验室信息系统、PACS影像归档和通信系统已全部建成并投入使用，正式启用网上预约挂号及门诊叫号系统，在挂号、就诊、缴费、查询、预约等医患交互环节铺设互联网桥梁，充分发挥互联网优势，提升服务效率和方便群众就医。

【疾病控制】 传染病疫情和突发公共卫生事件得到有效控制，2018年传染病报告发病率为397.43/10万；加强鼠疫、流感、出血热、狂犬病、麻疹、手足口病等重点传染病和新发传染病的监测及防控工作；中盖结核病防治项目创出亮点，固原市中盖结核病防治项目现场会在西吉县召开，并在全区做经验交流；食品风险监测、生活饮用水监测、公共场所健康危害因素监测、学校常见病及健康危害因素监测等工作如期完成；健康知识进校园、进社区、进企业、进家庭、进寺院宣教活动有序开展；地方病、慢性病防控工作步入规范，包虫病、重性精神疾病、高血压、糖尿病等稳步推进。

【公共卫生】 专业公共卫生机构履职能力持续加强，服务项目绩效考核奖惩机制不断完善，统筹推进基层基本医疗和基本公共卫生服务有机融合，依托基本医疗提升基本公共卫生服务质量，实现“双轮驱动”。突出工作重点，提高儿童、孕产妇、老年人等重点人群的健康管理水平，西吉县城乡居民电子健康档案累计建档率达97.53%，国家免疫规划疫苗预防接种率达到99%，新生儿访视率98.10%，活产数4989人，早孕建册率96.31%，产后访视率为95.53%，老年人健康管理率为75.48%。共管理高血压和糖尿病人数分别为19910人和2577人，规范管理率分别为99.1%和50.02%，控制率分别为81.24%和93.83%；确诊重性精神病患者1264例，规范管理1075例，规范管理率85.05%；肺结核患者287人，肺结核患者规范服药率为100%。2018年登记传染病病人数1379人，报告传染病病人数1379人，传染病报告率100%；及时报告传染病病人数1379人，报告及时率100%。累计发放健康教育资料336种，计23.5万册；宣传栏设置

830 个，更换 2047 次；开展健康讲座 331 余场，参与 3.4 万人次；举办健康教育咨询活动 226 场，参与 3.7 万人次。人均 55 元服务经费管理和使用全部到位，基本公共卫生服务均等可及，群众获得感和幸福感不断增强。

【健康扶贫】 成立健康扶贫工作领导小组，建立“一免一降四提高一兜底”的综合医疗保障体系，西吉县医疗卫生机构均接通“一站式”即时结算平台，“先住院，后付费”实现全覆盖。对核实筛查出的贫困患者全部纳入“三个一批”行动计划，实施分类救治。全县大病集中救治 276 人次，重病兜底保障 934 人次，高血压、糖尿病、重型精神病等慢性病签约服务管理 933 人。全县贫困患者住院费用合计 1996.13 万元，其中基本医保 974.01 万元，大病保险 181.91 万元，大病财政补助 114.58 万元，民政救助 189.44 万元，扶贫保 112.69 万元，政府兜底 276.39 万元，报销比例达到 92.63%。对全县建档立卡贫困户 12086 户 48663 人重新进行了核实核准，真正做到了“应纳尽纳、应扶尽扶、应治尽治、不落一户”的目标。

【爱国卫生】 开展“爱国卫生日”活动，积极发动西吉县干部职工、学校师生等，针对一些薄弱地段和长期遗留的难点、脏点进行集中卫生整治，坚持月月活动有主题、有重点，实时开展活动督查和通报。切实做好农村卫生厕所建设管理，认真落实农村卫生厕所普查评估工作，及时将农村卫生厕所信息录入网络直报管理系统，完成录入建卡 94312 户。加强病媒生物监测，做实做好“四害”滋生地的治理，科学开展春夏秋季病媒生物消杀活动。利用“全国爱国卫生月”“世界无烟日”及每月一次的自治区“爱国卫生日”等活动，在人群密集的地方开展健康教育宣传。创建无烟学校 20 家，无烟企业 5 家，为西吉县控烟工作打下坚实基础。

（王　永）

文化　旅游　传媒

综　述

【文化活动】 先后举办首届社火巡演大赛、新营陈阳川民俗文化节、广场舞比赛、“图书进万家”“我是朗读者”“六盘山红色诗会”、心连心艺术团MV节目录制等活动；选送《赞美丽富裕新西吉》《模特秀表演唱》《丁香花开》《六盘响鞭》等节目赴银川参加宁夏回族自治区成立60周年大庆系列演出活动，其中《丁香花开》在全区50个深度贫困乡镇巡演，受到中组部等各级领导和基层群众的欢迎与好评。完成广场文艺演出20场次、送戏下乡50场次、“戏曲进校园”20场次；命名42名县级非物质文化遗产传承人；完成全国可移动文物普查；创建“扫黄打非”进基层示范点59个，创区级示范点2个；检查文化旅游经营场所660余家次，出动人员790人次，责令整改20家次，立案调查案件9件，罚款3.4万元，没收非法出版物300余本（册）。

【文化设施建设】 实施智慧文化服务乡村振兴战略——“六朵云”服务工程。通过“云+文化”，建立起县乡村手机APP四级网络服务平台，党建、党风廉政、民族团结、综治、扶贫等领域可资源共享。完成将台堡堡墙加固、吉强等4座文化站建设项目，完成硝河等5乡镇分馆建设，完成县图书馆、县文化馆建设立项、图纸设计等前期工作。

【旅游宣传】 举办西吉火石寨第八届“丁香花节”、龙王坝“首届达人秀”等活动。龙王坝创建为国家AAA级景区，入围2018中国美丽乡村休闲旅游100家精品景点线路。火石寨景区上榜“神奇西北100景”榜单，西吉县入围“2018中国最美县域榜单”，组织人员赴重庆、浙江、江苏等地开展旅游宣传营销，开拓旅游市场。

【旅游设施建设】 认真贯彻落实西吉县委、县政府《关于加快发展全域旅游的意见》，启动《全县全域旅游规划》编制。完成将台堡红军长征会师广场基础设施、乡村游步道、兴隆镇单家集红军长征遗址基础设施、吉强龙王坝、火石寨震坡、兴平高崖乡村旅游基础设施和3座AAA级旅游厕所建设等项目。2018年，全县共接待游客103.9953万人次、营业收入4109.16万元。其中：火石寨景区接待13.1647万人次，营业收入1007.64万元；将台堡纪念园接待游客31.2911万人次（团队839批次）；农家乐接待游客54.5366万人次，营业收入2074.18万元。

【广电事业】 一是采取多种宣传形式全方位宣传全县工作。“精彩西吉”微信平台始终位居全区政务榜前10名，并荣获固原市第二届“十佳政务微信”；西吉电视台制作播出栏目166期、报道新闻1200多条，中央台采用2条，宁夏台采用15条，固原台采用55条；农村数字电影放映3810场次；《不忘根本　守望家园》《西吉：走好新的长征路》在中央电视台播出；制作《美丽富裕新西吉》《都说变了样》《相约将台堡》等MV宣传片;《六盘响鞭》参加宁夏回族自治区成立60周年庆祝活动热场表演;以“民族团结、旅游扶贫”为题材创排的大型现代眉户剧《丁香花开》入选全国基层院团戏曲会演名单,代表宁夏进京演出,大庆期间,在宁夏人民剧院演出成功,并在全区50个深度贫困乡镇进行巡演;在将台堡红军长征会师纪念园先后成功举办庆祝宁夏回族自治区成立60周年“六盘山红色诗会”、心连心艺术团节目录制等系列大型教育纪念活动;中央电视台大型纪录片《记住乡愁》《中国影像方志》栏目组到将台堡拍摄节目,同时,采购100台立式多媒体发布一体机,安放各乡镇、部门(单位)和车站、银行等公共场所,方便群众读书阅报、看电视和浏览信息,不断加大对外宣传力度。二是基础设施建设和软件正版化。投入300万元对广播电视台和4个转发站设备进行改造更新,实现北山转播台22套电视节目数字化播出、5套旅游环城广播节目播出;全国正版软件试点工作扎实推进,全县70个部门(单位)安装使用国产正版软件,并通过国家考核验收。《中国新闻出版广电报》刊登了宁夏西吉县试点工作中的经验和做法,国家推进使用正版软件工作部际联席会议办公室授予西吉县“全国国产软件应用试点县”。

【制度建设】 修改完善《机关制度汇编》,坚持“干部作风建设暨周工作清单汇报”制度和干部职工实绩考核、“两管三评两推一帮带”机制,项目建设严格落实“农民工工资优先支付、安全生产、不向建设单位恶意讨薪和企业遵守廉洁纪律”四项承诺制等。

【作风建设】 结合“干部素质提升年”和“‘两学一做’学习教育常态化制度化”活动,开办干部职工夜校学习班、宣传文化干部业务能力提升班,采取指纹签到、重点工作责任清单、问题清单和周汇报、月总结、季考核、年终汇总等措施,狠抓纪律作风,加大督查通报,坚持执纪问责。2018年执纪问责9人,以良好的作风保障了各项重点工作的完成。

【民族团结创建】 将民族团结进步示范单位创建工作作为凝心聚力、提升形象和推进工作的重要抓手,创建自治区级“民族团结进步示范机关”。布置民族团结创建进步示范单位展室、设立民族团结非物质文化遗产展厅和大讲堂、开设民族团结专栏,举办以“民族团结”为主题的朗读、读书、征文、广场文化、文艺演出等活动。

【“六朵云”服务】 实施智慧文化服务乡村振兴战略——“六朵云”服务工程。2018年,西吉县委、县政府将智慧文化服务乡村振兴战略——“六朵云”服务工程确定为全县创新型工作并上报区、市。通过实施智慧文化服务乡村振兴战略——“六朵云”服务工程,建设“云+文化”、党建、党风廉政、民族团结、综治、扶贫等网络服务体系,运用四级网络平台打通公共文化服务群众“最后一公里”,实现用数据跑腿,服务群众更加高效、便捷;在全面完成硝河、兴平两乡试点工作的基础上,其余17个乡镇和行政村的设备正在安装调试。

【体制改革】 以县级馆为总馆,在乡镇综合文化站、村级文化中心设置分馆,推动乡镇文化站、村级文化中心,农家书屋与西吉县文化馆、西吉县图书馆实现资源整合和互联互通。已建成兴隆、平峰、震湖、沙沟、硝河、什字、兴平7个乡镇文化馆、图书馆分馆,吉强、新营、白崖3个文化馆、图书馆分馆正在建设中。2020年全县文化馆、图书馆分馆将实现全覆盖。同时,积极探索推进总分馆制进社区、学校和军营,分别在西吉中学、西吉三小和县武警中队建立分馆。西吉县总分馆制各项工作走在全区各市(县)前列。

【自办节目】 在自治区率先开通县级广播自办节目。投入500万元对广播电视台和4个转发站设备进行改造更新,实现北山转播台22套电视节目数字化播出、5套旅游环城广播节目播出；并专门向国家广电总局申请广播频率，开通县城广播自办节目。西吉县成为全区率先开通县级广播自办节目的县（区）。

【"扫黄打非"】 扎实开展"扫黄打非"进基层工作。创建"扫黄打非"进基层示范点59个，其中创区级示范点2个；西吉县是固原市率先完成"扫黄打非"进基层的县（区）。

【作风建设】 创新开展干部作风建设工作。创新推行"干部作风建设暨周工作清单汇报"制度和干部职工实绩考核、"两管三评两推一帮带"机制；制定《2018年度群众评议机关作风活动实施方案》，通过干部互评、设立意见箱、征求人大代表和政协委员意见与建议、运用网络进行评议等方式，多渠道、全方位开展群众评议机关作风工作，以优良的作风确保了各项工作的全面完成。

（马会田）

史志编研

【概　况】 西吉县党史地方志编纂委员会办公室属县政府参照《中华人民共和国公务员法》管理的事业单位，承担全县县志编纂、党史研究等工作，为全县各级领导、各级组织提供党史方志资料。办公地点在西吉县会议中心东二楼，内设办公室、党史研究室、年鉴编辑室，共有编制10人，2018年实有工作人员9人。2017年10月，西吉县地方志编纂委员会办公室更名为西吉县党史地方志编纂委员会办公室。

【年鉴编辑】 完成《西吉年鉴（2018）》的资料收集、整理、编纂和出版发行工作。1—3月启动《西吉年鉴》编辑。制订编辑出版计划，下发文件，在全县范围内征集年鉴文字、图片资料。由于各部门（单位）高度重视，积极配合，共征集到130个部门（单位）的文字资料150余万字，图照资料1400余幅。4—7月完成初稿。加强与各乡镇和各部门（单位）的沟通协调，按照年鉴编辑体例，对征集到的文字、图片资料进行分类、编辑、修改、汇总，做到图文并茂，资料翔实，体例规范，内容丰富。将于2018年年底正式出版发行。经过认真筛选整理，完成60余万字的初稿，全书设概述、特载、大事记、党委、人大常委会、政府、政治协商、法治、吉德慈善园区、基础设施建设、军事、群众团体、民族宗教、农业和农村经济、财税金融、经济管理、商业贸易、教育体育卫计、文化旅游广电、社会管理、乡镇、人物、附录23个部类，143个分目，875个条目。有公益彩色图片118张，黑白插图照49张，文字约60万字。

【地情信息】 一是组织、引导开发利用地方志资源，指导编写出版贴近现实、方便实用的行业年鉴，为各级党委、政府的中心工作服务，为广大群众的生产生活服务，并高标准、严质量地完成《宁夏年鉴（2018）》《固原年鉴（2018）》文字资料和图片资料的搜集、整理、报送工作。通过《概况》《脱贫攻坚》《产业提升》《城乡建设》《生态环境》《民生福祉》《社会和顺》《自身建设》8个模块，全面、准确地反映了2017年西吉县的政治、经济、文化等方面情况，给外界了解西吉、认识西吉提供了一份翔实的资料。二是完成大型纪录片《中国影像方志》栏目组要求西吉县自编的《中国影像方志·宁夏西吉篇》的文字资料编辑工作。资料对西吉县的历史、经济、文化等各个方面细致梳理，用《引言》《地名记》《大事记》《特产记》《文学记》《扶贫记》《当代记》《后记》8个方面，全面展现西吉，资料翔实、体例规范、内容丰富，是各界人士认识西吉、了解西吉的重要窗口，使西吉人像席箕草一样坚韧不拔、迎难而上的精神体现在国人面前。2018年11月9日晚CCTV-10播出《中国影像方志·宁夏西吉篇》取得了非常好的宣传效果。三是完成收集、整理、编纂、报送《宁夏老字号》西吉县境内"老字号"

图文资料工作。2018年，西吉县史志办组织人员走遍西吉县的大街小巷、田间地头，对西吉县境内的各种民俗民艺、手工艺品、特色产业精心收集、整理出“惠民骨制品、将台泥人、马兰回乡刺绣、米师余面”等22个老字号品牌，最终经宁夏回族自治区政协评选，筛出“惠民骨制品、马兰千层底布鞋、米师余面、震湖白酒”4个品牌作为西吉县老字号收入《宁夏老字号》名录。

【方志宣传】 西吉县史志办邀请部分区、市、县党史方志专家来西吉县开展专题讲座，组织工作人员为群众宣传西吉县党史地方志知识，推介党史方志书刊，展示党史方志工作成果，营造浓厚的宣传氛围，形成人人关注、全社会参与党史方志工作的局面。

【党史研究】 全力做好迎接全国党史部门专家、学者来宁夏西吉考察、指导工作。积极配合、协调上级业务部门和地方党委、政府，迎接陪同中央党史室的专家、学者、红二代党史专家以及湖南、贵州、陕西等地的党史专家、学者到西吉考察调研。

【扶贫帮扶】 加大对口帮扶工作。按照西吉县扶贫工作总体安排，2018年西吉县史志办安排一名副主任和一名驻村工作队员对口帮扶兴隆镇洞洞村。扶贫帮扶到位，洞洞村全村主要是发展养殖业，全村建档户135户，各种农业补贴均补贴到位，规范有序。争取资金维修水毁村道3千米。生产路5千米，争取农田建设4800亩，争取信用社贷款103户1015万元，邮局贷款50户250万元发展种养殖。村部维修装饰。移民点剩余15套庄院配合政府分户到人，清理移民点“三堆五乱”，整治好村组环境。

（谢耀文）

图书管理

【经营情况】 2018年完成销售1893万元，比2017年1414万元增加479万元。其中，教材销售942万元，教辅销售223万元，教材按时、无差错发行，连续多年确保“课前到书，人手一册”。一般图书销售78万元，销售实现利润116万元，费用率控制在8.2%。书店共流动售书26次，售书300余册。

【一般图书】 每周调整图书结构，最大限度满足全县人民精神文化需求。2018年销售政治读物《新时代面对面》《习近平新时代中国特色社会主义思想三十讲》等4000余册。

【基础建设】 西吉新华书店新建项目与县残疾人康复中心、县档案局、社区服务中心四家单位共建一座综合性大楼。综合大楼总面积10200平方米，其中新华书店业务用房二层框架结构，面积为1500平方米。项目于2018年4月25日开工，现主体工程完工。

火石寨管理处

【概　况】 西吉县火石寨国家级地质森林公园管理处成立于2006年4月16日（西党办发〔2006〕63号文件），是西吉县人民政府直属事业单位，2017年8月整合党家岔湿地保护区管理处，现有编制20人，其中管理岗位6名，专业技术岗位13名，工勤技能岗1名。火石寨丹霞地貌国家级自然保护区位于西吉县北部的火石寨乡境内，北纬36° 07′ 53″—36° 10′ 50″，东经105° 40′ 07″—105° 48′ 51″，南北长17千米，东西宽10千米。主要保护对象为丹霞地质地貌及其生物多样性。保护区内镶嵌白庄、石山、蝉窑、沙岗、元嘴和罗庄等行政村，扫竹岭、月亮山（部分）2个国有林场。

【理论学习】 深刻领会和学习习近平新时代中国特色社会主义思想，认真贯彻落实党的十九大精神及第十九届二中全会、三中全会精神，牢固树立“四个核心”意识，提高思想认识，坚定政治站位，准确把握政策脉搏，用先进的思想武装全体干部的头脑，使之在思想上和行动上始终同党中央保持高度一致，严格执行县委、县政府各项决策部署。

【部门联动】 在西吉县委县政府统一领导下，明确部门责任分工，严格工作纪律，加强工作督导检查，狠抓落实，实行“一事一报”“定期督查通报”，激励先进、鞭策后进的工作机制。强化部门联合执法，做到各项工作统筹兼顾、合理安排、突出重点、攻克难点、整体推进、顺利完成。

【依法办事】 加强对各项工作基础数据资料的收集、归类、管理和分析，做到有理有据，公正透明；对重点工作实行事先通知、走访对接、依法依规、对症下药；增强主观能动性，提高对各项工作的前瞻性和预见性。

【转变作风】 在重点工作推进中，谋求细节上的精准布局，始终以效率衡量工作进展情况，积极转变工作作风，坚持工作深入一线，点对点、面对面地开展落实各项工作。

【火石寨丹霞地貌保护】 一是即查即改，全面完成中央环境保护督察组转办单下发的火石寨丹霞地貌国家级自然保护区10处问题。按照2018年6月4日中央第二环境保护督察组下发的《中央环境保护督察组转办单》转办的“2017年下半年火石寨丹霞地貌国家级自然保护区人类活动动态遥感监测报告所列10处问题”，督促相关责任单位即查即改，按期完成10处点位的现场核查，建立核查、整改及销号台账并完成销号公示。二是主动作为，全面启动核心区、缓冲区居民搬迁各项工作。为彻底消除火石寨丹霞地貌国家级自然保护区核心区、缓冲区人类活动频繁问题，按照自然保护区条例有关规定，完成核心区、缓冲区居民搬迁70户238人，拆除搬迁庄院51处。完成核心区、缓冲区居民搬迁计划170户的41.2%。三是重拳出击，坚决查处保护区违规建设行为。对在巡护中发现的位于保护区实验区拟建的西吉县国壁种植专业合作社违规建设行为进行及时制止，督促相关监管部门依法依规拆除违规建设设施。四是规范整改，全面完成“绿盾2017”回头看工作。根据实际情况和销号制度的规定，全面完成“绿盾2017”未销号的GNSS基站、黑窑拱北、马莲湾子拱北、居民点、公共基础设施和其他历史遗留问题等对自然保护区没有实质环境影响的16处点位的规范管理和保留销号公示工作。“绿盾2017”火石寨丹霞地貌国家级自然保护区整改点位43处，完成整改销号公示43处，整改完成率100%。五是强化管理，全面开展生态修复和环境清理整治。对火石寨国家级自然保护区“绿盾”整治遗留重点点位生态问题和保护区内移民搬迁迹地碎片化生态问题进行全面修复，完成生态修复总面积22.5公顷。六是全面完成勘界立标工作。完成火石寨丹霞地貌国家级自然保护区勘界工作，形成勘界报告，上报固原市人民政府、自治区生态环境厅，经自治区生态环境厅组织专家现场核查评审通过上报自治区人民政府的研究审议；勘界报告结果已于2018年11月16日，以自治区人民政府《关于宁夏沙坡头南华山火石寨青铜峡4处自然保护区勘界结果的通知》（宁政发〔2018〕48号）文件下发；完成界牌界桩立标，埋栽界桩1000多处，界牌39处。七是加强宣传，更新安装宣传标志牌和警示牌。完成火石寨丹霞地貌国家级自然保护区南北拱门的维修刷新和管护站大型宣传标志牌内容的更新工作，清理废旧标志牌20个，更新12处。八是对2018年上半年遥感监测下发现的6处人类活动点位进行实地核查，建立核查台账和整改销号台账。其中：5处点位在“绿盾2017”专项行动中完成整治销号，1处为石山村一户居民玉米地，无须整改。

【党家岔湿地保护】 全面完成党家岔湿地保护区“绿盾2017”回头看和“绿盾2018”清理整治及其他各项工作，拆除建筑物总面积10377平方米，完成对震湖码头、管护站旁砂石场地总计2.1公顷拆除迹地的生态修复工作。一是全面整改，切实打好“绿盾2017”回头看攻坚战。在“回头看”

清理整治中，拆除震湖码头、蒙湾机砖厂、博怡塑业、犇牛木材加工厂等13处工矿企业和1处旅游设施以及其他违法违规点位并完成销号公示。规范管理保留17处养殖企业（户）、18处公共基础设施、124处居民点和96处农田并完成销号公示。总体完成销号269处，整改完成率100%。二是对2018年遥感监测下发现的18处凝似重点问题和4处自查的人类活动点位进行实地核查、整改，建立核查、整改台账并完成整改销号公示工作。其中：6处整改拆除销号公示，规范管理16处，全部完成销号公示，整改完成100%。三是完成2018年上半年自治区生态环境厅遥感监测下发现的113处点位实地核查、建立核查整改和销号台账。其中："绿盾2018"已完成整改销号25处，居民点59处，农田7处，其他11处，其他人工设施10处，农户猪圈1处。四是按照自治区环保厅的要求，聘请有资质的技术公司，初步完成党家岔湿地保护区边界和功能区界的勘界工作，形成勘界报告，上报自治区环保厅等待审定批复。五是加强宣传，树牌立标，强化管护。2月2日在党家岔核心水域震湖成功举办"第22个世界湿地日"宣传活动，共完成党家岔湿地保护区的22处宣传标志牌更新和安装工作。

【自然保护地大检】 全面完成自治区林业厅安排部署的各项自然保护地大检查工作。一是完成火石寨丹霞地貌国家级自然保护区、党家岔湿地保护区、火石寨国家森林公园、火石寨国家地质公园"绿盾"清理整治台账和销号台账的汇总上报工作。二是完成火石寨丹霞地貌国家级自然保护区、党家岔湿地保护区、火石寨国家森林公园、火石寨国家地质公园基本情况、林地、耕地、荒漠、水域、保护对象等自然保护区土地类型、林地权属、林草覆盖情况等64套大检查表册的填报工作，自然保护地大检查工作总结。三是完成并上报两个保护地远红外监测情况调查表。

【党的建设】 一是坚持学习习近平新时代中国特色社会主义思想和党的十九大精神。由党支部负责，做到学习有制度、有计划、有记录、有笔记。2018年完成学习任务20次，撰写学习笔记20本，个人心得体会40篇，邀请西吉县党校教师开展理论专题讲座4场，开展党员主题日活动8场，发送学习信息20余篇。二是组织广大党员干部系统学习《中国共产党章程》《中国共产党党内生活若干准则》《党员干部廉洁自律准则》等党规党纪，学习《中华人民共和国环境保护法》《自然保护区条例》等法律、规章和条例，撰写各类学习笔记20本30多万字，学习心得体会20余篇，领导干部撰写专题调研报告4篇。三是党支部严格按照"三会一课"制度按时召开，各项党建工作进展有序。

【"三大专项行动"】 一是围绕"城乡环境卫生大绿化大整治"行动，全面推进两个保护区环境卫生清理整治工作和安全生产工作。共清理两个保护区各类垃圾1.2万方，清扫巡护道路9.6公里，维修维护植被面积33公顷。二是围绕"帮扶干部进村入户办实事送温暖"行动，全面推进扶贫帮扶联系工作。1名副主任和1名干部脱岗从事精准扶贫工作，参加所在乡镇和贫困村各种扶贫攻坚会议46次，第一书记和单位全体帮扶人员入户走访贫困户932户次，填写各类帮扶表册、手册等252份，手机定位上传贫困户基本信息230余户。三是围绕"群众反映强烈的突出问题大排查大化解"行动，全面推进两个保护区"绿盾"清理整治遗留问题和中央环保督察转办群众举报问题的处理工作。建立健全信访工作机制，成立信访工作领导小组，指派专人从事信访接待工作，完成对中央督察组转办的火石寨国壁种植专业合作社、党家岔养殖企业污水外排等群众信访件的调查取证和办理答复工作。

【巡查管护】 严格执行巡查管护制度和数据信息保密制度。建立"日巡护、周小结、月上报、季通报、年考核"的巡查管护制度，加强对两个保护区的常规巡查管护；建立重要数据保密制度，加强对有关保护区地理坐标等重要信息的保密管理工作。

【队伍建设】 建立健全单位工作人员岗位目标责任制和单位内部考勤考核制度；加强单位工作人员的业务培训学习，积极参加国家林业和草原局在北京举办的第22期国家级自然保护区领导干部培训班，充分利用会议培训、专题培训、业务轮训以及自学等方式提升工作人员的业务水平和知识技能，着力打造一支懂法律、勇作为、敢担当、能干事、干实事，具有较强凝聚力和战斗力的干部队伍，树立良好的职业形象和崭新的行业面貌。

【精神文明建设】 一是成立精神文明建设领导小组，加强对精神文明建设的领导，积极争创文明单位。二是利用火石寨保护区微信公众平台及时发布单位工作动态、法律法规、保护区条例等内容。三是利用“山花节”“生物多样性宣传日”“世界湿地日”等节日深入保护区内宣传生物多样性、保护区条例等知识，取得良好的效果。四是在单位办公所在地、办公室内等地方张贴各种宣传生态文明建设的宣传画板20余张，营造浓厚的“绿水青山”氛围。五是组织单位干部职工积极参加全县秋季植树造林工作并提前高质量完成任务。六是由工会牵头利用节假日等业余时间，在单位内部开展丰富多彩的文化娱乐活动。七是加强与邻近自然保护区的横向联系，采取请进来和走出去的方式，组织单位职工与邻近自然保护区互动交流，汲取其他保护区的先进管理经验。

【安全生产】 一是制定《安全生产和隐患排查工作实施方案》，成立安全生产和隐患排查领导小组，严格执行安全生产“一岗双责、党政同责”责任制。二是建立健全单位内部安全生产和隐患排查责任制，严格执行节假日、双休日领导带班和干部值班制度，确保无安全生产事故发生。三是加强自然保护区内安全隐患大排查工作，在两个自然保护区重要位置、危险地段（水域）设立禁止和警示标牌64处，建设安全防护装置（防护网等），对涉及保护区和保护区内旅游项目的九类18个安全生产问题建立隐患排查记录台账，由专人定期进行检查，及时发现问题，及时整治，确保单位内部和保护区安全生产事故“零”发生。

【规划编制】 一是完成武家庄、蝉窑、白庄等居民搬迁区域生态修复项目规划编制工作。二是编制上报并实施《2018年火石寨国家森林公园林相改造项目实施方案》，完成林相改造总投资80万元。三是编制并实施两个保护区宣传禁令标志牌实施方案，制作和安装完成35块大小型警示标志牌。四是对火石寨丹霞地貌国家级自然保护区南门大型宣传龙门架内容进行换新。五是完成两个保护区生态红线划定工作。

【信息报送】 2018年，针对各项重点工作以及各级领导指导、调研工作的情况，向宁夏回族自治区环保厅和县级各部门报送各类专题信息79篇，为西吉县委、县政府各级领导及时掌握管理处工作动态、指导工作提供依据。

【普法学习】 成立普法依法治理工作领导小组，制订《2018法制教育工作计划》和《干部职工学法用法工作实施方案》《“法律进机关、进单位”活动实施方案》《关于开展“法治大讲堂”教育和践行社会主义核心价值观活动实施方案》；组织开展国家宪法日暨全国法制宣传日系列宣讲活动，散发普法宣传材料100余份；组织干部职工学习《宪法》《公务员法》《行政诉讼法》等法律，积极撰写学法笔记和学法心得体会。

（马世学）

广电网络

【概　况】 宁夏广播电视网络有限公司西吉分公司，成立于2003年5月，从原西吉县广播电视局划出，隶属宁夏广播电视网络有限公司。承担西吉县有线电视网络的规划设计、建设、改造、增值业务开发和经营管理。

【工程建设】 西吉县网络公司2018年敷设各种光缆1700多公里，一是完成西吉县19个乡镇269个行政村的光缆通达，通达率为98%。二是完成19个乡镇机房PTN设备的安装及链路开通。三是开通兴隆镇单北村、单南村，吉强镇万崖村，平峰镇高赵村，将台堡镇火家集村、牟荣村、东坡村等有线电视网络业务。开通用户700余户。

【网改管网】 一是完成县城各小区网改，覆盖用户9800余户，网改率达90%。二是完成高速路口至月亮山路口地下管网16千米。三是完成骄子等新建小区的管网建设约30千米。

【高速环网】 完成固原—西吉高速环网工程约70公里的光缆敷设，环网链路已开通备用。宽乡、网改、管网基础及高速环网项目工程建设的完成，是对西吉所辖区域广播电视传输的有力保障，有利于提升广播电视公共服务水平，推动当地广播电视高质量发展。助力推进当地文化扶贫和文化惠民工程。

（杨志胜）

社会生活

行政审批

【概　况】 西吉县行政审批服务局成立于2017年5月4日，2017年8月24日正式挂牌。主要承担125项行政许可事项的集中审批；负责政务服务中心、固原市“12345”便民服务热线西吉分中心的运行监管和乡镇民生服务大厅的业务指导。办公场所设在宁夏吉德慈善文化交流中心二楼，与一楼政务服务大厅和婚姻登记大厅构成一体化综合服务场所，面积1720平方米，工作人员43人。设有办公室、网络信息化服务室、效能监察室、项目投资审批股、项目建设审批股、市场准入登记股、社会事业服务股7个股（室）。审批服务大厅设9个服务窗口，主要负责企业登记、社会事业、政府投资、项目建设等行政审批事项的办理。大厅设休息等候室，制作摆放行政审批服务事项一览表2块、事项微信二维码3块、办理流程图，配备显示屏、排队叫号机、信息查询机、高拍仪等设施设备，免费提供饮水、Wi-Fi服务。2018年全县共受理办理各类政务服务事项41.42万件，按时办结率100%。其中：审批服务局办理9.88万件（政务服务大厅7.78万件、审批服务大厅2.10万件）、乡镇民生服务大厅办理31.54万件。实现可不见面办理事项达到80%，政务服务大厅部门进驻率达到100%，事项进驻率达到88.2%。新增市场主体3432户。网上办事大厅办理事项18531件，不见面事项7234件，网办率为39%。“12345”便民服务热线办理群众诉求信件1243件，办结1229件。

【简化办事流程】 简化办事流程，压缩办理时限，优化营商环境。建立行政审批与监管协调联动工作制度，制定《政务服务“三减一提升”专项活动方案》和《优化提升营商环境暨简化企业开办、注销程序方案》，制作办理标准化操作规程，实现70%的事项办理环节由3个层级4个环节压缩为1个层级1个环节，时限在目前的基础上再压缩50%。企业设立登记、公章刻制、发票申领，时间压缩至5个工作日以内。个体工商户登记全部实行即时办结。社团组织变更、医疗卫生变更、民办学校变更、劳务中介变更等民生类事项“即来即办、立等可取”。政府投资项目审批坚持“特事特办、急事急办、优先办理”原则，采取联动联办、主动对接、提前介入、帮办协调、容缺审批、并联审批等方式，5个工作日内办结。企业固定资产投资项目备案实行即时办结。项目建设选址意见书、用地规划许可、工程规划许可、施工许可等事项推行审管与监管协调联动机制，实行审批结果自动推送、审批信息自动提醒，确保3个工作日内办结。

【项目投资审批】 坚持推进“在线审批”和“一站式”并联办理制度，探索建立政府投资项目“不见面、马上办”审批模式，规范前置手续，开展专家论证和咨询服务，落实减材料、减环节、减时限，审批效率大幅提升。2018 年已办理事项 314 件，其中：审批政府投资项目 208 个，项目资金达 27.05 亿元；备案企业投资项目 91 个，项目资金达 22.73 亿元。临时用地审批 15 件。

【项目建设审批】 围绕项目选址意见书、建设用地规划许可等 40 余项审批事项，严格执行审批与监管协调联动机制，利用审管联动信息交流共享系统和投资项目在线审批监管系统，采取审批信息互推共享和容缺办理等方式，网上受理、网上办理、网上审批，审批效率不断提升。2018 年已办理事项 560 件，其中：项目选址意见书 63 件，建设用地规划许可证 55 件，建设工程规划许可证 68 件，建筑工程施工许可证 75 件，乡村规划许可证 37 件，其他事项 262 件。

【市场准入登记】 全面推进“多证合一”“先照后证”改革，已发放“多证合一”营业执照 11643 份。深度推进登记注册便利化，将注册资本实缴制改为认缴登记制，实行一址多照和一照多址，已网上受理企业申请 121 件。全面启动企业简易注销登记改革，企业提交材料由原来的 14 项减少到 4 项，已简易注销企业 52 户。实施名称核准全程电子化改革，企业实现不见面办理。全面落实“证照分离”改革，已实行“证照分离”改革事项 106 项。2018 年已办理事项 18506 件。

【社会事业】 坚持“授予有据、行使有规、监督有效、程序合法”的原则，围绕 32 个大项 98 个子项审批服务工作，密切联系业务主管单位，严格审核，联合勘验，依法依规做好社会组织、医疗卫生、劳务派遣、娱乐场所、文艺团体等审批许可。已新成立民办非企业 1 个、社会团体 4 个，注销登记社会团体、民办非企业 14 个，变更登记社会团体 9 个。办理宗教场所重建审批 1 件，健身气功活动站点审批 1 件。医师执业注册 45 件，再生育证 976 件，医疗机构 300 件，护士变更注册 194 件。发放变更公共卫生许可证 51 个，延续注销公共卫生许可证 14 个，变更饮水卫生许可证 1 个。办理劳务派遣许可 2 件、娱乐场所许可 6 件、文艺表演团体许可 1 件。2018 年已办理事项 1620 件。

【不见面审批】 一是抓好“三级四同”事项梳理、承接和录入，实现 80% 以上事项不见面办理。印发《推进不见面审批服务改革实施方案》，成立不见面审批服务改革工作领导小组，设立“三级四同”政务服务事项梳理承接录入工作室，举办多期不见面事项承接、确认、录入培训班，编制发放 100 多份事项管理员、录入员规范化操作手册，32 个部门 120 余名业务人员熟练掌握行政审批与公共便民服务系统操作技能。开展 2 轮“三级四同”事项梳理，完成 32 个部门 1400 多项政务服务事项办理流程 96 要素地方性补充要素规范化录入，高标准、高质量建成政务服务“一张网”西吉旗舰店。县本级网上办事大厅实际办理项 1196 项，乡镇便民服务事项 39 项，不见面事项 960 项，不见面率达到 80.2%，网上可办事项 984 项，网办率达 82.8%，全区通办事项 6 项，完成 2018 年年初确定 80% 的事项可不见面办理的改革任务。编制完成《西吉县政务服务事项目录》《西吉县不见面事项目录》《西吉县公共服务事项目录》《西吉县乡镇便民服务事项目录》，基本厘清基数和类别。二是加大培训宣传推广力度，营造“不见面、马上办”的改革浓厚氛围。举办全县行政审批与公共便民服务系统、投资项目在线审批监管平台操作培训班 2 期，网上办事大厅社保类、民政类事项办理专题培训班 3 期，乡镇便民服务事项不见面办理培训班 23 期，培训人员 810 余人次。制作《“不见面”审批服务专题》动漫宣传片，在县电视台、政务服务大厅和乡镇民生服务大厅长期滚动播放。编制发放《“不见面”审批服务事项办理指南》7000 余份，摆放宣传展板 42 块，张贴微信二维码 52 块，“不见面、马上办”改革浓厚氛围。政务服务大厅服务窗口人员引导办事群众注册账号进行网上申报，网办率逐步提高。

【标准化建设】 打造集政务服务大厅、行政审批大厅、婚姻登记大厅为一体的综合性服务场所，推动各类权力事项、公共便民服务事项全部进驻政务服务大厅。西吉县应进驻政务服务大厅的部门有32个，进驻32个，单位进驻率由原来的48.3%提高到100%，达到自治区“应进必进、应进全进”要求。应进驻事项1196项，实际进驻1063项（含人社、税务、交巡警、运政4个分厅281项），事项进驻率达到88.2%，50%的政务服务事项实现“一窗”分类受理。拓宽审批便民服务范围，使更多的事项在大厅实现“一门式服务”“一站式办理”。县政务服务大厅配备2名专职导办员，增配显示屏、排队叫号机、信息查询机、高拍仪等信息化设备和部分便民桌椅、手机充电桩、饮水机等设施。设置咨询导办填单区、休息等候区、政务服务事项办理查询服务区、传真复印商务服务区、自助缴费查询服务区。摆放楼层办事指南牌、集中审批服务事项一览表、区域窗口办事指示牌、窗口办理事项清单、政务服务事项微信二维码等。提供免费Wi-Fi服务，为群众提供温馨、舒适的办事环境。

【基层便民服务】 一是全面加强乡镇民生服务大厅和村级为民办事全程代办点标准化建设，西吉县19个乡镇民生服务中心，295个村级为民办事全程代办点实现全覆盖。民生服务大厅平均面积120平方米，设置服务窗口6个，窗口工作人员6人。统一配备高拍366台，制证机3台，社保类事项办理电子签章57枚，39项便民服务事项已进驻乡镇民生服务大厅和295个村级为民办事全程代办点实行集中办理。二是开展“六到位”（即到乡、到村、到人、到岗、到机、到事）+“四通”（即政务服务网络五级贯通实现网通，经办人员上下联动实现人通，事项下放承接办理实现事通，统一设置安装网络运行环境实现机通）集中巡回培训，提升乡村便民服务能力。认真做好民政、社保、计生、残联、妇联五类39项便民服务事项与乡镇民生服务中心无缝衔接，协调完成19个乡镇295个行政村便民服务事项补充要素录入、流程绑定和办件测试。印发《西吉县加强乡村便民服务能力建设暨开展不见面审批深度应用“六到位”+“四通”集中巡回培训通知》，组建2个专业培训组，对全县19个乡镇民生服务大厅和295个村级为民办事全程代办点逐个拉网式开展“六到位”+“四通”集中巡回培训。对各民生服务大厅工作人员“一对一、面对面”进行39项便民服务事项管理、受理办理实操培训；对各村代办人员“一对一、面对面”进行网上业务代理实操培训，2018年共培训乡镇工作人员114人，村代办员589人次，保障服务下沉事项接得住、能办理，乡村两级便民服务能力不断提升。

【便民服务热线】 印发《固原市“12345”便民服务热线西吉分中心建设运行实施方案》，完成办公场所改造、制度建设、人员招聘、设备配备、系统对接、岗前培训等工作，1月22日成立固原市“12345”便民服务热线西吉分中心，及时接收固原市“12345”便民服务热线平台转办事项，集中解答、转办、督办群众咨询、求助、投诉、建议。

【机关党建】 一是坚持把党的政治建设摆在首位，机关党组班子成员和全体党员始终在政治立场、政治方向、政治原则、政治道路上同以习近平同志为核心的党中央保持高度一致。二是建立理论学习制度，实行股室轮流负责制，认真学习贯彻习近平新时代中国特色社会主义思想、党的十九大精神、自治区第十二次党代会、固原市委第四届二次、三次全会和区、市、县重要文件精神，深入学习《中国共产党章程（新修订）》《中央八项规定实施细则》等党规党纪，增强全体党员自觉践行“四个意识”、坚定“四个自信”、做到“四个看齐”的政治思想觉悟。三是严格落实

“三会一课”制度，2018年召开支部委员会议12次，党员大会6次，讲党课7次。严格落实组织生活会制度，召开组织生活会2次。严格落实谈心谈话制度，“六必谈”活动规范开展。深入开展党员“双评双定”活动，每季度围绕10个方面对党员进行“评星定格”。每月开展主题党日活动，“七一”前在将台堡长征胜利会师纪念园举办“我的初心·我的使命”等主题党日活动，重温入党誓词。严格执行党费缴纳规定，党员自觉、主动、亲自、足额交纳党费。注重做好发展党员工作，培养入党积极分子2人。四是对标“五个严禁”方面突出问题，深入开展违反“中央八项规定”精神突出问题专项治理，按要求召开“不准共产党员信仰宗教和参与宗教活动”专题组织生活会。五是采取问卷调查、电话回访、中心考评等方式，对政务服务大厅32个部门进行测评量化评分。六是组建驻村工作队，深入包扶的偏城乡偏城村、兴平乡兴平村，认真开展驻村帮扶工作，向群众宣讲党的十九大精神，宣传党的惠民政策，摸清困难群众生产生活中存在的问题，力所能及地帮助解决一些实际困难。

（铁国栋）

民　政

【概　况】 西吉县民政局主要承担专项社会行政事务管理、基层政权与社区建设、防灾减灾救灾、社会救助与福利、服务军队和国防建设等方面的工作。2018年有干部职工41人。其中：行政人员8人，机关后勤人员2人，事业人员25人，编外岗6人［转业退役士官（士兵）安置］。县民政局属3个事业单位。其中：西吉县老龄办编制4人，西吉县城乡居民最低生活保障管理中心（西吉县社会救助家庭经济状况核对中心）编制15人，西吉县殡葬管理所编制6人。县民政局机关内设综合、社会救助、减灾救灾、社会福利与社会事务管理、殡葬管理、行政区划（地名）、双拥优抚安置、基层政权与社区建设（社会组织管理）、福利彩票管理、敬老院管理等10个业务办公室。2018年有4所中心敬老院运行，1所儿童福利院，内聘管理服务人员27名。

【防灾减灾救灾】 坚持“以人为本，为民服务”的宗旨，把困难群众的呼声作为第一信号，以解决困难群众基本生活问题为第一要务，全力抓好责任、工作、政策、资金四到位，确保防灾减灾救灾工作稳步推进。一是修订完善《西吉县自然灾害救助应急预案》。成立由县政府主管县长任组长，民政、国土、建环、公安、水利等部门为成员单位的防灾减灾救灾工作机构。二是扎实推进宣传教育，提高防灾减灾意识。积极组织开展“5·12”防灾减灾日集中科普宣传教育活动，通过悬挂主题横幅、展出知识挂图、现场咨询政策等形式发放宣传防灾减灾救灾宣传资料4000余份，向广大群众宣传讲解防灾减灾知识和避灾自救技能；通过社区群众大会、板报宣传等积极开展防灾减灾宣传教育，增强全民防灾减灾意识。三是完善救灾物资储备。向市民政主管部门申请救灾物资帐篷76顶，招标采购储备救灾棉大衣1000件、毛毯500条、床单500条、雨衣500件、雨伞500把、雨鞋500双。四是及时核灾、准确报灾、全力救灾。制定《汛期值班工作制度》并安排工作人员24小时值班值守，各乡镇、村配备灾情信息员，充分利用国家灾情上报系统和移动网络手机报灾终端上报灾情，并按程序及时续报、核报。对受灾乡镇的低保户、“五保户”、重点优抚对象等民政服务对象的家庭生活状况及时开展灾后安全隐患排查，对发现的隐患问题及时采取措施予以解决。五是针对6月10—11日冰雹灾害天气过程，及时组织人员赴受灾乡镇查看灾情，为确保困难群众生活不出问题，严格按照专款专用的原则，及时拨付19个乡镇救灾资金1280万元，用于保障受灾困难群众的基本生活。

【**优抚安置**】 始终把双拥工作作为事关西吉县经济社会发展和服务军队建设的大事来抓，积极探索，不断创新，确保各项优抚安置政策落到实处。一是坚决执行国家各项抚恤优待政策，及时准确发放各类优抚资金。2018 年共发放各类优抚资金 1178.9 万元，其中：优待抚恤金 630 万元，三等功奖励资金 1.4 万元，医疗救助 11.1 万元，临时救助 8.8 万元，自主就业金 332 万元，现役军人家庭优待金 195.6 万元。二是努力做好退役士兵服务管理工作，制定印发《西吉县军烈属、退伍老兵和现役军人军属优抚解困工作实施方案》（西政办发〔2018〕152 号）和《西吉县军烈属、因公牺牲和病故军人直系亲属、参战参试退伍老兵免费体检工作方案》（西民发〔2018〕363 号）及《关于做好军烈属、退伍老兵和现役军人军属建档立卡贫困户脱贫攻坚工作的实施意见》（西扶组办发〔2018〕22 号）文件；为全县军烈属、因公牺牲和病故军人直系亲属、参战涉核退役军人发放宁夏旅游拥军优属卡 131 张；免费为全县军烈属、因公牺牲和病故军人直系亲属、参战涉核退役军人进行健康体检 70 余人；将符合最低生活保障条件的退役军人及时纳入最低生活保障。三是认真做好新增优抚对象审核上报工作。四是加大退役士兵就业安置力度。对自主就业退役士兵全部发放一次性自主就业经济补助金。五是加强退役士兵技能培训，提高退役士兵的创业、就业能力。投入 14 万元委托石嘴山市宏泰职业技能培训学校对退役士兵开展为期 7 天的创业技能培训、驾驶技能培训，对取得驾驶证的 30 人每人补助 3000 元。六是高度重视信访接待工作。2018 年共办理信访诉求 38 件，接待信访人员 1000 多人次。

【**社会救助**】 全面推行社会救助“一门受理、协同办理”工作机制，为困难群众申请救助打造绿色通道，坚持以民政云信息平台为载体，社会救助业务全部实行网上精细化办理。一是加大城乡低保规范管理力度，实施低保动态管理，利用民政云信息管理系统，协同西吉县公安、西吉县人社、西吉县房产、西吉县银行等九个部门对全县低保对象的户籍、财产、收入、授权声明等进行核对，对出现不符合低保政策的对象全部予以清退；对重新申请低保的家庭严格按照核查程序，经申请、初核、公示等环节后予以认定。2018 年纠错低保对象信息 2 万余条，清除死亡、无户、串户及拥有营业执照、车辆和财政供养人员家属等低保对象 1.3 万人，查出不符合低保条件的“政策保”1560 人。新纳入低保对象 2258 户 2617 人。二是实现农村最低生活保障制度与扶贫开发政策有效衔接，按照最低生活保障线与精准扶贫线“两线合一”政策和区、市、县民生计划要求，经提交政府常务会研究同意，将城市低保标准由每人每月 440 元提高到 560 元，农村低保标准由每人每年 3150 元提高到 3840 元，确保低保制度和精准扶贫政策的无缝衔接。2018 年累计发放城乡低保资金及补贴 19740.61 万元，共保障困难群众 45848 户 60066 人。三是严格按照“门诊救助、资助参保参合、住院救助、大病救助和慈善救助”五位一体的城乡医疗救助政策，采取城乡居民基本医疗保险缴费补贴、门诊大病补助、住院补助和重特大疾病住院补助等方式，建立稳定、有效的医疗救助制度，在全区范围内医疗机构全面实施医疗救助“一站式”服务。2018 年共开展医疗救助 138881 人次、3024.98 万元。其中，参保参合救助 124481 人次、900.88 万元；门诊救助城乡医疗困难群众 150 人次、20 万元；住院救助 950 人次、230 万元；重特大疾病救助 70 人次、55 万元；“一站式”医疗救助困难群众 13230 人次、1819.1 万元。充分发挥临时救助救急难、托底线的作用，对遭遇突发事件、意外伤害、重大疾病或其他特殊原因导致基本生活陷入困境的家庭实施临时救助，共救助 6512 人次，发放救助金 1454.53 万元。四是农村各类特困人员供养政策有效落实。全县共保障孤儿 946 人、发放孤儿津贴 640.68 万元；农村“五保户”1128 人，发放“五保”供养资金 379.84 万元；发放残疾人两项补贴 2655.31 万元，其中：生活补贴 1645.28 万元，护理补贴 1010.03 万元，全部实行专账管理、封闭运行，采取“一卡通”直付发放到人。五是依法依规开展流浪乞讨人员救助，严格落实 24 小时值班制度和主动上街巡查制度，1—6 月共救助流浪乞讨人员 68 人次，接收外站送来流浪乞讨人员 18 人次，累计支出流浪乞讨救助资金 12.06 万元。协调市儿童福利院安置弃婴 1 名，将 3 名无法查找居住地的流浪乞讨人员（精神病患者）临时送医疗机构医治。

【养老服务】 积极应对人口老龄化带来的养老难题，聚焦人民群众对美好生活向往的新期待，全力推动养老福利事业长足发展。一是积极做好县城中心敬老院二期工程、什字中心敬老院、老年活动中心工程投入运营前期准备工作。二是投入 200 万元，新建完成农村老饭桌 8 个；投入 1220 万元，新建完成农村社区服务站 61 个；投入 1000 万元，配套建设完成农村“儿童之家”200 个；投入资金 26 万元，对运营的 26 个农村老饭桌每个给予 1 万元补助，全面提升农村留守老人关爱服务保障能力。

【政权建设】 一是按照第十届村民委员会换届选举工作的总体安排部署，依法完成村委会换届选举，配合县委组织部开展治理“村霸”专项行动。健全完善“20+X”村民议事清单，全面推行做实村代会“55124”模式，完成基层群众性自治组织特别法人统一社会信用代码赋码工作，确保基层政权建设各项工作的顺利开展。二是为有效落实村民代表会议制度、加强村监会和基层民主政治建设、不断提高村民自治水平，创新推广“村级联合办公日”制度，利用“云视讯”会议系统在各乡镇举办村“三委”暨“一约四会”规范化管理培训班。三是根据西吉县委办公室《关于印发〈2018 年全县干部培训计划〉的通知》（西党办发〔2018〕48 号）文件精神，依托县委党校，对全县 295 个行政村的 885 名村委会、村监会主任和红白理事会负责人进行业务培训。四是加强村务公开工作力度，利用固原市涉农惠农资金“331”监管平台，对各类社会救助对象进行全面公开公示。五是扎实推进村民监督委员会建设，切实改变村民自治中监督缺位的现状，在全县村一级形成村党支部、村民委员会、村民监督委员会“三驾马车”的基层管理模式。

【组织监管】 西吉县共登记注册社会组织 169 家。其中社会团体 18 家，民办非企业单位 24 家，社会团体中农村专业经济协会 127 家，占社会组织的 75%，行业性协会 40 家，专业性协会、联合性协会 81 家，公益类慈善协会 6 家。2018 年新登记社会团体 22 家，民办非企业单位 2 家。县民政局采取一手抓积极引导发展，一手抓严格依法管理的“两手抓”措施，严格规范社会组织培育发展，稳妥推进“四类”社会组织直接登记。一是完善业务主管单位前置审查，强化发起人责任，规范社会组织登记管理，加大社会组织扶持培育力度，增强辐射带动作用，鼓励依托街道（乡镇）综合服务中心和城乡社区服务站，培育发展社区社会组织。二是开展非法社会组织专项整治活动。积极履行社会组织执法监察职能，联合公安部门开展对涉及宗教、慈善等领域社会组织进行的专项清理整治，斩断境外资金和全县宗教领域的联系，坚决杜绝发生新的宗教渗透等违法违规问题。

【社区治理】 一是按照“和谐社区”创建工作的总体目标任务，加强组织协调，完成城镇社区重新调整划分后的基础数据摸底、户口变更、社区人员培训等工作，不断规范管理，确保城镇社区各项工作顺利开展。二是充分发挥社区建设工作领导小组办公室的协调职能，推动构建居民群众、社会组织、社会力量、市场主体等多元参与的社区治理体系，通过开展举办社会工作“宣传周”活动，助推“三社联动”参与社区治理工作。三是深化和谐社区创建，推进社区减负增效，深化网格化服务管理，积极拓展社区服务，提升社区服务管理效能。围绕乡村振兴战略，做实村民代表会议制度，健全村务公开机制，规范村监会建设，发挥村规民约的治理作用，提升村级治理水平。四是逐步改善社区办公、服务条件，大力发展社区社会化服务，拓展社区服务功能。

【社会事务管理】 一是投入20余万元对县政务大厅婚姻登记处进行改造升级，分设候登区、结婚登记区、离婚登记区、档案室、颁证室等，为婚姻当事人提供温馨、舒适、优质的服务；认真贯彻落实《婚姻法》和《婚姻登记条例》，依法办理婚姻登记手续，2018年共办理结婚登记和补领结婚登记3461对、离婚登记515对、补发结婚登记1797对、撤销婚姻登记7对，登记合格率100%、档案入库率100%。二是为巩固和深化殡葬改革成果，会同11家相关部门（单位）制定《西吉县殡葬领域突出问题专项整治行动实施方案》，召开专题推进会，印发5000份宣传材料，多渠道、多形式、多角度对文明丧葬进行广泛宣传，开展为期3个月的殡葬领域突出问题专项整治行动工作，取得一定成效。三是协调联系慈善机构对43名特困家庭患有先天性心脏病儿童进行康复手术治疗；对12名特困家庭先天性脑瘫患者进行康复手术矫治和器械配置；配合宁夏慈善总会完成2017年年底申报的60名重特大贫困疾病患者受“慈善之光”项目救助资金发放工作。四是第二次全国地名普查工作取得成效，地名基本情况、基础数据库建设、地名标准化处理、地名信息化服务建设等各项工作实现跨越式提升。共完成地名普查调查目录9555条，地名调查登记表9742份，录入数据库数据9742条，采集多媒体信息2.8万余条，更新重要地名40余条，全县历史地名文化遗产保护33个；完成全县295个行政村和19个乡镇以及县城区域的街道门牌设置的大数据收集、编号、二维码的制作安装工作；普查成果数据通过自治区验收，甘宁省界和县区边界联合检查工作顺利完成。五是扎实做好农村三留守工作。会同教育体育、公安、妇联等部门，研究制定《西吉县人民政府关于加强农村留守儿童关爱保护工作的实施意见》，邀请宁夏昊善社会工作发展服务中心专家，对全县19个乡镇分管领导和295个行政村的关爱督导员进行集中业务培训，提升西吉县“三留守”关爱保护工作水平，建立健全“三留守”关爱保护工作机制。

（王　斌）

民族宗教

【概　况】 西吉县民族宗教事务局现有行政编制6个，事业编1个，实有公务员7人，超编1人，岗位设置为：局长1名，副局长3名，秘书岗位、清真食品管理岗位各1名，驾驶员岗位1名。

【理论武装】 认真学习党的民族宗教理论方针政策、习近平新时代中国特色社会主义思想和党的十九大精神、马克思主义民族观宗教观。自治区第十一次党代会、第十二届四次全会和固原市委第四届三次全会精神及中央、区、市民族宗教工作会议精神，不断增强“四个意识”，坚定“四个自信”，自觉在思想上、政治上、行动上与党中央和区、市党委、政府保持高度一致。将学习中央、区、市关于民族宗教工作系列文件精神纳入党组中心组理论学习内容，及时传达学习，特别是把学习习近平总书记关于民族宗教工作重大论述、中央民族工作会议、中央统战工作会议、全国宗教工作会议等一系列中央会议精神作为学习重点，不断增强把握政治大局和政治方向的能力。

【示范县创建】 召开西吉县创建全国民族团结进步示范县推进会，印发《2018年西吉县民族团结进步工作要点》，建立“县乡村点”四级创建工作网络，创建实现全覆盖。坚持季度督查、半年小结、全年考评的思路，督促创建工作向纵深推进。协调落实创建工作经费105万元，有效保障创建活动顺利开展。对照区、市考核细则进一步完善创建民族团结进步示范乡镇、示范村（社区）、示范机关等分类具体量化考核标准。大力实施民族团结进步教育“八大行动”，举办“党的十九大精神暨民族宗教政策大培训教育”“马克思主义民族观宗教观专题培训班”130余场次，受训干部群众1.5万余人；依托新时代农民讲习所，组织第一书记讲民族团结教育党课活动；开展“拥护核心感党恩、同心携手奔小康”“三学一做”“我脱贫我光荣”“民族团结月”等系列群众喜闻乐见、易于参与的主题教育活动，大力弘扬社会主义核心价值观，不断铸牢中华民族共同体意识，使“两个共同”“三个离不开”“五个认同”深入人心；争取自治区少数民族发展资金1622万元，全部整合用于2018年贫困村村组道路建设；扎实开展驻村帮扶工作，投入2.4万元为贫困村贫困群众办实事、送温暖，助力脱贫攻坚；申报勇兴三粉、佳立公司、万里淀粉民贸民品贷款贴息资金279万元。申报国家级示范点2个、打造自治区级示范点13个，市级7个，完成固原市全国民族团结进步示范市迎验工作，西吉县民族宗教事务管理局、吉强镇人民政府荣获“自治区民族团结进步模范集体”，焦建鹏、刘国祥、成作文获“自治区民族团结进步先进个人”。

【依法管理】 建立健全宗教工作联席会议，三级网络和领导机制、严格落实“五联五促”制度、乡村两级责任制，网络舆情应对等制度，督促19个乡镇与村、场所属地管理第一责任人、直接责任人、主体责任人签订《宗教活动场所事务管理责任书》《宗教活动场所主持教务责任书》。年内培训宗教界人士600余人，在宗教场所开展普法活动，对《宪法》《宗教事务条例》《宁夏回族自治区清真食品管理条例》《中华人民共和国禁毒法》等进行宣传讲解，打造自治区级和谐寺观教堂7个，申报先进个人7人。召开西吉县宗教工作规范化管理现场观摩会，完成全县宗教场所摸排工作，基层宗教工作法治化、规范化、制度化进一步夯实。建立完善宗教活动场所民主管理、教职人员聘任等13项制度，推动场所实现规范化管理，坚持提前研判部署、提前介入管理，严控宗教活动频次、人数、时间，审批报备宗教活动11次，跨地区宗教活动2次，活动安全平稳有序。严格审核朝觐人员资格，取消92名党员、31名建档立卡贫困户的朝觐资格。创新“一对一”接送模式，顺利完成101名穆斯林朝觐服务工作。

【政治建设】 全面落实中央和区、市、县委关于新时代党的建设要求，坚持党要管党、从严治党。狠抓宗教意识形态领域问题整改，以“两学一做”，“三强九严”等为抓手，认真开展“不忘初心　牢记使命”等主题教育活动和“干部素质提升年”活动，召开违反中央八项规定精神、党员不准信仰宗教等专题组织生活会，教育引导党员干部不断坚定信念、树牢宗旨、强化使命担当。按照党组织“评星定级”、党员“评星定格”要求，建立正向激励、反向监督机制，机关干部整体素质和机关党建工作质量不断提升。

（沈建学）

【伊斯兰教协会】 西吉县伊斯兰教协会成立于1984年4月24日。2017年12月召开了全县伊斯兰教界第六次代表会议，选举产生了第五届委员会委员47人，常务委员22人，会长1人，副会长8人（干部副会长2人），秘书长1人（常务副会长兼）。机关编制6人，实有干部5人（正科级干部3人，副科级干部2人）。

【荣誉获得】 2018年西吉县伊协坚持以习近平新时代中国特色社会主义思想为指导，认真贯彻落实全国、全区宗教工作会议精神，紧紧围绕县委、县政府中心工作，以脱贫攻坚为统领，团结带领全县伊斯兰教界人士，投身全县经济社会发展，取得喜人成绩，被自治区伊斯兰教协会授予“信息调研工作先进单位”和“教务工作先进单位”，被固原市伊斯兰教协会授予“2018年县（区）伊协工作一等奖”。

【培训工作】 一是举办西吉县宗教界人士专题培训班，全县各清真寺持证开学阿訇，各乡镇分管领导和宗教干事共400多人参加了学习培训。把习近平总书记关于宗教工作重要论述，汪洋在庆祝宁夏回族自治区成立60周年座谈会上的讲话，全国宗教工作会议精神和自治区党委第十二届四次全会精神以及区党委、人民政府关于进一步推进“三化”问题治理的工作方案，市委、市政府关于进一步加强和改进伊斯兰教工作的实施方案及时准确地传达给广大宗教界人士。二是成功举办全区伊斯兰教“解经”培训班（西吉班）。按照自治区伊斯兰教协会安排，在县会议中心举办全区伊斯兰教“解经”培训班（西吉班），全县重点清真寺开学阿訇，在西吉县开学的县伊斯兰教协会委员，各乡镇的分管领导，统战、宗教、伊斯兰教协会全体干部共150多人认真聆听了自治区民委副主任（宗教局副局长）、胡绍皆、丁克家，清真食品管理与法规处处长海静围绕贯彻实施“两个条例”（新修订的《宗教事务条例》《宁夏回族自治区清真食品管理条例》）和当前我国民族宗教工作的机遇与挑战所作的3个专题讲座。三是配合开展民族宗教政策大培训活动和全县宗教界人士专题培训。按照全县统一安排，以乡镇为单位，对全县19个乡镇干部、村“两委”班子成员、驻村第一书记，宗教场所教务主持人及场所管委会负责人等3000余人进行了全覆盖式培训。四是做好选送培训。选送40名担任区市县人大代表、政协委员和伊斯兰教协会委员的教职人员参加在自治区社会主义学院举办的固原市宗教界人士专题培训班。根据固原市伊斯兰教协会安排，选送4名担任市、县伊斯兰教协会委员的中青年阿訇赴西安市考察学习；2名工作人员带队参加自治区伊斯兰教协会在吴忠市举办的区伊斯兰教协会委员暨全区伊斯兰教协会工作人员培训班。

【严格管理】 一是摸清底数，完善档案。摸清阿訇的基本情况，录入信息，建立西吉县伊斯兰教活动场所开学阿訇任职和持证阿訇档案信息库，实现一寺一档，一人一档，实行动态化跟踪登记备案，加强和完善档案管理工作。二是严格落实开学阿訇持证聘任制度。严把聘任关，规范聘任程序，认真做好开学阿訇聘任备案。清退无证开学阿訇152人，配合做好生活补助费季度发放工作。三是加强经文班和经堂教育管理。开展伊斯兰教经文班、经堂教育专项治理“回头看”，加强宣传引导，强化招收条件，规范教学管理，杜绝跨省区招收及招收16岁以下学龄儿童。

【特色活动】 一是认真开展和谐寺观教堂创建活动。坚持以文化认同引领伊斯兰教自觉坚持中国化方向，配合整治阿拉伯式风格清真寺7所，审批存在安全隐患的清真寺翻建21所。推动清真寺实现规范化管理，签订《宗教场所事务管理责任书》《宗教场所主持教务责任书》。打造自治区级和谐寺观教堂6所，推选先进个人6人。二是开展“三学一做”主题教育活动。坚持宗教中国化，在伊斯兰教界开展“学中华优秀传统、学宗教政策法规、学宗教经典教义，争做促进民族团结、社会和谐的好阿訇”为主题的“三学一做”教育活动。向清真寺开学阿訇发放《规范主麻日卧尔兹演讲推荐篇目》600本，《关于欢度文明安定团结祥和的斋月倡议书》《宁夏回族自治区阿訇日常行为守则（试行）》600份，“2017年公历、农历、伊斯兰教历对照表”800张，发放《宁夏穆斯林》（季刊）600份。三是开展“四进”清真寺活动。按照自治区伊斯兰教协会统一安排，6月8日在西滩道堂举行中华人民共和国国旗、宪法和法律法规、社会主义核心价值观、中华优秀传统文化进清真寺活动启动仪式，县委、县政府分管领导，各乡镇党委书记，宣传、统战、人武、司法、消防、宗教、文广、文联负责人及县伊斯兰教协会会长、副会长共计300余人参加。配合宗教部门完成298所重点清真寺“四进”活动，年内向清真寺发放中国伊斯兰教协会“四进”清真寺倡议书300份，《新编卧尔兹演讲集》（第六辑）400本，发放自治区伊斯兰教协会《〈古兰经〉知识问答》360本，《〈古兰经〉讲义》《宁夏新编卧尔兹演讲集》（第五辑、第六辑、第七辑）2000本，《践行社会主义核心价值观暨伊斯兰教律例》等900多本。四是参加区、市文化交流活动。配合完成自治区伊斯兰教协会2018年全区“卧尔兹”巡回演讲活动。参加自治区伊斯兰教协会举办的“爱中华、知党恩、迎大庆、做贡献”演讲比赛。组队参加固原市伊斯兰教协会以“深化‘四进’清真寺活动，争做新时代合格教长”为主题的伊斯兰教界2018年解经大赛，获一等奖、二等奖各1名、三等奖2名的优异成绩。

【宗教服务】 认真落实宗教矛盾纠纷排查调处。围绕外部宗教渗透、教派内部矛盾纠纷、宗教活动管理、清真寺管理、开学阿訇管理等可能影响稳定的因素开展排查工作。一是全力做好服务工作。根据西吉县委、县政府民族宗教工作联席会议安排部署，全力做好跨地区宗教活动的跟踪管理服务，协助做好县内“尔曼力”活动的随行服务工作，确保活动安全有序。二是协助处理伊斯兰教内部矛盾纠纷，先后约谈开学阿訇、寺管会主任2人。协调处理硝河乡硝河寺、马昌寺，吉强东关寺、高同寺等在搬请阿訇方面的矛盾纠纷，及时将各种不稳定因素消灭在萌芽状态。三是加强对重点清真寺外来人员排查，同统战、宗教、公安部门一起协助乡镇政府制止和劝止“达哇”宣教渗透活动，做好“周泽群势力”骨干人员及追随者的教育转化工作，全力维护现有宗教格局。

【社会扶贫】 一是做好定点帮扶工作。组织全体干部到兴平乡王堡村对结帮扶，1人常年驻村驻村定点帮扶。会同西吉县宗教局、县畜牧水产服务中心，为全村建档立卡户免费发放青贮玉米种子193袋，有机生物肥579袋。二是开展社会公益活动。配合区、市伊斯兰教协会看望慰问部分伊斯兰教协会常委和困难老阿訇。搭桥联系北京市伊协为西吉回中品学兼优的建档立卡户家庭学生每年资助60名，每名资助2000元助学金，连续实施三年，首批12万元已落实到位。

（苏发国）

扶贫开发

【概　况】 2018年，西吉县扶贫开发办公室共有干部职工63人，内设办公室、扶贫开发管理股、贫困监测评估股、互助资金管理股、农田管理股、社会扶贫股、移民搬迁管理股、移民工程管理股、扶贫培训股、督查验收股。2018年，西吉县紧紧围绕贫困户“两不愁三保障”和贫困村“五通八有”总体脱贫攻坚的标准和要求，以产业扶贫、金融扶贫、教育扶贫、健康扶贫等一系列扶贫为重点，坚持政策、项目、资金到村到户到人，尽锐出战、精准施策，靶向发力、持续用劲，举全县之力攻坚，取得显著成效。2018年，农村居民人均可支配收入9250元，增长10%。实现37个贫困村脱贫出列，减少贫困人口2.25万，贫困发生率下降到5.88%。

【精准识别】 扎实开展2018年建档立卡动态调整，坚持识别标准和程序，细化收支、教育、健康、住房等评价指标，加强建档立卡贫困人口数据分析和信息比对，严格执行“户申请、两评议、一比对、两公示、一公告”识别认定程序。经过2次动态调整查漏补缺、信息系统数据采集和清理工作，新识别建档立卡贫困户371户1572人，删除有车、有房等1120户5154人，删除死亡、婚嫁等544户3999人，因病、因残返贫33户113人，修改完善错误信息38400条。严把脱贫退出标准关、程序关，严格执行脱贫退出“组提名、村评议、乡复核、县验收、两公示、一公告”规定及程序，落实脱贫退出责任人签字背书制度，做到公平、公开、公正，有效防止漏评、错退，让群众认可。

【产业扶贫】 围绕做好“有土”“离土”两篇文章，调整优化主导产业结构。整合涉农资金5.2亿元，重点对优质粮食、马铃薯、草畜、蔬菜、特色种养业，覆膜及残膜回收、农机化应用、农产品“品牌”建设、农产品品牌推介、农村改革、物联网技术应用、农民田间学校等15个方面53项进行全产业链扶持，实现所有建档立卡贫困户全覆盖。2018年兑付种植业到户补贴1.425亿元，补贴马铃薯10.8万亩，玉米20.4万亩，杂粮11.2万亩，蔬菜12.5万亩，中药材、万寿菊4190亩，受益贫困人口35228户124859人。兑付养殖业到户补贴1.767亿元，补贴牛（驴）4.6万头、羊8.4万只、禽2.9万羽、猪0.8万头，受益贫困人口19574户88338人。建设“四个一”试验示范园（点）18个，总面积8636亩。制订《西吉县扶持村集体经济发展资金管理办法（试行）》，投入发展壮大村集体资金1185万元，指导全县237个贫困村增加村集体收益91.84万元。巩固提升扶贫龙头企业13家、规范扶贫合作社70个，提升发展致富带头人350人，完成率100%，巩固提升扶贫示范村54个，达总任务的284%。

【金融扶贫】 注入建档立卡户风险补偿基金1.6亿元，专项用于建档立卡贫困户贷款损失补偿，较年初新增0.4亿元。建档立卡贫困户贷款余额32659户158832万元，户均4.9万元，覆盖率93.42%。2018年累计发放金融扶贫贷款18577户95314万元，完成自治区下达金融扶贫任务的105.34%，累计贴息45462笔6200万元（2018年贴息4717万元）。民生信用担保有限公司及农牧业产业化服务有限公司共注入担保基金5786万元。民生信用担保有限公司当年为种养殖户、家庭农场、农民合作社担保贷款198户11252万元，在保余额1.66亿元。实现对全县建档立卡贫困户家庭意外伤害保险及大病补充医疗保险的全覆盖，承保资金合计1063.16万元；投入政策性农业保险保费1371.77万元，投保户数37933户；投入特色优势产业保险保费1069.04万元，投保户数19948户。全县295个行政村实现金融服务全覆盖，建成金融扶贫示范村20个。

【健康扶贫】 将全县“因病致贫、因病返贫”的1829名建档立卡贫困患者全部纳入扶贫救治，建立“一免一降四提高一兜底”的综合医疗保障联动报销机制，确保贫困患者年度内住院医疗费用实际报销比例不低于90%或当年住院自付费用累计不超过5000元。2018年，西吉县共受理大病集中救治276人次，重病兜底保障1009人次，高血压、糖尿病、重型精神病等慢性病签约服务管理1228人，报销住院费用2325.3万元（其中基本医保报销1135.6万元、大病保险报销347.26万元、民政救助221.3万元、“扶贫保”报销133.15万元、政府兜底317.29万元），报销比例达到92.75%。建档立卡贫困人口医保参保率、人身意外伤害保险购买率和大病医疗补充保险率达到100%。

【教育扶贫】 全面加强义务教育控辍保学，建立“三保四包一帮”双线目标责任制。2012年以来西吉县中小学辍学学生初次摸底数据1682名，在去除县外户籍31名，休学4名，搬迁61名，死亡6名，在校19名，重复15名，查无此人1名，服刑1名，超龄2名，全县实际辍学学生1542人，已劝返1539人，劝返率99.81%，剩余3名学生失联。实行“奖、助、贷、免、补、减”多措并举，建立对贫困家庭学生从学前教育到高等教育全覆盖、无缝隙的贫困生资助体系，应助尽助，不让一个贫困家庭孩子因贫失学。2018年资助学生近6.8万人次1.11多亿元。充分发挥工青妇和慈善组织作用，动员全社会力量捐资助学。宁夏燕宝慈善基金会从2011年至今，累计捐资5445.2万元，资助4015名西吉籍大学生（中南部山区和移民安置区考入二本以上大学生每人每年资助4000元，连续资助4年），已有1625名学生毕业走上工作岗位，成为家庭的经济支柱。全面推进教育均衡发展，累计投入资金近10亿元，实施“全面改薄”、义务教育标准化建设、义务教育均衡发展等一批重点教育项目，完成农村薄弱学校改造287所，新建和改建幼儿园214所，学前三年毛入园率达到80.12%，乡镇学前教育实现全覆盖。

【技能培训】 瞄准市场用工需求大、就业稳定、收入较高的职业和工种，全面开展“点单式”“配送式”职业技能培训，车钳焊铆、推拉铲吊、砌雕剪绣等各类工种因人而异、因需施训，全面提升贫困地区劳动力技能素质，加快贫困人口由普工向技工、短期工向长期工转变，不断增加务工收入。依托农村实用人才培训基地、农民田间学校等向全县所有贫困村各派驻2名专业技术人员，开展专项技术培训8000人次。开展精准脱贫能力培训22611人（“雨露计划”6103人，驾驶员培训1625人，其他技能培训9087人，致富带头人培训954人，实用技术培训4840人），完成自治区下达任务的132.6%。通过新建一批、改造一批、租赁一批，建设扶贫车间30个，实现贫困地区劳动力就近就地就业1196人，其中建档立卡劳动力528人。抓就业帮扶，举办春风行动专场招聘会，建档立卡劳动力现场招聘达成用工协议410人。抓公益性岗位开发，购买707个公益性岗位用于建档立卡贫困劳动力托底就业，并将服务期限由2年调整为3年。坚持生态建设与精准扶贫相结合，优先使用建档立卡贫困户的苗木和劳务，已落实贫困户护林员岗位1060个，带动贫困家庭近4200余人稳定增收。劳动力职业技能培训16007人，实现农村劳动力转移就业11.57万人，劳务创收25.58亿元。

【易地搬迁】 坚持科学选址规划，严把搬迁对象精准界线，严控住房面积标线，严守搬迁不举债底线，严抓工程质量红线。“十三五”易地扶贫搬迁规划投资12.6468亿元（含自治区调整盐池县项目资金1567.9万元），规划搬迁6990户29542人（含半子沟同步搬迁非建档户814人），其中县外2168户9443人，县内4822户20099人。已累计搬迁安置移民6202户30026人（含协助同心县完成利通区搬迁任务36户199人、自治区调整盐池县安置任务110户285人），全面完成“十三五”易地扶贫搬迁项目建设及搬迁安置任务，县外搬迁2094户9642人（含协助同心完成利通区搬迁36户199人）。县内完成搬迁安置4108户20384人，建成就近安置点81个，搬迁安置移民1728户7289人；回购2380套商住房，涉及13个商住小区，搬迁安置劳务移民13095人。将工作重心转向促进移民安置区发展和移民群众增收上，重点培育增收产业，促进移民就业创业。各乡镇结合地域特色，因地制宜地将移民后续产业与安置区建设同规划、同建设，采取政策扶持、示范带动、技术服务等措施，积极发展特色养殖、种植等产业。结合市场和移民意愿，举办各类技能培训班，提升移民技能素质和自我发展能力。鼓励移民自主创业，大力发展手工艺、乡村旅游等多种经营方式，让移民有事做、有活干，多渠道增加移民收入。

【兜底扶贫】 统筹各类保障措施，为完全丧失劳动能力和部分丧失劳动能力且无法依靠产业就业帮扶脱贫的贫困人口提供兜底保障。通过政府补助资助，及时帮助农村建档立卡贫困人员、低保、“五保”、“三无”人员、重点优抚对象、重度残疾人等特困群体参保，农村建档立卡贫困人员参加城乡居民养老、医疗保险实现全覆盖。完善农村低保标准动态调整机制，将农村低保标准由每人每年3150元提高到3840元。完善农村低保和扶贫政策双向衔接制度，确保实现“应扶尽扶、应保尽保、应兜尽兜”、制度衔接、效应同频。特别是对建档立卡贫困户中的重病患者、残疾人、单老双老户特殊困难群体和妇女儿童等符合农村低保条件的人口优先纳入农村低保予以重点保障，对脱贫销号村建档立卡特困群众实行全部兜底。2018年，全县农村低保保障对象54289人，其中：建档立卡人口32418人，占保障总人口的59.7%。

【基础建设】 结合实施乡村振兴战略，聚焦贫困村水、路、电、房等基础设施短板，坚持因地制宜，大力开展2018年统筹整合财政涉农资金项目建设，实施贫困村整村推进和巩固提升工程。投入13.25亿元，实施基础设施建设、农业生产发展和其他建设项目3个方面34个项目。基础设施建设安排资金6.06亿元，实施9个项目，建成贫困村村组道路600千米，新增自来水入户0.75万户3.4万人，普及率达到94.6%，高于目标任务9.6个百分点，饮水安全保障率达到100%；改造危房3112户；实施一批农村道路水毁抢修工程、84个贫困村广场硬化及设施配套工程，在吉强镇水岔村、新营乡二府营村、王民乡王民村建设3座AAA级旅游厕所。农业生产发展投入5.87亿元，实施15个项目，产业培育建档立卡贫困户全覆盖，实施平田整地、高标准基本农田建设土地整治、农田水利工程、补植补造、天保工程、森林生态效益补偿、生态环境建设、农业综合开发等项目。其他建设投资1.31亿元，实施10个项目，购买扶贫保、精准脱贫能力培训、开展金融扶贫（风险补偿金、贴息）、农业产业贷款贴息、扶持村集体经济发展。实现了文化服务中心、标准化村卫生室、农业综合服务中心、光纤宽带贫困村全覆盖。

【闽宁协作】 深入学习贯彻习近平总书记在东西部扶贫协作座谈会上的重要讲话精神，西吉县与涵江区加大互访频次，签约项目逐步落地落实，实现乡镇之间、主要部门（单位）之间结队帮扶全覆盖，落实闽宁资金5041万元（中央专项3921万元，自治区级闽宁专项770万元，莆田专项350万元），把资金重点投向贫困村和贫困户，加强人居环境改善、基础设施配套、产业培育等建设，让更多困难群众切实感受到闽宁协作带来的实惠。在党政干部、教育、医疗卫生方面加强人才支援，建设闽宁示范村6个、扶贫车间23个，主要围绕艾草加工、刺绣、手工编织等优势产业，2018年累计带动贫困户家庭劳动力就业1000人以上，年务工收入不低于12000元。发展特色产业帮扶项目32个，带动贫困人口脱贫725人。促进劳务协作，累计共向福建转移新增稳定就业人员859人，其中建档立卡贫困户432人，占50.3%。

【内生动力】 以培育和践行社会主义核心价值观为抓手，把反对高额彩礼、婚丧喜庆大操大办等陋习和脱贫攻坚中的“等靠要”思想作为农村精神文明建设的重要内容，持续增强贫困户脱贫内生动力。创办新时代农民讲习所。在303个行政村（社区）创办农民讲习所，开展多种形式宣讲700余场次，参加群众30000人次。开展党的“好声音”进基层活动。结合党的十九大宣讲学习，各村开展“学习十九大　脱贫我先行”知识竞赛活动，提高群众政策知晓率。组织“两个带头人”结合自己的致富经历，手把手传授致富经，用自己的故事激励村民主动脱贫致富。开展脱贫致富先进事迹巡回报告会。组织先进典型深入58个深度贫困村开展巡回报告，以“身边的事”和“身边的人”有效激励广大干部群众投身脱贫攻坚。积极挖掘宣传先进典型。制定《西吉县“推动移风易俗　弘扬时代新风”主题宣传报道方案》，开设“我脱贫　我光荣”微信平台专栏，加强对脱贫模范人物新闻线索搜集整理，开设“脱贫光荣户”“西吉60年人物故事”“最美西吉人”专题，通过多种方式对脱贫模范户集中宣传报道。

【作风建设】 制定《西吉县开展扶贫领域作风问题专项治理暨“脱贫攻坚作风建设年”活动实施方案》，认真开展自查自纠，共梳理汇总扶贫领域作风问题10个方面33条具体问题，提出39条整改措施，全部整改到位。实施最严格的考核评估和督查巡查，紧盯作风建设、扶贫领域的腐败问题和不正之风，开展专项督查，抓实专项巡察。认真贯彻《关于进一步激励广大干部新时代新担当新作为的意见》要求，坚持向基层倾斜、向急难险重岗位倾斜的用人导向，完善督查考评激励政策措施，强化脱贫攻坚一线干部使用配备。2017年，脱贫攻坚战场上的幕后英雄撒凤虎在扶贫战线奋战20年，因劳累过度突发心力衰竭不幸去世，年仅40周岁，8月21日，固原市委追授撒凤虎为“脱贫攻坚优秀共产党员”，10月12日，宁夏回族自治区党委追授撒凤虎同志“全区脱贫攻坚优秀共产党员”；西吉县偏城乡烂泥滩村第一书记秦振邦带妻驻村，把一个工作最落后的村带到全乡前列，两年后农民人均纯收入6000元；离村民最近的医生边万忠，行医43年来，背着药箱走遍十里八乡，为贫困群众上门服务，其医德和口碑随着脚步传遍各地。这些平凡人的先进事迹为全县广大党员干部做出了表率、树立了典型，释放正能量。对在脱贫攻坚工作中敷衍应付，不作为、慢作为的坚决调整并进行追责问责。累计受理扶贫领域问题线索168件，立案和办结140件，运用“四种形态”查处、问责干部149人，其中科级干部30人，一般干部8人，村干部111人；给予党纪政务处分112人，诫勉谈话等处理35人，取消预备党员资格组织处理2人。加大涉农扶贫领域腐败和作风问题通报曝光力度，通报典型案例27起46人，督促全县各级党组织认真履行脱贫攻坚政治责任，为打赢打好精准脱贫攻坚战提供强有力的纪律保障。

【资金监管】 严格落实宁夏回族自治区审计厅《关于在打赢脱贫攻坚战中进一步加强扶贫审计的实施意见》，制定《西吉县扶贫项目资金使用管理办法》，从扶贫项目管理、资金使用、监督检查、绩效评价等方面对扶贫项目资金的使用进行规范。全县扶贫资金由财政统一核算，国库集中支付报账。聘请第三方对19个乡镇人民政府和16个县直部门单位2017年统筹整合财政涉农资金进行专项检查，涉及资金总额11.8亿元，同时延伸检查县委组织部、县宗教局等31家行政事业单位、20家专业合作社、2家涉农企业。将年度县级扶贫资金使用方案在政府门户网站公开，项目实施单位在项目实施地利用固定的信息公开栏等进行公告公示，乡镇和村级利用“331”监管平台进行公告公示。2018年全县共有涉农项目21条，发布惠农资金政策5条，项目审核管理17条，其中扶贫资金项目7条，已全部纳入“331”监管平台管理。严格执行项目入库程序，按照村申报、乡审核、县审定程序编报，县扶贫办、县财政局牵头，会同县发改、县交通、县水务、县农牧等扶贫资金管理部门，根据年度扶贫开发任务及脱贫攻坚项目库及时拟定。年度项目实施结束后，资金使用单位开展绩效自评，财政和扶贫部门根据需要，对扶贫重点项目和重点区域资金使用情况组织开展绩效评价。12月，县财政局牵头，聘请甘肃黄海会计师事务有限公司对西吉县2018年财政涉农资金统筹整合项目进行全面绩效评价。对扶贫资金违纪违规问题保持“零容忍”。紧盯扶贫资金使用管理薄弱环节和资金滞留闲置、结转结余等问题，组织开展扶贫资金使用和项目管理自查自纠工作、结转结余财政专项扶贫资金清理行动，扎实推进扶贫项目库建设，切实提高使用效益。

（海　军）

人事劳动保障

【概　况】 西吉县人力资源和社会保障局共有正式在编人员30人（含劳动人事争议仲裁院和劳动保障监察执法局）内设办公室、事业单位人员管理室、公务员管理室、工资福利室、社会保障室、人力资源市场管理室、工人档案管理室等7个股室。下设创业就业和人才服务局（副科级）、社会保险事业管理局（正科级）、劳动人事争议仲裁院（副科级）、劳动保障监察执法局（副科级）。

【社会保障】 2018年，西吉县企业职工基本养老保险参保13218人，新增被征地农民参加城镇职工养老保险1763人；机关事业单位养老保险参保12498人，其中在职9112人，退休3386人；城乡居民基本养老保险参保158230人，失业保险参保9342人，生育保险参保12896人，工伤保险参保12900人，职工基本医疗保险参保17280人，城乡居民基本医疗保险393212人，建档立卡贫困户应参加城乡居民医疗保险153455人，城乡居民养老保险参保142161人。累计发放社会保障卡53.7万张，社会保障卡发卡到手率为99.4%。按规定办理退休手续并按月领取基本养老金的退休人员进行待遇调整。对完成全县所有符合城乡居民基本养老保险待遇领取条件的参保人员基础养老金调整，人均增加20元，城乡居民基本养老保险基础养老金增至150元。

【就业情况】 2018年，西吉县实现城镇新增就业1873人，失业人员再就业802人，就业困难实现就业201人，城镇登记失业率为3.87%。全县共计开展创业培训565人，培育创业实体378个，创造新岗位878个，创业带动就业1740人，发放创业担保贷款3451万多元，完成115%（其中向建档立卡户220人贷款1230万元）。全县劳动力职业技能培训15507人（其中建档立卡户培训9835人）。全县农村劳动力转移就业11.5万人，实现工资收入25.58亿元，劳务经纪人和劳务中介组织带动就业40847人。西吉县农村建档立卡贫困劳动力就业21670人，主要在县内就地就近就业，县外就业主要分布在新疆、内蒙古、福建等地区。举办闽宁专场招聘会4场次，提供就业岗位2300多个，达成就业协议410人。输送农民工156人（其中建档立卡户43人），顶岗实习生703人（其中建档立卡户381人）。本县在福建务工人员达到3259人（其中2400人常年在福建务工，建档立卡户共424人）。

【人事管理】 2018年，新招录公务员21人（含参公管理），招聘事业单位工作人员37人，招考特岗教师170名，批复录用2015年115名特岗教师为全额预算事业编制教师，招聘“三支一扶”工作人员190人，事业单位实习人员290人，公益性岗位工作人员105人。组织西吉县公务员参加网络培训1496人，公务员专题培训16期共计130人。严格晋升条件，积极推荐晋升专业技术职称任职资格。审批机关事业单位工作人员年度考核晋升级别、级别薪级（岗位）工资档次8791人。审批乡镇机关事业单位工作人员乡镇工作补贴921人。审批机关事业单位离退休人员185人。

【农民工维权】 以农民工维权、工资支付、工伤待遇、规范用工行为等为重点，和谐劳动关系构建取得新进展，责令建筑、餐饮等行业补签劳动合同1967人，合同签订率100%；收缴农民工工资保证金1826.75万元，收缴率96.65%，累计账户余额5997.41万元。设立农民工工资应急周转金50万元。共受理各类农民工工资投诉案件44件，已办结44件，办结率为100%，为1320名农民工追回1120万元工资。共受理仲裁案件40起，劳动人事争议仲结案率为100%。

（张　霞）

社会保险

【概　况】 2016年6月，将原西吉县医疗保险事务管理中心和原西吉县社会保险事业管理局合并，组建西吉县社会保险事业管理局，属全额拨款正科级事业单位。2018年，在编干部职工33名，设局长1名，副局长2名，内设办公室、财务室、档案室、稽核室和7个业务窗口。

【社保扩面】 2018年，西吉县企业职工基本养老保险参保人数13407人，其中：在职参保职工7386人，离退休6021人，完成年度任务15000人的89.4%。当年新增被征地农民参加城镇职工养老保险1336人，征缴职工养老保险费16399.13万元。其中：当期征缴收入6745万元，被征地农民一次性趸缴8637.60万元，清欠收入1016.53万元。机关事业单位养老保险参保人数12633人，其中：在职9201人，退休3432人，完成目标任务12457人的101.4%，征缴机关事业养老保险费17337万元；失业保险参保人数9529人，完成年度任务9306人的102.4%，征缴失业保险费637万元；城乡居民基本养老保险参保人数163545人，完成年度任务158065人的103.5%，征缴城乡居民基本养老保险1381.3万元；职工基本医疗保险参保人数17604人，完成年度任务15000人的117.4%，征缴城镇职工医疗保险费10157万元，支出基金4415万元；工伤保险参保人数13093人，完成年度任务11000人的119.0%，征缴工伤保险费597万元，支出基金632万元；建筑施工企业参保206家，其中：新建项目178家，在建项目28家，参保人数3885人（农民工）。其中：新建项目3592人，在建项目293人，新建和在建项目参保率为100%；生育保险参保人数13097人，完成年度任务10500人的124.7%，征缴生育保险费622万元，支出基金248万元；城乡居民基本医疗保险参保人数为393212人，完成年度任务390200人的100.8%，征缴城乡居民医疗保险费4100万元，支出基金15285万元；建档立卡贫困户应参加城乡居民医疗保险151528人，实际参加151528人，参保率为100%；应参加城乡居民养老保险96110人，实际参加96110人，参保率为100%。

【待遇提标】 从2018年1月1日起，对2017年12月31日前已按规定办理退休手续并按月领取基本养老金的退休人员进行待遇调整。这是国家自2005年以来连续第14次提高企业退休人员基本养老金，也是继2016年以来连续第3次同步提高机关事业单位退休人员养老金水平。本次养老金调整共涉及企业调资人数5579人，人均调资额144.74元，机关事业单位调资人数为3325人，人均调资额188.15元；对西吉县所有符合城乡居民基本养老保险待遇领取条件的参保人员，再次提高基础养老金，基础养老金由130元增加至150元，同时向高龄老人适当倾斜，提标后，月人均养老金由131.64元增至155.92元，增加24.28元。按时足额为6021名企业离退休人员发放养老金15084万元；为3432名机关事业单位离退休人员发放养老金20815万元；为45886名60岁以上城乡居民发放养老金8800万元，养老金全部通过社会保障卡发放。

【被征地农民养老保险】 2018年，西吉县被征地农民应参保人数为5871人，实际参保人数为5871人，参保率为100%，其中：参加企业职工基本养老保险人数为4710人，占参保总人数的80.22%；参加城乡居民基本养老保险人数为1161人，占参保总人数的19.78%。累计筹集养老保险费33033.94万元，其中：参加企业职工基本养老保险个人缴费11811.58万元，财政补贴18640.01万元；参加城乡居民基本养老保险财政补贴2582.35万元，资金筹集率为100%。累计支付养老金1428.37万元，其中：累计支付企业职工养老金1409.71万元，月人均养老金为916元；累计支付城乡居民养老金18.66万元，月人均养老金为510元。

【跨省异地就医】 为认真贯彻落实宁夏回族自治区社保局《关于开展切实做好当前跨省异地就医住院费用直接结算工作的通知》（宁社保函

〔2018〕97号）精神，使用统一的异地备案表，简化工作流程，通过线上、线下、电话等方式，做到即时准确办结，并按照区社保局要求，对农民工开通专门通道进行备案，全年完成异地备案1738人次，成功在外省直接结算487例，总费用1234.45万元，医保支付694.89万元，备案准确率达100%。按照要求完成了社保卡出省检查，并对卡鉴权失败的卡进行修复，重新激活等处理，保证跨省参保人员能用社保卡就医结算，极大地方便了参保患者，受到参保人员的一致好评。

【"放管服"改革】 坚持以人民为中心的发展思想，全面推行社会保险"6+1"网上不见面审批业务，将城乡居民社会保险参保登记等6项业务下沉到乡镇民生服务中心，通过宁夏政务服务网在乡镇"不见面"网上办理。根据《自治区社保局关于全面取消领取社会保险待遇资格集中认证的通知》（宁社保〔2018〕63号）精神，为进一步方便参保人员，实行"寓认证于无形"的认证服务新模式，通过手机APP掌上"12333"网上认证、现场认证、上门认证、异地QQ视频认证等多种认证方式，全面开展养老待遇资格认证，认证率达90%，2018年，追回冒领养老金12.11万元。全面推行手机银行、电子银行、掌上"12333"手机APP、银行协议代扣、自助服务一体机、自助缴费机、自助电话终端等缴费模式，方便参保群众办理参保缴费。真正实现"数据多跑路，群众少跑腿"的目标。

【健康扶贫】 根据自治区人民政府办公厅《关于推进健康扶贫若干政策的意见》（宁政办发〔2017〕131号）和中共固原市委办公室、市人民政府办公室《关于印发〈固原市贯彻落实中央政治局委员、国务院副总理孙春兰调研指示精神工作方案〉的通知》（固党办〔2018〕68号）精神，通过降低起付线、提高筹资标准和报销比例、实行政府兜底等政策，确保贫困患者年度内住院医疗费用实际报销比例不低于90%或当年住院自付费用累计不超过5000元；从2018年3月1日起，将原商业健康保险过渡为商业健康大病保险，建立以农村居民个人出资（每人每年20元）为主、政府适当补助（按实际参保人数每人每年10元）和商业保险公司承担风险的方式，购买商业健康大病保险；农村其他居民患者大病保险起付线由现行的8100元下调至3000元，大病保险起付线降低部分给予50%左右报销。实现基本医疗保险、大病保险、大病保险财政补助、扶贫保、民政救助、财政兜底、商业健康大病保险通过医疗保险信息结算平台"一站式"结算。在社保经办机构结算前段，大病保险报销542人次，报销金额326.75万元，大病保险财政补助支出144人，报销金额27.01万元，财政兜底补助支出113人，报销金额98.16万元。

【社保监管】 2018年，查处违规违法协议医疗机构42家次，挽回违规医保基金83.28万元，行政处罚3家协议医疗机构，处罚金额1.47万元，稽查核实84例意外伤害参保住院患者，杜绝支付10例第三者责任事故造成的意外伤害住院医疗费用。加强普通门诊一般诊疗费的监管，针对监控系统提示疑似违规频繁就医信息，门诊统筹一般诊疗费共稽查核实6次，追回违规套取一般诊疗费1.03万元。对查实违规行为的责任医保服务医师按照协议规定，在宁夏医疗保险前端结算系统中做出标志，并扣付相应的分值，全年扣除106名医保服务医师诚信管理分值228分，其中有6名医保服务医师扣分达到5分以上，对其进行了劝诫谈话。

【"网上人社"】 根据宁夏回族自治区人社厅《加快推进"互联网+人社"2020行动实施方案》精神，成立"网上人社"工作领导小组，制订工作计划，举办全县网上人社（社保）业务培训班。将参保单位社会保险参保登记和申报核定等业务通过"网上人社"模块进行办理，对社会保险待遇资格认证、社保卡挂失、个人信息查询等业务通过线上线下“两条腿”方式办理，方便参保单位和群众办理业务。发放电子签章196枚，网上人社开通单位196家，开通率达90%，受到自治区人社厅通报表扬。

【清理堵点】 根据《自治区社保局关于在全区社保经办系统开展“解民忧转作风”专项行动的通知》（宁社保发〔2018〕17号）等文件精神，围绕“三减一提升”，全力抓好社会保险经办事项材料精简和解决群众办事堵点工作。成立“解民忧转作风”专项行动领导小组，将梳理出的19项社会保险事项精简材料清单下发到各相关科室，明确责任人和完成时限。本着“方便、高效、规范、管理”的原则，对业务流程实施全面简化，按照方便群众办事设置窗口，减环节、减材料、减时限。对梳理出的2018年需要精简的29项材料，全部取消营业执照原件及复印件等材料。针对自治区明确的20项堵点问题，列出问题清单，建立整改台账，明确责任科室和责任人，制定整改措施和整改时限，确保堵点问题一件件整改、一件件销号。按照自治区要求，对2018年需要完成的13项堵点问题已全部解决。

【集中统发】 自西吉县被确定为自治区养老保险待遇集中统一发放工作试点县以来，社保局严格落实风险管理“一把手”责任制，强化经办基础性工作，加强对基础信息数据的整理和管理，加强对异常情况的监测和疑点信息的核查，完善业务流程，建立关键业务岗位制约机制，加强业务经办审核。该工作经业务经办窗口、财务部门核对无误后，通过专线传输给代发银行。2018年12月，全县机关事业单位养老保险、企业职工养老保险和城乡居民养老保险发放成功率分别为100%、100%和99.69%。

【党建工作】 全面实施党建“三强九严”工程，认真落实“三会一课”“双评双定”“主题党日”等活动，健全完善各类基础资料，提高党建水平。组织全体干部职工深入学习习近平新时代中国特色社会主义思想、党的十九大精神、意识形态、马克思主义民族宗教观以及自治区第十二次党代会、全区人社和社保经办工作会议精神，有针对性地对学习情况进行检查，确保广大干部职工真正领会精神实质。积极落实全面从严治党要求，认真贯彻执行中央八项规定精神和自治区若干规定。

【廉政建设】 健全和落实党风廉政建设责任制，认真履行党风廉政建设主体责任和“一岗双责”制度，加强党内民主监督，坚持“三重一大”决策制度。巩固“两学一做”学习教育成果，积极开展“不忘初心、牢记使命”主题教育。深入推进党风廉政建设和反腐败工作，利用听廉政党课、观看警示教育片、专题辅导报告、廉政读书活动等方式开展集中教育，使广大干部职工牢固树立“四个意识”，自觉地加强党性锻炼，遵纪守法，廉洁奉公，做到自重、自省、自警、自励，增强服务意识，提升服务能力。

（郭科峰）

劳动就业

【概　况】 西吉县就业创业和人才服务局是隶属于县人力资源和社会保障局，参照《中华人民共和国公务员法》管理的副科级事业单位，财政全额拨款，编制19人，内设办公室、就业培训中心、公共就业服务中心、劳务产业股、全民创业股、失业保险股、财务室等股室。

【就业创业】 2018年，培育创业实体378个，完成目标任务360个的105%；创造新岗位878个，完成目标任务850个的103%；创业带动就业1740人，完成目标任务1700人的102%。全县共计开展创业培训（网创）698人，完成培训任务235人的297%，培训后当期实现自主创业265人。发放创业担保贷款约3461万元，完成目标任务3000万元的115%（其中向建档立卡户220

人贷款1235万元）。城镇新增就业1873人，完成目标任务1610人的116.3%。失业人员再就业人数802人，完成目标任务650人的123.4%。就业困难实现就业201人，完成目标任务130人的154.6%。城镇登记失业率为3.87%。农村劳动力转移就业11.57万人，完成目标任务11万人的105%；实现工资收入25.58亿元，完成目标任务25亿元的102.3%。农村居民人均可支配收入9308元增长了10.8%，农民人均劳务收入达2856元，占农民人均可支配收入的30.7%。劳动力职业技能培训15507人（其中建档立卡户培训9835人），完成目标任务11880人的136.4%，结业13466人，取得证书3510人，完成目标任务3300人的106.3%，转移就业12119人。

【闽宁协作】 西吉县各级领导齐抓共管，抢抓东西部协作机遇，加强劳务中介组织和劳务经纪人与区内外用工大企业特别是闽籍企业的对接，狠下“绣花功夫”抓劳务，促农村劳动力转移就业、顶岗实习就业，取得显著成效。5—10月，西吉县、涵江区、闽侯县党委、闽侯县政府对接互访6次，人社部门及相关企业对接互访7次，西吉职中及相关企业对接互访7次，召开闽宁对口协作座谈会、基地建设会、转移就业会等20次，研究两地经济建设合作及劳务协作事宜。签订《劳务协作协议》3个，4月24日，西吉县就业局与福州市马尾区、闽侯县劳动就业管理中心签订了《劳务对口帮扶友好合作关系框架协议》；5月18日西吉县人社局与莆田市涵江区人社局签订《对口帮扶合作框架协议》。7月16—22日，西吉县共组织职业中学2016级703名学生（其中建档立卡户381人），分三批赴福建厦门翔安区天马微集团、福州市马尾区飞毛腿集团进行为期半年的校企合作顶岗实习。

【“双推”机制】 创建金融扶贫贷款经办银行和相关村委会“双推”机制，从享受金融扶贫贷款的建档立卡户中，筛选出创业热情高、创业项目好、有资金需求的人员推荐给西吉县就业局，通过创业担保贷款流程后发放创业担保贷款。累计受理建档立卡户创业担保贷款233笔1302万元，经办银行累计发放220笔1235万元，占放贷总量3461万元的35.64%。针对农村创业者找担保难的现状，西吉县积极创新反担保方式，实行三户联保和采用贷款人家庭净资产作为抵押物的多元化担保模式。从根本上解决了广大农民创业者找担保难的问题，扩大创业担保贷款扶持和受益人群，加大资金扶持力度，引导农民从发展短平快项目起步，逐渐走上创业之路。与2017年同期相比，对农村创业农民贷款笔数增加356笔，增幅为186.4%，贷款额度增加1463万元，增幅为246%。

【“园街”建设】 认真贯彻落实《自治区就业创业工作领导小组办公室关于印发自治区级创业孵化示范基地评定管理试行办法的通知》精神，按照区市两级创业孵化示范基地建设标准，积极开展争创区市两级创业示范园区活动，县政府将西吉县凯益达创业示范孵化园确定为创建的创业孵化园区，将台堡民族团结创业示范街确定为创建的创业示范街，认定为西吉县第二批示范性创业孵化基地，县财政将分别给予20万元一次性补助资金；对2018年自治区认定的第三批自治区级创业孵化示范基地西吉县心雨林下经济创业园，2016年、2017年固原市认定的两家市级创业示范基地（西吉县心雨林下经济创业园和西吉县闽宁返乡农民工创业园区）一次性给予135万元奖励补助资金；西吉县闽宁农民工返乡创业园区已被自治区就业创业领导小组验收；兴隆镇婆姨创业示范街已被固原市人民政府认定命名为固原市级创业孵化园区。

（柳　岩）

档案管理

【概　况】 西吉县档案局是县委直属参照《公务

员法》管理的正科级事业单位，建筑面积380平方米，库房面积288平方米（四间库房），设局长1人、副局长2人。内设办公室、业务室、档案库房管理室3个科室，主要从事档案收集、指导、整理工作。2018年有工作人员9名。现馆藏153个全宗，各种门类档案82053卷/盒336980件（各种门类文书档案37021卷/盒124812件，土地确权档案6773盒113845件，婚姻档案1748盒86042件，业务档案36511卷/盒12281件），其他资料8000卷/册。

【档案整理】 一是对5个县直部门的业务档案、文书档案和12个乡镇的文书档案、民生档案等整理归档工作进行指导，完成装订档案1335盒11845件500卷，其中移交进馆285盒6427件。二是加强农业农村档案指导工作，完成全县198个行政村3386盒56845件农村土地确权档案及2016年生态移民和劳务移民档案的指导与归档工作。三是对县国土局、县纪委、县烟业局、沙沟乡等单位1964年以来的文书资料进行了指导整理，共整理文书档案1194盒8267件500卷。

【档案服务】 以便民服务为重点，始终把查阅利用、服务人民作为工作的出发点。2018年为各行各业和查阅利用者在养老保险、婚姻登记、土地纠纷、编史修志、工龄证明、招工招干、政策依据、城市建设等方面提供了大量翔实的原始档案资料。共接待社会各界档案利用者500多人次，查阅档案3000多卷（件），提供复印证明500多张，特别在婚姻登记档案和招工招干档案查阅利用上深受广大群众的好评。

【档案宣传】 结合“七五”普法，加强档案法制宣传活动，把档案法制宣传与档案工作紧密结合起来，大力开展《档案法》《宁夏档案管理条例》《机关文件材料归档范围和文书档案保管期限规定》等档案法律法规的宣传教育，提高全社会的档案法制意识。

【党的建设】 一是全面落实党建工作责任。坚持“三会一课”制度，落实抓党建“第一人”的责任，做到党建工作亲自部署，党建问题亲自解决。制订《党建工作计划》，明确重点，细化任务。二是切实加强班子自身建设。充分发挥党支部的领导核心作用，坚持把理论武装作为首要任务，自觉维护党的政治纪律、组织纪律。教育广大党员干部讲政治、懂规矩、守纪律、顾大局，坚持正确政治立场，严守政治纪律，在思想上、政治上和行动上同党中央保持高度一致。

【廉政建设】 一是西吉县档案局党支部落实主体责任，健全主要领导负总责，分管领导、班子成员齐抓共管的工作机制。二是把党风廉政建设作为党的建设和队伍建设的重要内容，纳入全局绩效考核内容，层层分解落实工作责任。三是切实做到管人与管事相结合、管业务与管党风廉政建设相结合，档案业务工作与党风廉政建设“两手抓、两不误、两促进”。每季度根据工作重点落实情况认真开展自检自查，对上级督导反馈问题，及时召开支部会议研究整改。

【档案管理】 按照“政府统一领导、部门依法监管、单位全面负责、公民积极参与”的原则，完善档案管理各项制度，坚持单位24小时有值班人，单位主要领导及库房管理人员24小时电话畅通，库房管理人员每天上下班前对各库房门窗必须进行检查，每月对档案库房、门窗、消防器材集中检查一次，每季度对周边环境、院落、大门、围墙、门窗、水、电、路等集中检查一次，发现问题及时整改，确保档案安全管理。

（张　敏）

乡（镇）

吉强镇

【概　况】吉强镇是西吉县政治、经济、文化和商贸中心，辖27个行政村，176个村民小组，7个社区居委会。镇域面积254.8平方千米，其中农业用地18.9万亩，林业用地10.8万亩，牧业用地8.2万亩。2018年年底全镇总人口29673户86028人，其中农业人口14097户48003人，城镇人口15576户38025人，建档立卡户3723户15615人，已完成脱贫销号2532户10981人，剩余1191户4626人。全镇现有经济实体4197家（私营企业420家、个体工商户3777个），从业人员9420人。2018年年底，全镇生产总值9.87亿元，农民人均可支配收入10485.8元，同比增长10.2%；城镇居民人均可支配收入25216元，同比增长8.5%。2018年，吉强镇实有工作人员59名，其中行政编制32名，工勤人员编制1名；事业单位编制26名，内设党政办公室、人大办公室、纪委办公室、安全生产办公室、环境整治办公室、民族宗教办公室、危房办公室、劳务站、民生服务中心、综治中心、科教文卫服务中心、产业服务中心、财务室等。

【脱贫攻坚】一是查漏补缺，确保对象精准。认真组织开展复查复核、查漏补缺"回头看"，完善"可进可出"的动态管理机制，强化过程记录和动态调整，通过对象核实和数据清理，按照建档立卡贫困户识别标准和程序进行核实补录，重新识别进入21户81人，退出贫困户266户1142人。严格按照标准对全镇17个非销号村和10个销号村的档案资料进行修改完善。二是产业扶持，增加农民收入。对建档立卡贫困户实行全产业链扶持补贴，2018年共发放地膜57500卷，完成覆膜种植55000亩，免费发放冬小麦籽种122.5吨，马铃薯原原种177.6万粒。完成种植业验收33167.8亩，补贴资金630万元；完成全株玉米青贮验收4.5万吨，补贴资金270万元；养殖业补贴涉及26个行政村2200户，补贴资金980万元；非建档立卡户中蜂养殖3300箱，西蜂养殖50箱，补贴资金132万元，2018年共计补贴种养殖产业资金3038万元。三是金融扶贫，增强发展动力。扎实开展金融扶贫小额信贷增资扩面，向有劳动能力、发展意愿和资金需求建档立卡贫困户提供1—3年、5万—10万元免担保、免抵押、基准利率贷款。全年共为建档立卡户发放金融扶贫贷款3015户14970万元，户均4.9万元，金融贷款覆盖率80%；发放妇女创业贷款320户1600万元；全面实施"扶贫保"，深化产业保险，解决因意外事故、因病因灾出现的致贫、返贫问题，全镇扶贫保参保率达到100%。四是移民搬迁，铺就致富之路。结合建档立卡贫困户实际需求，采用就近安置生态移民和政府统一回购房安置劳务移民相结合的方式。县内移民方面，开工建设就近安置点4个，搬迁安置73户297人。在县城劳务移民安置建档立卡贫困户118户601人。完成移民搬迁区旧庄院拆除43户，完成率100%。五是结对帮扶，助力脱贫攻坚。开展“帮扶干部进村入户办实事解难题”专项行动，下派930名区、市、县、镇、村干部每人帮扶5户贫困户，帮助制订脱贫计划、选择产业项目、联系务工就业、申报政策奖补、解决实际困难，做实服务群众“最后一公里”。全年共走访贫困户3723户，投入帮扶资金350万元，制订种养殖业、扶贫贷款和技能培训等方面的致富计划3723个，帮助建立村民参与集体活动等制度27个，帮助办理申请低保、民政救助、孩子上学、解决医疗费用、技能培训等实事500件，帮助解决安全住房、安全饮水、劳务就业等生产生活难题1800条。六是技能培训，增强内生动力。紧盯“素质提升”，举办以家政、电焊、刺绣、种养殖技术、挖掘机等工种技能为主的劳动力素质提升培训班13场次，完成精准脱贫建档立卡家庭劳动力职业技能培训700人。举办驻村第一书记、村支书、村主任培训班共6期，培训人数380余人次；“雨露计划”资助建档立卡家庭中高职院校在校学生1215名，资助资金182万元。

【产业升级】 推进农业供给侧结构性改革，优化产业结构调整，大力实施“一村一品”“一村多品”工程，培育壮大马铃薯、草畜、蔬菜、杂粮、万寿菊五大特色优势产业。2018年种植马铃薯9万亩、特色蔬菜3万亩、小杂粮2.5万亩，万寿菊种植1100亩，中药材种植4000亩。实施畜禽养殖扩量工程，打造大坪、酸刺2个养殖示范村，建设青贮池124座，补贴资金62万元，培育规模养殖户21户，全镇牛存栏2.1万头，羊存栏3.2万只。

【基础建设】 以项目建设为抓手，对标脱贫销号村实际需要，本着“缺什么补什么”的原则，大力实施基础设施建设、增收产业培育、生态环境改善、社会事业及公共服务等配套项目建设，着力推进贫困人口生产生活设施条件升级达标。争取自治区财政投资266万元，对全镇25个行政村村部进行太阳能供暖改造；投资1200万元，修建水岔村水源交通坝，完成夏寨、苟庄、夏大路等7个村8869户自来水入户工程，入户率达94%；完成危房改造296户，完成率137%；新建村党员活动室4处、维修2处；加快农村道路建设，硬化村、组道路7.9公里，维修高同、泉儿湾、夏大路等村水毁道路15处，全镇27个行政村道路畅通率达100%；配合建设、交通、水利等部门完成S60线西吉—会宁高速公路、S204线海原—西吉公路、葫芦河河道治理的征地拆迁任务及棚户区改造建设任务。加强城乡综合治理，开展“严厉打击违法用地、违章建设”专项行动，共查处违法建筑21户，面积1600平方米，全面推进查违控违工作，有效遏制违建势头，城乡整体面貌得到有效改善。

【环境整治】 组织镇村干部200余人开展春秋季义务植树，对高同、夏大路、大滩等村27千米村组道路和麻地沟口、泉儿湾路口等7处环境整治点进行绿化，共栽植河北杨15000株、云杉1500株。坚持“管、防、治”结合，坚决实施封山禁牧、秸秆焚烧，按照全天候全时段全面禁烧的要求，聘请119名护林员适时上路巡回宣传，加大森林防火、秸秆焚烧、封山禁牧宣传和巡逻力度；对309国道、202省道等主干道、中心村、重点贫困村的环境卫生进行集中整治，彻底清理道路两侧的生活垃圾、建筑垃圾、农作物秸秆、门前“三堆”及农户房屋墙面广告。坚持边开展、边治理、边完善，构建镇、村、组环境整治三级网格化管理，确定各级网格管理人员、监督人员，明确职责和任务，为落实长效机制，聘请50名保洁员对环境卫生进行长期维护，做到常态化、长效化管理服务，主干道路两侧无“三堆”、无垃圾，镇村环境卫生脏、乱、差现象得到改善。

累计开展大范围环境整治80天、出动人力9800余人次，动用大型机械48台、清理垃圾3.4万吨、河道淤泥8000吨，发放《门前六包》责任书3500份，拆除乱搭乱建及违章建筑物4处；开展“清河行动”，对河道内的生活、建筑垃圾和水面漂浮物进行彻底清除，严厉查处违法排污行为以及向河道乱丢、乱倒垃圾行为。先后关停整顿排污不达标淀粉厂1家，封堵河道排污口7处，拆除非法采砂场7家，拆除影响河道泄洪的其他建筑物10处，完成巡河800多次。

【民生改善】 坚持教育优先发展，着力提升教育教学质量，积极发展学前教育。全镇适龄儿童入学率100%；健全控辍保学机制，84名辍学学生全部返校，全镇义务教育均衡发展顺利通过国家评估验收；努力提高卫生服务水平，完善村卫生室信息化网络建设和镇卫生院远程诊疗系统建设，确保人人享有基本医疗卫生服务；落实计划生育节育措施，完成置环125例，孕前优生健康检查342例；持续推进精神文明建设，深化社会主义核心价值观教育实践活动，推动移风易俗树立文明乡风活动，高额彩礼等不良风气得到有效遏制；在全镇开展形式多样的文体活动，丰富人民群众文化生活；深入推进文化惠民工程，大力发展文化事业和文化产业，推进基层公共文化服务体系标准化、均等化建设；与福建涵江区江口镇签订框架协议，在套子湾村建设有机肥扶贫车间2000平方米，每年资助贫困学生50名，每名2000元；与陕西省泾阳县云阳镇签订框架协议，通过建立电子商务平台，销售西吉的马铃薯、西芹等农产品；加大对困难群众救助力度，严格实行救灾资金“一卡通”发放政策，认真落实各项支农惠农政策，确保农村转移支付金、退耕还林资金、粮食直补资金和农村低保资金拨付到位。2018年共发放民政救助资金119万元，救助困难群众5846人，发放民政救灾资金96万元，救助受灾群众3405人；加大低保核查整治力度，审核取消有车、有房、有合作社等不符合条件的城镇低保对象291户546人、农村低保对象74户101人；做好低保户、残疾人、“五保户”的动态管理及各种救助工作，实现应保尽保；做好城乡居民养老保险和医疗保险收缴工作，参合率达到100%；深入推进社区建设，着力配齐、配强社区工作者队伍。为7个社区配备了办公设备，社区工作条件明显改善。

【综合治理】 以创建平安乡镇为目标，深化“平安吉强”建设，有效降低治安案件发生率，切实保障社会和谐稳定、人民安居乐业，2018年没有重特大恶性事件发生；建立健全主要领导坐班接访、包案化解和“联调联动”机制，有效化解一批信访积案；认真落实村级“联合办公日”制度，变“群众上访”为“干部下访”，畅通群众诉求表达渠道，理顺群众情绪，密切干群关系。“七五”普法扎实推进，扫黑除恶专项斗争和“群众反映强烈突出问题大排查大化解”专项行动深入开展，2018年共排查化解矛盾纠纷210件，其中国家信访局和自治区党委巡视组移交的13件已全部办结；西吉县信访局转交56件已全部办结；县政府办网站和固原市“12345”便民服务热线转办90件，已全部办结。坚持不懈抓安全生产，以道路交通、非煤矿山等行业领域为重点，开展安全专项整治和隐患排查治理，依法严惩违法违规行为，从源头上解决一大批影响社会和谐稳定的突出问题；认真开展创建无毒家庭、无毒单位、无毒校园活动，多渠道搞好禁毒宣传教育；开展民族团结进步模范乡镇创建活动，坚决治理民族宗教领域突出问题，全面整改阿拉伯风格门头牌匾标志696处。依法加强宗教事务规范化管理，多层次开展宗教教职人员培训，促进民族和睦、宗教和顺、社会和谐。9月，吉强镇荣获“全区民族团结进步模范集体”荣誉称号。

【作风转变】 深入推进“两学一做”学习教育常态化制度化，始终坚持全面从严治党，严格落实党风廉政建设“一岗双责”制度，持之以恒执行中央八项规定精神，强化政治纪律和政治规矩，着力完善公务接待、后勤保障、值班值守等工作制度，严控“三公”经费支出。坚持“三会一课”、周五集中学习等制度，提升镇村干部党性修养、业务水平和工作效能。主动接受镇人大的法律监督和工作监督，自觉接受社会舆论监督，严格落实政务公开、服务承诺、首问责任、限时办结等制度，营造便捷高效的政务环境。始终把团结干事作为重要导向，认真听取老干部、老同志意见，自觉加强与宗教人士、人民团体的联系，密切党群干群关系，营造风清气正的良好政治生态。

【安全生产】 认真实施校安工程，加强营养改善工程及监督检查，开展学校食品安全、道路交通、农村消防等安全隐患排查与治理工作，规范食品加工销售摊点的经营管理。加大宗教活动场所安全隐患排查，排查宗教场所（寺庙）84座，对存在安全隐患的宗教场所（寺庙）限期整改。严格落实安全生产属地管理和“一岗双责”制度，强化安全生产监管，深化重点行业领域安全专项整治和隐患排查治理，严厉打击，有效防范，坚决遏制重特大事故发生，确保安全生产形势持续稳定，切实维护社会和谐。加强社会管理综合治理，创新合理设置、调整村居规模，创新村居服务管理机制，推行“网格化”管理模式，优化基层服务质量。加强村镇治安联防体系建设，依法打击违法犯罪行为，巩固提升“平安吉强”创建成果。

【精神文明】 加强信息宣传和新闻宣传，对吉强镇脱贫攻坚、扫黑除恶、劳动力转移就业、安全生产、创先争优等重点工作进行大力宣传，营造良好的氛围。大力发展文化事业，广泛开展群众性精神文明创建活动，丰富群众的精神生活，陶冶道德情操，弘扬社会正气。发送《吉强信息》214期，印制宣传标语380条，制作橱窗和展板41副。吉强镇龙王坝村被评为“固原市文明村”，万崖村被固原市妇联评为“巾帼建功集体”荣誉称号。

【基层组织】 以“三大三强”行动为抓手，新建前咀、大营、夏大路、团结村级活动场所4个，民生家园、惠安社区服务站2个，实现阵地建设全覆盖。“两个带头人”工程：2018年共培养农村“两个带头人”213人，其中党组织带头人27人，致富带头人186人，培养村级后备干部82名。2018年，共发展党员10名，培养入党积极分子14名。开展“双评双定”活动，建立正向激励、反向监督机制。2018年1—3季度党员亮黄星117个。对全镇10个软弱涣散基层党组织，找准软弱涣散症结，列出问题清单，建立整顿转化长效机制，进行重点整顿，不断提高基层党组织凝聚力、战斗力。

【党风廉政】 以开展扶贫领域腐败和作风问题专项治理为抓手，坚持挺纪在前，露头就打，狠刹扶贫领域腐败和作风问题，坚持正风肃纪，充分运用执纪监督“四种形态”，实行教育提醒、约谈诫勉制度。共查处党员干部7人，给予党纪处分7人（其中，开除党籍5人，给予党内严重警告2人）；镇党委、纪委对违反中央八项规定精神的47名干部进行谈话提醒、批评教育，责令写出深刻书面检查。对违反中央八项规定精神的2名班子成员给予诫勉谈话和通报批评。

（段锦伟）

兴隆镇

【概　况】 兴隆镇位于西吉县南端，地处葫芦河道腹地，距西吉县城45千米。西南与甘肃省接壤，东南毗邻隆德县。中静省道、好兴公路穿境而过。气候属中温带半干旱半湿润过渡区，年平均气温6.3℃，降水量430多毫米，且集中于夏末秋初。耕地总面积19万余亩，其中水浇地面积4万亩。农作物以冬小麦、马铃薯、玉米、胡麻为主。全镇辖32个行政村1个居委会，171个村民小组，16824户6.8万人。党委下设1个党总支，36个党支部，其中农村党支部32个，现有党员1090名，其中农村党员708名。2018年，全镇地区生产总值达到5亿元。完成社会固定资产总投资1.9亿元，比2017年增长11.76%；2018年实现农民人均可支配收入10300元，比2017年增长10%。

【脱贫攻坚】 坚持以脱贫富民为主线，以“七个强化”为抓手，全面落实脱贫攻坚各项重点任务。一是强化移民搬迁力度。年内完成县内劳务移民37户。完成“十二五”遗留3户移民搬迁，秀屿新村15套移民空置房的修缮并全部分配入住；对“十二五”“十三五”移民40户旧庄园全部进行拆除；建成唐岔村移民安置点1处，解决11户山体滑坡带群众的安全住房问题，其中10户入住，1户县内移民安置。二是强化动态调整力度。年内调整256户1118人，其中进入19户71人、退出86户400人，返贫5户22人，整户删除8户11人，标注脱贫（不享受政策）138户614人，其中贫困村贫困发生率为0.99%，脱贫对象更加精准。三是强化基础建设力度。硬化沙化村组道路18公里，完成32个村农网改造及自来水管道进村，新增自来水入户2900余户，建档立卡贫困户入户率达95%。四是强化产业扶持力度。落实产业扶持政策，精准落实建档户种植、养殖全产业链补贴2700余万元，户均补贴8757元。其中完成兑付种植业补贴2533户602.67万元；养殖业补贴1564户1022.77万元；“见犊补母”补贴3471户犊牛7762头388.10万元。五是强化金融贷款力度。针对贫困户发展后劲不足的困难和问题，一方面，通过加大金融贷款力度，2018年全年累计发放金融扶贫贷款2672户17154万元，户均贷款6.4万元，覆盖率达到90%，实现建档立卡贫困户应贷尽贷。为建档立卡贫困户购买“大病补充医疗保险”“人身意外伤害保险”，实现建档立卡贫困户全覆盖，其中基础母牛投保6540头，农户自筹4.8万元，扶贫保补贴费155.42万元；羊投保5463头，农户自筹4.9万元，扶贫保补贴费15.9万元。六是强化培训力度。结合“农民教育培训年”活动，开展以种养技术、挖掘机、清真餐饮等为主的职业技能培训29期1716人，致富带头人99人。其中唐岔烹饪培训45人、张节子刺绣培训50人、代段电焊培训50人、烹饪45人、单南月嫂培训50人，驾驶证补贴165人，输出劳动力12775人。其中建档立卡贫困户2193人，实现就近就业2000余人。七是强化帮扶力度。以帮扶干部进村入户办实事送温暖专项行动为契机，充分利用帮扶单位和社会志愿者人脉资源，整合社会各界力量开展捐资助力活动，协调各类项目资金600万元，入户走访4050户，为群众办实事740件，解难题260个，排查化解矛盾纠纷278件；发挥“两个带头人”示范引领作用，培育新型农村经济合作组织29个，吸收200多贫困户1000余人进社发展生产，促进农民增收，助推脱贫进程。

【产业发展】 依托地方资源优势，马铃薯、草畜、特色种植、农业发展初具规模，成效显著。一是农业基础设施不断改善，分别在马堡、团庄、范沟等7个行政村26个村民小组完成土地整治项目1.7万亩，完成洞洞村国土整治项目0.3万亩。二是马铃薯产业持续发力，在公易片区种植马铃薯6万亩，全镇有“三粉”加工小微企业43家，年产“三粉”2万余吨，产值达1亿多元，产品远销新疆、北京、广州等地，带动500余贫困户投工投劳，年人均收入达5万元。三是草畜产业提质增效，在兴隆、川口、好水川川道区建设万亩覆膜保墒粮饲兼用型玉米种植示范基地3个，为发展养殖业提供青贮饲草11.8万吨；建成姚杜、马堡2个养牛示范村，户均养牛10头以上，年收入4万元；全镇牛、羊、禽饲养量分别为10万头、10万只、12万只，肉牛年屠宰量达

5万头，年交易量达20万头，单家集、兴隆两个畜禽交易市场规范运营，为单南、单北、兴隆3村每村集体经济增收5万元以上；建成代段村千只红嘴雁生态特色养殖基地1处，年收入达24万元，示范化、规模化养殖业发展迅速，贩运、屠宰、加工、销售为一体的产业化格局逐步形成。四是按照“企业＋农户”的模式在范沟村建设3000亩花椒示范基地1处，在罗庄、范沟、张节子3村建设千亩蔬菜基地各1处，特色产业效益凸显。五是规范下范煤炭交易市场运营秩序，年煤炭销售量百万吨以上，日均用工500人次，年内带动近千户建档立卡户脱贫。

【环境整治】 坚持环境综合整治常抓不懈，始终聚合力、齐心抓，鼓足劲、扎实干，以“爱国卫生日”等活动为载体，开展河道专项治理、集镇基础提升、卫生村庄创建、私屠乱宰四个专项整治行动。组织镇村两级干部职工对兴隆、单家集、玉桥3个集镇乱停乱放、占道经营、乱搭乱建等问题进行集中整治，结束以街代市的历史，规范集镇秩序；结合西吉县城乡环境大整治大绿化行动，全镇共出动大型机械1200台次，义务工14300人次，清扫道路530千米，整治渠道、边沟400余千米，河道65千米，清运垃圾2万余吨；完成6000亩荒山绿化和35千米村道绿化任务；在小段等村完成300余户畜禽污粪腐熟技术推广，生产有机肥3500余吨，有效解决农村面源污染，城乡环境面貌焕然一新。2018年12月24日，人民网对兴隆镇环境整治工作取得的成绩进行了报道。强力推进“河长制”落实，打击非法采砂行为8次，对辖区河道实施分段管理，建立管理、巡查、保洁长效机制；充分发挥生态护林员和森林防火义务突击队作用，加大森林防火和管护巡查力度，森林火灾、偷牧盗牧、秸秆禁烧得到有效管控，“碧水蓝天”行动落实有效。

【项目建设】 依托新型城镇化示范镇建设项目，新建兴隆、单民市政道路9条5.3千米，西入口生态治理项目192亩，共投资4400万元。完成夏兴公路8千米，202线改造12.8千米，黑大庄、上村等村4级硬化道路10千米，交通通行能力大幅提高。配合完成兴隆镇污水处理厂建设和卫生院、派出所迁建工程。实施玉桥、范沟等14个村社区建设项目，新建唐岔、西冶、马堡、公易4个村级活动阵地，对川口、姚杜等村活动阵地进行了维修。对兴隆镇综合农贸市场、小商品交易市场和活畜交易市场改造提升，着力创建兴隆镇婆姨创业示范街，创建小商品区、成衣针织区、创业孵化区3个商业板块。

【民生保障】 一是加大教育投入力度。新建校舍5幢、校中园12所，环行操场4个，硬化校园3.3万平方米，完成希望、大岔小学等8所小学的改扩建工程，顺利通过义务教育均衡验收；成功劝返辍学学生237人，实现适龄儿童全部入学；完成“雨露计划”补贴690人103.5万元；2018年高考中兴隆籍考生一次性二本以上93人，其中被清华大学录取1人。二是加快精神文明建设进度。以培育文明乡风、良好家风、淳朴民风为抓手，修改完善了“一约四会”制度，新建新时代农（市）民讲习所33个，月集中开展讲习活动2次以上，讲习制度完善，运行机制良好。2018年开展社会主义核心价值观“七进”活动集中宣传6次，印发宣传材料1万余份，安装布置社会主义核心价值观大型宣传牌10个、文化墙5000多平方米。文化体育活动丰富多彩，32个村举办“乡村振兴杯”农民篮球运动会，协办“中国体育彩票杯”宁夏首届农民篮球争霸赛暨西吉县农民运动会，各村开展文艺演出和党的十九大有奖知识问答活动，在重大节日和农闲时间各村开展以社火、舞蹈、秦腔等形式多样的文体娱乐活动，在西吉县社火大赛、民族团结“联通杯 庆八一”广场舞大赛中荣获二等奖和优秀奖。兴隆镇被继续确认为“自治区文明乡镇”，单北村继续保留“国家级文明村”荣誉，王河村继续保留

“市级文明村”荣誉，争创5个县级文明村，在全镇范围内评选出“星级文明户”300余户。三是不断强化社会保障力度。“两险”参保率达到90%，其中建档立卡户全覆盖；实施危房改造568户，其中建档立卡贫困户272户，超额完成年初340户计划任务。四是不断加强民生保障力度。建成老年饭桌1个，“儿童之家”22个，“妇女之家”33个。2018年低保发放1423.6万元、高龄补贴186.5万元、残疾人津贴136.4万元、民政救灾救助资金300余万元。

【综合治理】 一是扎实开展社会综合治理。结合群众反映强烈的突出问题开展“大排查大化解”专项行动，严格落实“三级联动”、矛盾纠纷调处包案、信访矛盾形势分析评估、领导接访等制度，走访调研3600户，收集问题852件，解决难题687条，化解重点信访事项17件，处理矛盾纠纷278件；2018年集中开展大型“扫黑除恶”专项斗争宣传4次，制作固定宣传牌44个，张贴大型宣传喷绘图70幅，悬挂横幅300余条，发放宣传彩页1万余份，摸排上报治安乱点线索3条；联合西吉县法院、县民政局等单位集中开展大型禁毒宣传4次，在全镇人口集中聚居区和流动人口密集场所实现禁毒宣传全覆盖。2018年全镇涉毒人员135人，社区康复13人，实际纳入管控人员103人，管控率85.27%，禁毒宣传管控力度不断加大。2018年全镇未发生进京赴银越级上访和命案。二是扎实开展安全生产工作。严格落实安全生产网格化管理和“一岗双责”制度。签订各类《安全生产责任书》2000余份，发放安全生产宣传资料10000余份，集中开展大型宣传活动3次，悬挂宣传横幅200余条，安装固定宣传栏（牌)70个；综合、专项安全检查督查30余次，对排查出的25处存在安全隐患的塘坝进行网格化管理，设立安全警示教育牌。对全镇存在安全隐患的水毁道路50余处进行了维修。三是开展以“两个共同”“三个离不开”“五个认同”“五个维护”为主要内容的民族团结宣传教育“八进”活动和“四进”宗教场所活动。刷写永久性标语70余条，悬挂横幅200余条，制作大型宣传牌4个，印发《兴隆镇民族团结进步创建应知应会知识手册》6000册。开展宗教干部、宗教界人士专题培训5期320人次，学习新修订的《宗教事务条例》和马克思主义宗教观，对中央、区、市、县巡视巡察反馈的问题照单全收，逐条销号整改。单家集陕义堂红色革命教育基地接受国家和自治区民族团结创建观摩验收，受到国家和区市县各级领导一致好评，“民族团结先进个人”边万忠事迹被各级媒体先后报道，榜样效应凸显。

【效能建设】 把政府自身建设作为加快发展的履职之要，着力提高执行力和公信力。全面落实政府服务承诺、首问负责、限时办结制度，健全工作责任机制、激励机制、督查问责机制，提高行政执行力。切实加强作风建设。牢固树立“作风建设永远在路上”的意识，巩固“三严三实”专题教育和“两学一做”学习教育成果。严格落实中央八项规定精神和区、市、县若干规定。驰而不息改进“四风”，强化督查和行政问责，大力整治不作为、慢作为以及乱作为等现象，强化宗旨意识。切实加强廉政建设。严格履行主体责任和“一岗双责”，自觉把党风廉政建设各项规定落实到政府各项工作、各个环节，以良好的政风促进全镇经济社会健康发展。加强办公用房、公务用车和公务接待的常态化监管，坚决防止回流反复、问题反弹，努力塑造风清气正、廉洁奉公的政府形象。

（王　莉）

平峰镇

【概　况】 平峰镇位于西吉县西南，距县城43千米，与甘肃静宁、会宁两县相毗邻，地处两省（甘肃、宁夏）三县（静宁、会宁、西吉）交会处，西静公路穿境而过。2004年由原三合乡和原平峰乡合并组成。全镇平均海拔2100米，总面积189平方千米，其中耕地面积16.0万亩。下辖22个行政村153个村民小组，共有7398户25944人。平峰镇实有行政、事业在编人员40名，编制40个，缺编2名。行政编制25个，实有行政人员24名，其中公务员21名。事业编制17个，实有事业人员16名。其中专业技术人员10名，工人技术人员6名。内设行政办公室3个：党委办公室、政府办公室、社会治安综合治理委员会办公室；事业站所3个：科教文卫服务中心、民生服务中心、产业服务中心。2018年，全镇农民人均可支配收入达到8532元，增长11.2%。完成建档立卡户新识别21户63人，脱贫不享受政策37户146人，脱贫享受政策676户2855人。2018年共计补贴种养殖产业资金1354.2万元。2018年共为建档立卡户发放金融扶贫贷款累计突破1亿元，户均达5万元，金融贷款覆盖率达95%；发放妇女创业贷款55户275万元；全面实施“扶贫保”，深化产业保险，解决因意外事故、因病因灾出现的致贫、返贫问题，全镇扶贫保参保率达到100%。全镇粮食种植面积14万亩，马铃薯面积稳定在8万亩，覆膜种植2万亩以上，小秋杂粮种植3.5万亩（其中建设中岔村小秋杂粮标准化示范基地2处，种植面积1000亩），中药材5000亩，经果林4000亩，陈滩、王庆等村设施蔬菜1500亩。建设马铃薯贮藏窖7座，饲草青贮池113座；立足资源优势培育特色养殖业，李岔村中华蜂养殖产业，达到53户170箱，发展蜜粉源作物700亩，槐树1600余棵；建设沿坪、庙坪肉牛养殖示范村，每村养殖肉牛5头以上，农户50余户；王塬村梅花鹿养殖示范园养殖梅花鹿达100只。全镇达到养牛1万余头，养羊1.2万只，养猪7230头，家禽4.3万只，共培育各类合作组织35家，致富带头人60人。协调西吉县国土局完成王塬等村高标准机修农田1.5万亩，积极配合完成西会高速和贫困村通村公路的协调服务工作，实施通村组水泥路45.8千米，维修各村水毁道路40余处，全镇22个行政村道路畅通率达100%。三合美丽村庄建设项目按期完成。新建李营村村部，加固维修张武、金塘、中岔3个村村级活动场所。对全镇22个村级活动场所进行规范化布置，完成农村危窑危房改造195户，农村电力、通信保障能力不断提升。

【精准脱贫】 一是探索产业扶贫发展道路。巩固提升马铃薯、小秋杂粮、草畜等产业，探索发展中草药、经果林、淡水渔业等特色产业，扶持建档立卡贫困户户均发展马铃薯10亩以上，小秋杂粮2亩以上，饲草3亩以上，中草药1亩以上，养牛5头以上，技能型劳务1人以上。二是抓好闽宁协作项目。实施2018年张武闽宁协作示范村建设，用闽宁协作资金150万元，建设养殖饲料加工厂2000平方米，配套饲料加工设备。每年加工饲草达到6000吨以上，扶持全村建档立卡户每户发展基础母牛（或育肥牛）2头，发展庭院经济（花椒）1—2亩；利用商飞集团援助30万元，组建张武村集体农机合作社。三是着力抓好村集体经济发展。运行好王庆村电子屏制作项目扶贫车间，高赵村“四个一”林草产业扶贫示范带动工程，沿坪村集体农机合作社，权岔村集体青贮池等项目，三合村集体用房出租，带动其他村参照王庆、高赵、沿坪等村的发展模式积极发展壮大村集体经济。四是夯实金融扶贫支撑，加大金融贷款向贫困户、合作社、龙头企业倾斜。实现所有建档立卡贫困户扶贫保全覆盖。五是实施生态移民工程，加大县外移民力度，尤其向新疆转移就业安置。六是实施劳动力素质提升工程。开展精准工种培训，确保有劳动能力的建档立卡贫困户每户至少有1名技能型劳动力，提高内生脱贫动力。七是全面落实保障政策。认真实施“教育强镇，文化兴镇”，提高教育教学质量与文化事业繁荣发展；全面推进统筹农村医疗保险和农村社会养老保险，确保农村医疗保险和农村养老保收缴完成100%；全面落实城乡低保、高龄、“五保”、孤儿、优抚等各项农村社会保障制度。

【产业转型升级】 按照地域自然环境特点和产业发展基础，遵循“宜种则种、宜养则养”的原则，坚持因地制宜、因村因户因人施策，积极调整产业结构，引导群众发展适合当地实际的特色产业，筑牢贫困群众增收脱贫的支柱产业。着力构建西北部肉牛养殖旱作节水农业、东南部经果林生态经济、北部多种经营养殖3个产业示范区。一是以王垴村高标准农田为依托，构建万亩薯玉套种示范点（青贮玉米5000亩、马铃薯5000亩）。按照种薯繁育、鲜薯外销的思路，推进马铃薯产业提档增质，加快贮藏窖和马铃薯集散市场建设，将平峰建成全县重要的马铃薯种薯基地和鲜薯外销集散地；以打造全县优质小秋杂粮生产大镇为目标，推进小秋杂粮产业增效升值，争取引入小秋杂粮加工企业，延长产业链，增加附加值；建设新堡、陈滩、王垴、张武4个养殖示范村，发展5头以上肉牛示范户300户以上，加快良种基础母畜扩繁和畜禽品种改良，坚持良种母畜“见犊补母”全覆盖；巩固优质紫花苜蓿着床面积3万亩（包括林间带草）。二是认真实施“四个一”工程，建立造林绿化和生态保护主要领导负责制，镇村两级签订《目标管理负责制》，全面落实禁牧封育政策，保护好现有森林资源；争取林业部门支持沿着乡道、村道、组道道路和坝岸，实施道路绿化和护岸绿化工程，建成高标准绿化带，对移民迁出区进行造林绿化；大力发展经果林产业，巩固金塘、高赵、平峰、西坡等村3000亩现有经果林，在高赵、张武实施大果榛子（经果林）种植1600亩以上，带动农户发展经果林100亩以上。三是建设李岔、新堡2个中华蜂养殖示范村，中华蜂养殖达到3000箱以上；利用塘坝向山地延伸，采取节水灌溉的方式，在陈滩、王庆等村发展设施蔬菜种植2000亩以上，在沙洼、民和等村探索发展淡水渔业等。

【生态环境】 大力实施生态立镇战略，加快生态建设步伐，实施好退耕还林补植补造和管护工作，坚决制止破坏生态环境行为；切实做好秸秆禁烧工作，按照属地管理、网格化管控，充分发挥护林员作用，确保“零”火点目标；加大环境卫生综合整治力度，严格落实城乡环境网格化管理制度，调动一切积极因素，通过加强农村环卫设施配备、环卫队伍建设，深入推进城乡环境卫生大绿化大整治专项行动，确保公路沿线、乡村组主要道路和周边环境卫生得到有效治理；做好环保工作，按照大气污染、土壤污染、水污染的相关规定，严格属地管理，严禁生活垃圾、牛羊牲畜粪便乱堆乱放和倒入河道，确保环保工作顺利开展；深入推进河长制，加大巡河、监管、督查力度，坚持“一河一策”，完善“一河一档”，坚决打击毁河行为，提升河道整治管护水平；积极配合国土部门，投入资金3000万元，组织实施以民和村为中心，辐射西坡、张武、高赵等村的山水林田湖生态保护项目。

【民生改善】 加大教育投入力度，改善办学条件，提高教学质量，健全关爱留守儿童机制，提升学前教育和义务教育工作水平；认真落实国家计生和人口政策，提升优质服务水平，推进人口均衡发展；积极改善医疗卫生条件，努力提高医疗服务水平；牢牢掌握意识形态工作领导权，以培育践行社会主义核心价值观引领精神文明建设，办好新时代农民讲习所，持续推进以“一约四会”为重点的乡村民风建设；围绕民生工程目标任务，推进各项惠民政策落实；完善落实最低生活保障、特困人员供养和临时救助制度，推进医疗、教育、住房、就业和受灾人员等专项救助；提升社会保障水平，做好城乡居民基本养老保险、农村合作医疗参合工作；加强国防教育和后备力量建设，开展双拥工作；扎实做好工会、青年、妇联、统计等工作。

【基础设施】 争取建设部门支持，实施平峰镇南街开发改造项目，完成拆迁1500平方米，新建营业用房3000平方米，并完成道路、给排水等配套设施；争取建设平峰镇集镇蔬菜瓜果市场，占地面积2000平方米以上；全力夯实交通、水利、教育、生态、城镇化、信息化“六个基础”，改善群众生产生活条件。争取实现危房全面消除，实施道路建设63千米，自来水入户达到100%，配合民政、卫生等部门，做好农厕改造、社区建设等工程；积极争取建成王庆、八岔、焦湾、陈滩、庙坪、沙洼、沿坪、张武、金塘、平峰等村10处300千瓦光伏扶贫村级电站建设项目。

【综合治理】 一是大力推进移风易俗。引导全社会崇尚社会公德、职业道德、家庭美德和个人品德；不断创新方法和载体，认真开展“‘五好家庭’、好媳妇、好婆婆”评选活动，树立一批道德模范和先进典型。二是深入推进民主法治建设。深化“平安平峰、法治平峰”建设，有效降低治安案件发生率，切实保障社会和谐稳定、人民安居乐业；大力开展法治宣传教育，在全镇上下形成“学法、懂法、守法”的法治氛围；严厉打击违法犯罪行为，扎实开展扫黑除恶专项斗争，提高群众安全感和满意度；建立健全信访维稳工作机制，全面落实“开门接访、带案下访”制度，及时解决好群众合理的利益诉求，有效预防和化解矛盾，打造共建共治共享的社会治理新格局。三是筑牢安全生产基础。推进安全生产领域改革发展，实行“党政同责、一岗双责、失职追责”，强化企业主体责任，开展安全隐患大排查大整治专项行动，压实属地监管责任，构建安全风险隐患排查治理预防机制。抓好道路交通等重点行业和领域安全，确保全镇安全生产形势持续保持稳定。四是深入开展民族团结进步创建活动。依法加强宗教事务规范化管理，积极引导宗教与社会主义社会相适应，巩固和发展“民族和睦、宗教和顺、社会和谐”的良好局面。

（王　峰）

将台堡镇

【概　况】 2018年，全镇共有编制人员38人，其中行政编制24人，事业编制14人。单位内设党政办公室、社会与经济管理办公室、民族宗教工作办公室、人武部办公室、信访接待室、纪委办公室、档案室等，下设民生、产业、文化3个中心，镇属各单位站所有农业科技服务中心、林业站、派出所、司法所、工商所、变电所、中学、中心校、邮电所、信用社、卫生院、水管所、农行营业所。2018年，农民人均可支配收入达9938.2元，增长9.58%。全镇贫困人口由1513户6720人减少到210户673人，贫困发生率2.5%。全镇经济社会科学有序和谐发展，呈现出蒸蒸日上、风正劲足、蓬勃发展的良好势头。

【脱贫攻坚】 对标贫困户脱贫“一收入两不愁三保障”要求，加大投入力度，精准推进措施。全面完成明星、伙沟、韩塬等9个贫困村的村组道路硬化工程，规划牟荣、明荣等7个非贫困村22.45公里道路硬化项目。改造实施7个非贫困村安全饮水工程。电力、信息和广播电视实现全覆盖。加大易地扶贫搬迁力度，建成明星村4个就近移民安置点，安置贫困户67户302人；主动承接劳务移民，累计完成劳务移民119户594人（县内劳务移民78户403人、县外劳务移民41户191人）。加快危房改造步伐，2018年实施危房改造193户。健全评级授信工作程序，成立16个村级信用协会。2018年新增金融扶贫贷款980户4435万元，发放妇女创业贷款296户1480万元。驻村帮扶第一书记、中国商飞公司等帮扶单位“动真情、出实招、扶真贫”，办理实事1200余件，协调解决矛盾纠纷187件，累计投入帮扶资金 251 万元。

【产城融合】 按照“宜养则养、宜种则种、种养结合”的原则，发挥小义、商源等本土企业和佳立等龙头企业的示范作用，在山区村大力发展草畜产业，川区发展冷凉蔬菜等特色产业。全镇牛、羊饲养量分别达到 12660 头、5613 只，特色蔬菜种植年均稳定在 1.5 万亩以上，山区养牛羊、川区种蔬菜的产业格局初具规模。完成农牧业产业扶贫验收和资金兑付工作，全镇兑付补贴资金共计 1511.87 万元；借助便利的地理优势，发挥马铃薯市场、向丰农资城的市场和商业街的集聚辐射作用，全镇小商铺、流动摊点均已超过 1000 户（个），培育一批小企业、小老板，发展壮大商贸物流产业，群众脱贫致富的后劲增强。利用红色将台堡微信平台等新型现代媒体，加大红色旅游宣传推介力度，红色旅游持续升温，2018 年共接待游客及组团参观学习 30 余万人次。

【城镇建设】 坚持把基础设施建设作为实施乡村振兴计划的关键。实施将台堡红军长征会师纪念园基础提升改造和会师广场新建项目，对革命旧址进行保护修缮，对环保设施等进行维修。做好棚户区改造安置，加快玫瑰苑、民丰苑安置小区和明台苑商业小区建设进度，建成安置楼房 252 套，宅院 46 栋 92 套，商品房 85 套。完成棚改第一批 192 户楼房安置户抽签、分配工作。加快玫瑰苑道路、供排水等附属工程建设。完成民丰苑宅院安置 108 户指标安置，完成 98 户房屋主体建设。积极申请玫瑰苑、民丰苑基础设施配套项目，做好规划编制及项目落实工作。实施会师南路和胜利路人行道改造工程，提升将台堡整体形象，促进红色旅游健康发展。启动向丰农资城二期和标准化蔬菜市场二期建设。续建完成长征路、秦城路等 9 条道路 5.79 千米，配套强弱电管廊和供排水、绿化、亮化等工程。全镇“八横五纵”道路体系基本形成。

【社会事业】 坚持把社会事业发展作为“为民谋福祉”的重要举措。顺利通过国家义务教育均衡验收，加大控辍保学力度，22 个辍学学生及时劝返回校。续建完成将台堡二幼和东坡、西坪等 8 所村级幼儿园，建成将台堡镇中心小学教学楼，配齐教育教学设备。改善村级医疗卫生条件，续建完成包庄等 6 个标准卫生室。配齐 16 个村级综合文化服务中心设施设备，确保群众文化活动正常开展。加强社会保障工作，规范民政救灾、低保、高龄、“五保”等资金申报、审批发放程序，医疗和养老保险实现全覆盖。加强劳动力素质培训，2018 年劳动力转移就业 7514 人，培训 1264 人次。创建民族团结创业示范街，顺利通过县级验收，成功举办创业培训 3 期 180 人，多措并举，扶持入园商户孵化发展。坚持保基本、提质量、促均衡，民生福祉不断改善。

【乡村环境】 提高政治站位，坚决整改中央环保督察及“回头看”反馈问题，细化整改措施，压实整改责任，停产整治企业 6 家，拆除砖厂 2 处，恢复生态 270 亩。加强小锅炉整治力度，完成将台污水处理厂征地、协调及建设任务。兑现葫芦河整治征收土地及附着物补偿金 2238.6 万元。封堵排污口 1 处，拉运污水 375 立方米，累计投入资金 42 万元，落实控源截污、河湖共治、生态修复综合措施，葫芦河辖区段水质稳定在Ⅳ类以上。落实河长制建设政策标准，积极开展河道巡查，及时处置问题。农用残膜回收率、畜禽粪污资源化利用率不断提高。开展“城乡环境卫生大绿化大整治”专项行动，细化落实长效管理机制，有效整治集镇顽疾。累计投入环境整治资金 141.7 万元，争取公益性岗位 75 个，加强将台德盛物业服务有限公司监督管理，提高清扫保洁和生活垃圾清运质量，镇村环境卫生显著改善。签订商铺“门前六包”责任书 600 份，拆除旧庄园 35 座，绿化 25 千米、亮化道路 6.79 千米，清理“三乱”180 处、垃圾 4200 吨，完成马莲川和将台段 202 亩国土整治任务，乡村面貌展现美丽新姿，绿色发展初见成效。

【政务服务】社会治理工程扎实推进，提高人民群众安全感和满意度。坚持建章立制、上门服务、一线办公，科学推进脱贫攻坚、“三调联动”“矛盾纠纷大排查大化解”工作机制与联合办公日活动有效衔接，及时解决群众脱贫致富发展难题，妥善处置各类矛盾纠纷。2018年排查化解各类矛盾187件，化解率100%；接受调处网络化事件10件，化解率100%；受理办结信访件28件，办结率100%。投资180多万元，维修16个村级党员活动室。加强政府自身建设，干部作风明显转变，防控措施不断强化，权力运行不断规范。严格执行领导干部“一岗双责”，全面落实党风廉政建设责任制，严肃工作纪律，规范公务接待、强化勤俭节约。强化廉政教育，积极支持镇纪委案件查办工作，营造干净干事、廉洁干事的良好氛围。

（王晓霞）

什字乡

【概　况】什字乡位于西吉县东南部，与原州区、隆德县毗邻，乡政府距离县城60千米，总面积112平方千米，耕地面积13.9万亩，属于干旱贫困半山半川区，下辖16个行政村、84个村民小组。2018年共有工作人员38人，其中：乡政府23人、科教文卫服务中心4人、民生服务中心6人、产业服务中心5人。

【攻坚克难】什字乡共有建档立卡贫困户1836户8553人，已脱贫1497户7190人，未脱贫339户1363人，全乡贫困发生率降至5.1%。有9个贫困村已于2015年、2016年、2017年脱贫出列，1个村于2018年脱贫出列。一是产业扶贫。全乡落实产业奖补政策，青贮玉米56780亩，紫花苜蓿312亩，马铃薯8800亩，小麦15070亩，杂粮6532亩，蔬菜1100亩，中药材1755亩，油料类3656亩，兑现奖补资金3446.32万元；牛存栏4.1万头，羊存栏6678只，青贮玉米饲料50.4万方，青贮率近40%，兑现奖补资金1038万元；打造养羊示范村1个，涉及农户60户，扶持资金30万元，打造肉牛养殖示范村2个，新建30立方米以上青贮池227座，涉及农户227户，奖补资金113.5万元。二是2018年危房改造207户450人。三是教育助学扶贫。落实“雨露计划”贫困人员558人，享受扶助金83万元，助学贫困学生50人，发放贫困学生生活补助金2.5万元。四是实施生态扶贫。什字乡共确定26名贫困人员为村生态护林员，发放补助26万元，兑现退耕还林补贴135万元。五是提供就业信息，引导劳务输出，开展农村实用技术培训1007人次。六是实施低保兜底扶贫。确保A类社会保障兜底对象50户205人。七是落实金融扶贫。16个行政村全部建立信用协会，完成1862户建档立卡贫困户评级授信工作，全乡累计发放贷款突破1.5亿元，其中：建档立卡贫困户1478户7053万元，户均4.77万元；2018年贷款991户5053万元。

【产业转型】一是种植业扩量增效。2018年全乡种植青贮玉米56780亩，新种植紫花苜蓿312亩，马铃薯8800亩，小麦15070亩，杂粮6532亩，蔬菜1100亩，中药材1755亩，油料类3656亩。在玉丰村建设2000亩规模的优质牧草展示区，其中核心区100亩，用于开展一年生牧草品种比较试验研究。引进青贮玉米品种16个、燕麦4个、高粱6个，布设全株青贮玉米品种比较试验、燕麦品种比较试验、高粱品种比较试验研究3项，筛选适合本地栽培的牧草品种，为西吉县草畜产业健康发展提供种质保障。二是养殖业提质增效。什字乡培育养殖专业合作社126家，百头以上的规模户7家，20头以上的121家，10头以上的1034家，牛存栏4.1万头，羊存栏6678只，全年饲养量5万头以上，饲草总产超63万吨，青贮玉米饲料32万方，青贮率近50%以上，人均养殖业收入达到4200元。三是特色产业初步形成。杨庄、余堡两村发展中药材种植1000亩，余堡村采用微灌技术种植银柴胡和板蓝根共700亩、杨庄村种植黄芪和板蓝根共300亩。谢寨村发展包菜500亩、马铃薯300亩，杨庄村种植辣椒、西红柿共300亩。

【基础设施】 一是全力抓好道路建设。2018年完成村组道路硬化19.87千米（其中杨庄村3.8千米、李海村4.2千米、山庄村3千米、李庄村3.35千米、温唐村2.32千米、保卫村3.2千米）。二是全力抓好水利工程建设。什字乡10个销号村自来水全部入户，6个非销号村2018年全部实施完成，高效灌溉及小高抽涉及13个村灌溉面积11900亩。其中库灌区覆盖4个村、覆盖面积4000亩，井灌区覆盖6个村，覆盖面积7000亩，小高抽灌溉涉及3个村，覆盖面积900亩，受益户数240户，什字水库加固工程占地300多亩，工程项目资金2000多万元。三是全力抓好校舍改（扩）建。中小学改（扩）建工程已完成征地工作，正在建设中。四是全力抓好村级阵地建设。新建杨庄、李庄、温唐3个村，维修北台、温唐等8个村围墙、换瓦等设施，配备北台、李庄等9村办公设备，投入资金520万元。

【环境整洁】 一是重视宣传效应。充分利用各种会议、宣传栏、固定标牌、标语、微信工作群等媒介，广泛开展文明创建活动，发放《致农民的一封信》等宣传资料8000余份，努力营造并创建浓厚的文明氛围。二是强化环境综合整治。对各村庄周围、河道漂浮物垃圾以及公路沿线违章建筑开展“绿化大整治专项行动”，共出动劳力1600余人次，出动清扫车辆160余台次，清理、运送、焚烧、填埋垃圾85余吨。对公路沿线可视范围内的垃圾、残垣断壁、门前三堆等进行全面清理，共出动人员3万余人次，挖掘机8台800小时，铲车8台640多小时，翻斗车320台2560多小时，运输垃圾三轮农用车1300台次，清理“三堆”等垃圾1300吨左右，拆除违规建筑20余处，关停路边煤炭销售点3处，清理街道“牛皮癣”300多块。三是美化农村人居环境。组织什字乡乡村党员干部对杨庄村、北台村移民点、兴什公路沿线、各村村组道路共计约10千米开展“大绿化、大整治”，北山绿化项目从玉丰村到什字村共计绿化4500亩，共种植河北杨、油松、毛桃、云杉等50多万棵，实现村庄周边绿化亮化。

【民生改善】 一是完善城乡社会救助体系。城乡低保、医疗救助、临时救助、特困对象供养全覆盖。2018年发放社会救助资金190万元。二是提升防灾减灾救灾综合能力。完善防灾减灾工作机制，做好自然灾害应急救助，救灾资金物资的安全管理。三是扎实做好军人优抚工作。着力做好优待抚恤工作。四是统筹养老服务事业发展。加强老年优待关爱，发放高龄老人补助金97.1万元，社会最低保障金794万元。五是努力发展残疾人事业。残疾人“两项补贴”清理认定工作全面完成，发放两项补贴金131万元。残疾人辅助器具14件（个）。

【内生动力】 一是认真开展好“民族团结进步创建”活动。广泛宣传维护民族团结与进步的先进单位，少数民族发展经济、走勤劳致富先进个人典型事迹，结合“民族团结月”和“法制宣传月”等活动，散发《中华人民共和国民族区域自治法》《民族宗教政策》等涉及民族宗教团结创建、宗教知识、抵制邪教方面的宣传单5000多份，制作安装民族团结宣传展板4块，张贴宣传标语48条，悬挂条幅8条，通过大力宣传，使全乡人民形成“三个离不开”的良好共识。二是开展移风易俗。以培育和践行社会主义核心价值观为根本，在什字乡范围内开展“十星文明户”“好婆婆”“好媳妇”“好女婿”“文明村镇”等先进评选活动，有效遏制农村婚丧嫁娶红白事大操大办、奢侈浪费、盲目攀比的不正之风。三是开展“进村入户办实事送温暖”专项行动。什字乡各帮扶部门、驻村工作队积极为群众办实事、解民忧、送温暖、促发展，激发贫困户内生动力，提振脱贫信心。帮扶干部参加人数362人次，走访调研1700户，收集问题626件，解决难题468条，帮助制订发展规划1148个，帮助建立制度277个，办理实事1362件，协调解决矛盾纠纷120件，投入帮扶资金47.5万元。

【社会风气】 一是广泛宣传。通过“张贴公告、横幅、入户宣传”等方式，累计发放“扫黑除恶”专项斗争、“禁赌禁毒”等通告9000余份，投入3万余元，在集镇、道路沿线设置大型固定标语，对16个村配齐“扫黑除恶”线索举报箱、宣传专栏，各村自行书写标语3幅，使中央“扫黑除恶”专项斗争家喻户晓，人人皆知。二是行动落实。关停集镇、村临街面营利性棋牌娱乐场所，全面开展黑恶势力犯罪线索排查及处理。什字乡派出所共处理打架等暴力案件49起，其中调解10起，拘留29起73人。

【自身建设】 全面推进政务公开、法治政府建设，“七五普法”有序开展。开展“两学一做”学习教育，严格落实中央八项规定精神，着力解决一批“四风”突出问题和“雁过拔毛”式腐败问题。一如既往地开展作风建设活动，进村入户，帮助群众解决困难、化解纠纷。实施网格化管理，集镇以网格为单元落实联片责任人和责任单位，实行社会综合管理，确保社会大局稳定。

（苏　艳）

王民乡

【概　况】 王民乡位于西吉县城西南部32千米处，地处滥泥河流域下游丘陵山区，地域面积94.14平方千米，耕地总面积78900亩。农作物以冬小麦、玉米、马铃薯、胡麻为主。王民乡下辖12个行政村66个村民小组，总户数3171户13234人，其中回族9759人，占总人数的72%。全乡享受农村社会最低生活保障1170户1562人，重度残疾人412人，困难残疾人524人。全乡12个村现有贫困户999户4640人，2014年减贫93户382人（二口村），2016年减贫185户869人（红太村、三岔村），2017年减贫286户1449人（王民村、下赵村、小湾村、学杨村），2018年减贫282户1392人（小岔、姚坡、周康），已实现全村脱贫销号。2018年全乡农作物播种面积42279亩，其中覆膜种植（地膜玉米）17191亩，马铃薯12402亩，小秋杂粮12400亩，特色蔬菜286亩。

【基础建设】 一是基础保障有效提升。按照“两不愁、三保障”的标准，全面推进脱贫富民工程。围绕村内基础设施、基本公共服务、产业发展、集体经济收入等问题，新增自来水入户301户1360人，实现安全饮水保障。改造危房39户173人，解决群众安全住房问题，确保住房安全；完成县内劳务移民42户224人，完善移民安置配套。完成2017年西吉县内易地搬迁安置点道路、路灯、自来水等基础设施配套工程。二是集镇基础逐步完善。完成王民街道水毁维修工程，敷设排水管道600米，硬化街道路面300米，提升街道服务功能。三是王民乡政府办公条件大幅改善。完成乡政府院内排水管网改造，新建化粪池及室内外供热管网改造，宿舍采暖改造和办公楼卫生间、浴室改造，办公楼室内墙粉刷改造等项目。完成乡政府办公设备更新、干部食堂维修改造、民生服务中心改造启用，改善乡政府办公条件。四是村组道路大幅改善。硬化村组道路20.75千米。五是村级阵地不断加强。新建姚坡村党员活动室200平方米，对周康、小岔村部进行加固和维修，全乡行政村宽带网络全覆盖。

【脱贫攻坚】 2018年4个贫困村达到脱贫出列标准，王民乡共有贫困户281户1382人脱贫退出。全乡贫困户家庭年均可支配收入达到8210元，有安全稳固住房，接通自来水，村组道路硬化，适龄儿童接受九年义务教育，主要劳动力接受技能培训，有增收门路，家庭成员符合条件的参加城乡居民基本养老保障，城乡居民基本医疗保险全覆盖。

【舆论导向】 一是把握导向，规范舆论宣传。搭建信息互通平台，对一些苗头性问题努力做到早预见、早发现。对重大事件及突发性问题注重提前介入，防患未然，掌握网络舆情主动权。二是强化载体，占领舆论阵地。在各村建立固定的群众工作宣传栏，在王民乡政府院内设立大型不锈钢宣传廊，宣传“两学一做”、基层党建、社会主义核心价值观、法治文化建设、党风廉政建设、精准扶贫、民生改善、移民搬迁、安全生产、森林防火等内容，强化宣传载体建设。

【“扫黑除恶”】 成立王民乡“扫黑除恶”专项斗争工作领导小组，组织召开王民乡“扫黑除恶”专项斗争专题会议，充分利用多种形式对“扫黑除恶”专项斗争进行宣传。在微信公众平台、政务微博等推送、转载“扫黑除恶”专项斗争应知应会基础知识5期；在乡政府驻地、主要路段、主要场所张贴“扫黑除恶”宣传标语，悬挂横幅95条；制作“扫黑除恶”墙体喷绘60幅。结合1月21日王民乡首届“乡村振兴杯”农民运动会暨移风易俗表彰大会，“唱响新时代　建设新王民”迎春文艺会演活动，开展“扫黑除恶”专项斗争有奖知识问答，举办“扫黑除恶”专项斗争宣传活动，提高群众对“扫黑除恶”专项斗争工作的积极性和主动性。

【民族宗教】 坚持宗教中国化方向，依法加强宗教事务规范化管理。开展民族宗教矛盾纠纷排查调处工作，开展民族团结创建活动，“两个共同”“三个离不开”“五个认同”思想扎根各族群众心中。

【安全生产】 坚持从源头抓起，认真组织，周密部署，狠抓落实。制定下发安全生产、农机安全、消防安全等工作实施方案，与各村及站所签订《安全生产目标责任书》；与王民乡920名农机驾驶员签订《农机安全责任书》。开展安全生产隐患大排查大整治专项行动。对学校、超市、饭馆等开展集中检查和整治整顿，组织各类安全培训8场次，发放宣传册2200册，悬挂安全生产标语24处。

【社会治理】 坚持社会治安综合治理，统一部署、统一检查、统一考核，健全完善“纵向到底、横向到边”的责任落实体系。推动联调联动中心运行规范，2018年年内共接待群众来访180余人次，化解矛盾纠纷151次，化解信访积案16件。设立禁毒工作办公室，成立社区戒毒中心，建立健全14名吸毒人员档案、1名强戒毒人员档案，完成吸毒人员管控系统工作情况录入。

【生态建设】 贯彻绿色发展理念，落实最严格生态环境保护制度，扎实整改环保督查反馈问题。建立乡村二级河长制体系，开展河长制专项督查12次、督办河道垃圾清理24次、清理打捞垃圾870.9吨，出动1410人次，动用机械16台，累计清理岸线480千米，严厉打击违法违规行为，有效促进河湖水环境持续改善。集中开展环境卫生大整治专项行动，对王民街道、平王公路、夏公公路、朱王公路两旁和辖区滥泥河、李马河河道建筑垃圾和生活垃圾以及废旧残膜进行清理清运。专项行动开展以来，累计租用铲车、翻斗车等大型机械156台次，投工投劳1200多人次，清运建筑垃圾生活垃圾1850多吨，回填土方460立方米，修建围网150米，敷设保护网650平方米，有效改善全乡环境卫生脏乱差现状。组织乡村干部、公益性岗位人员、生态护林员和群众650人次，对王民至将台公路、朱王公路、平王公路沿线进行全面绿化，栽植苗木13400株，绿化道路20千米。开展“碧水蓝天”专项行动，加强秸秆禁烧巡查力度，加大畜禽粪污、农用残膜治理，有效遏制农村面源污染。

【草畜产业】 大力实施“粮改饲”项目，实现“见犊补母”政策全覆盖。以姚坡、三岔养殖示范村建设为抓手，推广覆膜种植全株青贮玉米3600亩，建设30立方米以上青贮池248座，青贮饲料20994.025吨。王民乡基础母牛存栏5966头，基础母羊存栏7205只，猪存栏93头，家禽存栏5708只。

【组织建设】 以开展星级基层服务型党组织创建为抓手，坚持围绕存在问题整改抓落实、围绕党建工作责任抓落实、围绕星级服务型创建抓落实、围绕带好队伍抓落实、围绕制度建设抓落实，提高农村基层党建水平。评定三星级党组织5个（其中农村党组织5个），二星级党组织4个（其中农村党组织4个），一星级党组织2个（其中农村党组织2个），0星级党组织1个（其中农村党组织1个）。

【精神文明】 成立以王民乡党委书记任组长的精神文明建设工作领导小组，定期研究精神文明建设有关工作，做到“资金有保障、机制更健全、活动有载体、建设有阵地”。新建功能齐全的综合文化大院和休闲广场。在各村配置农家书屋，完成村村响工程。开展群众文化活动，“七一”慰问困难党员，“八一”慰问困难退伍军人，召开宗教界人士爱国爱教学法守法培训会；开展“平安家庭”“最美家庭”评选活动和移风易俗宣传教育，激发全乡广大干部群众创建文明乡村的工作激情。

【民生改善】 一是围绕草畜、马铃薯等特色产业和烹饪、电焊加工等行业，先后在小岔、姚坡、周康等村实施建档立卡贫困户技能培训393人。二是开展低保专项核查。把因残、因病等社会兜底户全部纳入最低生活保障，实现农村最低保障制度与扶贫开发有效衔接。2018年，王民乡享受低保救助建档立卡1170户1562人，低保受助金累计421.4451万元。三是落实教育扶贫政策，全乡适龄儿童入学率达到100%。2018年享受“雨露计划”补助学生319人，补助资金47.85万元。四是城乡居民基本医疗和基本养老保险全覆盖。实行“先诊疗后付费”，“一站式”结算平台全覆盖，落实“家庭医生签约服务”，“分级诊疗”雏形基本形成。建档立卡贫困户年度住院医疗费用实际报销比例不低于90%或当年住院自付费用累计不超过5000元。五是社会保障不断加强。对70名建档立卡户驾照补贴21万元，全乡高龄津贴169人，发放高龄津贴累计61.4340万元，享受困难群众救助3155人，累计发放救助资金81.35万元；享受重度残疾津贴412人，累计发放重度残疾津贴37.61万元，享受困难残疾津贴524人，累计发放困难残疾津贴60.78万元。发放妇女创业贷款58万元，受益117户614人。

（王　源）

西滩乡

【概　况】 西滩乡位于西吉县城南部，距县城18千米，总面积98平方千米，其中耕地93577亩（人均5.9亩），退耕15467.4亩（人均0.98亩）。境内山峦绵延，沟壑纵横，属干旱半干旱的内陆型黄土丘陵山区。现辖10个行政村65个村民小组，总人口3726户15805人（其中：回族3659户15535人，占98.3%；汉族67户270人，占1.7%）。全乡共有党支部11个（其中：农村党支部10个，机关党支部1个），现有党员258人（其中：预备党员6人，女党员41人，占比15.9%；男党员217人，回族239人，占比92.6%；汉族18人，满族1人）。主导产业是草畜、马铃薯、劳务、旅游。按照乡党委、乡政府“12251317”工作思路〔打造1个中心：即打造以西滩村为核心的美丽村庄；筑造2个“屏障”：即筑造西吉回民公墓（北山）和南山花园梁两个生态屏障；发展2条流域：即围绕葫芦河、滥泥河两条小流域治理，积极发展流域经济；做好5篇文章：即一是做好发展养殖业的文章，二是做好发展种植业的文章，三是做好劳务输出的文章，四是做好

“两个带头人”的文章，五是做好特色产业发展的文章；扎实推进“民族团结创建工作”；狠抓“三大专项行动”：城乡环境卫生大绿化大整治、群众反映强烈突出问题大排查大化解、帮扶干部进村入户办实事送温暖；统筹实施乡域17项重点工作〕，狠抓各项工作落实。2018年农民可支配收入8849.3元。

【脱贫攻坚】 一是对西滩乡1121户5269人建档立卡户进行调查摸底，根据不同家庭基本情况，科学制订发展规划。同时开展贫困人口动态调整，新识别建档立卡户13户63人，移民迁转及整户删除23户93人，家庭成员增加161人，家庭成员减少79人。现有建档立卡户1111户5321人，共标注脱贫退出818户4111人，剩余293户1210人，贫困发生率降至7.7%。二是完成危房改造107户，硬化村组道路22.01千米，机修农田1200亩。2018年完成新增自来水入户621户，全乡自来水普及率达98%。实施阳光沐浴工程，投放太阳能热水器310台。投入150万元，完成张村堡闽宁示范村建设项目。投入40万元，新建大岔村党员活动室。投入16万元，完成张村堡和黑虎沟村党员活动室维修。投入3万元，对大岔村、黑虎沟村村级人大代表活动室进行布置，配齐配全办公和电教设备。投入15万元，对全乡40余处水毁道路进行维修。完成五岔村狗娃岔小型农田水利工程年度建设任务。三是开展金融扶贫工程，不断完善“财政+金融+产业”的扶贫长效机制，在10个行政村建立信用协会，完成评级授信1003户，新增发放金融扶贫贷款4722.5万元，建档立卡户户均达4.7万元，覆盖率达90%。发放妇女创业贷款92户460万元。四是每个行政村投入壮大村集体经济资金5万元，每村每年平均稳步增加村集体经济收入3000元，有效解决村级文化活动开展、基础设施维修、环境卫生整治、贫困群众临时救助方面的费用支出。五是完成“十三五”县内移民搬迁126户708人。

【“三大专项行动”】 一是开展乡村环境卫生“大整治大绿化”行动。围绕“13101126”环境整治工作思路，坚持集中整治和日常维护并重，实行包片领导和包村干部包抓责任制、“1+X”联户整治机制，投入资金50余万元，开展大范围的环境整治80场次，出动人力6000余人次，出动大型机械150台次，清理垃圾4200吨、草垛158个，整治乱贴乱画130处。绿化村道15千米，栽种河北杨8700余棵。坚持边开展、边完善、边治理，构建乡、村、组环境整治三级网格化管理，明确各级网格管理人员、监督人员，明确职责和任务，充分调动广大群众能动性，每天对辖区环境卫生进行清理，做到常态化。二是扎实开展群众反映强烈的突出问题“大排查大化解”行动。针对群众反映的问题，建立台账，明确人员责任、时限，包案化解，并利用“联合办公日”集中攻坚解决，推动群众反映强烈的突出问题大化解。紧盯脱贫攻坚、农业农村、民生改善及群众切身利益等方面的问题，登记建立台账的问题97件，协调解决85件，逐步实现疑难信访问题“清仓见底”。共排查调处矛盾纠纷150件，录入150件，调处率达100%。三是扎实开展帮扶干部进村入户办实事送温暖专项行动。按照实现“两个全覆盖”、突出“四个在一线”、做到“三个清”“三个一”的工作任务，全乡驻村第一书记、驻村工作队员、帮扶责任人进村入户，了解群众生产生活方面存在的困难和问题，按照轻重缓急进行分类，建立台账，明确解决措施、化解时限，把发现问题、解决问题贯穿于专项行动的全过程。根据贫困户发展意愿和需求详细制订种植业、养殖业、扶贫贷款和技能培训等方面的致富计划和措施600多个，共收集群众反映强烈的问题927件，帮助解决孩子上学、医疗费用、办培训班等实事843件。社会帮扶工作扎实有效。自治区博览局、国电宁夏分公司、固原市供销社、公交集团、回民中学及西吉县林业、人社、科协、卫生监督所、体委等帮扶部门（单位）投入帮扶资金34万元，助推全乡脱贫攻坚工作进程。

【产业优化】 一是推进马铃薯产业提档增质。全乡马铃薯产业提供农民人均可支配收入1500元以上。向建档立卡贫困户发放原原种56万粒；主推青薯9号、庄薯3号品种，建设以西滩村为核心，辐射何庄、五岔、吊咀、林家沟等村的万亩一级种薯基地，发展覆膜种植2.15万亩。二是推进草畜产业扩量提质。坚持“家家种草、户户养畜，小群体、大规模”的发展路子，种植青贮玉米1.2万亩。腌制青贮玉米4.5万吨，补贴资金269.4万元；新建青贮池88座，补贴资金17.6万元；全乡牛饲养量6355头，羊饲养量6414只，培育大岔、何庄、黑虎沟村养殖示范村3个，涉及农户190户，补贴资金95万元。三是推进劳务产业提质增效。提升技能抓“离土”就业，完成扶贫创业培训1期43人，开展精准脱贫能力培训33班次1890人次，其中：农民实用技术培训10班次578人次，开展家政服务、工程机械等培训16期730人次；建成运营西滩村粮油加工扶贫车间1个，带动就业20人。对外出1年以上的252名建档立卡贫困务工人员每人发放500元补贴。四是推进杂粮产业增效升值。全乡种植杂粮2.3万亩，以打造优质小杂粮生产加工强乡为目标。

【民生改善】 一是严格落实民生保障制度。开展最低生活保障对象清理核查，清理整顿低保62户105人，新增低保对象20户40人。共有低保户1633户2375人。享受高龄津贴88人、残疾人补贴318人、社会优抚对象22人。二是推进义务教育均衡发展。实施学前教育“一免一补”、义务教育“三免一补两餐”、普通高中“一免一助”等教育扶贫政策，对就读于高中、职中的120名困难学生给予“雨露计划”资助36万元。劝返辍学学生49名，劝返率达100%。义务教育基本均衡发展工作顺利通过国家评估验收。三是加强社会保障救助体系建设。扎实做好统筹城乡医疗保险和养老保险工作。2018年全乡养老保险、医疗保险参保率分别达到116.8%、96.4%，实现建档立卡户“两险”全覆盖。村级标准化卫生室规范运行。投入34.6万元，新建吊咀、五岔等7村“儿童之家”。投入40万元，新建大岔村、甘岔村社区2所。完成长效节育措施199例、免费孕前优生健康检查157对。

【社会治理】 全乡上下始终牢固树立“安全第一，预防为主”的理念，严格落实安全生产“党政同责、一岗双责”责任制，多次组织派出所、司法所、学校、卫生院等对交通运输超速超载、商店各类食品等进行拉网式排查。开展“扫黑除恶”专项斗争，集中宣传28场次，参加人数3000余人，刷写标语25条，悬挂横幅50条，发放宣传海报和宣传页3000余份，摸排各类涉黑涉恶涉乱违法犯罪线索38条，治安拘留8人，谈话教育12人。依法管理民族宗教事务，大力宣传“两个共同”“三个离不开”“五个认同”。以“农民素质提升年”为载体，挂牌成立村级“新时代农民讲习所”，开展农村大讲堂讲习活动330期2760人次。加大精神文明建设宣传力度，10个村全部实现“一约四会”和“善行义举四德榜”上墙入栏。开展“移风易俗树立文明乡风”表彰大会。评选表彰“四好家庭”“环境卫生整洁家庭”“脱贫光荣户”“最美媳妇”“最美婆婆”150余人户。张村堡村和黑虎沟村2户军人家庭被西吉县委、县政府评为“情系国防好家庭”。开展禁毒、网络安全、法律法规、社会主义核心价值观宣传50场次，受教群众达5000人次。开展多种形式的文化体育活动，各村举办“村民文化艺术节”和“民族团结杯”篮球运动会，丰富群众文化生活。

【自身建设】 牢固树立“四个意识”，坚定“四个自信”，做到“两个维护”，旗帜鲜明讲政治，把党的领导全方位、全过程贯穿政府工作。认真落实中央八项规定精神和区、市、县相关规定。

认领2017年省级党委和政府扶贫开发工作成效综合考评、中央第八巡视组、自治区党委第四巡视组反馈脱贫攻坚领域存在的突出问题，制定整改措施。清退违反中央八项规定精神资金8.5万元，问责干部21人。恪守“为民、务实、清廉”理念，自觉接受人大依法监督和社会舆论监督，积极办理人大代表的议案（建议），千方百计惠民生，促进各项惠民政策落地生根。坚持把求真务实作为政府工作的导向，加快政府职能转变，健全依法决策机制，依法公开政府的“权力清单”和“责任清单”，全面推行涉农惠农资金“331”监管机制，审核备案项目72项，办理群众各类诉求154件，群众知情权、参与权、监督权得到有效保障。

（杨晓龙）

硝河乡

【概　况】 硝河乡位于西吉县东南部，距县城20千米，省道202穿境而过，交通便利。全乡总面积131.5平方千米，耕地面积6.9万亩，人均耕地3.56亩，退耕还林面积1.8万亩。全乡辖硝河、隆堡、郎岔、范湾、红泉、关庄、高原、苏沟、新庄、马昌、民联、坟湾12个行政村，82个村民小组，5310户21254人，回族人口占85%。

【脱贫攻坚】 硝河乡共有建档立卡贫困户1363户5960人，已脱贫1083户4899人，未脱贫280户1061人，贫困发生率由2014年的29.1%下降到4.99%。产业扶贫：按照《西吉县2018年农牧业产业扶贫政策》《西吉县2018年农牧业产业扶持项目实施方案》等文件精神，重点围绕马铃薯、草畜、蔬菜、杂粮等产业，对种养农户15类53项进行补贴，共计兑付各类补贴资金1269.1万元，户均兑付9311元。“双基”建设：对照“村出列”主要指标，全面推进“双基”建设。完成2017年农村道路硬化道路25.8千米和沙砾路4千米后续工程；完成2018年郎岔、苏沟和新庄村硬化道路21.5千米。12个行政村自来水入户率达到95%。完成危房改造127户。全乡所有贫困村文化服务中心、标准化村卫生室、农业综合服务中心、电商服务网点、光纤宽带和公共服务设施实现全覆盖。易地扶贫搬迁：“十二五”县外移民310户1291人，县内移民271户1160人。“十三五”县外移民86户386人；县内建设就近安置点1个安置12户46人。县内劳务移民回购房完成搬迁入住63户338人（其中：2017年搬迁21户107人，2018年搬迁42户231人）。按照《西吉县解决生态移民迁出区遗留居民工作方案》，着力解决迁出村组遗留人口，县内生态移民安置区房屋空置、迁出区土地、公共设施“归口”管理缺失等突出问题。县内移民安置区房屋空置解决住房有困难户25户113人。金融扶贫：各金融机构2018年发放金融扶贫贷款832户4187万元，户均贷款50192元，建成金融扶贫示范村3个。就业脱贫：抓载体建设，绿发、星河合作社共流转土地2800亩，带动就业200人，其中贫困户60人；开展精准脱贫能力培训1020人（“雨露计划”助学补助173人、驾驶员培训补助47人、致富带头人培训43人、职业技能培训350人，实用技术培训302人、扶贫干部培训110人）。抓就业帮扶。全县春风行动专场招聘会，建档立卡劳动力现场招聘达成用工协议31人。抓公益性岗位。通过公益性岗位实现贫困人员就业57人。通过就业脱贫，实现农村转移就业4580人，劳动力职业技能培训881人。内生动力不断激发：在12个行政村创办农民讲习所，开展宣讲20余场次。组织“两个带头人”结合自己致富经历，深入3个深度贫困村开展“脱贫致富先进事迹”巡回报告会，以“身边的事”和“身边的人”激励广大群众置身脱贫攻坚。开展2018年扶贫对象动态调整和信息采集工作。动态调整后，脱贫享受政策156户799

人，脱贫不享受政策标注68户388人，家庭成员增加105人，减少36人。总结、提炼硝河乡三种脱贫富民模式雏形的提升，即以隆堡村蔬菜基地，依托绿发、星河合作社扩大种植规模带动更多贫困户致富的“合作社+贫困户”模式；以硝河乡关庄村股份经济合作社为主，成立养殖合作社、农机服务队等经营实体，实现关庄村254户1020人（股民）收益分红达到共同致富的模式；以新庄村“家家种草、户户养畜，大分散小集中、宜种则种、宜养则养”大力发展种草养畜并成立养殖合作社、农机服务队等经营实体，实现整村推进脱贫销号的模式。

【“三大专项行动”】 栽种河北杨树13477棵，绿化道路26.8千米，清理村组道路360多千米、边沟580千米，清理各类生活垃圾1200余吨；对40余处街道门头牌匾进行更换，建立硝河乡环境卫生整治长效机制。围绕“管、治、保”三大基本任务，扎实推进河长制工作，认真开展“清河专项行动”，建立完善“望闻问切”四步法，拆除河道两侧砖厂3个，拆除违章建筑200平方米；开展秸秆焚烧防治工作，做好大气污染防治工作。全乡驻村第一书记、驻村工作队员及289名帮扶责任人，开展“办实事 送温暖”专项行动。全乡共收集问题44件，解决难题28件，帮助群众办实事75件，投入资金65.26万元。通过第一书记联系驻村工作队所在单位，带动部门参与，形成助推脱贫攻坚的强大合力。收集群众反映强烈的突出问题68件，化解率100%。认真落实村级联合办公会议制度，及时解决群众诉求。

【民生改善】 为1986户低保户发放低保金和各项补贴655万元，为171户高龄老人发放高龄津贴59万元，为65名孤儿发放补贴120万元，为1289名残疾人发放各类补贴107万元，为29名优抚对象发放补贴65000元。实现贫困户医疗保险和大病救助全覆盖，确保每一户建档立卡贫困户都参与基础医疗保险。

【社会治理】 深入开展“扫黑除恶”专项行动，在各村及乡政府院内设立“扫黑除恶”举报信箱，张贴永久性标语，悬挂宣传横幅，营造浓厚氛围。集中开展矛盾纠纷排查11次，共受理调处各类矛盾纠纷123起，矛盾纠纷调处率100%。受理交办信访案件8件，群众来访23件。加大对戒毒人员的管控力度，利用各类节日活动举行禁毒知识宣传和禁毒知识讲座6次。完善安全生产网格化管理制度，加强安全生产宣传教育和安全隐患大排查力度。成立乡村两级义务灭火队，加大巡查力度，确保森林草原资源安全。2018年没有发生一起安全生产事故。关庄村荣获第一届自治区“移风易俗”工作先进村。

【民族宗教】 坚持党的宗教工作基本方针，学习宣传贯彻全国宗教工作会议精神，广泛深入开展民族团结进步宣传教育，按照“58585”模式开展民族团结进步创建活动；加强宗教人士和教职人员培训，坚持保护合法、制止非法、抵御渗透、遏制极端、打击犯罪的原则，积极开展宗教领域各项工作。扎实推进“三化”治理和“四进”清真寺工作。

【从严治党】 严格落实基层党建工作制度，强化阵地建设，新建党员活动室1个，维修2个，投资20余万元对13个党支部进行规范化布置；扎实开展软弱涣散基层党组织整顿工作，撤回6名党员朝觐申请，教育转化15名信仰宗教和参与宗教活动党员；吸收入党积极分子21名、预备党员15名、转正10名；培育致富带头人71名。扎实开展“县委巡察组反馈问题整改和扶贫领域腐败问题”专项治理工作，严格落实“中央八项规定”精神。认真贯彻中央、区、市、县党委关于意识形态工作的部署要求，严格落实意识形态主体责任，牢牢把握正确的政治方向、舆论导向和价值取向。

（马晓芳）

兴平乡

【概　况】 兴平乡地处西吉县南部滥泥河流域，距离县城21千米，总面积140.1平方千米，耕地面积13.08万亩。全乡有小型淤地坝12座，平均海拔1800米，年降雨量418毫米，60%—70%的降雨分布在秋季。境内梁峁起伏、沟壑纵横，属典型的黄土丘陵沟壑区，加之暴雨、冰雹、霜冻等自然灾害多发并发，对农业生产和农民生活影响十分严重。全乡辖12个行政村97个村民小组，户籍人口5991户25239人，12个行政村均属贫困村（其中深度贫困村5个），有建档立卡贫困户1785户8644人。2018年，全乡农民人均可支配收入8712.4元，同比增长11.7%。

【扶贫开发】 按照“三个清”“三个一”要求，倒排工期，压紧压实、细化脱贫攻坚责任。2018年新识别建档立卡户31户154人，标注退出38户154人，贫困户动态调整有出有进。累计实施金融扶贫贷款1645户8105万元，户均4.93万元，其中2018年贷款扩量提标927户4773万元，完成县上下达任务的176%。建成示范性扶贫车间3个，兑付补贴资金118万元，受益群众78人。先后为12个行政村注入村集体经济发展资金600余万元，成立兴平、赵垴、王湾、王堡、友爱5个村集体农机具合作社，购置大型农机具11台，全乡各行政村集体经济年盈利17.3万元。在全乡就近新建移民安置点7个，安置贫困人口91户415人。2018年搬迁178户932人；累计完成县外生态移民搬迁34户168人、县外劳务移民搬迁74户366人，其中2018年搬迁7户33人。各驻村工作队、第一书记充分发挥自身资源优势和人脉资源，累计协调帮扶资金756万元，用于帮扶村基础设施建设和贫困户产业提升。累计脱贫出列9个村，脱贫退出1377户6929人，贫困发生率从33.9%下降至6.88%。脱贫攻坚取得全面性、阶段性胜利。

【特色农业】 借鉴聂家河小流域治理成功经验，推广种养结合的林下循环农业模式，建成赵垴村集生态种植、观光采摘为一体的500亩山楂种植示范基地1处；利用原有公益林，在高崖村、韩垴村大力发展“土鸡”养殖，通过示范带动、技术指导、产品销售等一体化服务，使“兴平土鸡”品牌更加响亮。依靠辖区国辉杂粮扶贫车间，建成规模化小杂粮基地3个，鼓励农户适时调整产业结构，加大杂粮种植面积，探索“公司＋基地＋农户”的订单农业产业化经营模式，提高农民抗御风险和适应市场的经济能力。

【基础建设】 新（续）建农村公路23.5千米，完成自来水入户184户，自来水入户率95%以上。投入82.4万元启动实施杨岔村巷道硬化工程，完成巷道硬化8条2.2千米；累计完成危房改造2340户，其中2018年改造104户，对30户极度贫困户完成“交钥匙”工程，实现常住户住有所居。争取县级金融部门支持，建成团结、韩垴金融示范村2个，受益群众约1万人。完成村集体资产清产核资和宅基地、耕地确权登记工作，共计清查资源型资产16.8万亩，非经营性资产1415万元、经营性资产30.6万元。

【民生改善】 持续加大对教育工作的关心与支持力度，协调征地拆迁补偿资金24.7万元，完成土地征收7亩，房屋拆迁132平方米；新（修）建马沟、团结等村级幼儿园5所，办学条件大幅改善，兴平乡义务教育基本均衡发展顺利通过国家验收。筹措资金5.7万元，对全乡新考入二本以上大学及中考、小升初优秀学子予以表彰奖励；在享受国家教育扶贫和贷款政策基础上，对就读于高职、中职的467名建档立卡户家庭学生给予“雨露计划”资助70万元。2018年发放各类民政救助救灾资金259万元，发放养老及高龄补贴512万元，投入资金60万元，为所有建档立卡户购买扶贫保，建档立卡户“新农合”、“新农保”参保率和扶贫保实现100%全覆盖。2018年完成孕检 211 人，完成县上下达任务的 105.5%。

【社会治理】 坚持“有黑扫黑、无黑除恶、无恶治乱”的原则，挥铁腕出重拳依法严打黑恶势力，先后组织兴平乡派出所、司法所、综治办等开展“平安兴平”专项行动 2 次，摸排各类涉黑涉恶线索 2 条。开展“群众反映强烈突出问题大排查大化解”专项行动，及时回应群众诉求，化解信访矛盾 144 起。坚持宗教中国化方向不动摇，创新推广民族宗教“五联五促”工作，提升依法管理民族宗教工作的能力和水平。先后清退无证宗教教职人员 11 名，整改拆除“三化”类公共建筑 1 处、门头牌匾标志 23 处。严格落实安全生产责任制，强化道路交通协管员、护林员等工作职责，2018 年无重大安全事故发生。

【组织建设】 深入学习贯彻党的十九大精神，持续推进法治政府建设，优化乡、村两级办公环境，组建兴平乡综治中心，健全乡、村干部接访制度，坚持“联合办公日”制度，推行阳光政务，健全完善乡村政务、财务公开制度。开展便民利民服务，简化办事程序，畅通政民互动渠道，打造“1+12+X”宣传模式，公开公布信息 380 条，办理群众合理诉求 2500 余件。狠抓乡村干部党风廉政建设，以开展“廉政警示”教育活动为抓手，驰而不息改进“四风”，干部作风明显好转。

（陈兵兵）

马建乡

【概　况】 马建乡位于西吉县西部，属滥泥河流域河垴发源地，海拔高度 1925 米，黄土高原丘陵地段，东临吉强镇，南接震湖乡，西壤田坪乡，北靠红耀乡，乡政府驻地马建村，距西吉县城 30 千米，乡域总面积 174.1 平方千米。全乡共辖 13 个行政村，89 个村民小组 5446 户 21986 人，属回汉杂居乡，回族人口 9449 人，占总人口的 43%。全乡现有劳动力 11847 人，耕地面积 154965 亩，其中已实施退耕还林（草）45775.1 亩。全乡现有初级中学 1 所，在校生 268 人，小学 4 所，教学点 7 所，在校学生 710 人，幼儿在校学生 216 人。中学在编专任教师 34 人，小学在编专任教师 79 人，任职资格均为 100%，支教、聘用教师 15 人，学龄儿童入学率 100%。现有宗教活动场所 37 个，清真寺 22 个（6 个活动点），庙 15 个。乡党委下设 14 个党支部，其中农村党支部 13 个，乡机关支部 1 个，共有党员 383 名，预备党员 10 名，其中农村党员 351 人，女党员 60 人。乡政府下设乡民生服务中心、科教文卫服务中心、（特色）产业服务中心 3 个中心，现有干部职工 28 人。2018 年，刘垴等 5 村 444 户 2165 人脱贫销号，占总贫困人口的 30%。全乡粮食产量 43659 吨，油料 1081 吨，中草药材 168 吨，蔬菜及食用菌 7760 吨，牧草 2647 吨，农业总产值 1.55 亿元，农民人均可支配收入 8733.9 元，比 2017 年分别增长 10% 和 11%。

【自然条件】 马建乡属祖历河流域干旱苦水片带，人畜饮水困难，以自然降雨为生活用水。海拔 1925 米，属黄土丘陵干旱区，北纬 35° 56′ 674″，东经 105° 29′ 643″。境内山峦重叠，沟谷交错，草木覆盖面积小，水土流失严重，土地贫瘠，气候变化异常。低温、冰雹、霜冻、干旱等自然灾害频繁，对农业生产影响较大。地势东高西底，东西长约 21 千米，南北宽约 16 千米，西部部分地区属祖历河流域，东部大部分属烂泥河流域。境内最高山是喜家岘，海拔 2100 米。境内有 1920 年地震形成的水堰 9 个，均属咸水。烂泥河主要支流发源于本乡的数条沟岔，黄家二岔垴为烂泥河主支流发源地。历年来最大冻土深度 108 厘米。历年极端最高气温 31.4℃，最热月（7 月）平均气温为 17.5℃。年平均日照时数 2482.8 小时，无霜期 152 天，年均气温 5.4℃，历年平均降水量 365 毫米，历年平均蒸发量 1472.6 毫米。

【脱贫攻坚】 对标贫困人口“一收入两不愁三保障”脱贫标准，整合各类财政涉农资金，在基础设施建设、产业培育发展、公共服务建设上下功夫。实现12个贫困村全部脱贫出列，全乡现有建档立卡贫困人口1585户7154人，占总人口的32.5%。减贫人口1309户6159人，占贫困人口的86.1%，未减贫人口276户995人，占总贫困人口的13.9%。综合贫困率下降到4.4%。一是产业支撑。以产业补贴激励草蓄种植，以草蓄种植带动养殖业发展，建设土窝村养牛示范村1个，养殖示范村6个，养殖大户6家（饲养牛100头以上、羊300只以上、鸡2000只以上），新建青贮池70座，青贮全株玉米7749.2吨。打造1200亩马铃薯、青储玉米间套种示范点1个，600亩中药材示范点1个，建设马铃薯贮藏窖145座。免费发放马铃薯种子181.2吨，发放春覆膜22985卷，发放种植业补贴430.6万元。养殖业补贴594.77元，户均种养殖业补贴5876元；发放见犊补母补贴1206头60.3万元。按照“金融贷款+草畜产业+贫困户”的发展模式，发放金融贷款1062户5334万元，发放妇女创业贷款85户425万元。二是基础保障。完成危房改造145户，自来水入户590户，基本实现安全住房、安全饮水全覆盖；完成周吴村小流域治理工程，新建、加固水坝3座，安装太阳能945台，涉及11个行政村945户人。三是社会帮扶。开展“帮扶干部进村入户办实事解难题”专题行动，参与帮扶干部281人，走访调研贫困户1753户，收集各类问题193件，解决难题123条，办理实事39件，投入帮扶资金130多万元。自治区农投集团为结对帮扶深度贫困村张湾村，在甘肃张掖集中采购或自发采购纯种西门塔儿扶贫牛83头，就近采购秦川牛等品种牛34头，其中基础母牛102头，育肥公牛15头，累计完成产业投入资金132.5万元，30户贫困户直接受益，28户没有条件养殖的贫困户通过托管代养受益，补贴扶贫资金46万元。并对养殖贫困户种植的玉米、高粱等各类草料按照每亩40元的标准给予补贴，2018年补贴资金3万元。四是社会保障。按照“搬得出、稳得住、能致富”的原则，对“十二五”移民遗留问题采取货币安置、养老安置措施，养老院安置2户2人，货币安置7户12人，拆除旧庄园45处。“十三五”移民搬迁221户1089人。硬化、沙化道路22.23千米。完成平田整地项目7100亩。

【生态环境】 开展卫生大整治38次，出动垃圾清理车辆53辆720多人，清理垃圾300余吨；乡村站所联动，开展义务植树10.3千米，绿化村道33.1千米；新一轮退耕还林面积486.1亩，荒山造林1500亩，补植造林486.1亩。开展生态保护工作，回收残膜近300吨，开展清河巡查30多次，专项清理河道9次，清理垃圾182吨；开展蚊蝇消杀30次，消杀面积累计1万平方米；开展非洲猪疫等疫情排查防控工作，无害化处理牛8头、羊26只、猪1头。

【教育均衡】 全面落实“控辍保学”政策，学龄儿童入学率达100%，义务教育阶段学生入学率达100%，结合教育均衡发展之机，均衡配置教师、设备、图书、校舍等资源，为马建中心小学建设1000平方米的职工周转宿舍，为教职工配备100张床和办公桌椅，学生宿舍都已通暖。努力打造“明厨亮灶”工程，全乡960名中小学生享受“两免一补”和“营养午餐”政策。全面落实控辍保学工作，对辍学的69名学生全部劝返。

【民生保障】 2018年累计发放低保资金676.5万元，惠及2165户，发放孤儿救助资金31.43万元，发放五保户生活补贴28.96万元，发放高龄老人生活补助85.74万元，农村特困户救灾救济资金62.8万元，惠及全乡974户次。开展建档立卡贫困户实用技术培训5期260多人，举办养殖业培训班4期300多人。安置建档立卡生态护林员76名，发放补贴76万元，生态管护面积8.2万亩。

【社会治理】 综治管理平台录入矛盾纠纷160起，

化解158起；开展“扫黑除恶”专项行动，召开专题会议14次；开展“七五”普法和法律“八进”活动，悬挂宣传横幅20条，开展活动6次，发放宣传册600多份，参与活动人数1300多人。全面加强对禁毒工作的领导，开展禁毒宣传月“进校园、进村组”活动。开展禁种铲毒工作2次，铲除毒品原植物大麻500多株，开展制毒犯罪现场大排查和制毒物品大管控活动10余次，对在册的8名吸毒人员实施长期监管、教育。开展“百日安全”专项行动，召开安全生产例会4次，在节前开展安全生产“大排查、大检查”36次；开展消防安全隐患排查4次，整改问题3个，闭关非法加油点3处；开展“食品安全”专题会议4次，对13家商店、2家餐饮店、学校食品卫生安全进行大排查，对存在的问题立行立改；开展农机安全隐患排查3次，对所有农机挂牌全覆盖。认真贯彻落实中央和区、市、县民族工作会议精神，深入开展“三化”治理，组织辖区宗教教职人员、寺管会主任参加各级组织培训活动，组织开展党的十九大精神、党的民族宗教政策培训，结合“法律进宗教活动场所”示范点创建工作，开展“和谐寺观教堂”创建。对马建乡范围内37座宗教场所建筑进行排查，未发现各村清真寺存在“沙化”“阿化”建筑风格；对全乡商店、餐饮店清真标志进行全面排查整改。

【医疗体制】 开展农民健康讲习所9次，免费为830名老年人进行健康体检，为624名高血压患者、46名糖尿病患者进行4次面对面义诊和健康体检。开展家庭医生签约服务工作，免费签约建档立卡人员7400名，签约率达94%；实行“三个一批”分类管理，大病救治22人，轻病签约500人，重病兜底74人。2018年累计入院救治394人，救治率99.48%，报销比例91%。医疗参保18284人，养老参保5241人。

【清产核资】 全面完成13个行政村集体资产清产核资工作，对村级资产进行全面再登记。开展土地确权“回头看”宅基地确权工作。

【宣传教育】 在马建乡重点村组路段设宣传栏8处，挂宣传横幅40多条，发精准扶贫政策宣传册6000余份，妇女创业贷款宣传册500余份，移风易俗、村规民约宣传页1000余份，各类安全手册1000余份。刘垴村举办第二届“黄土地、孕育型”文化艺术节，马建、白台等村举办各类文体活动，并评选表彰“十星级文明户”“好公公好婆婆”“好乡贤”等。利用新时代农民讲习所，开展形式不一、内容不同的讲习培训150多次，培训1000人次。

【网络信息】 开展“网络安全周”活动，与13个村签订《意识形态责任书》；在马建中学开展“网络进校园百人签名”活动，开展“农村教育培训年选树典型”活动，选树脱贫示范户4户，模范户6户，民风示范村1个。设立马建乡微信公众平台、马建微博，加强信息宣传；全乡13个行政村光纤全覆盖，通信畅通；设立电商综合服务网店7个。

【素质提升】 2018年春季享受“雨露计划”361人，秋季427人。完成驾照补贴104人，完成5个销号村劳动力素质提升培训270人，参加技能鉴定考试270人。

【廉政建设】 全面落实党委主体责任和纪委监督责任，强化执纪问责，加大扶贫资金监管和各类职务犯罪的查处力度。制定马建乡党风廉政建设“两个责任”清单，给予8名村干部党纪警告处分，调整撤换村干部6名。认真落实“中央八项规定”精神，按照西吉县委专项巡察要求，对标问题，强化落实，巡察反馈的问题全部整改到位，强化涉农项目公开透明，“331”监管平台备案项目20条，上传审核30条。

【党的建设】 认真落实“三会一课”、周二联合办公日、新时代农民讲习所制度，宣传学习党的十九大、习近平新时代中国特色社会主义思想，开展“双评双定”“主题党日”“党员谈心谈话”

活动，增强村党支部的向心力和凝聚力，发挥党支部的战斗堡垒作用。

【人武工作】 常抓武装工作，努力加强乡武装部自身建设，着力改进新时期民兵工作，促进民兵预备役工作落实，积极做好民兵整组、兵役登记和征兵工作。

（杨军良）

震湖乡

【概　况】 震湖乡位于西吉县西南部，距县城32千米，与甘肃会宁县相邻。总面积153.35平方千米，耕地面积12万亩，退耕林地4万亩。全乡辖17个行政村115个村民小组5670户21807人（其中回族550人），建档立卡贫困户1722户6876人，2014—2018年已完成孟湾、苏堡等13个贫困村1403户5916人的脱贫销号任务，剩余贫困人口319户960人。2018年农村居民人均可支配收入9091.3元，增长11.6%，位居全县19个乡镇第二名。

【脱贫攻坚】 2018年，共识别新建档立卡贫困户18户57人，全乡系统中建档户1722户6876人，建档立卡贫困户累计脱贫1403户5916人，未贫困319户960人，贫困发生率由2017年的7.77%下降到4.4%；完成贫困户信息对照入户核查和全国建档立卡APP位置采集工作。金融扶贫方面：2018年投放金融扶贫贷款753户3839万元，户均贷款5.1万元；建档立卡贫困户“扶贫保”实现全覆盖。教育扶贫方面：结合“农民培训教育年”，利用新时代农民讲习所，举办各类种养殖技术培训和技能培训，超额完成761人的培训任务；宣传落实驾照补贴、“雨露计划”等各类教育扶贫资助政策，其中驾照补贴115人（B2/2人、C1C2/113人），补贴资金25.66万元，春季“雨露计划”享受339人，补贴资金50.85万元；秋季400名；扎实做好控辍保学，劝返辍学学生25人，劝返率100%。全力做好留守儿童关心关爱工作，全乡17个行政村建立设施完备，管理到位的留守儿童关爱中心。健康扶贫方面：实行“先住院、后付费”制度；乡村医生“签约服务”覆盖率达到60%；全乡“因病致贫、因病返贫”的贫困患者全部纳入扶贫救治范围；建档立卡贫困人口医保参保率、人身意外伤害保险购买率和大病医疗补充保险率均达到100%；将127户258人低保兜底户全部纳入健康扶贫兜底保障。危房改造方面：全年危窑危房改造120户（其中建档户改造49户），拨付补助资金346.9万元，完成建档立卡贫困户存量危房改造任务。易地扶贫方面：完成“十三五”易地扶贫搬迁188户959人（县内劳务移民130户691人、县外移民58户268人）。扶贫车间建设方面：在张撇村建成扶贫车间一座，已竣工投入运行，可稳定就近就业建档立卡贫困户30人以上，每人每月可增加收入2000元以上，有效拓宽了增收渠道。壮大村集体经济方面：巩固已有村集体经济收入的立眉、孟湾、苏堡、毛坪、堡玉5个村，探索发展壮大王坪、党岔两村，将村集体经济入股村经果林和中药材合作社。培育“两个带头人”方面：累计培育致富带头人114名，创建各类合作社101家，就近就业630余人。

【特色产业】 按照“宜种则种，宜养则养”的原则，优化种养殖业结构。2018年发放春、秋覆膜17404卷，发放马铃薯原原种84.8万粒，马铃薯籽种补贴2920亩，补贴资金29.2万元，对1490户建档立卡户种植业补贴资金289.8万元；对1128户建档立卡户养殖业补贴资金619.5万元，见犊（驹）补母699户5.08万元，对蜜蜂养殖项目78户1142箱，补贴资金44.08万元，青贮池7座，补贴1.4万元；投放种公羊21头。打造孟湾村、王坪村肉羊养殖示范村建设项目60户，完成全株玉米青贮项目16户7704吨，建设10吨、20吨、60吨马铃薯贮藏窖共27座，完成退牧还草工程紫花苜蓿种植项目176户795亩。按照“政府引导，农户自愿”原则，打造“232”（即2个肉羊养殖示范村，马铃薯、小秋杂粮、青贮玉米3个千亩种植基地，千亩经果林、千亩中药材2个特色种植示范点）示范基地建设；推广清洁能源，发放太阳能热水器815台。

【基础建设】 一是全力做好S60西会高速震湖段建设协调工作，完成张岔等12个村村组道路硬化续建项目。二是全力做好防汛工作，严格值班值守，对全乡42处因水毁受损村组道路进行抢修。三是完成张撇、毛坪、苏堡三村“自来水入户”工作，实现建档立卡贫困户自来水普及率100%，饮水安全保障率100%。四是集镇“自来水入户”工作全面完工。五是新建李章、苏堡村部，完成龙川、陈岔村“社区建设”项目，完成蒙集村“老年饭桌”建设。六是完成河滩村“美丽村庄”建设。七是在商业文化广场、各村部周边安装路灯128盏。

【“三大专项行动”】 环境卫生大绿化大整治方面：春、秋两季对村道两侧、街道和各村村部周边绿化34千米，共栽植各类树苗14400余株；推行“三合一”工作模式，加强对环卫工人、护林员、公益性岗位人员的管理，确保环境整治、封山禁牧、森林防火工作统筹推进；集中开展环境卫生整治8次，对集镇、公路沿线、农村庄前屋后进行全面清理整治；加大对街道乱摆乱放、违章建筑的整治力度，落实“河长制”，加强河道巡查监管；开展“绿盾2018”党家岔湿地保护区专项治理，对党岔湿地保护区内19家工矿企业进行拆除，做好周围环境卫生和粪便无害化处理，保持良好生态。开展群众反映强烈突出问题“大排查大化解”方面：坚持周二联合办公制度，做好群众来访接待，2018年共排查出矛盾纠纷20件，全部化解。帮扶干部进村入户“办实事送温暖”方面：严格按照“三个清”“三个一”做好干部入户工作。17个村的驻村帮扶干部全部驻村开展帮扶工作，走访调研1718户，收集问题158件，解决难题296个，帮助制定发展规划592个，帮助各村建立制度73个，办理实事309件，协调解决矛盾纠纷52件，投入帮扶资金178.7万元。

【社会治理】 一是全面打响“扫黑除恶”攻坚战。乡综治办联合派出所、司法所等加大宣传力度，对涉黑恶上访人员、涉恶警情、农村涉黑恶重点人员、重点行业领域开展摸排，共摸排线索4条，向上级上报2条。二是抓好综治信访维稳工作。强化矛盾纠纷大排查与大调解工作，扎实做好涉稳涉诉重点问题和重点人员的排查稳控工作，防止发生非正常上访和群体性治安事件发生，把矛盾化解在基层；着力解决初信初访问题，有效处理信访积案，确保案结事了。2018年全乡共化解矛盾纠纷191起，处理信访案件6件。抓好拖欠农民工工资突出问题专项治理，加强校园周边社会治安综合治理突出问题专项治理，开展打击传销专项行动，认真做好“无毒乡镇”创建工作，加强对吸毒人员排查管控工作。三是强化安全生产监督管理。落实“属地管理、党政同责、一岗双责”等安全生产工作责任制，切实加强辖区内安全生产监管，狠抓道路交通、工矿企业、防汛减灾、农村消防、食品药品等重点领域的安全隐患排查治理工作，杜绝重特大安全事故、控制一般事故发生，维护群众生命财产安全，2018年全乡没有发生安全生产事故。

【民生改善】 完善社会保障体系。震湖乡现有1062户1703人享受农村低保，共发放低保金503.5万元，发放残疾、高龄等各类津贴216.2万元，发放救灾救助金160.4万元。全乡城乡居民养老保险和医疗保险参保率分别为149.7%、97.1%，建档立卡贫困人口“两险”全覆盖。全面落实“二胎”政策，狠抓长效节育措施，巩固提升“少生快富”再扩面工程。开展移风易俗，树立文明乡风。大力宣传社会主义核心价值观，坚持扶贫与扶志、扶智相结合，发挥“一约四会”作用，推进移风易俗，树立文明乡风，全乡于10月中旬举办精神文明建设工作表彰大会，对114名各类典型示范户进行表彰奖励，各村分别自行开展各类文明向上的文化体育活动和“道德模范”“十星文明户”等评选表彰活动，以典型示范引领，促进乡风民风转变。开展文明村镇申报工作。王坪等5个行政村被确定为“县级文明村镇”。民族宗教事务管理、统计调查、工会、共青团、妇女儿童、国防动员和民兵预备役等工作得到新加强、取得新成效。

【作风转变】 牢固树立“四个意识”，坚定“四个自信”，做到“两个维护”，旗帜鲜明讲政治，把党的领导全方位、全过程贯穿政府工作。坚决落实乡党委决策部署，持续推进法治政府建设，自觉接受人大依法监督和社会舆论监督，人大议案、民生实事办理成效明显。积极推广应用“331”监管平台，确保政务公开，积极开展“不见面审批”，打通服务群众“最后一公里”。扎实推进“两学一做”学习教育常态化制度化，全面贯彻落实党风廉政建设责任制，强化“一岗双责”，落实“三个清单”，驰而不息纠正“四风”问题，扎实开展中央八项规定精神自查自纠，规范公务接待、差旅费补助和公务用车管理。

（王正涛）

田坪乡

【概　况】 田坪乡位于西吉县西部，与甘肃省会宁县接壤，是两省两县六乡交界处，距县城42千米，是西吉的西大门。田坪乡下辖12个行政村74个村民小组，总人口3494户12471人，12个村全部为贫困村，建档立卡贫困户1176户5002人（其中社会保障兜底76户140人）。系纯汉族乡。行政区域面积171平方千米，人口密度73人/平方千米，农业用地13.6万亩，人均10.6亩。309国道、苏田公路、红田公路贯穿乡境，乡村通等级公路89.965千米，村村通公路。乡农贸市场逢农历二、五、八为集日，辐射甘肃会宁大沟、新源、平头川等乡的部分村和西吉红耀、马建、震湖等乡的部分村。2018年农民人均可支配收入9150元，同比增加886元，增长10%。

【基层党建】 一是加强思想政治建设。自觉运用习近平新时代中国特色社会主义思想统一干部思想和行动，引导乡村党员干部自觉向核心看齐，向党中央看齐。扎实开展“不忘初心　牢记使命”主题教育，强化党章党规学习，先后组织“十九大知识竞赛”“十九大专题党课”等活动，撰写学习心得体会等活动，教育引导党员干部悟初心、守初心、践初心，以党的政策全面指导农业农村工作向纵深发展。二是加强党员教育管理。认真开展党员“评星定格”活动，建立正向激励，反向监督机制；对田坪乡416名党员档案资料进行排摸核查，设立党员档案专柜，落实进行专人、专柜管理；强化流动党员管理，各支部建立“党员之家”微信交流群，加大政策宣传引导，促使党员发挥示范带动作用。三是加强基层组织建设。全力提升基层党建规范化水平，对13个支部党建室按要求进行统一布置；规范党员发展程序，新发展党员11名；抓好阵地建设，新建改造村部1个、维修村部1个；深化“两个带头人”工程，有党组织带头人24名、致富带头人76名；加大软弱涣散党组织整顿。四是严肃党内政治生活。认真落实“三会一课”、组织生活会、民主评议党员等组织生活制度，确保党内政治生活经常化，促使领导班子、党员干部严格遵守党的政治纪律和政治规矩，营造风清气正的良好政治生态。严格落实党委主体责任、纪委监督责任，做到“守土有责、守土负责、守土尽责”，不断加强党风廉政建设和反腐败工作。

【脱贫攻坚】 一是狠抓精准卓有成效。2018年年底脱贫143户622人，田坪乡贫困发生率下降到2.86%。严格按照程序规范管理档案资料，加大公开公示力度，让脱贫攻坚工作阳光化、透明化，工作流程一目了然。二是项目实施规范惠民。2018年全乡完成新修建通村公路14.84千米；建设完成危房改造67户；配合水利部门完成12个行政村自来水管道铺设并全部通水，全乡实现群众安全饮水。全乡12个村基础设施和基本公共服务明显，达到贫困村脱贫出列标准。三是村集体经济创新发展。燕李村实施的“全赠半返”项目，通过循环发展，村集体创收3万元，项目受到国务院扶贫办和区、市、县各级政府肯定，《中国组织人事报》《中国劳动保障报》《宁夏日报》《固原日报》等多家媒体报道推广；李沟村在成立“闲置土地储备中心”的基础上，创新成立以土地使用权入股为主要形式的李沟村土地股份专业合作社，在农民增收、社会保障等方面走出一条新路子。2018年，合作社兑付保底金1.9万元，支付工资7.9万元，村集体收入2.3万元，提供就业岗位2个，在村集体合作社打工的两户建档立卡贫困户户均年增收4000元，兜底户保障分红5户。四是金融扶贫提质增效。发放精准扶贫贷款1015户5378.8万元，户均5.3万元，覆盖率85.58%，其中石嘴山银行提标贷款98户498万元；妇女创业小额贷款累放额2877万元。建档立卡贫困户家庭意外保险、大病补充医疗保险、借款人意外伤害保险全覆盖，坚决防止因各种意外导致群众再次返贫。五是移民工作扎实推进。合理利用5种安置方式，因户施策，妥善解决“十二五”移民遗留人口共计41户125人；全乡“十三五”易地扶贫搬迁完成189户888人；建设完成“十三五”县内就近安置点5个，安置74户309人，就近安置点已全部入住，西吉县内、县外生态移民废旧庄园拆除工作全部完成。六是动态调整精准规范。按照扶贫对象识别和退出精准要求，上半年新识别23户105人。下半年动态调整新识别因大病致贫的贫困户3户10人，脱贫不享受政策19户73人。七是联户帮扶成效明显。开展“干部入户送温暖”专项行动，通过联系第一书记、驻村工作队所在单位，带动部门力量参与，形成助推脱贫攻坚的强大合力。自治区人社厅在燕李村、赵坪村实施“全赠半返”项目，带动两村发展养殖产业；西吉县市场监督管理局结合李沟村实际，出资购置农机具，建立“闲置土地储备中心”，成立村级经济合作社，发展壮大村集体经济。南岔村帮扶单位区演艺集团多次开展“送戏下乡”活动，在7个村共演出21场次。八是闽宁协作稳步推进。在南岔村实施闽宁协作项目，2018年投入123万元，鼓励百姓发展养牛产业。为农户每购买一头牛补贴5000元，每户补贴2头牛，为建设牛棚农户每座牛棚补贴5000元，举办肉牛养殖技术培训班，并上门技术指导及跟踪服务。

【特色农业】 一是传统农业提质增产。继续推进马铃薯产业提档增值，推广双垄沟播和覆膜种植等新技术，使马铃薯种植向脱毒薯和商品薯发展。大力推广覆膜玉米节水农业示范引领，通过宣传培训、技术指导等方式进一步改变群众思想观念，全乡地膜玉米种植面积达2.2万亩，覆膜3万亩。以大岔村、李沟村小秋杂粮示范点建设为契机，引导群众发展小秋杂粮产业，提高农业收入，全乡种植杂粮1.8万亩。根据西吉县产业发展扶持政策，2018年全乡享受种植业补贴资金300万元。二是特色产业异彩纷呈。紧抓劳务输出“铁秆庄稼”，按照“建立三项制度，把握三个精准，推动三个一批，实现三个转变”工作思路，结合“农民培训教育年”活动，提高劳务产业产出率，2018年田坪乡开设各类培训班20场次，参训1000人次；劳务输出4062人，创收6198万元；“乡俗园”项目一期工程开工建设，项目建成后，将作为田坪乡地标性新名片，有效带动全乡休闲旅游农业发展。

【草畜产业】 按照“牛羊为主、多畜并举、以种促养、规模发展”的路子，坚持标准化规模养殖和“家家种草、户户养畜，小群体、大规模”并重工作思路，加快推进燕李村、赵坪村养羊示范村建设，黄岔村、三岔村、南岔村养牛示范村建设，带动田坪乡养殖业快速发展。2018年田坪乡牛、羊存栏数量增幅较大，牛（驴）存栏5714头、羊2.3万只、猪2900头，产业扶持养殖业补贴资金兑现410万元；燕李村、赵坪村“全赠半返”项目成效显著，有效引导群众发展草畜产业；李沟村村集体经济与马莲乡“四丰绿源”养殖有限公司合作发展肉牛养殖，推进全乡养殖业向纵深发展。

【生态建设】 以建设“美丽田坪”为目标，开展大绿化行动，完成春、秋两季道路大绿化18公里，栽种杨树13150棵、金叶榆170棵，在街道周边栽种松树2200棵；在腰庄、大岔村设立废旧农膜回收站（点）2个，其他村设立网点10个，回收废旧地膜20吨；通过成立禁牧封育工作队，签订禁牧封育责任书，加强管护巡查等措施，狠抓禁牧封育工作，田坪乡生态环境得到改善，累计退耕还林3.16万亩。

【环境整治】 一是乡村形象快速提升。以“城乡环境卫生大整治大绿化”专项行动为抓手，在田坪乡范围内启动环境整治工程，主要针对废弃庄院、垃圾处理场所、村主干道沿线围墙建设、村容美化等方面，统一规划实施，改善村容村貌，提升乡村形象。保洁员每天早、中、晚对街区重点路面进行清扫、保洁。各村积极清理道路两侧可视范围内的乱堆乱放、垃圾和残垣断壁，拆除“十三五”移民旧庄院111座，在全乡出动机械作业420小时，人工清理700人次，清理垃圾3500吨，确保道路及偏僻小巷卫生死角无垃圾。在西吉县观摩评比中荣获一等奖。二是长效机制不断完善。建立“乡村组户”四级网格化管理制度，每个村民小组确定1名保洁员，落实村级环卫人员74名。包片领导，村委会主任、组长按照辖区管理，农户按照庄前屋后逐户明确责任范围，剩余范围由保洁员进行清扫，做到全覆盖、无死角。发动群众对自家“三堆”进行整理，清理庄园周围垃圾、杂草，对评选出的环境卫生先进户进行表彰奖励。

【项目建设】 乡俗园附属工程项目总投资196万元，已完成文化墙建设169米，牌坊14米，完成停车场铺装2400平方米，硬化道路2条1930平方米，广场完成场地平整。招商引进宁夏“天之涯”服饰有限公司、宁夏晟丰光电科技有限公司，提供就业岗位60个。

【危房改造】 2018年，田坪乡共完成危窑危房改造70户，其中极度贫困户22户，建档立卡户17户，低保户18户，残疾贫困人家庭2户，分散供养特困人员2户，其他贫困户9户，累计兑付资金216.3万元。

【社会保障】 田坪乡建档户基本医疗保险实现全覆盖；全面建立联户帮扶“三留守”运行框架，让“三留守”人员病时有人管，平时有人帮，经常有人陪；《2017年宁夏福彩公益金黄岔村“三留守”人员社会工作服务项目》顺利结项，收到社会一致好评，为全区“三留守”工作提供田坪经验。全面促进教育均衡发展，扎实开展“控辍保学”工作，通过“三免一补”“雨露计划”等一系列扶贫政策，实现精准资助，让贫困户子女上的起学，安心上学，同时安排九年一贯制学校教职工对贫困学生结对帮扶，实现适龄儿童“零辍学”目标。2018年享受春季“雨露计划”304人；2018年田坪乡共发放“五保”、低保、高龄、残疾等民政资金940.29万元，切实做到“应保尽保、应享尽享”。紧抓食品安全生产，确保群众食品安全，2018年田坪乡被授予“全区食品安全示范乡镇”。

【科教文卫】 一是科教文体事业全面发展。实施文化信息资源共享工程，各村配发文化活动器材，广泛组织秦腔自乐班等文化生活，着力打造特色鲜明的主题文化，营造积极向上的精神文明氛围。二是教育教学质量取得新的突破。2018年田坪乡高考考生二本上线51人，一本上线49人；田坪乡一次性通过县、市、区和国家教育均衡验收，田坪中学荣获全县教育教学质量贡献奖，奖励30万元。

【社会管理】 一是全面推开社会管理“网格化”工作机制，在田坪乡实现“网格化管理、精细式服务”的社会管理模式。二是全面落实基层矛盾纠纷和信访问题联调联动工作机制，乡综治办、乡派出所、乡司法所紧密配合，各司其职，加强协调，逐步完善矛盾纠纷调处，从“事后处理”向“事前化解”转变，实现“小事不出村、大事不出乡、矛盾不上交”的工作目标。三是扎实开展群众反映强烈突出问题“大排查大化解”专项行动。2018年，村级化解矛盾纠纷150件；2018年共接收信访件13件，其中自治区第四巡视组反馈问题3件、西吉县政府网站2件、西吉县信访局4件、田坪乡信访室4件，已全部办结。四是开展“扫黑除恶”行动。结合“扫黑除恶”行动和“七五”普法活动，强化农村法治宣传教育，悬挂“扫黑除恶”宣传横幅30余条，发放宣传手册1000余册。重点依法治理各种乱象，针对造谣惑众、扰乱秩序、欺行霸市等行为进行严厉打击。

【安全生产】 全面落实“安全第一，预防为主”方针，抓好安全生产工作。一是领导重视，职责明确。把安全管理工作放在领导班子日常工作的重要位置，成立安全工作领导小组，指定领导班子成员具体抓安全工作，健全安全生产责任制和各项安全生产规章制度，明确分工，落实责任，层层签订责任书。二是宣传到位，增强意识。结合各项活动和重大节日，开展“主题突出，形式多样，内容丰富”的安全宣教工作，提高广大干部职工的安全意识，预防各类事故的发生。三是结合实际，措施得力。及时组织各村传达、学习有关会议精神、安全政策、法规和有关文件，研究解决存在问题；组织各村定期检查各单位安全生产工作，结合社会治安综合治理等工作，及时整改存在的安全隐患。

【人武工作】 把武装工作纳入田坪乡党委年度工作计划，坚持党务工作与武装工作统筹安排，协调发展。一是积极做好退役军人信息采集工作。成立信息采集工作领导小组，召开专题安排部署会，解读、学习相关文件和会议精神，将此项工作与党的建设、脱贫攻坚等各项重点工作同安排、同部署，形成乡党委书记、乡武装部部长、驻村帮扶第一书记、村支部书记亲自抓的合力，做到“一个不漏”，保证信息真实。二是提升民兵组织建设质量。持续抓好基层民兵组织规范化建设，力促专武队伍、民兵整组、征兵、民兵训练等各项工作健康有序推进。完成2018年度征兵工作，并完善武装工作软件资料，对各类基干民兵、退伍军人、民兵干部、预补人员花名册等档案材料，整理归档，建立专项档案库，由乡武装部办公室妥善保管。三是强化民兵训练质量。坚持把管兵、练兵与用兵结合起来，做到在“管”中“用”，在“用”中“练”，在实践中锤炼队伍。2018年，开展应急维稳、防汛防火、抢险救灾等演练2次，参训民兵人数达到170人次。

【作风建设】 一是自身建设全面加强。严格落实政府主体责任，深入推进“两学一做”学习教育常态化制度化，坚定不移地贯彻新发展理念，不断提升专业素养，防范各种风险挑战，牢牢把握工作主动权。健全完善目标考核体系，跟踪督办重大决策、重点工作，以激励促落实，以问责求实效，切实汇聚起担当尽责、干事创业的正能量，扎扎实实推动各项工作取得新成效。二是依法行政稳步推进。深入贯彻依法治国基本方略，公开政府信息390条，办理市县政府门户网站、“12345”政府公共服务平台和“331”涉农惠农监管平台等各类群众诉求132件，群众知情权、参与权和监督权得到有效保障。自觉接受田坪乡人大监督，广泛听取社会各界人士的意见、建议，主动接受社会监督和舆论监督。三是廉政责任逐级压实。严格执行中央和区市县党委改进作风相关规定，严格落实“一岗双责”，切实加强公务人员经常性教育和监督管理，驰而不息纠正“四风”问题，有效巩固拓展中央八项规定精神成果。持续强化审计监督和行政监察，严控财政供养人数和经费支出，规范公务接待、差旅费补助和公务用车管理，“三公”经费大幅下降，行政运行成本进一步压缩。强化行政监察和效能监察，严肃查处干部不作为、慢作为、乱作为等行为，对1名村干部给予党内严重警告处分，3名村干部给予党内警告处分。对12名村干部进行诫勉谈话。

【民风建设】 一是倡导移风易俗。针对天价彩礼、厚葬薄养、人情攀比等陋习，党员、干部带头开展“抵制高价彩礼、倡导婚嫁新风、树立良好家风、共创文明家庭”为主题的宣传教育活动，引导群众把精力集中到脱贫致富上来，打造“淳厚乡音”田坪新民风。黄岔村红白理事会荣获“2018年度全区移风易俗先进红白理事会”，田坪村、黄岔村、三岔村荣获“县级文明村镇”，庙山村荣获“县级民风示范村”。二是聚焦民族团结。结合“拥护核心感党恩、同心携手奔小康”主题教育，开展党的民族政策宣传教育，推进“6个1”创建活动，使“三个离不开”“五个认同”深入人心，筑牢中华民族共同体意识。加强党的民族宗教政策宣传教育，积极开展不准共产党员信教活动，对全乡19名信教党员进行教育转化，做到党员干部不进寺庙，不参与迷信活动。三是树立典型带动。以社会主义核心价值观为引领，12个村连续开展“星级文明户”“文明家庭”“孝顺媳妇”“善德义举人物”等评选表彰活动，让群众在参与评选活动的同时，受到教育和熏陶，让评选出的典型人物带动引领，激发群众崇德向善的正能量。

（马璀强）

红耀乡

【概　况】 红耀乡位于西吉县西北部30千米处，与马建、田坪、新营、会宁县新源等乡毗邻，总面积143平方千米，耕地面积9.6万亩，退耕还林（草）面积4.8万亩。红耀乡共辖10个行政村，61个村民小组，户籍人口2823户10031人，常住人口1546户6609人，其中回族1580人，占总人口的15.7%；红耀乡党委下设10个农村党支部，1个机关支部，现有中共党员381人。全乡经济收入以马铃薯种植、肉驴（牛）养殖和劳务输出为主，2018年农民人均纯收入9135元，增速10.8%。

【脱贫成效】 对标贫困人口“一收入两不愁三保障”脱贫标准，紧盯农村全面小康底线要求，科学谋划、精准施策，实施基础设施建设、产业培育发展、公共服务建设和教育健康保障等24个项目，实现155户贫困户脱贫退出，综合贫困发生率下降到4.37%。

【产业发展】 按照红耀乡“54321”产业发展规划，坚持“有土”与“离土”两手抓。因户制宜发展“有土”产业。推进马铃薯产业提档增值，马铃薯种植面积稳定在5万亩以上，建成以张白湾为核心，辐射带动前庄、红耀两村薯玉间作示范点2200亩；打造小庄、小堡、大堡、井湾万亩马铃薯种薯繁育基地7800亩；完成退牧还草工程1741亩；建成驮昌村肉牛养殖示范村，受益群众95户；小岔沟村推广中药材种植150余亩；新建马铃薯60吨储藏窖163座，20吨储藏窖50座，10吨储藏窖7座。新培育发展种养殖合作社、企业3家。因人制宜发展“离土”产业。借助“农民培训教育年”契机，完成家政服务员培训48人、电焊工培训44人，电工培训50人、驾照50人；建成前庄村扶贫车间——西吉县文山生态养殖合作社饲料加工车间，用工30人，建档户10人实现稳定就业，年收入1.2万元以上。

【基础设施】 建成村组道路11.67千米，10个贫困村村组道路实现全覆盖；投资41万元，自来水入户205户，农村自来水普及率达98%；完成危房改造29户（其中建档立卡户20户），农村群众安全住房保障率达98%；新建前庄、大堡、小岔沟社区，完成前庄村“美丽村庄”建设。

【易地搬迁】 完成关儿岔村移民安置点31户129人、驮昌村移民安置点22户94人入住工作；西吉县内劳务移民51户286人，“十三五”易地扶贫搬迁工作全面完成；拆除“十三五”搬迁户旧庄院78座；完成红耀乡“十二五”规划村组遗留人口摸底工作。

【金融扶贫】 新发放贷款412户2065万元；鼓励老百姓缴纳养殖业扶贫保707户保费1.4万元。

【社会扶贫】 深入开展“帮扶干部进村入户办实事解难题”专项行动，入户干部253人，走访809户，收集问题217条，解决难题136件，帮助制定发展规划676个，办理实事146件。开展“扶志扶智”行动，选树表彰“脱贫光荣户”“移风易俗模范户”等28人，不断激发贫困群众脱贫致富奔小康的内生动力。

【乡村面貌】 建成“以建档立卡公益性岗位和护林员为主”的农村环卫队伍；累计出动4600人次，对主干道沿线、村道、巷道、沟渠、河道、农户庄前屋后进行集中整治，清理道路沿线沟渠121千米，清理垃圾1890吨，捡拾残膜314吨；拆除残垣断壁3200米、拆除旧庄园73座；建成固定残膜回收点3处，城乡面貌展现美丽新姿。

【生态环境】 完成荒山造林5000亩，补植补造13000亩，道路绿化29.6千米，庄点绿化100亩；组织开展义务植树20千米，栽植河北杨13400株。联系帮扶单位对驮昌村、前庄村、红耀村村部进行绿化。街道绿化面积36亩，栽植河北杨、云杉、花灌木等1000株。

【民生保障】 全力保障和改善民生，民生投入占财政总支出的80%以上。城乡居民养老保险、医疗保险参保率分别达100%、95%，实现建档立卡贫困人口“两险”全覆盖。扎实推进“两项政策”衔接，建档立卡贫困人口低保覆盖率达78%；实施更加积极的就业政策，年收入9000元以上的务工人员，每人奖励补助500元，每人省内交通补贴200元、省外交通补贴800元，转移就业262人；红耀乡享受低保1003户1329人、五保16人、残疾补贴469人、高龄补贴127人、孤儿补贴8人，累计发放各类优抚资金768.45万元。

【公共服务】 督促8名适龄辍学儿童全部返校，义务教育基本均衡发展工作顺利通过国家评估验收。全面实行“先住院、后付费”制度，建档立卡贫困户住院费用报销比例达90%，健康红耀行动稳步推进。“六朵云”服务工程实现行政村全覆盖，开展群众性文化活动30余场次。

【社会治理】 开展“扫黑除恶”专项斗争，社会治安明显好转。深入开展群众反映强烈突出问题“大排查大化解”专项行动，接待信访群众20批31人次，建立台账问题4件，办结中央第八巡视组、自治区党委第四巡视组和信联办摸排信访事项4件。“百日安全专项行动”排查整改安全隐患47项，整改率达100%，事故起数、死亡人数实现“双零”。提升依法管理民族宗教事务的能力和水平，清退无证宗教教职人员1人，整改、拆除具有阿拉伯式风格或元素的公共类建筑1处。

【基层党建】 落实“双评双定”工作，对3名机关党员和12名农村党员亮黄星。建立班子成员基层党建联系点工作制度，安排讲党课50余次。发挥第一书记“宣传员”作用，将宗教、扶贫等政策传达到最基层。组织各村党支部书记、主任等20余人对邻乡党建工作进行现场观摩述职。培训驻村工作队和村“三委”干部74人次。

（田小飞）

新营乡

【概　括】 2004年因撤乡并镇，新营乡由原白城乡和新营乡合并组成，位于西吉县西北部，距县城18千米，辖21个行政村，138个自然村，8992户31813人，回族人口4208人，占总人口的12.7%，其中贫困村19个、深度贫困村5个，建档立卡贫困户2425户10125人，有劳动力1.8万人。总土地面积283平方千米，在册耕地面积15万亩，退耕还林面积52414.5亩，2018年新营乡农民人均纯收入9582元，在西吉县19个乡镇中地域面积占第一、人口占第三。现核定编制45个，在编44人，村干部1人，“三支一扶”5人，事业编实习1人。新营乡人民政府驻地设在新营村，境内有新营市场一处集市。新营乡地貌为黄土丘陵沟壑区，境内沟壑纵横、梁峁起伏，海拔2000米以上山峰3座，最高的月亮山海拔2663米，境内有4条河流，葫芦河发源于月亮山山麓的胡家堖，四季干涸，年平均气温4.5℃，年平均降水量410.8毫米，无霜期120天。主要农作物有马铃薯、小麦、玉米、豌豆、特色蔬菜等。新营乡有初级中学1所，小学23所，卫生院2所，村级医疗站23所。

【党建工作】 新营乡23个党支部，党员731名，2018年新发展党员10名。2018年，提出“1235”党建工作思路（以“抓党建促脱贫”为统领，深化“两个带头人工程”，扎实开展“三大三强”行动，深入开展“五抓五突破”活动）。根据村级活动场所规范化建设和西吉县委组织部的安排，维修红庄、石岘、新营、洞子沟4个党员活动室，为大沙河、新营、黑城河、长义山等15个村新建旗台和旗杆，对新营乡21个村党员活动室进行室内制度上墙。扶持发展村集体经济，为每个村注入5万元启动资金，通过合作社入股分红的方式增加村集体收入，二府营村和红庄村通过“村集体＋合作社＋农户”的方式，新建3000平方米肉牛养殖场，每年为村集体分红10万元，增强村级“造血”功能。注重培育带富“排头兵”，打破地域、行业、身份界限，通过本村培养、跨村带动、联村经营、异地召回等各种渠道，新营乡新培育、培养招回、引进农村致富带头人69人，建成协会、合作社150个，辐射带动1000余户5000余人发展特色种养业，带动就业近1000人。筛选培养村级后备干部120人，实行定岗锻炼、动态调整、备用结合，为农村党组织带头人队伍补充新鲜血液。

【脱贫攻坚】 2018年，完成5个贫困村脱贫出列，354户1669人脱贫，贫困发生率由31.7%下降到6.7%。一是筑牢脱贫根基，新修村道40条26.11千米，138个自然村村组道路基本硬化；兑付种养殖业补助资金2461.019万元，户均补贴资金1.017万元；村集体经济注入资金已全部投入使用，每年为各村创收3000元，二府营村集体经济试点项目、红庄村深度贫困村项目正在实施，年创收分别为10万元、6万元，村集体经济进一步夯实。二是夯实脱贫基础，完成县内劳务移民276户，建档立卡户危房改造449户，建档立卡贫困户的安全住房问题得到解决；完成自来水入户658户，常住户自来水入户率达98%；完成城乡基本养老保险征缴9800人、基本医疗征缴25334人。建档立卡贫困户的基本医疗全覆盖；做好控辍保学及留守儿童关心关爱工作，全面核查适龄儿童入学情况，促进教育均衡发展，适龄儿童都能就近入学，义务教育得到全面保障。三是提振脱贫信心，发放金融扶贫贷款12863.2万元，户均5.38万元，覆盖率达98.24%；举办精准脱贫能力培训班21期1010人，转移就业3000余人；扎实开展“帮扶干部进村入户办实事解难题”专项行动，办理实事1469件，落实帮扶资金109万元；完善基础档案资料，修改完善错误信息1486条，整改落实各类反馈问题33类78项；培育致富带头人130名，选树表彰“脱贫光荣户”“好婆婆”“好媳妇”等模范户150余人，贫困群众内生动力不断增强。

【产业升级】 大力发展马铃薯、特色种养、劳动力转移就业三大产业，多渠道增加农民收入。按照“种薯繁育、鲜薯外销、淀粉生产、主食开发”的思路，完善脱毒种薯三级繁育体系建设，建成碱滩、万达川各500亩的马铃薯原种繁育基地，二府营、白城、石岘、洞子沟、红庄万亩马铃薯抗旱增产示范基地，主推青薯9号、青薯168品种，新营乡马铃薯种植面积达11万亩；新建马铃薯贮藏窖590座，占西吉县建设总量的56%。坚持标准化规模养殖和“家家种草、户户养畜，小群体、大规模”并重的思路，种植牧草3.8万亩以上，加快良种基础母畜扩繁和禽畜品种改良，对良种母畜“见犊补母”政策全覆盖，新营乡牛（驴）存栏8600头，羊存栏42770只。新建青储池136座。调制各类饲草3.6万吨；发挥新营乡现有水库、塘坝优势，发展节水灌溉，特色蔬菜种植2万亩以上；以打造西吉县优质杂粮生产加工大乡为目标，建设完成新营乡车路湾村小秋杂粮标准化生产示范基地，推广小秋杂粮种植3000亩以上；坚持“大劳务、大产业、大输出”战略，2018年共举办各类能力技术培训班2600余人，转移就业8372人、创收8000万元以上，建成运营扶贫车间1座，带动就业48人。

【项目建设】 扎实推进项目建设，整合资金，统筹规划，建设完成新营乡基层政权项目建成投运，投资90万元的综合文化服务中心基本建成，完成投资100万元的南入口环境整治项目，投资50万元的二府营村AAA级旅游厕所项目建成投运。结合“乡村振兴战略和深度贫困村建设项目”的实施，深入推进庙儿岔村小流域治理工程和红庄村深度贫困村建设项目，各项基础设施配套日趋完善。

【生态环境】 投入资金60万元，组织人员持续开展农村环境整治工作，在西吉县环境卫生评比观摩中，荣获一等奖。一是河长制工作全面推进。建立健全乡村两级河长体系，推动巡河制度常态化。加大对重点偷砂、采砂区域常巡常查力度，在车辆重要出入口设立警示牌，安装限高限宽门6处，严厉打击偷砂违法行为12起，行政拘留2人，罚款10万元。二是污染防治强力推进。实施秸秆禁烧巡查全覆盖，落实控源截污、河湖共治、生态修复综合措施，整治河道5千米，建成新营乡污水处理站，加大禽畜粪污、农用残膜治理，有效遏制农村面源污染。三是绿化行动全域推进。全面完成甘沟、洞子沟、石岘、白城、长义山五村25.8千米春秋植树任务，车路湾村300亩大果榛子林实验初显成效，榛子成活率达98%。扎实做好公路两旁的环境卫生和村容村貌的整治工作，栽植西吉青皮河北杨、旱柳等苗木6000余株，打击偷牧行为28次，为广大群众营造一个“山青、水秀、地干净、物整洁、人文明”的美好家园。

【公共服务】 完成免费健康检查520余人、孕前优质健康检查200对，妇女两癌筛查475人次，结扎2例，置环180例，人口出生率控制在15‰以内；深入实施教育优先发展战略，代表西吉县完成国家义务教育基本均衡发展工作评估验收。打造以金山文化苑为代表的特色文化宣传阵地，组建成立“月亮山农民文艺艺术团”，陈阳川村社火、广场舞等在全区乡村文化中独占鳌头，乡风文明评比奖励机制逐步健全，“美丽家庭”“好媳妇”“好婆婆”不断涌现，全乡民风民俗、群众素质和文化程度明显提高。

【社会治理】 扎实开展“三化”清理整顿工作，清退无证宗教教职人员2人，清理整顿门头牌匾19个，完成“四进”宗教活动场所15个。金山文化园被中宣部、国家广电总局命名为“全国服务农民、服务基层文化建设先进集体”；扎实开展“群众反映强烈突出问题大排查大化解”专项行动，接待信访群众138人次，积极探索创新解决信访矛盾问题的新办法、新机制，形成两所一中心“六步法”信访工作机制，摸排化解各类矛盾纠纷296件。建成200平方米的标准化社区戒毒康复中心工作站和综治中心；扎实开展“扫黑除恶”专项斗争，通过悬挂横幅、张贴通告、刷写宣传墙体、制定宣传灯箱等方式宣传“扫黑除恶”内容1400余条，摸排各类涉黑涉恶线索6条；超额完成2018年兵役登记、新兵入伍等人武工作。

（焦燕燕）

火石寨乡

【概　况】 火石寨乡位于北纬36°07′、东经105°46′，地处西吉县城以北25千米处，乡域面积163.3平方千米，辖9个行政村56个村民小组，总人口3753户14379人，其中：回族11190人，占77.8%；汉族3182人，占22.2%。建档立卡贫困户1297户5389人，未脱贫336户1184人，贫困发生率8.2%。2018年，火石寨乡农民人均可支配收入9314.9元，比2017年增长9.9%。耕种面积8.2万亩，户均22亩；有天然次生林1.2万亩，退耕还林还草5.2万亩。全乡现有党支部10个（其中：村级党支部9个，机关党支部1个），中共党员333人（其中：机关党员21名，占6.3%；农村党员312名，占93.7%；农村党员中回族210名，占67.3%；女党员46名，占13.8%）。全乡有九年一贯制学校1所，完小6所，教学点1处，独立幼儿园1所。依法登记的伊斯兰宗教场所20个，清真寺14个（其中：哲赫忍耶门宦3个，嘎德忍耶门宦10个，伊赫瓦尼教派1个）。共有6个拱北（道堂），5个属于嘎德忍耶门宦，1个属于哲赫忍耶门宦。境内有国家AAAA级旅游景区——火石寨国家地质公园和森林公园，位于石山村甘石窑组，最高山脉云台山海拔2450米，红色、紫红色的山崖嶙峋、怪石突兀，地貌景观壮观奇美。

【基础建设】 火石寨乡完成危房改造97户，完成自来水入户133户，硬化村组道路16.1千米，维修小段村组道路16处39千米。协调西吉县交通局完善县城至罗庄等4条农村客运班线，每条班线投放1—2辆公交车，村村通客车。全乡广播电视信号、互联网实现全覆盖。大庄“美丽村庄”建设项目完成护坡1500平方米，给排水道管网240米，绿化面积1530平方米，安装太阳能路灯80盏，完成大庄村旅游驿站主体工程。石山村小城镇项目及污水处理站完工并投入使用。行政村均建设村级文化活动室和文化活动广场，配套完善健身设施和文化室各功能区，在小川村和红庄村建设社区各200平方米。

【脱贫攻坚】 争取40万元资金，完成新开村温棚项目建设，建成暖棚4座300平方米。争取农机作业服务项目资金90万元，联系商飞集团投资项目30万元，成立石洼村农机具合作社，为石洼村发展壮大村集体经济。争取闽宁资金100万元，在石洼村发展红葱基地1500亩，建设暖棚600平方米。由西吉县委统战部安排宁夏共享集团助力沙岗村脱贫攻坚资金20万元，争取县财政专项资金400万元，壮大沙岗村和新开村的集体经济，填补村集体经济空白。新增扶贫贷款3677万元，累计发放扶贫贷款1162户5529万元，妇女创业贷款63户314万元。加大产业扶持力度，2018年累计兑付种植业补贴307.53万元，养殖业补贴399.92万元。加大就业技能培训力度，完成劳动力素质提升培训6场600人次，妇女创业培训2场300人次。加强建档立卡户“有进有出”的动态管理机制。对贫困村、贫困人口进行全面核查，更新采集信息和数据分析对比，做实做细动态管理，应扶尽扶、应退尽退。对火石寨乡1382户建档立卡贫困户开展“回头看”，新识别建档立卡贫困户33户112人。2018年审计出有车、有营业执照、缴纳城镇职工养老保险的建档立卡户106户511人，标注为脱贫不享受政策。

【移民搬迁】 “十二五”移民遗留问题解决情况：“十二五”遗留移民中已签订协议69户219人，

已兑现安置63户200人。其中，白庄31户77人中已签订协议24户55人，蝉窑41户152人中已签订40户149人，扫竹林10户29人中已签订协议5户15人。“十三五”易地扶贫搬迁情况：青铜峡生态移民5户26人，灵武劳务移民7户36人，宁东劳务移民5户24人，金凤区劳务移民11户56人，兴庆区劳务移民12户41人，县内劳务移民117户608人。第一批“十三五”易地扶贫搬迁旧庄院拆除完成96.77%，西吉县内安置点计划入住75户，已入住73户。

【“三大专项行动”】 一是乡村环境卫生大整治大绿化行动。推行“河长制”，构建乡、村、组环境整治三级网格化管理，实施河道综合治理工程。坚持集中整治和日常维护并重，定人、定片、定责。针对乡村街道、公路沿线、河道、村组道路、村庄卫生、农户庄园等区域，围绕占道经营、门前屋后乱堆乱放、生活垃圾、残膜等开展全方位清理整治，提升乡村环境整体面貌。开展大范围环境整治18次，出动人力1400余人次，出动大型机械51台，清除卫生死角300余处，清除垃圾670余吨，清理沟边32千米。印制发放《环境保护倡议书》5000余份。组织600余人对石洼村和罗庄村17千米村组道路进行绿化。二是群众反映强烈突出问题“大排查大化解”行动。严格落实“七个一”工作机制，对群众反映的突出问题、信访积案、热点难点问题的再排查、再化解、再落实。办理区、市、县信访转办案件11起。坚持乡领导班子坐班接访制度，受理各类纠纷118起，成功调处118起，调处成功率100%。三是开展“帮扶干部进村入户办实事送温暖”专项行动。火石寨乡31名帮扶干部和各帮扶单位帮扶责任人深入农户，按照“三个清”“三个一”的工作要求，掌握底数、明确职责，为群众集中解决实际困难。2018年走访贫困户1413户，帮助贫困户制订种植业、养殖业、扶贫贷款和技能培训等方面的致富计划，解决实际问题241件。

【民族宗教】 加强民族宗教事务规范化管理，推进“三化”治理工作。结合《学习贯彻新修订〈宁夏回族自治区清真食品管理条例〉实施方案》（西民宗发〔2018〕13号）文件精神，在火石寨乡范围内开展“三化”专项清理整治工作。专项整治中共清除门头牌匾17处，督促餐饮经营单位申领“清真食品准营证”10家。抵御境内外宗教渗透活动，按照“保护合法、制止非法、遏制极端、抵御渗透、打击犯罪”基本原则和“露头就打、彻底摧毁”工作要求，开展对“达洼宣教团”“周泽群势力”等具有渗透背景宗教组织的专项治理工作，加强信息研判，保持严管严治严打的高压态势，为全乡发展营造和谐、团结、稳定的社会环境。

【移风易俗】 一是加大宣传营造氛围。通过在每村设立宣传栏、墙报、绘制文化墙等形式，宣传有关婚丧改革的法律法规，宣传婚事新办、丧事简办、移风易俗的积极意义，鞭挞婚丧嫁娶比阔气、讲排场、搞封建迷信等陈规陋习，引导干部群众从我做起，从身边做起，移风易俗，倡树新风。二是开展各类活动。通过举办“火石寨乡最美系列评选”、评选“道德模范家庭”“典型选树”、运动会、篮球比赛等活动，让身边的鲜活事迹带动更多的人，宣传移风易俗、树文明乡风，弘扬社会主义核心价值观。三是修订完善各村村规民约。针对脱贫攻坚实际，在原有村规民约的基础上增加规范民风民俗、破除“等靠要”思想、勤劳脱贫致富等内容，增强村规民约的约束性和执行力，为脱贫攻坚提供普遍认同的行为规范和约束准则。

【组织建设】 开展“三大三强”行动，结合“干部素质提升年”活动，以“新时代农民讲习所”为载体，学习宣传党的十九大精神，开展2次基本知识测试，举办各类讲座和业务培训，提升乡村干部能力水平。新建大庄、石洼2个村党员活动室，维修红庄村党员活动室。落实“三会一课”、村干部轮流值班等制度，接待群众上门办公，答疑解惑。

【精神文明建设】 一是加强思想建设。学习贯彻习近平新时代中国特色社会主义思想和党的十九大精神，并积极开展讨论交流，畅谈学习心得，书写心得体会等活动，确保真正学通、弄懂，用对、用好，全年共组织闭卷考试2次，干部专题学习一周。二是做好意识形态领域工作，根据县委《关于印发〈自治区党委宣传部专项检查西吉县意识形态工作责任制落实情况反馈意见整改落实工作方案〉的通知》（西党发〔2018〕64号）文件要求，及时制定印发《火石寨乡关于意识形态工作责任制落实情况反馈意见的整改落实工作方案》，明确整改目标、完成整改任务，并做好长期坚持工作。三是发挥阵地作用。利用周二联合办公日、“新时代农民讲习所”开展党的十九大精神、自治区第十二次党代会精神、自治区党委第十二届四次全会精神及党和国家民族宗教政策、法律法规宣讲，2018年共组织各类宣讲活动57次。

【廉政建设】 一是加强责任落实。制定《火石寨乡2018年党风廉政建设和反腐败工作安排》，分别与各村负责人和班子成员签订包括党建、党风廉政建设在内的各项责任书，组织乡村干部签订《廉政承诺书》。二是加强制度建设。以制度之力消除“庸懒散”之风，以制度建设管人、管事、规范管理，激发干部干事创业积极性和主动性，经多次征求意见和讨论修改，共修改完善火石寨乡31项制度，印发《火石寨乡制度汇编》。三是加强监督检查。对各行政村落实党建责任制、党风廉政建设责任制、贯彻落实中央八项规定精神情况和干部到岗情况、开门办公情况，以及在危房改造、农村低保、退耕还林、土地补贴、涉农惠农资金和扶贫资金使用发放等方面是否存在优亲厚友、虚报冒领等侵害群众利益的突出问题以及在重点工作和重点项目落实中是否存在不作为、乱作为、慢作为和组织涣散、纪律松弛等问题进行定期不定期的专项督查。四是加强严肃问责追责。对1名受到行政处分的干部进行谈心谈话，对违反中央八项规定精神的1名干部进行批评教育，对7名干部在火石寨乡范围内进行通报批评，对2名干部进行诫勉谈话，责成2名干部作出检查。

【社会治理】 一是推进“扫黑除恶”专项斗争，维护安定社会环境。切实落实好西吉县委、县政府关于“扫黑除恶”工作的安排部署以及县政法委对全县集中治乱工作的部署要求，坚持“有黑扫黑、无黑除恶、无恶治乱”的原则，2018年全年共发放永久性宣传标语20条，上报“扫黑除恶”专项斗争线索排查统计表12次，线索摸排报告2份，进行集中治乱1次。二是开展禁毒工作。以重大节日、“禁毒宣传月”为契机，加大禁毒工作宣传，在乡卫生院、学校、街道、清真寺和村委会进行不定期禁毒宣传19场次，受教人员5600余人。对所有登记在册的13个吸毒人员进行“撒网”式排查，加强人员管控力度，预防和减少吸毒人员复吸、脱管、漏管及失控现象发生，切实减少对现实社会的危害，争取“无毒乡镇”建设。

（马　彬）

沙沟乡

【概　况】 沙沟乡地处西吉县东北部，属典型的土石山区，海拔1720米，年降雨量400毫米左右，全乡辖11个行政村47个村民小组4212户17327人，劳动力10743人，202省道、固海公路横贯全境。乡域总面积191平方千米，耕地84171.15亩，现有建档立卡户1426户6451人，全乡脱贫1265户5816人，剩余建档立卡贫困户289户1089人还未脱贫，全乡贫困发生率降至6.37%。2018年人均纯收入7762.5元。

有基层党组织13个（其中党委1个，党支部12个），有党员368名，致富带头人56名。是一个纯回族乡镇。境内中口村古城遗址，为北宋时期所建“镇羌寨”。2018年全乡共有编制人员31人，其中行政编制20人，事业编制11人。单位内设党政办公室、社会与经济管理办公室、民族宗教工作办公室、人武部办公室、信访接待办公室、纪委办公室、综治中心和档案室等，下设民生服务中心、产业服务中心、科教文卫服务中心和人口与计划生育服务中心4个服务中心，乡属各站所有农牧科技服务中心、林业站、水管站、派出所、司法所、中学、中心校、信用社、卫生院、供电所。

【农牧业布局】 2018年建成叶沟村尖山堡组千亩胡麻油料基地1个；在阳庄村杜南组建成600亩小秋杂粮种植示范点1个；以陶堡川台地为主，建立千亩春覆膜示范点1个，加大产业补助扶持，共兑现补助资金209.85万元。狠抓阳庄、东庄两个养殖示范村建设，共培育养牛、养羊示范户各50户，新建30立方米青贮池50个，引进西门塔尔、夏洛莱良种基础母牛185头，良种基础母羊960只，培育养殖专业合作社17家，规模养牛养羊场各38家，规模蛋鸡养殖场3家。沙沟乡牛存栏10566头（基础母牛7522头），常驻户户均4.4头，羊存栏19269只，常驻户户均8.1只。

【技术培训】 先后在阳庄村、东沟村等8个村举办刺绣、烹饪培训班10期，培训学员500人，技能鉴定400人，合格率达80%；在顾沟、陶堡等11个村开展种养殖技术培训16场次，受训群众达1000人次，2018年组织外出务工劳动力3400多人，区域覆盖内蒙古、新疆、陕西、福建和区内各市县。

【移民搬迁】 完成“十三五”移民搬迁351户1419人，搬迁入住率达95%。向县内外搬迁劳务移民123户635人（其中，银川劳务73户356人，宁东劳务4户21人，吴忠劳务9户64人，西吉县城37户194人）。开展东沟村、阳庄村14户“十二五”生态移民遗留人员分类安置工作。开展“十三五”已迁移民旧宅基地拆除工作，拆除旧宅基地124户，完成移民信息迁转44户99人。

【民生项目】 完成阳庄、顾沟、东沟3个整村推进村自来水入户和其他8个脱贫出列村自来水入户“回头看”工作，已完成自来水入户3530户，其中建档立卡贫困户1446户，全乡自来水入户率达85.5%以上。2018年共实施农村阳光沐浴工程1347户。2018年完成危房改造39户，有12户危房户通过县内移民安置搬迁和自主购房改善了居住条件。

【教育教学】 沙沟乡中小学校均达到义务教育基本办学标准，11所村级小学全部附设“校中园”或幼儿班。做好九年义务教育控辍保学工作，实现“燕宝基金”“雨露计划”“扶贫资助项目”建档立卡贫困户全覆盖。

【健康扶贫】 开展健康扶贫宣传活动15次，发放宣传教育资料6类4000册，慢性病管理服务对象2300人，签约服务1817户9085人（其中，建档立卡贫困户1408户6377人），重病兜底保障人数220人，大病救助人数25人，优惠证发放500人次。符合条件的建档立卡贫困户养老保险参保率达95%，基本医疗保险全覆盖。全面落实最低生活保障制度，对符合条件的建档立卡贫困户做到应保尽保。

【项目建设】 先后组织“五支队伍（党员、乡村干部、护林员、保洁员、义务工）”大力开展环境卫生大绿化大整治，春秋季开展植树造林活动，栽种各类苗木2.58万棵；在广场和滨河路安装太阳能路灯124盏，树立乡村绿化美化亮化新形象，使乡村面貌焕然一新。全面开展河长制工作，对辖区河流巡查实现全覆盖，封堵生活污水排污口2处，坚决杜绝河库“四乱”现象，确保水清、河畅、源净。完成大寨、东庄2个村级文化服务中心建设，11个村级综合文化服务中心音响设备和体育器材全部安装到位并投入使用。顾沟村、陶堡村等5个村的光伏扶贫项目正在按照计划有序推进。

【精准扶贫】 结合乡情实际，紧盯沙沟乡1431户6485名建档立卡贫困户，全力做好11个脱贫销号村扶贫工作，因村因户科学研判。2018年建档立卡动态调整工作中新识别39户189人，剔除3户14人，标注脱贫（不享受政策）72户299人，使陶堡村、阳庄村2个脱贫销号村出列。在全乡11个村成立金融扶贫信用协会，全面完成金融贷款提标扩量任务，全乡累计发放贷款2403户1.1亿元，其中建档立卡贫困户1303户6516万元，户均5万元，覆盖率达到86.12%。为全乡所有建档立卡贫困户购买“扶贫保”，着力解决贫困户及家庭成员因病、因灾和意外事故致贫、返贫问题。与福建省涵江区三江口镇洽谈签订《闽宁结对帮扶协议》，争取资金建成沙沟乡欣荣蔬菜脱水加工扶贫车间，建立“党支部+合作社+贫困村+贫困户”抱团致富模式，解决街道周围移民群众和建档立卡贫困户家庭劳动力30人，年人均收入1.5万元。

【社会治理】 开展“扫黑除恶”工作，共摸排上报涉黑涉恶线索9件。在沙沟乡共制作永久性宣传标语11处，印发宣传资料5000余份。开展“七五”普法和禁毒禁赌活动，促进农村社会稳定；严格落实周二联合办公日和民主议政日制度，共开展“周二联合办公”活动480余场次，主要涉及民政救助、移民搬迁、危房改造、精准扶贫等内容，现场答复解决600余条，上报乡政府协调解决70余条，解决问题280余件，化解矛盾纠纷189余件，通过政策引导与3名重点缠访户签订《息诉罢访协议书》。2018年排查出各类矛盾纠纷217件，成功化解217件，化解率达100%，信访问题40件，整改化解40件。

【安全生产】 严格落实安全生产“党政同责、一岗双责”工作要求，开展道路交通、食品、建筑施工和危险化学品等领域巡查和隐患排查50余次，整治道路交通、森林草原防火等隐患10余处。

【民族宗教】 开展“民族团结进步模范乡”创建活动，及时处置和化解宗教领域内的矛盾纠纷，宗教界人士、教职人员带头执行《西吉县参加大型宗教活动“八不准”制度》，保障沙沟拱北、陶堡道堂等大型宗教活动安全有序开展，为社会管理、经济发展发挥积极作用。依托新时代农民讲习所，大力弘扬社会主义核心价值观，开展“最美沙沟人”评选等活动，各村评选出“最美婆婆”“最美媳妇”等典型人物100余人。建立健全“三项工作机制”（领导工作机制、矛盾纠纷排查机制、宗教人士联系机制），依法管理宗教事务。抓好“三项重点工作”（强化宣传教育工作、强化宗教活动管理工作、强化民族团结创建工作），确保宗教各项活动平稳有序开展。坚决治理“一个突出问题”，对“三化”突出问题进行治理，坚持宗教中国化方向，积极引导宗教与社会主义相适应，经过一系列卓有成效的工作，沙沟乡呈现“两稳四和”（政治稳定、经济稳健，生活和美、邻里和睦、宗教和顺、社会和谐）的良好局面。

【文体活动】 先后举办“民族团结杯”农民运动会，通过“走出去”“请进来”等方式，积极组队参加西吉县广场舞大赛并获得二等奖，邀请专业剧团举办“不忘初心，牢记使命”歌舞、《丁香花开》现代眉户剧演出等文体活动，使全乡党员干部群众干事创业的精气神和凝聚力进一步得以提升。

（马小彦）

白崖乡

【概　况】 白崖乡位于西吉县东部，距西吉县城29千米，属纯回族聚居乡，全乡辖11个行政村，50个村民小组，总人口3800户14774人。土地面积199.8平方千米，耕地面积146340亩，属典型的土石山区。

【乡村振兴】 白崖乡认真贯彻“乡村振兴战略”的安排部署，以“二十字”要求为抓手，狠下功夫，取得一定成绩。在产业兴旺方面：依据自然条件，落实西吉县委、县政府产业扶持政策，大力扶持培育养殖业、种植业，共计投入资金1438.44万元，产业收入占农民人均可支配收入的42%。在生态宜居方面：经过多年打造，全乡环境得到大整治大绿化，基本达到山绿水清的目标，可视范围内的“三堆”得到彻底治理。在乡风文明方面：深入宣传贯彻社会主义核心价值观，共投入资金6万元，大力倡导“移风易俗”活动，表彰“好婆婆”“好媳妇”“好乡贤”“好教师”“最美家庭”“致富带头人”“脱贫示范户”等各类先进典型207人。在治理有效方面：推行“联合办公日”和“民主议政日”，让群众自治并监督村“两委”工作。大力开展“普法宣传”和“扫黑除恶”，法治意识深入人心。以完善产权制度改革为重点，全面完成11个村集体资产清产核资工作。在生活富裕方面：已脱贫938户4366人，人均收入稳定在3400元，野兔饲养园、土鸡饲养园、中药材种植、苗木基地“四个一”试验示范园的带动作用初显。2018年农民人均可支配收入增长14.7%。

【脱贫攻坚】 按照白崖乡党委、乡政府“23468”的脱贫攻坚思路，始终把脱贫攻坚作为首要政治任务和第一民生来抓，压实责任、精准施策、狠抓落实。2018年投入扶贫资金1.36亿元（产业扶贫1438.44万元、金融扶贫3411.18万元、教育扶贫211.24万元、生态扶贫90万元、健康扶贫960万元、基础设施提升建设3625.53万元、技能培训154万元、移民搬迁3735.2万元。）。2018年，阳洼村、泉沟垴村、黑窑洞村、小坡村、红套村、旧堡村6个村脱贫出列，实际完成938户4366人（有14户55人移民迁转不在国办系统内，系统内脱贫924户4311人，占建档立卡户的68.6%，占总人口的29.5%）脱贫任务，剩余鹞子川村、余套村、库房沟村、白崖村4个村518户1957人（占建档立卡户的31.4%，占总人口的13.4%）尚未脱贫，贫困发生率从2014年的32.7%降到3.1%。

【“两个创建”】 在平安乡镇建设和民族团结进步两个方面持续发力，“平安白崖”和“民族团结”两张名片更加靓丽。一是扎实推进平安白崖创建。开展“七五”普法，推进“扫黑除恶”“禁毒禁赌”“法律八进”活动，提升广大群众的法制意识。制作“扫黑除恶”宣传牌26块，滚动电子屏6处，在白崖北山生态公园门口布置禁毒和扫黑宣传长廊50米，开展“扫黑除恶”宣传，摸排线索2个，治乱点1个。白崖乡发生刑事案件0起，依法处理治安案件9起，排查化解各类矛盾43件，调处率100%，成功率100%。接待办理群众来信来访75件103人次，同比下降27%，有效促进全乡社会治安综合治理向好向上转变。强化安全监督管理职责和一岗双责管理机制，开展农机车辆检验驾驶员培训83人，层层签订各类安全责任书，悬挂安全生产标语128条，巡查水毁道路险点86处，塘坝6处，下发《限期整改通知单》16份，下发《紧急撤离通知单》32份，设立安全警示牌10个，阶段性配合西吉县交警队、派出所对农用车辆载人、超载设卡检查整治，乡村组安全生产实现常态化、网格化管理，全乡无重大安全事故发生，白崖乡被确定为自治区“平安乡镇”评选对象。二是推进民族团结进步创建。坚持党对宗教工作的领导，全面落实党的民族宗教政策和马克思主义民族观、宗教观，以“拥护核心感党恩，同心携手奔小康”为主题，宣传好党的民族宗教政策。加强社会主义核心价值观的宣传教育，认真实施文化设备健身器材配送、送戏下乡、数字电影等惠民活动，协调西吉县演艺公司来白崖乡开展慰问演出1次，举办全体乡村干部运动会，在各村开展拔河、篮球、乒乓球、象棋等比赛项目，2018年年底举办西吉县北部片区乡镇（白崖）“首届文化艺术节”，推动白崖乡移风易俗和脱贫攻坚工作，丰富群众精神文化生活。落实妇幼卫生“七免一救助”惠民政策，完善计划生育利益导向和跟踪服务管理机制，完成孕前健康检查193例，人口出生率控制在15‰以内。依法管理民族宗教事务，举办宗教人士法律法规和党的民族宗教政策培训班2期119人，落实《大型宗教活动和跨地区宗教活动审批制度》，落实20个宗教场所“四进”活动，开展“三化”治理工作，清退无证阿訇14名，积极排查化解宗教领域里的矛盾，落实场所安全责任，引导宗教与社会主义社会相适应，全乡民族团结、宗教和顺。

【“三大专项行动”】 一是深入开展群众反映强烈的突出问题“大排查大化解”专项行动。以农民讲习所为平台，开展“农民培训教育年”活动。宣讲党的十九大、自治区第十二届三次、四次全会精神和法律法规，惠民政策、技能培训88场次，教育培训2904人次。开展控辍保学，劝返94人，确保每一个学生不因家庭经济困难而失学。落实白崖乡领导信访接待值班制度，排查出群众反映强烈的突出问题并加以解决。二是深入开展“帮扶干部进村入户办实事送温暖”专项行动。以“精准扶贫、不落一人”为核心，270名帮扶责任人入户1270户贫困户，帮助1111户贫困户确定脱贫致富产业，帮助联系办理实事420件，解决难题155件，投入各类帮扶资金259.2万元。按季度召开第一书记联席会议，定期研究脱贫攻坚工作。三是开展城乡环境卫生大绿化大整治专项行动。完善全面推行“河长制”工作机制、巡查制度、会议制度，严格按照“河长制”巡查制度要求，督促乡村两级河长认真履行好组织领导职责，做到“守河有责、守河担责、守河尽责”，全程留痕。完善环境整治网络化管理体制，聘用乡村保洁人员45名，对主要街道、广场等进行环境卫生整治和绿化美化20千米，种植树木13400棵。强化“监督管理”职责和“一岗双责”管理机制，调整充实森林（草原）防火指挥部、封山禁牧督查队，聘用护林员71名，完善责任制度，加大处罚力度，实行全天候巡查。

【“四项建设”】 一是狠抓队伍建设。开展“两学一做”学习教育，推进学习型队伍和学习型领导班子建设，引导乡村干部用习近平新时代中国特色社会主义思想武装头脑、指导实践、推动工作。开展“戴党徽、亮身份、树形象”，从严管理乡村干部。利用“白崖微讯”平台，发表文章456篇，阅读量达22万多人次，有力宣传白崖、推介白崖。二是狠抓廉政建设。坚决贯彻中央和区、市、县党委和上级纪委关于党风廉政建设和反腐败工作部署，落实“两个责任”。加强“331”平台建设，完善来电、来信、来访和微信“四位一体”举报平台，对项目建设、民生工程等重点领域进行常态化监督检查。开展扶贫领域腐败和作风问题专项治理自查自纠，依法罢免违反群众工作纪律的村主任1名，通报问责处理村党支部副书记1名，党内警告处分村党支部书记、村主任各1名，问责通报批评干部3名。对“四风”问题开展“回头看”，上缴违规使用资金38097.60元，批评教育党员、干部22人，其中给予5名同志通报批评问责处理，给全体党员、干部从思想上给予警示，为推进白崖乡经济社会健康发展提供有力保障。三是狠抓作风建设。以“干部作风转变年”“干部素质提升年”活动为抓手，按照“三抓两推一督”工作措施，转变工作作风，从严管理干部。2018年全乡开展“联合办公日”528次，解决群众实际问题560件，变群众上访为干部下访。四是狠抓项目建设。把项目建设作为加快经济发展的总抓手，项目总投资2277.94万元。投资450万元，完成白崖乡标准化法庭1320平方米续建工程；投资526万元，完成白崖乡中心幼儿园1980平方米续建工程；投入

88万元，新建余套村、斜路洼村200平方米的村部及余套村厕所、围墙；投入200万元，完成小坡村环境整治项目。投入141.9万元（其中政府投资135万元），完成鹞子川村山体滑坡区受灾群众安置点及附属工程；投入396.68万元，完成白崖乡小城镇建设项目；投资167.76万元，新建白崖乡综合文化服务中心585平方米，现已完成基础工程；投资66万元，新建泉沟堖村、余套村社区项目。投入216.6万元，完成白崖村等村机修农田3610亩；投入25万元，完成小坡等村青贮池建设125座；投资38万元，实施白崖乡政府空气源热泵采暖项目，解决了乡政府、乡派出所、乡司法所冬季取暖问题。

（马俊清）

偏城乡

【概　况】 偏城乡位于西吉县东部，宋明道元年（1032年），名“怀元寨”；元、明时称“山城堡”，清以后称“偏城”至今。境内山峦重叠，沟壑交错，东有清水河，西有葫芦河，是清水河的发源地之一，平均海拔2003米。境内有悠久的古文化遗址，位于偏城村的宋古城址，是自治区第三批重点文物保护单位，位于杏树湾村的战国古墓群面积约15平方千米，是固原市境内目前发现的最大战国古墓群。全乡总面积204.59平方千米，耕地面积169590亩，退耕地53360亩。辖17个行政村，112个村民小组。2018年年底总户数7076户，总人口28568人，回族人口占85.6%，全乡建档立卡贫困户2221户9671人，2018年脱贫9743人。2018年农民可支配性人均收入达到8485元，比2017年增长10%。

【扶贫开发】 坚持因村施策、精准施策，使14个贫困村脱贫出列，9743人脱贫退出，贫困人口持续减少，贫困发生率下降到3.82%。金融扶贫：开展金融扶贫工作，努力提高扶贫小额信贷、“扶贫保”和村级发展“互助资金”覆盖面。落实金融贷款提标2701万元，户均贷款额度4.72万元，覆盖率82.45%。争取宁夏邮政储蓄银行、宁夏银行为非建档立卡户发放小额贷款360万元，助力产业发展。落实“扶贫保”政策，做到建档立卡户全覆盖。移民搬迁：2018年完成“十三五”移民搬迁404户1697人，建成县内就近安置点9个248户970人，入住238户，入住率96%。完成14个行政村61个自然组322户移民户旧庄院复垦工作。易地搬迁作为脱贫攻坚的重要举措，减轻了偏城乡贫困人口脱贫压力，加快了脱贫进程。惠民帮扶：统筹资金180万元，实施下堡村“闽宁协作示范村”建设项目。在下堡、涵江建成扶贫车间2座，稳定就业建档立卡贫困户50户。开展“帮扶干部进村入户办实事送温暖”专项行动，组织全乡17个村21个帮扶单位488名帮扶干部进村入户，解决难题309条，办理实事429件，协调化解矛盾纠纷197件。“两个带头人”及劳动力素质提升工程扎实开展。围绕脱贫攻坚抓党建、抓好党建促脱贫的总体思路，深化“农村两个带头人”培育工程，培育农村致富带头人，发挥致富带头人的带动引领作用，加快脱贫攻坚步伐。按照“就业一人，脱贫一户”的目标，在脱贫销号村开展劳动力技能培训，重点根据群众意愿，培训养殖、种植、电工、家政服务、民族手工制作等农村实用技能，加大铲车司机、挖掘机司机、机动车辆驾驶员培训力度，实现贫困户家庭中主要劳动力掌握一门致富技能，增强自主造血功能。

【产业升级】 草畜产业、种植产业扩规增效。按照“2334”产业布局，坚持“有土+离土”双培育扶贫模式，打造青贮玉米千亩种植示范点2个，青贮玉米56763.2吨，较2017年增长3.5倍，新建30吨以上青贮池276座。种植马铃薯32689亩，发放原原种113.6万粒。争取企业投资，在下堡村、涵江村种植菊芋600亩。依托金融贷款支持和西吉县农牧业扶持政策，按照“扶持龙头，带动大户，小规模高效益”养殖模式，召回致富带头人在花儿岔村建设养殖100头以上专业合作社1个，辐射带动马湾、曹垴、涵江3个养牛示范村和高崖村1个养羊示范村，偏城乡牛饲养量达到14580头，羊饲养量达到20340只，建档立卡户养牛5935头，养羊12130只，户均养牛2.6头，养羊5.3只。2018年完成种养殖业产业资金兑付1690.48万元，户均8615元。劳务产业效益明显。坚持“大劳务、大产业、大输出”战略，完成农村劳动力各类技能培训1036人次。举办各类培训班22班次，年转移就业农村劳动力7628余人次。依托涵江村与福建涵江区结对帮扶优势，举办2018年西吉县“春风行动”暨莆田·西吉劳务协作偏城专场招聘会，组织百人赴涵江区企业务工。

【环境整治】 开展环境综合整治，实行网格化管理，对全乡重点路段、街道、农贸市场的环境卫生区域划片分段，明确责任领导、责任单位、责任人，完善保洁机制，定期督促检查，切实改变了脏乱差的面貌。结合“城乡环境大绿化大整治”专项行动，配设大型垃圾箱40个，压缩式垃圾车8辆，签订《门前六包责任书》100余份，集中开展环境整治专项行动4次，累计投入机械45辆，清理垃圾200余吨，农村残膜回收率达90%。栽植树苗13300株，绿化村道20千米，农村人居环境持续改善，农村面貌焕然一新。

【民生工程】 发展教育事业：实施“全面改薄”、义务教育学校标准化建设等项目，义务教育均衡发展通过国家验收。为偏城乡17个农村幼儿园落实“一免一补”政策，免保教费每年1500元，补助伙食费每年900元。全面落实义务教育“三免一补两餐”、普通高中“一免一助”、中职“三免一补一助”、大学学生资助等政策。加大控辍保学力度。落实“雨露计划”资助政策，全乡225名中职、高职学生得到资助。按照群众意愿，开展订单式技能培训，增强实用性和精准度，培训机动车驾驶员117人，完成精准技能培训11个班486人，完成农村实用技术培训9个村896人。注重民生保障：坚持民生保障为先，严格落实各项惠农、支农政策，及时落实退耕还林、草原承包、农资综合直补等惠农资金；累计发放各类民政救助资金180.96万元，各类津补贴1345.94万元。对全乡享受低保对象进行全面核查，新增低保299户301人，取消低保43人，调整11人。建成“儿童之家”12个。推行新型农村合作医疗和农村养老保险：城乡居民社会养老和医疗保险参保人数分别达到7631人和22269人，参保率分别达到101%和89.81%。重视发展医疗卫生事业：全面落实家庭医生签约服务，完成长效节育措施144例，孕前优生健康检查230对，健康检查186例。

【民族宗教】 2018年，在偏城乡范围内开展“民族团结进步”创建工作，认真贯彻落实党的民族宗教政策和宁夏回族自治区第十二届四次全会精神，加强“民族团结”创建工作，加强对宗教场所及教职人员的管理，稳步推进“三化”治理工作和宗教场所“四进”活动，形成民族团结、宗教和顺的良好局面。

【综合治理】 创新开通偏城乡微信接访“直通车”，公开领导班子和偏城乡微信公众号二维码，及时回应惠民政策、民政救助咨询、接受信访诉求，打通服务群众“最后一公里”。办结中央和自治区巡视组转办的信访件4件，化解各类信访问题41件，调处各类矛盾纠纷154件。开展“群众反映突出的问题大排查大化解”活动，2018年化解矛盾纠纷154件，人民调解化解87件，行政调解16件，化解治安案件35件，行政拘留18人。开展“扫黑除恶”专项行动，各村悬挂宣传横幅70余条，排查发现线索4条。落实“党政同责、一岗双责、齐抓共管”的安全生产责任体系，重点针对汛期水毁道路安全隐患，排查安全隐患34处，并组织群众进行抢修维护，设立安全警示牌11处。在农贸市场、中小学食堂等场所开展“食品安全检查”4次。

【政府建设】 开展“两学一做”学习教育：组织偏城乡党员干部认真学习党章、党规及习近平总书记系列讲话精神。坚持问题导向、坚持领导带头，领导干部讲党课24次，开展专题讨论3次，机关党员撰写心得体会28篇，增强全乡党员干部的政治意识、大局意识、核心意识、看齐意识。加强干部管理：修订完善《偏城乡干部考勤管理制度》《偏城乡干部学习制度》和《偏城乡后勤管理制度》，实行干部上下班指纹签到，完善请销假制度，为每个干部制作办公去向牌，明确干部去向，规范干部管理。落实党风廉政“两个责任”：严格执行中央和区市县党委改进作风相关规定，建立党风廉政建设“三个清单”，严格落实“一岗双责”，加强领导干部经常性教育和监督管理。结合“干部作风转变年”活动，驰而不息纠正“四风”问题，先后通报批评会风会纪问题4次，对不履行请假手续、无故缺岗的6名干部进行约谈函询。扎实开展违反“中央八项规定”精神突出问题整治，共清退资金42631元，通报批评21人，规范公务接待、差旅费报销和公务用车管理，“三公”经费持续下降。党务村务政务公开：注重政务、村务公开，提高工作效率和群众满意度。在政务公开方面，对政府班子成员分管工作、联系电话、责任清单和为民办实事情况进行公开，广泛接受群众监督。在村务公开方面，严格落实各项惠民政策公示制度，在低保核查、精准扶贫对象识别、农村危窑危房改造、农资综合直补等惠民政策的落实及马铃薯籽种发放、珍珠鸡苗发放、基础母牛调购等扶贫项目的落实中，坚持两轮公示制度，做到公开、透明。

（马莉莎）

马莲乡

【概　况】 马莲乡位于西吉县东南部，属于葫芦河川道区，距县城35千米，辖15个行政村72个村民小组，土地面积103平方千米，耕地面积95285亩，现有人口5701户22721人。境内南北为山峦，平均海拔1890米，最高处古城梁海拔2165米，中间为河谷平川，固将公路穿越全境，种植业以小麦、豌豆、荞麦、莜麦、玉米、胡麻、马铃薯等作物为主。单位内设党政办公室、政务公开办公室、民族宗教办公室、信访办公室、纪委办公室等，下设民生服务大厅、产业服务中心、科教文卫中心等。乡党委下辖16个党支部，现有党员426名，四星级党支部1个，三星级党支部8个，二星级党支部6个。共有17所学校，其中初级中学1所、完全小学9所、初级小学7所。2018年农村居民人均可支配收入9001元。

【脱贫攻坚】 围绕贫困户“两不愁、三保障”和贫困村基础设施建设、公共服务投入、特色产业发展和集体经济收入的目标任务，聚焦抓重点、补短板、强基础，在马莲乡15个村1458户6119人的建档立卡户中全面布局，整体推进。一是摸清情况底数。对全乡建档立卡户和非建档立卡常住户开展全面走访活动，掌握3881户常住户的生产生活、基础设施、社会事业、种养殖业现状等基本情况。二是夯实基础建设。完成危房改造269户。实施自来水入户1174户，常住户覆盖率达95%。完成后庄村、堡子山村、新堡村、八代沟村等7个村道路硬化22千米。三是大兴社会事业。2018年全乡春季“雨露计划”补助313人，劝返辍学儿童10人，劝返率100%。为建档立卡户购买家庭意外伤害保险和大病补充保险。开展种养殖业、家政服务、电工电焊等实用技术培训。兑付产业扶持资金2080.6万元。四是狠抓金融贷款。累计完成金融扶贫贷款发放1326户6156.5万元，户均4.6万元，建档立卡户贷款覆盖率90.1%。五是加大易地搬迁。完成县内移民安置38户196人，对“十二五”遗留移民进行再摸底再核实。六是加强动态调整。新识别建档立卡户29户134人，退出6户23人，家庭成员新增142人，减少112人，贫困发生率由29%下降到5.31%。

【产业结构】 贯彻落实固原市委“1+4”和“接二连三”产业发展思路，宜种则种、宜养则养、种养结合，因地制宜促进产业转型。一是大力开展“有土”扶贫，促进种养殖业快速发展。以肉牛养殖、马铃薯、特色蔬菜、小杂粮、旱作节水农业为重点，促进产业增效、农民增收。加大产业发展扶持政策落实，激发农户发展养殖业的积极性，新建罗曼沟、堡子山、后庄和新堡4个养殖示范村，巩固马蹄沟、张堡塬和南川3个养殖示范村成果。发挥金融扶贫杠杆撬动和“两个带头人”引领致富“火车头”作用，积极引导群众将资金用于产业发展，推动养殖业扩量提质。推行运用“覆膜保墒+特色种植”，保证种植业提质增收。大力发展马铃薯、特色蔬菜和小秋杂粮种植。落实4万亩覆膜保墒旱作节水农业，打造以马莲村为中心的千亩永久性蔬菜基地和川道区及北部山区万亩种薯推广繁育基地。建设北坡村和陆家沟村集中连片菠菜种植基地500亩，建成高科技节水喷灌设施，建档立卡户受益98户。通过整合项目实施，推动产业结构由原来的粗放型向集约型转变，成为群众脱贫致富的“聚宝盆”。二是开展“离土”扶贫，促进劳务产业提档增值。以劳动力素质提升为抓手，带动全乡常年外出务工人员6196人，务好“铁杆庄稼”，引导富余劳动力就近在当地企业和合作社务工，实现农民和企业（合作社）双赢，增强群众的“造血”功能。

【设施建设】 一是完成7500万元的机修农田项目。其中堡子山村农业综合开发项目3500亩，投资700万元；后庄村和马蹄沟村国土整治项目4000亩，投资800万元；扎实开展“义务植树”活动，完成道路绿化21千米，种植河北杨14070棵，围绕“一棵树、一枝花、一棵草、一株苗”，建成向丰园区新特优牧草示范园100亩。二是实施马莲美丽小城镇基础设施（一期）工程，新建兴民路、文化广场、家禽交易市场，提升改造固将路、南环路和休闲广场。三是完成罗曼沟村环境综合整治项目，改善人居条件和环境面貌。四是新建堡子山村、后庄村2个村党员活动室，目前15个村村级活动场所面积均达到200平方米。

【“三大专项行动”】 一是开展“乡村环境卫生大整治大绿化”行动。坚持集中整治和日常维护并重，开展大范围的环境整治。坚持边开展、边完善、边治理，构建乡、村、组环境整治三级网格化管理，明确各级网格管理人员、监督人员，明确职责和任务，充分调动广大群众能动性，做到常态化、长效化管理服务，确保环境卫生不反弹、无死角。二是开展群众反映强烈突出问题“大排查大化解”行动。包片领导、包村干部、第一书记、村干部四级联动，围绕“脱贫攻坚”“三农”“民生”“群众切身利益”问题，采取走访排查，坐班接访等方式，面对面听取群众诉求。针对群众反映的问题，建立台账，明确人员责任、时限，包案化解，并利用“联合办公日”集中攻坚解决，化解群众反映强烈的突出问题，共化解涉及民生诉求、春耕生产、政策困惑、邻里纠纷等方面大小矛盾92起。对自治区巡视反馈的5件信访案件全部化解。三是扎实开展“帮扶干部进村入户办实事送温暖”专项行动。全乡442名帮扶干部深入农户家中，发挥驻村干部“五大员”作用，因村制宜，因户施策，精准扶贫、精准脱贫任务具体到人，明确贫困村产业发展方向，贫困户产业发展精准落实到户。走访贫困户，制订种植业、养殖业、扶贫贷款和技能培训等方面的致富计划，帮助建立村民参与集体活动等制度、解决生活难题、办理孩子上学、筹措医疗费用、培训实用技能等实事。

【民生福祉】 贯彻“以人民为中心”的发展理念，加大投入力度，增加群众的获得感和幸福感。严格落实最低生活保障精准进入机制，开展最低生活保障对象清理核查，清理整顿低保104人，实现动态管理下的应保尽保、应退尽退，全乡享受低保1765户2037人，补贴资金661.56万元，高龄津贴享受198户216人，补贴资金76.42万元，孤儿23户40人，补贴资金26.43万元，特困供养（“五保户”）52户55人，补贴资金32.72万元，享受残疾生活补贴、护理补贴1011人，补贴资金113.21万元。做好统筹城乡医疗保险和养老保险工作，2018年收缴医疗保险18137人，养老保险7582人，村级标准化卫生室全面开放、规范运行，群众基本医疗服务得到大力保障。完成优生健康检查203对，征收社会抚养费0.8万元。义务教育均衡发展通过国家验收。加大精神文明建设力度，开展多种形式的文化体育活动，推动移风易俗，树立文明新风，乡风民风明显好转。

【社会治理】 一是狠抓社会治理。坚持乡领导班子坐班接访制度，妥善化解邻里纠纷、家庭婚姻纠纷、土地纠纷等各类纠纷147起，调处成功率100%，办理区、市、县信访转办案件14起。健全村级信访中心运行，帮助群众答疑解惑、化解矛盾，切实将矛盾解决在最基层、解决在萌芽状态。扎实开展汛期值班制度，保持电话24小时畅通，第一时间信息上报，动员组织群众开展汛期防护、自救措施，确保群众的生命和财产安全。开展“三化”清理整顿工作，实施“四进”（国旗、宪法和法律法规、社会主义核心价值观、中华优秀传统文化）宗教活动场所，清理整顿清真标志39个，国旗进宗教活动场所25个。二是培育文明乡风。以“农民培训教育年”为载体，建立村级新时代农民讲习所，围绕政策法规、实用技术等方面大力开展各类讲习活动。加强“精神文明建设，推动移风易俗”活动。发挥精神引领和典型带动作用，15个村“一约四会”和“四德榜”实现上墙入栏。开展文化体育和道德模范、脱贫模范户和“最美”系列评选表彰活动。

（马　玲）

人　物

2018年度西吉县委常委简介

王学军　男，汉族，1968年1月出生，宁夏中宁人，中共党员，研究生学历。

1986年9月—1990年7月　西北农业大学畜牧系畜牧专业学习；

1990年7月—1990年9月　毕业待分配；

1990年9月—1994年5月　中宁县畜牧局干部；

1994年5月—1997年3月　中宁县人民政府办公室干部；

1997年3月—1999年9月　中宁县宁安乡党委副书记；

1999年9月—2003年1月　中宁县鸣沙镇党委副书记、镇长；

2003年1月—2006年9月　中宁县副县长；

2006年9月—2007年11月　海原县委常委、纪委书记；

2007年11月—2008年3月　海原县委常委、纪委书记、副县长；

2008年3月—2008年6月　海原县委常委、副县长；

2008年6月—2009年8月　海原县委常委、副县长（正处级）（2006年9月—2009年7月宁夏党校在职研究生班政治学专业学习）；

2009年8月—2009年12月　海原县委常委、副县长，海原新区管委会主任；

2009年12月—2010年7月　海原县委副书记、海原新区管委会主任；

2010年7月—2013年4月　中卫市文化体育广播电视局局长；

2013年4月—2013年7月　中卫市文化体育广播电视局局长、党委书记；

2013年7月—2014年11月　中卫市发展和改革委员会主任、党组书记；

2014年11月—2016年1月　中卫市沙坡头区党工委书记、管委会主任；

2016年1月—2016年6月　中卫市沙坡头区党工委书记、区委书记候选人；

2016年6月—2016年12月　中卫市沙坡头区委书记；

2016年12月—2017年12月　中卫市副市长、沙坡头区委书记；

2017年12月—2018年3月　中卫市副市长；

2018年3月至今　固原市委常委、西吉县委书记。

杨生俊　男，回族，1968年4月出生，宁夏固原人，中共党员，大学学历。

1984年9月—1987年7

月　固原农校水利专业学习；

1987年7月—1995年6月　固原县水电局干部；

1995年6月—1999年5月　固原县人民政府办公室干部（1994年4月—1997年6月宁夏农学院水利工程专业学习）；

1999年5月—2002年7月　固原县固海扬黄扩灌工程指挥部办公室副主任；

2002年7月—2004年9月　固原市原州区固海扬黄扩灌工程指挥部办公室副主任（2001年9月—2003年7月宁夏党校经济管理专业学习）；

2004年9月—2005年3月　固原市原州区委办公室副主任；

2005年3月—2006年4月　固原市原州区七营镇党委副书记、镇长；

2006年4月—2008年7月　固原市原州区七营镇党委书记、镇长；

2008年7月—2010年3月　固原市原州区开城镇党委书记、镇长；

2010年3月—2010年9月　固原市原州区开城镇党委书记、人大主席；

2010年9月—2010年10月　固原市原州区副区长、开城镇党委书记、人大主席；

2010年10月—2012年11月　固原市原州区副区长；

2012年11月—2013年2月　固原市原州区副区长、党组成员；

2013年2月—2013年6月　固原市原州区委常委、副区长、党组成员；

2013年6月—2013年7月　泾源县委常委、副县长；

2013年7月—2016年2月　泾源县委常委、副县长，县政府党组副书记、政法委副书记；

2016年2月—2016年3月　泾源县委副书记，县政府党组副书记、政法委副书记；

2016年3月—2016年8月　泾源县委副书记、政法委书记；

2016年8月—2016年12月　固原市环境保护局党组书记；

2016年12月—2018年3月　固原市水务局局长、党组书记；

2018年3月至今　西吉县委副书记，县政府党组书记、县长。

张亚萍　女，汉族，1973年2月生，江苏海安人，中共党员，大学学历。

1993年9月—1996年7月　宁夏固原师范专科学校中文系学生；

1996年7月—1998年8月　隆德县沙塘中学教师；

1998年8月—2003年3月　隆德县团委副书记；

2003年3月—2005年9月　隆德县团委书记；

2005年9月—2006年7月　固原市妇女联合会正科级干部；

2006年7月—2009年2月　固原市妇女联合会办公室主任；

2009年2月—2009年6月　固原市妇女联合会副书记、党组成员、办公室主任；

2009年6月—2012年12月　固原市妇女联合会副主席、党组成员；

2012年12月—2016年8月　泾源县委常委、纪委书记；

2016年8月至今　西吉县委副书记、政法委书记、县委党校校长。

马保师　男，回族，1969年10月出生，宁夏西吉人，中共党员，大学学历。

1989年12月—1992年2月　西吉县淀粉厂工人；

1992年2月—1999年8月　西吉县白崖乡政府工作；

1999年8月—2000年7月　西吉县人事劳动局科员；

2000年7月—2004年12月　西吉县委组织部科员；

2004年12月—2007年4月　西吉县委组织部副主任科员；

2007年4月—2009年11月　西吉县兴平乡党委副书记、乡长；

2009年11月—2013年1月　西吉县兴平乡党委书记、人大主席；

2013年1月—2013年3月　西吉县吉强镇党委书记、人大主席；

2013年3月—2014年4月　固原市民族宗教事务局副局长；

2014年4月—2016年8月　原州区委常委、统战部部长；

2016年8月至今　西吉县委常委、统战部部长。

李　平　男，汉族，1974年12月出生，宁夏永宁人，中共党员，大学学历。

1993年7月—1997年7月　中国人民公安大学警察管理系学习；

1997年8月—2014年8月　宁夏回族自治区公安厅经济文化保卫处、经济侦查总队办公室工作，历任办公室副科长、主任科员、经侦总队支队长、办公室副主任；

2014年8月至今　西吉县委常委、县公安局党委书记、局长。

王维强　男，汉族，1970年10月出生，宁夏固原人，中共党员，大学学历。

1988年9月—1992年7月　宁夏农学院农经系学习；

1992年7月—1995年9月　固原地区良种场工作；

1995年9月—2000年10月　固原地区检察分院工作；

2000年10月—2003年2月　固原地区检察分院助理检察员；

2003年2月—2003年11月　固原市人民检察院民事行政检察处副处长、助理检察员（其间：2000年9月—2003年10月固原市广电总公司挂职任总经理助理）；

2003年11月—2004年12月　固原市人民检察院民事行政检察处副处长、正科级检察员；

2004年12月—2005年5月　固原市人民检察院民事行政检察处处长、正科级检察员；

2005年5月—2007年7月　固原市人民检察院民事行政检察处处长、正科级检察员、检察委员会委员；

2007年7月—2007年11月　固原市人民检察院职务犯罪预防处处长、正科级检察员、检察委员会委员；

2007年11月—2009年11月　固原市人民检察院副处级检察员、检察委员会委员；

2009年11月—2012年9月　固原市检察院侦查监督处处长；

2012年9月—2012年10月　彭阳县人民检察院党组书记、检察员、检察委员会委员、副检察长，代理检察长；

2012年10月—2016年8月　彭阳县人民检察院党组书记、检察长；

2016年8月至今　西吉县委常委、纪委书记、监察委主任。

刘克虎　男，回族，1971年10月出生，宁夏固原原州区人，中共党员，大学学历。

1992年9月—1995年7

月 宁夏同心阿拉伯语学校阿拉伯语专业学习；

1995 年 7 月—1997 年 11 月 固原市彭堡乡政府科员；

1997 年 11 月—2000 年 9 月 固原县委农工部科员（其间：1996 年 8 月—1999 年 6 月中央党校函授学院经济管理专业学习）；

2000 年 9 月—2004 年 9 月 固原县委组织部科员（其间：1999 年 8 月—2001 年 12 月中央党校函授学院法律专业学习）；

2004 年 9 月—2006 年 8 月 固原市原州区中河乡党委副书记、综治办主任；

2006 年 8 月—2010 年 3 月 固原市原州区卫生局副局长；

2010 年 3 月—2013 年 4 月 固原市原州区南关街道党工委副书记、办事处主任；

2013 年 4 月—2014 年 1 月 固原市原州区南关街道党工委书记、办事处主任；

2014 年 1 月—2015 年 12 月 固原市原州区南关街道党工委书记；

2015 年 12 月—2017 年 5 月 固原市原州区南关街道党工委书记、人大联络办公室主任；

2017 年 5 月至今 西吉县委常委、吉强镇党委书记。

王继军 男，汉族，1976 年 3 月出生，湖北汉川人，中共党员，大学学历。

1994 年 12 月 —1998 年 9 月 二十一集团军五十五师六十三团汽车连战士；

1998 年 9 月—2001 年 7 月 西安陆军学院学习；

2001 年 7 月—2003 年 3 月 二十一集团军装甲十二师四十五团汽车连代理政治指导员；

2003 年 3 月—2006 年 2 月 二十一集团军装甲十二师四十五团汽车连政治指导员；

2006 年 2 月—2008 年 2 月 二十一集团军装甲十二师四十五团政治宣传股股长（其间：2005 年 9 月—2008 年 6 月防空兵指挥学院学习）；

2008 年 2 月—2011 年 10 月 二十一集团军装甲十二师四十五团坦克二营政治教导员；

2011 年 10 月—2011 年 12 月 二十一集团军六十二旅坦克二营政治教导员；

2011 年 12 月—2016 年 6 月 二十一集团军工兵团政教处主任；

2016 年 6 月—2017 年 4 月 二十一集团军六十二旅副政委；

2017 年 4 月—2017 年 12 月 工化七十六旅副政委兼纪委书记；

2017 年 12 月—2018 年 5 月 西吉县人武部政委；

2018 年 5 月至今 西吉县委常委、人武部政委。

高耀明 男，汉族，1967 年 6 月出生，宁夏彭阳人，中共党员，大学学历。

1986 年 9 月 —1990 年 7 月 宁夏大学中文系汉语言文学专业学习；

1990 年 7 月—1996 年 7 月 彭阳县第二中学教师；

1996 年 7 月—1997 年 4 月 彭阳县教育与科学技术局干部；

1997 年 4 月—1999 年 1 月 彭阳县人民政府办公室干部；

1999 年 1 月—2002 年 1 月 彭阳县人民政府办公室副科级秘书；

2002 年 1 月—2003 年 3 月 彭阳县石岔乡党委副书记；

2003 年 3 月—2004 年 7 月 彭阳县石岔乡党委副书记、纪委书记；

2004 年 7 月—2005 年 1 月 彭阳县直属机关工委委员；

2005年1月—2006年1月　彭阳县委组织部正科级组织员、县直属机关工委委员；

2006年1月—2007年3月　彭阳县委组织部正科级组织员、党员电化教育中心主任、县直属机关工委委员；

2007年3月—2007年12月　彭阳县直属机关工委书记；

2007年12月—2010年2月　彭阳县委组织部副部长；

2010年2月—2010年8月　固原市委直属机关工作委员会正科级干部；

2010年8月—2010年11月　固原市委直属机关工作委员会办公室主任；

2010年11月—2015年3月　固原市直属机关工委委员、办公室主任；

2015年3月—2017年5月　固原市委党校（市行政学院）副校长（副院长）；

2017年5月—2018年5月　固原市委政策研究室副主任；

2018年5月至今　西吉县委常委、组织部部长。

张　哲　男，汉族，1985年8月出生，辽宁海城人，中共党员，大学学历。

2003年9月—2007年7月　东北林业大学机电工程学院电气工程及其自动化专业学习；

2007年7月—2008年1月　上海飞机制造厂凯飞数控机加车间见习；

2008年1月—2008年7月　上海飞机制造厂凯飞数控机加车间工艺员；

2008年7月—2009年6月　上海飞机制造厂厂部办公室秘书；

2009年6月—2010年5月　上海飞机制造有限公司办公室秘书；

2010年5月—2011年3月　上海飞机制造有限公司办公室秘书室主任；

2011年3月—2013年8月　上海飞机客户服务有限公司综合保障部工程施工管理；

2013年8月—2014年1月　上海飞机客户服务有限公司综合保障部物资采购室主任；

2014年1月—2017年3月　上海飞机客户服务有限公司团委书记（副处级）；

2017年3月—2017年7月　上海飞机客户服务有限公司团委书记、经营发展部副部长、经营发展部党支部副书记（主持工作）；

2017年7月—2018年7月　上海飞机客户服务有限公司经营发展部副部长、经营发展部党支部副书记（主持工作）；

2018年7月—2018年7月　上海飞机客户服务有限公司经营发展部党支部书记（正处级）、副部长；

2018年7月至今　西吉县委常委、政府副县长（挂职）。

王万龙　男，汉族，1967年5月出生，宁夏彭阳人，中共党员，大学学历。

1987年9月—1991年7月　宁夏大学历史系历史教育专业学习；

1991年7月—1997年7月　彭阳县第二中学教师；

1997年7月—1998年5月　彭阳县委党校教师；

1998年5月—1998年10月　彭阳县委宣传部理论干事；

1998年10月—2002年1月　彭阳县委办公室秘书；

2002年1月—2003年5月　彭阳县委办公室副科级秘书；

2003年5月—2003年12月　彭阳县沟口乡党委副书记；

2003 年 12 月—2006 年 5 月　彭阳县新集乡党委副书记；

2006 年 5 月—2007 年 10 月　彭阳县委宣传部副部长；

2007 年 10 月—2008 年 8 月　固原市委宣传部副科级干部；

2008 年 8 月—2011 年 1 月　固原市委宣传部办公室主任；

2011 年 1 月—2012 年 11 月　固原市委宣传部文化艺术科科长；

2012 年 11 月—2013 年 6 月　固原市委宣传部办公室主任；

2013 年 6 月—2015 年 3 月　固原市国防教育办公室专职副主任、宣传部办公室主任；

2015 年 3 月—2017 年 4 月　固原市国防教育办公室专职副主任；

2017 年 4 月—2018 年 11 月　固原市精神文明办公室副主任；

2018 年 11 月至今　西吉县委常委、宣传部部长。

刘基棠　男，汉族，1979 年 8 月出生，福建莆田人，中共党员，大学学历。

1998 年 9 月—2002 年 7 月　安徽合肥工业大学机械与汽车工程学院制冷与低温技术专业学习；

2002 年 7 月—2010 年 12 月　福建炼油化工有限公司操作工、技术员、生产协调员（2007 年 6 月公司名称改为福建联合石油化工有限公司）；

2010 年 12 月—2011 年 6 月　福建炼化林德气体有限责任公司生产运行部技术主管；

2011 年 6 月—2016 年 5 月　福建省仙游县游洋镇党委书记；

2016 年 5 月—2017 年 6 月　福建省莆田高新技术产业开发区党工委委员、管委会副主任；

2017 年 6 月—2018 年 12 月　福建省莆田市涵江区政府副区长、党组成员；

2018 年 12 月至今　西吉县委常委、政府副县长（挂职）。

2018 年度西吉县离职县委常委简介

马志宏　回族，1964 年 4 月出生，宁夏吴忠人，中共党员，研究生学历。

1980 年 9 月—1983 年 7 月　固原农校农学专业学习；

1983 年 7 月—1987 年 8 月　原县级吴忠市旱元乡工作（其间：1985 年 9 月—1987 年 6 月宁夏农学院干部培训班农学系学习）；

1987 年 8 月—1990 年 8 月　原县级吴忠市农业局工作；

1990 年 8 月—1993 年 3 月　原县级吴忠市上桥乡副乡长；

1993 年 3 月—1998 年 2 月　原县级吴忠市上桥乡党委副书记、乡长；

1998 年 2 月—2001 年 6 月　吴忠市利通区东塔乡党委书记；

2001 年 6 月—2001 年 12 月　吴忠市利通区委常委、宣传部部长、东塔乡党委书记；

2001 年 12 月—2005 年 1 月　吴忠市利通区委常委、宣传部部长（其间：2000 年 9 月—2002 年 12 月中央党校函授学院法律专业学习）；

2005 年 1 月—2006 年 10 月　吴忠市委副秘书长、政策研究室主任；

2006 年 10 月—2008 年 2 月　红寺堡开发区党工委副书记、管委会副主任（其间：2004 年 8 月—2007 年 7 月中央党校经济管理研究生班学习）；

2008 年 2 月—2011 年 2 月　泾源县委副书记、政府县长；

2011年2月—2012年5月　泾源县委书记；

2012年5月—2012年6月　固原市人民政府副市长、泾源县委书记；

2012年6月—2014年6月　固原市人民政府副市长；

2014年6月—2018年3月　固原市委常委、西吉县委书记；

2018年3月　离任。

武维东　汉族，1967年4月出生，宁夏固原原州区人，中共党员，研究生学历。

1988年7月—1991年7月　宁夏工学院工业与民用建筑专业学习；

1991年7月—1996年3月　固原地区经济协作办公室工作（其间：1992年4月—1993年4月固原地区拖配厂挂职锻炼，担任厂长助理）；

1996年3月—1998年12月　固原地区经济局工作；

1998年12月—2000年12月　固原地区经济局办公室副主任；

2000年12月—2002年12月　固原地区经济局办公室主任；

2002年12月—2004年12月　固原市发展计划委员会副主任；

2004年12月—2007年9月　固原市发展和改革委员会副主任；

2007年9月—2009年2月　西吉县委常委、政府副县长；

2009年2月—2009年10月　西吉县委常委、政府常务副县长；

2009年10月—2011年11月　固原市委副秘书长、督查室主任（正处级）；

2011年11月—2012年12月　固原市城管局党组书记、局长；

2012年12月—2014年6月　固原市政府党组成员、秘书长；

2014年6月—2015年2月　西吉县委副书记、政府代理县长；

2015年2月—2018年3月　西吉县委副书记、政府县长；

2018年3月　离任。

王　林　回族，1967年3月生，宁夏永宁人，中共党员，大学本科。

1986年9月—1990年7月　中央民族学院汉语言文学专业学习；

1990年7月—1997年6月　宁夏回族自治区农业机械化学校教师；

1997年6月—1998年12月　宁夏回族自治区农业厅人事劳动处科员；

1998年12月—2006年2月　宁夏回族自治区农业厅人事劳动处主任科员；

2006年2月—2007年5月　宁夏回族自治区农牧厅人事劳动处助理调研员；

2007年5月—2010年2月　宁夏回族自治区农牧厅人事劳动处副处长；

2010年2月—2015年2月　宁夏回族自治区农牧厅农机局局长；

2015年2月—2016年11月　宁夏回族自治区农业产业化办公室主任；

2016年11月—2018年12月　西吉县委副书记（挂职）；

2018年12月　离任。

王生尧　汉族，1979年12月出生，宁夏彭阳人，中共党员，研究生学历。

1997年9月—2000年7月　固原师专物理系学习；

2000年7月—2000年9月　待业；

2000年9月—2004年1月　彭阳县城阳乡政府工作（其间：1999年6月—2002年6月参加西北政法学院法律专业自考学习）；

2004年1月—2005年9月　固原市委组织部工作；

2005年9月—2007年6月　固原市委组织部副科级组织员；

2007年6月—2007年11月　固原市委组织部干部监督科副科长（其间：2004年9月—2007年7月宁夏党校公共管理专业学习）；

2007年11月—2010年2月　固原市委组织部干部监督科科长；

2010年2月—2012年5月　固原市委组织部干部培训教育科科长；

2012年5月—2016年1月　固原市人力资源和社会保障局副局长、党组成员；

2016年1月—2018年5月　西吉县委常委、组织部部长；

2018年5月　调离。

梁秋明　汉族，1986年10月出生，吉林德惠人，中共党员，研究生学历。

2002年9月—2006年6月　西北工业大学机电学院机械设计制造及自动化专业学习；

2006年9月—2009年4月　西北工业大学机电学院机械电子工程专业攻读硕士；

2009年4月—2011年8月　上海飞机设计研究院航电系统设计研究部助理工程师、工程师；

2011年8月—2013年4月　上海飞机设计研究院专职团委副书记；

2013年4月—2016年3月　上海飞机设计研究院办公室副主任；

2016年3月—2016年7月　上海飞机设计研究院办公室副主任、党支部副书记；

2016年7月—2018年7月　西吉县委常委、政府副县长（挂职）；

2018年7月　离任。

马宗正　回族，1978年12月生，宁夏海原人，中共党员，研究生学历。

2000年7月—2002年6月　宁夏司法警官学校聘任教师；

2002年6月—2006年12月　宁夏社会科学院法学社会学研究所、办公室（其间：2005年5月—2006年3月借调至自治区党委宣传部研究室工作）；

2006年12月—2007年5月　宁夏社会科学院办公室秘书科科长（正科级）（其间：2006年12月—2007年5月借调至自治区团委办公室工作）；

2007年5月—2009年2月　宁夏希望工程办公室综合部副部长（正科级）；

2009年2月—2010年2月　宁夏希望工程办公室七级职员；

2010年2月—2011年3月　宁夏希望工程办公室副主任；

2011年3月—2011年10月　宁夏回族自治区团委办公室副主任；

2011年10月—2013年1月　宁夏回族自治区团委统战部副部长；

2013年1月—2015年5月　宁夏回族自治区团委统战部部长；

2015年5月—2015年6月　西吉县人民政府副县长（正处级）；

2015年6月—2016年9月　西吉县人民政府副县长（正处级）、党组成员；

2016年9月—2018年5月　西吉县委常委、政府副县长、政府党组副书记；

2018年5月　调离。

蔡　志　汉族，1977年9月出生，福建莆田人，中共党员，研究生学历。

1994 年 9 月 —1998 年 7 月　福建化工学校贸易经济专业学习；

1998 年 8 月 —1999 年 7 月　待业；

1999 年 7 月 —2004 年 3 月　福建莆田市湄州湾北岸东海镇海头村主任助理（其间：1998 年 9 月—2002 年 7 月参加福建师范大学成人教育学院计算机管理与应用专业学习）；

2004 年 3 月—2005 年 10 月　福建莆田市城厢区东海镇干部；

2005 年 10 月—2009 年 1 月　共青团莆田市城厢区副书记（其间：2005 年 9 月—2007 年 12 月参加福建省委党校理论本科班法律专业学习）；

2009 年 1 月—2010 年 5 月　福建莆田市城厢区龙桥街道党工委副书记；

2010 年 5 月—2010 年 6 月　福建仙游县赖店镇党委副书记、镇长候选人；

2010 年 6 月—2013 年 8 月　福建仙游县赖店镇党委副书记、镇长（其间：2008 年 9 月—2011 年 1 月参加福建省委党校马克思主义哲学专业学习）；

2013 年 8 月—2016 年 5 月　福建仙游县赖店镇党委书记；

2016 年 6 月—2016 年 11 月　福建莆田市涵江区政府副区长；

2016年 11 月—2018 年 12 月　西吉县委常委、政府副县长（挂职）；

2018 年 12 月　离任。

海　丽　女，回族，1975 年 7 月出生，宁夏固原原州区人，中共党员，大学学历。

1993 年 9 月—1994 年 7 月　宁夏同心阿拉伯语学校学习；

1994 年 7 月 —1995 年 4 月　固原县中河小学教师；

1995 年 4 月—2003 年 7 月　原州区委统战部科员（其间：1996 年 10 月—1999 年 12 月西北政法学院法律专业学习）；

2003 年 7 月—2006 年 8 月　原州区中河乡党委委员、副乡长（其间：2003 年 9 月—2005 年 12 月宁夏党校行政管理专业学习）；

2006 年 8 月—2010 年 1 月　共青团原州区委书记；

2010 年 1 月—2011 年 1 月　原州区清河镇党委副书记、镇长；

2011 年 1 月—2011 年 7 月　原州区清河镇党委书记、人大主席；

2011 年 7 月—2012 年 10 月　原州区官厅镇党委书记、人大主席；

2012 年 10 月—2016 年 8 月　原州区政府副区长；

2016 年 8 月—2017 年 5 月　西吉县政府党组成员、政府副县长；

2017 年 5 月—2018 年 11 月　西吉县委常委、宣传部部长；

2018 年 11 月　调离。

西吉县第十七届人大常委会党组书记、主任简介

李　聪　汉族，1968 年 10 月出生，宁夏隆德县人，中共党员，大学学历。

1984 年 9 月 —1987 年 7 月　固原农校学生；

1987 年 7 月 —1992 年 3 月　泾源县种子公司干部；

1992 年 3 月—1994 年 7 月　泾源县农牧局干部；

1994 年 7 月—1997 年 2 月　泾源县种子公

司经理；

1997 年 2 月—1998 年 6 月　泾源县委办公室秘书；

1998 年 6 月—2001 年 10 月　泾源县委办公室副主任；

2001 年 10 月—2003 年 5 月　泾源县委办公室副主任、保密办主任（其间：1999 年 9 月—2002 年 1 月宁夏党校业大部党政管理专业本科班学习）；

2003 年 5 月—2003 年 9 月　固原市委办公室正科级干部；

2003 年 9 月—2004 年 8 月　固原市委办公室正科级秘书；

2004 年 8 月—2005 年 7 月　固原市委办公室综合科科长；

2005 年 7 月—2006 年 9 月　固原市委办公室秘书科科长；

2006 年 9 月—2009 年 5 月　固原市委办公室副处级秘书；

2009 年 5 月—2012 年 12 月　固原市委组织部副部长；

2012 年 12 月—2016 年 2 月　西吉县委常委、组织部部长、县委党校校长；

2016 年 2 月—2016 年 8 月　西吉县委副书记、政法委书记、县委党校校长；

2016 年 8 月—2016 年 10 月　西吉县人大常委会党组书记；

2016 年 10 月至今　西吉县第十七届人大常委会党组书记、主任。

政协西吉县第十一届委员会党组书记、主席简介

马天英　回族，1962 年 8 月出生，宁夏西吉县人，中共党员，大学学历。

1980 年 10 月 —1986 年 3 月　西吉县兴平乡政府工作（其间：1983 年 9 月—1985 年 7 月在宁夏农学院学习）；

1986 年 3 月—1997 年 10 月　西吉县林业技术推广站副站长；

1997 年 10 月—2003 年 1 月　西吉县绿化办公室主任、林业局副局长；

2003 年 1 月—2007 年 11 月　西吉县第十四届人大常委会党组成员、副主任；

2007 年 11 月—2012 年 9 月　西吉县第十五届人大常委会党组副书记、副主任；

2012 年 9 月—2012 年 11 月　政协西吉县第十届委员会党组书记、县第十五届人大常委会副主任；

2012 年 11 月—2016 年 10 月　政协西吉县第十届委员会党组书记、主席；

2016 年 10 月至今　政协西吉县第十一届委员会党组书记、主席。

先进名录

2018年西吉县获奖情况

一、2017年12月，西吉县被宁夏回族自治区社会治安综合治理委员会评为“2017年度党的十九大安保维稳工作先进集体”。

二、2018年1月，西吉县被宁夏回族自治区农田水利基本建设指挥部评为全区农田水利基本建设“黄河杯”竞赛三等奖。

三、2018年1月西吉县被宁夏回族自治区人民政府评为卫生计生工作综合目标管理二等奖。

四、2018年2月，西吉县被宁夏回族自治区党委农村工作领导小组办公室评为2017年度“农村全面小康建设先进集体三等奖”。

五、2018年2月，西吉县被宁夏回族自治区社会治安综合治理委员会命名为2017年度平安县。

六、2018年2月，西吉县被宁夏回族自治区社会治安综合治理委员会评为“2013—2017年度全区社会治安综合治理先进集体”。

七、2018年2月，西吉县被宁夏回族自治区党委、人民政府评为“2017年度效能目标管理考核一般”等次。

八、2018年2月，西吉县被宁夏回族自治区人民政府评为“招商引资指导性目标任务一等奖”。

九、2018年4月，西吉县被固原市党委、人民政府评为“2017年度效能目标管理考核良好等次”。

十、2018年6月，西吉县被宁夏回族自治区信访工作联席会议办公室评为“2017年度信访工作责任目标先进集体”。

十一、2018年8月，西吉县被宁夏回族自治区党委在2017年度密级文件管理和清退工作会上通报表扬。

十二、2018年9月，西吉县被宁夏回族自治区党委、人民政府评为“全区民族团结进步模范集体”。

十三、2018年9月，西吉县被首届中国农民丰收节中国最美食材推荐活动委员会评为“十大马铃薯主食化示范基地县”。

十四、2018年11月，西吉县被宁夏回族自治区农牧厅评为“马铃薯十大农产品区域公用品牌”称号。

中共西吉县委办公室县人民政府办公室关于2018年度乡镇、县直部门（单位）效能目标管理考核结果的通报

各乡镇党委、政府，县直各部门（单位）：

2018年，全县各级组织和广大干部群众认真学习贯彻习近平新时代中国特色社会主义思想和党的十九大精神，全面落实自治区第十二次党代会，市委第四届二次、三次全会和县委第十四届三次全会精神，聚焦打好“三大攻坚战”，深入实施“三大战略”，认真落实“五个扎实推进”要求，全力打好“六场硬仗”，扎实开展“三大专项行动”，全县呈现经济持续增长、社会和谐稳定、民族团结进步的良好局面，为打赢脱贫攻坚战、决胜全面小康社会奠定了坚实的基础。按照2018年考核办法要求，县效能目标管理考核领导小组组织对19个乡镇、51个县直部门（单位）2018年度各项工作进行了全面考核，考核结果已经县委、县政府审定同意，现通报如下：

一、考核等次

（一）乡镇

优秀等次（9个）：马莲乡、兴平乡、红耀乡为一等奖；硝河乡、兴隆镇、白崖乡、平峰镇、火石寨乡、震湖乡为二等奖；

良好等次（7个）：什字乡、吉强镇、将台堡镇、田坪乡、马建乡、偏城乡、沙沟乡；

一般等次（3个）：新营乡、王民乡、西滩乡。

（二）县直部门（单位）

优秀等次（21个）：县法院、县委办、县卫计局、县人大办、县财政局为一等奖；县纪委监委、县统战部、县公安局、县教体局、县人社局、县文广局、县安监局、县科协、县政协办、县残联、县工商联、县农牧局、县政府办、县发改局、县水务局、县扶贫办为二等奖；

良好等次（25个）：县组织部、县宣传部、县政法委、县编办、县民政局、县行政审批局、县火石寨管理处、县供销社、县政研室、县检察院、县老干部局、县审计局、县妇联、县总工会、县团委、县党校、县文联、县县志办、县司法局、县地震局、县国土局、县交通局、县林业局、县统计局、县园区管委会；

一般等次（5个）：县档案局、县市场监管局、县建环局、县民宗局、县伊协。

二、考核奖励

（一）授予一等奖乡镇、县直部门（单位）“2018年度全县效能目标管理考核一等奖”荣誉奖牌，乡镇各奖励10万元、县直部门（单位）各奖励5万元；授予二等奖乡镇、县直部门（单位）“2018年度全县效能目标管理考核二等奖”荣誉奖牌，乡镇各奖励5万元、县直部门（单位）各奖励2万元。奖励资金全部用于弥补工作经费，不得发放奖金。

（二）各乡镇、各县直部门（单位）干部职工年度考核、个人效能奖，严格按照《2018年度自治区效能目标管理考核方案》（宁党办〔2018〕42号）、《2018年县（区）和部门（单位）效能目标管理考核方案》（固党办〔2018〕120号）、《西吉县2018年度效能目标管理考核方案》（西党发〔2018〕18号）规定执行。乡镇、县直部门（单位）干部职工效能奖以县编办核实2018年12月底各单位在编在岗人员总数为准，参照区市标准发放。一等为优秀等次单位年度考核优秀人员和领导班子成员，二等为优秀等次单位其他人员和良好等次单位年度考核优秀人员，三等为良好等次单位其他人员和一般等次单位年度考核优秀

人员，四等为一般等次单位其他人员。

三、考核排名靠后单位整改要求

考核为一般等次的乡镇、县直部门（单位）党委（党组）按照《西吉县2018年度效能目标管理考核方案》（西党发〔2018〕18号）要求，组织召开专题民主生活会或专题组织生活会，对照考核结果，找准差距，分析原因，提出整改措施。会前县委、县政府相关领导约谈主要负责人，会后向县委、县政府书面报告情况。

2019年是中华人民共和国成立70周年，也是我县打赢脱贫攻坚战、全面建成小康社会关键之年。各乡镇、各部门（单位）要以习近平新时代中国特色社会主义思想为指导，全面落实自治区第十二次党代会、第十二届六次全会，市委第四届二次、三次、四次全会和县委第十四届四次全会精神，不忘初心、牢记使命，振奋精神、实干兴宁，在强措施、促发展、抓落实上再下功夫，为实现经济繁荣、民族团结、环境优美、人民富裕，建设美丽新宁夏、共圆伟大中国梦做出新的更大贡献。

中共西吉县委办公室

西吉县人民政府办公室

2019年4月27日

中共西吉县委、县人民政府关于对2018年度优秀公务员给予嘉奖并对连续三年（2016—2018年）获“优秀公务员”人员记三等功的决定

西党发〔2019〕13号

各乡镇党委，县委各部委，县直机关各党（工）委（党组）、总支（支部），各群众团体，区、市驻县各单位：

2018年，全县广大公务员认真学习贯彻习近平新时代中国特色社会主义思想和党的十九大精神，全面落实自治区第十二次党代会，固原市委四届二次、三次全会和西吉县委第十四届三次全会精神，以昂扬的斗志、坚定的信念、决战的姿态全面推进各项工作，涌现了一批信念坚定、为民服务、勤政务实、敢于担当、清正廉洁的优秀公务员。

为进一步激发广大公务员工作的积极性，大力表彰和宣传为全县经济社会发展做出贡献、成绩显著的优秀公务员，根据《公务员法》《宁夏回族自治区公务员奖励暂行办法》《关于对年度考核中连续三年获得优秀等次公务员给予奖励的有关问题的通知》和《关于调整公务员奖励奖金标准的通知》等规定，县委、县政府决定，对2018年度考核中评为优秀等次的魏廷峰等213名公务员（含参照单位）给予嘉奖，每人一次性奖励1500元；对2016年、2017年、2018年连续三年考核中评为“优秀等次”的单泽民等42名公务员（含参照单位）记三等功，对2015年、2016年、2017年连续三年考核中评为“优秀等次”的冉泓、苏发明补记三等功，每人一次性奖励3000元。

希望受表彰的优秀公务员再接再厉、珍惜荣誉、发扬成绩、开拓创新。全县公务员要以先进为榜样，不忘初心，牢记使命，砥砺奋进，为坚决打赢打好脱贫攻坚战、建设美丽新宁夏、共圆伟大中国梦做出新的更大的贡献，以优异成绩迎接中华人民共和国成立70周年！

附件：2018年度西吉县优秀公务员奖励名单

中共西吉县委员会

西吉县人民政府

2019年5月23日

2018年度西吉县优秀公务员奖励名单

一、嘉奖（213人）

魏廷峰　马莲乡党委书记

鲜瑞芳　兴平乡党委书记

马　雄　吉强镇党委副书记

兰亚海　吉强镇副镇长

杨　伟　吉强镇科员

王志芳　吉强镇科员

马金林　吉强镇科员

王银科　吉强镇科员

王军江　兴隆镇副镇长

于振国　兴隆镇科员（现任田坪乡人武部部长）

惠旭程　兴隆镇科员

黄金枢　兴隆镇科员

马如柏　兴隆镇科员

王学景　平峰镇党委副书记（现任兴平乡人大主席）

张金霞　平峰镇副镇长

冯强平　平峰镇科员

郝金鹦　平峰镇科员

胡晓琴　平峰镇科员

吴健宁　将台堡镇党委副书记（现任西吉县委办副主任）

马志宏　将台堡镇科员

苏　艳　将台堡镇科员

刘　娜　将台堡镇科员

姚建生　王民乡人武部部长

马　源　王民乡科员

马利明　王民乡科员

任鹏军　西滩乡人大主席

丁怀远　西滩乡人武部部长

陈旭升　新营乡党委副书记

杨君成　新营乡副主任科员

马兰新　新营乡科员

赵现瑞　硝河乡乡长

马玉虎　硝河乡党委副书记

蒙　科　硝河乡副乡长（现任火石寨乡纪委书记）

苏玉军　硝河乡副乡长（现任偏城乡副书记）

王宏忠　马莲乡乡长（现任西滩乡党委书记）

王如林　马莲乡纪委书记（现任马莲乡副书记）

马学武　马莲乡组织委员

马丽霞　马莲乡科员

田存福　什字乡人大主席

苏广前　什字乡人武部部长

马小花　什字乡科员

王金环　什字乡科员

苏鸿瑜　火石寨乡副乡长（现任西滩乡纪委书记）

田麦盛　火石寨乡副乡长

马继智　火石寨乡副主任科员

马　彬　火石寨乡科员

李洪先　白崖乡组织委员

王照峰　白崖乡副主任科员

杨平虎　白崖乡副主任科员

马　辉　白崖乡科员

刘喜君　震湖乡党委副书记

户鼎文　震湖乡副乡长（现任马建乡副乡长）

牛艳艳　震湖乡科员

马延年　震湖乡科员

刘　强　兴平乡人大主席（现任田坪乡人大

主席）
于　辉　兴平乡副乡长
穆小平　兴平乡副乡长
张旭升　兴平乡副主任科员
李博文　兴平乡科员
赵　强　偏城乡人武部部长（现任兴隆镇副镇长）
闫　霖　偏城乡副乡长
纳小菲　偏城乡副主任科员
马志军　偏城乡科员
马少斌　偏城乡科员
马小军　沙沟乡人武部部长
马小彦　沙沟乡科员
沈军炜　田坪乡副乡长
苏　华　田坪乡科员
王旭东　红耀乡党委书记
王建树　红耀乡乡长
左　瑾　红耀乡组织委员
王维毅　红耀乡科员（现任马莲乡人武部部长）
马　林　红耀乡科员
马继红　红耀乡科员
王江平　马建乡纪委书记
张　营　马建乡副乡长（现任平峰镇副镇长）
闫玥睿　马建乡科员
董瑞红　县委办公室副主任科员
李文蛟　县委办公室科员
刘学森　县人大办公室副主任
马龙飞　县人大办公室科员
熊晓霞　县人大办公室科员
王　斌　县政府办公室副主任、信访督办局局长（现任西吉县商务和工业信息化局局长）
穆　欣　县政府办公室科员
李　保　县政协办公室农业农村与资源环境委员会主任
马晓宇　县政协办公室主任科员
马雪莲　县政协办公室科员
王科军　县纪委监委办公室主任
刘鹏博　县纪委监委第三监察室主任
宋治军　县纪委监委科员
田彦龙　县纪委监委科员
靳利县　县委组织部副主任科员
任　磊　县委组织部科员
梁志高　县委组织部党员电化教育中心主任（现任西吉县非公经济组织和社会组织工委专职副书记）
刘　烨　县委宣传部科员
马学孔　县委政法委副书记
陈海君　县委政研室副主任
马小龙　团县委副书记
李红梅　县科协科员
李万强　县党史地方志编纂委员会办公室科员
苏怀玉　县伊协常务副会长
朱梅县　事业单位登记管理局科员
兰巧娟　县妇联科员
马德清　县关工委办公室专职副主任
吴俊升　县委党校副校长
宋治勇　县残联科员
安建军　县检察院法警大队大队长
田莉莉　县检察院科员
马小路　县检察院科员
葛银珍　县检察院监所检察科科长
马　虎　县检察院科员
马晓燕　县检察院科员
马孝国　县法院白崖法庭庭长
刘爱荣　县法院科员
李旭伟　县法院科员
喜金龙　县法院执行一庭庭长
刘海燕　县法院科员

单玉芳　县法院科员
马　莉　县法院政工科科长
马　红　县法院科员
李　娟　县法院科员
苏效忠　县法院科员
戴亚雄　县法院科员
王　莹　县发展和改革局副局长
牛芝萍　县发展和改革局科员
王　军　县发展和改革局科员
田和宝　县农业农村局主任科员
高　通　县农业农村局科员
慕海利　县就业局副局长
铁彦海　县就业局科员
张万明　县就业局科员
牛建荣　县财政局科员
马志玲　县财政局科员
王维维　县财政局科员
张彦福　县审计局科员
杨晓青　县审计局副主任科员
陈贵祥　县审计局局长
穆建华　县自然资源局科员
段彦君　县住房和城乡建设局副局长
李　静　县住房和城乡建设局科员
李少勃　县司法局马莲乡司法所所长
游建超　县司法局平峰乡司法所所长
刘　群　县司法局什字乡司法所所长
赵进学　县司法局新营乡司法所所长
靳国梁　县司法局科员
舍　霞　县司法局科员
单倍奇　县司法局科员
马伊娜　县司法局科员
王维东　县市场监督管理局将台堡镇管理所所长
张丁丁　县市场监督管理局科员
黄　贤　县市场监督管理局科员
马海鹏　县市场监督管理局局长
徐志洁　县市场监督管理局科员
陈　伟　县市场监督管理局科员
孔维杰　县市场监督管理局科员
窦新伟　县交通运输局副局长
苟素萍　县卫生健康局副主任科员
马兴林　县教育体育局副局长
姚俊杰　县教育体育局科员
伏彦林　县政府教育督导室主任
李效虎　县统计局党组书记、副局长
王百灵　县水务局副局长
田玉才　县水务局副局长（现任西吉县医疗保障局局长）
曹建东　县公安局森林派出所科员
王维成　县自然资源局科员
马存福　县审批服务管理局副局长
陈志俊　县审批服务管理局科员
张润天　县审批服务管理局副主任科员
张兰兰　县审批服务管理局科员
陈进军　县公安局副局长
王志杰　县公安局副局长
王晓强　县公安局科员
腊红梅　县公安局科员
高昊泉　县公安局国保大队教导员
赵红雨　县公安局科员
秦　龑　县公安局科员
邵立红　县公安局科员
马旭霞　县公安局科员
虎　刚　县公安局科员
王　涛　县公安局科员
杨建河　县公安局科员
马　涛　县公安局科员
蒙少斌　县公安局禁毒大队大队长
古成祯　县公安局科员
杜晓强　县公安局科员
张学武　县公安局科员
王清云　县公安局科员

刘　芳　县公安局科员
王建军　县公安局科员
马　卓　县公安局科员
闫进东　县公安局科员
张宗贤　县公安局科员
宋忠贤　县公安局新营乡派出所教导员
魏俊来　县公安局什字乡派出所教导员
高　明　县公安局马莲乡派出所所长
姚　军　县公安局科员
刘亚维　县公安局所长
卢会武　县公安局所长
马江涛　县公安局科员
张　鑫　县公安局科员
王　波　县公安局西滩乡派出所副所长
张鹏程　县公安局所长
王旭升　县公安局科员
朱　旭　县公安局科员
谢志东　县民政局局长
米万宝　县老龄办副主任科员
赵国杰　县人力资源和社会保障局副局长
沙文祥　县人力资源和社会保障局副局长
马凤翔　县人力资源和社会保障局副主任科员
李晓娟　县人力资源和社会保障局科员（现任西吉县委组织部科员）
马海燕　县劳动保障监察大队科员
白东城　县卫生健康局副局长
马晓玲　县地震局副局长

二、三等功（42人）

单泽民　马莲乡党委副书记（现任马莲乡乡长）
杨东宏　田坪乡党委副书记（现任偏城乡人大主席）
董向红　田坪乡人武部部长
王晓琴　兴隆镇科员
张晓萍　平峰镇科员
马　玲　马莲乡科员
铁建林　沙沟乡科员
杨军良　马建乡科员
李维东　县委办公室副主任、督查室主任（现任西吉县委政研室主任）
杨孟虎　县纪委监委党风政风监督室主任
马一林　县委统战部副部长（现任西吉县人大教科文卫委主任）
火　霞　县委编办科员（现为西吉县纪委监委科员）
马雪松　县工商联党组书记
孙晓娟　县总工会副主任科员
马建安　县司法局局长
李学锋　县司法局白崖乡司法所所长
王强强　县司法局红耀乡司法所所长
马天峰　县发展和改革局科员
郭　强　县发展和改革局科员
海　斌　县扶贫办副主任科员
张振刚　县财政局科员
张军良　县审计局科员
李春燕　县文联科员
张志平　县市场监督管理局副主任科员
罗　玲　县市场监督管理局科员
杨青鸿　县卫生健康局局长
马国荣　县文化旅游广电局局长
蔡英霞　县档案局科员
马栋林　县民族宗教局副局长（现任西吉县委统战部副部长）
王　辉　县公安局科员
龚宏伟　县公安局科员
陶　宁　县公安局科员
于　江　县公安局科员
田苗苗　县公安局科员
李万军　县公安局科员
高子强　县公安局科员
王鹏举　县公安局王民乡派出所副所长

马小荣　县公安局科员

李　闯　县法院执行局局长

马占山　县法院民事审判第一庭庭长

袁学文　县法院科员

靳巧红　县应急管理局副局长

三、补记三等功（2人）

冉　泓　什字乡副乡长、主任科员

苏发明　王民乡组织委员（原什字乡科员）

2018年“脱贫攻坚先进集体”名单

一、市级表彰

（4个，各10万元）

兴平乡　硝河乡　兴隆镇　马莲乡

二、县级表彰

红耀乡　什字乡　吉强镇　平峰镇

（各10万元）

震湖乡田坪乡　白崖乡　新营乡

火石寨乡　马建乡　偏城乡　沙沟乡

将台堡镇　王民乡　西滩乡

（各5万元）

2018年“驻村帮扶先进单位”名单

宁夏回族自治区人力资源与社会保障厅（帮扶田坪乡燕李村、田坪乡赵坪村）

宁夏回族自治区教育厅（帮扶震湖乡李章村、震湖乡河滩村）

宁夏回族自治区市场监督管理厅（帮扶什字乡杨庄村、什字乡南台村）

固原市人力资源与社会保障局（帮扶马莲乡后庄村、马莲乡八代沟村）

固原市水务局（帮扶红耀乡驮昌村）

固原市交通运输管理局（帮扶马建乡张湾村）

西吉县农业农村局（帮扶兴平乡堡湾村、田坪乡腰庄村、白崖乡红套村、红耀乡红耀村）

西吉县财政局（帮扶偏城乡高崖村、火石寨乡罗庄村）

西吉县水务局（帮扶硝河乡隆堡村、什字乡马沟村、田坪乡三岔村）

西吉县扶贫办（帮扶沙沟乡东沟村、火石寨乡石洼村）

2018年“金融扶贫先进单位”名单

黄河农村商业银行

农业银行

邮政储蓄银行

2018年“农村人居环境综合整治先进集体”名单

一、农村人居环境整治先进乡镇

（6个，各2万元）

沙沟乡　红耀乡　田坪乡　硝河乡　兴隆镇

将台堡镇

二、农村人居环境整治先进村

（19个，各1万元）

兴隆镇黄岔村吉强镇羊路村

平峰镇新堡村新营乡二府营村

将台堡镇明星村　硝河乡关庄村

什字乡北台村偏城乡上马村

田坪乡黄岔村沙沟乡东沟村

兴平乡王湾村马莲乡麻子湾村

红耀乡前庄村西滩乡西滩村

白崖乡阳洼村王民乡王民村

马建乡台子村火石寨乡元咀村

震湖乡孟湾村

2018年“农村改革示范村”名单

吉强镇龙王坝村　什字乡杨庄村

田坪乡李沟村兴平乡赵垴村

火石寨乡沙岗村

2018年“产业扶贫示范村”名单

硝河乡隆堡村兴隆镇马堡村

吉强镇酸刺村将台堡镇崖中村

平峰镇庙坪村红耀乡张白湾村

新营乡白城村马莲乡新堡村

火石寨乡石洼村　什字乡马沟村

2018年“产业扶贫先进农业新型经营主体”名单

宁夏旺吉农牧业发展有限公司

西吉县绿发蔬菜种植专业合作社

西吉县武红养殖专业合作社

西吉县富寿养殖专业合作社

宁夏佳立生物科技有限公司

西吉县金鱼马铃薯购销专业合作社

宁夏兴鲜杂粮种植加工基地有限公司

西吉县春发蔬菜种植销售专业合作社

西吉县存录绿源养殖专业合作社

西吉县红昌马铃薯专业合作社

2018年“先进个人”名单

一、脱贫攻坚先进工作者（20名）

李学健　田坪乡人民政府副乡长

马占兵　硝河乡人武部部长

冉　泓　什字乡人民政府副乡长

张志芳　兴平乡人民政府副乡长

马效武　将台堡镇人民政府副镇长

何俊明　西滩乡人民政府副乡长

郭春强　马莲乡人武部部长

王鹏云　马建乡人民政府移民专干

张武强　偏城乡人民政府扶贫专干

冯　强　平峰镇人民政府扶贫专干

卢　文　震湖乡人民政府扶贫专干

马　辉　白崖乡人民政府扶贫专干

王晓琴　兴隆镇人民政府扶贫专干

马利明　王民乡人民政府扶贫专干

顾棠正　沙沟乡人民政府扶贫专干

何进智　新营乡人民政府移民专干

马继红　红耀乡人民政府移民专干

白　良　西吉县财政局干部

张　亮　西吉县农业农村局干部

杨　晓　西吉县扶贫办工作人员

二、优秀驻村帮扶第一书记（20名）

常明杰　宁夏旅游投资集团派驻火石寨乡新开村

宝永林　宁夏回族自治区市场监督管理厅派驻什字乡杨庄村

陈　鹍　宁夏回族自治区供销合作社联合社派驻兴平乡兴平村

杜海军　宁夏回族自治区工业和信息化厅派驻白崖乡黑窑洞村

范卫平　宁夏华夏银行派驻兴隆镇张齐村

张广军　宁夏文化产业投融资公司派驻沙沟乡顾沟村

王　峰　宁夏回族自治区党委党史研究室派驻吉强镇酸刺村

付卫利　宁夏报业传媒集团派驻偏城乡曹垴村

邓彦辉　固原市委办派驻马莲乡堡子山村

王元明　固原市农业农村局派驻硝河乡新庄村

高剑锋　固原市司法局派驻震湖乡堡玉村

杜银烨　固原市审计局派驻王民乡姚坡村

刘天龙　固原市水务局派驻红耀乡驮昌村

路福鹏　固原市人民医院派驻将台堡镇包庄村

王军峰　西吉县自然资源局派驻马建乡刘垴村

杨汉彪　中国移动宁夏公司西吉分公司派驻平峰镇金塘村

邹国强　西吉县市场监督管理局派驻田坪乡李沟村

慕海利　西吉县就业创业和人才服务局派驻田坪乡田坪村

杜银忠　西吉县卫生健康局派驻新营乡上岔村

马　俊　西吉县自然资源局派驻西滩乡张村堡村

三、脱贫攻坚先进个人（20名）

马正军　兴隆镇王河村党支部书记

马树林　兴平乡友爱村党支部书记

周志鹏　吉强镇马营村村委会主任

李玉宝　硝河乡新庄村党支部书记

路景阳　马莲乡东洼村党支部书记

胡守洲　平峰镇张武村党支部书记

王建军　平峰镇庙坪村党支部书记

谢世博　红耀乡红耀村村委会主任

冯宝富　什字乡什字村党支部书记

马明忠　沙沟乡东庄村党支部书记

马存炳　偏城乡花儿岔村党支部书记

程海峰　震湖乡毛坪村党支部书记

牛宗仁　田坪乡田坪村党支部书记

白文武　马建乡白台村党支部书记

张多林　新营乡蒿子湾村党支部书记

高耀财　将台堡镇甘岔村党支部书记

卢　凯　火石寨乡大庄村村委会副主任

王占明　白崖乡旧堡村党支部书记

马文虎　王民乡姚坡村党支部书记

马三刚　西滩乡林家沟村村委会主任

四、优秀农村致富带头人（20名）

马存珍　什字乡北台村

海　孝　兴隆镇王河村

王福社　平峰镇高赵村

王　强　沙沟乡叶沟村

马晓林　硝河乡民联村

杨国旗　新营乡石岘村

赵双全　吉强镇大滩村

马德禄　马建乡土窝村

苏发强　马莲乡马莲村

邱风刚　偏城乡榆木村

李生俊　田坪乡李沟村

杨天祥　将台堡镇崔中村

姜正强　震湖乡李章村

任晓梅　震湖乡河滩村

晏守强　红耀乡井湾村

李　虎　西滩乡大岔村

王　淘　兴平乡杨岔村

王彦虎　白崖乡黑窑洞村

李兴林　王民乡三岔村

马彦明　火石寨乡小川村

2018年“脱贫光荣户”名单

一、火石寨乡（5户）

马风清　小川村；马风忠　小川村；

卢进钱　大庄村；穆占福　新开村；

赵建龙　红庄村。

二、吉强镇（5户）

苏占龙　高同村；周志齐　大营村；

胡彦杰　马营村；夏昌银　龙王坝村；

何富海　芦子沟村。

三、马建乡（5户）

许小琳　张湾村；马明虎　大湾村；

王　珍　杨路村；王跟能　周吴村；

马琦龙　白台村。

四、马莲乡（7户）

马生任　后庄村；苏志强　堡子山村；

张得荣　新堡村；安海明　罗曼沟村；

佘拴世　北坡村；马继川　麻子湾村；

牛孝才　陆家沟村。

五、偏城乡（6户）

马文选　伏垴村；马六石　马湾村；

杨占全　高崖村；杨志梅　偏城村；

马治山　姚庄村；马清花　车路村。

六、平峰镇（5户）

杨丁喜　金塘村；张士军　庙坪村；
高文斌　庙坪村；吴喜军　沿坪村；
王吉社　张武村。

七、什字乡（7户）

马志义　李海村；王建雄　唐庄村；
姜兴海　什字村；马金萍　南台村；
禹长福　马沟村；马宝林　李庄村；
马胡赛　杨庄村。

八、田坪乡（5户）

史明科　腰庄村；王乾芳　二岔村；
刘宗平　黄岔村；田广丰　田坪村；
李玉刚　燕李村。

九、硝河乡（5户）

袁宝成　新庄村；袁红仓　新庄村；
苏德武　高塬村；喜占成　高塬村；
马天武　马昌村。

十、新营乡（5户）；

王　民　石岘村；安生祥　红庄村；
王宝忠　上岔村；何克仁　洞子沟村；
曹斌元　碱滩村。

十一、兴平乡（4户）

虎存贤　马沟村；哈俊成　友爱村；
王永珍　兴平村；黎向军　韩堖村。

十二、震湖乡（5户）

王保华　和平村；张有强　陈岔村；
蒙德彪　蒙集村；蒙建吉　李章村；
宋学清　堡玉村。

十三、将台堡镇（5户）

杨俊虎　咀头村；王俊有　崔中村；
焦勤学　甘岔村；马小刚　火家沟村；
韩志刚　韩塬村。

十四、白崖乡（5户）

马维忠　阳洼村；米付林　鹞子川村；
马占川　旧堡村；马松礼　泉沟堖村；
王正文　白崖村。

十五、兴隆镇（5户）

闫宏武　小段村；冶彦虎　王河村；
王俊杰　下范村；摆　涛　团庄村；
李林兴　大岔村。

十六、王民乡（5户）

马韶组　周康村；黄金山　周康村；
何喜庄　小岔村；马正强　小岔村；
妥占思　姚坡村。

十七、西滩乡（5户）

白彦林　甘岔村；马万刚　黑虎沟村；
马正军　大岔村；马成祥　林家沟村；
马志良　张村堡村。

十八、沙沟乡（6户）

王敏仁　陶堡村；马俩西　沙沟村；
虎海忠　叶河村；米德仁　叶沟村；
马福林　大寨村；马治华　东庄村。

十九、红耀乡（5户）

安春强　前庄村；浦胜利　小堡村；
杨天奇　红耀村；卢卫刚　张白湾村；
马耀斌　驮昌村。

2018年受市厅级及以上部门（单位）表彰奖励的先进集体一览表

表1

获奖单位	荣誉称号	授奖单位	授奖时间
西吉县委党校	优秀组织单位	中共宁夏区委党校、宁夏行政学院	2018年1月
西吉县委党校	2017年度成人高等学历教育先进函授教学站（点）	宁夏大学	2018年10月
西吉县人民医院	自治区“巾帼建功”先进集体	宁夏回族自治区妇女联合会	2018年3月
西吉县疾控中心	中国农村癫痫病防治项目县级集体二等奖	国家癫痫病防治项目办	2018年11月
兴隆镇人民政府	自治区文明乡镇	宁夏回族自治区精神文明建设指导委员会	2018年4月

续表 1

获奖单位	荣誉称号	授奖单位	授奖时间
西吉县水务局	2018 年度农田水利基本建设“黄河杯”竞赛一等奖	宁夏回族自治区农田水利基本建设指挥部	2019 年 2 月
西吉县公安局	2018 年政法绩效考核以奖代补资金预算指标二等奖	宁夏回族自治区财政厅	2018 年 5 月
西吉县公安局	自治区 2017—2018 年全国节约型公共机构示范单位	宁夏回族自治区机关事务管理局	2018 年 11 月
西吉县公安局新营派出所	全区公安机关执法示范单位	宁夏回族自治区公安厅	2018 年 2 月
西吉县公安局偏城派出所	全区公安机关执法示范单位	宁夏回族自治区公安厅	2018 年 2 月
西吉县公安局	2017 年度全区绩效考核优秀县级公安局	宁夏回族自治区公安厅	2018 年 2 月
西吉县公安局看守所	全区公安监管场所工作成绩突出集体	宁夏回族自治区公安厅	2018 年 2 月
西吉县公安局拘留所	全区公安监管场所工作成绩突出集体	宁夏回族自治区公安厅	2018 年 12 月
西吉县老龄办	2018 年度自治区老年人意外伤害保险工作优胜单位	宁夏回族自治区民政厅、宁夏回族自治区老龄办、中国人寿宁夏分公司	2019 年 1 月
西吉县市场监督管理局	自治区巾帼文明岗	宁夏回族自治区妇女联合会	2018 年 3 月
西吉县市场监督管理局	全区食品安全示范县	宁夏回族自治区食品药品安全委员会	2018 年 11 月
西吉县市场监督管理局	自治区成立 60 周年大庆活动食品安全保障工作通报表扬	国家市场监管总局、宁夏回族自治区人民政府表扬信、宁夏回族自治区市场监督管理厅	2018 年 12 月
西吉县农牧局	固原市文明单位	固原市精神文明建设指导委员会	2018 年 6 月
西吉县农牧水产技术推广服务中心	2018 年农业行业职业技能大赛（家禽繁殖员）优秀组织单位	宁夏回族自治区农业农村厅	2018 年 11 月
西吉县财政局	2017 年度全区部门决算工作三等奖	宁夏回族自治区财政厅	2018 年 11 月
西吉县财政局	2018 年度全区财政预算执行分析工作三等奖	宁夏回族自治区财政厅	2018 年 11 月
西吉县财政局	2018 年政法绩效考核以奖代补资金预算指标三等奖	宁夏回族自治区财政厅	2018 年 12 月
西吉县财政局	2018 年度非税收入分析评比三等奖	宁夏回族自治区财政厅	2019 年 1 月
西吉县财政局	2018 年度全区行政事业性国有资产管理工作优秀市县财政部门	宁夏回族自治区财政厅	2018 年 5 月
西吉县林业局	全区森林防火工作先进单位	宁夏回族自治区森林草原防火指挥部	2018 年 2 月
西吉县林业局	全区林业建设工作先进单位	宁夏回族自治区林业厅	2018 年 2 月
西吉县国家税务局城区税务分局	自治区“三八红旗先进集体”	宁夏回族自治区妇女联合会	2018 年 3 月
西吉县司法局震湖司法所	自治区五星级司法所	宁夏回族自治区司法厅	2018 年 2 月
西吉县司法局田坪司法所	自治区五星级司法所	宁夏回族自治区司法厅	2018 年 2 月
西吉县司法局火石寨司法所	自治区五星级司法所	宁夏回族自治区司法厅	2018 年 2 月
西吉县司法局沙沟司法所	自治区五星级司法所	宁夏回族自治区司法厅	2018 年 2 月
西吉县司法局白崖司法所	自治区五星级司法所	宁夏回族自治区司法厅	2018 年 2 月
西吉县司法局西滩司法所	自治区五星级司法所	宁夏回族自治区司法厅	2018 年 2 月
西吉县司法局王明司法所	自治区五星级司法所	宁夏回族自治区司法厅	2018 年 2 月
西吉县司法局什字司法所	自治区五星级司法所	宁夏回族自治区司法厅	2018 年 2 月

续表 1

获奖单位	荣誉称号	授奖单位	授奖时间
西吉县司法局马莲司法所	自治区五星级司法所	宁夏回族自治区司法厅	2018 年 2 月
西吉法院	全国法院文化建设先进单位	中华人民共和国最高人民法院	2018 年 9 月
西吉法院民一庭	全国法院家事审判工作先进集体	中华人民共和国最高人民法院	2018 年 7 月
西吉法院民一庭	集体二等功	宁夏回族自治区高级人民法院	2018 年 2 月
西吉县法院	自治区文明单位	宁夏回族自治区精神文明建设指导委员会	2018 年 4 月
西吉县法院	2017 年度基层法院先进集体	固原市中级人民法院	2018 年 1 月
西吉法院执行局	全区法院先进集体	宁夏回族自治区高级人民法院	2018 年 1 月
西吉法院执行局	破解执行难百日攻坚暨金秋行动专项活动先进集体	固原市中级人民法院	2018 年 1 月
西吉法院执行局	集体三等功	固原市中级人民法院	2018 年 3 月
西吉县法院	固原市文明单位	固原市精神文明建设指导委员会	2018 年 6 月
西吉县法院	2017 年度宁夏法制宣传工作先进单位	宁夏日报报业集团、宁夏法制报社	2018 年 5 月
西吉县法院	全市法院第二届运动会篮球比赛第二名	固原市中级人民法院	2018 年 10 月
西吉县伊斯兰教协会	全区信息调研工作先进单位	宁夏回族自治区伊斯兰教协会	2018 年 12 月
西吉县伊斯兰教协会	全区教务工作先进单位	宁夏回族自治区伊斯兰教协会	2018 年 12 月
西吉县科学技术协会	2018 年度县级科学工作先进集体	宁夏回族自治区科学技术协会	2019 年 1 月
西吉县供销社	2018 年度市县供销社绩效管理考核三等奖	宁夏回族自治区供销合作社联合社	2019 年 1 月
西吉县气象局	全国气象部门优秀集体	中国气象局	2018 年 2 月
西吉县气象局	全区气象服务先进集体	宁夏气象局	2018 年 12 月
西吉县消防大队	全区消防先进大队	宁夏消防总队	2018 年 3 月
西吉县中队	冬季执勤训练中队整建制比武竞赛第一名	宁夏消防总队	2018 年 5 月
西吉县消防大队党委	先进基层党组织	中共宁夏消防总队委员会	2018 年 6 月
田坪乡黄岔村	第一届自治区移风易俗工作先进红白理事会	宁夏回族自治区精神文明建设指导委员会	2018 年 8 月
田坪乡大岔村	人居环境整治先进村	中共固原市委员会、固原市人民政府	2019 年 2 月
西吉县教育体育局	2018 年国家义务教育质量监测县级优秀组织单位	教育部基础教育质量监测中心	2018 年 10 月
西吉县教育体育局	全国学生资助工作推荐学习单位	教育部全国学生资助管理中心	2018 年 2 月
西吉县职业中学	国家中等职业教育改革发展示范学校建设计划第三批项目学校验收结果公示	中华人民共和国教育部	2018 年 12 月
西吉中学	全国啦操星级俱乐部	全国啦啦操委员会	2018 年 10 月
西吉一小	全国小学体育活力校园优秀案例征集评选活动校园体育文化案例	全国中小学体育教育委员会、中国教育发展基金会、耐克体育公益部	2018 年 7 月
西吉县教育体育局	全区关心下一代工作先进集体	宁夏回族自治区关心下一代工作委员会、宁夏回族自治区精神文明建设指导委员会办公室	2018 年 8 月
西吉一小	自治区文明校园	宁夏回族自治区精神文明建设指导委员会	2018 年 4 月
西吉中学	自治区文明校园	宁夏回族自治区精神文明建设指导委员会	2018 年 4 月
西吉县职业中学	全区毒品预防教育示范学校	宁夏回族自治区禁毒委员会	2018 年 3 月
西吉县实验中学	五星级基层党组织	宁夏回族自治区教育工委、宁夏回族自治区教育厅党组	2018 年 6 月
西吉县教育体育局	第三届全国学生‘学宪法 讲宪法’演讲比赛宁夏赛区复赛优秀组织奖	宁夏回族自治区教育厅	2018 年 11 月
西吉中学	宁夏回族自治区第六届中小学生艺术展演合唱比赛	宁夏回族自治区教育厅	2018 年 11 月
西吉中学	宁夏回族自治区第六届中小学生艺术展演舞蹈比赛	宁夏回族自治区教育厅	2018 年 11 月
西吉县吉强镇中心小学	书香校园	宁夏回族自治区教育厅	2018 年 1 月

续表 1

获奖单位	荣誉称号	授奖单位	授奖时间
西吉二中	全区中学生防震减灾知识竞赛三等奖	宁夏回族自治区地震局、宁夏回族自治区教育厅、宁夏回族自治区科学技术厅、宁夏回族自治区科学技术协会	2018 年 6 月
西吉县职业中学	全区“互联网 + 教育”示范校	宁夏回族自治区教育厅	2018 年 11 月
西吉县实验中学	自治区第六届知识艺术展演器乐比赛初中组二等奖	宁夏回族自治区教育厅	2018 年 11 月
西吉县教育体育局	2017 年度全区生源地信用助学贷款工作先进集体	宁夏回族自治区教育厅、国家开发银行宁夏分行	2018 年 4 月
西吉县实验中学	2018 年宁夏校园足球联赛中获得初中女子组第五名	宁夏回族自治区教育厅、宁夏回族自治区体育局	2018 年 12 月
西吉县第二幼儿园	自治区巾帼文明岗	宁夏回族自治区妇女联合会	2018 年 3 月
西吉县袁河中学	固原市毒品预防教育示范学校	固原市禁毒委员会	2018 年 6 月
西吉县检察院	2017 年度全国检察文化建设示范院	最高人民检察院	2018 年 2 月
西吉县检察院	全国检察文化建设示范院	最高人民检察院	2018 年 2 月
西吉县检察院	宁夏检察机关第三届文艺会演优秀奖	宁夏回族自治区人民检察院	2018 年 8 月
西吉县检察院	全市未检岗位练兵暨“法治进校园”优秀奖	固原市人民检察院	2018 年 8 月
西吉县检察院	全区民族团结进步创建示范单位	中共宁夏回族自治区党委、宁夏回族自治区人民政府	2018 年 11 月
西吉县民宗局	全区民族团结进步模范集体	中共宁夏回族自治区党委、宁夏回族自治区人民政府	2018 年 9 月
吉县吉强镇	全区民族团结进步模范集体	中共宁夏回族自治区党委、宁夏回族自治区人民政府	2018 年 9 月
西吉县新营乡金山文化产业园	第七届全国服务农民、服务基层文化建设先进集体	中共中央宣传部、新闻出版广电总局	2018 年 1 月
西吉县硝河乡关庄村	自治区第一届移风易俗工作先进村	宁夏回族自治区精神文明建设指导委员会	2018 年 8 月
西吉县宣传部	“全国最佳基层政务微博”	2018 年政务影响力峰会、人民日报社新闻媒体中心	2018 年 8 月
西吉县田坪乡	自治区第一届移风易俗工作先进红白理事会	宁夏回族自治区精神文明建设指导委员会	2018 年 8 月
西吉县统计局	自治区第三次全国农业普查先进集体	宁夏回族自治区第三次全国农业普查领导小组	2018 年 3 月
西吉县什字乡杨庄村	脱贫销号先进村	中共固原市委固原市人民政府	2018 年 3 月
西吉县什字乡马沟村	项目实施先进村	宁夏农林科学院动物科学研究院	2018 年 12 月
西吉县硝河乡关庄村	脱贫销号先进村	中共固原市委固原市人民政府	2018 年 3 月
西吉县安监局	全市安全生产工作先进集体	固原市人民政府	2018 年 2 月
建设银行西吉支行	2018 年先进集体	中国建设银行宁夏回族自治区分行	2019 年 1 月
西吉县科学技术协会	2018 年度县级科协工作先进单位	自治区科学技术协会	2019 年 1 月
西吉县林业局	全区森林防火工作先进单位	自治区森林草原防火指挥部	2018 年 2 月
西吉县林业局	全区林业建设先进单位	自治区林业厅	2018 年 2 月
西吉县农牧局	2018 年全区休闲农业创意精品大赛优秀组织单位	宁夏回族自治区农产品加工局	2018 年 7 月
西吉县农牧局	固原市文明单位	固原市精神文明建设指导委员会	2018 年 6 月
西吉县畜牧水产技术推广服务中心	2018 年农业行业职业技能大赛（家畜繁殖员）优秀组织单位	自治区农业农村厅	2018 年 11 月

续表 1

获奖单位	荣誉称号	授奖单位	授奖时间
西吉县动物卫生监督所	固原市兽医大比武先进集体奖	固原市农牧局	2018 年 8 月
国家统计局西吉调查队	2018 年度宁夏调查队系统综合考核先进单位	国家统计局宁夏调查总队	2019 年 2 月
国家统计局西吉调查队	2018 年度宁夏调查队系统信息考核先进单位	国家统计局宁夏调查总队	2019 年 2 月
西吉县平峰镇人民政府	自治区文明乡镇	宁夏回族自治区精神文明建设指导委员会	2018 年 4 月
西吉县平峰镇八岔村	自治区文明村（八岔村）	宁夏回族自治区精神文明建设指导委员会	2018 年 4 月

2018 年受市厅级及以上部门（单位）表彰奖励的先进个人一览表

表 2

姓名	工作单位	荣誉称号	授奖单位	授奖时间
刘志勋	西吉县委党校	全区基层理论“微宣讲”大赛一等奖	中共宁夏回族自治区党委宣传部	2018 年 7 月
张彦峰	西吉县妇幼保健计划生育服务中心	2018 年度优秀“第一书记”	中共固原市委员会、固原市人民政府	2019 年 3 月
丁　鹏	兴隆镇人民政府	全区优秀选调生	中共宁夏回族自治区党委组织部	2018 年 9 月
李智忠	西吉县老龄办	2018 年度自治区“老年人意外伤害保险工作”先进个人	宁夏回族自治区民政厅、宁夏回族自治区老龄办、中国人寿宁夏分公司	2019 年 1 月
邵喜成	西吉县农牧水产技术推广服务中心	自治区级学术技术带头人后备人员	中共宁夏回族自治区党委组织部、宁夏回族自治区人力资源和社会保障厅	2018 年 11 月
苏存录	西吉县农牧水产技术推广服务中心	自治区级学术技术带头人后备人员	中共宁夏回族自治区党委组织部、宁夏回族自治区人力资源和社会保障厅	2018 年 11 月
高芳弟	将台堡镇人民政府	自治区“三八红旗手”	宁夏回族自治区妇女联合会	2018 年 3 月
邓洁丽	西吉县检察院	自治区“巾帼建功”标兵	宁夏回族自治区妇女联合会	2018 年 3 月
马　静	西吉县人民法院	2017 年全区法院优秀裁判文书十佳裁判文书	宁夏回族自治区高级人民法院	2018 年 1 月
马　静	西吉县人民法院	全市法院第二届职工运动会自行车慢骑比赛女子组第一名	固原市中级人民法院	2018 年 1 月
禹　娜	西吉县人民法院	“破解‘执行难’百日攻坚战暨金秋行动专项活动”先进个人	固原市中级人民法院	2018 年 1 月
马占山	西吉县人民法院	宁夏 2017 年度十大法治人物	宁夏回族自治区依法治区领导小组	2018 年 2 月
马春刚 马阿宁 陈利斌	西吉县人民法院	“李某某与张某甲变更抚养关系纠纷案”在第二届宁夏维护妇女儿童权益优秀案例征集评选活动三等奖	宁夏回族自治区高级人民法院	2018 年 3 月
路　蕾	西吉县人民法院	全市法院第二届职工运动会自行车慢骑比赛男子组第一名	固原市中级人民法院	2018 年 10 月
李宜珈	西吉县气象局	全区气象服务先进个人	宁夏气象局	2018 年 12 月
李宜珈	西吉县气象局	业务技术能手	宁夏气象局	2018 年 9 月
闫玥睿	马建乡人民政府	全市 2018 年度脱贫攻坚先进个人	中共固原市委员会、固原市人民政府	2019 年 2 月
徐福胜	西吉县消防大队	先进个人	宁夏消防总队	2018 年 3 月
王飞五	西吉县消防大队	优秀基层干部	宁夏消防总队	2018 年 3 月
马　涛	西吉县消防大队	优秀基层干部	宁夏消防总队	2018 年 3 月
温雪龙	西吉县消防大队	冬季训练先进个人	宁夏消防总队	2018 年 6 月
公保扎西	西吉县消防大队	冬季训练先进个人	宁夏消防总队	2018 年 6 月
李言明	西吉县消防大队	冬季训练先进个人	宁夏消防总队	2018 年 6 月
公保扎西	西吉县消防大队	优秀共产党员	宁夏消防总队	2018 年 6 月
何　彤	西吉县消防大队	论文“一起涉外电动车火灾调查分析”二等奖	中国消防协会火灾原因调查专业委员会	2018 年 8 月

续表 2

姓名	工作单位	荣誉称号	授奖单位	授奖时间
马　涛	西吉县消防大队	个人嘉奖	宁夏消防总队	2018 年 9 月
李　雄	田坪乡大岔村	全国百名杰出新型职业农民	中华人民共和国农业农村部	2018 年 12 月
王宗芳	田坪乡人民政府	第三次全国农业普查区级先进个人	宁夏回族自治区第三次全国农业普查领导小组办公室	2018 年 3 月
蒙亚柏	田坪乡人民政府	全市 2018 年度脱贫攻坚先进个人	中共固原市委员会、固原市人民政府	2019 年 2 月
郑　强	宁夏回族自治区人社厅驻田坪乡燕李村工作队	2018 年度脱贫攻坚优秀驻村第一书记	中共固原市委员会、固原市人民政府	2019 年 2 月
陈志明	西吉县兴隆镇公易村村民	全区关心下一代工作五老先进个人 2017 年度“百名法治模范”	宁夏回族自治区关心下一代工作委员会、宁夏回族自治区精神文明建设指导委员会办公室、宁夏回族自治区依法治区领导小组	2018 年 8 月 2018 年 2 月
陈志明（家庭）	西吉县兴隆镇公易村	最美家庭	宁夏回族自治区妇女联合会	2019 年 3 月
吕　灵	西吉一小	“一师一优课”一等奖	中华人民共和国教育部	2018 年 7 月
马宏斌	兴隆镇中心小学	宁夏回族自治区教书育人楷模	宁夏回族自治区人民政府	2018 年 11 月
姚　丽	西吉县实验中学	全国青好少年“五好小公民”主题教育读书活动“红旗飘飘，引我成长”中，荣获征文指导一等奖	教育部—关心下一代工作委员会	2018 年 8 月
马映刚	西吉县学生资助管理中心	2017 年度全区生源地信用助学贷款工作先进个人	宁夏回族自治区教育厅、国家开发银行宁夏分行	2018 年 4 月
马辉才	西吉县第二小学	《浅谈基于网络时代下微信在教学中的使用》获由中央电教馆组织的第九届“中国移动和教育杯”全国教育技术论文三等奖	中央电教馆	2018 年 4 月
张娥明	西吉县第二小学	《课改形势下小学数学课堂与信息技术深度融合的探究》获由中央电教馆组织的第九届“中国移动和教育杯”全国教育技术论文优秀奖	中央电教馆	2018 年 4 月
吴国龙	西吉县平峰镇中心小学	最美乡村教师	宁夏回族自治区政协办公厅、宁夏回族自治区教育厅	2018 年 9 月
李玉玲	西吉县袁河中学	最美乡村教师	宁夏回族自治区政协办公厅、宁夏回族自治区教育厅	2018 年 9 月
李卫国	新营乡中心小学	最美乡村教师	宁夏回族自治区政协办公厅、宁夏回族自治区教育厅	2018 年 9 月
闫成文	西吉县马莲乡中心校	最美乡村教师	宁夏回族自治区政协办公厅、宁夏回族自治区教育厅	2018 年 9 月
梁少锋	震湖乡中心小学	最美乡村教师	宁夏回族自治区政协办公厅、宁夏回族自治区教育厅	2018 年 9 月
吴　荣	偏城乡中心小学	最美乡村教师	宁夏回族自治区政协办公厅、宁夏回族自治区教育厅	2018 年 9 月
康　梅	西吉一小	教师才艺大赛七项全能区级一等	宁夏回族自治区教育厅	2018 年 7 月
安发荣	西吉一小	教师才艺大赛七项全能区级二等	宁夏回族自治区教育厅	2018 年 7 月
陈丽娟	西吉一小	教师才艺大赛七项全能区级二等	宁夏回族自治区教育厅	2018 年 7 月
杨灵芝	西吉县第二小学	《基于创新素养下学生问题意识的培养》获教育厅组织的全区创新素质教育教学成果二等奖	宁夏回族自治区教育厅	2018 年 9 月
朱进宝	西吉县第二小学	书法作品荣获由教育厅组织的书法作品展示活动二等奖	宁夏回族自治区教育厅	2018 年 9 月
朱美蓉	西吉县第二小学	书法作品荣获由教育厅组织的书法作品展示活动二等奖	宁夏回族自治区教育厅	2018 年 11 月
荣学飞	西吉县实验中学	宁夏“特色示范课堂”优秀教师	宁夏回族自治区教育厅	2018 年 12 月

续表 2

姓名	工作单位	荣誉称号	授奖单位	授奖时间
陈　霞	西吉一小	“一师一优课”一等奖	宁夏回族自治区教育厅	2018 年 7 月
苏银香	西吉一小	“一师一优课”一等奖	宁夏回族自治区教育厅	2018 年 7 月
荣　丽	西吉县幼儿园	自治区十佳教师	宁夏回族自治区教育厅	2018 年 7 月
吕　彪	新营乡中心小学	全区中小学创新素养教育教学——创客故事二等奖	宁夏回族自治区教育厅	2018 年 12 月
高海应	西吉县邮政公司	营销创优奖	中国邮政集团公司宁夏分公司	2018 年 12 月
张成民	西吉县邮政公司	全区先进工作者	中国邮政集团公司宁夏分公司	2018 年 12 月
马金莲	西吉县	《长河》获全国少数民族文学创作“骏马奖”中短篇小说奖	自治区党委自治区人民政府	2018 年 7 月
穆明丽	西吉县信访局	全区信访工作先进个人	自治区信访工作联席会议办公室	2018 年 6 月
朱建斌	原西吉县安全生产监督管理局	固原市安全生产先进个人	固原市安委会	2019 年 3 月
田莉莉	西吉县检察院	全区未成年人检察业务竞赛中获得全区未检业务标兵	宁夏回族自治区人民检察院	2018 年 9 月
马维岚	西吉县检察院	自治区检察院法警总队业务骨干培训优秀学员	宁夏回族自治区人民检察院	2018 年 9 月
白　婷	建设银行西吉支行	青年岗位能手	中国建设银行总行	2018 年 3 月
马志军	建设银行西吉支行	消费促进能手	中国建设银行总行	2018 年 11 月
邓　义	建设银行西吉支行	优秀基层支行长	中国建设银行宁夏回族自治区分行	2019 年 1 月
米丽姐	建设银行西吉支行	全区服务标兵	中国建设银行宁夏回族自治区分行	2019 年 1 月
邵喜成	西吉县畜牧水产技术推广服务中心	自治区级学术技术带头人后备人员	中共宁夏区委组织部、自治区人力资源和社会保障厅	2018 年 11 月
苏存录	西吉县农业技术推广服务中心	自治区级学术技术带头人后备人员	中共宁夏区委组织部、自治区人力资源和社会保障厅	2018 年 11 月
马福莲	西吉县马铃薯产业服务中心	“巾帼建功标兵”称号	固原市妇女联合委员会	2018 年 3 月
伏天鹏	西吉县卫生计生综合监督所	全区卫生监督执法“办案能手”	宁夏卫生和计划生育监督局	2019 年 3 月
喜生武	吉强镇卫生院	全国基层卫生院优秀院长	国家农村卫生协会	2018 年 9 月
康晓明	东街社区卫生服务站	自治区医疗卫生骨干	宁夏回族自治区卫健委	2019 年 1 月
王绚绚	国家统计局西吉调查队	2018 年度宁夏调查队系统信息工作先进个人	国家统计局宁夏调查总队	2019 年 2 月
马爱萍	西吉县委宣传部	全国网络安全宣传周先进个人	中央网信办	2018 年 11 月
王　涛	什字乡政府	宁夏回族自治区第三次全国农业普查先进个人	宁夏回族自治区第三次全国农业普查领导小组	2018 年 3 月
陈丽霞	什字乡政府	脱贫攻坚先进个人	中共固原市委固原市人民政府	2019 年 2 月
丁　鹏	兴隆镇政府	全区优秀选调生	中共宁夏区委组织部	2018 年 9 月

附　录

人大常委会工作报告

——在西吉县第十七届人民代表大会第三次会议上的报告

（2019 年 1 月 9 日）

西吉县人大常委会主任　李　聪

2018 年工作回顾

2018 年，是贯彻落实党的十九大精神的开局之年，是全县各项事业攻坚克难再出发、稳中向好拓新途的承转之年。一年来，县人大常委会在区、市人大常委会的精心指导下，在县委的坚强领导下，在“一府一委两院”的积极配合和县政协的相互支持下，自觉把人大工作紧紧扣在学习贯彻习近平新时代中国特色社会主义思想和党的十九大精神上来，紧紧扣在贯彻落实中央和区市县党委一系列重大决策部署上来，紧紧扣在推动“三大攻坚战”“三大战略”“五个扎实推进”“六场硬仗”等重点工作上来、紧紧扣在加强“两个机关”建设、回应群众重大关切上来，团结各级人大代表，依法履职尽责，主动担当作为。一年来，县第十七届人大常委会召开党组会议 20 次，常委会议 9 次，主任会议 20 次；组织视察、执法检查和专题调研 21 次；配合区、市人大常委会开展执法检查和专题调研 11 项；听取和审议“一府两院”专项工作报告 26 项，转交审议意见 67 条，作出决议、决定 18 项，发挥了各级人大及广大代表在经济社会发展中的重要作用。

一、坚持党的领导，保持了人大工作正确方向

县人大常委会始终依靠党的把向领航努力前行，始终按照县委部署要求开展工作。

（一）首抓政治建设，坚决做到“两个维护”。县人大及其常委会以坚定的立场、坚决的态度、坚守的自觉，在学懂弄通做实上下功夫，综合运用集中领学、专家辅导、专题培训、学习研讨、点题交流、讲党课、“西吉人大”微信平台宣传等多种形式，有计划、分步骤、多层次地组织开展专家辅导 2 次、集体学习 30 次、专题研讨 4 次、组织撰写心得体会 25 篇，通过常态化制度化的学习教育，坚定不移地用习近平新时代中国特色社会主义思想武装头脑、指导实践、推动工作，始终坚持“四个意识”、坚定“四个自信”、坚决做到“两个维护”。同时，深入学习贯彻习近平总书记关于坚持和完善人民代表大会制度的重要思想，将“十个坚持”全面、深入、常态地体现到人大工作的各方面，提高政治站位，增强履职能力，服务发展大局。

（二）坚持党的领导，落实县委决策部署。 人大常委会党组认真履行政治责任和政治担当，始终在政治立场、政治方向、政治原则上同县委保持高度一致，对召开的重要会议、开展的重大活动、决定的重点事项及时向县委请示报告，按照县委要求抓好组织实施。带头参与县委中心工作落实，由人大常委会领导带队，围绕农村基层软弱涣散党组织整顿、党风廉政责任制落实、环境整治等重点工作，开展专项督导检查12次；经常性到各自联系乡、包扶村调研督导脱贫攻坚工作，精心指导乡、村两级抓重点、补短板、强弱项；积极配合做好干部考核、带班值班、信访接待等工作；扎实开展“三大专项行动”，包案化解群众反映强烈突出问题，认真组织机关干部到帮扶村开展“三个清、三个一”活动，发挥人大机关在贯彻落实县委决策部署中的带头作用。

（三）完善议事机制，依法决定重大事项。 制订《关于健全人大讨论决定重大事项制度、政府重大决策出台前向县人大常委会报告的实施意见》，聚焦经济社会发展、全面深化改革、民主法治建设、群众切身利益等领域的重大事项，主动作为、积极探索，依法行使重大事项决定权。围绕重大事项深入开展调研，认真组织审议，作出决议决定交由“一府一委两院”组织实施，并持续跟踪督办抓落实。一年来，共讨论决定重大事项18项。

（四）规范工作程序，依法做好人事任免。 坚持党管干部和人大依法任免相统一的原则，按照干部政策和法律规定，依法按程序做好对拟任命人员供职发言、会议审议、投票表决、颁发任命书、宪法宣誓和任后监督等各环节的工作。一年来，常委会依法任命“一府一委两院”工作人员48人。全面了解被任命干部遵守宪法法律、贯彻人大常委会决议决定、执行办理代表议案建议和履行“一岗双责”等情况，把对干部的依法监督落在日常、落到实处。

二、坚持服务大局，增强了监督工作实际效果

县人大常委会正确把握人大监督的政治定位和法律定位，着眼于“促”，立足于“帮”，聚焦脱贫攻坚、经济发展、社会和谐、民生福祉、环境保护等重大事项，加强对“一府一委两院”的监督，以监督增合力，以监督促落实。

（一）加强重点工作监督。 围绕打赢打好脱贫攻坚战开展常态监督，以人大常委会领导包抓乡镇为依托同步推进，通过视察检查产业扶贫、金融扶贫、道路交通、易地搬迁等脱贫攻坚工作，推动精准识别、精准施策。围绕坚决打好污染防治攻坚战开展专项监督，对全县环境保护情况进行专题视察，全力推进水污染防治，推动绿色发展。围绕改善和保障民生开展重点监督，对市场秩序监管、学前教育、文化服务、两险收缴、冬季取暖等工作进行集中视察。一年来，共听取和审议“一府两院”专项工作报告17项，转交审议意见52条。

（二）加强财政预算监督。 按照《监督法》和《预算法》有关规定，严把预算编制审查关、会议审议批准关、执行情况监督关。重点听取和审议了县人民政府2017年度财政决算和2018年上半年财政预算执行情况的报告、2018年上半年国民经济和社会发展计划执行情况的报告、2017年度财政预算执行和其他财政收支情况的审计工作报告，审查批准了2017年度县本级财政决算。认真学习贯彻全区人大预算审查监督重点向支出预算和政策拓展工作座谈会精神与建立政府向本级人大常委会报告国有资产管理情况制度座谈会精神，建立了预算监督咨询专家库，配置了预算联网监督平台，制定了《预算联网监督工作实施方案》，进一步规范和促进了政策制定、预算编制、预算管理等工作。

（三）加强司法工作监督。 坚持把维护公正司法和社会公平正义作为监督的重要方面，对县人民法院执行工作、县人民检察院公益诉讼工作进行检查，听取和审议了相关工作报告，组织人大代表参与法院“公众开放日”活动、检察院“12309·检察牵您手”主题开放日活动，促进法检“两院”不断完善工作机制，规范司法行为，增强司法公信力。坚持把办理人民群众来信来访作为畅通民意、了解民情、推动工作的重要途径，认真做好信访工作，人大常委会领导坐班接待或参与处理群众来信来访36件。

（四）加强法律实施监督。重视宪法和法律法规的贯彻落实，对《食品安全法》《药品管理法》等法律法规贯彻实施情况进行执法检查，配合区、市人大常委会开展《大气污染防治法》《自治区禁牧封育条例》等法律法规的执法检查，并针对存在问题提出意见建议。积极参加区、市人大组织的立法培训，配合区、市人大进行立法调研，为区、市人大立法工作提供重要参考。依法对政府规范性文件进行备案审查。

三、坚持主体地位，激发了基层代表履职动力

顺应新时代对代表工作的新要求，重视人大代表的主体地位和主人翁作用，把代表工作的重点放到作用发挥、服务发展上来。

（一）注重搭建代表履职平台。坚持把代表履职平台建设作为发挥代表作用的重要载体，推动视察、检查、评议等工作常态化长效化开展。搭建活动“主阵地”。建设19个乡镇“人大代表之家”和100个行政村“人大代表工作室”，下发《关于组建区市县乡四级人大代表活动小组的通知》，组建了100个代表活动小组，各乡镇人大主席团制订活动计划、建立活动制度，定期召开主席团会议和代表小组会议，一年来共组织开展活动120多次。搭建制度“连心桥”。按照1名委员联系5名代表、1名代表联系30名选民的模式，进一步完善常委会组成人员联系人大代表和人大代表联系人民群众的“双联”工作制度。落实代表述职评议制度和代表工作经费保障制度，建立人大常委会领导分片联系乡镇人大工作制度，推动乡镇人大工作常态化规范化制度化。搭建沟通“互联网”。积极推进“互联网＋代表履职平台”建设，建立“两群一平台”（即人大主席工作微信群、县乡人大代表微信群、人大官方微信发布平台），通过层层“套环式”联络，实现“双联”全覆盖。及时向代表通报县委决策部署、经济社会发展情况及人大工作重要事项，推动“一府一委两院”加强与代表的联系，确保代表知政议政督政。

（二）注重提升代表履职能力。通过集中培训、观摩学习、以会代训、经验交流等方式加强代表培训。9月，组织50多名人大代表到隆德、泾源、彭阳、原州区就脱贫攻坚、产业发展、城市建设、环境整治和基层党建等重点工作进行观摩学习，总结交流，促进工作。11月，组织58名人大代表赴银川参加“新时代人大代表履职能力提升”培训，增强了依法履职意识，提高了依法履职能力。

（三）注重激发代表履职动力。注重发挥基层代表参与决策、监督推动和桥梁纽带作用，先后邀请基层代表28人列席县人大常委会会议，邀请人大代表参与视察检查54人（次）。在西吉人大微信平台发布《全县各级人大代表积极参与三大专项行动倡议书》，动员引导人大代表投身脱贫攻坚第一线，深入开展“三大专项行动”，2018年以来有1000多名县乡人大代表投身脱贫攻坚第一线，结对帮扶贫困户4200多户，帮助解决各方面的困难问题123个。重视代表议案建议办理工作，专题督办议案建议2次，会议审议2次，开展满意度测评1次。

四、坚持从严治党，促进了人大机关自身建设

人大常委会党组认真履行全面从严治党主体责任，以“严”的标准、“硬”的措施和“实”的作风，着力打造“两个机关”，不断提高履职能力和服务水平。

（一）着力加强思想政治建设。始终把学习贯彻习近平新时代中国特色社会主义思想和党的十九大精神作为首要政治任务。人大常委会党组每次会议的第一项议程，都是传达学习习近平总书记重要讲话及党中央、区市县党委重要会议、重要文件精神，这已成为制度化安排。同时，利用主任会、常委会、支部会、周二学习例会等方式，统筹计划，精心组织，坚持执行，确保学习教育常态化制度化，提升了常委会组成人员和机关干部的政治素质和业务素质。

（二）着力加强专业平台建设。进一步完善履职平台，建立了人大预算联网监督中心，探索建立了预算监督咨询专家库，收集了全县财政、预算、审计信息数据，为开展预算联网监督工作奠定了基础。进一步提高调研能力，围绕环境整治、精准扶贫、法治建设等重点工作深入开展专题调研，掌握工作实情，增强了监督的针对性、实效性。进一步加强宣传报道，“西吉人大”微信平台共编发各类图文消息1100多条、发布人大工作动态350多条，代表履职事迹30多条，累计点击量400多万次。

（三）着力加强人大制度建设。坚持用制度管理干部、用制度规范工作、用制度保障人大代表依法履职，在修订现有制度的基础上，制订了《西吉县人大常委会财政经济预算审查监督咨询委员会工作职责》《西吉县人民代表大会常务委员会人事任免办法》，清理完善了机关财务、公务用车、公务接待等管理制度，人大常委会议事能力和机关管理水平进一步提升。

（四）着力加强纪律作风建设。认真开展违反中央八项规定精神突出问题专项治理，召开严格执行中央八项规定精神专题民主生活会，按照自治区党委“五个严禁”19个方面认真自查自纠，对有关问题及时整改落实，对相关责任人追责问责。按照统一部署和要求，召开“不准共产党员信仰宗教和参与宗教活动”专题组织生活会，扎实整改有关问题，机关内部规矩意识、纪律意识、责任意识、廉政意识进一步增强。

总结取得的成绩，是县委正确领导的结果，是县人大常委会组成人员依法履职的结果，是“一府一委两院”密切配合的结果，是县政协协作支持的结果，更是全县各级人大代表、广大人民群众共同参与的结果。在此，我谨代表县人大常委会，向所有关心支持人大工作的各位领导、各位代表、各方同志和各界人士表示衷心感谢、致以崇高敬意！

反思存在的问题，人大常委会工作与新时代人大工作新要求还有一定差距，主要是监督工作实效还需进一步增强，议案建议督办质量还需进一步提升，代表活动形式和内容还需进一步拓展。我们将高度重视这些问题，虚心听取意见，自觉接受监督，切实加以改进。

2019年工作任务

2019年，是中华人民共和国成立70周年，是全县打赢打好脱贫攻坚战、全面建成小康社会的关键一年，做好今年的人大工作责任重大、意义重大。县人大及其常委会工作的总体要求是：坚持以习近平新时代中国特色社会主义思想为指导，深入学习贯彻党的十九大精神和习近平总书记关于坚持和完善人民代表大会制度的重要思想，按照自治区党委第十二届六次全会、市委第四届四次全会、县委第十四届四次全会的部署要求，坚持党的领导、人民当家做主和依法治国有机统一，紧跟核心、紧扣中心、紧贴民心，围绕贯彻落实中央和区市县党委重大决策部署进一步加强政治建设，围绕推进“三大攻坚战”“三大战略”“六场硬仗”等重点工作进一步加强依法监督，围绕深化“双联”活动进一步加强代表工作，围绕回应人民群众的普遍期盼和重大关切进一步加强“两个机关”建设，为打赢打好脱贫攻坚战、全面建成小康社会贡献人大力量，以优异成绩喜迎中华人民共和国成立70周年。

一、突出党的领导，在服务发展大局中担当作为

坚持党的领导，是做好人大工作最基本的政治原则、最根本的政治保证。人大常委会毫不动摇地拥护党定策、把向、导航的政治统领和领导核心，突出“主心骨”，把好“方向盘”，确保人大工作正确前进、行稳致远。

（一）紧跟核心忠诚履职。坚持把学习贯彻习近平新时代中国特色社会主义思想和党的十九大精神作为首要政治任务，把贯彻落实习近平总书记关于坚持和完善人民代表大会制度“十个坚持”重要思想作为根本工作遵循，坚持“四个意识”，坚定“四个自信”，坚决做到“两个维护”，拥护核心、爱戴核心、紧跟核心，在政治立场、政治方向、政治原则、政治道路上与党中央保持高度一致。严格执行请示报告制度，及时将人大工作中的重大问题、重要活动、重点事项向县委请示报告，坚决落实县委一系列决策部署，坚决拥护县委总揽全局、协调各方。

（二）紧扣中心担当履职。始终坚持围绕中心、服务大局的履职标准和工作取向，突出县委领导，紧扣中心发力，明确履职重点，注重工作融合，把监督权、决定权、任免权等法定职责放在全县工作大局中去把握、去谋划、去实施。进一步完善人大常委会党组工作规则，进一步落实党对人大工作领导制度，更好地发挥人大常委会党组的领导作用，不断增强政治觉悟、提高政治站位、强化政治引领。坚持党管干部和人大依法任免的有机统一，严格执行人事任免工作程序，认真做好“一府一委两院”提请干部的任免工作，探索推行被任命人员向人大常委会履职评议制度。以党政所急、群众所需、法律所赋、人大所能为主责，依法履职，担当作为，使人大工作与县委中心工作相适应、与全县发展要求相适应、与人民群众期待相适应，成为推动全县经济社会发展的重要力量。

（三）紧贴民心为民履职。坚持以人民为中心，坚持人民当家做主，坚持民有所呼、我有所应，不断完善人大常委会议事制度和工作制度，积极探索能够更广泛、更充分、更管用地体现人民意志、保障人民权益、激发人民创造活力的新途径、新方法，切实把人大机关建设成为全面担负起宪法和法律赋予的各项职责的工作机关、同人民群众保持密切联系的代表机关。进一步强化“人大代表是荣誉，是职务，更是责任”的意识，切实履行“人民选我当代表、我当代表为人民”的承诺，把加强同人大代表和人民群众的联系作为对人民负责、受人民监督的重要内容，采取专题调研、入户走访、微信互动、在线征集等方式，广泛征求意见，了解掌握实情，向县委提出好建议，向政府推荐好方案，向代表传递正能量，向群众提供真服务。

二、突出监督重点，在提升监督实效中担当作为

坚持依法监督、精准监督、有效监督，围绕县委重大决策部署、经济社会发展重点和人民群众关注问题，精准选题，精细筹划，精心实施，寓支持于监督之中，以监督促执行之效。

（一）聚焦重点工作抓监督。在脱贫攻坚方面，重点对“一收入两不愁三保障”“有土＋无土”扶贫产业、“普惠＋兜底”政策保障、精准识别和精准退出、金融扶贫、基础设施建设、生态移民遗留问题等进行动态监督。在乡村振兴方面，重点对农业供给侧结构性改革、特色产业发展、市容环境治理、美丽村庄建设等进行综合监督。在项目建设方面，重点对招商引资工作、年度项目实施、国有资产管理等进行跟踪监督。在生态环保方面，重点对打好“蓝天、碧水、净土”保卫战、生态绿化工程、推动绿色发展等进行实体监督。在深化改革方面，重点对机构改革、农村土地“三权”改革、财政金融体制改革、优化营商环境等进行专题监督。在财政预算方面，重点向支出预算和政策拓展，进行全口径审查、全过程监督。在重点领域、重点工作的分类分层监督中，注重常规监督与刚性监督、程序性监督与实质性监督、监督事与监督人相结合，压实责任抓主体，聚焦问题抓执行，严肃权威抓问责，确保重点工作督而有行、有效、有果。

（二）聚焦民生热点抓监督。进一步加强民生计划的监督，确保民生实事件件有着落、事事有回音。进一步加强食品药品安全、就业创业服务、教育质量提升、医疗体制改革、群众文化生活、社会保障体系等民生问题的监督，推动人民群众最关心最直接最现实的利益问题得到解决。进一步加强对人代会确定目标任务、人大常委会审议意见和决议决定的监督，督促“一府一委两院”把行政权、监察权、审判权、检察权更好地运用到保障和改善民生的各项工作中，不断提升人民群众的获得感、幸福感、安全感。

（三）聚焦法治建设抓监督。认真落实政府重大决策出台前向县人大常委会报告制度，促进法治政府建设，提高依法行政水平。加强对“法检”两院民事审判、民事检察工作的监督，全面落实司法责任制，增强司法公信，促进公平正义。加强《环境保护法》《监察法》《反家庭暴力法》等法律法规实施和“七五”普法工作的执法检查，针对突出问题和薄弱环节，督促加强和改进工作，确保国家法律法规在我县全面正确贯彻实施。认真抓好规范性文件备案审查工作，规范审查范围、标准和程序，提高审查能力和水平。

三、突出机制创新，在发挥代表作用中担当作为

来自人民、根植人民是人大代表的优势所在、力量所在，代表人民、服务人民是人大代表的职责所在、使命所在。人大常委会将更加重视代表主体地位、更加重视代表依法履职，积极探索有培训机会、有工作平台、有处理机制、有履职管理、有保障措施的代表工作机制，组织和引导代表依法履职、自觉履职、有效履职。

（一）加强代表履职学习培训，让代表履职本领“强起来”。以学习贯彻习近平新时代中国特色社会主义思想、习近平总书记关于坚持和完善人民代表大会制度的重要思想和党的十九大精神为总领，以学习贯彻区市县党代会和人代会及重要工作会议精神、人大业务知识和法律法规等为重点，采取集中培训与分层培训相结合、自主培训与外出培训相结合、业务知识培训与政策理论培训相结合的方式，多方位、多层次抓好代表培训，并通过网络推送信息、寄送杂志资料等，丰富代表学习内容，拓宽代表业务领域，增强代表履职意识，实现思想上清醒、政治上坚定、职责上明确、能力上提升。

（二）创新代表活动方式方法，让代表履职渠道“宽起来”。深化代表“双联”活动，结合“两个带头人”工程，进一步加强人大常委会组成人员联系代表、代表联系群众的途径和方式，完善代表列席人大常委会会议和参与人大工作机制，深化代表集中视察、执法检查、专题调研等工作，畅通社情民意表达渠道。创新人代会闭会期间的代表活动，依托现有的乡镇“人大代表之家”和行政村“人大代表工作室”，积极开展代表小组活动，充分发挥人大代表在各条战线的示范作用。坚持人大常委会领导联系指导乡镇人大工作制度，规范乡镇人大主席团工作的范围、标准和程序。坚持探索委员与代表、代表与选民联结、互动、融合的新途径新方法，不断提高“双联”的紧密度和满意度，进一步保障人民群众的知情权、参与权、表达权、监督权。

（三）提高议案建议办理质量，让代表履职热情“高起来”。认真组织代表围绕事关改革发展稳定全局的重大问题和人民群众普遍关注的突出问题，开展视察、调研活动，提出高质量的议案建议，真正代表人民群众的呼声和利益。坚持把提高议案建议办理质量作为调动代表履职热情的重要手段，进一步完善工作机制，加大议案建议督办力度，建立并落实议案建议督查通报、“一府一委两院”办理情况报告、办理结果答复前预审查、人大常委会领导包案督办、满意度测评五项制度，促进办理工作制度化规范化长效化。加强对答复为“正在解决”和“计划解决”的议案建议的跟踪督办，确保代表反映强烈的突出问题有效解决，提高议案建议办结率和满意度，激发代表为民代言的热情和动力。

四、突出主体责任，在全面从严治党中担当作为

坚决坚定地推进全面从严治党，把人大自身建设抓在手上、抓在日常，努力使人大工作更好地适应经济社会新发展、民主法治新要求、人民群众新期待。

（一）以政治建设为根本，筑牢履职根基。始终把政治建设摆在首位，坚持周二学习例会制度，健全常态化长效化学习教育机制，突出总指引，持久下功夫，强化硬约束，坚定不移地用习近平新时代中国特色社会主义思想、党的十九大精神和习近平总书记关于坚持和完善人民代表大会制度的重要思想武装头脑、指导实践、推动工作。认真学习贯彻区市县党委重要会议精神、各项法律法规和人大业务知识，不断提高把握大局、审议决策、依法履职的能力。持续推进“两学一做”学习教育常态化制度化，深入开展“不忘初心　牢记使命”主题教育。严守政治纪律和政治规矩，严格落实党内政治生活准则。

（二）以制度建设为依托，提升工作质量。进一步落实机关党建“三强九严”等制度，不断提升人大党建工作质量。进一步完善人大常委会调查研究、会议活动、机关接待、财务管理等制度，促进人大工作制度化规范化。进一步完善人大专委会议事规则，强化各工作机构的协调配合，提高专委会工作专业化精准化水平。进一步推进信息化建设和人大宣传工作，发好“人大声音”，讲好“人大故事”。

（三）以纪律作风为保障，涵养政治生态。严格落实中央八项规定和实施细则精神，深入贯彻区市县党委关于正风肃纪、反腐倡廉的部署要求，细处着力抓作风，严字当头反腐败，坚决防止“四风”问题反弹回潮，推进人大机关作风大转变，推进党风廉政建设常态化。严格执行和维护政治纪律、组织纪律、廉洁纪律、群众纪律、工作纪律、生活纪律，让干部知敬畏、存戒惧、守底线，人人给力、久久为功地涵养人大机关风清气正的政治生态。探索对监察工作有效监督的载体和方法，构建人大监督、纪律监督、监察监督互联互动的大监督格局，促进纪律规矩落实，促进干部作风转变，促进工作提质提效。

各位代表、同志们，开创西吉美好未来，人大代表责无旁贷。让我们更加紧密地团结在以习近平同志为核心的党中央周围，在县委的坚强领导下，依法履职、担当作为，为打赢打好脱贫攻坚战、全面建成小康社会一起拼搏、一起奋斗，以优异成绩向中华人民共和国成立70周年献礼！

《人大常委会工作报告》中有关用语说明：

1.**“一府一委两院”**：“一府”是指人民政府，“一委”是指监察委员会，“两院”是指人民法院、人民检察院。

2.**“三大攻坚战”**：防范化解重大风险攻坚战、精准脱贫攻坚战、污染防治攻坚战。

3.**“三大战略”**：创新驱动战略、脱贫富民战略、生态立区战略。

4.**“五个扎实推进”**：扎实推进民主法治建设、扎实推进民族宗教工作、扎实推进文化繁荣发展、扎实推进改革开放、扎实推进全面从严治党。

5.**“六场硬仗”**：打好脱贫富民决胜战、创新驱动攻坚战、生态环境保卫战、城乡统筹大会战、民生改善持久战、改革开放突围战。

6.**“两个机关”**：全面担负起宪法法律赋予的

各项职责的工作机关、同人民群众保持密切联系的代表机关。

7.“两个维护”：坚决维护习近平总书记在党中央的核心、全党的核心地位，坚决维护党中央的权威和集中统一领导。

8.“四个意识”：政治意识、大局意识、核心意识、看齐意识。

9.“四个自信”：中国特色社会主义道路自信、理论自信、制度自信、文化自信。

10.“十个坚持”：坚持中国共产党的领导，坚持走中国特色社会主义政治发展道路，坚持和完善人民代表大会制度，坚持人民当家做主，坚持全面依法治国，坚持民主集中制，坚持全面贯彻实施宪法，坚持以良法促进发展、保障善治，坚持正确监督、有效监督，坚持民有所呼、我有所应。

11.“三大专项行动”：城乡环境卫生大绿化大整治专项行动、群众反映强烈突出问题大排查大化解专项行动、帮扶干部进村入户办实事送温暖专项行动。

12.“三个清、三个一”：“三个清”是指摸清底数、算清收入支出账、搞清识别退出是否精准。“三个一”是指每名帮扶干部帮助所联系帮扶的建档立卡户确定一项以上脱贫致富产业、为联系户办一件以上实事、帮助解决一个以上的困难和问题。

13.“一岗双责”：指各级干部在履行本职岗位管理职责的同时，还要对所在单位和分管工作领域的党风廉政建设负责。

14.“五个严禁”：严禁公款送礼，严禁公款大吃大喝，严禁用公款旅游，严禁以各种名义违规发放现金、有价证券、支付凭证，严禁领导干部利用婚丧嫁娶事宜大操大办、借机敛财。

15.“一收入两不愁三保障”：指2018年宁夏回族自治区按年人均纯收入3400元执行。不愁吃、不愁穿（安全饮水有保障）。保障义务教育、保障基本医疗、保障安全住房。

16. 农村土地“三权”：是指所有权、承包权、经营权。

17.“两个带头人”：农村党组织带头人、农村致富带头人。

18.“三强九严”：“三强”即强化党组（党委）书记领导责任、强化机关党委书记直接责任和强化机关党支部书记主体责任。“九严”即严格落实党组织设置规定、严格落实“三会一课”制度、严格落实组织生活会制度、严格落实民主评议党员制度、严格落实谈心谈话制度、严格落实支部主题党日制度、严格落实党员组织关系和党费管理规定、严格落实党组织星级评定办法、严格落实换届规定等九项基本制度。

19.“四风”：即形式主义、官僚主义、享乐主义和奢靡之风。

紧扣发展主题　振奋实干精神
以高度的政治担当全力助推全县经济社会全面发展

——在政协西吉县第十一届委员会第三次全体会议上的工作报告

西吉县政协主席　马天英

2018年工作回顾

2018年，县政协坚持以习近平新时代中国特色社会主义思想为指导，在中共西吉县委的坚强领导下，在区、市政协的关心指导下，在县人大、县政府、监委和法检“两院”及社会各界的大力支持与相互配合下，认真学习宣传贯彻党的十九大精神，全面贯彻落实中央和区、市、县党委各项决策部署，紧紧围绕县委、县政府中心工作，以脱贫攻坚为统领，牢牢把握团结、民主两大主题，带领全体政协委员和政协参加单位，认真履行政治协商、民主监督、参政议政职能，汇聚智慧谋发展、同心协力促团结、创新举措增活力、扎实履职树形象，充分发挥了人民政协作为协商民主重要渠道和专门协商机构作用，为全面推进我县经济、政治、文化、社会和生态文明建设作出了不懈努力。

一、坚持党的领导，深化学习、紧跟核心，铸牢理想信念之基

始终坚定不移坚持和加强党对政协工作的领导，深化理论学习、坚定政治定力、把牢政治方向、提高政治站位，牢固树立“四个意识”，不断增强“四个自信”，切实做到“两个坚决维护”。

始终把党的政治建设摆在首位。紧跟新形势、肩负新任务，深入学习宣传贯彻习近平新时代中国特色社会主义思想和党的十九大精神，重点研学习近平总书记来宁视察重要讲话精神、关于意识形态工作重要论述、关于加强和改进人民政协工作的重要论述，马克思主义民族观宗教观，《中共中央关于加强新时代人民政协党的建设工作的若干意见》《中共中央关于加强社会主义协商民主建设的意见》《自治区党委关于加强和改进人民政协民主监督工作的实施意见》等规定篇章及其他学习内容，深刻领会精神实质，把加强党对政协工作领导的认识融入血液、注入灵魂。进一步拓宽学习渠道，班子成员积极参加县委中心组学习和区内外举办的专题理论学习培训班及观摩学习，政协常委会、党组会、主席会、支部会坚持逢会必学，政协委员、机关干部职工通过集体学习、理论培训、专题辅导、研讨交流等多种形式的学习活动，切实做到学懂弄通做实，形成“大学习、大融合、大落实”的持久状态。坚持在学习中思考、思考中深化、深化中提高，政协班子成员撰写心得体会29篇，理论研讨文章10篇，在区、市、县理论研讨会上交流发言4次，通过各种方式的政治理论学习，全体政协委员、机关干部职工的政治素养和理论水平显著提升。

强化政协党组核心作用。县政协党组认真履行政治领导责任，把严守党的政治纪律和政治规矩挺在前面，充分发挥好把方向、管大局、保落实的重要作用。坚持与县委同频共振、同向发力，坚定不移地把政协工作置于县委绝对领导之下。坚持重要工作向县委报告制度，党组每年向县委作一次工作汇报，常委会报告、年度协商工作计划、全体会议准备情况、视察调研报告和党组重要工作等及时向县委请示报告，按照县委要求，精心谋划和组织开展政协工作，确保履职活动规范有序、扎实有效、深入有力。坚持严管班子、严带队伍，狠抓思想政治工作，持续开展“不忘初心　牢记使命”主题教育，深入推进“两学一做”学习教育常态化制度化，积极组织政协常委、委员代表及参加单位、机关干部职工召开务虚会，围绕习近平总书记加强和改进人民政协工作的重要论述八个方面内容思考研讨、交流发言，进一步凝聚思想政治共识。

深入推进全面从严治党。牢固树立“抓好党建是本职、不抓党建是失职、抓不好党建是不称职”的观念，认真履行全面从严治党主体责任，制定并实行责任清单、问题清单和问责清单。严格落实党风廉政建设“一岗双责”，定期召开党组会议研究党风廉政建设工作，围绕强化班子建设、组织建设和队伍建设，制订工作计划、细化责任分工、明确具体措施，形成层层抓落实的合力。以“三个年”活动为契机，党组班子成员发挥先锋模范作用，深入包抓村党支部讲党课，开展重温入党誓词、献爱心送温暖、抓党建促脱贫等主题党日活动，进一步激发了党员干部履职尽责、干事创业的精气神。严格党内政治生活，突出政治学习和党性锻炼，根据区、市、县关于深入开展违反“中央八项规定”精神突出问题专项治理工作的要求，召开政协党组专题民主生活会，严格对标“五个严禁”方面突出问题，认真对照查摆、深刻剖析根源、坚持问题导向、提出整改措施。严格落实谈心谈话制度，党组班子成员之间、班子成员和党员之间、党员和党员之间开展经常性谈心谈话活动，坦诚相见、交流思想、交换意见，不断提高政治觉悟和政治能力。

二、加强协商民主，积极建言、务实献策，全力服务发展大局

紧扣新时代发展主题，贯彻落实新发展理念，真诚协商、务实监督、有效议政，不断拓展形式、丰富内容、提高质量，切实把协商民主建设贯穿政协履职全过程。

协商议政更加规范有序。围绕县委、县政府中心工作，在广泛征求意见的基础上，制订年度协商工作计划，通过全体会议、常委会议、主席会议、专题协商会议和参加党政重要会议等形式，开展多层次的协商活动，促进决策的科学化、民主化。县政协第十一届二次全体会议期间，委员们以分组讨论和提交提案、社情民意形式，就脱贫攻坚、生态保护、城乡发展、产业培育、科技创新、民生改善等内容积极议政建言，提出了具有前瞻性、针对性、操作性的意见和建议。2018年召开常委会议5次，围绕视察、调研课题和委员提案办理情况与有关部门（单位）进行专题协商，审议专题报告16篇，有力地促进了各项重点工作的落实。2018年召开主席会议11次，就“加快推进现代农业发展”“文化产业壮大”“美丽乡村建设”“公共卫生改革”等课题进行重点协商，商以求同、协以成事。积极探索政协委员基层协商工作机制，先后4次组织部分委员深入震湖乡、火石寨乡、马莲乡和吉强镇钰秀社区，与所属乡镇、社区的群众代表以座谈交流的形式开展基层协商活动，就产业扶持、养老保险、民政救助、医疗报销、教育扶贫等方面的惠民政策做了深度宣传讲解，对群众提出的关于道路建设、产业发展、教育教学、社区服务等方面的问题进行了答疑解惑，围绕群众关心关注的热点难点问题，征集和转办意见、建议39条，形成《2018年委员基层协商活动报告》，呈报自治区政协。

民主监督更加扎实有力。围绕农业产业发展、葫芦河流域综合治理、城乡教育均衡化发展等工作开展专题视察8次。组织委员深入各视察点详细了解相关工作开展情况，引导委员认真思考、研究分析，提出科学、前瞻、符合全县经济社会发展实际的工作建议65条，向县委、县政府报送专题视察报告8篇，对改进工作、助推落实、凝心聚力、服务发展起到了积极的作用。在开展视察工作的同时，积极组织委员参与法检“两院”开放日、民族团结创建、广场问政、群众评议机关作风建设等工作270人（次），充分发挥了政协协商式监督的特色优势。县政协高度重视提案督办工作，不断研究新形势下提案督办工作的特点和规律，创新工作方法、完善工作机制。县政协第十一届二次全体会议期间，共收到委员提案110件，审查立案24件，确定重点提案8件、提案16件，涉及脱贫攻坚、环境整治、城乡规划、产业发展、卫计医疗、教育教学、文化旅游等9个方面。一年来，提案督办组会同提案承办部门（单位）对24件提案进行了全面督办，形成了《提案督办报告》。24件提案已办结18件，办复率100%，办结率75%。

调查研究更加深入有效。坚持“选题准、调查细、研究深、建议实”的要求，组织委员围绕“精准脱贫、公共文化服务能力建设、社区服务创新”等工作开展专题调研7次，形成专题调研报告7篇，提出了“完善美丽乡村建设规划布局”“激发公共文化服务事业发展活力”“加强社区工作者队伍建设”等建议54条。调研过程中积极引导和激发委员将理论引领、了解情况、总结经验、发现问题、研究分析相结合，以更加开阔的视野和缜密的思路，切准角度、抓住关键，努力增强建言质量和调研实效。坚持在调查研究中广泛收集社情民意，2018年共收到社情民意信息60余条，将其中的《关于加强全县蔬菜产业发展的建议》等22条报送县委、县政府及区、市政协。自治区党委常委、政府常务副主席张超超在《社情民意》（第56期）“关于核减西吉县城乡居民基本医疗保险参保缴费任务的建议”上作了重要批示：“人社部门要认真研究，坚持实事求是的基本原则，在做到应保尽保的基础上，科学合理确定各市、县基本医疗保险参保扩面目标任务，防止出现旱涝不均。”

三、围绕中心工作，情系民生、履职为民，增进民生福祉改善

牢固树立和践行以人民为中心的发展思想，怀爱民之心、谋富民之策，紧扣县委、县政府重点工作安排部署，把增进人民福祉作为履行职能的出发点和落脚点。

全力助推脱贫攻坚工作。按照县委关于县级领导联乡包村部署要求，政协班子成员深入各自帮扶的乡镇和贫困村调研督导脱贫攻坚工作，入户走访、宣传政策、调研摸排、掌握情况，精心指导“三大专项行动”开展和重点工作落实。一年来，班子成员向所在乡镇反馈和协调解决问题74个，帮助平峰镇张武村硬化道路5.8千米，培育致富带头人3名；为西滩乡张村堡村通过驻村帮扶积极争取项目10余项，落实资金204万元；帮助红耀乡前庄村居民安置点安装路灯50盏、垃圾箱60个，修建公厕1座；联系宁夏农科院在红耀乡张白湾村落实玉薯套种项目2200亩；帮助平峰镇金塘村硬化道路3.75千米，安装路灯5盏、篮球架1套；联系相关部门（单位）帮助吉强镇大坪村及时维护道路，并着力解决群众实际困难。

扎实开展“三大专项行动”。按照县委“三个清”“三个一”要求，机关全体干部职工深入帮扶的平峰镇沿坪村开展“进村入户办实事、送温暖”活动，与145户贫困户对接联系，讲政策、算收入、理思路、谋发展，帮助解决实际困难62个。积极联系宁夏农科院固原分院为145户农户发放杂粮种子1300千克、化肥12.5吨，联系宁夏共享集团为沿坪村捐赠20余万元的农机设备，帮助发展壮大村集体经济。围绕群众反映强烈突出问题排查化解工作，政协班子成员对分解到的信访案件第一时间开展调查摸底，对群众反映的问题和诉求逐件落实、逐项答复，办结率100%。在城乡环境卫生大绿化大整治专项行动中，按照要求及时清理区域内环境卫生，按时完成春秋两季义务植树任务。

全面落实县委安排部署。坚持把政协工作纳入全县工作大局，以高度的政治担当、扎实的工作作风按时完成县委交办的工作任务。班子成员分别参与督查自治区党委第四巡视组反馈问题整改、党风廉政建设责任制落实、基层软弱涣散党组织整顿、群众反映强烈突出问题排查化解、生态环境保护、葫芦河流域综合治理等工作，及时掌握情况、发现问题、改进工作、促进落实；按照县委巡察工作要求，一名政协副主席担任县委第五轮、第六轮第二巡察组组长，充分发挥巡察利剑作用，协助推动党的巡视巡察制度在基层落细落实；积极参与乡镇和县直各部门（单位）班子及班子成员考核工作，全面、准确掌握基本情况，有效发挥参政议政职能作用；按照县委要求，西吉县政协选派人员作为固原市信访接待工作组成员，派驻自治区政府开展信访工作半年时间，密切配合、积极作为，有力地促进了信访案件的办理，维护了社会的和谐稳定。

四、把握两大主题，团结包容、增进共识，不断凝聚发展合力

牢牢把握团结、民主两大主题，充分发挥人民政协联系面广、包容性强的优势，注重协调各方关系、团结凝聚各界力量，进一步汇聚共同团结奋斗、共同繁荣发展的强大合力。

发挥智力优势共谋发展。2018年，全国政协和自治区、固原市政协领导莅临西吉县调研指导工作15次，充分体现了对西吉经济社会发展和政协工作的高度重视与关心关注。自治区政协党组书记、主席崔波，全国政协民族宗教委员会副主任罗黎明，自治区政协副主席马力、郭虎、冯志强、李泽峰、马秀珍等领导先后莅临我县调研党建、脱贫攻坚、葫芦河流域综合治理、民族团结进步创建、农业科技创新等工作；固原市政协党组书记、主席马玉芳，副主席马莲、马宝福、杨彦文、杨志荣、杨自平、何学虎等领导先后多次莅临我县调研指导脱贫攻坚、农业科技示范园建设、民营经济发展、全域旅游等工作。县政协把全国政协和区、市政协领导莅临我县调研讲话精神作为重要内容进行学习，融会贯通、联系实际，为更好地履行职能、服务经济社会发展奠定扎实的理论基础。

发挥包容优势助推发展。不断拓宽联络联谊渠道，加强和区内外政协的联系、交流。陕西省铜川市政协，江西省于都县政协，甘肃省静宁县政协，内蒙古自治区杭锦后旗政协，隆德县政协等区内外政协考察组对我县精准脱贫、生态保护、红色旅游、休闲农业等工作专题考察6批（次）。内蒙古自治区乌拉特中旗政协到我县考察学习旅游扶贫工作后，在致谢信中表示："西吉县扶贫工作体系健全、机制可行、经验丰富、成绩突出，开阔了眼界、增长了见识、学到了经验，圆满完成了考察学习任务。"积极组织工商联界别政协委员参加交流联谊活动，在"助力脱贫攻坚"暨"百企帮百村"村企对接座谈会上，就民营企业发展面临的新形势和如何更好地开展村企帮扶互相交流经验，破解难题、共谋发展，建立了贫困村、贫困户与企业之间的帮扶新机制。

发挥界别优势力促发展。高度重视对中共党员委员的教育引导，注重发挥党员委员在日常工作中的示范引领作用，带动引领社会各界人士感党恩、听党话、跟党走。加强与无党派人士的联系交流，在会议发言、视察调研、专题协商、提案督办、监督评议等活动中主动邀请无党派人士参加，为促进合作共事提供良好条件。积极组织经济、科技、农林等界别委员围绕全县"非公经济发展""企业科技创新""致富带头人培育""产业转型升级"等课题开展协商座谈，在协商中拓宽思路、在座谈中凝聚智慧。组织宗教界委员深入学习贯彻落实宁夏回族自治区党委第十二届四次全会精神，牢固树立和践行马克思主义民族观宗教观，坚持宗教中国化方向，教育引导群众牢固树立"三个离不开"思想，不断增强"五个认同"，自觉投身经济社会建设，遵纪守法、团结奋斗、同心致富、共建家园。

五、抓好两支队伍，强本固基、整体推进，努力提高自身建设

主动适应新的形势和任务，探索规律、优化

服务，不断加强和改进经常性、基础性工作，为政协履职提供切实保障。

全面加强政协机关建设。制订年度学习计划，严格落实“三会一课”、组织生活会、民主评议党员等基本制度，把学习教育抓在日常、严在平常、融入经常。深入贯彻落实中央和区、市、县党委关于加强党风廉政建设的各项决策部署，严明纪律规矩，严肃会风会纪，严格规范视察调研，严格公务接待和公车使用，聚焦精严细实切实改进工作作风。根据县纪委要求，县政协机关党组召开述责述廉会议，班子成员严格对标七个方面内容，查摆了问题、剖析了根源、明确了改进措施，进一步健全了党风廉政建设责任落实常态化机制。

充分发挥委员主体作用。通过常委会、专题协商会、座谈会、务虚会等多种形式，加大对政协委员的培训力度，委员的政治把握能力、调查研究能力、联系群众能力和合作共事能力得到有效提升。严格按照区、市、县三级委员基层联系点建设要求，精心打造、完善了23个委员基层联系点，制定出了“十有一总结”的工作思路，健全了硬件设施和各项制度、档案资料及活动开展的常态化运行机制。以联系点为载体，组织委员定期或不定期走访群众，积极向群众宣传党的各项惠民政策，详细了解群众关心关注的热点、难点问题，及时收集和反映群众诉求，以社情民意形式转交有关部门（单位）办理，在理顺情绪、化解矛盾、促进和谐、维护稳定等方面做出了积极努力。

建立健全各项规章制度。坚持“以制度管人、按制度办事”的原则，把制度建设贯穿工作开展和履行职能全过程。在广泛征求意见的基础上，根据《政协章程》，参照全国政协和区、市政协有关规定，分层次修订完善了党组、常委会、办公室、专门委员会等制度及岗位职责，形成了《中国人民政治协商会议西吉县第十一届委员会制度汇编》。进一步完善政协新闻宣传工作机制，充分发挥“西吉政协”微信公众平台等宣传阵地作用，加大对政协委员履职成果的宣传力度，为政协履行职能营造了良好的社会氛围。

各位委员！过去一年，我们各项工作取得了一定成绩，这是县委坚强领导的结果，是县人大、县政府、县监委和县法检“两院”及社会各界大力支持的结果，是各乡镇、各部门（单位）积极协助的结果，也是全体政协委员、各参加单位和机关干部职工共同努力的结果。在此，我代表县政协常委会，向所有关心和支持政协工作的同志们、朋友们，表示崇高的敬意和衷心的感谢。

在总结成绩和经验的同时，我们也清醒地认识到，县政协工作与县委和全县人民的新期望，还有一定差距。主要是：协商议政的质量和成果转化有待加强，界别优势和作用发挥尚不充分，考察学习活动比较欠缺，文史资料编纂工作薄弱，提案督办力度还需进一步加大，工作协商和监督的体制机制不够完善，机关党支部基本制度落实和工作创新不够，等等。这些都需要我们高度重视、认真研究，并在今后的工作中切实加以解决。

2019年工作思路

各位委员，2019年是中华人民共和国成立70周年，是决战决胜脱贫攻坚的关键一年。县政协总体工作思路是：坚持以习近平新时代中国特色社会主义思想和党的十九大精神为指导，以习近平总书记视察宁夏时的重要讲话精神为根本遵循，在中共西吉县委的坚强领导下，认真贯彻落实自治区第十二次党代会、第十二届六次全会和市委第四届四次全会及县委第十四届四次全会精神，以脱贫攻坚为统领，强化政治引领、加强协商民主、践行履职为民、坚持团结包容、激发动力活力，带领全体政协委员和政协参加单位，创新思路、压实责任、振奋精神、认真履职，充分发挥人民政协作为协商民主重要渠道和专门协商机构作用，为我县决胜脱贫攻坚、全面建成小康社会做出新的更大的贡献，以优异的成绩庆祝中华人民共和国成立70周年。

一、强化政治引领，坚持把习近平新时代中国特色社会主义思想作为统揽政协工作的总纲

自觉把习近平新时代中国特色社会主义思想作为坚定理想信念的强大思想武器，树牢“四个意识”，增强“四个自信”，切实做到“两个坚决维护”，在政治立场、政治方向、政治原则、政治道路上始终与以习近平同志为核心的党中央保持高度一致。深入学习贯彻落实区、市、县重要会议精神，着力发挥党组在政协工作中的领导核心作用，抓好理论武装和思想政治工作，把牢方向、管好大局、带好队伍，坚定不移把中央和区、市、县党委的决策部署落实到政协履职活动全过程。积极探索适合政协工作特点的学习形式，坚持政协党组定期学、政协常委会专题学、政协委员集中学、机关干部经常学的学习机制，制订学习计划、举办专题讲座、开展研讨交流，营造良好的学习氛围。要坚持学以致用，引导委员自觉用习近平新时代中国特色社会主义思想来思考问题、分析问题、解决问题，确保把学习成果转化为推动经济社会发展的有效动力。

二、树立协商思维，紧紧围绕全县中心工作献计出力

按照县委、县政府安排部署，科学制订并组织实施年度协商工作计划，重点在脱贫攻坚、生态保护、城乡发展、产业转型、民生改善、社会治理、深化改革等方面有效开展协商议政，着眼于提高协商建言的咨政价值，努力做到建言建在点子上、议政议到关键处。要灵活多样地开展经常性协商活动，围绕“加快推进农业农村现代化”“一二三产业融合发展”“美丽乡村建设”“‘四个一’林草产业工程建设”等课题，进行视察调研和考察学习，开展重点协商和对口协商。要选择关注度高的提案，商请县委、县政府领导督办重点提案，开展提案办理协商，使政协的协商活动更好地起到决策前提供参考、决策中促进完善、决策后推动落实的重要作用。

三、顺应群众期待，努力为民生福祉改善履职尽责

准确把握新时代社会主要矛盾的新变化，顺应人民群众对美好生活的新需求、新期待，坚持以百姓之心为心，真诚倾听群众呼声，及时反映群众需求，把脱贫攻坚、乡村振兴、产业培育、科技创新作为政协工作的重要议题，更加关注扶贫产业提升和城乡居民增收，围绕“激活内生动力”“打破增收瓶颈”“建立支撑体系”开展视察调研，努力为贫困群众增收开良方、献良策、谋实招、出实效。进一步加强社情民意反映工作，拓宽社情民意收集渠道，及时了解并反映社会各界群众的愿望。进一步做好区、市、县三级委员基层联系点工作，组织界别委员开展技能培训、医疗义诊、文化惠民、法律援助等活动，充分发挥委员作为界别群众代表的作用。

四、坚持团结包容，广泛凝聚合力推动改革发展

要着眼于形成最大公约数、画出最大同心圆，汇聚同心同德、共谋发展的智慧和力量。主动加强与区、市政协的联系，积极邀请全国政协和区、市政协到我县视察、调研和指导工作。加强与区内县（区）政协和区外政协的交流互动，组织委员围绕精准脱贫、特色产业发展、城乡建设、政协工作等外出考察学习，加强联谊、交流经验、增进团结、开阔眼界。充分发挥宗教界代表人士的作用，教育引导广大群众积极投身于民族团结进步创建活动，维护民族团结、宗教和顺、社会稳定的大好局面。进一步加强与宣传、文化等部门及文学艺术团体的协作，鼓励委员深入挖掘西吉文史资源，及时编纂和出版专题文史丛书，凸显存史资政、团结育人的社会功能。进一步加大政协宣传工作力度，借助“西吉政协”微信公众平台等新型媒体大力宣传政协履职成果，扩大履职影响力。

五、夯实履职基础，全面加强政协自身建设

牢牢把握新时代新要求，不断加强履职能力建设，努力打造责任政协、为民政协、创新政协、务实政协。坚持以制度建设为抓手，充分调动政协委员参与政协工作、谋划政协工作、推动政协工作的积极性、主动性。落实专门委员会通则，不断丰富履职内容，增强工作实效，充分发挥专门委员会在重点课题协商、视察、调研、考察等工作中的基础性作用。加强对委员的培训、教育、管理和服务，详细制订委员培训计划，以学习贯彻习近平新时代中国特色社会主义思想和党的十九大精神、区市县重要会议精神、政协业务知识和法律法规为重点，采取集中培训与分层培训相结合，自主培训与外出培训相结合，政策理论、业务知识培训与开展委员界别活动、委员主题活动、委员基层联系点活动相结合的方式，多角度、多方位、多层次抓好委员培训工作，并通过编辑学习信息、寄送学习资料、抽查学习笔记等方式，丰富培训内容、创新培训方式、增强培训实效，精心锻造一支政治立场坚定、担当意识强烈、理论水平扎实、作用发挥明显、履职效果突出的委员队伍，真正让委员履职能力强起来、履职渠道宽起来、履职热情高起来。全面推进政协机关党的建设，不断增强党组织的创造力、凝聚力、战斗力。严格落实中央八项规定精神，严守党的政治纪律和政治规矩，加强学习教育、强化管理监督，不断提升干部队伍政治素养和服务水平。

各位委员、同志们！行进在新时代的伟大征途上，光荣与梦想激励着我们、责任和使命鞭策着我们，让我们更加紧密地团结在以习近平同志为核心的党中央周围，在中共西吉县委的坚强领导下，深入学习贯彻习近平新时代中国特色社会主义思想，认真贯彻落实县委第十四届四次全会精神，不忘初心、牢记使命、勇于担当、务实苦干，为我县打赢打好脱贫攻坚战，与全国同步建成全面小康社会做出政协组织新贡献。

法院工作报告

——在西吉县第十七届人民代表大会第三次会议上的报告

（2019 年 1 月 9 日）

西吉县人民法院院长　张尚祎

2018 年工作回顾

2018 年，西吉县人民法院在县委的正确领导、人大的有效监督、政府以及政协的大力支持和上级法院的精心指导下，深入贯彻习近平新时代中国特色社会主义思想和党的十九大精神以及全国、全区政法工作会议、法院院长会议精神，紧紧围绕县委决策部署，按照县第十七届人民代表第二次会议的要求，坚持司法为民公正司法，全面提高审判执行工作的质量和效率，切实加强队伍建设，各项工作取得了新的进展。在“全国模范法院”和 2017 年“全国文明单位”的基础上，又被最高人民法院命名为“全国法院家事审判工作先进集体”“全国法院文化建设先进单位”。全国节约型公共机构示范单位创建工作获得国家和自治区验收领导小组的充分肯定与高度评价。

一、依法履行职责，维护司法公正

共受理各类案件5992件，审（执）结5816件，结案率97.06%。收、结案同比分别上升23.6%、24.43%。结案率在2016年、2017年连续两年名列全区第一之后，2018年继续保持高位运行，位居全区基层法院第一。

严厉惩治刑事犯罪。受理刑事案件194件，审结185件，判处犯罪分子197人，结案率95.36%。严把案件事实关、证据关和法律适用关。依法严厉惩治非法持有枪支、危险驾驶、故意伤害、贩毒等刑事犯罪，维护社会稳定。严格落实罪刑法定、证据裁判和宽严相济的刑事政策。给予刑事处罚183人，其中十年以上有期徒刑1人，五年以上不满十年有期徒刑3人，三年以上不满五年有期徒刑9人，三年以下有期徒刑19人，判处拘役35人，单处罚金7人，对109名轻微刑事犯罪分子依法判处三年以下有期徒刑和拘役宣告缓刑。对侵财型犯罪和扶贫领域职务犯罪，在判处主刑的同时，依法全部并处罚金。对14名自首或者具有立功表现的依法免予刑事处罚。

扎实开展“扫黑除恶”。在全力做好日常刑事审判、严厉打击各类犯罪的同时，统一思想认识，完善工作机制，积极开展“扫黑除恶”专项斗争。利用电子显示屏、悬挂横幅、张贴通告、发放彩页等形式进行广泛深入宣传。在媒体平台发布《“扫黑除恶”线索举报公告》和《助力“扫黑除恶”行动指南》，鼓励群众检举、揭发黑恶势力犯罪线索。加大涉黑涉恶线索摸排力度，对2015年来审理执行的案件进行全面梳理和深挖，共向县扫黑办移送涉黑涉恶线索20条。依法公开开庭审理了马吉等25人涉恶案件，部分人大代表、政协委员、“扫黑除恶”成员单位和乡镇干部、各界群众以及被告人家属等200余人参加了旁听。整个庭审过程庄严规范、井然有序，有力地震慑了黑恶势力犯罪分子、彰显了法治权威。

妥善化解民事纠纷。受理民商事案件4278件，审结4221件，结案率98.67%。在坚持依法公正裁判的同时，注重运用调解手段化解纠纷，调解结案3027件，调解率为71.81%，最大限度地促进了案结事了人和。充分发挥民商事审判贴近民生、影响广泛、辐射作用强的优势，解民忧、排民难、维民权、保民安。审理借款、买卖、劳务、民间借贷等合同纠纷2656件，有效规范了经济秩序，促进了县域经济健康发展；审理离婚、赡养、抚养等婚姻家庭纠纷1111件，保护妇女、老人、未成年人的合法权益；审理农村土地使用权流转等涉农案件600件，着力保障农业发展、农村稳定和农民权益；审理机动车交通事故责任等侵权责任纠纷174件，依法保护社会弱势群体的生命健康和财产安全。

促进行政机关依法行政。根据行政案件集中管辖规定，共受理西吉、隆德两县行政案件162件，审结161件，结案率99.38%。案件涉及行政管理广大领域，其中乡政府110件，城建13件，公安10件，资源8件。在行政审判中，履行司法审查职责，既体现对行政权的尊重和支持，又强化对行政执法的监督和规范。受理非诉行政强制执行案件9件，准予强制执行6件，综合运用各种有效方式化解3件。积极推动落实行政机关负责人出庭应诉制度，行政机关负责人出庭应诉率达92%。通过举办专题法治辅导讲座，邀请行政执法人员旁听典型案件庭审，就案普法，以案释法，为行政机关依法履职发挥了良好的正向指引作用。

决战“基本解决执行难”。受理执行案件1349件，执结1240件，执结率91.92%，执结标的7760万元。把“基本解决执行难”作为“一把手工程”，紧紧围绕“四个基本”总体目标，主动对标“四个90%，一个80%”指标要求，明确时间表、路线图，强化组织领导，加强统筹协调，注重加大经费、设备、技术等方面的投入力度，举全院之力攻坚克难。扎实开展执行“飓风行动”，联合县检察院、县公安局发布《关于敦促被执行人自觉履行生效法律文书所确定义务的公告》，加强对被执行人及财产的查控。纳入失信被执行人名单219人，对140名长期规避执行、抗拒执行的失信被执行人在《固原日报》、西吉电视台和“精彩西吉”等微信公众号上予以公开曝光。对145名被执行人采取司法拘留措施，以涉嫌拒不执行判决裁定罪移送公安机关侦查6件10人，判处4件5人，使威慑效果更加凸显，整体执行质效水平全面提升。最高人民法院调研督导组给予高度评价。西吉法院执行局荣立集体三等功。

二、紧紧围绕大局，拓展司法服务

准确把握县委、县政府确定的工作思路，依托审判职能，努力实现在服务中司法，在司法中服务。

围绕乡村振兴，全力开展定点帮扶工作。制订印发了《关于为实施乡村振兴战略提供司法保障的意见》，引导全院干警进一步增强为大局服务的紧迫感、责任感和使命感。先后抽调168人次参与城乡违建清理、农村软弱涣散党组织整治、扶贫贷款清收，有效地保障了重点工作的顺利进行。抽调6名干警分赴3个贫困村担任第一书记和工作队员。全体干警在抓好执法办案主业的同时，围绕“三个清”“三个一”，为326户贫困户协调解决具体困难和问题。为帮扶村和贫困户筹集帮扶资金10万元，为贫困村送去取暖用煤6吨。“六一”前夕为187名小学生捐赠了书包、文具等学习用品。“七一”慰问了困难老党员。解答群众法律咨询644人次，有效地增强了群众的法律意识和法制观念。

围绕依法治县，全力深化专题普法活动。严格落实谁执法谁普法责任制，先后组织开展了“崇尚科学，反对邪教”“规范用工秩序，依法维护权利”“合理表达诉求，打击非法上访”“反对家庭暴力，构建和谐社会”以及“健康人生，绿色无毒”等系列专题普法宣传活动，在县城社区和乡镇集市累计发放宣传材料16万份，发送手机短信15万条，播放法治录音160小时，受教育群众达20万人。组织“法官志愿服务队”和驻村第一书记到“新时代农民讲习所”开展党的惠民政策和法律知识宣讲，有效地密切了干群关系，增强了群众自觉守法、遇事找法、解决问题靠法的法治意识。

围绕生态建设，全力投入环境资源保护。充分认清我县资源开发与消耗、环境承载与保护面临的严峻形势，更新审判理念，审结环境资源案件297件。在刑事方面，加大对破坏环境资源犯罪的惩戒力度，依法判处3名非法狩猎的犯罪分子有期徒刑。在行政方面，建立司法与执法联动机制，支持行政机关依法履职，排除行政执法障碍，积极配合参与葫芦河流域环境整治，依法裁定关闭破坏矿产资源、污染环境的砖厂和小淀粉厂，实现生态环境立体化保护。在民事方面，注重生态环境的修复，审理281件非法占用退耕还林用地案件时，对擅自改变土地用途的违法行为依法予以制止，确保毁损土地得到及时修复，努力追求经济新常态下环境资源司法保护与经济社会健康发展的最佳平衡。

围绕案结事了，全力推进涉诉信访工作。针对部分群众“信访不信法”的观念，在县信访督办局设立专门服务窗口，常年派驻干警引导信访群众进入诉讼程序。实行预约接访、随时接访、带案“下访”，做好法律释明、判后答疑、包案化解工作，从根本上减少涉诉信访问题的产生。持续开展“大走访、大排查、大化解”活动，强化院庭长接访，压实处理和稳控责任，按照“四个到位”要求，因人施策、因案施策、综合施策，受理的8件涉诉信访案件，均已成功化解，没有发生一例越级上访和缠访闹访事件。

三、深化司法改革，提升司法公信

在县委的坚强领导下，狠抓贯彻落实，司

法体制改革工作有序推进，各项改革措施基本落地见效。

全面落实司法责任制。按照职业化、专业化要求，组建10个审判团队，细化合议庭、独任法官执法办案规范，强化主责主业意识，在严格落实案件事实、证据、法律适用主办责任的同时，出台《裁判文书签发办法》，进一步明确审判长、独任法官签发法律文书的程序和范围，压实“让审理者裁判，由裁判者负责”。规范院庭长审判管理监督职权，出台院庭长权力责任“清单”，确保院庭长规范有序高效开展监督。院庭长承办案件4448件，同比增长8.67%。建立和完善了30余项审判监督管理制度，涵盖案件评查、质量评估、流程管理、考核奖惩、监督指导各方面和审判执行工作的全过程。

全面推进审判机制改革。根据案件事实、法律适用、社会影响等因素，建立多层次、全流程案件分流体系，完善不同程序之间的转换衔接，做到该繁则繁，当简则简，繁简得当，以较小的司法成本取得较好的法律效果。积极推进以审判为中心的刑事诉讼制度改革，加强与公安、检察、监委的沟通协调，以强化非法证据排除，证人、鉴定人、侦查人员出庭作证和律师辩护为重点，充分发挥庭审在查明事实、认定证据、保护诉权、公正裁判中的重要作用，确保罚当其罪、罪与刑相适应。全面推进裁判文书简化改革，探索制作令状式、表格式、要素式裁判文书，让裁判结果以更加直观的方式呈现在老百姓面前。

全面深化家事审判改革。突出柔性司法理念，彰显以“和”为主题的家事审判法庭。建立家事调查和“感情冷静期”机制，探索离婚生效证明和案件回访机制，注重与民政、教育、妇联等部门互动联系，将家事审判的裁判功能向诊断、修复、治疗功能转变，最大限度实现对尚未破裂婚姻和问题家庭的救治。家事案件的调解率为73.24%，服判息诉率达99.46%，调解和好的占离婚案件总数的38%。应邀参加了最高人民法院“昆明会议”和山东“德州杯”家事论坛，并进行交流发言。区内外多家兄弟法院到我院进行了观摩交流。最高人民法院周强院长在全国家事审判方式和工作机制改革试点工作总结大会上，充分肯定了我院家事审判改革取得的成效。家事法庭荣立集体二等功。

全面完善人员分类管理。落实法官员额制，严格执行员额法官遴选标准和程序，确保将优秀人才遴选入额。建立员额法官执业保障措施，修订法官办案业绩考评办法，激励法官多办案、快办案、办好案。完善司法辅助人员配套改革，面向社会公开招录27名聘用制书记员，确保司法辅助工作的顺畅有序衔接。推行机关后勤服务社会化，将安全保卫、卫生保洁以及物业维修等后勤业务进行了外包，有效地促进了后勤工作规范化管理，提升了后勤服务保障水平。

四、着眼司法为民，回应群众需求

适应形势新变化，有针对性地提供契合时代要求和社会实际的便民服务。

进一步提升诉讼服务水平。深化立案登记制改革，做到有案必立、有诉必理，推行网上立案，有效解决异地诉讼难题。依托信息化手段，强化窗口服务功能，为当事人提供“‘一站式’、综合性、低成本”的诉讼服务。调试完成了3D导航、开庭公告和虚拟导诉智能化信息系统，同步呈现案件排期信息，直观展示法庭布局，通过人机互动，当事人就能直观地了解到法院立案、诉前调解、诉讼保全、联系法官、开庭等各项职能，实现了问询电话有人接、平台信息有人管、办理结果有回音，受到群众的称赞。

进一步提升司法公开水平。推进信息技术与审判业务、司法公开、司法便民深度融合，构建符合信息时代特征的网络法院、阳光法院和智慧法院。在中国裁判文书网上公布生效裁判文书2956份。完成互联网庭审直播203件。人民陪审员一审案件陪审率72.19%，有效增强了审判执行工作的公开性和透明度。精心组织“法院开放月”和“公众开放日”活动，邀请社会各界人士和人民群众走进法院、走近法官，观摩庭审、参与调解，实地见证人民法院的发展与变化。在《宁夏法治报》、《固原日报》、人民法治网、高院内网等媒体发表信息宣传稿件256篇，充分展示了法院队伍的精神风貌和良好工作效果。

进一步提升巡回办案水平。针对部分群众法制观念淡薄的实际情况，用足用活“便民服务流动法庭”车，带着案件到农村和社区公开审理，将法庭设在村庄院落、田间地头，化解关系群众切身利益的纠纷1200余件，收到了审理一案、教育一片、稳定一方的良好社会效果。建立“人民调解组织 + 司法所 + 派出所 + 人民法庭”的“双向联动，一次解纷”的工作机制，委托、委派调解各类案件402件，成功化解140件。充分发挥“农民工维权合议庭”的司法职能，加强与劳动仲裁等部门的联动和沟通，开辟绿色诉讼通道，延伸司法服务，快立、快审、快执恶意拖欠农民工工资案件283件，为农民工挽回经济损失603万元，有效地维护了农民工的合法权益。

进一步提升司法救助水平。健全完善司法救助程序，充实司法救助内容，改进司法救助方式方法。为建档立卡户、低保户、残疾人等经济困难当事人缓、减、免诉讼费用29万元、执行费用10.8万元。积极争取县委政法委和上级法院的领导与支持，多渠道、多方面筹集司法救助资金，救助家庭生活特别困难的受害人11人，发放救助金27万元，有效地解决了特困当事人的生产生活问题，充分彰显司法为民的人文关怀。

五、紧抓队伍建设，提升干警素质

按照“敢于担当、踏实做事、不谋私利”的要求，坚持严管和厚爱结合、激励和约束并重，努力提升队伍整体素质。

切实推进新时代党的建设。通过创新“三会一课”“主题党日”“网络教育”等方式方法，充分发挥党总支、3个党支部、9个服务型党小组在教育培训中的主渠道、主阵地作用，促进“两学一做”学习教育常态化制度化，确保习近平新时代中国特色社会主义思想和党的十九大精神入脑入心，增强“四个意识”，坚定“四个自信”。始终坚持党对人民法院工作的绝对领导，不折不扣贯彻执行党中央和上级党委、上级法院的各项决策部署。严格落实意识形态工作责任制，决不允许在法院出现与党中央决定不一致的声音。

切实推进“文化法院”建设。注重“价值引导力、文化凝聚力、精神推动力”的功能和作用，以“两庭”建设为重点，着力打造法治教育和传统道德教育基地。充分利用庭院、楼道等有效空间，精心布置“百米文化墙”和“家事文化长廊”，以书画作品、历史典故、格言警句为载体，图文并茂展示“二十四孝”“中国十大传统美德”和西吉“十大道德典范”，构筑全域文化景观。多方位、多角度向前来办事的诉讼群众宣传党的方针政策，弘扬宪法法律精神、中华民族优秀传统文化，倡导社会主义核心价值观，推动移风易俗，树立文明乡风。扎实开展民族团结创建工作，制作民族团结创建联系卡、倡议书，多层次、多形式宣传党的民族宗教政策，使“中华民族一家亲”的理念深入人心，进一步增强干警和群众维护民族团结、维护社会稳定的自觉性和坚定性。

切实推进司法能力建设。积极开展“干部素质提升年”活动，组织干警参加县委政法委和上级法院举办的各类综合培训班6期14人次。组织参加厦门大学、西北政法大学业务培训10期120人次。参加最高人民法院第六巡回法庭“法治大讲堂”视频培训32期。邀请法学专家、党校教员举办专题讲座8场次。既高度重视理论培训，又注重实践锻炼。通过开展庭审直播和观摩、法律文书评比、技能竞赛等方式进行岗位练兵、技能实训，推进了法院队伍正规化、专业化、职业化建设，进一步提高了法官驾驭庭审、认定事实、适用法律、化解矛盾的能力，促进审判质效全面提升。

切实推进司法作风建设。以“干部作风转变年”活动为契机，全面履行党风廉政建设主体责任，严格落实院庭长“一岗双责”。始终把纪律和规矩挺在前面，不断强化纪律约束。开展常规督察48次、专项督察11次，涵盖廉政建设、审判纪律、庭审作风、司法礼仪、组织纪律、安全保卫、档案管理、车辆使用和值班值守等各个方面。查办举报信访案件5件，进行约谈问责3人。扎实开展违反中央八项规定精神专项治理，追缴违规资金31375元，对1名直接责任人进行了问责处理，对9名相关人员进行了批评教育。对办公用房进行了两次自查整改，共腾退办公用房307.68平方米。对中央巡视组和自治区党委巡视组反馈的问题，院党组主动认领，认真制定整改方案，逐条逐项进行了整改落实。

六、主动接受监督，确保廉洁司法

坚决执行县委的决定、决议，及时主动向县委报告法院工作的重大部署，确保法院正确发展方向。不断完善人大代表和政协委员联络工作，以认真负责的态度接受人大权力监督、政协民主监督、监委监察监督、检察院法律监督，定期向县人大常委会报告重要工作事项、重要法律法规的贯彻实施及重大案件的审判执行情况。主动与人大代表、政协委员联系，组织“代表委员进法院”等专项活动，邀请代表委员旁听庭审、见证执行，增进人大代表、政协委员及社会各界对司法工作的参与、了解和支持。认真办理人大、政协的审议意见和提案，落实责任部门和责任人，跟踪督办、限期解决，并及时反馈整改情况。同时，运用门户网站、微信公众号等新媒体，及时回应社会关切，自觉接受当事人、社会公众和舆论监督，为促进司法公正、确保司法廉洁发挥重要作用。

各位代表，成绩的取得，离不开县委的正确领导和县人大的依法监督，离不开县政府、县政协和社会各界的大力支持，离不开各位代表、委员的关心与帮助。在此，我谨代表县法院全体干警，表示衷心的感谢和崇高的敬意！

当然，我们也清醒地认识到，法院工作还存在诸多问题和不足，主要表现在：一是案多人少矛盾突出，加之新类型疑难案件增多、法律关系复杂、矛盾对抗性强，审判压力日益加大。二是作为劳务输出和移民大县，外出务工人员多，被执行人难找、执行财产难查依然困扰着执行工作。三是少数案件审判质量和效率不高，与党和人民群众的要求尚有差距。四是队伍整体素质和能力还有待进一步提高。对于这些问题和不足，我院将立足自身，积极争取各方面的关心和支持，认真加以解决。

2019年工作重点

2019年，我院工作的指导思想和主要任务是：以习近平新时代中国特色社会主义思想为指导，全面贯彻落实党的十九大和第十九届二中、三中全会精神以及县委第十四届四次全委会精神，认真落实中央和区市政法工作会议、法院院长会议精神，紧紧围绕县委重大决策部署，以提高办案质效为中心，以加强队伍建设为基础，以深化司法改革为动力，努力开创法院工作新局面，为全县经济社会发展提供更加有力的司法保障。

一、提高政治站位，始终做到“两个坚决维护”

全面贯彻落实县委《关于坚决维护以习近平同志为核心的党中央权威和集中统一领导的若干规定》，旗帜鲜明讲政治，尊崇和维护党章党规，始终把坚决维护习近平总书记在党中央和全党的核心地位、坚决维护以习近平同志为核心的党中央权威和集中统一领导作为政治建设的首要任务，进一步增强“四个意识”，坚定“四个自信”，不断夯实全面从严治党的政治根基。牢牢坚持党对人民法院工作的绝对领导，不折不扣贯彻执行党中央和上级党委的各项决策部署，坚定不移地走中国特色社会主义法治道路，矢志不渝地做中国特色社会主义法治国家的建设者、实践者和捍卫者。

二、坚守司法公正，依法履行新时代职责使命

深入开展扫黑除恶专项斗争，加大涉黑涉恶线索排查力度，深挖保护伞，突出重点、精准发力，依法从重从快判处一批涉黑涉恶犯罪案件，确保打准、打狠、打出声威和实效。运用司法手段支持引导民营企业发展壮大，为民营经济发展提供更加有力的司法服务和保障。坚持发展新时代“枫桥经验”，进一步加强诉调对接，完善矛盾纠纷多元化解机制，加快推进基层社会治理现代化，努力建设更高水平的平安西吉。坚持依法裁判和协调化解相结合，促进行政争议实质性解决，依法保护行政相对人合法权益、推动法治政府建设。紧紧依靠县委坚强领导，深入推进建立综合治理执行难大格局，以“钉钉子”的精神确保决胜“基本解决执行难”圆满收官。

三、坚持以人民为中心，积极满足群众多元需求

加大巡回审判力度，送法下乡进村入户，妥善办理好各类涉民生案件，为群众提供方便快捷的司法服务。深入开展形式多样的普法宣传和司法公开活动，让社会各界“零”距离了解法院，感受司法的公正，努力营造尊崇宪法法律、信仰法治的良好氛围。贯彻“简案快办，繁案精审”的工作思路，降低诉讼群众维权成本。按照县委统一部署，扎实开展脱贫攻坚结对帮扶工作，协调对接扶贫项目、监督扶贫资金使用、宣传各项惠农政策、指导基层组织建设。科学制定信访维稳工作预案，落实首办责任、领导包案、约访接访、申诉再审等措施，解答群众质疑，切实做好涉诉群众息诉罢访工作。

四、坚定信心和决心，推动司法改革实现新突破

进一步提高思想站位，强化责任担当，积极发挥主体作用，全面落实司法责任制，深化法官员额制，完善法官单独职务序列及其配套保障制度，严格执行院庭长办案各项要求，加快建立权责一致的审判权运行新机制，坚持有序放权和有效监督相统一，提升改革的系统性、整体性和协同性。稳步推进法院内设机构改革，坚持精简、务实、效能原则，在理顺职能、优化分工的基础上，综合考虑人员编制、业务划分、案件数量等因素，凸显审判中心地位，推动形成办案主业、管理主责、监督有力、保障到位的内设机构格局，让业务、政务运行更加顺畅高效。

五、突出政治建设，打造忠诚廉洁的法院队伍

深入推进“两学一做”学习教育常态化制度化，扎实开展“不忘初心　牢记使命”主题教育活动。认真落实党建工作责任制，严肃党内政治生活，推动全面从严治党、从严治院各项举措落地见效，培育风清气正的机关政治生态。构建教育培训长效机制，广泛开展案例研讨、庭审观摩、实务技能竞赛等活动，推进青年干警一线岗位实践锻炼，为长远发展奠定人才基础。提升调查研究能力，继续实施重点调研课题项目化管理，解决司法实践难题。持之以恒正风肃纪，用身边事教育身边人，筑牢拒腐防变的思想防线。认真排查和防控廉政风险隐患，严格监督执纪，努力锻造一支让党放心、让人民满意、忠诚可靠、清正廉洁、业务过硬的法院队伍。

六、主动拓宽途径，着力强化接受监督意识

始终坚持党对法院工作的绝对领导，及时主动向县委报告法院工作。贯彻落实人大及其常委会决议，积极配合人大常委会开展执法检查，认真做好年度报告和专项报告工作。完善人大代表联络、代表建议办理机制。完善接受民主监督机制，加强与政协以及社会各界人士的沟通。完善接受监委监察监督和检察机关法律监督机制，共同维护司法公正和法律权威。完善接受社会监督机制，充分听取民意，不断加强和改进法院工作。

各位代表，努力让人民群众在每一个司法案件中感受到公平正义，是人民法院始终为之奋斗的工作目标。新的一年，我们一定在县委的坚强领导下，在县人大及其常委会的监督下，认真贯彻本次大会决议精神，锐意进取，扎实工作，努力为建设经济繁荣、民族团结、环境优美、人民富裕的新西吉做出新的更大的贡献。

《法院工作报告》中有关用语说明：

1. 四个基本：（1）被执行人规避执行、抗拒执行和外界干预执行现象得到基本遏制。（2）人民法院消极执行、选择性执行、乱执行的情形基本消除。（3）无财产可供执行案件终结本次执行程序标准和实质标准把握不严、恢复执行等相关配套机制应用不畅的问题得到基本解决。（4）有财产可供执行案件在法定期限内基本执行完毕。

2. 四个 90%：（1）有财产可供执行案件在法定期限内实际执结率达到 90%。（2）无财产可供执行案件终结本次执行程序合格率达到 90%。（3）执行信访案件办结率不低于 90%。（4）全国 90% 以上的法院要达到合格标准。

3. 一个 80%：即三年内整体执结率不低于 80%。

4. “四个到位”：群众诉求合理的解决问题到位、诉求无理的疏导教育到位、生活困难的帮扶救助到位、行为违法的依法处理到位。

5. 法官员额制：是指法院在编制内根据办案数量、辖区人口、经济发展水平等因素确定法官的人员限额。目前法院员额法官 31 名，占比 37.8%，年人均办案 184.7 件。

6. 委派调解：人民法院对其主管并享有管辖权的民事诉讼案件，在收到当事人起诉状或口头起诉之后、正式立案之前，委派给特邀调解员、特邀调解组织进行的调解。

7. 委托调解：人民法院对立案后的民事案件，委托给特邀调解员和其他具有调解职能的组织进行的调解。

检察工作报告

西吉县人民检察院工作报告

——在西吉县第十七届人民代表大会第三次会议上的报告

（2019 年 1 月 9 日）

西吉县人民检察院检察长　穆存祥

2018 年工作回顾

2018 年，西吉县人民检察院在县委和上级检察机关的坚强领导下，在县人大、县政府、县政协以及社会各界的监督、关心、支持下，坚持以习近平新时代中国特色社会主义思想为指导，深入学习贯彻党的十九大精神，贯彻落实区、市、县党委决策部署，按照各级政法工作会议、检察长会议安排，紧紧围绕服务保障县委中心工作大局，坚持“讲政治、顾大局、谋发展、重自强”的新时代检察工作总要求，聚焦检察监督主责主业，深化践行“绿色检察”发展理念，全面履行检察职责，各项工作取得了新成效。

一、毫不动摇坚持党的绝对领导，旗帜鲜明讲政治，坚决把牢检察工作政治方向

坚持以习近平新时代中国特色社会主义思想为指导，认真学习贯彻党的十九大精神，始终把加强党的政治建设摆在首位，把旗帜鲜明讲政治作为根本要求，切实加强政治理论学习，深入推进“两学一做”学习教育常态化制度化，紧密结合“不忘初心　牢记使命”“创建学习型检察院、争当学习型检察官”“整顿基层软弱涣散党组织”等主题活动，抓学习抓培训，通过院党组会、中心组会、干警大会、党员大会、“三会一课”“二五学习”、开展主题党日、演讲比赛、知识测试，邀请市、县宣讲团、专家教授解读等形式，多层次、有组织地反复学习党的十九大精神，坚持在学懂弄通做实上下功夫，以学习促工作，以工作体现学习成效，牢固树立“四个意识”，坚定“四个自信”，坚决做到“两个维护”，毫不动摇地坚持党对检察工作的绝对领导，始终从思想上政治上行动上同以习近平同志为核心的党中央保持高度一致，确保检察工作正确的政治方向。

二、深化践行“绿色检察”发展理念，同频共振顾大局，全力服务保障县委中心工作

将“绿色检察”发展理念融入检察工作各方面，全力服务保障县委中心工作大局，制订出台《深化践行“绿色检察”发展理念，着力服务保障全县经济社会发展的实施意见》和《充分发挥检察职能为坚决打赢脱贫攻坚战提供司法保障的实施意见》，狠抓工作落实。

（一）扎实开展精准帮扶工作，着力服务保障脱贫攻坚。坚持把脱贫攻坚与检察业务同部署、同落实、同考核。认真落实部门帮扶责任，抽调6名干警脱岗进驻三个贫困村担任第一书记和工作队员，组织全院干警与240户建档立卡户结对帮扶，扎实开展“三个清”“三个一”活动，依托“农民讲习所”、“法治进校园”、进村入户结对帮扶，宣讲党的十九大精神、惠农富民政策、扫黑除恶专项斗争和法律知识，帮助建档立卡户定产业、办实事、解难题。出资8.96万元，为574户建档立卡户解决春耕化肥和玉米籽种、为70户建档立卡户联系安装互联网、为380名学生捐赠校服、书包、文具；为建档立卡户联系新增扶贫贷款1200万元；为帮扶村解决公用经费9.5万元、联系修建村组道路11.6千米；慰问困难群众20人、困难党员17人，发放慰问金1.85万元。

（二）依法严厉打击刑事犯罪，着力营造稳定的社会环境。一是依法履行批捕起诉职能，全力维护社会大局稳定。共受理审查逮捕案件62件100人，批准逮捕51件83人，不批准逮捕11件17人；受理审查起诉案件201件274人，审结195件279人，起诉185件262人、不起诉10件17人，提出量刑建议239人，列席法院审委会2次。二是扎实开展“扫黑除恶”专项斗争，严惩涉黑涉恶犯罪。坚持有黑扫黑、无黑除恶、无恶治乱，从严从快严厉打击涉黑涉恶刑事犯罪及其背后的“关系网”“保护伞”，制定了《西吉县人民检察院开展“扫黑除恶”专项斗争实施方案》，成立领导小组，组建涉黑涉恶案件捕诉一体化的办案团队，办理涉恶案件2件28人，提前介入引导侦查取证，监督立案19人、追诉2人，与县监察委、县公安、县法院建立协作机制，与本院内设机构建立信息共享机制，对2013年以来办理和正在办理的寻衅滋事、敲诈勒索等涉黑涉恶罪名案件进行“回头看”，强化宣传，发动群众，多渠道摸排、移送涉恶案件线索16件，形成打击犯罪合力，实现了政治效果、法律效果和社会效果的有机统一。三是提高政治站位，配合监察体制改革严惩职务犯罪。坚决贯彻执行党中央和自治区党委的决策部署，全力配合做好“转隶”工作，及时转隶干警10人、政法专项编制14人，并按需调拨办公办案设施及执法执勤车辆。落实修改后的《刑事诉讼法》，积极与县监察委协调沟通，建立并落实案件线索及职务犯罪案件移送衔接机制。扎实开展扶贫领域腐败问题专项整治活动，受理县监察委移送审查起诉贪污案件3件6人，审结起诉2件4人、不起诉2件5人（含上期积存案件），收到职务犯罪有罪判决3件5人。

（三）聚焦检察监督主责主业，着力营造公正的法治环境。1. 全面强化刑事检察，推进刑事诉讼监督平衡发展。一是强化刑事立案监督。受理立案监督案件56件70人，其中监督公安机关立案侦查应当立案而未立案件20件20人、撤销不应当立案而立案件33件47人；落实“两法衔接”共享机制，监督行政执法单位移送涉嫌刑事犯罪线索3件3人。二是强化刑事侦查监督。向公安机关发出书面纠正违法通知书9份，追诉遗漏犯罪嫌疑人4人、遗漏罪行2起，提前介入引导侦查取证9件。三是强化刑事审判监督。成功办理刑事抗诉案件2件，向县法院发纠正违法通知书1份。其中马某玩忽职守一审判决无罪案件，经依法提起抗诉，法院重新审理后已改判有罪。四是强化刑事执行监督。结合开展“五个专项监督”活动，突出工作重点，强化监管监督，办理羁押必要性审查案件12件12人，发出纠正违法通知书12件、检察建议11份。对22件被判处罚金刑未执行的案件进行立案监督，对被判处实刑的3名未执行刑罚罪犯，监督法院启动暂予监外执行程序。强化社区矫正检察监督，发现脱管漏管人员6名，及时发出检察建议进行了纠正。

2. 强化民事行政检察，努力构建多元化监督格局。受理各类民事行政检察监督案件84件，其中：受理农民工申请支持起诉讨薪案件44件，涉及农民工567人，涉案金额近800万元，已帮助农民工讨回拖欠工资704万元。受理对审判程序中违法行为的监督案件11件、对民事行政执行活动监督案件10件，派员参与监督法院集中执行活动1次。受理督促行政机关履行职责案件19件。向法院发出支持起诉书44件、检察建议书21份，向行政机关发出检察建议书19份，均已采纳并回复。在人社部门设立检察官监督办公室，严厉打击恶意欠薪行为，与县法院、县公安、县人社等7部门联合制定了《关于规范农民工薪酬支付实施办法》，建立了维护农民工合法权益的长效机制。

（四）强力推进提起公益诉讼，着力服务县委中心工作大局。一是主动汇报，积极争取县委领导，县人大、县政府的支持。牢固树立“绿水青山就是金山银山”和“质量、效率、安全、健康、持续”的绿色发展观，积极争取县委支持，在固原市率先出台《关于支持检察机关开展提起公益诉讼工作　全面促进法治西吉建设的意见》，及时召开西吉县“两法衔接”暨检察公益诉讼工作推进会，将“两法衔接”和检察公益诉讼工作列入2018年法治政府建设和政法综治工作要点，细化措施，强化落实。《西吉县检察院关于开展提起公益诉讼工作情况的报告》受到固原市委常委、县委书记王学军的批示与肯定。二是建立机制，为开展公益诉讼提供制度保障。与县国土局制定《关于加强协作　推进行政公益诉讼　促进法治国土建设的意见》，跟踪监督拆除非法砖场6家；制定西吉县检察院《开展食品药品安全领域、葫芦河流域（西吉段）生态环境和资源保护、医疗废物处理三个公益诉讼专项监督活动实施方案》《开展民事行政非诉执行专项监督活动实施方案》和《开展“保障千家万户舌尖上的安全”检察公益诉讼专项监督活动实施方案》，狠抓落实工作。三是突出重点，找准服务保障大局工作结合点和切入点。围绕服务县委“三大专项行动”，深入19个乡镇摸排行政公益诉讼案件线索34件，立案调查32件，提出诉前检察建议32件，发出检察建议书43份。督促行政履职。清理垃圾7000余吨、关闭非法采砂场4个、排污口3个、恢复造林28亩5000余棵，移送刑事案件线索并监督公安机关立案1件；针对全县医疗废物处理不规范问题发出诉前检察建议，启动了在全县开展医疗废物处置专项监督检查行动，对19个乡镇25个医疗卫生机构的医疗废物处理工作进行了有效规范；顺应人民群众对食品安全的新期待新需求，对县城校园周边餐饮摊位和美团外卖进行了监督检查；在固原市率先探索“行政公益诉讼诉前圆桌会”机制，就“吉强镇泉儿湾骨干坝流域环境污染一案”召开公益诉讼诉前座谈会，公开宣读检察建议，共商整改落实工作，着力构建检察机关与行政机关之间良性互动的积极协作关系，有效实现了公益诉讼“双赢多赢共赢”的监督效果。

（五）创新检察版“枫桥经验”，着力推动控告申诉转型升级。坚持以人民为中心的发展思想，适应人民群众对民主、法治、公平、正义、安全、环境等的新需求，建成了网上网下“一站式”受理群众诉求的12309检察服务中心，实现了“让数据多跑路，让群众少跑腿”，最大限度方便群众诉求。2018年以来，受理群众来信来访119件142人，其中检察长接待来访47件69人；受理申请民事行政监督案件34件34人；办理刑事申诉案件5件7人、司法救助案件1件2人、国家赔偿案件1件1人，做到了事事有着落，件件有回音，确保人民群众满意，未发生一起越级上访案件。建立律师参与和化解涉检信访工作机制，多方联动，成功化解了长达四年之久的马某某刑事申诉信访案，得到了自治区检察院时侠联检察长的充分肯定，转发全区检察机关学习和借鉴。

（六）强化未成年人检察监督，着力维护未成年人合法权益。与县教育局、县团委联合发文为县城中小学校、幼儿园和19个乡镇中心学校派驻法治副校长、法治辅导员48名。院党组班子成员率先垂范，全部受聘担任法治副校长，带头讲法治课。截至目前，共开展“法治进校园”活动208场，覆盖师生5万余人，散发宣传资料3万余份。探索未成年人检察监督试点工作，就保护未成年人合法权益问题向教育、文化、民政等部门发出检察建议6份，使6名未成年人获得了孤儿津贴。联合县团委、县关工委在一校三企建成4个未成年人观护帮教基地。积极申报立项，全力打造“西吉县未成年人法治教育基地”。院集体及3名干警在固原市检察机关未检岗位练兵暨“法治进校园精品课程评选”活动中受到表彰，1名干警被评为宁夏检察机关第二届未检业务标兵。

三、持续深化司法体制改革，改革创新谋发展，推进专业化职业化规范化建设

（一）强化办案履职能力，加强队伍专业化建设。压实司法责任制，建立完善司法体制改革相关制度规定20个，新增遴选员额检察官2名，落实“检察人员分类管理”和“谁办案谁负责、谁决定谁负责”的检察权运行机制。严格执行入额院领导一线办案制度，杜绝领导干部入额后不办案、办简单案、办挂名案等问题。一年来，入额院领导办理案件193件、评查案件498件、流程监控案件137件，充分发挥了领导干部的示范引领作用。深化了以审判为中心的刑事诉讼改革，通知侦查人员出庭作证3人次。建立了5个新型专业化办案团队、一个涉黑涉恶案件捕诉一体化办案团队，招录4名聘用制书记员，优化配置办案人力资源，强化履职能力，提高办案效率和质量。

（二）强化检察人才培养，加强队伍职业化建设。落实适应司法责任制要求的分类分层教育培训目标，扎实开展“干部作风转变年”“干部素质提升年”活动，制定《主题活动实施方案》和《干警教育培训、岗位练兵实施方案》，聚焦实战、注重实训、突出实用，邀请专家学者举办理论和实务讲座，组织干警参加上级检察院举办的各类培训讲座，实现线上线下培训干警全覆盖。组织公诉人论辩赛、观摩庭、业务标兵竞赛等岗位练兵活动，促进全院干警加强职业伦理、职业操守教育，有效提升检察干警综合业务素养。

（三）强化内部考评机制，加强司法规范化建设。依托案管大数据平台，强化案件流程监控，健全完善质量、数量、效率、效果、安全并重的工作绩效评价体系，着力规范司法行为。深入开展规范司法行为专项整治，通过“一月一巡查一总结一通报”机制，对374件案件进行流程监控，发通报12期，发流程监控通知书28份；完善案件质量评查标准和办法，开展案件质量评查4次，评查案件283件，发出通报4份，狠抓问题整改落实工作，纠正了一批司法不规范问题。问责处理干警2人。

四、扎实推进全面从严治党，鼓劲加压重自强，着力筑牢检察队伍素能根基

（一）加强思想政治建设。深入学习贯彻习近平新时代中国特色社会主义思想和党的十九大精神，坚持以政治建设为统领，始终把纪律规矩挺在前面，组织干警深入学习贯彻《中国共产党章程》《中国共产党问责条例》《中国共产党纪律处分条例》等党内法规，扎实开展党的政治纪律和政治规矩教育，不断增强党性修养，强化党员意识、党章意识和规矩意识。以党员领导干部为重点，扎实推进主题教育活动，坚持把理论武装、党性教育、纪律要求、作风建设和整改落实贯穿各项活动始终，使全体干警切实做到学规矩、懂规矩、守规矩，牢固树立“四个意识”，坚定“四个自信”，坚决做到“两个维护”，始终从思想上政治上行动上同以习近平同志为核心的党中央保持高度一致。

（二）加强机关党的建设。坚决贯彻落实新时代党的建设总要求，切实肩负起全面从严治党的主体责任，严格落实“两个责任”和“一岗双责”，层层签订《机关党的建设工作责任书》《意识形态工作责任书》。全面落实党的民主集中制原则和请示报告制度，对检察工作的重大部署、重大问题和重要事项，主动向县委和上级检察机关请示报告，坚持院党组工作和机关党的建设、党风廉政建设、意识形态工作定期报告制度。落实“三强九严”“双评双定”要求和专题民主生活会、民主评议党员等党内组织生活制度，组织班子成员参加双重组织生活会。推行党组成员联系党支部、党小组工作制度，扎实推进政治生日“一卡制”、评星定格“否决制”、素质教育“导师制”、党建平台“掌上制”落实落地，全面提升机关党建服务保障功能。全县机关党建工作现场观摩推进会在我院召开。

（三）加强党风廉政建设。认真贯彻落实中央和区市县纪委全会、区市检察机关党风廉政建设和反腐败工作会议精神，及时召开工作部署会，层层签订《党风廉政建设工作责任书》，明确目标任务，确保党风廉政建设和反腐败工作责任落实到位。加强对窗口建设、执法办案、在岗出勤、公务接待、警车管理使用及《检察人员八小时外行为禁令》《禁酒令》等进行经常性排查和检务督察，强化内部监督制约，加大执纪问责力度。深入开展常态化警示教育，用身边的典型案例警醒教育干警，针对工作不力、守纪不严、不负责、不担当等问题，以问责促担责，让失责必问、问责必严成为常态，以此推动全面从严治党走向严紧硬。

（四）加强机关作风建设。坚决贯彻中央八项规定和实施细则及区市县党委若干规定与上级检察机关有关规定，坚持不懈狠刹“四风”。以坚决贯彻落实中央巡视组和自治区党委巡视组、固原市检察院巡察组反馈问题整改工作为重点，扎实开展违反中央八项规定精神突出问题专项整治工作，对照“五个严禁”19个方面要求，全面自查自纠，共发现9个方面45条问题，对4名干警给予党纪政纪处分、对6名干警诫勉谈话，健全完善相关制度7项，开展警示教育活动，用身边的人和事警示教育干警，牢固树立“作风建设永远在路上”理念。

五、推进“一院一品牌”创建，文化兴院铸检魂，着力提升创新发展引领力

制定《关于开展“文化兴院铸检魂”品牌创建活动实施方案》，巩固“全国文明单位”和“全区检察文化建设示范院”及党建、民族团结进步创建工作成果，坚持以铸牢中华民族共同体意识为根本方向，牢固树立“三个离不开”思想，增强“五个认同”，不断做大做强西吉检察文化品牌。成立书画、摄影、体育、文艺等兴趣小组，建成“绿色大院”“文化走廊”、司法警察体能训练中心，承办全区、全市司法警察业务技能培训2期。检察文化建设和精神文明建设被《检察日报》“地方视窗”栏目专题报道并载入《中国检察文化年鉴》；民族团结进步创建工作被市、县观摩，并被公示为第八批全区民族团结进步创建活动示范单位；拍摄的微电影《情暖火石寨》和快板情景剧《新时代的检察官》，在全区检察机关“庆重建、迎大庆”第三届文艺会演中，荣获优秀奖。院集体被最高人民检察院授予“全国检察文化建设示范院”称号。

六、主动接受县人大和各界监督，检务公开树形象，着力提高检察公信力

主动接受县人大、县政协和社会各界的监督，认真办理人大代表、政协委员意见建议。固原市人大政协联合视察组、在宁的全国人大代表、自治区人大代表及政协委员联合视察组先后分别对我院深化践行“绿色检察”发展理念，全力服务保障县委中心大局工作进行了专项视察检查；县人大常委会检查组对我院公益诉讼工作进行专项视察检查并听取和审议了公益诉讼工作报告，均给予了充分肯定。积极开展“庆重建、迎大庆”检察宣传月活动，主动接受《检察日报》记者、宁夏报业集团记者采访团现场观摩采访。开展“‘12309’·检察牵您手”和“关爱祖国未来、擦亮未检品牌”主题开放日活动。加强党对意识形态工作的领导，加强检察门户网站、“两微一端”等新媒体建设，及时传递检察工作动态、亮点和其他检务信息。撰写理论调研文章21篇，刊发新闻报道91篇，发布微博信息2282条、微信信息604条，公开法律文书153份、公开案件程序性信息293条、发布重要案件信息20份。

各位代表，过去一年，是我们以饱满的政治热情和良好的精神状态，投身依法治国伟大实践的一年；是我们主动适应新时代新要求，与西吉经济社会发展同频共振的一年；是各项检察工作取得明显进步、司法行为日臻规范、纪律作风明显改进、司法公信力持续提升的一年。一年来，各项检察工作取得了新成效，这是县委和上级检察机关坚强领导的结果，是县人大、县政府、县政协和社会各界有力监督、大力支持的结果，是各位人大代表、政协委员和社会各界人士关心支持指导帮助的结果。在此，我谨代表西吉县人民检察院及其全体干警表示衷心的感谢和崇高的敬意！

当然，我们也清醒地认识到，工作中还有许多问题和不足，主要表现在：深化践行“绿色检察”发展理念不深不细，谋划工作、服务大局的能力和水平有待进一步提高；不敢监督、不善监督、不能监督依然是困扰检察监督平衡充分发展的瓶颈，有待于进一步强化；干警素质能力还不能完全适应司法责任制改革需要，专业化职业化规范化建设水平仍需进一步强化；全面从严治党、全面从严治检层层传导压力不够，不作为、慢作为、不能为现象仍未彻底改变，干警工作作风还需进一步强化。针对上述问题，我们将加倍努力，采取有效措施，切实加以解决。

2019年工作打算

2019年，西吉检察工作的总体思路是：坚持以习近平新时代中国特色社会主义思想为指导，深入学习贯彻党的十九大精神，学习贯彻自治区第十二次党代会、第十二届六次全会和市委第四届四次全会、县委第十四届四次全会精神，切实按照各级政法工作会议、检察长会议部署，紧紧围绕服务保障县委中心工作大局，坚持“讲政治、顾大局、谋发展、重自强”的新时代检察工作总要求，聚焦检察监督主责主业，深入践行“绿色检察”发展理念，深化司法体制改革，强化检察队伍建设，务实创新全面履职，努力为全县坚决打赢脱贫攻坚战、与全国同步建成全面小康社会打下决定性基础提供强有力的司法服务和保障。

一、政治过硬强基础，始终坚持党的绝对领导

坚持用习近平新时代中国特色社会主义思想武装头脑、指导实践、推动工作，牢固树立“四个意识”，坚定“四个自信”，做到“两个坚决维护”，坚定自觉地在政治立场、政治方向、政治原则、政治道路上始终同以习近平同志为核心的党中央保持高度一致，组织全体干警进一步深入学习贯彻党的十九大精神和习近平总书记到宁夏视察重要讲话精神，不折不扣把党中央和区、市、县党委重大决策部署落实到检察工作各个环节。

二、履职尽责促发展，积极回应人民群众期待

聚焦服务县委中心工作，坚持把人民群众对美好生活的向往作为检察工作的奋斗目标，更加积极履行检察职能，打击犯罪、护航发展、保障民生。认真贯彻落实县委打好脱贫富民决胜战、生态环境保卫战和实施乡村振兴等战略部署，依法打击危害农村稳定、破坏农业生产和侵害农民利益的违法犯罪活动；深入推进“扫黑除恶”专项斗争，从严从快惩治黑恶势力及其背后的“保护伞”；加大对生态环境、食品药品、社会保障、知识产权等民生领域各类犯罪的打击力度。广泛运用现代信息技术拓展服务群众渠道，切实满足人民群众对司法工作的新需求。

三、不忘初心善作为，做强做实法律监督主业

充分发挥检察机关在全面推进依法治国进程中不可替代的职能作用，牢牢秉持“追诉与监督并重，监督优于追诉”的“绿色检察”司法理念，聚焦监督主业，突出监督重点，优化监督方式方法，构建完善刑事检察、民事检察、行政检察和公益诉讼齐头并进均衡发展的检察监督新格局，坚持打击犯罪与保护人权并重、程序与实体并重、监督与追诉并重、效率与公正并重、服务发展和维护稳定并重，围绕提升诉讼监督核心数据，抓重点、补短板、强弱项，切实在提高监督能力和水平上下功夫，不断健全完善监督体系，推进检察监督工作全面提质增效。

四、改革创新勇争先，全力推进公益诉讼工作

以进一步深化民事行政非诉执行、食品药品安全、生态环境和资源保护、医疗废物处理、守护“舌尖上的安全”等专项监督活动为抓手，全面推进公益诉讼工作。充分利用“两法衔接”平台，着力构建与行政机关良性互动的积极协作关系，牢固树立“双赢多赢共赢”监督理念，将深入开展公益诉讼工作与服务保障县委中心工作深度融合，努力形成党委领导、检察机关主导办案、国家机关全力支持、社会各界广泛参与的良好工作局面，加强特殊群体合法利益保护，保护好碧水蓝天、维护好市场秩序，不断提升人民群众的获得感、幸福感。

五、积极稳妥抓改革，不断提升司法办案质效

巩固完善司法责任制改革成果，强化创新思维，深化司法体制综合配套改革，建立健全新型司法监管机制。深化以审判为中心的刑事诉讼制度改革，着力构建检警协同大控方格局，构建以技术性证据为主导的刑事指控体系，进一步提升提前介入和庭审实质化水平。进一步配合做好监察体制改革，完善检察环节职务犯罪案件办理流程，健全与监察委工作衔接机制，不断巩固完善增强改革的系统性、整体性和协同性，提升检察机关深化法律监督、彰显司法权威、维护公平正义的能力和水平。

六、从严治党不停步，全面加强过硬队伍建设

充分发挥党员领导干部的带头作用和共产党员的先锋模范作用，狠抓机关党的建设、意识形态工作、党风廉政建设和机关作风建设，坚持把纪律和规矩挺在前面，持之以恒正风肃纪，严格落实“两个责任”和“一岗双责”，抓好“中央八项规定”及其实施细则的落实，严防“四风”问题反弹，对自身腐败行为“零容忍”，强化监督制约，规范权力行使，确保队伍风清气正。加强队伍正规化专业化职业化建设，让检察干警在办大案、处急事、破难题中受磨炼、长才干，培养职业精神，提高专业素养，全面提升依法履职的能力。

七、接受监督聚合力，不断改进，加强检察工作

主动向县委、县人大常委会报告工作，积极争取县政府、县政协和县纪检监察机关等的支持，进一步完善联络人大代表、政协委员制度，积极主动接受人大及其常委会和人大代表的依法监督、自觉接受政协民主监督和社会各界监督，加强与公安机关、审判机关、司法行政机关的密切协作，加强与社会各界的协调配合，形成合力，共同营造绿色检察、绿色司法良好生态，不断改进和加强检察工作。

各位代表，新时代赋予新使命，新征程呼唤新作为。西吉县人民检察院将更加紧密地团结在以习近平同志为核心的党中央周围，坚持党对检察工作的绝对领导，坚持以人民为中心的发展思想，坚持“讲政治、顾大局、谋发展、重自强”的新时代检察工作总要求，不忘初心，牢记使命，坚决在县委和上级检察机关的坚强领导下，围绕大局强化服务，务实创新全面履职，努力为建设经济繁荣、民族团结、环境优美、人民富裕的新西吉，坚决打赢脱贫攻坚战，与全国同步建成全面小康社会做出新的更大贡献。

《检察工作报告》中有关用语说明：

1.“绿色检察”发展理念：“绿色检察”源自五大发展理念之“绿色发展理念”，是促进检察工作创新发展、协调发展、绿色发展，最终实现可持续健康发展的重要举措。“绿色检察”发展理念始终秉持“理性、平和、文明、规范”的司法理念，牢固树立“质量、效率、安全、健康、持续”的绿色发展观和“谦抑、善意、文明、审慎、规范”的执法观，更加注重谦抑司法，更加注重突出办案重点，更加注重办案方式方法，更加注重宽严相济，更加注重延伸检察服务，更加注重司法办案的法律效果、政治效果和社会效果的有机统一。

2.“三个清”“三个一”：“三个清”，即摸清贫困户家中底数，算清收入支出账，搞清识别退出是否精准。“三个一”，即帮助贫困户确定一项以上脱贫致富产业，办好一件以上实事，解决一个以上的困难和问题。

3. 刑事执行监督：按照修改后的《刑诉法》及相关司法改革部署，将检察机关原“监所检察部门”更名为“刑事执行检察部门”，其工作职责除了原有的对看守所、监狱、社区矫正机构执法活动进行监督外，还增加了对法院执行没收违法所得及其他涉案财产活动的监督、对指定居所监视居住执行活动的监督、对强制医疗执行活动的监督，以及对被逮捕后的犯罪嫌疑人、被告人进行羁押必要性审查等新增的监督职责。

4.“五个专项监督”活动：指监督维护在押人员合法权益专项活动，开展深化推进财产刑执行检察监督活动，开展深化推进判处实刑罪犯未执行刑罚检察监督活动，在全区开展看守所、监狱执法专项检察监督活动，开展核查纠正社区服刑人员脱管漏管专项检察活动。

5. 羁押必要性审查：是指根据《中华人民共和国刑事诉讼法》第九十五条规定，人民检察院对逮捕后的犯罪嫌疑人、被告人，应当对其有无

羁押的必要进行审查，对不需要继续羁押的，应当建议予以释放或者变更强制措施。

6. 社区矫正：是指利用各种社会资源、整合社会各方面力量，对罪行较轻、主观恶性较小、社会危害性不大的罪犯或者经过监管改造、确有悔改表现、不致再危害社会的罪犯在社区中进行有针对性管理、教育和改造的工作。

7. 公益诉讼：2017 年 6 月 27 日，第十二届全国人大常委会第二十八次会议通过《关于修改〈中华人民共和国民事诉讼法〉和〈中华人民共和国行政诉讼法〉的决定》，以立法形式正式确立检察机关提起公益诉讼制度。修改后的《民事诉讼法》第五十五条第二款规定，人民检察院在履行职责中发现破坏生态环境和资源保护、食品药品安全领域侵害众多消费者合法权益等损害社会公共利益的行为，在没有法律规定的可以提起诉讼的机关和组织，或者法律规定的机关和组织不提起诉讼的情况下，可以向人民法院提起诉讼。法律规定的机关或者组织提起诉讼的，人民检察院可以支持起诉。修改后的《行政诉讼法》第 25 条第四款规定，人民检察院在履行职责中发现生态环境和资源保护、食品药品安全、国有财产保护、国有土地使用权出让等领域负有监督管理职责的行政机关违法行使职权或者不作为，致使国家利益或者社会公共利益受到侵害的，应当向行政机关提出检察建议，督促其依法履行职责。行政机关不依法履行职责的，人民检察院依法向人民法院提起诉讼。

7. “两法衔接”：行政执法与刑事司法衔接工作机制的简称。

8. “12309” 检察服务中心：“12309” 检察服务中心主要包括三大模块 13 项具体功能，即：检察服务（包括：控告、刑事申诉、民事申诉、国家赔偿、其他信访、法律咨询）；案件信息公开（包括：程序性信息查询、辩护与代理网上预约、重要案件信息、法律文书公开）；接受监督（包括：人大代表政协委员联络平台、人民监督员监督服务、群众意见建议箱）。“12309” 检察服务中心网络平台是全国检察机关统一对外的智能化检察为民综合服务，通过 “12309” 网站、“12309” 检察服务热线（电话）、“12309” 移动客户端（手机 APP）和 “12309” 微信公众号四种渠道，向社会提供更加高效的 “一站式” 检察服务。

9. 员额内检察官：是指根据有关规定，从具有检察官助理、律师、法学专家中，经过严格的标准和程序择优选任，依法行使检察权的人员。入额检察官必须在司法一线办案，按照 “谁办案谁负责、谁决定谁负责” 的原则，依法独立对案件提出处理意见或作出处理决定，并承担相应的办案责任，对案件质量终身负责。

10. 5 个新型专业办案团队：职务犯罪案件公诉办案团队、涉黑涉恶案件公诉办案团队、涉恐涉邪案件公诉办案团队、重特大团伙犯罪案件侦查监督办案团队、公益诉讼案件民事行政办案团队。

11. 检察两微一端：是指对检察官方微博、微信及搜狐新闻客户端的简称。

西吉县检察院新浪微博网址：

http://weibo.com/u/3488446727

西吉县检察院微信公众号：

西吉检察（nxxjjcy3012450）

西吉县检察院搜狐新闻客户端：

http://mp.sohu.com/main/home/index.action

西吉县2018年民生计划执行情况与2019年民生计划（草案）的报告

——在西吉县第十七届人民代表大会第三次会议上的报告

（2019年1月8日）

西吉县人民政府

一、2018年民生计划执行情况

西吉县人民政府高度重视县第十七届人民代表大会第二次会议确定的2018年民生实事办理工作，着力保障和改善民生，建立县长负总责、常务副县长综合协调、分管副县长直接负责、牵头部门具体抓、相关部门共同配合的工作机制，按照“谁主管、谁负责”的原则，明确了项目责任、进度要求、完成时限，深入推进民生实事办理。截至目前，10件民生实事已完成9件，完成率90%。

1. 实施2018年农村饮水安全巩固提升工程。在西吉县2018年43个脱贫销号村实施农村饮水安全巩固提升工程，改造提升各类配水管道151.72千米，延伸串巷管网139.58千米，改造提升入户管网537.50千米，建总控制阀井215座，联户水表井1919座，入户取水井7678座；确保43个脱贫销号村6834户3万人的饮水安全。工程于2018年5月初开工建设，8月底全面建成，完成投资3588万元，在硝河乡苏家沟等43个脱贫销号村铺设各类管道580.43千米，修建各类建筑物9614座，新增自来水入户3900户1.8万人，受益人口6834户3万人，全县自来水入户普及率达95.2%。

2. 加大城乡幼儿园建设力度。新建西吉县第五幼儿园，占地面积13.3亩，总建筑面积4566平方米，为三层框架结构，配套给排水、采暖、围墙、校园硬化等附属设施。在硝河乡、沙沟乡、偏城乡等11个乡镇新建23所农村幼儿园，总建筑面积17490平方米，为抗震框架结构，配套给排水、采暖、围墙、校园硬化等附属设施。2018年积极争取项目，投资5662万元实施幼儿园项目建设。西吉县第五幼儿园建设项目主体已完工，并通过县级验收，待装饰装修等附属工程完成后将交付使用。2018年6月28日，自治区财政厅和教育厅印发《关于下达2018年自治区学前教育发展（幼儿园建设）专项资金预算指标的通知》，批复西吉县第六幼儿园、西滩乡中心幼儿园、平峰镇中心幼儿园、兴隆范沟幼儿园、什字山庄幼儿园、兴坪杨坪幼儿园6所幼儿园建设项目，正在进行招标。截至目前，全县幼儿园共220所（其中民办13所），实现了乡镇中心幼儿园全覆盖。幼儿园（含学前班）在园（班）儿童13932人，全县学前三年毛入园率80.12%。

3. 实施兴隆镇单家集标准化屠宰厂基础设施建设。计划硬化道路4000米，铺设给水管400米、排水管400米，并配套建设排水检查井、雨水井，安装630千伏安变压器2台并配套电力设施。截至目前，已完成建设用地征收工作，征收土地47亩，项目建设申请、可研报告等相关建设资料已交由固原市农牧局提交市政府研究，待市政府审定批复下达后，按照批复要求组织实施。

4. 实施村级活动场所新建和维修工程。计划新建村级活动场所23个，其中涉及8个2016年脱贫销号村，8个2018年脱贫销号村，7个非贫困村；维修改造村级活动场所79个，其中涉及22个2016年脱贫销号村，28个2018年脱贫销号村，29个非贫困村。截至目前，新建村级活动场所84个，维修村级活动场所64个，完成了目标任务的145%。其中：积极争取区、市党委组织部安排资金新建7个、改扩建6个，争取全区农村社区建设项目新建61个，县财政安排资金新建9个、维修49个，县委组织部安排资金新建1个、维修15个。经排查摸底，全县295个行政村村级活动场所全部达到200平方米以上，达到自治区党委组织部的建设标准要求。

5. 完善保障房小区服务基础设施。在惠安小区、钰秀家园、怡秀家园等公租房小区建设健身活动场所并安装健身器材，建设商服设施（菜店、商店等），加大绿化建设，建设停车位。截至目前，安装了健身路径、篮球架、室外乒乓球台等健身器材，完成惠安小区、钰秀家园、怡秀家园等公租房小区绿化6000平方米，惠安小区、钰秀家园老年活动中心建成，划设停车位200个。

6. 坚持不懈推进“厕所革命”。将“厕所革命”作为城乡文明建设的重要内容，作为推动乡村振兴战略的主要抓手，大力推进县城、农村、景区卫生厕所建设，加快补齐影响群众生活品质的短板。推动全县各星级农家乐、星级乡村旅游点和星级景区实施旅游厕所建设；对县城现有的19座公厕进行提升改造，在县城商场、广场、公园等人员活动密集区新建公厕2座，在吉强、兴平、偏城、新营、平峰、马建、田坪、火石寨、震湖、沙沟、硝河等11个乡（镇）37个行政村实施旱改厕3955户。截至目前，吉强镇水岔村、新营乡二府营村、王民乡王民村3座旅游厕所已全面完成建设任务，王民丰谷园、大岔杏福人家2座星级农家乐旅游厕所于2018年9月被自治区文化和旅游厅评定为A级旅游厕所；完成了县城19座公厕的提升改造，在县城北大寺北侧和幸福佳苑南侧等人员活动密集区新建公厕2座。受地方财政制约，旱改厕项目将在自治区住房和城乡建设厅的统一规划下分步实施。

7. 实施天然气入户工程。对县城内具备天然气入户条件的小区实施天然气入户工程。截至目前，对县城内具备天然气入户条件的西吉人家、西吉娇子、吉源家园、吉祥花园4个小区实施了天然气入户工程，完成天然气入户1500余户。

8. 完善群众体育设施。为提升全民健身意识，方便群众健身，切实增强全民素质，计划在西吉县吉强镇葫芦河二桥以东，滨河路以南，309国道以北，新建主体一层局部二层羽毛球馆1座，配套活动座椅200座；在西吉中学东侧，南环路北侧，新建11人制标准化足球场1个，安装框架式足球围栏378平方米，钢制球门2座，并配套道路硬化、照明等附属设施；在将台堡镇中心小学以北，会师东路以西，新建11人制标准化足球场1个，占地面积8030平方米，安装框架式足球围栏475平方米，钢制球门2座，并配套道路硬化、照明等附属设施。截至目前，将台堡11人制足球场项目已全面完成建设任务，并交由将台小学管理使用；县城东街11人制足球场项目完成了外运土方回填、夯实、混凝土浇筑和路灯安装及排水设施建设等工作，2019年春季气温回升后铺设场地草坪及塑胶，并于4月底竣工交付使用；羽毛球馆项目，因县城总体规划调整，对原建设地址进行了变更，待西吉县规委会对新定选址研究审定后组织实施。

9. 提升北山市民休闲森林公园功能。新栽及改造风景林2600亩，栽植云杉、油松、樟子松、河北杨、新疆杨、金叶榆等各类苗木16万株；对市民休闲广场、烈士陵园广场进行改扩建及铺装硬化；对公园内原有大门、景亭、廊架等进行维修。截至目前，栽植油松、云杉、侧柏、河北杨、山桃、丁香、四季玫瑰等各类苗木17.25万株，绿化面积2400亩。完成了对北山市民休闲广场、烈士陵园广场的改造提升和公园景亭、廊架的维修，其中新建台阶650平方米、停车场371平方米、烈士陵园广场858平方米、观景台300平方米、景墙1座，完成广场铺装改造4692平方米，修缮景亭2座、廊架1座，安装标志牌17个、照明配电箱2个、座椅64个、垃圾桶60个、景观灯55个、草坪灯8个、射灯10个，进一步优化了全民休闲、游乐、健身环境。

10. 改善停车环境，规范交通秩序。不断规范城区内交通秩序、优化交通环境，有效缓解日益增长的交通拥堵压力，解决群众停车难题，规范城区道路停车，计划在民生路东侧新建立体式停车场1个，提供停车泊位500个；在县城主要路段、商住小区划设一定数量停车位。截至目前，在县城主要路段划设停车位4000个，交巡警对县城内乱停乱放车辆实行24小时不间断管控措施，停车难题得以解决，同时，积极争取立体式停车项目，进一步改善停车环境，优化交通秩序。

二、2019年民生计划（草案）

2019年是中华人民共和国成立70周年，是全面建成小康社会关键之年，做好民生工作至关重要。西吉县人民政府高度重视，政府办公室于2018年12月上旬面向全县各界征集到建议民生实事35件。对征集到的民生实事，我们按照“群众盼望、普遍受益、财力可行、限期办结”的原则，聚焦生态、教育、文体等与群众切身利益相关的民生问题，2019年重点实施好以下7件能够办得到、办得好的民生实事，让改革开放的发展成果更好惠及全县人民。

1. 新建西吉县第六小学和第六幼儿园。以解决移民随迁及进城务工人员子女入学需求为目的，规划投资958万元，在县城西街幸福佳苑西侧新建西吉县第六小学四层框架结构教学楼1栋，建筑面积3200平方米。以满足学前适龄幼儿入园需求为目的，规划投资2230万元，在县城西街幸福佳苑西侧新建西吉县第六幼儿园综合教学楼1栋，建筑面积5691.03平方米；新建消防水泵房1间，建筑面积248.97平方米。

2. 新建西吉县文化馆和图书馆。以构建全县公共文化服务体系，保障群众文化生活为目的，规划投资8500万元，在县会议中心东侧新建钢筋混凝土框架结构文化馆和图书馆各1座，文化馆建筑面积5000平方米，图书馆建筑面积4500平方米，并配套建设周边广场、供电、供排水、采暖等附属设施。其中，2019年计划投资4000万元，完成文化馆、图书馆主体施工。

3. 实施公共体育设施建设项目。为不断发展体育事业，满足和丰富广大群众精神文化生活需求，推动全民健身，增强全民体质，规划投资880万元，在西吉县吉强镇安居路西侧新建地上一层框架结构游泳馆1座，总建筑面积2200平方米；规划投资600万元，在西吉县秀山路南侧新建400米环形跑道和标准化足球场1个，建设规模17000平方米；规划投资640万元，在西吉县兴隆中学南侧新建地上一层框架结构全民健身活动中心1座，建筑面积2000平方米。

4. 实施“美丽村庄”建设。为加快城乡一体化进程，深化“美丽村庄”建设，不断提高城乡居民生活品质、增进民生福祉，计划建设“美丽小城镇”1个，建设“美丽村庄”3—5个，主要实施道路硬化、上下水配套、绿化亮化美化、污水处理及改厕、农房改造、文化活动广场、便民公共服务等基础设施和公共服务配套工程建设。

5. 实施生态公墓建设项目。为不断深化殡葬改革，推动移风易俗，引导人们崇俭戒奢、摈弃陋习，树立健康、文明的殡葬新风，规划投资900万元，建设生态公墓殡仪馆1座，配套实施道路硬化、河沟治理、绿化亮化等工程。2019年年内完成征地、殡仪馆项目主体建设。

6. 实施葫芦河县城段生态治理工程。为进一步净化污水处理厂尾水，恢复葫芦河县城段生态环境，结合原有河岸绿化及新建水系，与水体治理相结合，对葫芦河县城段进行修复、补充水生植物，恢复河道生态系统，进一步改善水质，打造宜居环境，提升城市整体形象。

7. 打造一批农业产业化示范村。为进一步夯实产业基础，实现农民稳定增收，结合“四个一”林草产业试验示范工程，围绕草畜冷凉蔬菜产业扩量提质增效，加大产业扶持力度，在19个乡镇打造养牛示范村54个，在偏城乡、马莲乡等4个乡镇打造蔬菜示范村5个，在兴隆镇、西滩乡等6个乡镇打造经果林示范村6个，在沙沟乡打造离土产业示范村1个。

关于西吉县2018年国民经济和社会发展计划执行情况与2019年国民经济和社会发展计划（草案）的报告

——在西吉县第十七届人民代表大会第三次会议上的报告

（2019年1月8日）

西吉县发展和改革局　祁　刚

一、2018年国民经济和社会发展计划执行情况

2018年是全面贯彻党的十九大精神的开局之年，也是自治区成立60周年。年初以来，全县上下以习近平新时代中国特色社会主义思想和党的十九大精神为指导，认真贯彻落实区、市、县有关会议精神及各项决策部署，紧紧围绕县第十七届人大二次会议审议批准的2018年国民经济和社会发展计划，坚持以脱贫攻坚为统领，以“三大专项行动”为抓手，压实责任，狠抓落实，在宏观经济下行及低温、持续降雨等不利因素制约下，全县脱贫攻坚扎实推进，特色农业扩量增效，工业经济平稳增长，商贸旅游较快发展，重点项目全面建设，财政金融保障能力不断增强，民生福祉加快改善，公共服务水平稳步提升。预计2018年实现地区生产总值64亿元，同比增长4.0%；完成全社会固定资产投资44亿元，同比下降20%；实现社会消费品零售总额17.1亿元，增长5%；地方一般公共预算收入1.69亿元，与上年持平；一般公共预算支出57.2亿元，增长11.7%；城镇居民人均可支配收入25100元，增长8%；农村居民人均可支配收入9250元，增长10%。

（一）脱贫攻坚扎实推进。坚持把脱贫攻坚作为最大政治任务和第一民生工程，严格按照“两不愁、三保障”脱贫标准，全力推进脱贫富民工程。围绕村内基础设施、基本公共服务、产业发展、集体经济收入等瓶颈问题，整合涉农资金13.25亿元，实施贫困村整村推进项目，建成贫困村村道600千米，新增自来水入户0.97万户4.7万人，改造危房3112户；安排资金5.2亿元，对马铃薯、草畜、特色蔬菜、小杂粮等15类53项特色产业进行补贴，实现建档立卡贫困人口全覆盖；累计投放建档立卡户扶贫小额贷款9.54亿元，户均4.9万元，覆盖率为92.91%。建成运营扶贫车间26个，带动就业1196人。争取社会各界各类帮扶项目和资金1.03亿元，推动特色产业发展和民生改善。协助同心县向吴忠利通区等县（区）搬迁安置县外移民36户199人，“十三五”县外移民、县内移民全部完成搬迁任务；县内劳务移民回购1668套商住房，搬迁安置劳务移民7753人。预计全年将有2.25万建档立卡贫困人口脱贫，37个贫困村脱贫出列。

（二）特色农业扩量增效。全县粮食总产量35.72万吨。建设马铃薯原种繁育基地1万亩，贫困户繁育一级种基地10万亩，在贫困村推广一级种薯25万亩，西吉县被评为“全国十大马铃薯

主食化示范基地”，“西吉马铃薯”荣获“十大农产品区域公用品牌”；全县马铃薯种植面积81万亩，预计总产124.6万吨。大力推广节本增效示范技术，建设养殖示范村39个，规模养殖场41家，全县基础母牛存栏13.6万头，母羊存栏30万只，生猪存栏9万头。全县种植特色蔬菜15万亩，其中芹菜7万亩，蒜苗2万亩，胡萝卜等其他6万亩，销售蔬菜71万吨。建设小杂粮（油料）示范基地26个，小杂粮及油料种植效益初步显现。全县种植中药材3.3万亩。建设“四个一”试验示范园（点）18个，总面积8636亩。总体特色农业发展势头较好。

（三）工业经济平稳增长。抢抓自治区“创新驱动30条”及固原市“扭亏入规”战役实施等机遇，引导扶持加快规模以上企业培育，积极组织申报“专精特新”企业，全县新培育规模以上工业企业3家。积极争取自治区经济和信息化委员会安排淘汰落后产能奖补资金，完成19家万吨以下马铃薯淀粉生产线落后产能淘汰，扶持特色农产品加工企业加快技术改造，积极引进山东水发、港生中药材等农产品加工企业，助推工业经济转型升级。受经济下行影响，融信风电、华电月亮山风电等企业总体运营平稳，佳立生物、万里淀粉等重点淀粉加工企业全面启动生产，预计2018年规模以上工业产值同比增长12%，规模以上企业保持趋稳回升态势。规模以下企业方面，部分小型淀粉、机砖、砂场等领域生产企业关停，仁初包装、神力骑等入园企业受市场因素影响基本处于半停产状况，食品加工、胡麻油等生产企业规模较小，规模以下企业生产呈现下降态势。

（四）商贸旅游较快发展。深入实施“消费回流计划”，开展了2018年消费促销活动，中科广场综合体正式投入运营，银河影院、华联超市、黄金珠宝城等连锁企业入驻西吉，汽车、家电等县内消费不断回流。加快提升电商扶贫孵化园服务功能，筹备成立了西吉县电子商务联合会，建成闽宁特色产品电商展示中心，扶持培育电子商务企业7家，搭载公益中国、淘宝、京东等网络平台，产品电商成果转化、物流寄递等新型服务业雏形初显。受财政“八项支出”等因素拉动，公共行政性支出等非营利性服务业保持较大规模，文化传媒、居民服务、信息传输等营利性服务业发展势头较好。成功举办了第八节西吉火石寨“丁香花节”等活动，西吉县入围“2018中国最美县域榜单”，龙王坝创建为AAA级景区，带动将台堡等红色旅游、乡村旅游、休闲旅游业持续升温，全年接待游客109万人次。2018年，预计全县第三产业实现增加值33.6亿元，增长4.9%。

（五）重点项目全面建设。深入开展项目建设“无冬闲”计划及重点项目集中开工启动仪式，全年开工建设500万元以上重点项目99个，列入固原市2018年重点监测项目22个全部开工建设。

一是农业和农村生产生活条件持续改善。完成2018年六盘山（西吉）重点生态功能区降水量400毫米以上地区造林绿化工程，新造林5万亩、补植补造4.9万亩；南华山外围水源涵养林新造林2.5万亩、补植补造1万亩；封山育林2.4万亩。完成海西公路景观大道绿化、北山市民休闲森林公园绿化及葫芦河流域生态治理绿化。续建农村饮水安全巩固提升工程，建成硝河乡隆堡、偏城乡大庄等8处高效节水灌溉工程，发展灌溉面积1.04万亩；水土保持综合治理项目综合治理马家沟等小流域3条，完成范沟坡耕地水土流失治理28平方千米；完成什字乡中型水库除险加固年度建设任务，全面建成大坪、沟口等23座水保骨干坝除险加固工程，水库移民后期扶持项目完成村庄道路、彩砖铺砌农户院落。完成吉强、西滩等乡镇高标准基本农田建设7.33万亩。扎实实施马莲乡罗曼沟等地区流域生态综合治理项目。完成

17 乡（镇）175 个行政村 17257 台太阳能热水器配送及入户安装。

二是城乡交通基础设施建设加快推进。S60 西吉—会宁（宁甘界）高速公路进行土方路基及桥涵、隧道施工；S204 线海原—西吉公路火石寨—西吉段、G566 线兴隆—玉桥段公路建成投入使用；续建完成 2017 年 84 个销号村农村公路 329 千米，2018 年贫困村村组道路硬化工程完成 271 千米；2018 年乡村公路建设完成西三路—马建乡白台村四级公路 8.6 千米、沙沟乡顾家沟—叶家沟四级公路 8 千米建设；全域旅游乡村旅游步道建设项目完成吉强、王民、红耀等 12 个乡镇乡村旅游步道 28 条 89.16 千米。

三是社会事业项目全面实施。义务教育均衡发展项目全部完工并顺利通过国家评估验收；义务教育学校标准化建设项目西吉县第二小学教学综合楼完成基础施工，兴隆希望小学教学综合楼、学生宿舍楼完工，兴隆中学教学楼、什字乡中心小学教学楼、偏城中学和田坪中学教师周转宿舍完成主体施工，什字中学教学楼、学生宿舍楼、沙沟中学教学楼完成基础施工；普通高中建设攻坚计划项目西吉中学教学楼、实验综合楼进行装饰装修施工，风雨操场已完工；西吉县职业中学基础能力提升工程综合培训楼进行装饰装修施工，宿舍楼已完工；袁河中学学生宿舍楼完成主体施工；2018 年全面改善农村义务教育薄弱学校基本办学条件项目基础施工。红色旅游经典景区三期建设将台堡项目完成旅游步道建设、供排水管网敷设和旅游厕所基础施工，单家集项目完成停车场施工，进行旅游厕所基础施工。县中医院迁建全面建成投入使用；县人民医院兴隆院区门诊综合楼完成基础施工。体育公园全面完成，将台堡镇足球场建成投用，县城东街足球场完成基础施工。西吉残疾人康复中心、县档案馆、县新华书店、县中街社区卫生服务站完成主体封顶。

四是城镇基础设施条件继续完善。县城道路建设工程垃圾填埋场进场路、幸福路提标改造已完工，中科广场道路完成路基施工；县老年活动中心及县体育馆周边休闲广场、安康医院广场完成广场砖铺砌或硬化；县城集中供热燃煤锅炉污染治理及供热设施优化工程完成热源站除尘、脱硫、脱硝改造在线监测设备安装；5 个“美丽乡村”建设进行村庄巷道硬化、绿化及文化广场建设；县城第一污水处理厂完成提标改造，第二污水处理厂、兴隆污水处理厂、将台污水处理厂及人工湿地项目完成建设任务试运行；硝河乡污水处理站、新营乡污水处理站及人工湿地项目完成土建工程施工，进行设备安装。葫芦河河道综合治理工程（夏寨—玉桥段）完成防洪堤填筑 98.8 千米（双侧），疏浚河道 49.4 千米，铺筑巡护道路 49.4 千米，格宾网护坡 53.9 千米，生物措施护坡 59.3 千米，建成各类建筑物 332 座。兴隆镇新型城镇化示范镇建设完成西入口生态环境整治工程和兴隆、单民基础设施建设；幸福佳苑三期、中恒西吉娇子商住小区、世纪家和住宅小区等房地产项目完成年度建设计划。

（六）财政金融保障能力不断增强。2018 年，全年完成地方一般公共预算收入 1.69 亿元，与 2017 年持平；其中税收收入 1.03 亿元，同比下降 11.1%；非税收入 0.66 亿元，增长 26%。精准扶贫、民生改善等公共服务领域投入不断增加，全年地方一般公共预算支出 57.2 亿元，增长 11.7%。宁夏银行西吉县支行挂牌投入运营，随着存款准备金利率下调以及金融扶贫全面推进，金融机构贷款额度进一步加大，截至 11 月底，全县金融机构各项存款余额 108.6 亿元，同比增长 1.1%；各项贷款余额 58.3 亿元，增长 20.58%，金融存贷比为 53.7%，发放涉农贷款 45 亿元以上。金融对“三农”、脱贫攻坚和小微企业发展支持作用进一步增强。

（七）民生福祉加快改善。2018 年，预计全县城镇居民人均可支配收入 25100 元，同比增长

8%；农村居民人均可支配收入 9250 元，同比增长 10%。稳步提高城乡居民基本养老保险水平，全县城乡居民养老保险、医疗保险参保率分别达到 95% 和 98%，职工基本医疗保险、失业保险、工伤保险、生育保险“五险统征”覆盖范围不断扩大，5871 人被征地农民养老保险全部实现参保。认真落实自治区健康扶贫若干政策，开通“健康扶贫一站式”结算系统，建档立卡贫困患者住院医疗费用报销比例达到 90%。不断完善各项社会救助制度，保障孤儿 946 人、发放孤儿津贴 640.7 万元，保障农村“五保户”1128 人、发放“五保”供养资金 379.8 万元，发放残疾人两项补贴 2655.3 万元，发放拥军优属优抚资金 1178.9 万元。深入推进大众创业，万众创新，累计发放各类就业创业贷款 1.2 亿元，创造就业岗位 878 个，带动就业 1740 人，全县农村劳动力转移就业 11.57 万人。

（八）公共服务水平稳步提升。扎实开展马铃薯、养殖、特色蔬菜、杂粮等集成技术示范园建设，引进示范推广新优品种 20 个，推广小杂粮高产等新技术 15 项。坚持优先发展教育，加大控辍保学力度，义务教育基本均衡发展工作顺利通过国家评估验收；深入开展“课堂质量达标工程”等教师能力提升工程，尝试一校多区办学新机制，全县高考本科上线率较 2017 年提高 2.3%，教育教学质量稳步提升；全县各学段资助学生 67641 人、1.11 亿元，教育惠民政策全面落实；举办了宁夏第一届农民篮球争霸赛西吉县选拔赛暨全县农民篮球运动会、全县中小学生篮球运动会等体育活动，体育事业不断发展。加快精品文艺节目创作，先后举办“六盘山红色诗会”、心连心艺术团 MV 节目录制等活动，《中国影像方志》等栏目组来将台堡拍摄节目，《西吉：走好新的长征路》等栏目在中央电视台播出，提升了西吉“中国文学之乡”品牌；深入开展广场文艺演出、送戏下乡、“戏曲进校园”等活动，扎实推进“移风易俗　树立文明乡风”活动。深入推进县级公立医院改革，全面实行“先住院、后付费”制度；全县县、乡、村三级医疗卫生电子政务外网全部接通，全面推行分级诊疗模式；全面落实国家、自治区计划生育政策。深入开展安全生产专项整治和隐患排查治理，全县安全生产形势稳中向好。

2018 年全县经济社会虽然平稳发展，但仍然存在一些较为突出的困难和问题，主要表现在：一是特色产业发展水平低，三次产业融合程度不深，产业转型升级难度大，地方财力困难，经济增长压力大。二是养殖业成本持续增加，蒜苗等紧俏蔬菜种植面积较小，农民务工渠道收窄，农民增收难度加大。三是受销售市场疲软等不利因素制约，规模以上企业生产增长缓慢；规模以下工业企业开工不足，小型淀粉加工企业、采砂场、砖厂等关停，规模以下工业增加值同比下降，全县工业发展后劲不足。四是特色旅游业产业链短，新型服务业发展滞后，非营利性服务业发展活力不足，服务业增长渠道不宽。五是受国家严格控制，地方新增建设债务、社会投资及招商引资项目落地较少等因素影响，全县全社会固定资产投资增速下降明显。六是全县贫困面大，脱贫攻坚任务依然艰巨。

二、2019 年国民经济和社会发展计划（草案）

2019 年是中华人民共和国成立 70 周年，是全面建成小康社会的关键一年。全县经济社会发展的总体思路是：以习近平新时代中国特色社会主义思想和党的十九大精神为指导，以习近平总书记视察宁夏时的重要讲话精神为根本遵循，深入贯彻落实中央经济工作会议和自治区第十二次党代会、第十二届六次全会、市委第四届四次全会及县委第十四届四次全会精神，坚持稳中求进总基调，坚持新发展理念，坚持推进高质量发展，坚持以供给侧结构性改革为主线，坚持以脱贫攻坚统揽经济社会发展全局，坚决打好“三大攻坚战”，深入实施“三大战略”，集中攻坚“六场硬仗”，振奋精神，务实苦干，为打赢脱贫攻坚战，与全国同步建成全面小康社会打下决定性基础，以优异成绩庆祝中华人民共和国成立70周年。

2019年国民经济和社会发展主要预期目标是：

地区生产总值增长7%左右；

全社会固定资产投资增长7%；

社会消费品零售总额增长6%；

地方一般公共预算收入同口径增长8%；

城镇居民人均可支配收入增长8%；

农村居民人均可支配收入增长9%。

全县经济社会发展的主要任务和措施是：

（一）对标脱贫标准，抓精准扶贫各项政策措施落实，坚决完成年度目标任务

严格对标“两不愁、三保障”脱贫标准，统筹推进村内基础设施建设、基本公共服务、产业发展、集体经济收入等重点任务，切实抓好产业扶贫、金融扶贫、教育扶贫、健康扶贫、生态扶贫、危房改造、就业创业培训、社会保障等脱贫攻坚基本政策的兑现落实，做好“十三五”易地搬迁扶贫收尾，确保脱贫攻坚年度目标全面完成。继续对马铃薯、草畜、特色蔬菜、小杂粮等特色优势产业实施全产业链扶持补贴；加快72个村级光伏电站和扶贫车间建设，着力培育壮大村级集体经济，实现贫困群众持续稳定增收；扎实组织实施贫困村整村推进项目，改造提升水路电等基础设施条件，增强贫困群众发展内生动力；以特殊贫困群体为重点，全面完成存量危房危窑改造任务，实施综合保障性扶贫。继续深化闽宁协作，加强与中央定点帮扶单位和区属骨干企业间沟通衔接，积极争取帮扶资金扶持深度贫困村产业发展，激活贫困村“造血”功能；集中力量抓好移民区产业发展、就业服务和社会管理等工作，解决好“十二五”移民遗留问题，实现移民群众稳得住、管得好、逐步能致富。全县实现25个贫困村脱贫出列，2万建档立卡贫困人口脱贫销号。

（二）围绕转型升级，抓扩量提质增效，做大做强优势特色产业

全面实施创新驱动战略，大力发展特色农业、生态友好型工业、现代服务业，力促特色优势产业扩量提质增效，推动绿色可持续发展。

一是全力推进特色农业发展。马铃薯产业：抢抓国家启动马铃薯主粮化战略机遇，坚持走“种薯繁育、鲜薯外销、精深加工、主食开发”并进的路子，建设好宁夏佳立公司等县内马铃薯原原种繁育基地，完善推广种植体系，消除体制机制性障碍；建设马铃薯原种繁育基地1万亩，建设一级种繁育基地10万亩，推广一级种薯25万亩；打造1万亩薯玉间作示范基地，全县马铃薯种植面积稳定在85万亩。支持农户建设马铃薯贮藏窖，积极引导扶持宁夏国圣、勇兴三粉等重点企业加强精深产品研发，全力推动马铃薯产业优化升级，做大做强“中国马铃薯之乡”国字品牌。草畜产业：统筹推进草畜一体化发展，尊重群众种养意愿，巩固稳定以紫花苜蓿、青贮饲草玉米等为主的优质牧草种植面积，巩固稳定经过多年发展已有一定养殖规模的示范乡镇、示范村（组）、示范户，总结经验向全县加以推广；继续引进示范推广优良品种，突出发展优质肉牛、肉羊、生猪养殖，积极发展生态养鸡，鼓励发展特色养殖，支持农户养殖中蜂、西蜂，加强养殖示范村建设。力争全县牛饲养量达到42万头，羊饲养量达到100万只，生猪饲养量达到18万头，禽饲养量达到160万羽。特色蔬菜产业：以外向型市场为主导，坚持多元发展的思路，科学规划冷凉蔬菜布局，以葫芦河川道区为核心，加大新品种引进和轮作技术推广力度，推广病虫害绿色防控、节水及水肥一体化应用、蔬菜机械化生产等新技术，抓好多元化蔬菜基地建设，配套发展冷链体系和蔬菜包装等初加工，丰富外销品种，提升外销品相、品质，巩固提升与大中城市蔬菜批发市场协作互补，拓宽销售渠道，打造绿色无公害等优势品牌，引进培育和扶持发展芹菜、胡萝卜、脱水蔬菜等精深加工，做靓做强“中国西芹之乡”国字品牌；全县完成特色蔬菜种植15万亩。小杂粮产业：借鉴陕北等周边地区发展优质杂粮的成功经验和做法，引进培育优良品种，扶持建立生产合作社，扶持建设市、县标准化杂粮示范基地（园），引进和培育骨干企业进行杂粮精深加工，着力打造“西吉小杂粮”知名品牌。建设8个300亩以上标准化中药材、万寿菊种植示范基地，全县种植中药材、万寿菊3万亩。全面实施“四个一”工程，建设试验示范园（点）10个1.5万亩，其中栽植苹果等“一棵树”1.15万亩；种植大果榛子、红叶碧桃等“一株苗”200亩，种植格桑花、芍药等“一枝花”300亩，种植青储玉米、高粱等“一棵草”0.3万亩。

二是全力推进工业转型升级。坚持生态、环保、节水优先，以全区工业园区优化提升和改造创新为契机，根据《宁夏西吉工业园区优化提升和改革创新实施方案》确定的目标任务、布局规划、转型升级要求，强化招商主体作用，提升基础设施建设水平，全面深化体制机制改革等重点工作任务，加快西吉工业园区建设，大力发展特色农产品加工、轻工产品加工业，加大园区闲置用地、低效用地处置，积极重组“僵尸企业”，走规模化、链条化、循环化的发展模式，努力构建以农产品精深加工业、地方建材、风电及光伏发电为主的工业经济体系，着力培育新技术企业和特色农产品加工领军企业，加快工业园区转型升级。全面落实自治区“工业对标提升转型发展行动”及“中小企业成长培育计划”，在积极支持引导现有规上工业企业持续较快发展的同时，加快实施汇能风电二期项目、港生生物中药材等重点项目，加快规模以上企业培育，力争年内新增规模以上企业2家。全面落实招商引资优惠政策，加强山东水发集团等招商引资项目跟踪服务，力促项目早日落地建成投产。全面落实自治区支持民营经济发展20条措施，加快“专精特新”中小企业培育，全力促进地方建材、小杂粮、胡麻油等传统企业做大做强，增强工业经济发展活力，壮大县域工业经济总量。

三是全力推进服务业提档增效。全面贯彻落实国家和自治区关于促进服务业发展的政策措施，鼓励引导社会资金进一步完善县域商贸设施，争取引进社会资金建设商业综合体，抢抓自治区加大投入开展现代服务业集聚区培育、建设有利机遇，鼓励重点领域服务业企业开展品牌化、标准化建设。积极实施“消费回流”计划，改造提升现有重点商贸企业服务水平，推进传统商贸转型升级。巩固提升电子商务示范县建设，深入实施“快递下乡”工程，推动“互联网+”融合发展，搭建物流信息共享平台，加快做大现代物流业，拓宽农产品外销渠道。加快实施中国工农红军长征将台堡会师纪念碑基础设施建设等重点项目，深度开发知名旅游景点和旅游线路，依托火石寨、震湖、将台堡等旅游资源，连线打造“乡村旅游示范带”，主动融入全域旅游大格局，提升做强西吉特色旅游业。积极培育发展科技服务、信息技术、家政服务等新兴营利性服务业，大力发展生产性服务业，推进生活性服务业向便利化、精细化、优质化发展，加快发展健康及养老服务业。

（三）聚焦补齐发展短板，抓重点项目建设，确保固定资产投资稳定增长

坚持把重大项目建设作为加快县域经济社会发展和推进脱贫攻坚的主要抓手，按照“开工建设一批、建成投运一批、调研储备一批”的基本要求，紧盯国家宏观经济动向，认真研究、准确把握国家产业政策和资金投向，紧密结合创新驱动、脱贫富民、生态立区“三大战略”，围绕脱贫富民、生态环境建设与保护、民生改善等领域，加强关键领域薄弱环节重大项目申报争取，鼓励支持引导社会资金，全力推进重点项目建设，着力补齐发展短板，加快夯实发展后劲。积极主动加强与自治区对口厅（局）、委的沟通衔接和跟踪落实，争取拟建项目纳入国家、自治区年度投资计划，年内开工建设或下达投资计划。健全完善县级领导包抓重点项目建设责任制，着力破解征地拆迁、项目融资、推进滞后等瓶颈难题，全力抓好2019年我县初步确定实施的71个年度投资500万元以上项目建设，全力抓好30个重中之重项目建设，力促项目按期建成发挥投资效益或完成年度建设任务。严格按照国家、区、市项目管理有关规定及《西吉县政府投资项目管理和责任追究实施细则》等，不断完善和改进项目建设管理，切实加强政府投资项目建设管理。

（四）用足用活政策，抓转移支付争取和税源培育，切实增强保障能力

抢抓国家进一步加大对深度贫困地区从多方面进行扶持的政策机遇，紧紧围绕脱贫攻坚和到2020年确保与全区、全国同步建成全面小康社会，有针对性的积极争取中央和自治区财政转移支付资金及其他资金加大投入，缓解我县发展压力。根据国家、自治区进一步促进民营经济健康发展的政策措施和要求，一方面要落实降低民营企业经营成本等政策，另一方面要积极培育新兴税源，强化税收征管和非税收入管理，确保地方一般公共预算收入同口径增长8%；完善预算管理制度，调整优化支出结构，严控“三公”经费支出，防范化解政府债务，加快资金支出进度，集中财力保障脱贫攻坚、重点项目及民生改善等领域。全面落实金融扶贫政策，加快社会信用体系建设，积极防范化解金融风险，加大不良贷款清收力度，协调金融机构加大信贷规模。全面落实特色农业发展保险政策，不断提高保险赔付水平，促进特色产业持续健康发展。

（五）紧盯民生福祉改善，抓社会事业发展，不断提高群众幸福指数

着力抓好2019年全县民生实事办理工作，切实增强人民群众获得感、幸福感和安全感。认真实施院地合作项目，加大对芹菜机械化播种、肉牛高效养殖、农作物新品种引进等关键技术研发，推广新优品种和先进技术，加快科技成果转化。扎实开展教师素质、教育质量“双提升”和“名师、名校、名校长”培育工程，全面推进义务教育向优质均衡发展；深化普通高中课程改革，加快普通高中标准化、职业中学现代化建设，全面落实大学生生源地助学贷款等教育惠民政策；扎实组织开展全县职工篮球运动会、西吉县第二届农民运动会等群众性体育活动和学校体育运动会，繁荣发展体育事业。大力培育和践行社会主义核心价值观，积极培育发展文化产业，根据区、市统一安排部署，精心筹办中华人民共和国70周年系列庆祝活动；认真举办“迎新年”大型文艺演出、广场文化等活动，不断丰富群众文化活动；加大重点工作及先进典型的宣传报道，展现西吉新风采。全面落实健康西吉建设，积极争创自治区卫生县城；深入推进医药卫生体制改革，加快推动全县医疗机构与区内外大医院交流合作，积极推进县级综合医院联合体、专科联盟、县域医共体建设，全面开展家庭医生电子化签约服务，建立“互联网+医疗健康”服务新模式；做好突发公共卫生事件及重大疾病防控，全面贯彻落实国家、自治区计划生育政策。推进社会保障扩面提标，扩大城乡居民基本养老保险、医疗保险和大病保险覆盖面。大力实施“双创工程”，落实更加积极的就业政策，鼓励创业带动就业。进一步完善救灾减灾预案，不断提升综合防灾减灾能力。落实全民参保计划，健全完善城乡社会救助体系，强化特困人员、孤儿、五保救助供养，确保特殊困难群众应保尽保、应救尽救，全面落实双拥优抚安置政策。扎实做好民族宗教工作，深入开展“民族团结进步示范县”创建。全面落实安全生产责任制，坚决遏制重大安全事故发生。建立健全食品药品安全追溯体系，继续强化食品、药品、餐饮卫生安全监管；持续加强“扫黑除恶”和禁毒工作，确保社会和谐稳定。

2019年是中华人民共和国成立70周年，也是决战决胜脱贫攻坚和全面建成小康社会的关键之年。我们将在区、市党委政府及县委的坚强领导下，在县人大、县政协的监督支持下，进一步牢固树立新发展理念，不忘初心、牢记使命，振奋精神，务实苦干，为“建设美丽新宁夏 共圆伟大中国梦”而努力奋斗。

关于西吉县2018年财政预算执行情况和2019年财政预算（草案）的报告

——在西吉县第十七届人民代表大会第三次会议上的报告

（2019年1月8日）

西吉县财政局 张 杰

2018年财政预算执行情况

2018年，面对经济下行压力持续加大的态势，全县财政工作在县委的坚强领导、县人大、县政协的有力监督和上级财政部门的精心指导与大力支持下，深入学习贯彻习近平新时代中国特色社会主义思想和党的十九大精神，全面落实习近平总书记视察宁夏时的重要讲话精神，认真贯彻落实自治区第十二次党代会、第十二届五次全会和固原市委第四届二次、三次全会及县委第十四届三次全会精神，牢固树立和践行新发展理念，坚持稳中求进工作总基调，紧紧围绕县委重大决策部署，以脱贫攻坚为统领，不断深化财政改革，积极统筹整合财政涉农资金，扎实推进金融扶贫，积极防范化解重大风险，全力保障和改善民生，有力地促进了经济社会稳定发展。

一、预算执行情况

（一）地方一般公共预算收入情况：完成地方一般公共预算收入16888万元，为调整预算的100.4%，同比增长0.4%。其中：税收收入10316万元，为调整预算的100.2%，同比下降11.1%；非税收入6572万元，为调整预算的100.8%，同比增长26%。

（二）一般公共预算支出情况：完成地方一般公共预算支出571897万元，同比增长11.7%。其中：工资性支出108496万元，占19%；住房公积金、养老保险等社会保险配套支出28279万元，占4.9%；机关运转、民生及项目支出435122万元，占76.1%。

（三）一般公共预算收支平衡情况：一般公共财政预算收入总额为598406万元，同比增长11.2%。其中：地方一般公共预算收入16888万元，自治区财政各项补助收入575995万元（返还性收入5778万元，一般转移支付收入281616万元，专项转移支付收入241553万元，债务转贷收入47048万元），2017年结转5523万元。全县地方一般公共预算支出571897万元，上解支出17万元，债务还本支出24478万元，结转下年2014万元。当年实现收支平衡。

（四）政府基金预算收支平衡情况：政府性基金预算收入总额为24551万元，同比增长6.0%。其中：完成地方政府性基金预算收入4424万元，自治区专项基金收入4462万元，专项债务收入15300万元，2017年结转365万元。政府性基金预算支出22125万元，结转1327万元，调出政府性基金补充预算稳定调节基金1099万元。2018年实现收支平衡。

（五）社会保险基金预算收支平衡情况：完成社会保险基金预算收入96205万元，同比增长6.9%。其中：企业职工基本养老保险基金收入14796万元，失业保险基金收入704万元，工伤保险基金收入670万元，城乡居民基本养老保险基金收入12599万元，机关事业单位基本养老保险基金收入17610万元。2017年结转49826万元。完成社会保险基金预算支出96205万元，同比增长6.9%。其中：企业职工基本养老保险基金支出15364万元，失业保险基金支出180万元，工伤保险基金支出469万元，城乡居民基本养老保险基金支出8737万元，机关事业单位基本养老保险基金支出20901万元。上解上级支出232万元。2017年年终结余50322万元。2018年实现收支平衡。

二、政府债务及新增债券资金安排使用情况

2018年，自治区核定我县债务限额为28.78亿元，截至12月31日，全县政府债务余额为58.61亿元。其中：显性债务17.72亿元，隐性债务40.89亿元。新增政府债券资金37870万元，主要用于污染防治、教育均衡发展、光伏发电、农田水利等基础设施建设；新增置换债券资金6258万元，化解存量债务1.48亿元。

三、主要工作完成情况

（一）全力支持打好精准脱贫攻坚战。以脱贫攻坚为统领，把支持精准脱贫始终摆到财政工作的首要位置狠抓落实。一是继续加大涉农资金统筹整合力度。推行“多个渠道引水，一个龙头放水”的涉农资金整合机制，按照“应整尽整”的原则，累计整合财政涉农资金132511.87万元，整合率100%，同比增长11.95%。其中：中央财政资金84738.97万元、自治区级财政资金39732.9万元、县级财政配套8040万元。累计拨付项目单位整合资金132511.87万元，拨付率100%。各项目单位实际支付整合资金128119.65万元，支付率96.69%。整合资金重点用于农业生产发展、农村基础设施建设、资产收益扶贫、壮大村集体收入、技能培训、扶贫产业担保基金、风险补偿金等，全力促进精准脱贫。二是扎实推进金融扶贫。充分发挥财政资金的引导与杠杆作用，为打赢精准脱贫攻坚战提供坚实保障。加大扶贫小额信贷力度。累计注入风险补偿基金1.6亿元，较2018年年初新增0.4亿元；全县32484户建档立卡贫困户贷款余额158988万元，户均4.9万元，覆盖率92.91%。2018年各金融机构为全县18595户建档立卡户累计发放扶贫小额贷款95408万元，完成自治区下达任务的105.45%。积极开展产业担保贷款。累计向民生信用担保有限公司注入担保基金5786万元，2018年为202户种养殖户、家庭农场、农民合作社担保贷款1.15亿元，在保余额1.71亿元。实现扶贫保全覆盖。已实现对全县建档立卡贫困户家庭意外伤害保险及大病补充医疗保险的全覆盖，承保金额1063万元，承保人数151880人；投入政策性农业保险保费1977万元，涉及农户4.3万户（次）；投入特色优势产业保险保费1445万元，涉及农户5.5万户（次）。积极落实扶贫小额信贷贴息政策。扶贫小额信贷贴息实行先付后贴方式，半年贴息一次，已累计贴息4889万元，其中2018年贴息3406万元。加快金融扶贫示范村建设。已建成金融扶贫示范村45个，配备便民服务终端，具备小额取现、转账汇款、信息查询、便民缴费、保费收缴等金融服务功能。

（二）积极防范化解重大风险。强化底线思维和红线意识，积极防范化解债务风险和金融风险。防范化解债务风险方面：一是清理核实债务底数。在自查的基础上，积极配合自治区审计厅，对2015年以来全县政府性债务情况进行一次彻底的排查摸底，全面清理核实确认政府债务情况，尤其全面掌握隐性债务总量、类别、期限结构、举债时间、资金用途及偿债安排等，切实做到底子清情况明。二是制订债务化解计划。县委、县政府及时制定印发了《西吉县防范和化解政府债务风险实施方案》，按债务形成的原因、时间等因素，逐笔制订了化解计划。三是规范举债行为。硬化预算约束，规范举债融资行为，健全政府合法举债机制，不得脱离预算约束在法定限额外违规或变相举债；定期公开政府债务限额、余额、品种、期限、利率、偿债计划、偿债资金来源等信息；从严审核把关，不得脱离财力安排建设项目，涉及财政资金安排的建设项目，必须明确年度财政资金安排计划，并纳入预算。涉及举债融资的建设项目，必须依法依规落实各项资金来源和偿债责任主体；坚决制止违法违规融资担保行为；严禁以政府投资基金、政府购买服务等名义变相举债。防范化解金融风险方面：一是制定印发了《西吉县防范化解金融风险实施方案》，严格规范金融机构、互联网金融、“四类公司”、民间借贷及企业经营行为，切实防范化解金融风险。二是大力开展防范和打击非法集资。开展大型现场宣传活动，为广大群众介绍非法集资的危害性，增强防范意识，抵制非法集资。并在全县范围内开展涉嫌非法集资排查活动，认真受理核实群众举报、媒体曝光等各类线索，在辖区内开展全覆盖、有重点的风险摸排，建立风险台账，坚持边排查、边整改，确保排查成果落地。三是加大金融扶贫不良贷款清收力度。全县累计发生不良小额扶贫贷款 21 户 72 万元，由乡、村两级不良贷款清收领导小组协助金融机构对建档立卡贫困户借款人逾期、欠债的行为劝导、催收，抵制不良贷款风险发生。

（三）全力保障和改善民生。全力保障各项民生事业发展，增强广大群众的获得感和幸福感。民生方面累计支出 52.3 亿元，占支出总额的 91.4%。一是大力支持教育事业。累计支出 103582 万元，重点用于义务教育经费保障，薄弱学校改造，农村义务教育学生营养改善计划、学前教育、职业教育等。二是大力支持社会保障和就业。累计支出 52381 万元，积极落实“五险一金”配套，全力保障困难群众基本生活、优抚对象、孤儿基本生活、残疾人救助等。积极开展政府购买公共服务，保障大学生“三支一扶”、大学生村干部补助等。三是大力支持医疗卫生事业。累计支出 28498 万元，重点用于基本公共卫生服务、基层医疗卫生机构、计划生育服务、医疗救助等。四是大力支持公共文化服务体系建设。累计支出 8710 万元。重点用于公共文化服务体系建设、三馆免费开放等。五是大力支持城市建设。累计支出 118093 万元，重点用于城市道路、城市供排水、城市绿化等基础设施建设及城乡社区环境卫生等。六是大力支持农业产业发展和设施建设。累计支出 157032 万元，重点用于农业产业发展、水利设施建设、农业综合开发、农村综合改革、普惠金融发展等。七是大力支持改善生态环境。累计支出 20487 万元，重点用于污染防治、天然林保护、退耕还林草、自然生态保护等。八是大力支持农村公路建设。累计支出 964 万元，重点用于农村公路建设等。九是大力支持服务业旅游业发展。累计支出 1069 万元，重点用于旅游、商贸流通等。十是大力支持保障性安居工程。累计支出 27130 万元，重点用于保障性安居工程建设、住房改革等。十一是大力支持科技工作。累计支出 813 万元，重点用于技术研究与开发、科学技术普及、科技服务等。十二是大力支持国土海洋气象等其他民生事业。累计支出 4686 万元，重点用于国土资源、测绘、地震等。

（四）统筹财力保障重点。在积极落实好“保工资、保运转、保民生”的基础上，统筹安排资金 2.14 亿元，全力保障县委确定的“三大专项行动”等中心工作和重点建设。其中：安排2741万元用于大气、水污染综合治理、环境整治等生态建设；安排2919万元用于建档立卡生态护林员、扶贫驻村人员补助及整村推进等脱贫攻坚；安排1283万元用于义务教育均衡发展、校园建设、供暖改造等教育事业；安排9174万元用于智慧城管系统专用设备购置、综合农贸市场、移民安置点、小城镇建设、征地拆迁补偿等城乡基础设施建设；安排753万元用于老年人意外伤害保险、退役士兵安置等社会保障；安排4534万元保障项目前期工作等。

（五）全面强化财政监督检查。制订《西吉县2018年财政监督工作计划》，创新财政监督工作机制，将日常监督和专项检查有机结合，事前监督、事中监督和事后监督有机结合，强化监督职能，提升监督效果。共立项检查项目10个，涉及被检查单位（含合作社、公司等）286家（次），做到了预算单位全覆盖。每个乡镇随机走访调查建档立卡贫困户5—6户，共97户，对产业扶贫到户资金兑现情况、使用情况、产生的效益及满意度进行了走访调查，并制作了调查笔录。下达《行政处理处罚决定书》68份，收缴罚款10.05万元，下发《督办通知》17份，督促被检查单位整改收回财政资金14758万元，盘活存量资金16177万元。通过强化财政监督检查，规范了财政资金使用管理，提高了资金使用效益。

（六）不断深化财政体制改革。一是强化全口径政府预算体系建设。一般公共预算、政府性基金预算、社会保险基金预算全部纳入政府预算体系。二是全面推进预决算信息公开。在县政府门户网站开设预决算公开专栏，及时公开了2017年政府决算、部门决算，2018年政府预算、部门预算及“三公”经费控制指标等，公开率100%，切实保障了公民的知情权、参与权和监督权。三是严控“三公”经费。全县公务接待支出21.95万元，同比下降85.84%；公车购置、运行及维护支出653.5万元，同比增长50.78%（2018年各乡镇购置公务用车19辆）；无出国境费用支出。四是统筹安排存量资金。2018年收回存量资金16177万元，2017年结转7648万元，2018年已统筹安排使用21810万元，重点用于脱贫攻坚、生态建设、社会保障、基础设施建设等方面。五是加强国有资产管理。按照行政事业单位国有资产处置管理规定，完成相关部门（单位）资产及车辆处置工作，配合车改办对行政单位过渡车辆进行了处置，开展了事业单位公车改革前期准备工作。完成了行政事业单位经管资产和自然资源国有资产试点报告工作。六是认真开展政府采购。完成政府采购次数242批次，采购预算资金金额9.2亿元，实际采购资金金额8.95亿元，资金节约率2.71%。七是认真抓好业务培训。先后举办全县行政事业单位会计准则及新政府会计制度等财政业务培训班8期，累计培训全县行政事业单位财务人员、农村财会人员1309人次。八是完善制度建设。为了管好用好财政资金，制定了《西吉县财政资金管理暂行办法》《西吉县本级预算单位银行账户管理暂行办法》《西吉县扶贫项目资金使用管理办法》，修订完善了《西吉县统筹整合使用财政涉农资金管理办法》等；为了防范化解重大风险，制定印发了《西吉县防范化解金融风险实施方案》《关于切实做好扶贫小额精准投放精准贴息的通知》《西吉县防范化解政府性债务实施方案》等；为了深入贯彻落实“中央八项规定”精神，改进工作作风，及时制定印发了《关于进一步加强和规范“三公”经费管理工作的通知》等，建立建全相关制度，形成了按制度办事、用制度规范行为的良好局面。

各位代表，2018年，虽然我县财政运行情况总体良好，财政工作取得了一定的成绩，但还存在一些困难和问题：一是受减税降费等因素影响，收入质量不高，非税收入占比较大，地方财政收入实现稳定增长面临的形势依然严峻。二是财政刚性支出不断增大，收支矛盾依然突出。三是政府债务规模较大，还本付息进入高峰期，政府偿债压力非常大。四是金融扶贫信用风险逐显。个别建档立卡贫困户重视程度不够，信用意识淡薄，形成金融扶贫贷款信用风险。下一步我们将认真研究分析，努力加以解决。

2019 年财政预算（草案）

2019 年财政预算（草案）编制的指导思想是：以习近平新时代中国特色社会主义思想和党的十九大精神为指导，以习近平总书记视察宁夏时的重要讲话精神为根本遵循，深入贯彻落实中央经济工作会议和自治区第十二次党代会、第十二届六次全会、市委第四届四次全会及县委第十四届四次全会精神，坚持稳中求进总基调，坚持新发展理念，坚持推进高质量发展，坚持以供给侧结构性改革为主线，坚持以脱贫攻坚统揽经济社会发展全局，继续实施积极的财政政策，调整优化支出结构，着力保障和改善民生，全面实施绩效管理，加快建立现代财政制度，坚决支持打好“三大攻坚战”，深入实施“三大战略”，集中攻坚“六场硬仗”，振奋精神，务实苦干，为打赢脱贫攻坚战，与全国同步建成全面小康社会打下决定性基础，以优异成绩庆祝中华人民共和国成立 70 周年。

2019 年财政预算（草案）编制的基本原则是：一是坚持全口径预算原则。将政府所有收支全部纳入预算管理。二是坚持收支平衡原则。以收定支，实现收支平衡。三是坚持保障重点原则。重点保工资、保运转、保民生和防范化解地方政府债务风险。四是坚持厉行节约原则。牢固树立过紧日子思想，严格控制一般性支出，压缩“三公”经费支出，降低行政运行成本。根据本级财政收入，自治区财政厅提前下达的返还性收入、一般性转移支付收入、专项转移支付收入、政府性基金收入、社会保险基金收入，将 2019 年财政预算（草案）安排如下：

一、一般公共预算收支安排情况

全县地方一般公共预算收入安排 17000 万元，同口径增长 8%。其中：税收收入 11500 万元，同口径增长 11.5%，占 67.6%；非税收入 5500 万元，同口径增长 1.4%，占 32.4%。全县一般公共财政预算支出安排 361629 万元。

二、政府性基金预算收支安排情况

地方政府性基金预算收入安排 29000 万元（其中土地出让金收入 29000 万元）。政府性基金预算支出安排 33542 万元。

三、社会保险基金预算收支安排情况

社会保险基金预算收入安排 91203 万元，其中：企业职工基本养老保险基金 9757 万元，失业保险基金 737 万元，工伤保险基金 712 万元，城乡居民基本养老保险基金 11151 万元，机关事业单位基本养老保险基金 18524 万元，2017 年结转 50322 万元。社会保险基金预算支出安排 91203 万元，其中：企业职工基本养老保险基金 16929 万元，失业保险基金 393 万元，工伤保险基金 550 万元，城乡居民养老保险基金 8837 万元，机关事业单位基本养老保险基金 22464 万元，上解 283 万元，2018 年年终结转 41747 万元。

四、“三公”经费控制指标安排情况

全县“三公”经费总指标控制在 1732 万元，较 2018 年下降 13%。下达乡镇、部门控制指标数为 1032 万元，较 2018 年下降 11.1%，其中：公务接待费 352 万元，公务用车运行、维护费 680 万元；因公出国（境）、公务用车购置费指标 700 万元统筹安排。

2019 年财政主要工作任务

2019 年是决战决胜脱贫攻坚的关键之年。全县财政工作将按照县委的总体部署，紧紧围绕县委确定的中心任务和重点工作，充分发挥财政职能，开拓思路，周密谋划，勇于担当，狠抓落实，

奋力推动财政工作实现新突破、迈上新台阶。

一、多渠道聚集财力，增强财政保障能力

面临财政增收困难，支出刚性又较强的情况，多渠道多举措聚集财力。一是注重涵养培植财源。认真落实积极的财政政策，继续贯彻落实减税降费政策，支持实体经济发展，夯实稳固的财源基础。二是注重提升收入质量。建立收入分析联席会议制度，增强工作的前瞻性，准确分析经济形势和税源结构，加强收入动态监测预警，促进依法依规征管，推进全县非税收入收缴电子化管理，切实提高财政收入质量。三是注重资金争取。积极争取中央和自治区在均衡性转移支付、生态环境、脱贫攻坚、乡村振兴、新型城镇化建设、科技创新、全域旅游等方面的政策和资金支持。四是注重控制行政运行成本。牢固树立过紧日子的思想，压缩一般性支出，减少不必要的支出；盘活财政存量资金，提高财政资金使用效益。

二、调整优化支出结构，全力保障发展需求

调整优化支出结构，将财力安排向民生领域和重点项目倾斜，全力支持经济社会发展。财力性资金安排215582万元，重点用于保障工资性支出118447万元。养老保险、医疗保险、住房公积金等配套支出40653万元。机关运转、乡镇包干经费支出7185万元。生态环境治理支出4769万元。教育、卫生、文化体育支出4820万元。农村基层党建、村级运转等支出2124万元。民族团结创建、社会治理等支出5860万元。农村公路养护、城乡客运一体化运行等支出1040万元。现役军人优待、特困人员供养、就业创业等配套支出3573万元。政府债券还本付息支出21094万元。上解支出17万元。预备费6000万元。自治区专项资金安排146047万元，按照资金对应的项目进行对应安排。

三、牢固树立风险意识，积极防范化解重大风险

在防范化解金融风险方面：一是健全金融风险防控管理机制。充分运用经济、法律、行政等多种手段进行综合治理，切实防范化解金融领域风险。二是积极防范和打击非法集资。定期或不定期在全县范围内开展涉嫌非法集资宣传、排查活动，强化风险早期干预，分类处置。三是加大金融扶贫不良贷款清收力度。严厉打击恶意逃废债行为，确保金融扶贫贷款“贷得出、收得回、能致富”的实效性，有效防范金融风险。在防范化解债务风险方面：严把政府投资项目审批关，实行举债报批制度，规范举债行为。坚决制止违法违规融资担保行为。严禁以政府投资基金、政府和社会资本合作（PPP）、政府购买服务等名义变相举债，坚决遏制隐性债务增量。积极争取自治区政策支持，化解棚户区改造等政策性融资贷款形成的债务。积极争取政府债券资金，化解政府投资项目形成的债务。2019年，力争化解到期债务7亿元。

四、充分发挥财政职能，大力支持精准脱贫

一是继续加大涉农资金统筹整合力度。计划统筹整合财政涉农资金13.25亿元，与2017年持平，重点支持农业产业发展和农村基础设施建设。二是巩固金融扶贫成果。做到“应贷尽贷”，积极落实贴息政策，及时协调向建档立卡户兑付小额贷款贴息资金。充分利用民生信用担保公司融资平台，计划担保贷款1亿元以上，加大对县域优势特色产业、龙头企业的金融支持。继续开展建档立卡贫困户人身意外伤害保险、大病补充医疗救助保险、特色优势产业保险，防止贫困户因病、因灾等导致返贫现象发生。创建金融示范村24个，进一步丰富金融产品和服务。

五、不断深化财政改革，提升财政管理水平

一是进一步完善预算管理制度。做实财政项目库，完善预算支出定额标准体系，强化预算约束力、执行力。二是强化财政资金管理。进一步完善财政资金管理制度，规范财政资金使用。尤其是强化扶贫资金监管，以财政扶贫资金动态监控平台为支撑，建立惠农资金三级查询平台，做到阳光扶贫、廉洁扶贫。三是做好财政信息公开。全面公开政府预决算、部门预决算、“三公”经费、各类补贴资金、政府采购等信息。四是加快财政资金支付进度。督促项目实施部门及早制订资金支付计划，使财政资金尽早尽快落地，充分发挥财政资金效益。五是认真做好政府采购、预算绩效评价、事业单位公车改革、行政事业单位资产管理、政府购买公共服务、融资平台公司融资管理等各项财政改革。

六、狠抓作风建设，着力打造廉洁财政

扎实开展干部队伍思想政治、政策法纪和党风廉政教育，改进工作作风，增强“四个意识”，坚定“四个自信”，积极落实“两个维护”。认真落实党风廉政建设主体责任和“一岗双责”，进一步严肃党内政治生活。积极贯彻实施《内控规范》，健全内控体系，夯实全县行政事业单位各项基础工作，提高内部管理水平，有效防范舞弊和腐败，切实提高公共服务的效率和效果。扎实推进财政干部队伍建设，提升干部综合素质，努力塑造为民、务实、高效、廉洁的新时代财政干部队伍形象。

各位代表，2019 年财政工作任务艰巨。我们将在县委的坚强领导下，在县人大、县政协的监督支持下，坚持新发展理念，不忘初心，牢记使命，履职尽责，迎难而上，努力完成各项财政工作任务，为建设美丽新宁夏、共圆伟大中国梦，与全国同步建成全面小康社会做出新的更大贡献，以优异的成绩迎接中华人民共和国成立 70 周年。

关于县第十七届人民代表大会第二次会议代表议案建议处理结果的报告

——在西吉县第十七届人大常委会第 16 次会议上的报告

（2018 年 12 月 13 日）

西吉县人民政府

一、议案执行情况

县十七届人大二次会议 5 件代表议案，4 件已办结，1 件正在办理，办结率 80%。其中：

1 号议案：关于对新营乡南入口实施环境综合整治的议案。经积极争取，新营乡美丽小城镇建设列入了自治区 2017 年美丽小城镇建设计划，安排建设资金 1450 万元，对道路、给排水、绿化、亮化、特色街区改造等议案要求内容进行了实施，已于 8 月底完成了建设任务。

2 号议案：关于西滩乡甘岔、张村堡村机修农田的议案。由于人大代表提出甘岔村机修农田宽度在 15—20 米，不符合我县旱作机修农田建设标准，且该村农田建设地点位于水坝附近，地块低压管道布置浅，不宜实施机修农田。在张村堡村，县扶贫办会同乡村负责人规划实施机修农田 300 亩，目前已新修 400 亩，超额完成任务。

3 号议案：关于修建偏城乡下堡至姚庄村道的议案。偏城下堡经姚庄至苏沟公路全长 13.04 千米，按四级公路标准设计（水泥混凝土路面，路基宽度 6.5 米，路面宽度 5 米），估算总投资 1841.04 万元。目前完成土方路基，正在沙砾垫层施工。

4 号议案：关于大力支持马莲乡机修农田建

设的议案。2017 年 7 月县发改局以西发改审发〔2017〕119 号文件对马莲乡罗曼沟村罗曼沟流域 0.68 万亩生态综合治理项目下达批复，批复新修梯田 5550 亩，9 月底已完成全部建设任务；在新堡村规划新修梯田 1400 亩，目前已新修 1419.3 亩，超额完成。

5 号议案：关于实施田坪乡大岔村乡俗园附属工程项目的议案。项目总投资 194 万元，完成道路硬化 0.7 千米，绿化 1000 平方米，树木种植 400 棵，排水管网 0.34 千米，供水管网 2.6 千米，停车场铺装 3400 平方米，安装太阳能热水器 220 个，沟渠整治 2000 米，文化墙 169 米，牌坊 14 米。

二、建议办理情况

截至目前，16 件建议已办结的仅有 4 件，占代表建议总数的 25%。3 件正在办理，占代表建议总数的 18.75%。9 件争取上级部门支持可望办理，占代表建议总数的 56.25%。

三、几点建议

（一）进一步提高对办理工作的认识，增强议案、建议办理工作的自觉性和责任感。县人民政府要进一步建立健全议案、建议办理工作的督促检查检查制度，增强法律和责任意识，切实提高做好议案和建议办理工作的自觉性和责任感。

（二）进一步拓宽与代表联系沟通的渠道，规范答复方式，提高代表满意率。

一是各乡镇要主动与承办单位联系，积极配合、及时沟通，及早安排。二是各承办单位要进一步加强联系和沟通，拓宽渠道，形成工作合力，多方面征求代表的意见，要采取登门拜访、当面协商、召开办理座谈会等方式与代表共同研究解决问题的方法和措施。三是代表议案建议办理进度要书面答复代表，听取代表的意见建议，征求代表的满意程度。

（三）进一步增强办理工作的实效，提高议案、建议办结率。

一是要加大资金投入力度，设立议案办理专项资金，切实提高议案办理的实效性，确保每年确定的人大议案全部执行完结。二是要加大续办力度，对正在办理或列入计划逐步办理的建议，要加紧续办答复，抓好落实，取信于代表，确保代表议案办结率达 70%以上。

西吉县第十七届人民代表大会第三次会议代表议案

第 1 号

案　由：关于实施王民乡姚坡村“美丽村庄”建设的议案

提案人：毛兆平　李　锋　王红武　马文虎
　　　　安海军　马红军　王耀军　马晓燕
　　　　舍　玲　哈银德

内　容：为全面提升姚坡村整体发展水平，着力打造脱贫攻坚示范村，有效解决农业面源污染，改善人居环境。建议实施王民乡姚坡村“美丽村庄”建设，对现有常驻 105 户农户的院落围墙和牛棚进行改造，改造围墙 6840 平方米，硬化巷道 8000 平方米，安装太阳能路灯 70 盏。

第 2 号

案　由：关于打造偏城乡北庄村肉牛养殖示范村的议案

提案人：马绍瑞　马林选　马明清　马存炳
　　　　母养全　马庆丰　马存花　黄占梅

张志录 王金宝

内 容：北庄村位于偏城乡西南6千米处，全村土地总面积18平方千米，耕地面积10479.55亩，退耕还林1817.4亩，辖6个村民小组，全村农业户籍人口503户2024人。2018年年底，全村共有养殖户212户，牛存栏668头，户均占比3.2头；羊存栏1045只，户均4.9只；建档立卡户养牛489头、户均3.2头，养羊803只、户均5.2只，养殖指标高于同等村，养殖基础好。建议重点培育壮大“苏平养殖合作社”“北庄养殖合作社”“志仁养殖合作社”，鼓励群众扩大青贮玉米种植面积，支持群众走草畜一体化发展的路子，对建设青贮池25立方米以上的农户予以补贴，对重养殖大户（养牛5头，羊30只以上）予以奖励。

第3号

案 由：关于开工改建沙沟—下堡公路的议案

提案人：王庭孝 王生海 马梅玲 马 明 马少祖 杨文学 马存林 王晓娟 马 刚 杨应学

内 容：沙沟—下堡段属省道中静公路202线，由于大型运输车辆长期碾压，雨水冲蚀，加之养护不到位等多种原因，造成路面沥青面层大面积剥落，路基坑洼不平，龟裂翻浆严重，沿线桥涵、防护及配套设施薄弱，承载能力差，难以抵抗大的自然灾害的侵蚀和破坏，交通隐患巨大，严重影响交通运行和影响群众出行。建议开工建设沙沟—下堡公路，在2019年完成阵地拆迁、路基土方及涵洞建设任务，基本恢复通行能力。在2020年完成整体建设任务，彻底解决群众出行难和交通通行问题。

第4号

案 由：关于在马建乡实施小城镇建设的议案

提案人：谢瑞启 喜文莲 王鹏云 王建刚 马西武 雷戈辉 马虎山 王菊萍 牛 莉 赵 技

内 容：随着“美丽乡村”建设和群众生活水平的日益提高，人民对居住环境的要求越来越高。为进一步加快新农村建设的力度，带动新农村发展的步伐，建议在马建乡实施小城镇建设。具体内容：一是建设马建乡农贸交易市场。计划建设农产品交易市场交易棚1座1000平方米，场地硬化3000平方米，建设供电设施1座，建设其他附属排水设施。二是在原街道规模基础上扩展人行道、街道绿化亮化。三是建设污水处理厂1处、垃圾处理场1处、标准化卫生公厕1座。四是建设休闲文化广场1处、多功能健身场所1处，在马建街道口，依托马建原文化建设集休闲、健身、文化、娱乐为体的休闲文化广场1处，硬化街道道路2千米。

西吉县第十七届人民代表大会第三次会议代表建议

第1号

案 由：关于白崖乡街道南侧河道整治的建议

提议人：蒙彦瑞 马俊清等代表

内 容：清水河白崖街道过境段除险加固工程，治理长度3千米，平均宽度30米。办法：借鉴葫芦河西吉过境段治理模式，采用工程措施修筑堤防，防御洪水泛滥，开辟分洪道、整治河道。主要采取以毛石修砌两级护坡，（北侧）内侧以素土逐层夯实，将洪水挡在溢洪道（南侧）。同时对街道南面巨型窑洞采取工程措施，用挖掘机先挖破，再用土夯实。对于街道南面居住有影响的群众，按照乡村振兴战略要求，在本村范围内建设新农村，采用易地搬迁的方式解决。

第2号

案　由：关于维修白崖乡部分村道的建议

提议人：蒙彦瑞　王晓春等代表

内　容：近年来，随着生态环境的变好，降雨量逐年增多，且秋季暴雨及大暴雨较多，对白崖乡境内村道冲毁严重，尽管每年乡政府都会筹措资金用于维修村组道路，但还是不能从根本上解决旧堡村、阳洼村、原半子沟村村道塌陷和断裂问题。建议县人民政府协调相关部门对以上三个村的村道进行维修，切实解决群众出行难的问题。

第3号

案　由：关于在火石寨乡新建垃圾填埋场的建议

提议人：王生海　杜富洲等代表

内　容：火石寨乡下辖9个行政村56个村民小组，现有人口3770户14335人，但全乡范围内仅有垃圾填埋场1处，位于火石寨乡石山村。石山村位于火石寨乡最南端，与其余8个村相距较远，因此导致其余村生活垃圾无法及时处理，为进一步加大环境治理力度，做好环境卫生保持，建议在火石寨乡元咀村和沙岗村各新建垃圾填埋点一处，缓解全乡垃圾处理压力，做好环境卫生整治工作。

第4号

案　由：关于加强县城电梯运行管理的建议

提议人：李海珍　徐佩雄等代表

内　容：随着我县电梯保有量逐年增加，特别是住宅电梯的数量越来越多，作为必不可少的代步工具，其运行的安全性、可靠性难以保障，存在一定的安全隐患，直接影响生活、工作质量，成为大家普遍关注的问题。建议推行电梯标准化建设，在电梯安装、运行、管理等方面加强监管。

第5号

案　由：关于在县城增设供电线路，保证用电安全的建议

提议人：桑　强　徐佩雄等代表

内　容：随着城乡发展，我县居民用电量不断增加，加之2018年，我县11个乡镇及县城非集中供暖区部分居民实施了“煤改电”项目，致使用电负荷持续增加。因此，在冬季用电高峰期，容易造成供电线路重载，严重影响群众用电安全。建议在县城增设供电线路，解决安全用电问题。

第6号

案　由：关于在将台堡镇街道建设垃圾中转站和配备环卫设施的建议

提议人：冯永福　马思东等代表

内　容：2017年以来，在区、市、县党委、政府的高度重视和大力支持下，大力实施棚户区改造，有效地促进了红色旅游小镇的健康发展。经过2017年的开发建设，2018年镇区保洁面积达445407平方米。由于保洁范围的不断拓展和环卫设施的配备不到位，致使镇区垃圾不能日清日结。为进一步改善红色旅游小镇建设发展环境，建立和巩固长效运行机制，确保垃圾收集和转运工作有序运行，针对将台堡镇当前环卫运行情况，建议在将台堡中学附近建设垃圾中转站一座，并配套设置果皮箱100个，垃圾收集车和清扫车各2辆。

第 7 号

案　由：关于对国道 309 线经马建至杨路段道路进行维修的建议

提议人：喜文莲　王鹏云等代表

内　容：马建乡岔路口至西会高速公路，路线北起马建乡马建村，途径马建乡台子村、刘堖村、杨路村，往南终点于震湖乡苏堡村（苏家沟），路线全长约 22 千米。全线由于交通量大，公路等级低，路面受损严重。同时，该路坡陡弯急，安全性能低，事故频繁发生，群众安全出行困难。该路维修后，将同新建的西会高速连通，将使马建乡马建村、台子村、杨路村、刘堖村 4 个村 8000 多人口受益，人民群众的农产品输出和生产生活将更加便捷。建议对马建乡岔路口至西会高速公路 22 千米道路进行全面维修。

第 8 号

案　由：关于创建马莲乡巴都沟村与麻子湾村养殖示范村的建议

提议人：魏廷峰　马福兴等代表

内　容：近年来，马莲乡党委、政府因地制宜，把做大做强草畜产业作为增加农民收入的有效途径，坚持以提高草畜产业综合效益为目的，以调整优化产业结构为主线，以发展规模养殖、项目建设、品种改良、饲草调制为重点。巴都沟村和麻子湾村是马莲乡养殖大村，目前牛存栏量均在 500 头以上，羊存栏量均在 1000 只以上，我乡一直鼓励各村创建标准化养殖合作社，带动贫困群众共同致富。建议将巴都沟村和麻子湾村创建为养殖示范村，同时在建设标准化暖棚和青贮池方面给予政策支持，帮助群众发展产业致富。

第 9 号

案　由：关于在平峰镇实施国土综合整治项目的建议

提议人：梁亚明　李智强等代表

内　容：为加快耕地数量、质量、生态“三位一体”保护，不断优化土地利用、集中居住、产业发展布局，增强农村发展后劲和“美丽乡村”建设，助推脱贫攻坚，建议在平峰镇民和村实施林草生态修复、农用地整治、田间道路整修、绿色宜居环境治理、水土保持等工程。

第 10 号

案　由：关于对田坪乡街道进行环境整治的建议

提议人：冯建洲　马炳良等代表

内　容：田坪乡街道沿线两旁绿化、亮化面积少，人行道破旧，影响了生态休闲小镇建设的整体布局及美观程度。因此，亟须对田坪乡街道两旁进行绿化、亮化，具体措施为：维修街道两旁人行道，铺设面包砖 1100 平方米，绿化街道 1850 平方米，安装太阳能路灯 38 盏，在 309 国道沿线农户门口栽种林木。

第 11 号

案　由：关于田坪乡李沟村经果林种植示范基地建设的建议

提议人：马炳良　田可鑫等代表

内　容：田坪乡李沟村地处西吉县西部，现有人口 126 户 438 人，耕地 5186 亩，退耕还林地 1431.3 亩，人均耕地面积 9.05 亩。因农户外出务工、陪读、生态搬迁等原因，造成李沟村现有土地“撂荒”严重。2017 年李沟村建立闲置土地储备中心，并成立李沟村土地股份专业合作社，本着自愿、合作、互赢的目的，通过“农户—村委会—合作社”的形式签订了土地流转合同，现已流转土地 1200 亩，由村集体牵头，合作社统一运营管理，为打造连片产业示范基地奠定了良好的基础。建议在李沟村建设经果林示范基地，统一种植红梅杏、花椒树、山楂树，共计 500 亩。

第 12 号

案　由：关于在王民乡王民村、周村建设高标准农田的建议

提议人：李　锋　王红武等代表

内　容：王民乡位于西吉县南部，距县城 30 公里，属滥泥河流域丘陵山区，总面积 94.14 平方千米，耕地 5260 公顷。辖 12 个行政村 66 个村民小组。近年来，随着脱贫攻坚的强力推进和全乡经济社会的发展，农业基础建设特别是高标准农田建设滞后，成为制约农业持续健康发展、制约农民增收的瓶颈。截至目前，全乡还有 1.4 万亩急需改造提升。为进一步提升农业发展水平，推动全乡经济协调健康发展，建议在王民乡周康村、王民村实施高标准机修农田改造工程，计划整修高标准农田 5200 亩，其中周村 4000 亩，王民村小岔湾组 1200 亩。

第 13 号

案　由：关于在硝河乡隆堡村实施机修农田建设的建议

提议人：苏忠义　姚菊花等代表

内　容：硝河乡隆堡村距离硝河乡政府 5 公里，辖 8 个村民小组，常住 569 户 2385 人，建档立卡贫困户 121 户 470 人。目前尚有坡耕地面积 850 亩，其中：刘洼组 400 亩，上坪组 450 亩，均属坡耕地，无法进行机械化耕作，是典型的"三跑田"，农作物产量低，严重影响群众经济收入。建议 2019 年在该村实施机修农田建设 850 亩。

第 14 号

案　由：关于维修新营—火石寨乡村公路的建议

提议人：张　瑞　牛耀文等代表

内　容：新营—火石寨乡村公路是两乡相互交流的主要交通干线，道路狭窄且未设计边沟。由于过往大型运输车辆较多，长期碾压，雨水冲蚀，养护不到位等多种原因，道路整体状况堪忧，存在严重安全隐患，不能满足日益增长的交通出行需求。建议对新营乡—火石寨路段进行维修，铺设沥青路面，修筑边沟水渠，提高运输能力，解决群众出行难的问题。

第 15 号

案　由：关于新营乡玉皇沟村南湾组移民安置点巷道硬化的建议

提议人：王富军　张彦会等代表

内　容：新营乡玉皇沟村南湾组移民安置点建于 2010 年，属国土局山体滑坡移民安置项目，共设计移民安置房 3 排 28 户，安置移民 28 户 136 人。因移民点未设计巷道硬化和排水沟，加之近年来连续降雨，导致此移民点排水不畅，大部分雨水从第一排进入移民点，造成第一排巷道塌陷、第二排崖面出现大量裂缝、电线杆不同程度倾斜，已直接危及 9 户 42 人的生命及住房安全，隐患发现后我乡及时进行了维修整治，但因资金不足，仍存在一定的安全隐患。为保障玉皇沟村南湾组移民安置点农户的生命及住房安全，建议县人民政府协调硬化巷道 300 米、配套排水渠 1000 米。

第 16 号

案　由：关于在兴隆镇部分村规范建设垃圾填埋场的建议

提议人：慕　夙　马天雄等代表

内　容：兴隆镇兴隆村现有人口 4035 人、玉桥村现有人口 2131 人、单北村和单南村现有人口 5306 人。由于 4 个公路沿线村人员居住集中，在 2018 年的环境综合整治过程中，清理运输生活、建设垃圾共 2000 余吨，但垃圾处理存在困难，严重影响了整治效果。建议在兴隆镇兴隆村、单北村、玉桥村集镇附近规范化建设 3 个垃圾填埋场。

第 17 号

案　由：关于对兴平乡水保骨干坝等进行除险加固的建议

提议人：鲜瑞芳　马耀忠等代表

内　容：兴平乡位于西吉县城西南 21 千米处，滥泥河穿境而过。全乡辖 12 个行政村 102 个村民小组，总面积 140.1 平方千米，现有中型水库 1 座，小型水库 3 座，骨干坝 7 座，中淤坝 5 座。由于大部分水库坝面都具有蓄水和解决交通出行的双重功能，加之长期雨水浸泡、路面水流冲击，致使部分坝体存在较大安全隐患。建议对兴平乡存在危险的水库进行除险加固。

第 18 号

案　由：关于兴平乡小城镇建设的建议

提议人：鲜瑞芳　马存荣等代表

内　容：兴平乡位于西吉县城西南 21 千米处的滥泥河北侧，全乡辖 12 个行政村 102 个村民小组，总面积 140.1 平方千米，现有人口 5991 户 25239 人。近年来，我乡立项新建了民族风情一条街，更换了街道门头牌匾，集镇面貌较以前有所改观。但由于街道两侧房屋破旧、道路狭窄、上下水管道敷设不畅，严重制约着集镇的进一步发展。建议将兴平乡列入全县“美丽小城镇”建设项目，拆除街道两侧危旧房屋，并进行美化亮化，敷设上下水管网，拉开集镇建设框架，提升集镇扩容能力。

政协西吉县第十一届委员会第三次全体会议重点提案

第 1 号

案　由：关于加强非贫困村基础设施建设的提案

提案人：海　斌

理　由：随着脱贫攻坚工作的深入开展，贫困村的基础设施和公共服务设施建设、建档立卡贫困户的人居环境和产业得到了很大的发展与提高，教育、医疗、卫生明显改善，扶贫成效显著。但非贫困村缺乏项目资金投入，基础设施、公共服务设施和产业发展相对滞后，严重制约了非贫困村的发展、影响了全县脱贫攻坚工作的整体进程。

办　法：要抓紧制订非贫困村基础设施改善计划。各部门要进一步按照各自职能分工，深入非贫困村实地调研，了解基础设施建设需要，补齐短板；各乡镇要积极与相关部门衔接沟通，按照脱贫计划制订基础设施建设规划，积极争取项目资金，与贫困村基础设施完善同步到位，如期实现全县脱贫目标。

第 2 号

案　由：关于加快推进月亮山水源涵养林建设的提案

提案人：宋兆吉

理　由：月亮山位于西吉县北部，是境内葫芦河、清水河、祖厉河三大河流的发源地，也是西吉县唯一的水源供给基地。为贯彻落实宁夏回族自治区人民政府关于建设六盘山生态保护长廊的重要决定，提升月亮山水源涵养区的建设质量与水平，恢复月亮山植被，加大水源涵养生态修复力度。2013 年，我县启动实施了月亮山水源涵养生态修复工程。工程的实施，使月亮山森林植被不断增加，水土流失面积明显减少，土壤侵蚀强度大幅降低。同时，提高了月亮山区的水源涵养能力，逐步缓解水资源对县域经济社会持续发展的“瓶颈”制约，显著改善区域生态环境。但由于该项工程无专项资金，致使无法延续进行。

办　法：建议积极争取设立月亮山水源涵养生态修复工程专项资金，巩固和提升月亮山生态环境，进一步推进全县生态文明建设。

第 3 号

案　由：关于推进“四个一”林草产业试验示范基地建设的提案

提案人：王百灵

理　由：“四个一”林草产业试验示范工程是践行习近平总书记“绿水青山就是金山银山”生态文明思想、贯彻实施自治区“生态立区”战略提出的实现“山绿”与“民富”双赢的战略举措。就目前我县试验示范园建设情况看，还存在几点问题：一是各树种的栽培管理技术不同，基层专业技术人才队伍缺乏，不能满足指导生产需求。二是种植树种单一，没有体现多树种试验的要求。如偏城乡榆木沟引种培育试验示范园 500 亩，只种植大果榛子、樱桃两个树种。

办　法：高度重视，积极筹划，按照“分区域科学规划、多点布局、宜林则林、宜草则草”的原则，科学制定方案。要突出地域特色，强化企业引领，加强科技支撑，规范栽植管理，积极推进“四个一”林草产业试验示范基地建设，为实现乡村振兴战略做出新的更大贡献。

第 4 号

案　由：关于加强教师队伍管理，提升教学质量的提案

提案人：马学红　鲜碧玉　白　俊　李宗郁　杨　静　闫彩宁　金学峰　刘　慧　段保兄　马晓琴　程　琳

理　由：教师作为教育事业的第一资源和核心要素，是影响义务教育均衡发展的关键。建设一支数量适当、分布均衡、结构合理、充满活力、具有专业化水准的中小学教师队伍对于实现义务教育均衡发展具有重大而深远的意义。我县历来高度重视教师队伍建设，采取了一系列措施，取得了一定成绩。但同时，也存在队伍结构不尽合理、教师队伍整体素质有待提升等问题，影响了教学质量的整体提升。

办　法：

1. 加快推进城乡中小学校校长公开竞聘、教师轮岗交流。着眼于教师队伍的长远建设和教育均衡发展，探索建立中小学城乡教育“区域联动，整体推进，共同发展”的合作联盟模式，积极推进中小学校校长公开竞聘、教师交流和调配，促进教学质量提升。

2. 完善重师德、重能力、重业绩、重贡献的教师考核评价标准，积极探索多主体参与的多元化评价方式。坚持平时考核、年度考核、聘期考核相结合，专业水平评价与师德师风评价相结合。把考核评价结果作为教师个人年度评优、职称评审、岗位聘用、竞争上岗、解聘辞职的重要依据。

3. 强化教育培训，完善“研训教一体化”培训模式，加大名师培养力度，努力打造名师团队，着力提高教师队伍的整体素质。

4. 加强师德师风建设，对教书育人成绩突出者，予以表彰和奖励。同时，要加大对在职教师有损师德师风行为的查处力度，建议成立联合组成巡察组，对全县教育系统师德师风方面存在的问题进行全面清查，做到发现一起查处一起，绝不姑息，教育引导广大教师爱岗敬业、无私奉献，树立人民教师的良好形象。

第 5 号

案　由：关于加强乡村道路管理、养护的提案

提案人：赵啟喆　成作文　杨存业　哈　伟　李维成

理　由：近年来，随着脱贫攻坚工作的不断深入，我县交通基础设施管理和养护能力进一

步提升，人民群众出行条件得到进一步改善。但由于我县农村公路等级和质量标准低，水毁、滑坡、塌陷时有发生，加之车流量日益增加及车辆超载现象普遍，道路养护不及时，路面损坏严重，必要的安全警示标志标线、限高限速设施、防护栏等交通安全防护设施也不完善，行车安全得不到保障。

办　法：探索建立乡村道路“路长”责任制，分级、分片、分段包抓。各乡镇要按照属地管理原则，将享受低保、社会救助与义务出工管护相挂钩，发动群众对村道、组道进行养护，责任到人。充分发挥各乡镇公路站职能作用，严格履行道路管护职责，做好乡道、县道管养维护工作。定期进行道路安全隐患的排查整治，完善防护栏、减速带、限速限高、交通安全标志等配套基础设施，规范建设标准和规模，健全农村道路质量监控体系。

第 6 号

案　由：关于加大葫芦河流域县城过境段生态综合治理力度的提案

提案人：靳　毅　王百灵　马云青　刘宏霞　张恩礼

理　由：葫芦河县城过境段西起葫芦河二桥，东至夏寨水库，2009 年虽然对葫芦河县城过境段进行了治理，但标准低，治理效果不大明显。另外，夏寨水库位于西吉县城东入口，始建于 1972 年，经过 40 多年的运行，建筑物老化失修，达不到中型水库防洪标准，加之上游淀粉厂等企业生产废水未经处理直接排入夏寨水库，土壤和水污染严重，严重影响了居民的生产生活，也影响了县城的整体形象。

办　法：

1. 建议启动实施葫芦河县城过境段生态综合治理工程，实施夏寨水库除险加固工程和清淤扩容工程，提高水库防洪标准，清除库区污染的淤泥，增加水库有效库容。

2. 对水库周边道路进行亮化和绿化。

3. 加强对县城第一污水处理厂、第二污水处理厂的运行管理，严格污水处理程序和工艺，杜绝将不合格的水排入夏寨水库。

第 7 号

案　由：关于加大西吉县境内长城遗址保护力度的提案

提案人：冉　泓

理　由：在秦朝时，为了抗拒“胡人”进攻，秦昭襄王历时数年，发动全国军民扎在西北部修筑长城，统称“战国秦长城”。这条用于防御义渠残部和匈奴的长城，自今甘肃静宁进入宁夏西吉境内，沿葫芦河东部北行，经兴隆、将台、马莲入固原境内，是我县境内唯一的一处长城遗址。由于时间久远，随着经济的发展对土地的利用长城遗址破坏严重。

办　法：建议加强对长城遗址的保护，尽快修缮、加固，并充分挖掘历史文化内涵，着力打造和宣传长城遗址，推动我县文化旅游事业发展。

第 8 号

案　由：关于打造一批特色产业示范村的提案

提案人：田浩江

理　由：打造特色产业示范村，对于推进特色产业转型升级，促进农业增效、农民增收和农村繁荣具有重要的意义。近年来，各有关部门扎实开展农业产业培育发展、农业基础设施建设等各项工作。但长期以来，由于缺乏科学规划、投入不足，特色产业开发培育总体处于各自为战的状态，导致特色产业不优不强，市场竞争力弱，经济优势不明显。当务之急要立足于尽快把资源优势转化为经济优势，做大做强特色产业，打造一批特色产业示范村。

办　法：

1. 选择具有一定产业发展基础、村容村貌整洁、相对集中的中心村（自然村），充分发挥本地资源优势、传统优势和区位优势，并进行打造推广。提升完善原有产业，有效推动农业结构调整，加快资源优势转化为经济优势的步伐，为促进农民增收开辟新的途径。

2. 引导社会资本和社会力量以多种方式参与示范村的开发建设和管理经营。注重引进“特、精、专”的创意项目，注意示范村特色生活习俗和原始环境风貌的保持维护。支持和鼓励合作社、“企业 + 农户”等多种经营模式，提高示范村的市场化程度和竞争力度，防止重建轻管，让企业和群众共同参与、共同发展、共同受益。

政协西吉县第十一届委员会第三次全体会议提案

第 1 号

案　由：关于尽快编制现代农业、特色农业规划的提案

提案人：刘东海

理　由：发展现代农业和特色农业，是我县农业供给侧结构性改革、转变农业发展方式、提高农业综合生产能力的重要抓手，是实现农业增效、农民增收的根本途径，是打造优势特色产业、助推脱贫攻坚的迫切要求。从我县农业发展情况看，发展现代农业和特色农业的目标仍不清晰，现代农业发展还存在诸如资金投入、主体培育、土地流转、产业集聚、科技支持等问题。特色农业产业以农户分散经营为主，存在规模企业少、主体实力弱、组织化程度不高、区域特色不明显等原因和问题，严重制约了全县经济社会发展。

办　法：为进一步促进我县农业现代化、产业化、特色化发展，从数量型、粗放型向质量效益型、生态循环型转变，提升农产品质量安全水平，增强农产品的市场竞争力，做大做强新型农业经营主体，建议根据我县自然、土壤、气候特点和特色农产品种类、市场需求、农民种植习惯等，紧紧围绕精准扶贫、精准脱贫基本方略，尽快编制现代农业、特色农业规划。

第 2 号

案　由：关于尽快出台加快民营经济发展的扶持政策，构建“亲”“清”政商关系的提案

提案人：宋兆吉

理　由：党的十九大报告强调：要构建亲清新型政商关系，促进非公有制经济健康发展和非公有经济人士健康成长。这为领导干部在与民营企业接触交往中靠前服务、清白纯洁提供了标尺，为民营企业遵纪守法办企业、光明正大搞经营指明了方向。当前，构建亲清新型政商关系，既是落实党的十九大精神和习近平总书记讲话精神要求，也是促进全县非公经济发展、团结广大非公经济人士、打造政治生态“绿水青山”的需要。

办　法：

1. 要进一步转变政府职能，强化政府经济调控、市场监管职能，减少政府对微观经济活动的干预，让各类资源更加高效流动，进一步释放主体活力，真正在政府和企业之间建立起相互尊重、相互支持、平等和谐的关系。

2. 要建立统一、开放、透明的市场体系。特别是要让民营企业享受平等的待遇，在市场准入前除了负面清单所列的领域之外，都要享受平等的进入市场、产业扶持、税收优惠、金融支持等机会。

3. 完善权力清单、责任清单和负面清单。制

定好政务目录清单和运行流程清单，使民营企业办事有据可依，建立前台受理首问负责制、后台处理跟踪问责制，向办理者精准传导压力。对地方创新的促“亲”措施，兼顾解决当前问题和构建长效机制，全面评估、科学取舍。

4. 继续加大促进非公有制经济健康发展和非公有制经济人士健康成长的工作力度，保障非公有制企业和非公有制经济人士的合法权益。坚持教育广大民营企业家做爱国、敬业、创新、守法、诚信、贡献的社会主义事业建设者。

第3号

案　由：关于绿化、美化乡村环境的提案

提案人：张国义

理　由：近年来，我县始终把加快新农村建设作为提升农村经济实力的重要举措，实现了“美丽乡村”建设由“以点为主”向“由点到面”战略转换，农村人居环境得到全面改善，产业发展、社会管理和精神文明建设水平明显提高。但在新农村建设过程中，注重房屋、通村公路、公共场所的建设，忽视了造林绿化在改善人居环境、净化美化环境、营造温馨优美的村容村貌方面所起的作用，村庄绿化率低、形式单一、品种单调，绿化结构、类型简单粗放，且存在随意倾倒垃圾、堆放生产生活用品等现象，影响了村容村貌，破坏了田园风光。

办　法：

1. 按村、按户制定绿化任务。按照各乡镇实际情况，统筹规划，制定符合各乡镇实际的绿化方案，明确绿化标准、补贴标准、验收标准等相关事宜。各乡镇应根据本辖区各村组实际情况细化、分解任务，加强宣传，充分调动群众参与绿化乡村环境的积极性。

2. 根据村组的地理位置、自然条件选择绿化苗木，因地制宜，适地适树，突出自然生态环境，按照村庄的总体规划，突出农村特色，展示农家田园风格形式，充分利用树木、花草的自然美营造村庄的景观美。

3. 合理搭配树种，既能绿化、美化环境，又能控制病虫害发生，减少维护成本，减轻农民负担，最大限度绿化、美化乡村环境。

第4号

案　由：关于加强公共场所停车场建设的提案

提案人：柯良备

理　由：近年来，随着我县经济社会的不断发展和人民群众生活水平的日益提高，县城机动车尤其是私人轿车的数量增长迅猛，由于城区停车场的建设管理较为滞后，停车位严重不足，导致停车困难和城市交通堵塞。

办　法：

1. 要合理布局，统筹规划，对新建、改扩建的公共场所、超市、学校、小区等人口密集场所应配套修建、扩建、增建停车场，并与主体工程同时设计、同时施工、同时使用。

2. 合理利用搬迁单位原址规划建设停车场所。因地制宜开辟新停车场地，充分利用地下空间，对有条件的城区绿化地进行改造，地面种植花草，地下改造建设为停车场。

第5号

案　由：关于在县城规划建设大型文化广场的提案

提案人：马正忠　马一林　马维军

理　由：随着城市化进程的加快和经济社会的发展进步，人民群众的物质文化生活和精神文化生活不断得到提高，我县居民的文化娱乐生活也更加丰富多彩。但由于缺少大型文化休闲广场，县城缺乏具有西吉特色的地标场地，开展许多大型文化活动场地有限。若发生地震等自然灾害，也无紧急避难场所。

办　法：建议合理选址、科学规划，结合西

吉历史文化内涵和发展定位，加快大型的文化广场的建设步伐，解决群众开展文化体育活动和地震等自然灾害疏散避难的场地问题，为西吉的城市建设增添活力。

第 6 号

案　由：关于加快县城已拆迁闲置地块规划建设的提案

提案人：张国义

理　由：棚户区改造是重大的民生工程。近年来，我县将棚户区改造纳入城镇保障性安居工程，大规模推进实施。但从目前进展情况看，部分拆除工作已完成，但后续的改造工作尚未开展，拆迁后闲置地块得不到及时规划建设，周边居民倾倒生活垃圾现象严重，市场房源供给严重紧缺，既影响了县城整体形象，也造成土地资源浪费，也给群众住房带来了不便。

办　法：建议尽快统筹安排，合理规划，加快县城已拆迁闲置地块建设进度，改善城市形象，提升城市综合承载能力，进一步保障群众住房。

第 7 号

案　由：关于加快运行城市智慧数字化系统，提升城市管理水平的提案

提案人：黄达伟　哈　伟　邵永栋　李维成　陈志虎　杨存业

理　由：城市管理是一个城市软生产力的体现。近年来，我县积极探索城市管理的长效机制，建成了西吉县城市管理智慧数字化指挥中心系统，开启了城市管理的“新常态”。但该系统于 2018 年 8 月建成后，至今未投入运行，城市管理信息滞后、管理被动，相关部门职能交叉、职责不清、衔接不力，执法人员巡查不全面的漏洞等难题得不到有效解决。

办　法：建议加快运行城市管理智慧数字化系统，形成“大城管”的城市管理格局，实现城市管理工作科学、严格、精细、长效化发展，进一步提高城市管理水平和管理效率。

第 8 号

案　由：关于鼓励支持社会养老机构建设的提案

提案人：田浩江

理　由：近年来，随着社会养老服务体系建设不断推进，养老服务机构、社区日间照料中心、农村老饭桌等基础设施建设日趋完善。但从目前发展现状看，我县的养老市场仍与经济社会发展不相适应，与广大老年人的需求还存在差距，养老服务市场运行机制发育不足，政府、社会、市场之间的互联、互补、互动性不够，现有的养老服务还存在城乡不平衡、养老范围窄、保障水平低等问题。

办　法：

1. 加大宣传教育力度，开展创意新、影响大、形式多的宣传教育活动，推动敬老养老助老教育进学校、进家庭、进机关、进社区，弘扬中华民族传统美德，努力形成尊老、敬老、养老的良好社会氛围。

2. 充分发挥政府的推动和引导作用，制定扶持养老服务发展的政策措施，加快建立完善公建民营、民办公助的社会化养老运行机制，坚持福利化和商业化同步发展，鼓励社会力量积极参与公办养老机构建设和运营管理，引导企业和社会力量开发老年保健康复、生活照料、家政服务、社区活动等服务市场，着力培育现代养老服务产业体系。

3. 加强从业人员教育培训，规范养老服务人员从业标准，并建立以品德、能力、业绩为导向的职称评价和技能等级评价制度，提升服务水平。发展养老助老志愿者队伍，搭建服务平台，让志愿者有渠道、有路径，将爱心投入到养老服务中来，建立完善志愿者服务管理、激励和培训的机制，使志愿者在养老服务中发挥更大的作用。

第9号

案　由：关于推进优质医疗资源共享的提案

提案人：单友君　戴玉聪　李军义　吴作霖
卢　升　金学峰

理　由：近年来，随着医疗卫生体制改革的不断深入，全县医疗服务质量、就业环境有效好转，但与群众日益增长的就医需求相比，仍存在一定差距。目前，我县基层医疗卫生机构服务能力不强、人才不足、技术不高等问题普遍存在，导致大医院人满为患，乡村医疗机构门可罗雀，存在小病出村、大病出县的不合理现象。因此，推进优质医疗资源共享势在必行。

办　法：

1. 通过"一对一"帮扶合作方式，使区、市级医院与县、乡级医院建立起紧密型上下联动机制，实现基本医疗服务同质化。同时，各医院应根据当地疾病发病率及医疗服务能力，重点加强对妇产科、儿科、急诊科、消化科、麻醉科、影像科等薄弱学科的建设，实现区域内优质医疗技术资源共享，检验检查结果互认，保障医疗质量安全，降低贫困地区群众就医成本。

2. 进一步完善并深入推进全民健康信息平台和会诊平台，建立帮扶双方远程医疗平台，积极开展远程会诊、远程查房、远程病理及医学影像诊断、远程继续教育等活动，不断提升受援医院医疗技术水平。

3. 明确适宜农村的常见病、多发病诊疗常规培训重点，确定培训项目，分级培训，落到基层，重在适用，针对性地开展培训讲学、义诊、会诊等技术帮扶。

第10号

案　由：关于加强社区卫生服务站医务人员队伍建设的提案

提案人：张彩菊

理　由：社区医务人员直接承担为居民提供基本医疗卫生服务的重任，在防病治病第一线发挥着不可替代的作用。近年来，随着医药卫生体制改革，群众对社区基本医疗服务的需求越来越大，但目前，我县社区卫生院医务人员总数不足，职业技能普遍不强，医疗水平普遍不高，一定程度影响了居民就医。

办　法：建议加大对社区基本医疗卫生服务的投入力度，依据社区占地面积及辖区内居民人数，科学配备社区卫生院医务人员；建立完善的监督评价体系，加强对医务人员的培训和各级医疗机构的人才合理流动。

第11号

案　由：关于安置"十二五"移民迁出区遗留农户的提案

提案人：苏占成　胡志魁　刘宏霞　马付生
杨志国　吴学瑞　户鼎文

理　由：我县全力实施"十二五"生态移民攻坚工程。在生态迁出区，存在单人单户、大户和不符合搬迁政策的少数遗留农户生活的用水、用电，学龄儿童上学，医疗卫生、居住安全都得不到有效保障。

办　法：建议对"十二五"期间生态移民搬迁区遗留农户进行合理安置，加快推进迁出区生态恢复。

第12号

案　由：关于村村通动力电的提案

提案人：马思元　杨国荣　马学玲　马相林
牛志玉

理　由：随着社会经济的快速发展，科学技术不断进步，农村农业生产活动的机械化程度越来越高，用电量越来越大。但目前，仍有部分村还未通动力电，为当地群众的生产生活带来了不便，影响了脱贫攻坚进程。

办　法：建议加大农村电网改造建设力度，根据我县当前脱贫攻坚现状，制定科学、可行的改造方案，加快推进村村通动力电，改善农村群众用电条件，减轻农民负担，提高农村生活水平，促进农村经济的发展。

第 13 号

案　由：关于加快推进乡村通信网络提质增速的提案

提案人：施满义　马　兰　唐大发　尹志明　马学玲

理　由：近年来，随着信息化建设不断发展，通信网络已经基本覆盖全县乡、村。但仍有部分村、组通信问题还没有得到很好解决，网络质量差、通信信号弱等问题普遍存在，这成为制约当地经济发展、社会进步和农民生活水平提高的重要因素之一。

办　法：要进一步摸清未覆盖通信网络的村组底数，着力完善和建设乡村通信网络基础设施；对已经开通通信网络的村、组，要提高通信质量，加强维护和优化，促进乡村信息化建设，努力缩小城乡“数字鸿沟”，为当地群众创造良好的通信条件、提供优质的通信信息服务。

第 14 号

案　由：关于加大自媒体、网络社交平台监管力度的提案

提案人：马爱萍　师庆和　赛万花　刘成才　焦启明

理　由：近年来，随着移动互联网的发展，各式各样的自媒体、网络社交平台，通过微信公众号、微博平台、独立 APP 等表现非常活跃。自媒体、网络社交平台的发展，固然带来了信息传播的丰富性、便捷性、多样性，但也带来了很多新的问题：如快手等社交平台，有的制造谣言，传播虚假信息，扰乱正常社会秩序；有的肆意传播低俗信息，损害广大青少年健康成长；有的肆意抄袭侵权，大肆洗稿圈粉，构建虚假流量，破坏正常的传播秩序，严重践踏法律法规的尊严，损害广大人民群众的利益，破坏良好网络舆论生态。

办　法：

1. 对自媒体账号实施分级分类管理、属地管理和全流程管理，形成依法严格管理自媒体的工作常态。

2. 加大对发布有害信息者的依法惩处力度，对一些屡教不改和继续从事危害社会、扰乱正常秩序的自媒体违规行为坚决从严查处，进行严厉打击。

3. 加强社会舆论对自媒体的监督。自媒体的清理整治和规范有序发展需要全社会共同参与，广大网民、媒体和社会各界对违法与不良信息要主动向相关主管部门进行举报，共同维护网络传播秩序，营造风清气正、积极向上、健康有序的网络空间。

4. 加大对从业者的教育和培训力度。

第 15 号

案　由：关于加强对餐饮业餐具消毒管理的提案

提案人：柯良备　高　军　马树兴　赵西琴　马赐禄

理　由：随着群众生活条件的提高，人们对餐饮卫生、食品安全等关乎生命健康的要求也不断提高。近年来，餐饮企业为提高竞争力，对用餐者都提供一次性的消毒餐具，日常生活经常遇到消费者打开一次性消毒餐具后发现不卫生，消毒餐具的卫生设施不完善，消毒操作不规范，消毒餐具经营者法律和卫生意识淡薄，卫生管理制度不健全等现象普遍存在，不仅容易造成传染病的传播，也直接威胁人民群众的身体健康。

办　法：

1. 加强组织领导，下移监管重心，前移责任

关口，落实部门责任，整合监管合力，确保食品安全和消毒餐具监管“横到边”“纵到底”“无缝隙”“全覆盖”。

2. 在全县开展消毒餐具专项整治行动。集中力量严厉打击未取得卫生监督合格证擅自从事餐饮服务和餐具消毒生产经营的违法行为，对未取得卫生监督合格证擅自开展餐饮和餐具消毒的，要依法予以关闭。对条件差、设施设备不齐全、卫生管理手段落后的餐饮经营单位和餐具消毒企业，采取约谈、培训企业负责人，签订承诺书，限期整改，提高其依法经营意识。

3. 提高餐具消毒企业的准入门槛，对不合规格的小企业、黑作坊，坚决淘汰；同时，收紧餐具消毒企业许可审批，限制企业数量，提高审批要求。制定并完善消毒餐具行业标准和完善餐饮服务操作规范流程，定期考核，实施末位淘汰；同时，扶持一批规模大、设备好的餐具消毒企业，使其做大做强。通过提高一批，规范一批，淘汰一批，引领行业健康发展。

第 16 号

案　由：关于加强对餐饮业餐厨垃圾管理的提案

提案人：柯良备　康淑英　马锦海　何淑丽　马德录

理　由：随着经济社会的发展和人民群众生活水平的提高，我县各类饭馆、餐饮服务企业数量越来越多，规模越来越大，随之而来也产生了大量的餐厨废弃物、洗涮废水等，但由于生产主体健康环保意识淡漠、责任意识不强，分类收集、及时清理工作做得不到位，收运及处置管理不规范，严重影响了我县居民的生活环境。

办　法：

1. 组建高效的管理监督队伍，夯实各成员单位职责，细化各项目标任务；出台科学有效的管理办法，加强对企业落实主体责任的监管。

2. 产生餐厨废弃物的企业、单位须安装专用收集容器和油水分离器，对餐厨废弃物实施单独投放、分类收集；要按规定时限向主管部门上报餐厨垃圾来源、种类、数量和处置情况，并建好收运台账。餐厨废弃物收运企业要与餐饮企业签订回收合同，规范收集方式和时间，完善相关程序，做好废弃物和油脂的清运、处理工作。

3. 积极搭建社会力量参与餐厨垃圾无害化利用的优质平台。要发挥市场作用，鼓励企业依靠科技手段来有效治理、利用餐厨废弃物，发展相关产业。

4. 充分运用各类媒介和平台，向全社会大力宣传餐厨废弃物的危害，努力在全社会营造人人参与、上下联动、各司其职、多方协作的良好氛围。

第 17 号

案　由：关于修建苏堡路与滨河路连接路段的提案

提案人：杨　彪　王志斌　马晓琴　马兰兰　马向荣

理　由：葫芦河桥建成后，苏堡路与滨河路连接处至今未通路，原有路面路况差，安全隐患大，车辆难以通行，严重影响了交通安全和城市整体形象。

办　法：建议尽快修建苏堡路与滨河路连接路段，改善通行条件，方面群众出行。

西吉县 2018 年国民经济和社会发展统计公报

西吉县统计局

（2019 年 5 月）

2018 年，在以习近平同志为核心的党中央坚强领导下，面对西吉持续的经济下行压力，县委、县政府带领全县各族人民深入贯彻落实习近平总书记系列重要讲话精神和治国理政新理念、新思想、新战略和区、市有关会议精神，紧紧围绕“4156”工作部署，齐心协力，扎实工作，有力地促进了全县经济总体平稳发展。

一、综合

初步核算，2018 年，全县实现地区生产总值 64.9 亿元，同比增长 3.6%。其中：第一产业增加值 17.7 亿元，增长 4.4%；第二产业增加值 12.9 亿元，下降 10.8%；第三产业增加值 34.3 亿元，增长 9.6%。

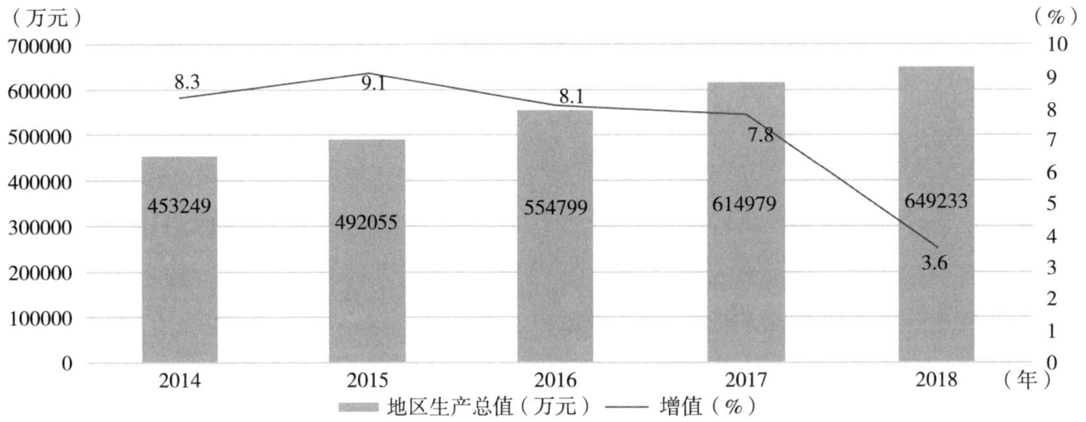

图 1　2014—2018 年国内生产总值及其增长速度图

三次产业结构分别为 27.2%、19.8%、53.0%。三次产业对经济增长的贡献率分别为 30.3%、–70.4% 和 140.1%，分别拉动经济增长 1.1 个点、–2.5 个点和 5.0 个点。

图 2　2018 年三次产业增加值占地区生产总值比重图（%）

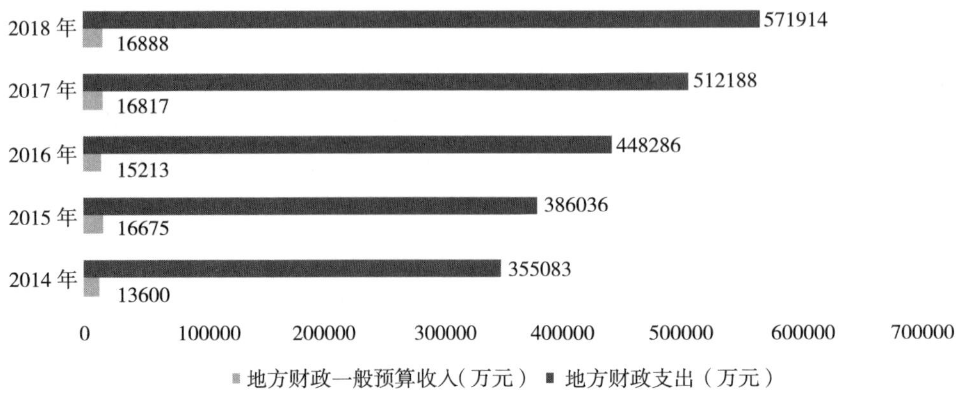

图 3　2014—2018 年全县一般公共预算收入支出图（万元）

全年全县完成地方一般公共预算收入 1.69 亿元，同比增长 0.4%，全县一般公共预算支出 57.2 亿元，增长 11.7%。其中：财政八项支出 36.6 亿元，同比增长 10.6%。

2018 年年末全县户籍总人口 496004 人。其中：城镇人口 72659 人，占总人口的 14.7%；乡村人口 423345 人，占总人口的 85.3%；汉族人口 202275 人，占总人口的 40.8%；回族人口 293526 人，占总人口的 59.2%。

2018 年年末全县常住人口 352615 人。其中：城镇人口 100620 人，占总人口的比重为 28.5%；乡村人口 251995 人，占总人口的比重为 71.5%。人口出生率为 20.88‰，比上年提高了 4.79 个千分点；死亡率为 5.91‰，比上年提高了 1.27 个千分点；人口自然增长率为 14.97‰，比上年提高了 3.52 个千分点。

2018 年年末全县户籍总人口数及其构成表

表 3

指标	年末人数（人）	比重（%）
全县总人口	496004	100.0
其中：城镇	72659	14.7
乡村	423345	85.3
其中：男	257268	51.9
女	238736	48.1
其中：0 ~ 17 岁（含不满 18 周岁）	155659	31.4
18 ~ 34 岁（含不满 35 周岁）	143096	28.9
35 ~ 59 岁（含不满 60 周岁）	141807	28.5
60 岁及以上	55442	11.2

二、农业

2018 年全县实现农林牧渔业总产值 38.7 亿元，同比增长 4.4%。其中：农业产值 28.0 亿元，同比增长 4.7%；牧业产值 8.3 亿元，同比增长 4.9%。全年实现农林牧渔业增加值 18.91 亿元，同比增长 4.4%。

2018 年全县粮食播种面积 151.87 万亩，全县粮食产量 35.72 万吨，比上年增长 21.09%，粮食单产增长 19.21%；其中：夏粮产量 5.80 万吨，同比增长 32.96%；秋粮产量 29.92 万吨，同比增长 19.0%。

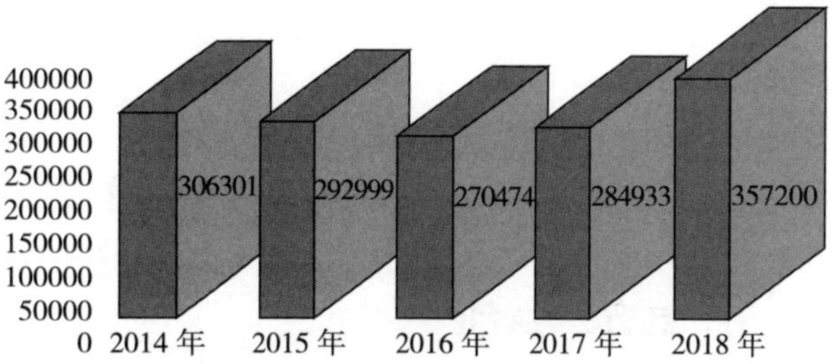

图 4　2014—2018 年全县粮食产量图（吨）

2018 年猪牛羊禽等肉产量 23128 吨，比上年增长 2.2%。其中：猪肉产量 2360 吨，增长 12.9%；牛肉产量 15104 吨，增长 4.0%。生猪存栏 30585 头，比上年下降 1.0%，生猪出栏 31083 头，增长 2.2%；牛存栏 156365 头，比上年增长 8.3%，牛出栏 99407 头，同比增长 3.7%；羊存栏 250870 只，比上年增长 9.1%，羊出栏 212170 只，比上年同比下降 1.7%，全县畜牧业稳步发展。

三、工业和建筑业

2018 年完成全部工业增加值 41946 万元，同比增长 3.2%。其中：规模以上工业增加值增长 8.6%，完成全部建筑业增加值 86814 万元，同比下降 16.5%。

四、固定资产投资

2018 年累计完成固定资产投资 42.7 亿元，同口径下降 26.7%。其中：厅局及农户完成投资 18.9 亿元，同口径下降 25.6%；完成地方投资 17.1 亿元，同口径下降 14.5%；完成房地产投资 6.7 亿元，同口径下降 47.7%。

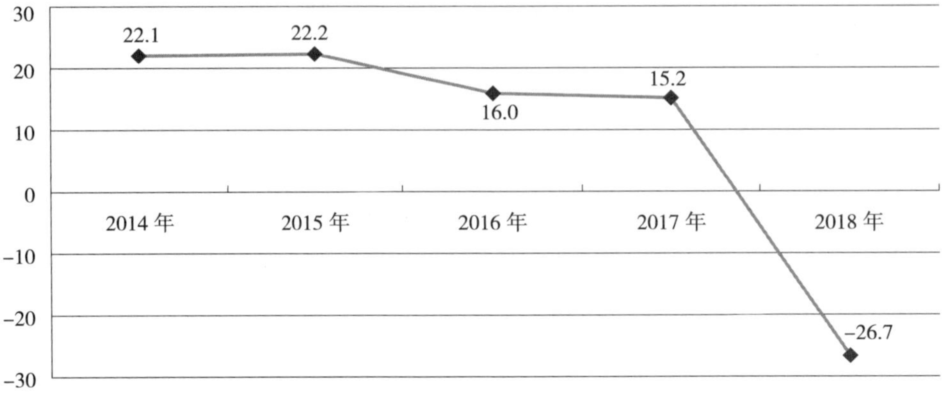

图 5　2014—2018 年全县社会固定资产投资增速图（%）

五、商贸、住餐业

2018 年全县实现社会消费品零售总额 15.9 亿元，比上年下降 1.5%。从销售地区看：乡村消费品零售额实现 5.9 亿元，下降 0.8%；城镇消费品零售额实现 10.03 亿元，下降 1.9%。从行业看：全县批发业实现销售额 1.8 亿元，下降 6.5%；零售业实现销售额 5.3 亿元，下降 4.0%；住宿业实现营业额 0.2 亿元，下降 52.7%；餐饮业实现营业额 8.5 亿元，增长 4.5%。

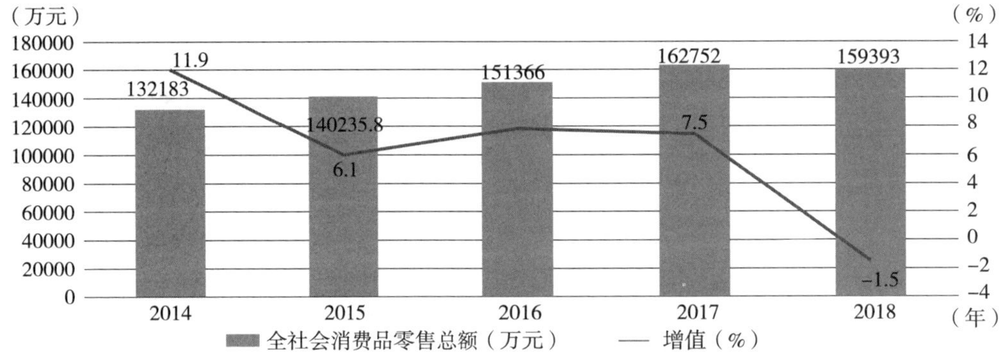

图 6　2014—2018 年社会消费品零售总额及增速图

六、金融

2018 年年末，全县金融机构各项存款余额为 101.37 亿元，同比增加 13.37 亿元，增长 15.19%；全县金融机构各项贷款余额为 45.35 亿元，同比增加 10.07 亿元，增长 28.54%。

七、人民生活

全县城镇居民人均可支配收入 25215.9 元，同比增加 1976.3 元，增长 8.5%；农村居民人均可支配收入 9308.0 元，同比增加 907.3 元，增长 10.8%。

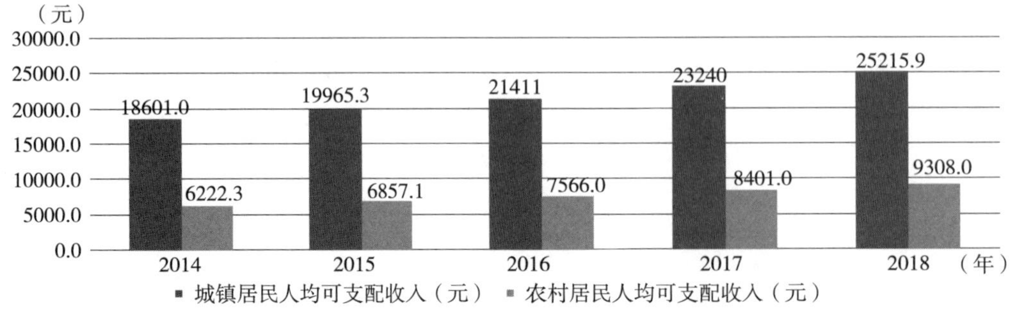

图 7　2014—2018 年西吉县城乡居民收入图

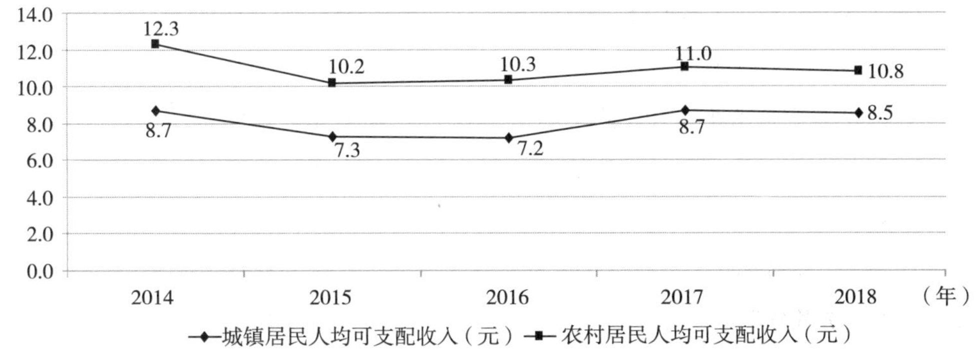

图8　2014—2018年全县城乡居民收入增速图（%）

八、教育与文化

2018年年末，全县各类学校348所，其中：普通中学28所，中等职业学校1所，小学319所；全县教职工5227人，其中：普通中学教职工2599人，职业学校226人，小学教职工2402人。小学学龄儿童入学人数33537人，其中女童16197人。学龄儿童入学率100%。

2018年年末全县艺术表演团5个，从业人员175人；公共图书馆1个，藏书125000本，从业人员38人；文化馆1个，从业人员47人；乡文化站19个，从业人员85人。

九、卫生和社会服务

2018年年末全县共有医疗卫生机构371个，其中：医院35个（县及县以上医院2个），门诊部、所333个，疾病预防控制中心1个，卫生综合监督所1个，妇幼保健所1个。卫生技术人员1251人，其中：医生804人。每千人拥有卫生技术人员3.6人，每千人拥有医生2.3人，卫生机构病床数1258张。

十、安全生产

2018年，亿元地区生产总值生产安全事故死亡人数为0.25人，同比下降2.31%；工矿商贸企业就业人员10万人，生产安全事故死亡人数为0，同比持平；道路交通万车死亡人数为1.4人，同比下降1.41%。全县安全生产形势保持总体稳定。

2018年全县主要经济指标完成情况一览表

表4

指　标	单位	2018年	增速（%）
一、地区生产总值	亿元	64.92	3.6
第一产业	亿元	17.66	4.4
第二产业	亿元	12.88	−10.8
第三产业	亿元	34.38	9.6
二、全社会固定资产投资总额	亿元	42.73	−26.7
三、社会消费品零售总额	亿元	15.9	−1.5
四、财政收支			
地方公共财政预算收入	亿元	1.69	0.4
公共财政预算支出	亿元	57.2	11.7
五、人民生活			
城镇居民人均可支配收入	元	25215.9	8.5
农民人均可支配收入	元	9308.0	10.8

主要机构及负责人名录

中共西吉县委

固原市委常委、西吉县委书记

马志宏（回族，3月离职）

王学军（3月任职）

县委副书记、县长　武维东（3月离职）

杨生俊（回族，3月任职）

县委副书记、政法委书记　张亚萍（女）

县委副书记

王　林（回族，挂职，12月离职）

县委常委、统战部部长　马保师（回族）

县委常委、公安局党委书记、局长　李　平

县委常委、纪委书记、监察委主任　王维强

县委常委、吉强镇党委书记　刘克虎（回族）
县委常委、人武部政委　王继军（5 月任职）
县委常委、组织部部长　王生尧（5 月离职）
　　　　　　　　　　　高耀明（5 月任职）
县委常委、副县长
　梁秋明（挂职，7 月离职）
　张　哲（挂职，7 月任职）
县委常委、宣传部部长
　海　丽（女，回族，11 月离职）
　王万龙（11 月任职）
县委常委、副县长
　蔡　志（挂职，12 月离职）
　刘基棠（挂职，12 月任职）
　马宗正（回族，5 月离职）

县委办公室

办公室主任、县委保密局局长　宋兆璐
办公室副主任、督查室主任　李维东
办公室副主任　张茂祥（回族）
办公室副主任、保密局副局长、机要局局长
　户朋刚

西吉县第十七届人民代表大会常务委员会

党组书记、主任　李　聪
党组副书记、副主任　郭满福（回族）
副主任　马桂英（女，回族）
　　　　吴建雄　高月琴（女）

人大办公室

办公室主任　范永强
办公室副主任　刘学森
代表联络与选举委员会主任　李生彪（回族）
财经委员会主任　高文武（3 月离职）
财经委员会主任　杨彦雄（3 月任职）
法制委员会主任　张建平
教科文卫委员会主任　周效刚

西吉县人民政府

县委副书记、县长　武维东（3 月离职）
　　　　　　　　　杨生俊（3 月任职）
县委常委、副县长
　马宗正（回族，5 月离职）
　杨生智（5 月任职）
　梁秋明（挂职，7 月离职）
　蔡　志（挂职，7 月离职）
　张　哲（挂职，7 月任职）
　刘基棠（挂职，12 月任职）
副县长　李喜生　张永强（5 月任职）
　　　　李晓东　周时亮（挂职，10 月任职）
　　　　苏吉礼（回族，挂职，2018 年 3 月任职，2019 年 3 月离职）
　　　　马天峰（回族）　穆　春（回族）
　　　　谢国玉（5 月离职）
县长助理　陈海防（挂职，12 月离职）
　　　　　李跃腾（挂职，12 月任职）

政府办公室

办公室主任　毛兆平（回族，10 月离职）
　　　　　　陈国涛（回族，10 月任职）
办公室副主任、信访局局长　王　斌
办公室副主任　李　杰
办公室副主任、政府法制办副主任　黄达伟
办公室副主任　路京桥

中国人民政治协商会议西吉县第十一届委员会

党组书记、主席　马天英（女，回族）
副主席　刘东海（回族）　宋兆吉　李西平
　　　　张国义（回族）

政协办公室

办公室主任　李　萧（女，回族，10 月离职）
　　　　　　田浩江（回族，10 月任职）
办公室副主任　刘　斌（回族）
农业农村与资源环境委员会主任　李　保
提案文史与科教文卫委员会主任　靳　毅
专门委员会综合办公室主任
　马秀红（女，回族）
民族宗教与群团法制委员会主任

马云青（回族）

纪委监察委

县委常委、纪委书记　监察委主任　王维强

纪委副书记、监察委副主任　马存林（回族）

纪委副书记、监察委副主任　雷　平

监察委委员、第一纪检监察室主任　王生荣

纪委常委、监察委委员、第二纪检监察室主任

马　梅（女，回族）

纪委常委、监察委委员、信访室主任

吴学瑞（女）

纪委常委、监察委委员、案件审理室主任

马常林（回族）

组织部

县委常委、组织部部长　高耀明

副部长　郑风洲

副部长、老干部局局长　刘继珍

副部长、机关工委书记　杨建富

宣传部

县委常委、宣传部部长

海　丽（女，回族，11 月离职）

王万龙（11 月任职）

副部长、县文明办主任　马学义（回族）

副部长　马爱萍（女，回族）

统战部

县委常委、统战部部长　马保师（回族）

副部长　马一林（回族）　马秀花（女，回族）

政法委

县委副书记、政法委书记　张亚萍（女）

常务副书记、综治办主任

周玉平（11 月离职）

马学孔（回族，11 月任职）

副书记　张恩礼

副书记、综治办副主任　杨　梅（女，回族）

人武部

县委常委、人武部政委　王继军

人武部部长　杨小会（8 月任职）

副部长　王　伟（8 月任职）

法院

党组书记、院长　张尚祎

副院长　王俊国（回族）　赵启哲

纪检组组长　蒙彦峰

检察院

党组书记、检察长　穆存祥（回族）

副检察长　李世英（回族）　郭　军

纪检组组长　马三忠（回族）

检委会委员、办公室主任　马占海（回族）

检委会专职委员　张富春　苏正清（回族）

控告申诉检察部副部长　张志强（回族）

侦查监督部副部长　撒风雄（回族）

政工科科长　马副成（回族）

宁夏吉德慈善产业园管理委员会

县委常委、县长、园区党工委书记

杨生俊（回族）

园区党工委副书记、管委会主任

马耀宏（回族）

副主任　段耀武　顾耀清（回族）

政研室

主任　朱宁政

副主任　陈海君（回族）　郎凤明

编办

主任　吴国强

副主任　姚仓海

老干部局
局长　刘继珍
副局长　黄　武（回族）

党校（行政学院）
县委副书记、政法委书记、党校校长
张亚萍（女）
常务副校长　马彦华
副校长　王庭昌　吴俊升

档案局
局长　王国俊（回族，11 月离任）
刘文强（11 月任职）
副局长　靳　和　王转社（女）

总工会
人大常委会副主任、主席（兼）吴建雄
常务副主席　高志荣（回族）
副主席　席俊杰
经审会主任　许永军（回族）

团委
书记　陈国涛（回族，11 月离任）
副书记　马小龙（回族）

妇女联合会
人大常委会副主任、主席（兼）高月琴（女）
副主席　康淑英（女）

工商业联合会
政协副主席、主席（兼）宋兆吉
党组书记、常务副主席　马雪松（女，回族）
副主席、秘书长　程振祺

科学技术协会
主席　张　勇（回族）
副主席　马存林（回族）

残疾人联合会
理事长　王庭文
副理事长　马双琴（女，回族）

伊斯兰教协会
常务副会长　苏怀玉（回族）
副会长　苏发国（回族）

文学艺术界联合会
副主席　樊文举　陈　静（女）

发展和改革局
党组书记、局长　祁　刚
副局长　马欣妍（女，回族）王　莹

人力资源和社会保障局
党组书记、局长　单　辉（回族，11 月离职）
胡国忠（回族，11 月任职）
副局长　赵国杰　沙文祥（回族）薛立斌
劳动人事争议仲裁院院长　冯正斌

社会保险事业管理局
局长　金学峰
副局长　郭永红　卢　军

劳动就业局
局长　赵红军

审计局
局长　陈贵祥
副局长　马　忠（回族）刘晓飞　高　强

财政局
党组书记、局长 张 杰
党总支书记、副局长 薛鼎琳
副局长 袁存福（回族） 赵玉德

民政局
党组书记、局长（老龄办主任） 谢志东
副局长 张飞鹏 安智全
老龄办专职副主任 李智忠

教育体育局
党委书记、局长 王自元
党委副书记、副局长
马少存（回族，11 月离任）
纪委书记、工会主席 樊学武
副局长 马学红（女，回族） 马兴林（回族）
政府教育督导室主任 伏彦林

公安局
县委常委、公安局党委书记、局长 李 平
党委副书记、政委 马秀奇（回族,11 月离职）
杨建仁（11 月任职）
党委委员、副局长 杨小平（回族）
韩旭阳
陈进军（回族）
王志杰
党委委员、国保大队长 马学明（回族）
党委委员、警务保障室主任 李登成

林业局
党委书记、局长 马鹏祥（回族，4 月免职）
周玉平（11 月任职）
纪委书记、副局长 胡国忠（回族,11 月离职）
副局长 刘红霞（女，11 月任职）
工会主席 董 平

水务局
党组书记、局长 单 军（回族，2 月任职）
党组副书记、纪委书记、副局长
田玉才（回族）
副局长 王百灵
防汛抗旱指挥部办公室主任 何 云

水保站
站长 冯立锋

交通局
党委书记、局长 董金璧（11 月离职）
副局长 马学孔（回族） 禹建斌（回族）
戴华盛 窦新伟 张志高

公路管理局
党支部书记 虎炳雄（回族）
局长 刘国玺
副局长 朱进学 姬恒利 贾效辉
工会主席 杨振川

统计局
党支部书记、局长 邵永栋
副局长 李效虎
副局长 冯志强

建环局
党委书记、局长 陶志明（11 月任职）
党委副书记、副局长 李九定
副局长 段彦君 牛克虎 马学良（回族）
马志勇（回族）
工会主席 马旭升（回族）

国土局
局长 陶志明（10 月离职）
单 辉（回族，10 月任职）

副局长　王永平（回族）　王汉珍
　　　　刘宏霞（女）

宗教局
局长　马正忠（回族，11 月离职）
　　　马少存（回族，11 月任职）
副局长　马栋林　马建明（回族）

农牧局
党委书记、局长　马　杰（回族）
党委副书记、纪委书记　杨映文
副局长　马福学（回族）
　　　　李维星（11 月离职）　高泽宇

农村合作经济经营管理站
站长　苏占雄（回族）
党支部书记　谢　鹤

农业技术推广服务中心
主任　王荣华（回族）
党支部书记　宋永红

动物疾病预防控制中心
主任　柯良备（回族）
党支部书记　夏永东

农业机械化技术推广服务中心
主任　王占俊
党支部书记　桑建刚

农业机械安全监理站
站长　康国荣
党支部书记　安智剑

马铃薯产业服务中心
主任　苏林富（回族）
党支部书记　李艳梅（女）

草原工作站
站长　王　钰
党支部书记　王彩凤（女）

农村能源工作站
党支部书记、站长　刘志毅

畜牧技术推广中心
主任　王自谦
党支部书记　田建成

农业综合执法大队
队长　王兴平（回族）
党支部书记　杨　智

动物卫生监督所
所长　王小平（回族）
党支部书记　曹永强

卫生和计划生育局
党委书记、局长　杨青鸿（回族）
党委副书记、纪委书记　戴玉聪
副局长　白东城（回族）　马永珍（回族）
　　　　张　堃

西吉县人民医院
院长　李军义
党支部书记、副院长　任巧卓（女）

西吉县中医医院
院长　王　刚（回族）
党支部书记　许敏霞（女，回族）

疾病预防控制中心
主任　梁玉成
党支部书记　马国良（回族）

妇幼保健计划生育服务中心
所长　吴作霖
党支部书记　张彦峰

卫生计生综合监督所
所长　乔富贵
党支部书记　李亮亮（女）

文化和广播电视局
党组书记、局长　马国荣（回族）
党组副书记、副局长　姚国雄
副局长　何永红（女）　孙艳丽（女）
　　　　摆小龙（回族）
工会主席　赵良杰

广播电视台
台长　焦起明
党支部书记　李晓斌

文化馆
馆长　刘成才
党支部书记　樊平义

博物馆
党支部书记　杜　斌

扶贫办
主任　苏占成（回族）
副主任　喜卫平（回族）　马辉兴（回族）
　　　　何进洲　冀晓华

司法局
党组书记、局长、法制办主任　马建安（回族）
副局长　张　朴　马双琴（女，回族）

安全生产监督管理局
局长　陈　杰
副局长　马辉峰（回族）　靳巧红（女）

行政审批局
党组书记、局长　马晓军（回族）
副局长，政务服务中心主任
　马存福（回族）
副局长　王凤奇　梁　红（女）

市场监督管理局
党组书记、局长　马海鹏（回族）
副局长　马存虎（回族）　邹国强　张继伟
　　　　高海忠（回族）

史志办
主任　刘文强（11 月离职）
　　　马正忠（回族，11 月任职）
副主任　王蔚蔚（女）　马宏智（回族）

地震局
局长　董金璧
副局长　石志成　马晓玲（女，回族）

火石寨国家地质森林公园管理处
主任　云里飞（回族）
副主任　张彦仁　顾耀斌

西吉县公安消防大队
大队长　何玉玺
教导员　马晓明（回族）

武警西吉中队
中队长　陈　悠（侗族，3月离职）
　　　　张建宁（3月任职）
指导员　郭　凯

供销社
支部书记、主任　伏育荣

商业总公司
支部书记、总经理　陈尚祯

自治区、固原市直属机构

国税局
党组书记、局长　张万全
党组成员、副局长　白旭军　胡振明
　　　　　　　　　陈贵平（7月免职）
党组成员、纪检组组长　胡庭帅

国家统计局西吉调查队
队长　陈　岩
副队长　李小菊（女）
纪检监察员　韩舒伊（11月任职）

人民银行西吉支行
党组书记、行长　王垚升
党组成员、副行长　刘汉荣
党组成员、副行长、纪检组组长
　马红广（回族）

农业银行西吉支行
党委书记、行长　杨忠昌（回族）
党委委员、纪委书记
　李柏玉（回族，6月任职）
党委委员、副行长　陈奇峰　周学良

建行西吉支行
支部书记、行长　邓　义
副行长　杨晓东
纪检监察员　董金福

农村商业银行
党委书记、董事长　李建宁
党委副书记、行长　吕安忠
党委委员、监事长　李维成
党委委员、副行长　马耀江（回族）
　　　　　　　　　胥中军
纪委书记　勉礼德（回族）

宁夏银行西吉支行
行长　杨鸿礼
行长助理　曹子仁（回族）

西吉县住房公积金管理中心
副主任　李振琦（回族）

气象局
副局长　陈永旭　李淑霞（女）
纪检组组长　曹自勤

供电公司
经理　王　辉
书记　朱林银
副经理　毕世宗（回族）　盛红军

邮政局
局长　任万洲
副局长　兰春晨（回族）

中国邮政储蓄银行
行长　毛国顺
副行长　杨　斌　王亚丽（女）

移动公司
经理　李小兵（6月离职）　方小程（7月任职）

联通公司
经理　杨　亮

电信公司
经理　解　礼

广电网络公司
经理　许怀东（回族）

新华书店
经理　张继川
副经理　白　旺

盐业局
支部书记、局长（经理）　韩文勤
副经理、工会主席　苏文明（回族）
副局长　马　军（回族）

烟草专卖局
党支部书记、局长（经理）　王福有（回族）
副局长　叶治国
副经理　张宗义

财保公司
经理　陈生杰（7月离职）
　　　马彦平（7月任职）
副经理　王小宁

人寿保险公司
经理　徐志远
副经理　陈兵印

中石油天然气宁夏固原销售分公司西吉经销部
经理　王　斌
党支部书记　周春林

乡镇

吉强镇
县委常委、镇党委书记　刘克虎（回族）
党委副书记、镇长　李维星
人大主席　周　丽（女，回族）
副书记　马　雄（3月任职）
纪委书记　马明云（回族）
副镇长　单哈三（回族）
　　　兰亚海（11月任职）
　　　禹丽娟（女，回族，11月任职）
武装部部长　丁　宁（11月任职）
组织委员　苏兴林（回族）

兴隆镇
党委书记　慕　凤
党委副书记、镇长　金玉山（回族）
人大主席　马天雄（回族）
党委副书记　李国文
纪委书记　马兴科（回族）
副镇长　朱萧杰　王军江　丁　鹏（回族）
人武部部长　马维杰（回族）
组织委员　马淑芳（女，回族）

平峰镇
党委书记　梁亚明
党委副书记、镇长　王钰铤（女）
人大主席　李智强
党委副书记　王学景
纪委书记　李永飞
副镇长　张金霞（女）　尹廉明
　　　伏正强（11月任职）
人武部部长　吴小红（女，10月离职）
　　　王　峰（11月任职）

组织委员　赵文斌

将台堡镇
党委书记　冯永福
党委副书记、乡长　马永虎（回族）
人大主席　马思东
党委副书记　吴建宁
纪委书记　单　毅（回族）
副乡长　高芳弟（女）　侯建军
　　　　马效武（回族）　张　剑
人武部部长　黄彦山
组织委员　伏正强

新营乡
党委书记　张　瑞
党委副书记、乡长　王志玉（回族）
人大主席　王富军
党委副书记　陈旭升
纪委书记　王国芳（女）
副乡长　段振强　马宏雄（回族）　焦燕燕
人武部部长　邓　智
组织委员　何彩霞（女）

偏城乡
党委书记　马绍瑞（回族）
党委副书记、乡长　陈志伟（回族）
人大主席　马林选
党委副书记　马存平（回族）
纪委书记　马志勇（回族）
副乡长　吴振刚　李　劼（女）　闫　霖（女）
人武部部长　赵　强
组织委员　高士平

什字乡
党委书记　陈丽霞（女，回族）
党委副书记、乡长　赵君郁
人大主席　田存福（回族）
党委副书记　袁阜霖（回族，10 月离职）
　　　　　　马　宁（回族，11 月任职）
纪委书记　马　宁（回族，11 月离职）
　　　　　潘宏强（11 月任职）
副乡长　冉　泓　王明贵（回族）
　　　　吴小红（女，11 月任职）
人武部部长　苏广前（回族）
组织委员　王　贵（回族）

马莲乡
党委书记　魏廷峰
乡长　王宏忠（回族）
人大主席　马福兴（回族）
党委副书记　单泽民（回族）　高　科（挂职）
纪委书记　王如林（回族）
副乡长　马　霞（女，回族，3 月调离）
　　　　何红伟（女，11 月任职）
　　　　鲜重真（回族）　王宁之
　　　　张浩伟（挂职，8 月任职）
人武部部长　郭春强
组织委员　马学武（回族）

兴平乡
党委书记　鲜瑞芳（女，回族）
党委副书记、乡长　麻志虎（回族）
人大主席　刘　强
党委副书记　杨国奇（回族）
纪委书记　柯良贵（回族）
副乡长　张志芳（女，回族）
　　　　马　雄（回族，3 月离任）
　　　　于　辉（回族）
人武部部长　穆小平（回族）
组织委员　王　芳（女，回族，11 月离任）
　　　　　陈兵兵（女，11 月任职）

震湖乡

党委书记　李　景

党委副书记、乡长　冯良斌

人大主席　李全林

党委副书记　刘喜君（女）

纪委书记　周丰财

副乡长　胡　凡（10 月离职）

陈晓宁（11 月任职）　赵志杰

户鼎文

人武部部长　陈晓宁（11 月离职）

王正涛（11 月任职）

组织委员　刘治斌

马建乡

党委书记　谢瑞启

党委副书记、乡长　王忠权（回族）

人大主席　喜文莲（女，回族）

党委副书记　杨　洁

纪委书记　王江平

副乡长　张进军　张　营　杨治国

人武部部长　王存军（回族）

组织委员　马嘉潞（女，回族）

硝河乡

党委书记　苏忠义（回族）

党委副书记、乡长　赵现瑞

人大主席　刘芳芳（女，11 月离任）

马瑞玲（女，回族，11 月任职）

党委副书记　马玉虎（回族）

周文斌（12 月挂职期满）

郑　超（11 月挂职）

纪委书记　王宇宙（回族）　周文斌（挂职）

副乡长　王　芳（女）　蒙　科

苏玉军（回族）

人武部部长　马占兵（回族）

组织委员　杨　俊（回族）

田坪乡

党委书记　冯建洲

党委副书记、乡长　杨秀玲（女）

人大主席　马炳良

党委副书记　杨东宏

纪委书记　何成玉

副乡长　李学健　沈军炜

人武部部长　董向红

组织委员　梁延康

红耀乡

党委书记　王旭东

党委副书记、乡长　王建树

人大主席　郭建宁

党委副书记　高君琴（女）

纪委书记　安永峰

副乡长　胡　凡　王　炯

人武部部长　雷兵兵

组织委员　左　瑾（女）

西滩乡

党委书记　袁荣富（回族）

党委副书记、乡长

王志玉（回族，10 月离职）

刘芳芳（女，10 月任职）

人大主席　任鹏军

党委副书记　于　霞（女，回族）

纪委书记　程林林

副乡长　马文元（回族）　何俊明（回族）

人武部部长　丁怀远（回族）

组织委员　马晓宇（回族）

王民乡

党委书记　马　君（回族，11 月离职）

毛兆平（回族，11 月任职）

党委副书记、乡长　王　剑

人大主席　王英丽（女，回族，11 月离职）
李　锋（11 月任职）
党委副书记　刘东阳（回族）
纪委书记　吴卫和（11 月离职）
王　悦（11 月任职）
副乡长　马文梅（女，回族）　程振祺
人武部部长　姚建生（回族）
组织委员　苏发明（回族）

火石寨乡
党委书记　王生海（回族）
党委副书记、乡长　谢　祎
人大主席　杜富洲
党委副书记　李忠林（回族，11 月离职）
杨汉祯（11 月任职）
纪委书记　马学文（回族）
副乡长　田麦盛　苏鸿瑜（回族）
人武部部长　马学武（回族）
组织委员　王　芳（女，回族，11 月任职）

白崖乡
党委书记　蒙彦瑞
党委副书记、乡长　丁力东（回族）
人大主席　马瑞玲（女，回族，10 月离职）
马文雍（回族，11 月任职）
党委副书记　马权武（回族）
苏晓银（回族，挂职）
纪委书记　李虎荣
副乡长　杨玉梅（女，回族）
许永军（回族，11 月离职）
王建平（回族，11 月任职）
人武部部长　王建平（回族，11 月离职）
秦福成（回族，11 月任职）
组织委员　李洪先

沙沟乡
党委书记　王庭孝
党委副书记、乡长　李学智
人大主席　柯占花（女，回族，11 月离职）
马锦海（回族，11 月任职）
党委副书记　王天鹏
纪委书记　桑建政（2 月任职）
副乡长　杨泽华（11 月离职）
王文宁　马金刚（回族）
梁肇楠（11 月任职）
人武部部长　马小军（回族）
组织委员　梁肇楠（11 月离职）
单红蓉（女，回族，11 月任职）
党委委员　马进林（回族）